Historical

FRENCH READER

Medieval Period

Edited by

PAUL STUDER, M.A., D. LIT.

Taylorian Professor of Romance Languages

and

E. G. R. WATERS, M.A.

Taylorian Lecturer in French

OXFORD

AT THE CLARENDON PRESS

Oxford University Press, Amen House, London E.C.4

GLASGOW NEW YORK TORONTO MELBOURNE WELLINGTON
BOMBAY CALCUTTA MADRAS KARACHI LAHORE DACCA
CAPE TOWN SALISBURY NAIROBI IBADAN ACCRA
KUALA LUMPUR HONG KONG

FIRST EDITION 1924
REPRINTED LITHOGRAPHICALLY IN GREAT BRITAIN
AT THE UNIVERSITY PRESS, OXFORD
FROM SHEETS OF THE FIRST EDITION
1951, 1958, 1962, 1964

PREFACE

THIS book has been designed primarily to meet the requirements of University teaching and to supply material suitable for instruction in historical grammar.

The linguistic and literary traditions of England are intimately linked up with those of France. Their roots plunge into a common soil and both have assimilated common elements. At certain periods in the past the contact has been so close as to make a fusion seem almost inevitable; but individual tendencies ever asserted themselves, finally imparting to each nation strongly marked characteristics. To gain a true appreciation of the present similarities and differences it is necessary to penetrate the spirit and genius of the French language; and in order to do this one must reascend the stream of history and review the successive changes which thought and speech have undergone in Gaul since the time when Rome first sowed the seeds of modern civilization.

Students at the beginning of their course possess a knowledge of classical Latin and of modern French. They hold the two ends of the chain and should be encouraged to forge the intervening links; but their attention should be directed to actual records rather than to abstract grammatical rules. Of such records it was our intention to make a selection illustrating the various phases of that wonderful linguistic evolution which in Northern Gaul has been in progress during the last fifteen hundred years; but considerations of space and cost have obliged us for the present to limit our survey to the period extending from the origins to the dawn of the Renaissance.

Gregory of Tours was doubtless the first author of distinction whose writings were to any marked extent affected by the vernacular speech of Gaul. But certain tendencies, which helped to widen the gulf between classical Latin and the later Romance languages, were already at work at an earlier period, and are best illustrated by the *Appendix Probi* and the Vulgate. Although they are not typical of Northern Gaul, they could hardly be omitted from our survey. The other Latin extracts are from works which to a varying degree have been influenced by the traditional language of Rome. They do not strictly represent the speech of the people, but they point to some of the great changes which up to the ninth century were taking place in the pronunciation, the accidence, the syntax, and the vocabulary. The new forces at work are not equally evident in all the specimens; in some they are deftly concealed by the erudition of the writer, but in others they are allowed to appear in the thinnest disguise. Einhard, steeped in the knowledge of Suetonius, writes with a purity and elegance worthy of the best traditions; Amatus, Prior of Vézeronce (cf. 4 *c*), is not devoid of style, although his grammar and spelling are faulty. On the other hand, Bishop Frodebert and the compilers of Fredegar's Chronicle wield a vigorous vernacular, more French than Latin in character, and the *Capitulare de Villis*, though drawn up by a contemporary of Einhard, shows a closer affinity to the Romance language of the Strasburg Oaths than to the Latin of the *Vita Caroli Magni*.

The French extracts have been selected with a view to tracing stage by stage the development of language and style, but they belong to characteristic works of the respective periods and will also serve to illustrate the chief literary tendencies. As far as possible composite texts

have been avoided, and in nearly every case the substance and the form of the best manuscript have been reproduced. We have therefore purposely refrained from normalizing the spelling or from removing every grammatical inconsistency. As the book, however, is intended for students who have not necessarily a knowledge of palaeography, we have expanded all contractions (including numerals), discriminated between *u* and *v*, *i* and *j*, introduced modern punctuation, and made a limited use of diacritics.[1] For the same reason we have emended blunders, scribal errors, and defective passages. Throughout, however, we have given in footnotes the discarded readings of the principal manuscript, together with such variants of other manuscripts and suggested emendations as seemed to us of peculiar interest. As far as possible we have made our selection from texts not already utilized in existing anthologies. With the kind permission of Dr. Paget Toynbee we have, however, retained entirely or in part some fifteen extracts included in his *Specimens of Old French* (published by the Clarendon Press in 1892 and now out of print) which seemed to us particularly suitable. Every item has been the object of a careful investigation. While availing ourselves of existing editions, we have in several instances found it advisable, or indeed necessary, to return to the manuscript sources, or to put a new interpretation on material already accessible (see especially nos. 13, 14, 16, 20, 21, 22, parts of 24 and 25, 32, 54, 57, and 58).

The pieces are given in their chronological order, but for the period 1100 to 1400 we have placed in one group (Section III) those written in the standard literary language of the day (i. e. Francien, or more accurately Norman-Francien and Picard-Francien), and in another (Section

---

[1] An acute accent is used to distinguish accented from unaccented *e*, wherever confusion is possible. The diaeresis has been introduced into verse passages to facilitate scansion.

IV) we have arranged according to their geographical distribution those which exhibit marked dialectal features. Such a division, though necessarily somewhat arbitrary, should nevertheless commend itself to teachers and students, who will find conveniently grouped together a number of 'regular' texts on which to base the study of Old French grammar. The extracts in Section IV are fairly representative of the chief regions of the northern half of France. It need scarcely be pointed out that none of them is perfectly homogeneous. Although they possess certain peculiarities of form, syntax, or vocabulary characteristic of the localities in which the respective authors lived, they show in a varying degree the influence of Parisian French. We have also added a few examples from works written in England, but it was beyond the scope of this book fully to illustrate Anglo-Norman literature. The subject, however, is of such importance to students of English and of History that we hope to deal with it at some future date.

We offer no apology for the omission of the usual literary and grammatical introduction. Vague generalities would have served little purpose, and an adequate treatment of the subject was clearly impossible within the limited space at our disposal. The bibliographical indications prefixed to the various extracts should compensate in a measure for this deficiency. They should also foster among students the habit of consulting at first hand the chief authorities, instead of relying too implicitly on information supplied by the text-book. For similar reasons we have given no translations and annotated the text very sparingly. In the Glossary, however, we have included all post-classical Latin forms and all words peculiar to mediaeval French, and endeavoured to clear up all serious difficulties of interpretation. In short, we have striven to produce a work which will give beginners every reasonable assistance and at the same time supply the material and critical apparatus required for a systematic study of French philology.

In conclusion we desire to express our gratitude to the authorities of the Bodleian Library, the British Museum, and the Bibliothèque Nationale for facilities to study and collate manuscripts in their charge, and to acknowledge the assistance on points of detail kindly given us by various scholars, especially by Miss M. K. Pope, Mr. C. T. Onions, Mr. M. Montgomery, the Rev. D. C. Simpson, Mr. G. Collon, Mlle Y. Salmon, and Miss P. Abrahams.

P. S.
E. G. R. W.

Oxford, July 1924.

CONTENTS

Contents

PAGE

SECTION IV: OLD FRENCH DIALECTS.

SECTION V: FIFTEENTH CENTURY.

SECTION I

VULGAR LATIN

1. APPENDIX PROBI

[MS. : Vienna, Hof bibliothek, 17, 7th or 8th century. Facsimile in appendix to Foerster's edition of 1892. Editions : W. Foerster in *Wiener Studien*, XIV (1892), p. 278 ; W. Foerster und E. Koschwitz, *Altfranz. Übungsbuch*, 6th ed., Leipzig, 1921, Appendix ; F. Slotty, *Vulgärlateinisches Übungsbuch*, Bonn, 1918, p. 29. See also K. Ullmann in *Romanische Forschungen*, VII (1892), p. 145 ; G. Paris, *Mélanges linguistiques*, Paris, 1906, p. 32.]

The *Appendix Probi* is the fragment of a work which aimed at teaching correct Latin by pointing out common errors in the speech of the uneducated. Only a selection is given below. Probus appears to have lived in the 3rd century A.D. ; according to Ullmann and Foerster he was a teacher or a pupil at the *paedagogium* of *Caput Africae* in Rome, but G. Paris inclined to think that he was a grammarian settled at Carthage in Africa.

speculum	non	speclum	
masculus	non	masclus	
vetulus	non	veclus	
vitulus	non	viclus	
baculus	non	vaclus	5
angulus	non	anglus	
Calcostegis	non	Calcosteis	
Septizonium	non	Septidonium	
vacua	non	vaqua	
cultellum	non	cuntellum	10
columna	non	colomna	
pecten	non	pectinis	
aquaeductus	non	aquiductus	
formica	non	furmica	
avus	non	aus	15
miles	non	milex	

8 *MS.* serptizonium (t *is written above* p) non serpidonium (*a later hand has struck out* r *and added* ti *above* pi) ; *Ullmann reads* septidionium.

barbarus	non	barbar	
equs	non	ecus	
coquens	non	cocens	
coqui	non	coci	20
acre	non	acrum	
pauper mulier	non	paupera mulier	
Theofilus	non	Izofilus	
catulus	non	catellus	
calida	non	calda	25
frigida	non	fricda	
vinea	non	vinia	
tristis	non	tristus	
tersus	non	tertus	
turma	non	torma	30
ostium	non	osteum	
flavus	non	flaus	
cavea	non	cavia	
senatus	non	sinatus	
cocleare	non	cocliarium	35
alveus	non	albeus	
lancea	non	lancia	
favilla	non	failla	
orbis	non	orbs	
formosus	non	formunsus	40
ansa	non	asa	
flagellum	non	fragellum	
calatus	non	galatus	
digitus	non	dicitus	
iecur	non	iocur	45
auris	non	oricla	
camera	non	cammara	
pegma	non	peuma	
tabes	non	tavis	

23 Izofilus] *Ullmann corr.* Ziofilus, *Paris* Zofilus *or* Tzofilus.
39 *MS.* uurbs *altered to* orbs.

suppellex	non	superlex	50
apes	non	apis	
nubes	non	nubs	
vulpes	non	vulpis	
palumbes	non	palumbus	
fames	non	famis	55
clades	non	cladis	
draco	non	dracco	
oculus	non	oclus	
aqua	non	acqua	
glis	non	gliris	60
exter	non	extraneus	
vir	non	vyr	
virgo	non	vyrgo	
terebra	non	telebra	
tabula	non	tabla	65
puella	non	poella	
fax	non	facla	
vico castrorum	non	vico castrae	
teter	non	tetrus	
aper	non	aprus	70
amycdala	non	amiddula	
stabulum	non	stablum	
triclinium	non	triclinu	
dimidius	· non	demidius	
persica	non	pessica	75
mensa	non	mesa	
auctor	non	autor	
auctoritas	non	autoritas	
ipse	non	ipsus	
coruscus	non	scoriscus	80
tonitru	non	tonotru	
passer	non	passar	

53 vulpis] *MS.* uullpis.   66 poella] e *written above* o.   75 per-
sica] *reading uncertain.*   76 *uncertain, perh.* tensa non tesa ?   79 *very*
uncertain.

hirundo	non	harundo	
obstetrix	non	opstitris	
capitulum	non	capiclum	85
noverca	non	novarca	
nurus	non	nura	
socrus	non	socra	
neptis	non	nepticla	
anus	non	anucla	90
rivus	non	rius	
pavor	non	paor	
coluber	non	colober	
sibilus	non	sifilus	
tymum	non	tumum	95
strofa	non	stropa	
myrta	non	murta	
iunepirus	non	iiniperus	
toleravilis	non	tolerabilis	
tribula	non	tribla	100
viridis	non	virdis	
orilegium	non	orologium	
februarius	non	febrarius	
rabidus	non	rabiosus	
grundio	non	grunnio	105
vapulo	non	baplo	
passim	non	passi	
numquam	non	numqua	
noviscum	non	noscum	
vobiscum	non	voscum	110
pridem	non	pride	
olim	non	oli	
adhuc	non	aduc	
idem	non	ide	
amfora	non	ampora	115

84 opstitris] *uncertain, perh.* opsetris? 98 *uncertain, perh.* iunipirus non iuniperus? 99 tolerabilis] *uncertain, perh.* tulerabilis, *or invert the order of the words?* 100 *MS.* tripla *corrected to* tribla. 102 orologium] *perh* orolegium?

2. THE VULGATE

[Edition : M. Hetzenauer, *Biblia Sacra Vulgatae Editionis*, Innsbruck, 1906.]

The *Vulgate* is the Latin version of the Bible prepared in the 4th century by St. Jerome. The passage is from *Ezechiel*, xlvi. 13-20.

(13) Et agnum eiusdem anni immaculatum faciet holocau stum quotidie Domino : semper mane faciet illud. (14) Et faciet sacrificium super eo cata mane mane sextam partem ephi, et de oleo tertiam partem hin, ut misceatur similae : sacrificium Domino legitimum, iuge atque perpetuum. (15) Faciet 5 agnum, et sacrificium, et oleum cata mane mane : holocaustum sempiternum. (16) Haec dicit Dominus Deus : Si dederit princeps donum alicui de filiis suis : hereditas eius, filiorum suorum erit, possidebunt eam hereditarie. (17) Si autem dederit legatum de hereditate sua uni servorum suorum, erit illius usque ad 10 annum remissionis, et revertetur ad principem : hereditas autem eius, filiis eius erit. (18) Et non accipiet princeps de hereditate populi per violentiam, et de possessione eorum : sed de possessione sua hereditatem dabit filiis suis : ut non dispergatur populus meus unusquisque a possessione sua. (19) Et 15 introduxit me per ingressum, qui erat ex latere portae, in gazophylacia sanctuarii ad sacerdotes, quae respiciebant ad aquilonem : et erat ibi locus vergens ad occidentem. (20) Et dixit ad me : Iste est locus ubi coquent sacerdotes pro peccato, et pro delicto : ubi coquent sacrificium, ut non efferant in 20 atrium exterius, et sanctificetur populus.

8 donum] *some versions* domum.

3. GREGORY, BISHOP OF TOURS (538-94)

[There are numerous MSS. Editions : W. Arndt and B. Krusch, *Mon. Germ. Hist.*, quarto series, *Scriptores rerum Merovingicarum*, t. I, 1884 ; H. Omont et G. Collon, *Grégoire de Tours, Histoire des Francs* (*Collection de textes pour servir à l'étude . . . de l'histoire*), Paris, 1886, etc. ; new edition by R. Poupardin, Paris, 1913. See also A. Molinier, *Les Sources de l'hist. de France*, t. I, Paris, 1901. On the language of Gregory, see

M. Bonnet, *Le Latin de Grégoire de Tours*, Paris, 1890 ; Manitius in *Neues Archiv*, XXI, p. 549.]

Gregory, born at Clermont-Ferrand about 538, belonged· to a distinguished family. He was educated in his native town and entered the Church at an early age. As bishop of Tours (573–94) he played an important part in politics, and in his *Historia Francorum* he has given us the most detailed and trustworthy account of the period. His language was not modelled on the classics, like that of Fortunatus, but is personal, clear, and vigorous, and the best example of that form of Latin which had struck roots in Central Gaul.

a. LIBER IN GLORIA CONFESSORUM
(PRAEFATIO)

[The text (Arndt-Krusch, pp. 747–8) is based on four MSS. In foot-notes we give the variants of the oldest MS., viz. Paris, Bibl. Nat., lat. 2204, 9th century.]

Gregory apologizes for his defective knowledge of classical Latin.

Liber in gloria confessorum incipit feliciter.

Pudet insipienti, reprobo inperitoque atque inerti illud adgredi, quod non potest adimplere ; sed quid faciam, quod oculi non patior, quae de beatorum virtutibus vel ipse saepius inspexi vel per relationem bonorum virorum et certae fidei 5 evidenter gesta cognovi ? Sed timeo, ne, cum scribere coepero, quia sum sine litteris rethoricis et arte grammatica, dicaturque mihi a litteratis : ' O rustice et idiota, ut quid nomen tuum inter scriptores indi aestimas ? Ut opus hoc a peritis accipi putas, cui ingenium artis non subpeditat, nec ulla litterarum 10 scientia subministrat ? Qui nullum argumentum utile in litteris habes, qui nomina discernere nescis ; saepius pro masculinis feminea, pro femineis neutra et pro neutra masculina conmutas ; qui ipsas quoque praepositiones, quas nobilium dictatorum observari sanxit auctoritas, loco debito plerumque non locas. 15 Nam ablativis accusativa et rursum accusativis ablativa prae-ponis. Putasne : videtur, ut bos piger palaestrae ludum

4 oculis, s *erased.*   7–8 dicat mihi aliter (*altered to* aliquis) : ' Auso rustico'.   9 Ut] Aut.   10 aptis *altered to* artis.   13 *One MS.* pro neutris. 14 dictorum *altered to* dictatorum.   17 videbitur.

exerceat, aut asinus segnis inter spheristarum ordinem celeri volatu discurrat ? Aut certe numquid poterit corvus nigredinem suam albentium columbarum pinnis obtegere aut obscuritas 20 picis liquoris lactei colore mutari ? Nempe, ut ista fieri possibile non est, ita nec tu poteris inter scriptores alios haberi.' Sed tamen respondebo illis et dicam, quia : ' Opus vestrum facio et per meam rusticitatem vestram prudentiam exercebo. Nam, ut opinor, unum beneficium vobis haec scripta praebebunt, 25 scilicet ut, quod nos inculte et breviter stilo nigrante describimus, vos[1] lucide ac splendide stante versu in paginis prolixioribus dilatetis.'

25 et *altered to* ut.   scriptura.   28 dilatati *altered to* dilatari.

b. HISTORIA FRANCORUM, lib. iii. 7

[The text is from the Omont-Collon-Poupardin edition, based on MS. Paris, Bibl. Nat., lat. 17655 (MS. de Corbie) of the 7th century. In foot-notes we give the variants of the critical text by Arndt-Krusch.]

Thierry I, eldest of the four sons of Clovis, attacks the Thuringians, and, with the help of his brother Clotaire I, defeats them on the banks of the Unstrutt, a tributary of the Saale, in 531. Cf. Lavisse, Hist. de France, II, 1, p. 128.

Post Theudoricus non inmemor iniurias Hermenefredi, regis Thoringorum, Chlothacharium fratrem suum in solacio suo vocat et adversum eum ire disponit, promittens regi Chlothachario partem praedae, si eisdem munus victoriae deveniret conferretur. Convocatis igitur Francis, dicit ad eos : 5 ' Indignamini, quaeso, tam meam iniuriam quam parentum vestrorum interitum, ac recolite, Thoringos quondam super parentes nostros violenter advenisse ac multa intulisse illis mala. Qui, datis obsidibus, pacem cum his inire voluerunt, sed ille obsides ipsos diversis mortibus perimerunt et inruerunt 10

1 periurias H.   2 solatio.   4–5 victuriae divinitus conferritur
6 quam interitum p.   7 Thoringus.   8 multa illis i.   10 *MS.*
ille *altered to* illi.   obsedes ipsus.   peremerunt.

---

[1] Gregory probably refers to his friend, the poet Fortunatus.

super parentes nostros, omnem substantiam abstulerunt
pueros per nervos faemorum ad arbores adpendentes, puellas
amplius ducentas crudeli nece interfecerunt, ita ut, legatis
brachiis super equorum cervicibus, ipsique acerrimo moti
stimulo per diversa patentes, diversis in partes faeminas divi- 15
serunt.   Aliis vero super urbitas viarum extensis, sudibusque
in terra confixis, plaustra desuper honerata transire fecerunt,
confracti[s]que ossibus, canibus avibusque eas in cybaria de-
derunt.   Nunc autem Hermenefredus quod mihi pollicitus
est fefellit et omnino haec adimplire dissimulat. Ecce verbum 20
directum habemus : Eamus cum Dei adiutorium contra eos ! '
Quod illi audientes et de tanto scelere indignantes, uno
animo eademque sententiam Thoringiam petierunt.   Theo-
doricus autem, Chlothacharium fratrem et Theodobertum
filium in solatio suo adsumptos, cum exercitu abiit.   Thoringi 25
vero venientibus Francis dolos praeparant.   In campum enim,
quo certamen agi debebant, fossas effodiunt, quarum ora
operta denso cispite planum adsimilant campum.   In his ergo
foveis cum pugnare coepissent, multi Francorum equites con-
ruerunt, et fuit eis valde impedimentum ; sed cognitum hunc 30
dolum, observare coeperunt.   Denique cum se Thoringi caedi
vehementer viderent, fugato Hermenefredo regi ipsorum, terga
vertunt et ad Onestrudem fluvium usque perveniunt.   Ibique
tanta caedis ex Thoringis facta est, ut alveus fluminis a cada-
verum congeriae repleretur, et Franci tamquam per pontem 35
aliquod super eos in litus ulteriore transierunt.   Patratam
ergo victoriam, regionem illam capessunt et in suam redigunt
potestatem. Chlothacharius vero rediens, Radegundem, filiam
Bertharii regis, secum captivam abduxit sibique eam in matri-
monio sociavit ; cuius fratrem postea iniuste per homines 40

11 abstullerunt.   12 femorum.   appendentes.   13 interfecerunt.
15 petentes. in partebus feminas.   17 onerata.   18 canis. cibaria.
19 Herminefredus.   21 adiutorio.   22 ille.   23 Theu-
doricus.   24 Theudobertum.   25 exercito.   27 debebat.   28 cispete.
32 rege.   34 caedes. alveos.   36 transirent.   37 victuriam.
39 Bertecharii.

niquos occidit. Illa quoque ad Deum conversa, mutata veste, monasterium[1] sibi intra Pectavensem urbem construxit.

4. CHRISTIAN INSCRIPTIONS

[Editions : E. Le Blant, *Inscriptions chrétiennes de la Gaule antérieures au VIIIe siecle*, with engravings, t. I, Paris, 1856, t. II, 1865 ; A. Allmer et A. de Terrebasse, *Inscriptions antiques et du Moyen Age de Vienne en Dauphiné*, part I, vol. 4, Paris, 1876 ; A. Allmer et P. Dissard, *Musée de Lyon: Inscriptions antiques*, t. IV, Lyons, 1892, with engravings ; O. Hirschfeld, *Corpus Inscriptionum Latinarum*, vol. XIII, part 1, fasc. 1, Berlin, 1899. See also E. Huebner, *Exempla Scripturae Epigraphicae Latinae*, Berlin, 1885 ; J. Pirson, *La langue des inscriptions latines de la Gaule* (*Bibl. de l'Univ. de Liège*, fasc. XI), Brussels, 1901 ; E. Diehl, *Lateinische altchristliche Inschriften* (*Kl. Texte f. Vorlesungen u. Übungen*, 26–8) 2nd. ed., Bonn, 1913 ; id., *Vulgärlat. Inschriften* (ditto, 62), Bonn, 1910 ; E. Engström, *Carmina latina epigraphica post editam collectionem Buechelerianam in lucem prolata*, Göteborg and Leipzig, 1912.]

a. EPITAPH OF AGAPUS, LYONS, 601 A. D.

[Le Blant, I, p. 40, and plate, no. 17 ; Huebner, p. 268, no. 777 ; Allmer-Dissard, p. 143, no. 462 ; Hirschfeld, p. 369, no. 2391.]

Epytafium hunc qui intuis, lector, | bone recordacionis Agapi neguciatoris | membra quiescunt; nam fuit iste stacio | miseris et portus eginis, omneb[u]s apt[u]s | fuit, praecipuae loca s[an]c[t]orum[2] adse|due et elemosinam et oracionem | stu-duit ; vixit in pace ann[o]s lxxxv, ob[iit] | viii kal[endas] Aprilis,[3] 5 lxi p[ost] c[onsulatum] Iustini indict[ione] quarta.

1 qui intuis] *Le Blant* q hintuis, *Allmer* qui intu[er]is.   3 aptus] *Le Blant* apt[issimu]s.   5 viii] *Allmer* xiii.

b. INSCRIPTION ON A MARBLE TABLET IN THE CRYPT OF S. IRENAEUS AT LYONS, UNDATED

[Le Blant, I, p. 104, and plate 7, no. 29 ; Allmer-Dissard, p. 177 : Hirschfeld, p. 374, no. 2417 ; Engström, no. 429 ; Diehl, *Lat. altchr. Inschriften*, p. 56, no. 336.]

---

[1] *i. e.* the monastery of Sainte-Croix at Poitiers.

[2] Gregory, in *Gloria Confessor.*, cap. 61, refers to *Loca sancta Lugdu-nensis oppidi.*   [3] viii kalendas Aprilis, *i. e.* March 25.

H ic eacit germanitas fratris | adque sororis, quorum ama-
bili|tas iusta meruit coniuctaq[ue] | sanctae abitationi mo-
rari. | Lecit braevis eorumq[ue] vita [fuisse dicatur, innocentiae |
meritum abent aput Deum | animae perpetua vita | firmata,
Maximius | q[ui] vixit an[nos] xi et m[ensem] et d[iem], | Por- 5
caria vixit an[nos] ii et m[enses] vii | et d[iem]. Optam[us]
vobis filcissimi | valeatis q[ui] innocentium n|omina memoriam
recensi|tes. ✱

1 eacit] *has also been read as* facit, *the lower arm of* E *being very short.*
2 morari] *the last two letters* RI *are engraved in the line above, after* CON-
IVCTAQ. 4 meritum] *the inscription has* MPRITVM. *Le Blant*
anima. firmata] *corr.* firmatae? 6 vii] *uncertain; so Allmer*
and Hirschfeld; the inscription has two characters, the second is clearly I,
the first resembles S *and has been interpreted as a digamma* (*used for*
figuring the number 6 *down to the end of the Merovingian Period; cf.*
M. Prou, *Manuel de paléographie,* 3rd ed., Paris, 1910, p. 284).

c. EPITAPH OF FELIX, BY AMATUS, PRIOR OF VÉZERONCE, BRIORD (AIN), 630–31 A. D.

[The inscription, which has now disappeared, was transcribed by
Abbé de Veyle (d. 1723) but not published. This transcription, utilized
by Le Blant (II, p. 11, no. 377) and by Allmer (Allmer-Terrebasse IV,
p. 441, no. 1954), is now apparently lost, but a copy of it, made for
Fevraut de Fontette, is preserved in Paris, Bibl. Nat., fonds Moreau,
no. 861, and was used by Hirschfeld (p. 384, no. 2477). See also
Engström, no. 363; Diehl, *Lat. altchr. Inschriften,* p. 53, no. 324.]

I ngenie virtute cluins et nuvelis ortum
Occopat hoc | tumulo [in] Chr[ist]i no[mine] Felix,
Pr[es]b[yte]r. Vir magnus, cleminx ac mente | benegnus,
Abstutus, argus, dulcissimus, aptus;
Ordene que rictu, vita | cometante beata, 5
Gesisti sacrum pr[es]b[yte]r officio.
Laudavelis et sapi|ensie legis,
Consile magnas dum fenerares opis,
Omnium potins, | passiins compascere litis
Et vervis anemus pacefekare ferus. | 10

2 Occopat] *so Le Blant and Allmer; Hirschfeld, Diehl* occort (P *and* A
combined were written as R). 4 argus] *Le Blant corr.* largus, *Engström =*
argutus. 7 Laudavelis] *so Le Blant, Allmer; Hirschfeld, Diehl* laudaelis.
8 *Hirschfeld, Diehl* opes. 9 *Le Blant* conpascere. 10 anemus]
uncertain; Le Blant, Allmer anenus; *Hirschfeld, Diehl* anemis.

Non et nuvilior criscit ex mure parentum,
    Sperne[re] dispectus suble|cetavet onor.
Hinc egetur longa meruit sene crimine vita :
    Et tum | propia sepe levavit opem.
Vixit in pace an[nos] LV, ob[iit] vx [1] k[a]l[endas] Septe[m]bris 15
                        | ind[ictione] III.
Hoc ergo Amatus studuit conscrivere karmin,
    C[ui] antes|tetis est Veseroncia tuos.

11 *Hirschfeld, Diehl* nuvilior.   12 *Allmer* honor (*misprint ?*).   14
Et tum] *corr.* egenum *or* egentum (= egentem) ?   15 *Le Blant, Allmer*
ob ; *Hirschfeld* obi ; *Diehl* obii.

5. LETTER FROM FRODEBERT TO IMPORTUNUS

[MS. : Paris, Bibl. Nat., lat. 4627, fol. 27, 9th century. Editions :
A. Boucherie, *Cinq Formules rythmées et assonancées du VIIe siècle*, Mont-
pellier and Paris, 1867; P. Meyer, *Recueil d'anciens textes*, I, Paris, 1877,
p. 8; K. Zeumer, *Mon. Germ. Hist.*, quarto series, *Legum* sect. V, 1886,
p. 220. See also P. Meyer in *Revue critique d'hist. et de litt.*, II, p. 344.]

This is one of five letters exchanged in the 7th century between
a bishop named Frodebert, who was in charge of a nunnery, and
Importunus, a Parisian layman of high rank. P. Meyer has referred
to it as ' le plus ancien exemple d'estribot '.

Sanctorum meritis beatificando domno et fratri Inportune.
  Domne dulcissime et frater carissime Inportune,
Quod recepisti tam dura, estimasti nos iam vicina
Morte de fame perire, quando talem annonam voluisti largire ?
Nec ad pretium nec ad donum non cupimus tale anonę.   5
Fecimus inde comentum—si dominus imbolat formentum !—
A foris turpis est crusta, ab intus miga nimis est fusca ;
Aspera est in palato, amara et fetius odoratus.
Mixta vetus apud novella faciunt inde oblata non bella.

3 tam dura] *Meyer suggests* tam indina ? ; *Zeumer puts commas after*
recepisti *and* estimasti.   4 *MS.* annonā (ā *erased*).   6 *so Zeumer ;*
Meyer puts a comma after comentum *and a stop after* formentum.

[1] vx (a common inversion of xv) kalendas Septembris, i.e. August 18.

Semper habeas gratum qui tam larga manu voluisti donatum, 10
Dum Deus servat tua potestate in qua cognovimus tam
 grande largitate !
Vos vidistis in domo quod de fame nobiscum morimur !
Homo, satis te presumo salutare, et rogo ut pro nobis
 dignetis orare.
Transmisimus tibi de illo pane : probato si inde potis
 manducare !
Quamdiu vivimus, plane liberat nos Deus de tale pane !   15
Congregatio puellare sancta refudat tale pasta.
Nostra privata stultitia ad te in summa amiticia.
Obto te semper valere et caritatis tue iura tenere !

11 *MS.* largitatis.   13. Homo] *perh. last word of l. 12?*   ·16 puel-
lare] *corr.* puellarum ?   18 iura] *so Zeumer; MS.* iuro.

6. THE CHRONICLE OF FREDEGAR

[Oldest MS. : Paris, Bibl. Nat., lat. 10910, 7th or 8th century. Edition :
B. Krusch, *Mon. Germ. Hist.*, quarto series, *Scriptores rerum Merovingica-
rum*, t. II, 1888. See also G. Monod, *Du lieu d'origine de la Chronique dite de
Frédégaire*, in *Jahrbuch f. schweizerische Geschichte*, III, Zürich, 1878, p. 139 ;
id., *Études critiques sur les sources de l'hist. carolingienne*, part I (*Bibl. École
des Hautes Études*, fasc. 119), Paris, 1898, p. 12 ; O. Haag, *Die Latinität
Fredegars*, Diss. Freiburg-i.-Br., Erlangen, 1898 ; G. Schnürer, *Die
Verfasser der sog. Fredegar-Chronik*, Fribourg, 1900.]

The ascription of this Chronicle to Fredegar dates from the 16th
century, but appears to rest on no precise evidence. According to
Krusch the Chronicle was first composed in 613 by an author who
lived at Avenche (Switzerland), continued by a second Avenche
author in 642, and enlarged by an interpolator who after 658 inserted
a few chapters. Schnürer agrees in the main with this division,
but thinks that the first compiler was a native of Geneva (possibly
Agrestius, sometime monk of Luxeuil), that the second lived in the
South of France, and that all three acted as notaries to various
royal households. Monod, on the other hand, sees in the Chronicle
the uncompleted work of a monk of St. Marcel de Chalon, who,
writing between 658 and 664, utilized (among other sources) annals
originating from Avenche. Later continuations bring the work
down to the year 768.

*Book III (19-21) relates the marriage and conversion of
Chlodovech or Clovis. For an account of these events, see Lavisse,*
Hist. de France, *II, 1, p. 98.*

Cumque Aridius a Massilia velocissimo curso haec audiens
ad Gundobado venisset, dixitque ei Gundobadus : ' Audisti
quod amiciciam cum Francis inivemus, neptemque meam
Chlodoveo tradedi uxorem ? ' Respondensque Aridius dixit :
' Non est haec amiciciae cultus, sed inicium discordiae 5
perpetuae. Remeniscere debueras, domini mi, quod genitorem
Chlotechilde, germano tuo, Chilperico gladium trucidasti,
matrem eius lapidem ad collo legata negare iussisti, duos eius-
dem germanos capite truncato in puteum fecisti proiecere. Si
prevaluerit, iniuria parentum vindecavit. Dirige protinus exer- 10
citum post eam ut revertatur. Facilius unus feris iurgium,
quam omni tempore tu et tui scandalizeris a Francis.' Haec
audiens Gundobadus exercitum postergum Chrotechildis reten-
tandum dirigit ; qui consequentes, thensarus et basternam
cuncta retentant. Chrotechildis vero cum propinquasset 15
Vilariaco, in qua Chlodoveus resedebat, in territorio Trecassino,
aduc antequam terminus Burgundiae Chrotechildis preteriret,
rogans eis a quibus ducebatur, duodicem lewas in utrasque
partis de Burgundia predarint et incenderint. Quod cum per-
mittente Chlodoveo fuisset impletum, dixit Chrotechildis : 20
' Gratias tibi ago, Deus omnipotens, quod inicium vindicte de
genitoribus et fratribus meis video.'

Tunc ad presens Glodoveo perducetur, ipsamque in matri-
monium Chlodoveus accepit, quam culto regale perfecto dilixit
amore. Habebat iam tunc Chlodoveus filium de concubina 25
nomen Theudericum. Chrotechildis cum primogenitum filium
habuisset, quem baptismum consecrare vellit, verum adsiduae
suadens christianus efficere, nullatenus ad conciliandum regis
animus movebatur, dicens : ' Deorum nostrorum iussione cuncta
creantur ; Deus vester nihil posse manifestatur.' Regina filium 30
ad baptismum exibet. Baptizatus autem puer, quem Ingomerem
vocitabant, in albis obiit. Qua de causa permutus felle rex
increpabat regina, dicens : ' In nomine deorum meorum puer
fuisset, vixerat.' Regina Deo omnipotenti gratias agens, ut de
utero suo genitum in regno suo acceperit. Post hunc genuit 35

filium quem Chlodomere vocavit. Cum baptizatus aegrotare coepisset, dicebat rex : ' Et isti sicut frater moritur.' Orante matre, Domino adiuvante, convaluit. Regina tamen adsiduae regi verbis blandiciis ad Christi cultum suadebat.

Cumque bellum contra Alamannus Glodoveus rex moverit, 40 suadente regina vovit, si victuriam obtenebat effecerit christianus. Cumque uterque phalangiae certamine iungentes, dixitque Chlodoveus : ' Deum invoco quem Chrotechildis regina colit ; si me iobaret in hoc prilium ut vincam hos adversarius, eroque illi fidelis.' Alamanni terga vertentes in fugam lapsi. Cumque 45 regem suum cernerint interemptum, novem ann[os] exolis a sedibus eorum nec ullam potuerunt gentem conperire, qui eis contra Francos auxiliaret ; tandem se dicionem Chlodoviae subdunt. Nam cum de prilio memorato superius Chlodoveus Remus fuisset reversus, clam a sancto Remedio Remensis urbis 50 episcopum, adtrahentem etiam Chrotechilde regina, baptismi gratiam cum sex milia Francis in pascha Domini consecratus.[1] Cum a sanctum Remedium in albis evangelio lectio Chlodoveo adnunciaretur, qualem dominus noster Iesus Christus ad passionem venerat, dixitque Chlodoveus : ' Si ego ibidem cum 55 Francis meis fuissem, eius iniuriam vindicassim.' Iam fidem his verbis ostendens, christianum se verum esse adfirmat.

7. THE GLOSSES OF REICHENAU

[MS. : Karlsruhe, 115, 8th century. Edition : W. Foerster und E. Kosch-witz, *Altfranz. Übungsbuch*, 6th ed., Leipzig, 1921, col. i. For bibliography see the edition and G. Bertoni in *Romania*, XLIV, p. 122.]

The Glossary, dating from the beginning (or from the end, accord-ing to G. Paris, *Mélanges linguistiques*, p. 113) of the 8th century, explains Latin words, chiefly words from the *Vulgate*, and frequently gives Romance (N. French) equivalents. The following are typical examples :—

Callidior : vitiosior (*Genesis* 3, 1)
Binas : duas et duas (6, 19)

[1] According to Gregory of Tours, Clovis was baptized on Christmas Day (not on Easter Day) 496.

Sexus : generis (6, 19)
Deinceps : postea (9, 11)
Pulcra : bella (12, 11)   5
Sublata : subportata (12, 15)
Levam : sinistram (14, 15)
Mares : masculi (17, 23)
Anus : vetulae (18, 13)
Semel : una vice (18, 27)   10
Proficiscimini : pergite, ambulate (19, 2)
Infringerent : infrangerent (19, 9)
Concidisset : capulasset (22, 3)
Arenam : sabulo (22, 17)
Ager : campus (23, 9)   15
En : ecce (24, 51)
Vescentes : manducantes (24, 54)
Rufa : sora (25, 30)
Sevit : seminavit (26, 12)
Umo : terra (26, 15)   20
Olim : antea (26, 18)
Inludere : deganare (27, 12)
Minatur : manatiat (27, 42)
Dem : donem (29, 19)
Supellectilem : utensilia (31, 37)   25
Turmas : fulcos (32, 7)
Vicessim : per vices (34, 9)
Sepulta : sepelita (35, 8)
Opilio : custos ovium vel berbicarius (38, 12)
Emit : comparavit (39, 1)   30
In munipulos redacte : in garbas collecte (41, 47)
Segetes : messes (41, 47)
Plaustra : carra (45, 19)
Errarium : thesaurum puplicum (47, 14)
De gremio : de sinu (48, 12)   35

12 *Vulg.* effringerent   20 *Vulg.* humo.   22 *Vulg.* illudere.   31
Vulg. manipulos.   34 *Vulg.* aerarium.

Flare : sufflare (*Exod.* 10, 19)
Cecinit : cantavit (15, 1)
Submersi : dimersi, necati (15, 4)
Coturnices : quacoles (16, 13)
Operuisset : cooperuisset (16, 14)   40
Pignus : wadius (22, 26)
Papilionis : travis (33, 8)
In foramina : in pertusio (33, 22)
Aes : eramen (35, 5)
Sagma : soma vel sella (*Levit.* 15, 9)   45
Ultionem : vindicationem (19, 18)
Nausiam : crapullam (*Numeri* 11, 20)
Ictus : colpus (35, 17)
In cartallo : in panario (*Deuter.* 26, 2)
Pergrandem : valde grandum (*Jos.* 24, 26)   50
Novacula : rasorium (*Reg.* i. 1, 11)
Ensis : gladius (13, 22)
Ocreas : husas (17, 6)
Sarcina : bisatia (17, 22)
Super hoc negotio : de hac causa (22, 15)   55
Scurris : ioculator (*Reg.* ii. 6, 20)
Laterum : teularum (12, 31)
Onerati : carcati (16, 1)
Commentariis : macionibus (*Reg.* iv. 22, 6)
Concidit : taliavit (24, 13)   60
Vinxit : ligavit (25, 7)
Torax : brunia, Pectus grece (*Job* 41, 17)
Iecore : ficato (*Tob.* 6, 5)
Pueros : infantes (*Matth.* 2, 8)
Ofendas : abattas (4, 6)   65
Ostendit : monstravit (4, 8)
Secessit : abiit, ambulavit (5, 34)
Segregat : seperat (25, 32)

43 *Vulg.* foramine.   47 *Vulg.* nauseam.   48 *cf. no. 78.*   **59** commentariis *for* cementariis *is due to a confusion ; cf. no. 100.*

Calumpniantibus : accusantibus (5, 44)
Uvas : racemos (7, 16)   70
Si vis : si voles (8, 2)
Potius : amplius, magis (10, 6)
Id : hoc
Optimos : meliores
Transgrediuntur : trans vadunt (15, 2)   75
Oportet : convenit (17, 10)
In foro : in mercato (20, 3)
Colafis : colpis (26, 67)
Furent : involent (27, 64)
Procella : tempestas (*Marc.* 4, 37)   80
Domicilium : parva mansiuncula (5, 3)
Vituperant : blasphemant (7, 2)
Ianitori : ostiarii (13, 34)
Gratia : merces (*Luc.* 6, 34)
Milites : servientes (7, 8)   85
Artemon : malus, mastus navis (*Act.* 27, 40)
Tabernaculum : mansio (*Psalm.* 26, 5)
Ceciderunt : caderunt (35, 13)
Notum : cognitum (38, 5)
Bellantes : pugnantes (55, 3)   90
Fex : lias (74, 9)
Accensus : inflammatus (77, 21)
De stercore : ex femo (112, 7)
Abio : vado
Arbusta : arbriscellus   95
Aculeus : aculionis
Caseum : formaticum
Catulus : catellus
Castro : heribergo
Cementarii : mationes   100
Eburneis : ivorgiis
Ereditatem : possessionem vel alodem

69 *Vulg.* calumniantibus.   78 *Vulg.* colaphis.

Framea : gladius bisacutus
Galea : helmus
Hiems : ibernus   105
Imperat : cummendat
Imum : quod iusum est
Is : ille vel iste
In ore : in bucca
Incidit : intus cadit   110
In universa terra : in tota terra
Machinas : ingenias
Meditare : cogitare
Nutare : cancellare
Non pepercit : non sparniavit   115
Obviare : incontrare
Oves : berbices
Pincerna : scantio
Pes : pedis
Ruga : fruncetura   120
Rostrum : beccus
Respectant : rewardant
Requiescit : repausat
Sortilegus : sorcerus
Sopor : sumpnus   125
Saniore : meliore, plus sano
Singulariter : solamente
Talpas : muli qui terram fodunt
Tedet : anoget
Tumentes : inflantes   130
Transgredere : ultra alare
Tetigit : tangit
Transmeare : transnotare
Transfretavit : trans alaret
Transilivit : trans alavit   135
Torris : ticio

105 *MS*. ibern'.

Vespertiliones : calves sorices
Wespes : scabrones, wapces
Urguet : adastet.

8. CAPITULARE DE VILLIS IMPERIALIBUS

[MS. : Helmstedt 254, probably written before 814. Editions : G. H.
Pertz, *Mon. Germ. Hist., Legum* t. I, 1835, p. 181 ; A. Boretius, *Mon.
Germ. Hist.*, quarto series, *Legum* sect. II, t. I, 1883, p. 82. See also
B. Guérard, *Mémoires de l'Acad. des Inscriptions*, t. XXI, 1857, p. 165.]

This Capitulary or ordinance for the administration of *villae* or
royal farms was issued by Charlemagne about the year 800, or
possibly a little earlier.

*The following extracts are from the edition by Boretius, who has
accepted many of the emendations suggested by Guérard. The MS.
contains a few corrections by a contemporary or slightly later hand :
in such cases we give the original reading in foot-notes introduced
by MS. 1.*

Volumus ut quicquid nos aut regina unicuique iudici ordina-
verimus aut ministeriales nostri, sinescalcus, et butticularius,
de verbo nostro aut reginae ipsis iudicibus ordinaverit, ad
eundem placitum, sicut eis institutum fuerit, impletum habeant ;
et quicumque per neglegentiam dimiserit, a potu se abstineat 5
postquam ei nuntiatum fuerit, usque dum in praesentia nostra
aut reginae veniat et a nobis licentiam quaerat absolvendi. Et
si iudex in exercitu, aut in wacta, seu ambasiato, vel aliubi
fuerit, et iunioribus eius aliquid ordinatum fuerit et non con-
placuerint, tunc ipsi pedestres ad palatium veniant, et a potu 10
vel carne se abstineant, interim quod rationes deducant propter
quod hoc dimiserunt ; et tunc recipiant sententiam, aut in
dorso, aut quomodo nobis vel reginae placuerit.

.   .   .   .

In unaquaeque villa nostra habeant iudices vaccaritias, por-
caritias, berbicaritias, capraritias, hircaritias quantum plus 15
potuerint et nullatenus sine hoc esse debent. Et insuper
habeant vaccas [ad] illorum servitium perficiendum commen-

9-10 conplacuerint] *corr.* conpleverint ?   13 *Pertz reads* quomo.

datas per servos nostros, qualiter pro servitio ad dominicum
opus vaccaritiae vel carrucae nullo modo minoratae sint.   Et
habeant, quando servierint ad carnes dandum, boves cloppos 20
non languidos et vaccas sive caballos non scabiosos aut alia
peccora non languida.   Et ut diximus, pro hoc vaccaritias vel
carrucas non minorent.

. . . .

Ut silvae vel forestes nostrae bene sint custoditae ; et ubi
locus fuerit ad stirpandum, stirpare faciant, et campos de silva 25
increscere non permittant ; et ubi silvae debent esse, non eas
permittant nimis capulare atque damnare ; et feramina nostra
intra forestes bene custodiant ; similiter acceptores et spervarios
ad nostrum profectum praevideant ; et censa nostra exinde
diligenter exactent.   Et iudices, si eorum porcos ad saginan- 30
dum in silvam nostram miserint vel maiores nostri aut homines
eorum, ipsi primi illam decimam donent ad exemplum bonum
proferendum, qualiter in postmodum ceteri homines illorum
decimam pleniter persolvent.

. . . .

Ut unaquaeque villa intra cameram lectaria, culcitas, plu- 35
matios, batlinias, drappos ad discum, bancales, vasa aerea,
plumbea, ferrea, lignea, andedos, catenas, cramaculos, dola-
turas, secures id est cuniadas, terebros id est taradros, scalpros
vel omnia utensilia ibidem habeant, ita ut non sit necesse
aliubi hoc quaerere aut commodare.   Et ferramenta, quod in 40
hostem ducunt, in eorum habeant plebio qualiter bona sint et
iterum quando revertuntur in camera mittantur.

. . . .

De quadragesimale duae partes ad servitium nostrum veniant
per singulos annos, tam de leguminibus quamque et de piscato
seu formatico, butirum, mel, sinape, aceto, milio, panicio, her- 45
bulas siccas vel virides, radices, napos insuper, et ceram vel

19 *MS.* vaccaritias vel carrucas.   20 carnes] *MS.* canes.   20-1 *corr.*
nec cloppos nec languidos ?   23 carrucas] *MS. 1* carrugas.   34 *MS. 1* per-
soluant.   35-6 *MS. 1* plumatias.   37-8 *MS. 1* dolaturias.   46 ceram]
MS. 1 cetera.

saponem atque cetera minutia ; et quod reliquum fuerit nobis
per brevem, sicut supra diximus, innotescant et nullatenus hoc
permittant, sicut usque nunc fecerunt, quia per illas duas partes
volumus cognoscere de illa tertia quae remansit. 50

49 permittant] *corr.* praetermittant ?

9. EINHARD (770–840)

[(*a*) *Vita Caroli Magni.* There are at least eighty MSS. derived
apparently from three distinct copies ; typical representatives are :
Paris, Bibl. Nat., lat. 10758, 9th or 10th century (*C*) ; Vienna, Hofbiblio-
thek, 510, 9th century (*A*) ; Montpellier, 360, 9th or 10th century (*B*) ;
Vienna, Hofbibliothek, 473, 10th century (*b*), the last two MSS. belonging
to the same group. Editions : G. H. Pertz, *Mon. Germ. Hist.*, *Scriptorum*
t. II, 1829, p. 443, critical text based on sixty MSS. ; P. Jaffé, *Einharti
Vita Caroli Magni*, Berlin, 1876, based on MS. *C* ; Pertz-Waitz edition,
1880 (now Pertz-Waitz-Holder-Egger, Hanover and Leipzig, 1911),
based on a selection of twenty MSS. ; H. W. Garrod and R. B. Mowat,
Einhard's Life of Charlemagne, Oxford, 1915, based on the four MSS.
described above.]

Einhard wrote the *Life of Charlemagne* at some date between
814 and 821. The style, which shows the unmistakable influence
of Suetonius, affords a clear indication of the high standard of
scholarship which was attained by the disciples of Alcuin under the
generous patronage of Charlemagne. For further detail we refer to
the edition by Garrod and Mowat, of which we reproduce chapter 9
and part of 29.

[(*b*) *Annales.* There are several MSS., the oldest (of which we give
variants) is MS. Vienna, 510, end of 9th century. Editions : G. H. Pertz,
Mon. Germ. Hist., *Scriptorum* t. I, 1826 ; F. Kurze, *Annales regni
Francorum* (*Scriptores rerum Germ. in usum scholarum*), Hanover, 1895.
We have followed the latter, pp. 49 f.]

The *Annales* are merely an amplification and continuation of the
Lorsch Annals (*Annales Laurissenses*) down to the year 829. The
ascription of them to Einhard rests on no trustworthy evidence.
The author admits into his narrative incidents which the *Lorsch
Annals* found it convenient to omit, e.g. the disaster of Ronces-
valles, of which the *Lorsch Annals* say not a word.

a.

IX. Cum enim assiduo ac paene continuo cum Saxonibus
bello certaretur, dispositis per congrua confiniorum

loca praesidiis, Hispaniam quam maximo poterat belli apparatu
adgreditur; saltuque Pyrinei superato, omnibus quae adierat
oppidis atque castellis in deditionem acceptis, salvo et incolomi 5
exercitu revertitur; praeter quod in ipso Pyrinei iugo Wasconicam
perfidiam parumper in redeundo contigit experiri. Nam cum
agmine longo, ut loci et angustiarum situs permittebat, por-
rectus iret exercitus, Wascones in summi montis vertice positis
insidiis—est enim locus ex opacitate silvarum, quarum ibi 10
maxima est copia, insidiis ponendis oportunus—extremam
impedimentorum partem et eos qui novissimi agminis ince-
dentes subsidio praecedentes tuebantur desuper incursantes in
subiectam vallem deiciunt, consertoque cum eis proelio usque
ad unum omnes interficiunt, ac direptis impedimentis, noctis 15
beneficio quae iam instabat protecti summa cum celeritate in
diversa disperguntur. Adiuvabat in hoc facto Wascones et
levitas armorum et loci in quo res gerebatur situs, econtra
Francos et armorum gravitas et loci iniquitas per omnia Was-
conibus reddidit impares. In quo proelio Eggihardus regiae 20
mensae praepositus, Anshelmus comes palatii et Hruodlandus
Brittannici limitis praefectus cum aliis conpluribus interficiun-
tur. Neque hoc factum ad praesens [1] vindicari poterat, quia
hostis re perpetrata ita dispersus est ut ne fama quidem
remaneret ubinam gentium quaeri potuisset.   25

.   .   .   .

XXIX. Post susceptum imperiale nomen, cum adverteret
multa legibus populi sui deesse—nam Franci duas habent
leges,[2] in plurimis locis valde diversas—cogitavit quae deerant
addere et discrepantia unire, prava quoque ac perperam pro-
lata corrigere, sed de his nihil aliud ab eo factum est, nisi quod 30

7 *C omits* parumper.   10 *B omits* quarum ibi.   18 econtra] *B et
contra*.   21–22 *B omits* et Hruodlandus Brittannici limitis praefectus.
28 b *omits* valde.   30 *B omits* ab eo.

[1] The disaster took place on August 15, 778.
[2] The two systems of law were the code of the Salian Franks and
that of the Ripuarian Franks.

pauca capitula, et ea inperfecta, legibus addidit. Omnium tamen nationum quae sub eius dominatu erant iura quae scripta non erant describere ac litteris mandari fecit. Item barbara et antiquissima carmina, quibus veterum regum actus et bella canebantur, scripsit memoriaeque mandavit. Inchoavit 35 et grammaticam patrii sermonis.

b.

Venit eodem in loco [i.e. Padrabrunno] ac tempore ad regis praesentiam de Hispania Sarracenus quidam nomine Ibin al Arabi cum aliis Sarracenis sociis suis, dedens se ac civitates, quibus eum rex Sarracenorum praefecerat. Idcirco rex peracto memorato conventu in Galliam reversus natalem Domini in 5 Dutciaco villa, pascha vero in Aquitania apud Cassinoilum celebravit.

778. Tunc ex persuasione praedicti Sarraceni spem capiendarum quarundam in Hispania civitatum haud frustra concipiens congregato exercitu profectus est superatoque in regione 10 Wasconum Pyrinei iugo, primo Pompelonem Navarrorum oppidum adgressus in deditionem accepit. Inde Hiberum amnem vado traiciens, Caesaraugustam praecipuam illarum partium civitatem accessit acceptisque, quos Ibin al Arabi et Abuthaur quosque alii quidam Sarraceni obtulerunt, obsidibus 15 Pompelonem revertitur. Cuius muros, ne rebellare posset, ad solum usque destruxit ac regredi statuens Pyrinei saltum ingressus est. In cuius summitate Wascones insidiis conlocatis extremum agmen adorti totum exercitum magno tumultu perturbant. Et licet Franci Wasconibus tam armis quam animis 20 praestare viderentur, tamen et iniquitate locorum et genere inparis pugnae inferiores effecti sunt. In hoc certamine plerique aulicorum, quos rex copiis praefecerat, interfecti sunt, direpta impedimenta et hostis propter notitiam locorum statim in diversa dilapsus est. Cuius vulneris accepti [dolor] magnam partem 25 rerum feliciter in Hispania gestarum in corde regis obnubilavit.

5 Gallia.   6 Cassinoillum.   25 *MSS.* accepti m. p. ; *other emendations proposed are* accepti [recordatio], *Pertz* acceptio.

SECTION II

THE OLDEST FRENCH MONUMENTS

10. STRASBURG OATHS (842)

[MS.: Paris, Bibl. Nat., lat. 9768, fol. 13, end of 10th or beginning of 11th
century. Numerous facsimiles have been published, the best being by
M. Enneccerus, *Die ältesten deutschen Sprach-denkmäler*, Frankfurt-a.-M.,
1897, plates 34–6. Editions: G. H. Pertz, *Mon. Germ. Hist.*, *Scriptorum*
t. II, 1828, p. 665; W. Foerster und E. Koschwitz, *Altfranz. Übungsbuch*,
6th ed., Leipzig, 1921, col. 45; E. Koschwitz, *Les plus anciens monuments
de la langue fr.*, I *Textes diplomatiques* (9th ed.), II *Textes critiques et glossaire*
(4th ed.), Leipzig, 1920; E. von Steinmeyer, *Die kleineren althochdeutschen
Sprachdenkmäler*, Berlin, 1916, p. 82; etc. A list of commentaries etc.
is given by Foerster and Koschwitz.]

Louis the Germanic and Charles the Bald, grandsons of Charle-
magne, with their respective followers, met at Strasburg on
February 14, 842, for the purpose of cementing their alliance against
their brother Lothaire (see Lavisse, *Hist. de France*, II, 1,
p. 367), and took the following oaths in French and German
respectively. The oaths were embodied by Nithard, another
grandson of Charlemagne, in his history *De dissensionibus filiorum
Ludovici Pii*, Lib. III, cap. 5, written between 841 and 843. It
is uncertain in what dialect the French oaths are written; the most
plausible theory appears to be that of Suchier (*Die Mundart der
Strassburger Eide*, in *Festgabe für W. Foerster*, Halle, 1902), who
ascribed them to the dialect of Lyons; but Muret (in *Romania*,
XLVII, p. 421) regards them as a specimen of the Latinized French
prevalent at the Carolingian court. For the German text we have
followed Steinmeyer.

Ergo XVI Kalendas Marcii Lodhuvicus et Karolus in civi-
tate, quę olim Argentaria vocabatur, nunc autem Strazburg
vulgo dicitur, convenerunt; et sacramenta, quę subter notata
sunt, Lodhuvicus romana, Karolus vero teudisca lingua iura-
verunt. Ac sic ante sacramentum circumfusam plebem alter 5
teudisca, alter romana lingua alloquuti sunt. Lodhuvicus
autem, quia maior natu, prior exorsus sic coepit: ' Quotiens
Lodharius me et hunc fratrem meum post obitum patris nostri
insectando usque ad internectionem delere conatus sit nostis;
cum autem . . .' Cumque Karolus haec eadem verba romana 10

lingua perorasset, Lodhuvicus, quoniam maior natu erat, prior
haec deinde se servaturum testatus est :

'Pro Deo amur et pro christian poblo et nostro commun
salvament, d'ist di in avant, in quant Deus savir et podir me
dunat, si salvarai eo cist meon fradre Karlo et in ajudha et 15
in cadhuna cosa, si cum om per dreit son fradra salvar
dift, in o quid il mi altresi fazet, et ab Ludher nul plaid
nunqua prindrai, qui meon vol cist meon fradre Karle in
damno sit.'

Quod cum Lodhuvicus explesset, Karolus teudisca lingua 20
sic hęc eadem verba testatus est :

'In Godes minna ind in thes christanes folches ind unser
bedhero gehaltnissi, fon thesemo dage frammordes, so fram so
mir Got gewizci indi mahd furgibit, so hald ih thesan minan
bruodher, soso man mit rehtu sinan bruodher scal, in thiu thaz 25
er mig so sama duo, indi mit Ludheren in nohheiniu thing ne
gegango, the minan willon imo ce scadhen werdhen.'

Sacramentum autem quod utrorumque populus quique pro-
pria lingua testatus est, romana lingua sic se habet :

'Si Lodhuuigs sagrament, que son fradre Karlo jurat, con- 30
servat, et Karlus meos sendra de suo part lo fraint, si io returnar
non l'int pois, ne io ne neuls, cui eo returnar int pois, in nulla
ajudha contra Lodhuwig nun li iu er.'

Teudisca autem lingua :

'Oba Karl then eid, then er sinemo bruodher Ludhuwige 35
gesuor, geleistit, indi Ludhuwig min herro then er imo gesuor
forbrihchit, ob ih inan es irwenden ne mag, noh ih noh thero
nohhein, the ih es irwenden mag, widhar Karle imo ce follusti
ne wirdhit.'

---

14 in avant] *MS.* en *corrected to* in.   15 *corr.* in ajudha er *?*   17
MS. dist *?*   18 *MS.* nūquā.   23 *MS.* gealtnissi.   24 *MS.* madh.
tesan.   25 *Phrase missing after* minan bruodher, *corresponding to* et in
ajudha et in cadhuna cosa *?*   *MS.* sinan bruher.   26 *MS.* soso maduo.
luheren.   27 the] *MS.* zhe. *MS.* uuerhen.   30 *MS.* quę.   31 suo] *corr.*
sua *or* sue *?*   lo fraint] *MS.* n̄ lostanit, *other readings proposed are* non lo
s tanit, no lo franit, lo franit, l'enfraint, lo suon fraint.   38 the] *MS.* then.

11. SEQUENCE OF SAINT EULALIA
about 880

[MS. : Valenciennes, 143, fol. 141, latter part of 9th century. Facsimiles : *Album de la Soc. d. anc. textes*, Paris, 1875, plate 2; etc. Editions : W. Foerster und E. Koschwitz, *Altfranz. Ubungsbuch*, 6th ed., Leipzig, 1921, col. 47; E. Koschwitz, *Les plus anciens monuments de la langue fr.*, I *Textes diplomatiques* (9th ed.), II *Textes critiques et glossaire* (4th ed.), Leipzig, 1920 ; etc. A fuller bibliography is given by Foerster and Koschwitz.]

The poem was probably composed and written down at the Abbey of St. Amand-les-Eaux, near Valenciennes, shortly after the supposed discovery of St. Eulalia's bones at Barcelona in 878. It is preceded in the MS. by a Latin sequence celebrating St. Eulalia, similar in form but not in contents. The dialect is most probably that of St. Amand.

Buona pulcella fut Eulalia,
 Bel auret corps, bellezour anima.

Voldrent la veintre li Deo inimi,

Voldrent la faire diaule servir.

 Elle non eskoltet les mals conselliers,   5

Qu'elle Deo raneiet, chi maent sus en ciel,

 Ne por or ned argent ne paramenz,

Por manatce regiel ne preiement.

 Niule cose non la pouret omque pleier,

La polle sempre non amast lo Deo menestier. 10

 E por o fut presentede Maximiien,

Chi rex eret a cels dis soure pagiens.

 Il li enortet, dont lei nonque chielt,

Qued elle fuiet lo nom christiien.

 Ell' ent adunet lo suon element ;   15

Melz sostendreiet les empedementz

 Qu'elle perdesse sa virginitét :

Por os furet morte a grand honestét.

 Enz enl fou la getterent, com arde tost,

5 non] *MS.* nont ; *other readings proposed are* no'nt, non t'esk., n'out, nonc. 13 *MS.* Il *or* El ? 15 *Böhmer proposed* lo suon e le ment. 19 la] *MS.* lo.

Elle colpes non auret, por o nos coist.   20

A czo nos voldret concreidre li rex pagiens ;

Ad une spede li roveret tolir lo chief.

La domnizelle celle kose non contredist ;

Volt lo seule lazsier, si ruovet Krist.

In figure de colomb volat a ciel.   25

Tuit oram que por nos degnet preier,

Qued awisset de nos Christus mercit

Post la mort, et a lui nos laist venir

Par sowe clementia.

22 *MS.* chieef, *the last two letters written above the line.*

12. LIFE OF SAINT LEGER
10th century

[MS. : Clermont-Ferrand, 189, 10th or beginning of 11th century. Facsimile in *Album de la Soc. d. anc. textes*, Paris, 1875. Editions : G. Paris in *Romania*, I, p. 273 (*P*); P. Meyer, *Recueil d'anciens textes*, Paris, 1877, p. 194 (*M*); W. Foerster und E. Koschwitz, *Altfranz. Übungsbuch*, 6th ed., Leipzig, 1921, col. 78 (diplomatic edition with bibliography and emendations) ; E. Koschwitz, *Les plus anciens monuments de la langue fr.*, I *Textes diplomatiques* (9th ed.), II *Textes critiques et glossaire* (4th ed.), Leipzig, 1920 ; K. Bartsch, *La langue et la litt. fr. depuis le IXᵉ siècle jusqu'au XIVᵉ siècle*, Paris, 1887 (*B*) ; etc. See also G. Lücking, *Die ältesten franz. Mundarten*, Berlin, 1877, p. 17 (*L*) ; H. Suchier, *Die Mundart des Leodegarliedes*, in *Zeitschr. f. rom. Phil.*, II, p. 255 (cf. *Romania*, VII, p. 629) ; id., *Die Heimat des Leodegarliedes*, in *Festgabe für A. Mussafia*, Halle, 1905 ; F. Spenz, *Die syntaktische Behandlung des achtsilbigen Verses in der Passion Christi und im Leodegarliede* (Stengel's *Ausgaben u. Abhandlungen*, LXVII), Marburg, 1887.]

St. Leger (d. 678) and his opponent Ebroïn (d. 681) figure prominently in French history of the 7th century ; see Lavisse, *Hist. de France*, II, 1, p. 165. The French *Life of St. Leger* is based on a life in Latin prose (see *Acta Sanctorum* under October 2), written a few years after the saint's death by Ursinus, prior of Ligugé near Poitiers ; relevant extracts from the Latin text are printed by Foerster and Koschwitz. The whole poem consists of forty stanzas of 6 lines each. In its present state, it contains a mixture of French and Provençal forms, due probably to a Provençal copyist. The original dialect is doubtful ; according to G. Paris it was that of Autun in Burgundy, but Suchier claimed the poem for Walloon.

Vv. 1–12, 97–240 :—

Domine-Deu devemps lauder,
Et a sos sancz honor porter ;
In su' amor cantomps del[s] sanz
Que por lui augrent granz aanz ;
Et or es[t] temps et si est biens   5
Que nos cantumps de sant Lethgier.

Primos didrai vos dels honors
Que il awret ab duos seniors ;
Aprés ditrai vos dels aanz
Que li suos corps susting si granz,   10
Et d'Ewruïn ciel deumentit,
Que lui a grand torment occist.

.   .   .   .

Enviz lo fist, non voluntiers,
Laissel intrar in u[n] monstier : [1]
Cio fud Lusos ut il intrat ;   15
Cleri' Ewruï[n] illo trovat.
Cil Ewruïns molt li vol[t] miel,
Toth per enveia, non per el.

Et sancz Lethgiers fist so[n] mistier,
Ewrtiï[n] prist a castïer :   20
Ciel' ira grand et ciel corropt,
Cio li preia, laissas[t] lo toth ;
Fist lo por Deu, nel fist por lui ;
Cio li preia, paias[t] ab lui.

Et Ewruïns fist fincta pais :   25
Ciol demonstrat que s'i paias[t] ;
Quandius in ciel monstier instud,

4, 6, 8, etc. *MS.* Quae.   7 *PM* Primes.   11 *So PM* ; *MS.* Et
euuruins cil deu mentiz.   15 *MS.* lisos, *cf. Ursinus 9* Luxovio ; ut]
P o, *M* unt.   16 *PM* clerc ; *MS.* ille, *P* iluoc, *M* illoc.   23 *So PM* ;
MS. Fus li por deu nel fus por lui ; *Foerster suggested* Fust ja por Deu,
ne fust por lui.   24 *PM* paiast s'ab.   27 *P* estut, *M* estud.

[1] The subject of the sentence is King Chilperic.

Ciol demonstrat, amix li fust.
Mais en avant vos cio aurez,
Cum ill edrat por mala fid.   30

   Rex Chielperings il se fud mors,
Per lo regnét lo sowrent tost.
Vindrent parent e lor amic,
Li sanct Lethgier, li Ewruï[n];
Cio confortent ad ambes duos   35
Que s'ent ralgent in lor honor

   Et sancz Lethgiers den fistdia bien,
Que s'en ralat en s'evesquét;
Et Ewruïns den fisdra miel,
Que donc deveng anatemaz;   40
Son quev que il a coronat,
Toth lo laisera recimer.

   Domine-Deu il cio laissat,
Et a dïable[s] comandat.
Qui donc fud miels et a lui vint   45
Il voluntiers semper reciut;
Cum fulc en aut grand adunat,
Lo regne prest a devastar.

   A foc, a flamma vai[t] ardant,
Et a gladies per[se]cutan[t];   50
Por quant il pot, tan[t] fai[t] de miel,
Por Deu nel volt il observer.
Ciel ne fud nez de medre vius
Qui tal exercite vidist.

   Ad Ostedun, a cilla ciu,   55
Dom sanct Lethgier vai[t] asalier.
Ne pot intrer en la ciutat;

32 *MS.* por; *MS.* toit, *PM* tost.   37, 39 den] *P* donc.   43 *MS.* ilcio, *P* iluoc, *M* il lo, *B* in cio.   44 *So MLB.*   45 *MS.* Quar. 46 *ML* semprel; *P* retint.   50 *So PMB*; *L* les percutant.   52 *Spenz* P. d. ne volt lei obs.   56 *PMB* asalir.   57 *MS.* ciutaet.

Defors l'asist, fist i gran[d] miel ;
Et sancz Lethgiers mul[t] en fud trist
Por ciel tiel miel que defors vid.   60

Sos cleries pres[t et] revestit,
Et ob ses croix fors s'en exit.
Porr on exit, vol[t] li preier
Que tot ciel miel laissés por Deu.
Ciel Ewruïns, qual horal vid,   65
Penrel rovat, lïer lo fist.

Hor en aurez las poenas granz
Que il en fisdra li tiranz.
Li perfides tam fud crüels,
Lis ols del cap li fai[t] crever.   70
Cum si l'aut fait, mis[t] l'en reclus :
Ne soth nuls om qu'es[t] devenguz.

.   .   .   .

Ambas lawras li fai[t] talier,
Hanc la lingua que aut in quev.
Cum si l'aut toth vituperét,   75
Dist Ewruïns, qui tan[t] fud miels :
'Hor a perdud dom deu parlier,
Ja non podra mais Deu laudier.'

Λ terra joth, mult fo afflicz,
Non oct ob se cui en calsist ;   80
Super li[s] piez ne pod ester,
Que toz los at il condemnets.
Or a perdud don[t] deu parlier,
Ja non podra mais Deu laudier.

61 *So B* ; *MS.* pres revestiz ; *P* Sos clercs a pris et revestiz, *M* Sos
clerjes presdra revestiz, *L* Ses clerjes prist il revestiz.   72 *MS.* de-
vengunz.   *At least one stanza seems to be missing after v. 72.*   73 *MS.*
Am las.   77 *MS.* pordud.   77 83 *PM corr.* dom (don) de p. ?
81 *M* los p.   82 *MS.* Qui.   83 *MS.* porlier.

Sed il non a lingu' a parlier, 85
Deus exaudis[t] lis sos pensez;
Et si el non ad ols carnels,
En cor los ad espiritiels;
Et si en corps a grand torment,
L'animan awra consolament. 90

Guenes oth num cuil comandat;
La jus en castres l'en menat,
Et en Fescant in ciel monstier
Illo reclusdrent sanct Lethgier.
Domine-Deus in ciel flaiel 95
I visitét Lethgier son serw.

La labia li restaurat:
Si cum desanz Deu pres[t] laudier;
Et hanc en aut merci si grand,
Parlier lo fist si cum desanz. 100
Do[n]c pres[t] Lethgiers a pre[d]ïer,
Poble ben fist credre in Deu.

Et Ewruï[n]s, cum il l'audit,
Credre nnel pot antro quel vid.
Cum il lo vid, fud corroptios; 105
Donc oct ab lui dures raizons;
El cor exastra al tirant,
Peis li promest ad en avant.

A grand furor, a gran[d] flaiel
Sil recomanda Laudebert; 110
Cio li rova, et noit et di
Miel li fesist dontre qu'el viu.
Ciel Laudebert fura buons om,
Et sanct Lethgier duis[t] a son dom.

86 *MS.* pensaez.   88 *MS.* Encorp, *PLB* Encor, *M* En cor; *MS.* etspiritiels.   92 *PMB* cartres.   94 *P* Iluoc, *M* Illoc.   97 *P* Les levres li at restoret, *M* La labia li ad restaurat. *cf. Spenz.*   100 *MS.* porlier.   102 *PM* Lo poble, *cf. Spenz.*   107 *MS.* corps, *PM* c(u)or.   112 *PMB* dentro.

Il li vol[t] faire mult amét :   115
Bewre li rova aporter ;
Garda, si vid grand claritét,
De cel vindre, fud de par Deu :
Si cum roors in cel es[t] granz,
Et si cum flammes clar arda[n]z.   120

   Cil Laudeberz, qual horal vid,
Tornés als altres, si llor dist :
'Ciest omne tiel mult aima Deus,
Por cui tels causa vin[t] de ciel.'
Por ciels signes que vidrent tels   125
Deu presdrent mult a conlauder.

   Tuit li omre de ciel païs
Trestuit apresdrent a venir,
Et sancz Lethgiers lis predïat :
Domine-Deu il les lucrat ;   130
Rendét ciel fruit [e]spiritiel
Que Deus li auret perdonat.

   Et Ewruïns, cum il l'audit,
Credre nel pot antro quel vid.
Cil biens qu'el fist, cil li pesat,   135
Occidere lo commandat ;
Quatr' omnes i tramist armez
Que lui alessunt decoller.

   Li tres vindrent a sanct Lethgier,
Jus se giterent a sos pez :   140
De lor pechietz que aurent faiz
Il los absols[t] et perdonét.
Lo quarz, uns fel, nom a Vadart,
Ab un inspieth lo decollat.

119 *So LB* ; *MS.* Et si cum r., *PM* Eissi cum r(u)ode, *cf. Ursinus 20*
lumen magnum, quasi in rotae circulo e caelo descendens, super caput
eius refulsit.   120 *P* flamme est.   128 *M* anpresdrent.   134 *MS.*
Credere.   136 *PL* A(d) ocidre, *M* Occidere donc, *cf. Spenz.*   141
faiz] *MS.* fliz.   143 *PM* Li ; *PMB* nom aut.   144 *P* espet, *M* espieth,
B ispieth.

Et cum il l'aud tollut lo quev,   145
Lo corps estera sobrels piez;
Cio fud lonx dis que non cadit.
Lai s'aprosmat que lui firid;
Entrol talia los pez dejus,
Lo corps [e]stera sempre sus.   150

Del corps asaz l'avez audit,
Et dels flaiels que granz sustint.
L'anima reciut Domine-Deus;
Als altres sanz en vai[t] en cel.
Il nos ajud ob ciel Senior   155
Por cui sustinc tels passïons!

149 *MS*. Entro li talia.   152 *MS* grand.   153 *MS*. reciunt.

13. LIFE OF SAINT ALEXIS (11th century)

[MSS.: *LAPSM*; for details, see editions. Facsimile of *L* (Hildesheim, 12th century) by F. H. Bödeker, Hildesheim, 1886, and Paris, 1890. Editions: G. Paris et L. Pannier, *La Vie de Saint Alexis, poème du XIe siècle, et renouvellements des XIIe, XIIIe et XIVe siècles*, Paris, 1872, reprinted 1887; E. Stengel, *La Cançun de Saint Alexis etc.* (*Ausgaben u. Abhandlungen*, I), Marburg, 1882; W. Foerster und E. Koschwitz, *Altfranz. Übungsbuch*, 6th ed., Leipzig, 1921, col. 98 (gives *LAP* in extenso, variants of *S* and *M*, emendations, and bibliography); G. Paris, *La Vie de Saint Alexis, texte critique* (*Class. fr. du moyen âge*, 4), Paris, 1911. See also A. Tobler, review of 1872 edition in *Göttingische gelehrte Anzeigen*, 1872, Stück 23, reprinted in *Vermischte Beiträge*, 5th series, Leipzig, 1912, p. 327; O. Reissert, *Die syntaktische Behandlung des zehnsilbigen Versus im Alexius- und Rolandsliede* (Stengel's *Ausgaben u. Abhandlungen*, XIII), Marburg, 1884. The Latin *Vita* is printed in *Acta Sanctorum* under July 17, and by S. Massmann, *Sanct Alexius Leben*, Quedlinburg, 1843, p. 167; extracts corresponding to the French text are given in Stengel's edition, p. 60.]

The legend of St. Alexis, which enjoyed great popularity in the Middle Ages, is of Greek and ultimately Syrian origin, and can be traced back to the 5th century. The 11th-century French version is based solely on a Life in Latin prose of the latter part of the 10th century, but treats its source with great freedom. It was written probably in that part of Normandy which is nearest the Île-de-France, and has been ascribed (without serious proof) to Thibaut de Vernon, a canon of Rouen. The following text adheres as closely as possibly to *L* ; but corrections have been made, when necessary, with the help of the other MSS. No attempt has been made to standardize the spellings or eliminate Anglo-Norman features. All rejected readings and forms of *L* are given in the footnotes ; other MSS. are quoted only in doubtful cases.

Vv. 1–225 :—

Bons fut li secles al tens ancïenur,
  Quer feit i ert e justise et amur,
S'i ert creance, dunt or n'i at nul prut ;
Tut est müez, perdut ad sa colur :
Ja mais n'iert tel cum fut as anceisurs.   5

Al tens Nöé et al tens Abraham
Et al David, qui Deus par amat tant,
Bons fut li secles, ja mais n'ert si vailant ;
Velz est e frailes, tut s'en vat declinant :
Sist ampairét, tut bien vait remanant.   10

Puis icel tens que Deus nus vint salver,
Nostra anceisur ourent cristïentét,
Si fut un sire de Rome la citét :
Rices hom fud, de grant nobilitét ;
Pur hoc vus di, d'un son filz voil parler.   15

Eufemïen — si out a num li pedre —
Cons fut de Rome, des melz ki dunc i erent ;
Sur tuz ses pers l'amat li emperere.
Dunc prist muiler vailante et honurede,
Des melz gentils de tuta la cuntretha.   20

Puis converserent ansemble l'ongament,
Qued amfant n'ourent ; peiset lur en forment ;
Deu en apelent andui parfitement :
'E! Reis celeste, par ton cumandement
Amfant nus done ki seit a tun talent.'   25

3 *L* ore.   4 *PS* perdue.   7 *APS* que.   9 *L* vat remanant. 10 *A* empiriez, *P* enperiez, *S* empieres.   15 hoc] *A* cel, *P* ceo, *S* çou, *Paris* çol, *cf. Tobler.*   16 *L* annum.   17 *AP* del m., *so Paris* ; *LAP* eret, *so Paris* ; *S* Des belisors qui a cel jour i erent.   19 *AP* vaillant, *not in S.*   21, 22 *punctuation of Tobler, cf. Reissert, p. 98.*   22 *L* Nourent amfant.   23 *L* E deu ap.

Tant li prïerent par grant humilitét
Que la muiler dunat fecunditét :
Un filz lur dunet, si l'en sourent bon gret.
De saint batesma l'unt fait regenerer,
Bel num li metent sur la cristïentét.   30

Fud baptizét, si out num Alexis.
Ki lui portat süef le fist nurrir ;
Puis ad escole li bons pedre le mist :
Tant aprist letres que bien en fut guarnit ;
Puis vait li emfes l'emperethur servir.   35

Quant veit li pedre que mais n'avrat amfant
Mais que cel sul que il par amat tant,
Dunc se purpenset del secle ad en avant :
Or volt que prenget moyler a sun vivant ;
Dunc li acatet, filie ad un noble franc.   40

Fud la pulcela de mult halt parentét,
Fille ad un conpta de Rome la ciptét ;
N'at mais amfant, lui volt mult honurer.
Ansemble an vunt li dui pedre parler :
Lur dous amfanz volent faire asembler.   45

Noment le terme de lur adaisement ;
Quant vint al fare, dunc le funt gentement :
Danz Alexis l'espuset belament.
Mais ç(o) est tel plait dunt ne volsist nïent :
De tut an tut ad a Deu sun talent.   50

28 *L* bont.   29 *L* sain.   30 *A* mirent, *P* mistrent, *S* misent ;
LM sur la, *APS* selonc, *so Paris*.   31 *PS* Baptizie(s) fu, *so Paris*.
32 *AP* Ki lot porte, *S* Qui le porta ; *APS* volentiers le nurri ; *Paris*
followed AP.   33 *APS* Puis li b. p. a esc., *so Paris, Reissert*.   37 *PSM*
ainme, *so Tobler*.   38 *L* secle anavant.   40 acatet] *A* aplaide, *P*
porchace ; *S* Pour li a quise le f. un n. f. ; *L* filie dun ; *Paris has no*
comma.   41 *L* pulcela nethe de halt.   43 mais] *APS* plus, *so Paris*.
46 *L* Doment lur t. ; *APSM* assemblement, *so Paris*.   48 *APM* les-
pusa, *S alters*.   49 *APM* M. de cel plait ne volsist il n., *so Reissert*,
S M. de tout cou ne v. il n.   50 *AP* a deu a, *so Paris*.

Quant li jurz passet et il fut anuitét,
Ço dist li pedres : 'Filz, quar t'en vas colcer
Avoc ta spuse, al cumand Deu del ciel !'
Ne volt li emfes sum pedre corocier :
Vint en la cambra ou eret sa muiler.   55

Cum veit le lit, esguardat la pulcela ;
Dunc li remembret de sun Seinor celeste,
Que plus ad cher que tut aveir terrestre.
'E! Deus,' dist il, 'cum fort pecét m'apresset !
S'or ne m'en fui, mult criem que ne t'em perde.'   60

Quant an la cambra furent tut sul remés,
Danz Alexis la prist ad apeler :
La mortel vithe li prist mult a blasmer,
De la celeste li mostret veritét ;
Mais lui est tart quet il s'en seit turnét.   65

'Oz mei, pulcele ! Celui tien ad espus
Ki nus raenst de sun sanc precïus.
An icest secle nen at parfit' amor :
La vithe est fraisle, n'i ad durable honur ;
Cesta lethece revert a grant tristur.'   70

Quant sa raisun li ad tute mustrethe,
Pois li cumandet les renges de s'espethe
Et un anel ; a Deu l'ad comandethe.
Dunc en eissit de la cambre sum pedre :
Ensure nuit s'en fuit de la contrethe.   75

Dunc vint errant dreitement a la mer :
La nef est preste ou il deveit entrer ;

55 *AP* Vait, *S* Va ; *L* ert ; *A* od sa gentil m., *so Paris*, *P* dreit a sa m., *S* o sa gente m.   56 *AP* vit, *S alters*.   58 *A* tute rien, *P* tote honor, *S* nule riens, *Paris followed A*.   59 *AP* si grant pechie.   60 *L* Se or.   64 *AP* mustra.   65 *AS* Kar (*S* Que) lui iert tart, *P* Tart lui esteit ; seit] *APS* fust.   66 *Paris punctuated* pulcele?   67 *L* raens. / 68 *L* ices.   72 *AP* Dunc.   73 *L* li ad ; *APS* dunt il lot espusee (*P omits* il), *so Paris*.   74 *A* Puis ist fors, *P* Dunc sen ist fors. 75 *L* Ensur n., *P* En cele n., *S* A mie n., *Paris* en mie n. ; *A* Ja sen fuit fors de tute sa c.   77 *A* fu prest ; *A* dut enz entrer, *PS* pora e.

Dunet sum pris, et enz est alöét.
Drecent lur sigle, laisent curre par mer;
La pristrent terre o Deus les volt mener. 80

Dreit a Lalice — ço fut citét mult bele —
Iloec arivet sainement la nacele.
Dunc an eisit danz Alexis a terre;
Ço ne sai jo cum longes i converset:
Ou que il seit, de Deu servir ne cesset. 85

D'iloc alat an Alsis la ciptét
Pur une imagine dunt il oït parler,
Qued angeles firent par cumandement Deu
El num la virgine ki portat salvetét,
Sainta Marie ki portat Damnedeu. 90

Tut sun aver qu'od sei en ad portét,
Tut le depart, que gens ne l'en remest;
Larges almosnes par Alsis la citét
Dunet as povres, u qu'il les pout trover:
Pur nul aver ne volt estra ancumbrét. 95

Quant sun aver lur ad tot departit,
Entra les povres se sist danz Alexis;
Reçut l'almosne quant Deus la li tramist:
Tant an retint dunt ses cors puet guarir;
Se luin remaint, sil rent as poverins. 100

Or revendrai al pedra et a la medra
Et a la spuse qui sole fut remese.
Quant il ço sourent, qued il fuït s'en cret,
Ço fut granz dols quet il en demenerent,
E granz deplainz par tuta la cuntrethe. 105

80 *AP* lur v. duner, *so Paris.*   83 *L* acertes, *AP* a terre.   84 *A*
Mais ce ne sai, *PS* Mes jeo ne sei.   86 *A* Dunc sen alad, *P* Puis sen
ala, *so Paris, S* Apres en va.   92 *L* par a. la citet, *APS* nient (*P* que
rien, *S* ains rien) ne len r.   93 *L* L. a. que gens ne len remest.
94 *APS* Dunad.   97 *APS* sasist.   99 *LS* retint, *A* receit, *P* recut,
Paris retient; *AP* sun cors, *so Paris*; *S* que son cors en soustint.   102
LA qued il out espusethe.   103 *L* il fud si alet.   104 *L* il unt
demenet.   105 *L* tuta la citiet.

Ço dist li pedres: 'Cher filz, cum t'ai perdut!'
Respont la medre: 'Lasse! qu'est devenut?'
Ço dist la spuse: 'Pechét le m'at tolut.
E! chers amis, si pou vus ai oüt!
Or sui si graime que ne puis estra plus.'   110

Dunc prent li pedre de ses meilurs serganz,
Par multes terres fait querre sun amfant;
Jusque an Alsis en vindrent dui errant:
Iloc truverent danz Alexis sedant,
Mais n'anconurent sum vis ne sum semblant.   115

Si at li emfes sa tendra carn mudede,
Nel reconurent li dui sergant sum pedre:
A lui medisme unt l'almosne dunethe.
Il la receut cume li altre frere;
Nel reconurent, sempres s'en returnerent.   120

Nel reconurent ne ne l'unt anterciét.
Danz Alexis an lothet Deu del ciel
D'icez sons sers qui il est almosners;
Il fut lur sire, or est lur provenders:
Ne vus sai dire cum il s'en firet liez.   125

Cil s'en repairent a Rome la citét,
Nuncent al pedre que nel pourent truver.
Set il fut graim, ne l'estot demander.
La bone medre s'em prist a dementer
E sun ker filz suvent a regreter: 130

'Filz Alexis, pur queit portat ta medre?
Tu m'ies fuït, dolente an sui remese.
Ne sai le leu ne ne sai la contrede

U t'alge querre ; tute en sui esguarethe.
Ja mais n'ierc lede, kers filz, ne n'ert tun pedre.'   135

Vint en la cambre, plaine de marrement,
Si la desperet que n'i remest nïent ;
N'i laissat palie ne neül ornement.
A tel tristur aturnat sun talent,
Unc puis cel di nes contint ledement.   140

'Cambra,' dist ela, 'ja mais n'estras parede,
Ne ja ledece n'ert an tei demenede.'
Si l'at destruite cum l'ait host depredethe ;
Sas i fait pendre, curtines deramedes :
Sa grant honur a grant dol ad turnede.   145

Del duel s'asist la medre jus a terre ;
Si fist la spuse danz Alexis a certes.
'Dama,' dist ele, 'jo i ai si grant perte,
Ore vivrai an guise de turtrele :
Quant n'ai tun filz, ansembl' ot tei voil estra.'   150

Respunt la medre : 'S'a mei te vols tenir,
Sit guardarai pur amur Alexis,
Ja n'avras mal dunt te puisse guarir.
Plainums ansemble le doel de nostre ami,
Tu tun seinur, jol ferai pur mun filz.'   155

Ne poet estra altra, turnent el consirrer ;
Mais la dolur ne pothent ublïer.

134 *AP* tute sui.   135 ne n'ert] *L* nul ert.   137 *L* despeiret. *A* destruist, *PS* despoille, *correction by Paris, cf.* 141 *and S* 412 ; *AP* remist, *S* laissa.   138 *LA* remest, *P* laissa, *S* laisse, *Paris followed LA* ; *A* nus aurnement, *P* nul aornement, *S* nul cier garniment.   140 *L* Unches. ne se.   143 *so Tobler* ; *L* cumdis lait h. d., *A* cum hum la ust preee, *P* cum sel leust preee, *S alters.*   144 *LS* curtines, *A* cinces, *P* et cinces, *so Paris.*   145 *L* ad aturnede, *AP* est turnee ; *S* a a g. d. tornee.   146 *L* jusque a.   148 *A* je ai fait si, *P* mult par ai fait, *S* jou ai fait moult, *Paris followed A.*   149 *A* Des ore, *P* Des or, *S* Or mais.   151 *L* Co di la m. se a ; *AP* od mei, *S alters.*   155 *L* Tu de t. s., *A* Tu pur tun sire, *P* Tu p. t. seignor, *Tobler and Paris corrected* Tu por ton per ; *L* frai.   156 *AP* altre estre ; *A* turnent al c., *P* metent al c., *S* metent el c., *Paris* metent l'el c.

Danz Alexis en Alsis la citét
Sert sun seinur par bone volentét:
Ses enemis nèl poet unc anganer.   160

Dis e set anz, n'en fut nïent a dire,
Penat sun cors el Damnedeu servise;
Pur amistét ne d'ami ne d'amie,
Ne pur honurs ki l'en fussent tramises,
N'en volt turner tant cum il ad a vivre.   165

Quant tut sun quor en ad si afermét
Que ja sum voil n'istrat de la citét,
Deus fist l'imagine pur sue amur parler
Al servitor ki serveit a l'alter;
Ço li cumandet: 'Apele l'ume Deu!'   170
Ço dist l'imagena: 'Fai l'ume Deu venir,
Quar il ad Deu bien et a gret servit,
Et il est dignes d'entrer en paradis.'
Cil vait, sil quert, mais il nel set coisir,
Icel saint home de cui l'imagene dist.   175

Revint li costre a l'imagine el muster:
'Certes,' dist il, 'ne sai cui antercier.'
Respont l'imagine: 'Ç(o) est cil qui tres l'us set:
Pres est de Deu e des regnes del ciel;
Par nule guise ne s'en volt esluiner.'   180

Cil vait, sil quert, fait l'el muster venir.
Est vus l'esample par trestut le païs
Que cele imagine parlat pur Alexis:
Trestuit l'onurent, li grant e li petit,
E tuit le prïent que d'els aiet mercit.   185

160 *L* poet anganer, *P* puent enganer; *S* ne lem puet encombrer; *verse missing in A; correction by Paris.*   161 *L* seat; *LS* nen, *AP* ne. 164 *L* tramise.   166 *AP* i ad si aturne, *S* ot a cou atourne.   167 *L* citied.   172 *L* bien servit et a gret; *AS* En cest mustier kar il (*S* bien) la deservi, *so Reissert, P* Enz el m. car il a d.   178 tres l'us] *A* loc, *P* les luz, *S* les lui.   179 *PS* del regne, *so Paris; verse missing in A.*   181 *L* lel, *A* le al, *P* lei al, *S* alters.   185 le] *AP* li, *so Paris; L* que de els ait, *A* que dels aust, *P* kil ait de els; *verse not in S.*

Quant il ço veit quel volent onurer,
'Certes,' dist il, 'n'i ai mais ad ester;
D'icest' honur nem revoil ancumbrer.'
Ensure nuit s'en fuit de la ciptét :
Dreit a Lalice revint li sons edrers.   190

Danz Alexis entrat en une nef ;
Ourent lur vent, laisent curre par mer.
Andreit Tarson espeiret ariver,   ·
Mais ne puet estra : ailurs l'estot aler ;
Andreit a Rome les portet li orez.   195

A un des porz qui plus est pres de Rome,
Iloec arivet la nef a cel saint home.
Quant vit sun regne, durement s'en redutet
De ses parenz, qued il nel recunuissent
E de l'honur del secle ne l'encumbrent.   200

'E ! Deus,' dist il, 'bels Reis qui tut guvernes,
Se tei ploüst, ici ne volsisse estra.
S'or me conuissent mi parent d'esta terre,
Il me prendrunt par pri ou par poëste ;
Se jos an creid, il me trairunt a perdra.   205

Mais nepurhuec mun pedre me desirret,
Si fait ma medra plus que femme qui vivet,
Avoc ma spuse que jo lur ai guerpide.
Or ne lairai nem mete an lur bailie ;
Nem conuistrunt : tanz jurz ad que nem virent.'   210

186 *L* quil v., *A* que cil le voldrent, *P* que hum le vout, *S* que veulent.
188 *A* De cel, *P* De ceste ; *L* nen r., *P* ne me voil ; *AS alter.* 189 *L*
Ensur n., *A* La n., *P* En une n., *S* A mienuit, *Paris* En mie n. 190 *P*
rejoint, *so Paris, not in A* ; *S* en aquelt s. e. 193 *A* Dreit en tersun, *P*
Et dreit a ronme, *S* Droit a troholt, *Paris* Dreit a Tarsun ; *P* espeirent,
AS cuiderent. 194 *A* les estuet, *P* lor e., *S alters.* 195 *APS* Tut
dreit, *so Paris.* 197 *L* aicel. 198 *AS* veit, *not in P* ; *AS* molt
forment, *P* forment ; *LS* sen, *AP* se. 202 *L* ci ne volisse. 203 *L*
dicesta, *P* deste, *A illegible* ; *S* la gens de ceste. 205 *PS* perte, *so
Paris, A illegible.* 206 *PS* Et neporquant, *A alters* ; *APS* mis pere(s).
209 nem] *L* nen, *A* que ne me, *P* ne ; *verse not in S.* 210 *L* Nen, *AP*
Ne me (*twice*), *S alters.*

Eist de la nef e vint andreit a Rome ;
Vait par les rues, dunt il ja bien fut cointe,
Altra puis altre, e sun pedre i ancuntret,
Ansembl' ot lui grant masse de ses humes ;
Sil reconut, par sun dreit num le numet :   215

'Eufemïen, bel sire, riches hom,
Quar me herberges pur Deu an ta maison ;
Suz tun degrét me fai un grabatum
Empur tun filz dunt tu as tel dolur ;
Tut soi amferm, sim pais pur sue amor.'   220

Quant ot li pedre la clamor de sun filz,
Plurent si oil, ne s'en puet astenir :
'Por amor Deu e pur mun cher ami,
Tut te durai, boens hom, quanque m'as quis :
Lit et ostel e pain e carn e vin.'   225

211 *AP* e vait errant, *so Paris* ; *S* Va sent en roume.   213 *L* Naltra
pur altre mais, *A* Que vus dirrai el, *P* Ne un ne altre mes, *S* Autre puis
autre et, *Paris* Altre puis altre mais, *Reissert* Ne un ne altre mais, *Rechnitz*
(*Romania XXXIX, p. 369*) N'une ne altre mais (*i. e. neither mother nor
wife*).   217 *L* tue maison.   219 *APS* E pur.   221 *L* le cl. ; *A* Q.
sis p. ot parler de, *P* Q. oi li p. la cl. de, *S* Q. ot li p. ramentevoir.

SECTION III

STANDARD FRENCH BEFORE 1400

14. CHANSON DE ROLAND

[MS.: Oxford, Digby 23, about 1170, Anglo-Norman. Facsimile: E. Stengel, *Photographische Wiedergabe der Hs. Digby 23*, Heilbronn, 1878. Editions: L. Gautier, *La Chanson de Roland*, Tours, 1872 (re-edited several times); E. Stengel, *Das altfranz. Rolandslied, kritische Ausgabe*, vol. I, Leipzig, 1900; G. Gröber, *La Chanson de Roland, d'après le ms. d'Oxford* (*Bibl. Romanica*), Strasburg, 1908; J. Bédier, *La Chanson de Roland, d'après le ms. d'Oxford*, Paris, 1922. See also J. Geddes, *La Chanson de Roland*, New York, 1906, reprinted 1920; J. Bédier, *Les légendes épiques*, vol. III, Paris, 1912; C. Voretzsch, *Einführung in das Studium der altfranz. Lit.*, 2nd ed., Halle, 1913, p. 100; E. Winkler, *Das Rolandslied*, Heidelberg, 1919; J. Bédier, *Les assonances en -é et en -ié dans la Chanson de Roland*, in *Romania*, XLVII, p. 465; P. Boissonnade, *Du nouveau sur la Chanson de Roland*, Paris, 1923. Further bibliographical indications will be found in the above-mentioned works.]

Various attempts have been made to identify Turoldus, the poet who named himself at the end of the Oxford text. If the identification is largely a matter of conjecture, it seems at least fairly certain that the poem was written by a Norman early in the 12th century (between 1120 and 1125, according to Boissonnade). In the extract (vv. 2397–2524 and 2855–2961) given below, we have eliminated later Anglo-Normanisms. A few passages have been corrected with the help of other MSS., especially MS. V 4 of Venice (*V*). The variants of MSS. Venice (*V* 7), Châteauroux (*C*), Paris (*P*), Trinity Coll. Cambridge (*T*) are only given in a few doubtful cases, together with a few corrections suggested by Gautier (*G*) and Stengel (*S*).

M orz est Rollanz, Deus en ad l'anme es ciels.
　Li emperere en Rencesvals parvient;
Il nen i ad ne veie ne sentier

1. Rollant (Rollanz) *is usually abbreviated in the MS.*; *MS.* cels.
2 *MS.* rence.ual. (s *erased after second* e *and after* l).　　3 *MS.* senter.

Ne voide tere ne alne ne plein pied,
Que il n'i ait o Franceis o paien.   5
Carles escrïet : 'U estes vos, bels niés ?
U est l'arcevesque et li quens Oliviers ?
U est Gerins et sis cumpainz Geriers ?
U est [dux] Otes et li quens Berengiers,
Ive et Ivorie que j'aveie tant chiers ?   10
Qu'est devenuz li Guascuinz Engeliers,
Sansun li dux et Anseïs li ber ?
U est Gerarz de Russillun li vieilz,
Li duze per que j'aveie laisiét ?'
De ço qui chielt, quant nuls n'en respundiét.   15
'Deus !' dist li reis, 'tant me pois esmaier
Que jo ne fui a l'estur cumencier !'
Tiret sa barbe cum hom ki est iriez ;
Plurent des oilz si baron chevalier,
Encuntre tere se pasment vint millier.   20
Naimes li dux en ad mult grant pitiét.

Il nen i ad chevalier ne barun
Que de pitiét mult durement ne plurt ;
Plurent lur filz, lur freres, lur nevoz
Et lur amis et lur liges seignurs,   25
Encuntre tere se pasment li plusur.
Naimes li dux d'iço ad fait que proz,
Tuz premerains l'ad dit l'empereür :
'Guardez avant ! De dous liwes de nus
Vedeir püez les granz chemins puldrus,   30
Qu'asez i ad de la gent paienur.

4. *MS.* al. ne. plein (ne *and* p *are in a later hand, and* illi *has been added above the line*). 7 *MS.* oliuer. 8 *MS.* gerers. 9 *MS.* berengers. 10 *MS.* que io a. t. chers. 11 *MS.* Que est. engeler. 12 *MS.* li bers, *so VT ; S corr.* li fiers. 13 *MS.* gerard. veilz. 14 *MS.* io a. laiset. 15 *MS.* chelt. nul. 16 *MS.* esma.er. 17 *MS.* cumencer. 18 *MS.* iret. 19 *MS.* cheualer. 20 *MS.* millers. 21 *MS.* pitet. 22 *MS.* cheualer. 23 *MS.* pitet. 24 *MS.* nevolz. 25 *MS.* lige. 28 *MS.* premereins ; *V* Trestut primiers dist a l. 29 *MS.* Veez avant, *V* Guardez amont. 30 *MS.* Ve.e.r. 31 *MS.* que Quasenz (que *has been added in the margin*).

Car chevalchiez! Vengiez ceste dulor!'
'E! Deus!' dist Carles, 'ja sunt il la si luinz.
Cunsentez mei et dreiture et honur!
De France dulce m'unt tolude la flur.'   35
Li reis cumandet Gebuïn et Otun,
Tedbalt de Reins et le cunte Milun:
'Guardez le champ et les vals et les munz,
Lessiez les morz tut issi cun il sunt,
Que n'i adeist ne beste ne lïons,   40
Ne n'i adeist esqüiers ne garçuns!
Jo vus defend que n'i adeist nuls hom,
Josque Deus voeille qu'en cest camp revengum.'
E cil respundent dulcement par amur:
'Dreiz emperere, chiers sire, si ferum.'   45
Mil chevaliers i retienent des lur.   Aoi.

   Li emperere fait ses graisles suner,
Puis si chevalchet od sa grant ost li ber.
De cels d'Espaigne unt les esclos trovez,
Tienent l'enchalz, tuit en sunt cumunel.   50
Quant veit li reis le vespre decliner,
Sur l'erbe verte descent lors en un pred,
Culchet s'a tere, si prïet Damnedeu
Que le soleil facet pur lui ester,
La nuit targier et le jur demurer.   55
Ais li un angle ki od lui soelt parler!
Isnelement si li ad comandét:
'Charle[s], chevalche, car tei ne falt clartét.

32 *MS.* cheualchez uengez.   33 *MS.* il ia si.   34 *MS.* Cunse.l.ez
(l *written on erasure*; *the word was originally* Cunsentéz) mei et dreit . . .
et h.   35 *MS.* tolud *altered from* tolue.   36 *MS.* gebuun.   39 *MS.*
Lessez gesir les.   40 *MS.* lion.   41 *MS.* esquier ne garcun.   43
MS. deus voeil.e que.   45 *MS.* cher sire.   46 *MS.* cheualer.
47 *MS.* emperere.   49 *MS.* unt lur les dos (dos *uncertain, perh.* clos)
turnez, *V* ont les cobles trovez; *T* De paiens ont touz les clos trovez.
50 *MS.* Tenent.   51 *MS.* vespres.   52 *MS.* descent li reis en.
53. *MS.* Culchet sei a.   54 *MS.* li soleilz.   arester.   55 *MS.* targer.
58 *MS.* fa . . *corrected to* faudrad; *V* ciualçe car noie (= no te) falt
clarter; *S omits* car *and retains* faldrat.

La flur de France as perdut, ço set Deus ;
Vengier te poez de la gent criminel.'   60
A icel mot l'emperere est muntez. Aoi.

  Pur Karlemagne fist Deus vertuz mult granz ;
Car li soleilz est remés en estant.
Paien s'en fuient, bien les [en]chalcent Franc,
El Val-Tenebres la les vunt ateignant,   65
Vers Sarraguce les enchalcent ferant,
A colps pleniers les en vunt ociant.
Tolent lur veies et les chemins plus granz.
L'ewe de Sebre lur estait dedevant,
Mult est parfunde, merveilluse e curant ;   70
Il n'i ad barge ne drodmund ne caland.
Paien reclaiment un lur deu, Tervagant,
Puis saillent enz, mais il n'i unt guarant.
Li adubét en sunt li plus pesant,
Envers les funz s'en turnerent alquant,   75
Li altre en vunt [en]cuntreval flotant ;
Li mielz guarit en unt boüd itant,
Tuit sunt neiét par merveillus ahan.
Franceis escrïent : ' Mar veïstes Rollant ! ' Aoi.

  Quant Carles veit que tuit sunt mort paien,   80
Alquant ocis et li plusur neiét —
Mult grant eschec en unt si chevalier —
Li gentilz reis descenduz est a piét,
Culchet s'a tere, sin ad Deu graciét.

60 *MS*. venger.   61 *MS*. est lemperere muntet.   64 *MS*. ben.
65 *MS*. tenebrus.   66 *MS*. enchalcent . . . (*a word has been erased and*
franc *added*), *S* les enmeinent ferant.   67 *MS*. pleners.   69 *MS*. el
lur est dedeuant, *V* l. stait dauant, *CV* 7 l. estoit d., *T* i leur est au d.,
S i lur est d., *G* ele lur est devant.   70 *MS*. merueille.   71 *MS*. Il
nen i ad.   72 *MS*. Paiens recleiment ; *V* Tuit reclamarent a lor deu
Triuigant ; *GS* Mahom et Tervagant.   74 *MS*. adubez.   75 *MS*.
Enu'ers. alquanz.   76 *CV* 7 Li altre vunt encontreval ; *T* tout contreual.
77 *MS*. miez guariz.   78 *MS*. Tuz sunt neiez.   79 *MS*. mare fustes ;
VT Dient françois mal ueistes rollant.   80 *MS*. paiens.   81 *MS*.
Alquanz.   82 *MS*. chevaler.   83 *MS*. descendut.   84 *MS*. Culchet
sei a.

Quant il se drecet, li soleilz est culchiez. 85
Dist l'emperere : 'Tens est del herbergier ;
En Rencesvals est tart del repairier.
Nostre cheval sunt las e ennuiét.
Tolez les seles, les freins qu'il unt es chiefs,
E par cez prez les laisiez refreidier ! ' 90
Respundent Franc : 'Sire, vos dites bien.' Aoi.

Li emperere ad prise sa herberge.
Franceis descendent en la tere deserte,
A lur chevals unt toleites les seles,
Les freins a or lur metent jus des testes, 95
Livrent lur prez, asez i ad fresche herbe :
D'altre cunreid ne lur poeent plus faire.
Ki mult est las, il se dort cuntre tere ;
Icele noit n'unt unkes escalguaite.

Li emperere s'est culciez en un pret, 100
Sun grant espiét met a sun chief li ber —
Icele noit ne se volt desarmer —
Si ad vestut sun blanc osberc saffrét,
Laciét sun elme ki est a or gemmez,
Ceinte Joiuse, unches ne fut sa per, 105
Ki cascun jur müet trente clartez.
Asez savum de la lance parler
Dunt nostre Sire fut en la cruiz naffrez :
Carles en ad la mure, mercit Deu ;
En l'orét punt l'ad faite manuvrer. 110
Pur ceste honur et pur ceste bontét,
Li nums Joiuse l'espee fut dunez.

85 *MS.* culchet. 86 *MS.* herberger. 87 *MS.* repairer. 88 *MS.* Noz cheuals sunt e las e ennuiez. 89 *MS.* Tolez lur les s. le f. chefs. 90 *MS.* laisez refreider. 93 *V* descendent entre seybre e ualterne 95 *MS.* or e metent ius les t., *V* or li met ius de le teste. 100 *MS.* culcet. 101 *MS.* chef. 102 *MS.* uolt il. 103 *MS.* sasfret *or* saffret. 104 *MS.* gemmet. 108 *MS.* naffret *or* nasfret. 109 *The other MSS. have* ot (oit) *instead of* ad. 110 *V* In l'orie pom ben la fist saieller, *CV* 7 En lore punt la fist bien seeler. 112 *MS.* dunet.

Barun Franceis nel deivent ublïer :
Enseigne en unt de Munjoie crïer ;
Pur ço nes poet nule gent cuntrester. 115

   Clere est la noit et la lune luisant.
Carles se gist, mais doel ad de Rollant,
E d'Olivier li peiset mult forment,
Des duze pers, de la franceise gent
Qu'en Rencesvals ad laisiét morz sanglenz ; 120
Ne poet müer n'en plurt et nes dement,
E prïet Deu qu'as anmes seit guarenz.
Las est li reis, kar la peine est mult grant ;
Endormiz est, ne pout mais en avant.
Par tuz les prez or se dorment li Franc. 125
N'i ad cheval ki puisse(t) estre en estant ;
Ki herbe voelt, il la prent en gisant.
Mult ad apris ki bien conuist ahan.

    .   .   .   .

   En Rencesvals en est Carles entrez.
Des morz qu'il troevet cumencet a plurer. 130
Dist as Franceis : ' Seignur, le pas tenez !
Kar mei meïsme estoét avant aler
Pur mun nevud que vuldreie truver.
A Ais esteie a une feste anvel,
Si se vanterent mi vaillant chevalier 135
De granz batailles, de forz esturs champels ;
D'une raisun oï Rollant parler :
Ja ne murreit en estrange regnét,
Ne trespassast ses humes et ses pers,
Vers lur païs avreit sun chief turnét, 140

113 *MS.* Baruns.   116 *MS.* luisante.   118 *MS.* de oliu'.   119
MS. pers et de la.   120 *MS.* En. laiset morz sangenz.   122 *MS.*
guarent.   126 *MS.* puisset ester.   129 *MS.* carles venuz ; *V* si e
çarlo intrer.   131 *MS.* Dist a. segnus.   133 *MS.* neud.   134 *MS.*
A eis. a noel.   135 *MS.* uante.ent. cheualer ; *V* La sauanto me baron
çiualer, *T* La yerent logiez ycil bacheler ; *GS* bacheler.   136 *MS.*
esturs pleners ; *V* fort stormen çampler.   137 *VT* rollant uanter.
138 *MS.* Ja ne ne.   139 *MS.* hume.   140 *MS.* chef ; *V* Enuerso
pain auraue ; *T* Envers Espagne vouloit son vis tourner.

Cunquerrantment si finereit li ber.'
Plus qu'en ne poét un bastuncel jeter,
Devant les altres est en un pui muntez.

Quant l'emperere vait querre sun nevod,
De tantes herbes el pret truvat les flors   145
Ki sunt vermeilles del sanc de noz barons ;
Pitiét en ad, ne poet müer n'en plurt.
Desuz dous arbres parvenuz est amont,
Les colps Rollant conut en treis perruns,
Sur l'erbe verte veit gesir sun nevud.   150
Nen est merveille, se Karles ad irur.
Descent a pied, alez i est pleins curs,
Si prent le conte entre ses braz ansdous,
Sur lui se pasmet, tant par est anguissus.

Li emperere de pasmeisuns revint.   155
Naimes li dux et li quens Acelins,
Gefreiz d'Anjou et sis frere Tierris
Prenent le rei, sil drecent suz un pin.
Guarde(t) a la tere, veit sun nevod gesir ;
Tant dulcement a regreter le prist :   160
' Amis Rollanz, de tei ait Deus mercit !
Unques nuls hom tel chevalier ne vit
Por granz batailles juster et defenir.
La meie honor est turnee en declin.'
Carles se pasmet, ne s'en pout astenir.   Aoi.   165

Carles li reis revint de pasmeisuns,
Par mains le tienent quatre de ses barons ;

141 *MS.* li bers.   143 *MS.* muntet.   144 *MS.* empereres.   neuold.
145 *MS.* pre. truuat.   146 *MS.* vermeilz.   147 *MS.* pitet.   148 *MS.*
paruenuz est li reis (*last two words added by a different hand*) ; *V* Desot
dun arbor e paruegnu amo.   150 *MS.* neuuld.   152 *MS.* aled.
153 *MS.* Entre ses mains ans dous le priest suus (*the last three words
added by a different hand*), *V* Si prende li cont entro ses brace ambedo.
155 *MS.* empereres.   156 *MS.* acelin.   157 *MS.* Gefrei.   sun frere
henri ; *VP and T have* Tierris. (Tieri).   159 *cf. v. 168.*   162 *MS.*
cheualer.   164 *MS.* turnet.   166 *MS.* seuint, *V* reuen, *P* reuint.
167 *MS.* Par les mains (les *has been added*).   .iii. de ses barons.

Guardet a tere, veit gesir sun nevud.
Cors ad gaillard, perdue ad sa culur,
Torblez ses oilz, mult li sunt tenebros.   170
Carles le plaint par feid e par amur :
'Amis Rollanz, Deus metet t'anme en flors,
En pareïs, entre les glorïus !
Cum en Espaigne venis [a] mal seignur !
Ja mais n'iert jurns, de tei n'aie dulur.   175
Cum decarrat ma force e ma baldur !
Nen avrai ja ki sustienget m'onur.
Suz ciel ne quid aveir ami un sul ;
Se j'ai parenz, nen i ad nul si proz.'
Trait ses crignels pleines ses mains amsdous ;   180
Cent milie Franc en unt si grant dulur,
Nen i ad cel ki durement ne plurt.   Aoi.

  'Amis Rollanz, jo m'en irai en France.
Cum jo serai a Loün, en ma chambre,
De plusurs regnes vendrunt li hume estrange,   185
Demanderunt : "U est li. quens cataignes?"
Jo lur dirrai qu'il est morz en Espaigne.
A grant dulur tendrai puis mun reialme ;
Ja mais n'iert jurns que ne plur ne n'en plaigne.'

  'Amis Rollanz, prozdoem, juvente bele,   190
Cum jo serai a Ais, em ma chapele,
Vendrunt li hume, demanderunt noveles.
Jes lur dirrai merveilluses et pesmes :
"Morz est mis niés ki tant me fist cunquere."
Encuntre mei revelerunt li Saisne   195
Et Hungre et Bugre et tante gent averse,

  168 *MS*. uei.   neuld.   170 *MS*. Turnez ; *V* Torbe li ocli molt li e
tenebror, *P* Les iex ot trourbles qui li sieent el front.   171 *MS*. pleint.
172 *MS*. Ami.   175 *MS*. nert iūn (*almost illegible*).   179 *MS*. io ai ;
S prot.   183 *MS*. Ami.   189 *MS*. nert iur.   pleigne.   190 *MS*.
Ami.   191 Ais] *MS*. eis.   195 *MS*. seisne.

Romain, Puillain et tuit cil de Palerne,
E cil d'Affrike e cil de Califerne.
Puis encrerrunt mes peines e suffraites.
Ki guierat mes oz a tel poëste,   200
Quant cil est [morz] ki tuz jurz nos cadelet?
E! France [dulce], cum remains hoi deserte!
Si grant doel ai que jo ne vuldreie estre!'
Sa barbe blanche cumencet a detraire,
Ad ambes mains les chevels de sa teste.   205
Cent milie Franc s'en pasment cuntre tere.

   'Amis Rollanz, si mare fut ta vie!
L'anme de tei en pareïs seit mise!
Ki tei ad mort, France molt ad honie.
Si grant dol ai que ne voldreie vivre   210
De ma maisniee ki por mei est ocise!
Ço duinset Deus, li filz sainte Marie,
Ainz que jo vienge as maistres porz de Sizre,
L'anme del cors me seit oi departie,
Entre les lur [fust] alüee et mise,   215
Et ma car fust delez els enfuïe!'
Ploret des oilz, sa blanche barbe tiret.
Et dist dux Naimes: 'Or ad Carles grant ire.' Aoi.

   'Sire emperere,' ço dist Gefreiz d'Anjou,
'Ceste dolor ne demenez tant fort!   220
Par tut le camp faites querre les noz
Que cil d'Espaigne en la bataille unt mort,
En un carnier cumandez qu'hom les port.'
Ço dist li reis: 'Sunez en vostre corn!' Aoi.

197 *MS.* icil.   199 *MS.* Puis entrerunt m. p. e mes s., *V* Pois en
trarai me peine e me sofraite; *G* Pois encrerrunt, *S* P. en trerunt.
202 *MS.* cum remeines deserte; *V* Ay frança dolce cum reman oi deserte.
206 *MS.* Francs.   207 *MS.* Ami R. de tei ait deus mercit; *V* si mare
fu toa uie.   208 *MS.* seit mise en pareis.   209 *MS.* france ad mis
en exill (en *has been added*), *V* dolce france ert honie, *T* molt a France
honie.   211 *MS.* maisnee.   212 *MS.* le filz.   213 *MS.* Einz.   sirie.
215 *V* Entro lor fosse salue e misse.   217 *MS.* bare.   219 *MS.*
gefrei.   223 *MS.* carnel c. que hom; *V* Ad un carner.

Gefreiz d'Anjou ad sun graisle sunét.   225
Franceis descendent, Carles l'ad comandét.
Tuz lur amis qu'il i unt morz truvét,
Ad un carnier sempres les unt portét.
Asez i ad evesques e abez,
Munies, canonies, proveires coronez,   230
Sis unt asols et seigniez de part Deu.
Mirre et timoine i firent alumer,
Gaillardement tuz les unt encensez;
A grant honor pois les unt enterrez,
Sis unt laisiez; qu'en fereient il el?   Aoi.   235

225 *MS.* Gefreid.   greisle.   228 *MS.* carner.   231 *MS.* seignez.
232 *MS.* timoiue; *V* Mira et encenso li fe alumine; *S* Mirre et amome.
235 *MS.* laisez.

15. PILGRIMAGE OF CHARLEMAGNE

[MS.: London, Brit. Mus. (missing since 1879), end of 13th or
beginning of 14th century, Anglo-Norman.   Edition: E. Koschwitz,
Karls des Grossen Reise nach Jerusalem und Constantinopel (*Altfranz.
Bibl.*, II), 6th ed., by G. Thurau, Leipzig, 1913.   See also E. Koschwitz,
Über die Chanson du Voyage de Charlemagne à Jérusalem (Boehmer's
Roman. Stud., II, p. 1), Strasburg, 1875; id., *Überlieferung und
Sprache der Chanson du Voyage de Charlemagne...*, Heilbronn, 1876;
G. Paris, in *Romania*, IX, p. 1; H. Morf, in *Romania*, XIII, p. 185;
J. Heitmann, *Die Pronomina in dem altfranz. Epos 'Karls des Grossen
Reise...*,' Progr. Krefeld, 1891; C. Voretzsch, *Einführung in das
Studium der altfranz. Sprache*, Halle, 1901, etc.; J. Coulet, *Études sur
l'ancien poème français du Voyage de Charlemagne en Orient*, Montpellier,
1907; J. Bédier, *Les Légendes Épiques*, IV, Paris, 1913, 2nd ed., 1921,
p. 121.]

This legendary account of a supposed visit by Charlemagne
to the East was long ascribed to the 11th century; but it is now
clear (see Coulet, Bédier) that it cannot have been written until
some time after the First Crusade.   Probably it was composed at
Paris towards the middle of the 12th century.   Our text is based
on Koschwitz' transcription of the MS.   Unless otherwise indicated,
the emendations introduced are those adopted by Koschwitz (*K*);
but the standardized orthography of his critical text has not been
followed.   The foot-notes include corrections suggested by other

critics : Andresen (*A*), Baist (*B*), Coulet (*C*), Foerster (*F*), Heit-
mann (*H*), Mall (*M*), Mussafia (*Mu.*), G. Paris (*P*), Suchier (*S*),
Steffens (*St.*), Tobler (*T*) and Thomas (*Th.*). For full references,
see the bibliographies given by Koschwitz (edition of 1913) and
Voretzsch.

Vv. 259–483 :—

Chevalchet l'emperere od sa cumpanie grant,
    E passent [les] monteles et les puis d'Abilant,
La roche del Guitume e les plaines avant ;
Virent Constantinoble, une cîtét vaillant,
Les clochiers et les egles et [les] punz reluisanz.   5
Destre part la cîtét demie liwe grant
Trovent vergiers plantez de pins et loriers blans ;
La rose i est florie, li alburs et l'aiglenz.
Vint mile chevaliers i troverent seanz —
E sunt vestut de pailes et d'ermines [tuz] blans   10
E de granz pels de martre josk' as piez traïnanz ;
As eschés et as tables se vunt esbaneiant,
E portent lur falcuns et lur osturs alquant —
E treis mile pulceles a orfreis reluisanz :
Vestues sunt de pailes, et unt cors avenanz,   15
E tienent lur amis, si se vunt deportant.
A tant est [vus] Karlun sur un [fort] mul amblant.
A une part se turnet, si apelet Rollant :
' Ne sai ou est li reis. Ici (e)st barnages granz.'
Un chevalier apelet, si li dist en rïant :   20
' Amis, u est li reis ? Mult l'ai alét querrant.'
E icil li ad dit : ' Or chevalchiez avant :
A cel paile tendut verrez le rei seant.'

1 *MS.* li emp. 2 *K* les montaignes. 3 *S* d'Elguitume ? 4 *MS.* citez
5 *MS.* cloches ; *St.K* et eglés ; *MS.* punz le lusanz, *P* p. tresluisanz.
6 *MS.* de une liuue. 7 *MS.* vergers. et de lorers beaus, *T* de loriers
verdeianz ? 8 *MS.* et li glazaus. 9 *MS.* chevalers. seant. 10 *MS.*
de heremins. 11 *MS.* peus. jokes as pez. 12 *MS.* esbaneant.
13 *MS.* asquanz. 14 *MS.* puceles. relusant. 15 *So P, MS.* et
ount les cors, *SK* s'ont les cors. 16 *MS.* tenent. 17 *MS.* karl'.
19 *MS.* Ici est li b., *P* Ci'st li b ? ; *MS.* grant. 20 *MS.* chevaler
21 *MS.* le ai alee. 22 *MS.* dist ore chevalchet. 23 *MS.* cele. tendue.
lu rei.

Chevalchet l'emperere, ne se vait atargeant.
Truvat le rei Hugun a sa carue arant;　　　　　　25
Les cunjugles en sunt a or fin reluisant,
Li aissels et les roes et li cultres aranz.
Il ne vait mie a piét, l'aguilun en sa main,
Mais de chascune part [ad] un fort mul amblant:
Une caiere sus tienent d'or suzpendant.　　　　　30
La sist l[i] emperere sur un cuisin vaillant —
La plume est d'oriol, la teie escarimant —
A ses piez un escame neelé d'argent blanc,
Sun capel en sun chief; mult par sunt bel li gant;
Quatre estaches [d'or mier] entur lui en estant;　　35
Desus [i] ad jetét un bon paile grizain.
Une verge d'or fin tint li reis en sa main,
S'acunduit sun arere tant adrecieement,
Si fait dreite sa rei[e] cum[e] line qui tent.
A tant est vus Carlun sur un [fort] mul amblant.　40

Li reis tint sa carue pur sun jur espleitier,
E vint i Carlemaines tut un antif sentier,
Vit le paile tendud, et l'or reflambeier.
Le rei Hugun saluet, le fort, trez volentiers.
Li reis regardet Carle, veit le contenant fier,　　45
Les braz gros et quarrez, le cors graisle et delgiét.
'Sire, Deu[s] vus garise! De quei me conuisiez?' . . .
Respont li emperere: 'Jo sui de France nez,
J'ai a nun Carlemaines, Rollanz si est mis nies.

24 *MS.* li emp.　25 *MS.* lu rei.　26 *MS.* cuningles. relusant.　27 *MS.* essues. arant.　28 *MS.* pet le ag. 30 *MS.* sus le tent.　32 *MS.* de oriol. descarimant.　33 *MS.* pez un escamel neele de.　34 *MS.* chef.　gaunt. 35 *S* Q. est. i at.　38 *MS.* Si a cundut, *K* Si conduit; *MS.* aret, *P* aret (= *labourage*), *F* aree (= *sillon*), *K also suggests* arer (*inf. used as subs.*); *MS.* adreceement.　39 *MS.* line que.　41 *MS.* espleiter. 42 *MS.* senter.　43 *MS.* le or.　44 *MS.* Lu.　salua.　volenters. 45 *MS.* Li r. hugun.　fer.　46 *MS.* braz ad gros.　greile et delget. 47 *MS.* conuset. *Line missing after* 47 ?　*H* de quel gent venuz ies ? (*and no lacuna*).　48 nez] *K* chies; *FH* de France nez sui gie.　49 *MS.* Jo ai; *K* Jo ai nom Charlemaigne; *MS.* rolland.　nes.

Vienc de Jerusalem, si m'en voil retorner ;   50
Vus e vostre barnage voil veeir volentiers.'
E dist Hugue li forz : 'Bien ad set anz e mielz
Qu'en ai oï parler estrange[s] soldeiers
Ke [is]si grant barnage [nen] ait nul[s] rei[s] suz ciel.
Un an vus retendrai, se estre i volez.   55
Tant vus durrai aveir, or et argent trussét,
Tant en prendrunt Franceis cum en voldrunt chargier.
Or desjuindrai mes boés pur la vostre amistiét.'

  Li reis desjuint ses boés et laiset sa carue,
E paissent par ces prez, amunt par ces cultures.   60
Li reis muntet al mul, si s'en vait l'ambl[e]üre.
'Sire,' dist li reis Carles, 'ceste vostre carue,
Tant i at de fin or que jo n'e[n] sai mesure ;
Se senz garde remaint, criem qu'ele seit perdue.'
E dist Hugue li reis : 'De tut ceo n'aiez cure ;   65
Unkes ne[n] out larun tant cum ma terre dure.
Set anz i purrat estre, ne serrat rem[o]üe.'
Dist Willelmes d'Orenge : '[E !] sainz Pere, ajude !
Car la tenise en France, et Bertrans si i fusset !
A pels et a martels sereit aconseüe.'   70
Li reis brochet le mul, si s'en vait l'ambl[e]üre,
E vint sus al palais u out s'oissor veüe.
Il l'a fait conreer, et cele est revestue,
Li palais et la sale de pailes purtendue.
A tant est vus Carlun od sa grant [gent] venue.   75

50 *MS.* Venc ; retorner] *K* repairier.   51 *MS.* veer volenters.
52 *MS.* hugun. ben. melz.   53 *MS.* soldeers.   54 *MS.* barnages.
cel.   55 *MS.* retenderai si ; *K* voliiez, *M* deigniez ?   56 *MS.* durrai or
et argent et aveir trusset, *K* donrai aveir, or, argent et deniers, *F* d. aveir
e argent e or mier.   57 *MS.* en porterunt, *S* en prengent ; *MS.* cum
il en voderunt charger.   58 *MS.* Ore desjundrai.   beos.   amistet.
59 *MS.* desjunt.   beos.   laset.   60 *MS.* praez.   61 *K* montet
el mul, *C* munte a un mul.   62 *MS.* carl'.   64 *MS.* Si. jo creim que
ele soit, *A* jo criem que seit.   65 *MS.* hugun (*et passim*). iceo naez.
66 *MS.* adure (a *above the line*).   68 *MS.* de O.   69 *MS.* berteram.
70 *MS.* peals, *K* pis ; *MS.* marteals.   escansue ; *P* bien (*or* tost) sereit
escansue (= *brisée*).   71 *MS.* Il brochet.   72 *MS.* paleis. sa
muiller.   73 *MS.* fct.   74 *MS.* Le paleis. purtendues.   75 *S*
od sa gent parvenue.

L'emperere descent defors el marbre blanc,
Cez degrez dc la sale vint al palais errant.
Set mil[e] chevaliers i troverent seanz,
A peliçuns ermins, blialz escarimanz ;
As eschés et as tables se vunt esbaneiant.   80
La [de]fors sunt curut li plusur et alquant,
Receurent les somiers et les forz muls amblanz,
As ostels les menerent conreer gentement.
Charles vit le palais et la richesce grant ;
A or fin sunt les tables et chaieres et banc.   85
Li palais fu listez d'azur et avenanz
Par [mult] chieres peintures a bestes et serpenz,
A tutes creatures et [tuz] oisels volanz.
Li palais fud voltiz et desur[e] cloanz,
E fu faiz par cumpas et serez noblement ;   90
L'estache del miliu neelee d'argent.
Cent columnes i ad tut de marbre en estant ;
Cascune est a fin or neelee devant . . .
De quivre et de metal tresgeté dous enfanz.
Cascun[s] tient en sa buche un corn d'ivorie blanc.   95
Se galerne ist de mer, bise ne altre venz
Ki fierent al palais [de]devers occident,
Il le funt turn[ei]er et menut et suvent
Cumme roe de char qui a tere descent.

76 *MS.* li emp. ; el] *MS.* le, *correction by S* ; *K keeps to MS. and assumes
lacuna between* le *and* marbre ; *corr.* desor le m. b. ?   77 *MS.* paleis.
78 *MS.* chevalers.   seant.   79 *MS.* blianz.   80 *MS.* esbaneant.
81 *B* La fors sont acorut ; *MS.* curuz.   plusurs.   asquanz.   82 *MS.* R.
les destrers   mulz.   83 *MS.* A les osteus les meinent, *correction by
SB* ; *K* A lor ostels les meinent, *F* As estables les meinent.   84 *MS.*
paleis.   85 *MS.* et chaeres et li banc, *correction by S* ; *K* les ch., li b.
86 *MS.* paleis.   de azur.   avernant ; *K* fut d'azur listez ; *B assumes
lacuna before* avenanz.   87 *MS.* cheres.   et a serpenz.   88 *MS.*
oiseaus ; *K* et a oisels.   89 *MS.* paleis. voltiz] *MS.* vout, *M* toz volz ?
90 *MS.* fait.   seret.   91 *MS.* d'argent blanc.   92 *MS.* coluns.
93, 94 *Line missing, S completed* neelee [d'argent, Cascune des columnes
si at en sun] devant De quivre etc.   94 *MS.* tregete.   96 *MS.* Si.
vent.   97 *MS.* ferent.   paleis.   99 *MS.* decent.

Cil corn sunent et buglent et tunent ensement 100
Cum taburs u toneires u grant cloche qui pent ;
Li uns esgardet l'altre ensement en rïant,
Que ço vus fust viarie que tut fussent vivant.
Karles vit le palais et la richesce grant :
La sue manantise ne priset mie un guant ; 105
De sa mullier li membret que manacié out tant.

   'Seignurs,' dist Carlemaines, 'mult gent palais ad ci.
Tel nen out Alixandre ne li vielz Costantin[s],
Ne n'out Creissenz de Rome qui tante honur bastid.'
E tant cum l'emperere cele parole ad dit, 110
Devers les porz de mer uït un vent venir.
Vint bruiant al palais, d'une part l'acuillit,
Si l'a fait esmuveir et süef et serrit :
Altresil fait turner cum arbre de mulin.
Celes imagines cornent, l'une a l'altre surrist, 115
Que ceo vus fust viarie que il fussent tut vif,
L'un[s] halt, li altre cler ; mult fait bel a oïr :
C(eo) est avis, qui l'esculte, qu'il seit en paraïs,
La u li angle chantent [et] süef et serit.
Mult fud granz li orages, la neif et li gresilz, 120
E li venz durs et forz, qui tant bruit et fremist.
Les fenestres en[tur] sunt a cristal gentil,
Tailiees et confites a brasme ultremarin :
Laenz fait tant requeit et süef et serit
Cumme en mai en estét quant soleil[z] esclar[c]ist. 125
Mult fut griés li orages et hisdus et costis.

---

100 tunent] *MS.* sunent.   101 *MS.* Cumme. cloches.   102 *MS.* le
altre ensement cum en.   103 *K* tuit.   104 *MS.* paleis.   106 *MS.*
memberet.   manace.   107 *MS.* carl'.   109 *MS.* crisans.   tanz
honurs, *F* tantes turs.   110 *MS.* li emp. had.   111 *MS.* de la mer.
112 *K* Bruiant vint ; *MS.* bruant.   113 *MS.* Cil la.   114 *MS.* Altresi
le ; *S* Issil fait turneier.   115 *MS.* E celes.   116 *MS.* tuz vis ; *K* tuit.
117 *MS.* feit.   118 *MS.* lascute.   119 *MS.* seriz.   120 *MS.* grant.
121 *MS.* vent ; fremist] *MS.* fefreit.   122 *K* Mais les f. sont a cr.
molt g. ; *MS.* gentilz.   123 *MS.* Tailees.   braines utre marin.
124 *MS.* itant.   126 *MS.* gres.   hidus ; costis] *S* coitis, *K* hastis ?,
T forcis ?, *B* tortiz, *A* restis.

Karles vit le palais turn[ei]er et fremir ;
Il ne sout que ceo fud, ne l'out de luign apris.
Ne pout ester sur piez, sur le marbre s'asist.
Fra[n]ceis sunt tut versét, ne se poent tenir,   130
E covrirent lur chiés et adenz et suvin,
E dist li uns a l'altre : ' Mal sumes entrepris ;
Les portes sunt uvertes, si n'en· poüm issir.'

  Carles vit le palais menu[e]ment turner.
Franceis covrent lur chiés, ne l'osent esgarder.   135
Li reis Hugue li forz en est avant alez,
E ad dit a Franceis : ' Ne vus desconfortez !'
' Sire,' dist Carlemaines, '[ne] serrat ja mais el ? '
E dist Hugue li forz : ' Un petit m'atendez !'
Li vespre aprochat, li orages remest.   140
Franceis saillent en piez. Tuz fut prez li supers. ·
Carlemaines s'asist e sis ruiste[s] barnez,
Li reis Hugue li forz et sa muillier delez,
Sa fille od le crin bloi qu'ad le vis bel et cler
E out la char tant blanche cume flur en ested.   145
Oliviers l'esgardat, si la prist a amer :
' Pl[o]üst al rei de glorie, de sainte majestét,
Que la tenise en France a Verdun la citét !
Ka[r] j'en f[e]reie puis tutes mes voluntez.'
Entre ses denz le dist, qu'on nel pot esculter.   150
Nule rien qu'il demandent ne lur fud deveét :
Asez unt veneisun de cerf et de sengler,
  E unt grues et gantes et poüns enpevrez ;

127 *MS* paleis.   129 *MS.* pez.   130 *MS.* tuz.   131 *MS* cove-
rirent.   ches.   135 *MS.* ches.   137 *K* as Franceis.   139 *MS.*
matendet.   140 *K* vespres ; *MS.* aprocet.   remist.   141 *MS.* pez.
Tut.   prest.   142 *MS.* Carl'.   143 *MS.* muiller.   144 *MS.* que
ad.   146 *MS.* Oliver lesgardet.   148 a Verdun] *MS.* u adun, *correction
by Th.* ; *F* a Laun, *P* a Dun (= *Châteaudun*), *S* a Dun (= *Dun-sur-
Meuse*) ; *cf. Flamenca vv. 700-1.*   149 *MS.* jo en. pus.·   150 *MS.*
que hon. escuter.   151 *MS.* rein que il.   deveez.   152 *MS.*
venesun. cerfs.   153 *MS.* gauntes.   enpeverez.

A [e]spandant [l]ur portent le vin et le clarét,
E cantent et vïelent et rotent cil jugler,   155
[E] Franceis se deportent par grant nob[i]litét.

Cume il ourent mangiét enz el palais reial,
E unt traites les napes li maistre senescal,
Saillent li esqüier en renc de tute[s] parz
E si vunt as ostels conreer lur chevals.   160
Li reis Hugue li forz Carlemain[e] apelat,
Lui et les duze pers, sis trait a une part;
Le rei tint par la main, en sa cambrel menat,
Voltice, peint[e] a flurs, a pieres de cristal.
Une escarbuncle i luist e cler reflambeiat,   165
Confite en une estache, del tens rei Golïas.
Duze liz i ad bons de quivre et de metal,
Oreilliers de velus e linçols de cendal;
Al menur [unt] a traire vint boef et quatre car.
Li trezimes enmi est tailliez a cumpas;   170
Li pecul sunt d'argent et l'espunde d'esmal.
Li cuverturs fud bons, que Maseüz uvrat,
Une fee mult gente qui le rei le dunat;
Mielz en valt li conreiz del tresor l'amiral.
Bien deit li reis amer qui li abandunat   175
E tant bien [le] servit et gent le conreat.

Franceis sunt en la cambre, si unt veüd les liz.
Casqun[s] des duze pers i ad ja le son pris.
Li reis Hugue li forz lur fait porter le vin.
Sages fud e membrez [e] pleins de maleviz: 180

154 *MS.* clarez.   155 *MS.* juglur.   156 *MS.* desportent.   157 *MS.*
ourent enz al p. real manget.   160 *MS.* Il vunt.   osteus.   chevaus.
162 *MS.* duzce.   163 *MS.* cambre les menat.   164 *MS.* Voltrue.
et a peres.   165 *MS.* e cler e reflambeat.   166 *MS.* tens le rei.
167 bons] *MS.* dous *or* dons.   168 *MS.* Oreillers et v.   lincous.   169
MS. beos.   cars.   170 *MS.* e taillez.   171 *MS.* de argent.   172 *MS.*
cuvertures.   uverat; *S* Dame Maseuz l'uvrat, *A* que Maheuz aovrat, *C*
que ja Maheuz ovrat.   173 *C* Une feme; *MS.* que li reis dunat.
174 *MS.* Melz.   vaut.   la amiral.   175 *MS.* Ben.   176 *MS.* ben.
178 *MS.* peres.   180 *MS.* plains; *Mu.* mal e viz, *M* mals e viz; *S*
pleins de mal e de viz.

En la cambre voltice out un perun marbrin,
Desuz [esteit] cavez, s'i ad un hume mis.
Tute la nuit les gardet par un pertus petit,
[E] li carbuncles art, bien i poet hom veïr,
Cume en mai en estét quant soleil[z] esclarcist.   185
Li reis Hugue li forz a sa muillier e[n] vint,
E Carles et Franceis se culchent a leisir.
Des ore gabberont li cunte et li marchis . . .

    Franceis furent as cambres, s'unt beüt del clarét,
E dist li un[s] a l'altre : 'Veez cum grant beltét !   190
Veez cum gent palais e cum fort richetét !
Pl[o]üst al rei de glorie, de sainte majestét,
Carlemaines mi[s] sire l'oüst ore achatét
U cunquis par ses armes en bataile champel !' . . .
E dist [lur] Carlemaines : 'Bien dei avant gabber.   195
Li reis Hugue li forz nen ad nul bacheler
De tute sa maisniee, tant seit forz et membrez,
Ait vestu dous halbers et dous helmes fermez,
Si seit sur un destrier curant [et] sujurnét,
Li reis me prest s'espee al poin d'or adubét,   200
Si ferrai sur les helmes u il ierent plus cler,
Trancherai les halbers et les helmes gemmez,
Le feltre avoec la sele del destrier sujurnét.
Le branc [ferrai] en terre : se jo le lais aler,
Ja nen iert mes retraiz par nul hume charnel,   205
Tresque il seit pleine hanste de terre desterez.'

---

181 voltice out] *MS.* desuz.   184 *MS.* art que bien. veer.   186 *MS.* muiller.   187 *MS.* carlem. cuchent.   188 *MS.* gabberent. *K assumes lacuna after* 188, *P after* 189.   189 *K* Fr. sont en la chambre ; *MS.* si unt beuz des vins.   190 *MS.* bealtet.   191 *MS.* forz.   193 *MS.* le oust recatet. *Passage missing after* 194.   195 *MS.* ben.   197 *MS.* maine qui tant seit fort membre.   198 *MS.* haubers. hames fermeet.   199 *MS.* destrer.   200 *MS.* prestet sa espee ; *F* pom.   201 *MS.* heaumes. erent plus chers.   202 *MS.* haubercs. heaumes.   203 *MS.* Le feutre od la s. destrer sujurnez.   204 *MS.* les.   205 *MS.* ert ; retraiz] *MS.* receuz, *correction by FP* ; *S* rescus ; *H* Nen iert mais receüz.   206 *MS.* haunste. desteret.

'Par Deu,' ço dist l'esculte, 'forz estes et membrez!
Que fols fist li reis Hugue, quant vus prestat ostel.
Se anuit mais vus oi de folie parler,
Al matin par sun l'albe vus f[e]rai congeer.'   210

   E dist li emperere: 'Gabbez, bel[s] niés Rollanz!'
'Volentiers,' [dist il,] 'sire, tut al vostre comand!
Dites al rei Hugun me prest sun olifant,
Puis si m'en irrai [jo] la [de]fors en cel plain.
Tant par iert fort m'aleine et li venz si bruianz   215
Qu'e[n] tute la cité, qui si est ample et granz,
N'i remandrat ja porte ne postiz en estant,
De quivre ne [d']acier, tant seit forz ne pesanz,
Ke l'uns ne fierge a l'altre par le vent qu'iert bruianz.
Mult iert forz li reis Hugue, s'il se met en avant,   220
Ne perde de la barbe les gernuns en bruslant,
E les granz pels de martre qu'ad al col en turnant,
Le peliçun d'ermine del dos en reversant.'
'Par Deu,' ço dist l'esculte, 'ci ad mal gabement!
Que fols fist li reis Hugue, qu'il herbegat tel gent.' | 225

207 *MS.* leschut fort. membret.   208 *MS.* Refols fud li.   209 *MS.* Si. meis.   211 *MS.* neis Rolland.   212 *MS.* Volenteres.   213 *MS.* qui il me prestet, *K* quem prest; *MS.* olivant.   214 *MS.* Pus; *S* F. puis si m'en irai; *K also suggests* la fors en cel plain grant.   215 *MS.* ert. ma aleine. bruant.   216 qui] *MS.* que. grant.   217 *MS.* remaindrat, i *above the line*. postits. astant.   218 *MS.* Ne quivee. acer. fort. pesant.   219 *MS.* le un. ferge. qui ert si bruant; *K* L'uns ne fierget a.   220 *MS.* ert. si il. metet.   221 *MS.* Ke il ne perde. brulant.   222 *MS.* peaus. qui il ad.   223 *MS.* de ermin.   224 *MS.* li eschut.   225 *MS.* fouls.

16. CHANÇUN DE RAINOART

[MS.: London, Brit. Mus., Add. 38663, middle of 13th century, Anglo-Norman. Editions: [G. Dunn], *La Chançun de Willame*, Chiswick Press, 1903; E. S. Tyler, *La Chançun de Willame*, New York, 1919. See also H. Suchier, *La Chançun de Guillelme* (*Bibl. Norm.*), Halle, 1911; J. J. Salverda de Grave in *Neophilologus*, I, p. 181; P. Studer in *Mod. Lang. Rev.*, XV, p. 41.]

In the MS. the *Chançun de Rainoart* follows immediately after the *Chançun de Guillelme*, but according to Suchier the two works

are distinct, and probably by different authors. The poem appears
to have been written early in the 12th century. The extract given
below corresponds to vv. 2013–2269 of the edition by Miss Tyler,
but we have retained few of her emendations; some of those we
have discarded will be found among the variants (introduced
by *T*).

A la funtaine dunt li duit sunt mult cler,
  Desuz la foille d'un olivier [ramé],
Ad ber(s) Guillelmes dan Vivïen trové.
Parmi le cors out quinze plaies tels,
De la menur fust morz uns͞ amirelz.   5
Dunc ie regrette dulcement e süef :
'Vivïen, sire, mar eüs unques, ber,
Tun vasselage que Deus t'aveit doné !
N'ad uncor gueres que tu fus adube[z],
Que tu plevis e juras Dampnedeu,   10
Ne fuïreies de bataille champel.
Puis covenant ne volsis mentir Deu ;
Pur ço iés ore ocis e afole[z].
Dites, bel sire, purrïez vus parler,
E reconuistre le cors altisme Deu ?   15
Se ço creez, qu'il fu en croiz penez,
En m'almosniere ai [jo] del pain sacré,
Del que demeine de sa main seignat Deus.
Se en aveit de vus le col passé,
Mar[e] crendreies achaisun de malfé.'   20
Revint al cunte e sens e volenté,
Ovri[t] les oilz, s'ad sun uncle esgardé ;
De bele boche començat a parler.
'Ohi, bel sire,' dist Vivïen[s] li ber,
'Ço conuis bien que veirs e vifs est Deu[s],   25

2 *MS.* dun grant oliuer.   3 *MS.* Willame quons V.   7 *MS.* mar
fustes.   9 *MS.* uncore.   11 *MS.* Que ne fuereies.   12 *MS.* uoisis.
13 *MS.* ore mort ocis e afole.   16 *MS.* Si tu co.   17 *MS.* almonere.
18 *MS.* D. d. que.   saignat.   19 *MS.* Se de vus le c. e. a. p.   21 *MS.*
Al quons r. e sen e.   22 *MS.* si ad.   24 *MS.* le ber.   25 *MS.* Ico
conuis ben.

Qui vint en terre pur. sun pople salver,
E de la Virgne en Belleem fu nez,
E se laissad en sainte croiz pener,
E de la lance [a] Longis fu fore[z],
Que sanc[s] corut e eue de sun le.   30
A ses oilz terst, si fu enlumine[z];
Merci crïad, si li pardonad Deus.
Deus, meie colpe, des l'ore que fu[i] nez,
Del mal qu'ai fait, pecchiez e lassetez !
Uncle Guillelme, un petit m'en donez !'   35
'A !' dist li quons, 'a bon' hore fui nez !
Qui [i]ço creit, ja nen [i]ert [mais] dampnez.'
Il curt a l'eue ses blanches mains laver,
De s'almosniere ad trait le pain segré,
Enz en la boche l'en ad un poi doné.   40
Tant fist li quons quel col en ad passé ;
L'alme s'en vait, li cors i est remés.
Veit le Guillelmes, comence a plurer.
Desur le col del balçan l'ad levé,
Qui l'en voleit a Orenge porter.   45
Sur[e] li corent Sarazin e Escler,
Tel quinze rei, qui bien vus sai nomer :
Reis Mathamar[s] e uns [forz] reis d'Aver,
E Bassumez e li reis Defame[z],
Soldan[s] d'Alfrike, e li forz Eaduel[s]   50
E Aelran[s] e sis fiz, Aelrez,
Li reis Sacealme, Alfame[z], Desturbez,
E Golïas, Andafle e Waniblez.
Tuit cil le fierent en sun escu boclé,

30 *MS.* Que sanc e eve c.   31 *MS.* sempres fu e.   33 *MS.* mei.
34 *MS.* que ai.   des pecchez e de.   35 *MS.* Willame.   36 *MS.* le
cunte.   38 *MS.* mains a l.   39 *MS.* almosnere.   41 *MS.* le cunte
quele.   42 *MS.* le cors.   43 *MS.* Willame.   46–53 *Cf. Aliscans,
ed. Wienbeck, Hartnacke and Rasch, Halle, 1903, vv. 1011–18 and 1043–8;
two names appear to be missing here after v. 48.*   47 *MS.* Tels .xv. reis
qui ben.   49 *MS.* Bassumet.   51 *MS.* e sun fiz Aelred.   52 *MS.* Alfame
e Desturbed.   53 *MS.* e A. e Wanibled.   54 *MS.* Tuz .xv. le ferent.

Pur un petit ne l'unt acraventé.   55
Quant veit Guillelmes nel purrad endurer,
Colche l'a tere, sil comandad a Deu ;
Mult vassalment s'[en] est vers els turne[z].
Cil quinze l'unt del ferir bien hasté ;
Par vife force unt [il] fait deseverr   60
Del nevou l'uncle, quil poeit tant amer.
Puis unt paien Guiot environé,
E sun cheval suz li unt mort get[é],
E l'enfes est a tere acravente[z],
Veant Guillelme qui mult l'ad regretté.   65
' E ! Deus,' fait [il], ' qui mains en trinité,
E governes terre e ciel esteillé,
Cum se decline ma grant nobilité !
Cum est destruiz mis riches parentez !
Guiot, amis, ore es enprisone[z].   70
Cil vus delivre qui se laissa pener
Al vendresdi pur crestïens salver ! '
Devant le cunte [si] l'unt mené as nefs.
Li quons Guillelmes s'est mult adolusez,
Turne as paiens cum hom qui est irrez :   75
Quinze en ad morz e seissante nafrez,
Que nuls ne pout sur ses piez [mais] ester.
Lunsdi al vespre.

  Mort sunt Franceis e pris a males pertes,
E ne remaint chevals ne hom en sele.   80

56 *MS.* Willame que ne la purrad.   57 *MS.* Colche len ad a tere,
T Colché l'en ad (*suppressing* a tere).   58 *T* s'est devers.   59 *MS.*
E ces.   ben.   60 *MS.* Que par.   61 *MS.* Luncle del n. ; *T* qu'il.
62 *MS.* vnt Sarazins.   63 *MS.* li li.   64 *MS.* E li enfes ; *after this
verse the MS. has the following three lines, which are clearly an interpolation* :
A Deus quel duel quant li vassal chet Sur li corent treis cent a espees Si
vnt lenfant pris e estreit liez.   65 *MS.* Willame.   67 *T* E [qui]
governes, *but cf. vv. 207, 208, 216.*   68 *MS.* Cum se uait declinant.
69 *MS.* E cum est destruit tut mun riche parente.   70 *MS.* Gui amis.
72 *MS.* Al iur de v.   73 *MS.* Par deuant.   niefs.   74 *MS.* E li
quons Willame.   75 *MS.* as Sarazins.   77 *MS.* Si que nuls ne pout
ester sur ses piez.   79 *MS.* Morz.   80 *MS.* Ne remaint cheual ne
home en s., *T* Ne maint cheval ne hom qui sist en s.

Enz en l'Archamp remest tut suls Guillelmes,
Fors Dampnedeu, de tuz homes de terre,
Quant Alderufe li vint brochant sur destre ;
Vint lui devant, enmi le vis l'enfeste :
'Vus n'estes mie [quons] Bertrans ne Guillelmes,   85
Ne Guiëlin[s] ne dan[z] Galtiers de Termes,
Ne [quons] Guischarz ne Girarz quis cadele ;
Ne parez mie d'icele fiere geste.' —
'Deus !' dist li quons, 'un[s] de cels deveie estre !'
Dist Alderufe : 'Ne m'en chieut, par ma destre !   90
Qui qu'en seez, ancui perdras la teste ;
Ne te garreit tuz li ors de Palerne.' —
'Ço [i]ert en Deu,' dist li marchis Guillelmes.

'Sarazin frere, quant tu te vols combatre,
Me dites ore de quel chose me blasmes.   95
Si t'ai fait tort, prest sui que dreit t'en face ;
Sil vols receivre, jo t'en doins [ci] mun gage.'

Dist Alderufe : 'Sez dunt t'ared, Guillelme ?
Que hom ne femme crestïen[s] ne deit estre,
Nul baptisterie ne deit aveir en terre —   100
A tort le prent, quil receit sur la teste :
Cil baptisterie ne valt mie une nefle.
Deus est el ciel e Mahomez en terre,
Quant Deus fait chaud, e Mahomez yverne,
E quant Deus plut, Mahun fait creistre l'erbe.   105
Qui vivre volt, congié nus en deit quere
E Mahomet qui le siecle governe.' —
'Ne sez que diz,' [li] dist li quons Guillelmes,

81 *MS.* remist.   Willame.   82 *MS.* tuz les homes.   85 *MS.*
mie Bertram ne Willames.   86 *MS.* Walter.   87 *MS.* Ne Gichard
ne Girard.   88 *MS.* fere.   89 *MS.* Par ma fei dist li quons.   devoie.
90 *MS.* cheut.   92 *MS.* tut.   93 *MS.* en Deus.   Willame.   95 *MS.*
Ke me d. o. de quele c. m. blames ; *T* Ke dites.   98 *MS.* dunt te ared
Willame, *T* dunt redes W.   99 *MS.* home e femme c. ne deiuent.
100 *MS.* Nule.   auer.   101 *MS.* qui le.   102 *MS.* Cele.   nife.
103–105 *MS.* Mahomet.   107 *MS.* E a.   secle.   108 *MS.* Willame.

'Culvert paien, mult avez dit grant blesme[?].
Ço escondi (jo), que issi ne deit estre,   110
Mieldre est Deus que nule rien terrestre.'
Point Alderufe, dunc broche [quons] Guillelmes,
Si s'entrefierent sur les targes noveles,
D'un ur en altre les fraignent e deserrent,
E lur halbercs desrumpent e desmaillent.   115
Jambes levees chiet li marchis Guillelmes,
E Alderufe trebuche [de]sur l'erbe :
Ne pout tenir ne cengle ne [suz]sele,
Tuz li nasel[s] ne l'en fierge en terre ;
Les plantes turnent cuntre [la] curt celestre.   120

   Li Sarazin[s] mult hardiz e prouz fu,
Chevaliers bons, si out fiere vertu,
Mais Deu nen out — par tant est tut perdu[z] —
Ainz creit li glut Pilate e Belzebu,
E Antecrist, Bagot e Tartarun,   125
E de l'enfern le veillart Astarut.
Tut premerains sur ses piez salt [il] sus.
Li quons Guillelmes li est sure coruz,
Trait ad Joiuse qui Charlemaigne fu.
Li Sarazin[s] fu granz e corporuz,   130
Halte out la teste, si out mult long le bu,
N'i pout ateindre, par desuz ad feru,
Tote la quisse li desevrad del bu.
Dedesur l'erbe [li] est li pie[z] chaü[z],
De l'altre part est trebuchiez li bus.   135
'Glut,' dist Guillelmes, 'qu'en ferreie jo plus ?

   109 blesme] *MS.* blame, *T* mente.   111 *MS.* Meillur est Dev.
112 *MS.* Willame   113 *MS.* entreferent.   114 *MS.* freignent.
116 *MS.* chet.   Willame.   118 *MS.* seele.   119 *MS.* Tut le.
120 *MS.* cunte.   121 *MS.* Li S. Alderufe fu h. e p.   122 *MS.*
Cheualer bon.   fere uertuz.   123 *MS.* est il tut.   124 *MS.* le glut.
125 *MS.* Tartarin.   126 *MS.* E denfern le ueil A.   127 *MS.* premereins.
pez.   128 *MS.* Willame si est.   129 *MS.* qui a C.   133 *MS.* deseuerad.
135 *MS.* E de.   trebuche le bu.   136 *MS.* Frere dist Willame.

Escachiers es, n'est mais de ta vertu.'
A Florescele est a l'estriu venu[z],
Saisit l'arçun li ber(s), si muntad sus;
Si l'ad brochié des esperuns aguz,   140
E il li salt par force e de vertu.
'A !' dist Guillelmes, 'bien m'ad mis Deus veü.
Sis champïuns deit estre maintenu[z]:
Qui bien le creit, ja nen [i]ert confundu[z].
Cist cheval[s] n'[i]ert hui mais, ço quid, rendu[z].'   145
Lunsdi al vespre.

  'Bien m'ad veü mis Deus,' ço dist Guillelmes,
'Cist valt tut l'or al sire de Palerne.'
Vint a Balçan, lors li trencha la teste;
Quant il l'out mort, gentilment le regrette: 150

  'Ohi! Balçan, a quel tort t'ai ocis!
Si Deu[s] m'aït, unques nel forfesis
En nule guise, ne par nuit ne par di:
Pur ço l'ai fait, que n'i munt Sarazin[s],
Francs chevaliers par vus ne seit honi[z].'   155
Muat sa voiz e chanjat sun latin,
Salamoneis parlat e barbarin,
Alemandeis, grezeis, aleis, hermin,
E les langages que li ber(s) ainz aprist.
Culverz paiens, Mahun vus seit failli[z]!   160
Li ber(s) Guillelmes mult en i ad ocis;
Ainz qu'il s'en turt, lur getad morz set vinz.

  Li quons Guillelmes chevalche par ferté,
Cum[e] prouz quons de grant nobilité;

137 *MS.* Escacher.   mais ioie de ta.   139 *MS.* Quant saisi ad
larcun.   140 *MS.* broche.   142 *MS.* Willame mult ben mad mun
Dev.   143 *MS.* Sun champiun.   144 *MS.* ben.   145 *MS.* Cest.
147 *MS.* Ben.   mun Deu.   Willame.   149 *MS.* E vint.   lores.
152 *MS.* unc nel, *T* unc mais nel.   154 *MS.* Mais pur.   munte.
155 *MS.* Franc cheualer.   156 *MS.* ueie e changat.   157 *MS.* parlat
tieis e b.   158 *MS.* Grezeis alemandeis.   159 *MS.* out ainz apris.
161 *MS.* Willame.   163 *MS.* Willame.   par grant f.

E Alderufe se jut enmi le pre,   165
Sun [bon] balçan ad [il] puis regreté :
'Oi ! Florecele, bon destrier honured,
Meillur de vus ne poi unques trover !
Ja fustes vus al fort rei Deramé ;
Jo te menai en l'Archamp [de]sur mer,   170
Pur colp ferir e mun cors aloser ;
Cil qui t'en meine ad mun quer vergundé :
A ses dïables puisse jol comander !
Aɴi ! Guillelme, quel cheval en menez !
Fuissez [vus] hom quil seüssez garder !   175
N'en ad si bon en la crestïenté,
N'en paienisme nel puet l'en recovrer.
Rend le mei, sire, par la tue bunté !
Par quatre feiz le ferai d'or peser,
De l'[or] plus fin d'Arabie e del plus cler.'   180
Quant l'ot Guillelmes, rit s'en suz sun nasel.
'Pense, fols reis, de ta quisse saner,
De faire escache cum tu puisses aler,
E le crochet e le moinun ferrer !
Jo penserai del cheval conreier,   185
Cum[e] li hom qui le covine en set.
J'en ai eü maint bon, la merci Deu !'

  'Oi ! Florescele, bon cheval de nature,
Unc de destrier ne vi tel crïature.
Tant ne curt venz, cum tu vas l'ambleüre,   190
Ne [tant] oisel[s] ne se tient [en] volure.
La m'as porté u ma quisse ai perdue ;
Franceis t'en meine e j'ai la hunte eüe.'
Lunsdi al vespre.

166 *MS.* puis regarde.   167 *MS.* Ohi.   destrer.   168 *MS.*
Mieldre de vus ne poei.   171 *MS.* Pur gent colp f. e pur mun.   172 *MS.*
Willame tameine si ad.   173 *MS.* le peusse io.   174 *MS.* Willame.
175 *MS.* home.   176 *MS.* Il nen ad.   177 *MS.* paesnisme nel pur-
reit.   181 *MS.* Willame.   186 *MS.* home.   187 *MS.* Jo en.
188 *MS.* Ohi.   189 *MS.* destrer ne vi tele.   190 *MS.* Itant.   uent.
193 *MS.* Willame te meine e io ai.

A ces paroles est returnez Guillelmes,　　195
Vint al paien, lors li trenchat la teste.
Dunc le parcurent li paien de Palerne,
De Nichodeme, d'Alfrike e de Superbe.
Dreit a Orenge li paien de la terre
[Si] vont chasçant le bon marchis Guillelme.　　200
Vint a la porte, nel trovat mie overte.

Serrement va le portier apeler :
'Oi ! portier frere, lai mei laïnz entrer !' —
'Qui estes vus ?' — 'Guillelmes al curb nes !'
Dist li portiers : 'Certes n'i enterez,　　205
Anceis l'avrai a ma dame cunté.'—
'Va dunc, frere, gardez ne demorez !'
E il munte [par] les marbrins degrez.
'Ai ! Guiburc franche, par la fei que dei Deu,
A cele porte ad un chevalier tel :　　210
Mult par est granz e corsuz e mollez,
Tant par est fiers, ne l'osai esgarder ;
Si dist qu'il est Guillelmes al curb nes.
Mais ne li voil la porte desfermer,
Car il est sul[s], od lui n'ad home né.　　215
Si chevalche un [bel] alferant tel,
Il n'ad si bon en la crestïenté,
N'en paienissme nel poet hom recovrer.
Paienes armes li pendent al costé.'
Ço dist la dame : 'Jol conuistrai assez.　　220
S'il est iço, si le larrum entrer.'
Ele meïsme devalat les degrez,

195 *MS.* est turne Willame.　　197 *MS.* Dunc se p.　　198 *MS.* E de.
199 *MS.* les paiens.　　200 *MS.* Willame ; *T* S'en vont.　　201 *MS.*
porte mais nel.　　202 *MS.* Serrement le porter en va a.　　203 *MS.*
Ohi porter.　　204 *MS.* co est Willame al curb nies.　　205 *MS.* le
porter certes vus ni.　　206 *MS.* auerai.　　cuntez.　　207 *corr.* dun-
ques ? ; *T* dunc amis ; *MS.* gard.　　208 *corr.* muntat ?, *so T.*　　209 *MS.*
Ahi.　　210 cheualer.　　212 *MS.* fer.　　213 *MS.* Willame.　　nies.　　216
corr. E si ?, *T* Si [i].　　218 *MS.* paenissme.　　219 *MS.* Paenes.
costez.　　221 *MS.* sil larrum e., *T* sil larrum [enz] e.

E vint al cunte, si l'ad araisoné :
'Ki estes vus qu'a la porte clamez ?' —
'Dame', dist il, 'jam conuissiez asez.   225
Ja (e)st ço Guillelmes li marchis al curb nes.'
Ço dist Guiburc : '[Vassal], vus nus mentez !
Culvert paien, mult savez controver !
Par tels enseignes çaenz nen enterez,
Car jo sui sole, od mei n'ad home né.   230
Se vus fuissez Guillelmes al curb nes,
Od vus venissent set mile home armé,
Des Frans de France, des baruns naturels ;
Tut entur vus chantassent cist jugler,
Rotes e harpes i oïst hom soner.' —   235
'Allas ! pecchable !' dist Guillelmes li ber,
'A itel joie soleie ja aler.
Dame,' dist il, 'jal savez vus assez,
Tant cum Deus volt, avrad hom richeté,
Quant li ne plaist, si ravrad poverté.   240
Ja repair jo de l'Archamp [de]sur mer,
U ai perdu Vivïen l'alosé ;
Mis niefs, Bertrans, i est enprisone[z],
Li fiz Bernard de Bruban la cité,
E Guiëlin[s], e Guischarz l'alose[z].·   245
Guiburc regarde tut un chemin ferré,
Si veit venir set mil paiens armez ;
De dulce France repairent de preer,
De Saint Martin de Turoine gaster —
Le maistre cumble en unt acraventé —   250
S'ameinent cent chaitifs enchaïne[z].

223 *MS.* araisonez.   224 *MS.* qui a.   225 *MS.* iame.   226 *MS.*
Willame le.   nies.   230 *MS.* nez.   231 *MS.* Si.   Willame.
nies.   232 *MS.* mile homes armez ; *T* mil d'homes.   234 *MS.* ces
iuglers.   236 *MS.* Willame al curb nies.   237 *MS.* itele.   soleie
io ia.   238 *MS.* ial le s.   239 *MS.* uolt ad home.   240 *MS.* E
quant.   rad p.   243 *MS.* Mun niefs Bertram.   244 *MS.* Le.
245 *MS.* Guischard.   247 *MS.* mille p.   248 *MS.* repeirent de
preier.   249 *MS.* Saint Martur.   251 *MS.* Si a., *T* Si amenerent.

Sovent les batent od fustz e od tinels,   252
A lur escurges e a lur flajulers.
Veit le Guiburc, comence a plurer.

253 *MS.* flagulers.

17. ROMAN DE THEBES

[MSS.: Paris, Bibl. Nat., fr. 375, dated 1288, Picard (*A*); do., fr. 60, 14th century (*B*); do., fr. 784, 15th century, Champenois (*C*); Cheltenham, Phillipps 8384, 13th century, Picard (*P*); Spalding, 14th century, Anglo-Norman (*S*). Edition: L. Constans, *Le Roman de Thèbes* (*Soc. d. anc. textes*), Paris, 1890; see review by P. Meyer in *Romania*, XXI, p. 107. See also J. Brüch, *Über die Heimat des Roman de Thèbes* (*Zeitschr. f. rom. Phil.*, XXXVI, p. 322); E. Faral, *Recherches sur les sources latines des contes et romans courtois du m. a.*, Paris, 1913.]

This long metrical romance is based chiefly on the *Thebaïs* of Statius. It was written about 1150, probably in Poitou, but the language does not show any marked dialectal traits. The extract given below corresponds to vv. 3793-4046 of Constans's edition (based on *S*). We have, however, eliminated a few corrections, especially Western French spellings, which Constans somewhat arbitrarily introduced into the text (cf. P. Meyer, *loc. cit.*). Such discarded forms will be found among the variants (introduced by *L*).

War has long been raging between Thebans and Greeks. In order to attempt a reconciliation, Queen Jocasta offers to go with her daughters Antigone and Ismene on an embassy to the camp of Adrastus, the leader of the Greeks.

A tant se depart li conseuz.
Al main, quant fu clers li soleuz,
La reïne se fu levee,
Bien vestue et bien conreee,
Et ses dous filles ensement,   5
Qui vont o lui al parlement.
De chascune dire vos dei
Quaus dras orent et qual conrei.
Antigoné ot non l'ainznee,
Franche, corteise et honoree.   10
Mout ot gent cors et bele chiere;
Sa beauté fu sor autre fiere:

6 *AP* li, *L* lei.   12 *A* trestote entiere, *L* as autres miere.

Ja en fable ne en chançon
N'orreiz femne de sa façon.
D'une porpre inde fu vestue   15
Tot senglement a sa char nue:
La blanche char desoz pareit.
Li blïauz detrenchiez esteit
Par menue detrencheüre
Entresqu'aval vers la ceinture.   20
Vestue fu estreitement,
D'un baudré ceinte laschement;
Chauciee fu d'un barragan
Et d'uns sollers de cordoan;
Sis manteaus fu, ço m'est vis, vairs,   25
Et afubla s'en en travers:
Les panz en ot bien entroverz,
Que li costez fu descoverz.
Les cheveus ot et lons et sors,
Plus reluisanz que n'est fins ors: 30
D'un fil d'argent furent trecié,
Pendoient lui sor le baudré.
Et chevauchot un palefrei
Qui fu l'autr'ier tramis le rei:
Bien amblanz fu et bien delivres,   35
Sis priz esteit de treis cenz livres;
Et fu toz neirs, fors que les hanches
Et les espaules, qu'il ot blanches,
Et les costes et les oreilles
Et les jambes, que sont vermeilles.   40
Le frein ot precïos et gent,

16 *S* o sa, *P* od se.   23 *SB* Chaucie; *A* de bougeran.   24 *SP* cordewan.   30 *S* qargentz ne o.; *P* ne soit o.   31 *AP* A un fil dor; *APL* sont galone.   32 *S* Pendirent li, *AP* Aual pendent; *BC* iusque (*B* siques) au pie.   33 *S omits* Et; *L* El.   36 *not in B*; *S* preiz, *ACP* pris, *L* prez.   37 *S* ne mais les h., *AP* fors les .ii. h.   39 *not in S*; *AP* La teste ot inde et   41 *S* Li freins fu; *AP* P. f. i ot et; *BC* .i. f.

Les renes sont de fil d'argent,
La cheveçaille de fin or :
Les pierres valent un tresor.
D'un blanc ivoire fu la sele   45
Et d'un brun paile la sorsele,
Et li estreu et la peaigne
Sont tuit massiz de l'or d'Espaigne.
Antigoné, o cest conrei,
Tres bien sembla fille de rei.   50
La menor apelent Ysmeine :
Onc ne fu femne meins vilaine ;
Mout fu juefne, mais bien fu duite
Et bien corteise et bien leiduite.
Ysmeine fu amie Aton,   55
Et ot vestu un ciclaton ;
La manche destre en ot sevree —
Ele l'aveit Aton donee —
Desoz, une pelice hermine :
Onc ne vesti meillor reïne ;   60
Les manches sont bien engolees,
A terre tochent, tant sont lees.
Desfublee chevauche Ysmeine
Le palefrei Aton demeine ;
Sor son poign tint un esprevier,   65
Que pot de l'ele d'un plovier.
   De la reïne que direie ?
O ses dous filles tint sa veie :
Mout vait bien vestue el message,
Come dame de son eage,   70
Et chevauche une mule brune :

42 *SBC* regnes, *AP* resnes.   44 *L* tensor.   45 *L* ivuere.   47 *S* estref   50 *S* filz du r.   53 *S* doite, *L* duete ; *BC* gente et mout bien d.   54 *S* ledoite, *BC* loiduite, *L* leiduete.   58 *S* Que ele aveit. 60 *S* vesteit   61 *S* Bien s. l. m. e.   62 *S* As piez enbatent.   65 *S* tint *omitted* ; espervier.   66 *S* del ale.   67 *S* mere qe vous d. 69 *S* al.   70 *S* aage.

Onc ne veïstes meillor une.
O les dames trei danzel vont,
Des mieuz de Thebes cil trei sont :
Uns niés Aton conduit Ysmeine ;   75
Antigoné uns enfes meine,
Qui mout esteit de haut parage
Et mout prochains de son lignage ;
Li tierz, qui meine la reïne,
Fu fiz Hergart, le rei d'Ermine.   80
Par eus sis escharïement
Pristrent lor veie al parlement ;
Et quant il furent de l'ost pres,
A la fontaine del ciprés,
Treis chevaliers truevent des Greus :   85
Li uns ot non Parthonopeus.
Parthonopeus fu uns des treis :
Riches hon ert, d'Archaide reis,
Mout fu sages et bien corteis,
Vestuz a guise de Franceis.   90
Un mul chevauchot espaneis,
De beauté semblot estre reis :
Soz ciel n'a dame, s'el le veit,
Que mout vers lui ne se sopleit.
Antigoné, quant el le vit,   95
Fortment en son cuer le covit,
Rien ne coveita tant com lui :
Mout fussent bien josté andui,
Car il dui sont bien d'un eage,
D'uné beauté et d'un parage.   100
Parthonopeus vit la pucele :
Soz ciel n'en ot une tant bele.

72 *S* m. un.   74 *S* Des, *other MSS.* Del.   75 *SP* mes ; *S* condut.
80 *S* herga.   81 *S* sex escheriement ; *L* ses.   88 *SA* fu.   92 *SBC*
De pur (*B* pure, *C* par) b. ; *SC* s. (*C* samble) bien r. : *A* De son cors
sanla tres bien r., *P* De se teste sanle iestre r.   96 *S* li c.   98 *S* il
dui, *A* cil dui.

S'il la coveite, n'est merveille,
Car soz ciel n'aveit sa pareille.
Vers lui en vait isnelement,   105
Salua la corteisement:
'Dame,' fait il, 'ne me celez
Qui vous estes et ou alez'.
Li danzeaus respont qui la meine:
'Suer est,' fait il, 'le rei demeine,   110
Et ele et cele autre meschine
Qui a la destre manche hermine;
En cest host vienent a lor frere,
Et ceste dame qu'est lor mere;
Mout voudreient cerchier et querre   115
Come il fust fin de ceste guerre.'
O lui torna Parthonopeus
Et conduist la en l'ost des Greus;
Il meïsmes la dame meine,
De lui servir a gre se peine.   120
Il la mena, que fairel sot,
Tant franchement come il plus pot:
Onques en cele compaignie
N'ot mot parlé de vilanie
Ne de grant sen ne de sermon,   125
Se d'amistiez et de gas non.
   Parthonopeus pas ne s'oblie,
Mout li prie qu'el seit s'amie.
'Par Deu,' ço respont la pucele,
'Ceste amor serreit trop isnele.   130
Pucele sui, fille de rei:

---

103 *S* covit ne men merveil; *AP* Se il laime ne men merueil (*A* mes-
meruel).   104 *S* Soz ciel neust tant gent pareil; *B* nestoit; *A* S. c.
nauoit si bel, *P* S. c. nen a tant grant.   105–106 *AP invert the order of
these lines and add one line; S adds four lines.*   107 *SC* nel.   111 *S*
Cele et.   112 *S* sa.   113 *S* en vont.   116 *S* C. ele fust.   117 *B* li,
L lei.   118 *S* as g.   119 *S* mesmes.   120 *AP* li, *L* lei; *S* en g.
121 *S* faire el s.   128 *S* pree, *and adds two lines.*   131 *S* sue.

Legierement amer ne dei,
Ne dei amer par legerie,
Dont l'on puisse dire folie.
Ensi deit on preier bergieres   135
Ou ces autres femnes legieres.
Ne vos conois, n'onc ne vos vi,
Ne mais ore que vos vei ci :
Se or vos doign d'amer parole,
Bien me poëz tenir por fole.   140
Por ço nel di, celer nel quier,
Ne vos eüsse fortment chier,
Se estïez de tal lignage
Que vos fussiez de mon parage,
Et ço fust chose destinee   145
Qu'a femne vos fusse donee ;
Car beaus estes sor tote gent :
Onc ne vi mais home tant gent.'
Parthonopeus l'en a dit veir,
Que il est reis de grant poeir :   150
Se il la prent, bien iert venue,
Car il est reis de grant tenue.
' Parlez en ', fait ele, ' o ma mere,
Et par le conseil de mon frere,
Qui voz parenz conoist et vos,   155
Seit acordez li plaiz de nos.
Se il l'agreent, jo l'otrei :
Ja ne serra desdit par mei.'
Si come ele li enseigna,
Cil o la mere s'acointa :   160
Fortment l'ama, ne s'en pot taire,
O lui parla d'icest afaire ;

Dist qui il est, noma sa terre,
Comença li sa fille a querre.
Ele conut bien son lignage :   165
Bien otreie le marïage ;
Mout volentiers la li dorra,
Mais o son fil en parlera.
Tant ont parlé priveement,
D'amistié font aleiement.   170
A tant en sont en l'ost entré,
Mais icel fu estre lor gre :
Que por rire, que por joër,
Que por priveement parler,
Ne lor pesast, ainz vousissant   175
Que li hoz fust grant piece avant.
Par l'ost chevauchent les puceles
Et dïent tuit que mout sont beles :
Por les veeir issent des tres
Plus de cinquante mile Gres ;   180
La plus bele en vuelent choisir,
Mais il n'i pueent avenir,
Car de lor beauté n'est mesure :
Par estuide les fist nature.
Parthonopeus li proz les meine   185
Desi qu'al tref le rei demeine.
    Li tres fu merveillos et granz
Et entailliez a flors par panz :
Ne fu de chanve ne de lin,
Ainz fu de porpre outremarin ;   190
De porpre fu inde et vermeille,
Et peinte i ot mainte merveille.
A compas i fu mapamonde

---

163 *S* Dit.   164 *BC* lui, *L* le.   166 *S* ottreia.   168 *SC* filz.
178 *SP* tout.   179 *S* eux v. essent.   182 *S* porent.   184 *S* estudie.
189 *S* chanu, *BC* chanure, *P* canue.   190 *S* Qi de p. doltre.   192 *S* painte.

Enlevee, tote roonde,
El pan davant desus l'entree,   195
A or batu mènu ovree.
Par cinc zones la mape dure
Si peintes com les fist nature :
Car les dous qui sont deforaines
De glace sont et de neif pleines,   200
Et orent inde la color,
Car auques tornent a freidor ;
Et la chaude, qu'est el milou,
Cele est vermeille por le fou.
Que por le fou, que por les neis,   205
N'abite rien en celes treis.
Entre chascune daerraine
Et la chaude, qu'est miloaine,
En ot une que fu tempree :
Devers gualerne est habitee.   210
Iluec sont les citez antives
O murs, o tors et o eschives :
A or batu sont li torrel
Et li portail et li tornel.
Tuit li reaume et tuit li rei   215
Sont iluec peint chascuns par sei,
Et li setante et dui language,
Et Mer Betee et Mer Sauvage ;
Mer Roge i est, fait a neiel,
Et li Pas as fiz Israel ;   220
De paradis li quatre flun,
Ethna qui art et giete fun.
Monstres i ot de mil manieres,
Oiseaus volanz et bestes fieres ;

200 *S* S. de n. et de g.   203 *S* meleu.   207 *S* deforaine.   208 *S* mieloaine, *BC* maienne, *P* moitaine.   214 *S* portas.   215 *S* et li dreit r.   216 *S* C. y est la sus p. s.   217 *S* septante d., *C* soissante et deus, *P* nonante .ix.   219 *S*. La m, rogist fait niel.   220 *S* Et les.

Et li nostre home i sont bien peint,   225
Cil d'Ethïope de neir teint.
Oceanus cort par l'ardant,
Egëon ses braz i espant.
Mapamonde fu si grant chose,
Qui l'esguarde pas ne repose :   230
Tant veit en mer et tant en terre,
En grant peine est de tot enquerre.
Esmeraudes, jaspes, sardoines,
Berils, sardes, et calcedoines
Et jagonces et crisolites   235
Et topaces et ametistes
Ot tant en l'or, qui l'avironent,
Contre soleil grant clarté donent.
De l'autre part, el destre pan,
Sont peint li doze meis de l'an :   240
Estez i est o ses amors,
O ses beautez et o ses flors :
O ses colors i est estez ;
Ivers i fait ses tempestez,
Qui vente et pluet et neige et gresle   245
Et ses orez ensemble mesle.
Aprés i fist peindre li reis
Et les justices et les leis
Que menerent si ancessor,
Qui de Grece furent seignor ;   250
Des reis de Grece i fist l'estoire,
Ceus qui sont digne de memoire,
Les proëces et les estors
Que chascuns d'eus fist en ses jors.

225 *S omits* Et.   226 *S* y sount tout t.   228 *S* Enuiron, *P* Et
Gion ; *S* espandant.   233 *S* Esmeragdes ; *L* sardones.   234 *S*
calcedone.   235 *S* iagoinces.   236 *S* topaices et amatistes.   239 *S* el
maistre.   244 *S* Iuer.   249 *S* Qi.   251 S fut.   252 *S* De c. qi
orent bone m.

18. ENEAS

[There are several MSS., the most important being : Florence, Bibl. Medieo-Laurenziana, end of 12th century or beginning of 13th (*A*) ; Paris, Bibl. Nat., fr. 60, end of 14th century (*D*) ; do., fr. 1416, 13th century (*F*) ; do., fr. 1450, 13th century (*G*) ; Montpellier, middle of 13th century (*H*). Edition : J. Salverda de Grave, *Eneas* (*Bibl. Norm.*), Halle, 1891, a critical text based on *A* ; reviews by G. Paris in *Romania*, XXI, p. 281, and by A. Tobler in *Lit.-blatt f. germ. u. rom. Phil.*, 1892, col. 85. See also E. Faral, *Ovide et quelques autres sources du Roman d'Énéas*, in *Romania*, XL, p. 161 ; E. Langlois, *Chronologie des romans de Thèbes, d'Énéas et de Troie* (*Bibl. École des Chartes*, LXVI, p. 106).]

The poem, a free translation of Virgil's *Aeneid*, was written probably in Normandy soon after 1150. The passage given below (vv. 1645-1902 of Salverda de Grave's edition) translates the greater part of *Aeneid*, Bk. IV.

Il fait ses nes bien atorner,
En larrecin s'en vuelt aler ;
Bien a sa gent amonesté,
Sachent, qu'al plus prochain oré
S'en tornera o sa navie.　　　　　5
Sa maisniee a molt esbaldie,
Car cil sejors lor enuiot ;
Chascuns l'aler molt desirrot,
N'en i a nul cui l'ester plaise,
Fors seul a lui ki tot ot s'aise ;　　10
Molt li pleüst a remaneir,
Mais il s'en vait par estoveir,
Si com li deu l'ont comandé.
Ses nes fait guarnir en enblé
De quant que els esteit mestier.　　15
La dame cuide engignier,
Mais la reïne s'aperceit ;
Car ki aime toz tens mescreit,
En dotance est et en peor,

10 *A* quert a son ese, *H* qui tant a daise.　　11 *A* li r.　　15 *A* que aus ; *G* que il avoit m., *other MSS.* qua els, *so Editor.*

Ja n'iert seürs ne nuit ne jor.   20
Ne se targe de neient fame,
Ki descovert l'a a la dame ;
La traïson li a contee
Que li vasals a aprestee,
Coment il fait ses nes guarnir,   25
En larrecin s'en vuelt foïr.
Puis que la reïne le sot,
Onc puis cele ore repos n'ot,
Que ele oï la traïson,
Desi que l'ot mis a raison.   30
Lez lui s'asist, si sospira
Et en plorant li demanda :
' Dites, vasals, o forfis onc,
Que m'ocïez ? '—'Que est ce donc ? '—
' Ja faites vos voz nes guarnir.'—   35
' Ge ? '—' Veire, volez mei foïr.'—
' Ainz m'en irai tot a veüe.'—
' Por quei m'avez vos deceüe ?
Deguerpirez me vos ainsi ? '—
' Ge ne puis mais remaneir ci.'—   40
' Por quei ? ' fait el.—' Li deu n'ont cure.'—
' Ohi ! lasse ! quel aventure !
Por quei ne sui ge donc ocise ?
Tant mar ai fait le bel servise,
Le bel sejor, le bel ostage,   45
Que ge vos ai fait en Cartage.
Ja ne lairai que nel vos die,
Molt pensastes grant felonie
Et merveillose traïson,
Quant vos volsistes a larron   50
De mei partir et desevrer.
Com le peüstes porpenser ?

20 *A* nert.   31-2 *not in A*.   38 *A* donc d.   41-2 *not in A*.
45 sejor] *A* samblant.   51 *A* ne d.

Ne queïssiez oan congié,
Ne n'eüssiez de mei pitié !
Nel seüsse par vos oan.   55
Malvaise fei ont Troïan !
Sont ce li gre et les merciz
Que j'ai de vos bien deserviz ?
Quant ne vos puet mais retenir
Dido, cui estovra morir,   60
Alïance ne amistiez
Ne bels servises ne pitiez,
Volez vos donc faire tel rage,
Qu'en mer entrez par tel orage ?
Il est ivers, molt fait lait tens,   65
Navïer ore n'est pas sens :
Primes laissiez iver passer,
Puis iert plus paisible la mer.
Preier vos voil por toz les deus,
Ki envers mei sont trop crüeus,   70
Par l'amistié, par l'alïance,
Ki est entre nos par fïance,
Que vos aiez de mei pitié.
Vos en avreiz molt grant pechié,
Se jo i muir par vostre tort   75
Et n'en faceiz alcun confort.
Cil me heent por vostre amor,
Dont ne voil nul prendre a seignor ;
Nen a baron en cest païs,
Ne seit por vos mes enemis :   80
Tuit me vuelent deseriter.
Tanz enemis dei bien doter,
N'avrai secors ne pres ne loing,
Vos me failliez a cest besoing ;
Chaceront mei de ceste terre,   85

57 *ADF* les grez.   60 *A* ki.   78 *A* D. ge ne voil nul a s.   82 *A*
molt d.   85 *A* Jaceront.

Ne me faldra anceis lor guerre.
De cels me dot, si puis ge faire,
Mais plus me torne a contraire
La vostre amors, ki molt m'argüe;
Se cist corages ne me mue,   90
Que jo ore ai, ne vivrai mie.
Molt puis doter la departie,
Ne cuit aveir respit de mort,
Car n'avrai rien ki me confort.
Se g'eüsse de vos enfant,   95
Ki vos semblast ne tant ne quant,
Que peüsse por vos baisier
Et acoler et enbracier
Et ki de vos me confortast,
Ce m'est avis que mielz m'alast;   100
Mais ce m'est vis, nen avrai rien
Ki me face confort ne bien.
Bien sui seüre de morir,
Quant ge vos vei de mei partir.
Sire, por quei m'avez traïe?'—   105
'Ge nen ai, veir! la meie amie.'—
'Mesfis ge vos onkes de rien?'—
'Mei n'avez vos fait el que bien.'—
'Destruis ge Troie?'—'Nenil, Greus.'—
'Fu ce par mei?'—'Mais par les deus.'—   110
'Ai ge vos vostre pere ocis?'—
'Nenil, dame, gel vos plevis.'—
'Sire, por quei me fuiez donc?'—
'Ce n'est par mei.'—'Et par cui donc?'—
'C'est par les deus, ki m'ont mandé,   115
Ki ont sorti et destiné;
En Lombardie dei aler,

86 *A* Ne f. ia; *G* Jamais ne f. l. g.; *HF* f. jamais l. g.   91 *A* nen.
93 *A* Nan.   109 *A* Nenil, *FD* Ne mais, *H* Non les, *Paris suggested* Ne
vos.   115 *A* quel m. m.   117 *A* E. l. en d. a.

Iluec dei Troie restorer.
Ainsi l'ont dit et destiné;
Car, se ce fust ma volenté,   120
Qu'il n'i eüst ordenement
Ne mais le mien tant seulement,
Que par mei fust, ce m'est avis,
N'alasse oan de cest païs.
Ne fust la volentez as deus,   125
Se de l'ocisïon as Greus
Remansist nus, gel governasse,
Les murs de Troie restorasse,
Et se il fust a mon plaisir,
Ne rovasse de vos partir.   130
A enviz faz la departie,
Nen est par mei, nel cuidiez mie;
Bien sai, que vos m'avez servi
Molt richement, vostre merci;
Veïstes mei desconseillié,   135
Merci eüstes et pitié.
Se nel vos puis gueredoner,
Ge nel porrai mie oblïer,
Memberra m'en tant com vivrai,
Sor tote rien vos amerai.   140
Se ge m'en vois de cest païs,
Ce n'est par mei, gel vos plevis.
Laissiez icest complaignement,
Car vos n'i conquerrez neient,
Fors tant que vos me comovez   145
Et vos meïsme malmenez.'—

    El le reguarde en travers,
De maltalent ot le vis pers,

124-5 *The Editor puts a comma after* païs *and a full stop after* deus; *we have adopted Tobler's punctuation.* 126 *A* de locion. 130 rovasse] *so A, other MSS.* volsisse, *so Editor.* 132 *A* Ne est. 136 *AF* M. en e. 146 *A* meismes.

Sovent li mue la colors
Si com la destreigneit amors.   150
Amors l'aveit tote enflamee,
Ele parla come desvee :
' Onc n'apartenistes as deus,
Car molt estes fels et crüeus,
Ne ne fustes d'ome engendrez,   155
Anceis fustes de pierre nez ;
Norrirent vos tigres salvages
O alcunes bestes boschages.
Onc ne fustes d'ome, ce crei,
Quant vos n'avez pitié de mei ;   160
Le cuer avez dur et serré,
N'i a dont faire pïeté.
Ahi ! lasse ! que di ge mais ?
Quant ge nel puis aveir, gel lais ;
Por neient parol, quant ne m'ot,   165
Ne il de bien ne respont mot.
De mort m'aprisme molt li termes.
Onc nel porent flechir mes lermes
Ne mi sospir ne ma parole.
Que di ge mais ? molt par sui fole ;   170
Onc ne m'oï tant dementer
Qu'onkes por ce peüst plorer
N'onkes tornast vers mei son oil :
Ne li est guaires se m'en doil ;
Onc ne me fist de rien semblant,   175
De mei li fust ne tant ne quant.
Quant il de rien ne me conforte,
Lasse ! por quei ne sui ge morte ?
Nos senton molt diversement :
Ge muir d'amor, il ne s'en sent ;   180
Il est en pais, jo ai les mals ;

158 *H* beste em boquages, *AG* b. salvages.   173 *A* Ne ne t., *so*
Editor, H Nonc ne t. ; *F* Nen t. v. m. s. orelle.

Amors n'est pas vers mei igals,
Quant ne senton comunalment.
Se il sentist ce que ge sent,
Qu'il amast mei si com ge lui,   185
Ne partisson jamais andui.
Ses devinailles vait trovant
Et ses mençonges vait contant,
Dit que li deu li ont mandé,
Porveü ont et ordené,   190
Coment il deit traitier sa vie
Et qu'il s'en alt en Lombardie.
De ce ont or li deu grant cure,
Molt se travaillent senz mesure,
Et molt en tienent il grant plait   195
De demander quant que il fait !
Mais par ma fei ne lor en chalt,
Se il remaint o s'il s'en alt.
Quant dit qu'as deus de lui est tant,
Qu'il ne fait rien senz lor comant,   200
Por quei l'ont il donc tant coitié,
Par mer, par terre travaillié ?
Ne li failli nul jor lor guerre,
Ainz qu'il venist en ceste terre ;
Quant ariva en cest païs,   205
Esguarez ert. Que fole fis,
Que gel retin ensemble mei ;
Or m'en repent, que fairel dei ;
Tot son talent a de mei fait,
Ne remaindreit ci por nul plait.   210
Quant ge nel puis mais retenir,
Alt s'en, mei estovra morir.'

182 *A* loials. 187 *A* disant, *GF* traiant. 188 *A* v. trovant, *F* v. disant, *D* acontant, *H* racontant. 196 *A* quan que. 198 *DGH* Ou il ; *Tobler proposed to delete comma after* chalt, *and to read* Se il remaint, o il s'en alt. 201 *A* travaillie, *omits* il. 202 *A* P. m. et p. t. cotie. 203 *A* failloit.

Ele plore, gient et sospire,
Encor voleit asez plus dire,
Quant la repristrent pasmeison[s],   215
Ki li tolirent ses raisons.
Ses puceles l'en ont portee
Desi qu'en sa chambre pavee.
Danz Eneas forment plorot
Et la reïne confortot,   220
Mais riens qu'il die n'a mestier,
Car ne se puet plus atargier ;
Le dit as deus li estuet faire,
A cui que viegne a contraire.
Troïen tornent de Cartage,   225
A lor nes vienent al rivage,
Lor chose aveient apresté
Et molt aveient buen oré ;
Traient lor ancres, flotent nes,
Li alquant traient sus lor tres.   230

Dido s'en monte a ses estres,
La sus as plus haltes fenestres ;
Quant aprester veit la navie
S'ele fait duel, ne merveil mie :
El gient et plore, crie et brait ;   235
Quant veit que ses amis s'en vait,
De sa vie n'a el mais cure.
Amors nen a sens ne mesure :
Encor vuelt el faire essaier,
Se preiere li a mestier ;   240
A sei apele sa seror :
' Anna, ge muir a grant dolor.
Suer, veiz les nes, o els s'en vont,

216 ses raisons] *so D* ; *AF* sa raison, *G* la r.   217-18 *not in A.*
218 *G* Desi en; *H* En unne ch. molt privee ; *F* ses cambres pavees.
231 *AG* monta.   234-8 *The Editor punctuates differently, viz. semicolon*
after mie, **comma after** brait, *semicolon after* vait, *colon after* cure, *and*
full stop after mesure.   234 *A* Se el.   235 *A* et crie.

2366   G

Et Eneas les en semont ;
Ne vuelt remaindre tant ne quant.   245
Va, se li di que ge li mant,
Ne destruis mie son païs,
Ne son pere ne li ocis ;
Onc ne li fis rien, se bien non ;
Mant li que il me doint un don :   250
De tot en tot ne li ruis mie
Qu'il laist qu'il n'alt en Lombardie,
Mais un petit sejort o mei,
Si me confortera, ce crei.'
Sa suer i vait et vient sovent,   255
Mais cil ne mue de neient
Le corage que il aveit.
En mer s'enpeignent a espleit.

19. MARIE DE FRANCE : LAI DES DOUS AMANZ

[MSS.: London, Brit. Mus., Harley 978, second half of 13th century, Anglo-Norman (*H*); Paris, Bibl. Nat., nouv. acq. fr. 1104, end of 13th century, Francien (*S*). Editions : K. Warnke, *Die Lais der Marie de France (Bibl. Norm.*), Halle, 1885, 2nd ed., 1900 ; E. Hoepffner, *Marie de France, Les Lais (Bibl. Romanica)*, Strasburg, 1921. See also J. Bédier in *Rev. des deux mondes*, 1891, p. 835 ; L. Foulet in *Zeitschr. f. rom. Phil.*, XXIX, pp. 19, 293 and XXXII, pp. 161, 257 ; E. Levi, *I lais brettoni e la leggenda di Tristano* in *Studj romanzi*, XIV, Perugia, 1918 ; L. Foulet in *Romania*, XLIX, p. 127. On the language, see Warnke's edition.]

Marie de France wrote her lays about 1165, or a little later. Although she lived in England, she used the standard literary French of the time. In following Warnke's edition (based on MS. *H*) we have therefore eliminated a few Anglo-Norman features attributable to the scribe of *H*, and adopted a few emendations suggested by Hoepffner ; we have not, however, thought it advisable to follow the orthography of *S* as Hoepffner has done. Other corrections proposed by Warnke (*W*) and Hoepffner (*E*) are given in foot-notes.

Most of the lays of Marie de France deal with themes of Celtic and insular origin, but in the *Lai des Dous Amanz* she has retold a legend clearly localized in Normandy at the Côte des deux amants near Pont-de-l'Arche (dept. Eure).

Jadis avint en Normendie
   Une aventure mult oïe
De deus enfanz ki s'entramerent,
Par amur ambedui finerent.
Un lai en firent li Bretun :   5
Des Dous Amanz reçut le nun.
   Veritez est qu'en Neüstrie,
Que nus apelum Normendie,
Ad un halt munt merveilles grant :
La sus gisent li dui enfant.   10
Pres de cel munt, a une part,
Par grant cunseil e par esgart
Une cité fist faire uns reis
Ki esteit sire des Pistreis.
Des Pistreis la fist [il] numer,   15
E Pistre la fist apeler.
Tuz jurs ad puis duré li nuns ;
Uncore i ad vile e maisuns.
Nus savum bien de la cuntree
Que li vals de Pistre est nomee.   20
Li reis ot une fille, bele
E mult curteise dameisele.
Filz ne fille fors li n'aveit ;
Forment l'amout et cherisseit.
De riches humes fu requise,   25
Ki volentiers l'eüssent prise ;
Mes li reis ne la volt doner,
Car ne s'en poeit consirrer.

---

1 *H* auient.   2 *S* parole ; *H* mut, *et passim.*   3 *H* amanz que.
4 *H* ambedeus.   6 *H* recuilt, *S* lercut.   7 *H* Verite ; *S* fu. entrie ;
E que en.   9 *H* haut.   14 *H* Que ; *S* de Pitrois, *again in 15.*
15 *H* Pistreins ; *W* [*E*] des.   20 *H omits* Que.   22 *H omits* E.
23-30 *not in H.*   24 *S* lamoit et chierissoit.

Li reis n'aveit altre retor :
Pres de li esteit nuit et jor ;   30
Cunfortez fu par la meschine,
Puis que perdue ot la reïne.
Plusurs a mal li aturnerent ;
Li suen meïsme l'en blasmerent.
Quant il oï qu'um en parla,   35
Mult fu dolenz, mult l'en pesa.
Cumença sei a purpenser
Cument s'en purrat delivrer
Que nuls sa fille ne quesist.
E luinz e pres manda e dist :   40
Ki sa fille voldreit aveir,
Une chose seüst de veir :
Sortit esteit e destiné,
Desur le munt fors la cité
Entre ses braz la portereit   45
Si que ne se reposereit.
Quant la nuvele en est seüe
E par la cuntree espandue,
Asez plusur s'i asaierent,
Ki nule rien n'i espleitierent.   50
Tels i ot ki tant s'esforçouent
Que en mi le munt la portoënt,
Ne poeient avant aler :
Iloec l'estut laissier ester.
Lung tens remest cele a doner,   55
Que nuls ne la volt demander.
   El païs ot un damisel,
Fiz a un cunte, gent e bel.

31 *S* de la.   34 *H* meisne le blamerent.   35 *S* il loi.   36 *H*
dolent mut li p.   38 *H* deliuerer.   39 *H* nul.   40 *H omits* E.
41 *H* uodreit.   42 *S* pooit sauoir.   44 *S.* Sor le m. defors la c.
46 *S* quil ne si ; *H* se resposereit, *W* s'i r.   47 *H omits* en ; *S* en fu.
48 *H* E p. tut la c. seue.   49 *H* asuerent.   50 *HS* Que.   esplei-
terent.   51 *H* Teus que tant ; *S* sesforcierent.   54 *H* lur esteut.
55 *H* remist.   56 *H* nul.   57 *H* Λl, *S* Ou.

De bien faire, pur aveir pris
Sur tuz altres, s'est entremis. 60
En la curt le rei conversot ;
Asez sovent i surjurnot,
E la fille le rei ama,
E mainte feiz l'araisuna
Qu'ele s'amur li otrïast 65
E par drüerie l'amast.
Pur ceo que pruz fu e curteis
E que mult le preisot li reis,
Li otrïa sa drüerie,
E cil humblement l'en mercie. 70
Ensemble parlerent sovent
E s'entramerent leialment,
E celerent a lur poeir
Qu'um nes peüst aparceveir.
La sufrance mult lur greva ; 75
Mes li vaslez se purpensa,
Que mielz en volt les mals suffrir
Que trop haster e dunc faillir.
Mult fu pur li amer destreiz.
Puis avint si qu'a une feiz 80
Qu'a s'amie vint li danzels,
Ki tant est sages, pruz et bels,
Sa plainte li mustrat e dist.
Anguissusement li requist
Que s'en alast ensemble od lui, 85
Ne poeit mes sufrir l'enui.
S'a sun pere la demandot,
Il saveit bien que tant l'amot

63 *H* La f. al r. ama ; *S* lama, *W* aama.   64 *H* meinte f. lareisuna
67 *H* sui.   68 *S* E que forment lamoit ; *H* presot.   69–70 *not
in H.*   72 *S omits* s' ; *H* leament.   73 *H* celereient.   74 *H*
Que hum n. puist.   75 *S* sustance.   76 *H* uallez.   77 *H* meuz.
maus ; *S* velt le mal.   80 *H* auient.   81 *H* uient li damiseus ; *S*
danziaus.   82 *H* Que.   beus ; *S* estoit e pruz e biaus, *so W*.   83 *H*
pleinte.   84 *S* la.   85 *S* Quel.   86 *S* mes viure sanz li.   87 *H* Si a.

Que pas ne li voldreit doner,
Se il ne la peüst porter   90
Entre ses braz en sum le munt.
La damisele li respunt :
'Amis,' fait ele, 'jeo sai bien,
Ne m'i porterïez pur rien ;
N'estes mie si vertuus.   95
Se jo m'en vois ensemble od vus,
Mis pere avreit e doel e ire,
Ne vivreit mie senz martire.
Certes tant l'aim e si l'ai chier,
Jeo nel voldreie curucier.   100
Altre cunseil vus estuet prendre,
Kar cest ne voil jeo pas entendre.
En Salerne ai une parente,
Riche femme est, mult ad grant rente.
Plus de trente anz i ad esté ;   105
L'art de phisike ad tant usé
Que mult est saive de mescines.
Tant cunuist herbes e racines,
Se vus a li volez aler
E mes lettres od vus porter   110
E mustrer li vostre aventure,
El en prendra cunseil e cure.
Tels lettuaires vus durrat
E tels beivres vus baillera,
Que tut vus recunforterunt   115
E bone vertu vus durrunt.
Quant en cest païs revendrez,
A mun pere me requerrez.

89 *H* uodreit ; *S* la v.   90 *H* Si.   puist, *S* pooit.   93 *S* Amis
dist el ie sai tres bien ; *E* fait cele.   94 *H* me p.   96 *H* Si.   97 *HS*
peres ; *H* auereit ; *E* Mes peres avroit d.   98 *H* uiuereit.   sanz.
99 *H* eim.   100 *H* uodreie.   104 *H omits* est.   107 *H* saives ; *S*
ert sages.   108 *H* cunust.   109 *H* Si.   113 *H* Teus.   durat.
115 *S* Qui.   118 *S* Mon pere me demanderoiz ; *H* requerez.

Il vus en tendra pur enfant,
Si vus dira le cuvenant 120
Qu'a nul hume ne me durra,
Ja nule peine n'i metra,
S'al munt ne me peüst porter
Entre ses braz senz reposer ;
Si li otrïez bonement, 125
Qu'il ne puet estre altrement.'
Li vaslez oï la novele
E le cunseil a la pucele ;
Mult .en fu liez, si l'en mercie.
Cungié demande a s'amie. 130

   En sa cuntree en est alez.
Hastivement s'est aturnez
De riches dras e de deniers,
De palefreiz e de sumiers.
De ses humes les plus privez 135
Ad li danzels od sei menez.
A Salerne vait surjurner,
A l'ante s'amie parler.
De sa part li duna un brief.
Quant el l'ot lit de chief en chief, 140
Ensemble od li l'ad retenu
Tant que tut sun estre ad seü.
Par mescines l'ad enforcié.
Un tel beivre li ad baillié,
Ja ne sera tant travailliez 145
Ne si ateinz ne si chargiez,
Ne li refreschist tut le cors,

122 nule] *H* cele.   123 *H* Si al ; *S* el.   pooit.   124 *H* sanz
resposer.   125–6 *not in H.*   125 *S* otroie.   127 *H* uallez.   130 *H*
Cunge.   133 *H* riche.   diuers.   134 *H* sumers.   135–6 *not in S.*
136 *H* danzeus.   137 *S* En.   138 *H* launte samie uet p.   139 *S* En
sa main li d.   140 *H* ele lot.   142 *H* T. que s. e. ad tant s.   143 *H*
esforcie.   144 *H* chargie   145 *H* trauaillez.   ʳ146 *H* ateint.
147 *HS* resfreschist ; *W* refreschisse le c.

Neïs les veines ne les os,
E qu'il nen ait tute vertu,
Si tost cum il l'avra beü.   150
Puis le remeine en sun païs ;
Le beivre ad en un vessel mis.

    Li damisels joius e liez,
Quant ariere fu repairiez,
Ne surjurna pas en sa tere.   155
Al rei alat sa fille quere,
Qu'il li donast : il la prendreit,
En sum le munt la portereit.
Li reis ne l'en escundist mie ;
Mes mult le tint a grant folie,   160
Pur ceo qu'il ert de juefne eage :
Tant produme vaillant e sage
Unt asaié icel afaire,
Ki n'en porent a nul chief traire.
Terme li ad numé e pris.   165
Ses humes mande e ses amis
E tuz cels k'il poeit aveir ;
N'en i laissa nul remaneir.
Pur sa fille e pur le vaslet,
Ki en aventure se met   170
De li porter en sum le munt,
De tutes parz venu i sunt.
La dameisele s'aturna ;
Mult se destreinst, mult jeüna
En sun mangier pur alegier,   175
Qu'a sun ami voleit aidier.

148 *H* vaines.   148-9 *S* E les vaines e tuit li os En rauront toute
lor vertu.   149 *H* tele.   150 *H* cum il en aura, *S* come laura.
152 *S omits* en.   153 *H* damiseus.   154 *H* repeiriez.   155 *H* la t.
159 *H* nel escundist.   161 *H* iert.   ieofne age.   162 *H* produm.
164 *H* purent.   chef; *S* Que.   165 *S* donne e mis, *W* numé e mis.
166 *H* humme.   167 *H* ceus kil : *S* que il pot, *so E.*   169 *H omits* e ;
H uallet ; *S ends here.*   172 *H* uenuz.   174 *H* destreint e mut iuna.
175 *H* E a manger.   176 *H* Que od.   aler.

Al jur quant tuit furent venu,
Li damisels primiers i fu ;
Sun beivre n'i ublïa mie.
Devers Seigne, en la praerie, 180
En la grant gent tut asemblee
Li reis ad sa fille menee.
N'ot drap vestu fors la chemise.
Entre ses braz l'aveit cil prise.
La fïolete od tut sun beivre — 185
Bien set qu'el nel volt pas deceivre —
En sa main [a] porter li baille ;
Mes jo criem que poi [ne] li vaille,
Kar n'ot en lui point de mesure.
Od li s'en vait grant aleüre, 190
Le munt munta desi qu'en mi.
Pur la joie qu'il ot de li,
De sun beivre ne li membra ;
Ele senti qu'il alassa.
'Amis,' fet ele, 'kar bevez ! 195
Jeo sai bien que vus alassez :
Si recuvrez vostre vertu !'
Li damisels ad respundu :
'Bele, jo sent tut fort mun quer !
Ne m'arestereie a nul fuer 200
Si lungement que jeo beüsse,
Pur quei treis pas aler peüsse.
Ceste genz nus escrïereient,
De lur noise m'esturdireient ;
Tost me purreient desturber. 205
Jo ne voil pas ci arester.'
Quant les deus parz fu muntez sus,

177 *H* tuz.   178 *H* primer.   186 *H* seit que ele. uout.   187 *H* mein.   188 *H* creim.   190 *H* lui.   ueit.   194 *H* alaissa.   196 *H* lassez.   197 *H* recuuerez.   198 *H* damisel.   203 *H* gent. escrireent.   207 *H* munte.

Pur un petit qu'il ne chiet jus.
Sovent li prie la meschine :
'Amis, bevez vostre mescine !'   210
Ja ne la volt oïr ne creire.
A grant anguisse od tut li eire.
Sur le munt vint, tant se greva,
Iluec cheï, puis ne leva :
Li quors del ventre s'en parti.   215
La pucele vit sun ami,
Quida qu'il fust en pasmeisuns.
Lez lui se met en genuilluns,
Sun beivre li voleit doner ;
Mes il ne pout a li parler.   220
Issi murut cum jeo vus di.
Ele le plaint a mult halt cri,
Puis ad geté e espandu
Le vessel u li beivre fu.
Li munz en fu bien arusez ;   225
Mult en ad esté amendez
Tuz li païs e la cuntree :
Mainte bone herbe i unt trovee,
Ki del beivre orent racine.
  Or vus dirai de la meschine :   230
Puis que sun ami ot perdu,
Unkes si dolente ne fu.
Lez lui se culche e estent,
Entre ses braz l'estreint e prent,
Suvent li baise oilz e buche.   235
Li duels de lui al quor la tuche.
Ilec murut la dameisele
Ki tant ert pruz e sage e bele.

210 *H* Ami.   212 *H* tut leire.   214 *H* Ileoc.   217 *H* paumei-
suns.   220 *H* od lui.   222 *H* pleint.   haut.   223 *H* espaundu.
224 *H* Li ueissel u le.   225 *H* muns.   227 *H* Tut le.   228 *H*
Meinte.   229 *W* aveient r.   230 *H* Ore.   233 *W* De lez ; *H* cuche.
235 *W* [e] uiz e.   236 *H* dols de li ; *E* li toche.   238 *H* Que.

Li reis e cil lur atendeient ;
Quant unt veü qu'il ne veneient,   240
Vunt aprés els, sis unt trovez.
Li reis chiet a tere pasmez ;
Quant pot parler, grant duel demeine,
E si firent la genz foraine.
Treis jurs les unt tenuz sur tere.   245
Sarcu de marbre firent quere,
Les deus enfanz unt mis dedenz.
Par le cunseil de celes genz
Desur le munt les enfuïrent,
E puis a tant se departirent.   250
   Pur l'aventure des enfanz
A nun li munz des Deus Amanz.
Issi avint cum dit vus ai :
Li Bretun en firent un lai.

239 *W* cil kis a.   241 *H* eus.   242 *H* paumez.   243 *H* dol.
244 *H* Kar si.   gent foreine ; *W* Issi.   245 *H* tenu.   248 *H* cele
genz.   249 *H* Sur.   251 *H* enfaunz.

20. ROMAN DE RENART

[There are numerous MSS. Editions : M. Méon, *Le Roman du Renard*,
Paris, 1826 ; E. Martin, *Le Roman de Renart*, Strasburg, 1882–87. See
also L. Sudre, *Les sources du Roman de Renart*, Paris, 1893 ; G. Paris in
Mélanges de litt. fr. du m. a., Paris, 1912, p. 337 ; L. Foulet, *Le Roman
de Renard*, Paris, 1914 ; M. Wilmotte in *Romania*, XLIV, p. 258.]

The Roman de Renart consists of various Branches, or parts,
written by different authors. The oldest is probably Br. II, the work
of Pierre de Saint-Cloud, a Parisian who wrote about 1170 (per-
haps in 1176–7, according to Foulet). The extract given below
corresponds to Br. II, vv. 291–564 of Martin's edition, but it is based
on the Bodleian MS. (Douce 360, dated 1339, fols. 23–4), which
appears to have retained most faithfully the language of the
original. The chief variants of Martin's text (introduced by *M*) are
given in foot notes.

       Quant Renarz choisi Chantecler,
       Senpres le volst as denz haper.

1 *In the MS.* Renart (Renarz) *is always abbreviated.*   2 *MS.* Saut sus
ny voult plus demorer.

Renarz failli, qui fu engrés,
Et Chantecler saut en travers ;
Renart choisi, bien le congnut,   5
Dessus le femier s'arestut.
Quant Renarz voit qu'il a failli,
Forment se tint a malba[i]lli.
Or se commence a porpenser
Comment il pourroit Chantecler   10
Engingnier ; car s'il nel menjue,
Dont a il sa voie perdue.
'Chantecler,' ce li dist Renart,
'Ne foïr pas, n'aies regart !
Molt par sui liez, quant tu es sains,   15
Que tu es mes cousins germains.'
Chantecler lors s'asseüra ;
Par amours un sonnet chanta.
Ce dist Renarz a son cousin :
'Membre toi point de Chanteclin,   20
Du bon pere qui t'engendra ?
Onques nulz cos si ne chanta.
D'une grant lieue l'ooit on.
Molt bien chantoit et a haut ton,
Et molt par avoit grant alaine,   25
Les iex cligniez, et la vois saine :
D'une lieuee on l'ooit,
Quant il chantoit et refraignoit.'
    Dist Chantecler : 'Renart cousin,
Me voulez vous traire a engin ?' —   30
'Certes', ce dist Renarz, 'non vueil.
Mais or chantez, si cligniez l'ueil !
D'une char sommes et d'un sanc :

4 *MS.* Et R[enarz] sailli en.   6 *M* Desor.   9 *MS.* Or se pour-
pense a aviser.   16 *M* Car tu.   18 *M* Por la joie un.   20 *M*
Membre te mes.   21 *M* Ton bon.   24 *M* chantoit en haut un son.
25 *M* longe aleine.   26 *M* Les deus els clos la vois ot seine.   27 *MS.*
lieuee ne veoit, *M* leue ne veoit.   30 *M* Voles me vos.

20. *Roman de Renart*

Miex amasse estre d'un pié manc,
Que tu eüsses marremens ; ——— 35
Car tu es trop pres mes parens.'
Dist Chantecler : 'Point ne t'en croi.
Trai toi un poi ensus de moy,
Et je dirai une chançon.
N'avra voisin ci environ 40
Qui bien n'entende mon fausset.' ——
Lors s en est sourris Renardet : ——
'Or dont avant ! chantez, cousin !
Je savrai bien, se Chanteclin,
Mes oncles, vous fu onques nient.' 45
Lors commença cil hautement ;
Puis geta Chantecler un bret —
L'un oeil ot clos et l'autre ouvert,
Que molt forment doutoit Renart ;
Souvent regarde celle part. —— 50
Ce dist Renarz : 'N'as fait noient.
Chanteclin chantoit autrement :
A uns lons trais, les iex cligniez,
Bien l'en l'ooit par vint plessiez.'
Chantecler cuide que voir die. 55
Lors lait aler sa melodie,
Les iex cligniez, par grant aïr.
Lors ne vult plus Renarz souffrir :
Par dedessus un rouge chol
L'a pris Renarz parmi le col, 60
Fuiant s'en vait et fait grant joie
De ce qu'il a encontré proie.
Pinte voit que Renarz l'em porte,

---

34 *M* Meus voudroie estre.   35 *MS.* tu y e.   37 *M* pas ne.
38 *M* Un poi te trai.   42 *M* Lores s'en sozrist.   43 *M* Or dont en
haut.   45 *M* onc neant.   46 *MS.* si h.   48 *MS.* oiel.   49 *M* Car
molt.   54 *MS.* Bien les clooit le col plessiez ; *M* L'en l'ooit bien.
55 *MS.* cude, *et passim*.   58 *MS.* wult.   59 *M* dedesoz.   60 *M*
Le prent.

Dolente est, molt se desconforte.
Si se commence a dementer —   65
Quant Chantecler vit emporter,
Et dist: 'Sire, bien le vous dis!
Et vous me gabïez touz dis
Et si me tenïez pour fole; —
Mais ore est voire la parole,   70
Dont je vous avoie garni: —
Vostre sens vous a escharni.
Fole fui quant le vous apris: —
Fols ne croit devant qu'il soit pris.
Renarz vous tient qui vous em porte.   75
Lasse, dolente, tant sui morte!
Que, se je ci pers mon seigneur,
A touz jours ai perdue honeur.'
    La bonne dame du maisnil
Si ouvri l'uis de son courtil;   80
Car vespres iert, pour ce vouloit
Ses gelines remettre en toit.
Pinte apela, Bise et Roussete.
L'une ne l'autre ne recete. —
Quant voit que venues ne sont,   85
Molt se merveille qu'elles font.
Son coc rehuche a grant alaine.
Renart regarde qui l'en maine.
Lors passe avant pour le rescourre, —
Et Renarz commença a courre.   90
Quant voit que prendre nel pourra,
Pourpense soi qu'el crïera.
'Harou!' escrie a plaine goule.

66 *MS.* Quant R[enarz] en vit.   73 *M* quant jel.   74 *MS.* Fol n.
c. d. quil ait pris, *M* Et fox ne crient tant qu'il [est] pris.   76 *M* con
sui.   77 *M* Car.   78 *M* perdu m'onor.   79 *M* feme.   80 *M*
A overt l'uis.   83 *M* Rosete.   84 *MS.* Ne lune ne autre ne rouete.
86 *MS.* que elles.   90 *M* Et li gorpils conmence a.

Li vilain qui sont a la soule,
Quant il oënt que celle bret, 95
Trestuit se sont celle part tret ;
Si li demandent que elle a.
En souspirant leur raconta :
'Lasse, com m'est mal avenu !' —
'Comment ?' font il. — 'Car j'ai perdu 100
Mon coc que li gourpilz em porte.'
Ce dist Coustans : 'Pute vielle orde,
Qu'avez dont fait que nel preïstes ?' —
'Sire,' fait el, 'mar le deïstes ;
Par les sains Dieu, je nel poi prendre.' — 105
'Pour quoi ?' — 'Il ne me voult atendre.' —
'Sel ferissiez ?' — 'Je n'oi de quoi.' —
'De ce baston.' — 'Par Dieu ne poi,
Car il s'en va si grant troton,
Nel prendroient dui chien breton.' — 110
'Par ou s'en va ?' — 'Par ci tout droit.'
Li vilain courent a esploit.
Tuit s'escrïent : 'Or ci ! or ça !'
Renarz l'oï qui devant va.
Au pertuis vint, si sailli jus, 115
Si qu'a terre feri li cus.
Le saut qu'il fist ont cil oï :
Tuit s'escrïent : 'Or ça ! or ci !'
Et Coustans dist : 'Or tost aprés !'
Li vilain courent a eslés. 120
Coustans appelle son mastin,
Que tuit appellent Malvoisin.
['Bardol, Travers, Humbaut, Rebors,

---

94 *M* a la coule. 96 *MS.* Tretuit. 97 *MS.* Si lor. 104 *MS.*
fait elle ; *M* fait ele m. le dites. 108 *M* cest b. 110 *MS.* .ii. chen.
113 *M* or ca or ca. 115 *MS.* sailli sus. 116 *M* Qu'a la terre.
119 *M* C. lor d., *omits* Et ; *MS.* Coustant. 120 *MS.* aelles. 123-4
not in MS. ; they are probably an interpolation.

Corez aprés Renart le ros !']
Au courre qu'il font l'ont veü   125
Et Renart ont aperceü.
Tuit s'escrïent : 'Voiz le gourpil ?'
Or est Chantecler en peril,
S'il ne rescet enging et art.
'Comment,' fait il, 'sire Renart,   130
Dont n'oëz que honte vous dïent
Cil vilain qui si vous escrïent ?
Coustans vous suit plus que le pas ;
Car li lanciez un de voz gas
A l'issue de celle porte !   135
Quant il dira " Renarz l'em porte ",
" Malgré vostre ", ce pouez dire ;
Ja nel pourrez miex desconfire.'
    N'i a si sage ne foloit.
Renarz qui tout le mont deçoit,   140
Fu deceü[z] a celle foiz.
Il s'escrïa a haute vois.
'Maugré vostre,' ce dit Renart,
'Cestui em port je a ma part ;
Maugré vostre en iert il portez.'   145
Li cos qui estoit enortez, —
Quant il senti lasche la bouche,
Bati ses elles, si s'en touche,
Si vint volant sus un pommier.
Renarz fu bas sus le femier,   150
Greinz et marriz et trespensez
Du coc qui li est eschapez.
Chantecler li geta un ris.
'Renart,' fait il, 'que vous est vis ?
De ce siecle que vous en semble ?'   155

131 *M* quel honte.   144 *MS.* emporte a ma ; *M* De cestui enpor je
ma.   145–6 *not in M.*   147 *M* Quant cil.   148 *M* les eles.
149 *M* sor.   150 *M* sor.   155 *M* De cest.

Li lechierres fremist et tremble.
Si li a dit par felonnie :
'La bouche', dist il, 'soit honnie,
Qui s'entremet de noise faire
A l'eure qu'elle se doit taire.' —   160
'Si soit,' fait li cos, 'je le vueil.
La male goute vous criet l'ueil
Qui s'entremet de sommeillier
A l'eure que il doit veillier.
Cousin Renart,' dist Chantecler,   165
'Nulz ne se doit en vous fïer.
Deshaiz ait nostre cousinage !
Il me dut tourner a damage.
Renart, put, rous, alez vous ent !
Se vous estes ci longuement,   170
Vous y lerrez vostre gonnele.'
Renarz n'a soing de la favelle ;
Ne voult plus dire, adont s'en tourne.
Ne repose ne ne sejourne,
Besoigneus est, le cuer a vain.   175
Par une broce, lez un plain,
S'en vait fuiant toute une sente.
Molt est dolens, molt se demente
Du coc qui li est eschapez,
Quant il ne s'en est saolez.   180
    Que qu'il se plaint de la losenge,
A tant es vous une mesenge
Sur la branche d'un chesne crués,
Ou elle avoit repost ses hués.
Renarz la voit, si la salue :   185

158 *M* fait il.   161 *MS.* fait il et je le weil, *M* fet li cos con je voil.
162 *M* li cret.   164 *MS.* weillier.   166 *M* Nus ne se puet.   169 *M*
Renart parjure, *MS.* R. put touz.   172 *MS* soig.   flavelle ; *M*
de sa f.   173 *M* atant s'en.   177 *MS.* lez une.   180 *M* il n'en
est bien s.   181 *M* de sa l.   182 *MS.* Atant estez une.   185 *M*
la vit.

'Commere, bien soiez venue !
Car descendez, si me besiez !' —
'Renart,' fait elle, 'or vous taisiez !
Voirement estes mes comperes,
Se vous ne par fussiez si leres.   190
Mais vous avez fait tante guiche
A tant oisel, a tante bische,
C'on ne s'en scet a quoi tenir.
Et que cuidiez vous devenir ?
Maufé vous ont si deserté,   195
On ne vous puet prendre a verté.' —
'Dame,' ce respont li gourpilz,
'Si voirement com vostre filz
Est mon filluel en droit baptesme,
Onques ne fis semblant ne esme   200
De rien qui vous deüst desplaire.
Savez pour quoi je nel v[u]eil faire ?
Drois est que nous le vous dïons :
Missire Noble li lyons
A or par tout la pais juree,   205
Se Dieu plaist, qui avra duree.
Par sa terre l'a fait jurer
A ses hommes, et affïer
Qu'el soit gardee et maintenue.
Molt lie en est la gent menue.   210
Car or charront par pluseurs terres
Plais et tençons et mortiex guerres ;
Et les bestes grans et menues
Seront en pais des or tenues.'
La mesenge respont a tant :   215

194 *MS.* cudez.   195 *MS.* Maufez.   196 *M* Qu'en ne ; *MS.* v'ite.
200 *M* emme.   204 *MS.* le.   206 *MS.* diex.   208 *M* Et a ses
h. a.   209 *M* Que soit.   212 *M* P. et noises et.   213 *M* g. et
petites.   214 *MS.* deor ; *M* La merci deu seront bien quites.

'Renart, or m'alez vous flatant.
Mais, s'il vous plaist, querez autrui!
Que moi ne beserez vous hui,
Ne ja pour rien que vous dïez,
Cist baisiers ne ert otrïez.'   220

Quant Renarz voit que sa commere
Ne fera rien pour son compere,
'Dame,' fait il, 'or escoutez!
Pour ce que moi tant redoutez,
Les iex cligniez vous beserai.' —   225
'Par foi', fait elle, 'et jel ferai.
Or cligniez dont!' Cilz a clignié;
Et la mesenge a empoignié
Plain son poing de mousse et de fueille.
N'a talent que besier la v[u]eille,   230
Les grenons li commence a terdre;
Et quant Renarz la cuide aerdre,
N'y trueve se la mousse non,
Qui li fu remese ou grenon.
La mesenge li escrïa: 235
'Haï! Renart, quel pais i a?
Tost eüssiez la triue enfraite,
Se ne me fusse arriere traite.
Vous disïez qu'iert affiee
La pais, et qu'elle estoit juree.   240
Mar l'avez juree vo sire.'
Renarz li commença a dire,
Si li a geté un abai. —
'Certes,' dist il, 'je me gabai.
Ce fis je pour vous paour faire;   245

217 *M* Mes se vos.   218 *M* Car.   220 *MS*. ottriz; *M* Icist b. n'iert.
222 *M* Ne velt pas croire son c.   223 *M* or m'e.   224 *M* que vos
me r.   230 *M* le voille.   233 *M* la foille non.   236 *M* ci a.
239 *MS*. dizies; *M* que afiee.   241 *M* Mal l'a juree vostre sire.
242 *M* a rire.   244 *M* fait il je m'en g.

Mais or soit trestout a refaire.
Je reclignerai autre foiz.' —
'Or tost', fait ele, 'estez touz coiz!'
Cilz clingne qui molt scet de boule.
Celle li vint pres de la goule   250
Devant, mais el n'entra pas ens.
Et Renarz a geté les dens :
Prendre la cuide, mais il faut.
'Renart,' fait elle, 'ce que vaut?
Ce n'iert ja que croire vous doie.   255
Par quel maniere vous creroie?
Se ja vous croi, li maus feu[s] m'arde !'
Ce dist Renarz : 'Trop es coarde.
Ce fis je pour vous esmaier
Et pour vous auques essaier,   260
Car certes je n'i entent mie
Ne traïson ne felonnie.
Mais or revenez autre foiz !
Tierce foïe, c'est li droiz.
Par non de sainte charité,   265
Par bien et par estableté,
Belle commere, sus levez !
Par celle foi que me devez
Et que vous devez mon filluel,
Qui la chante sur ce tilluel,   270
Si ferommes ceste racorde ;
De pecheeur misericorde !'
Maïs elle fait oreille sourde,
Qu'elle n'est pas fole ne lourde,
Ainz siet sus la branche d'un chesne,   275
Que que Renarz si se desresne.

246 *MS.* tretout ; *M* Mes qui caut or soit a refere.   248 *MS.* fait il ; *M* Or dont.   249 *M* sot.   251 *M* Raiant mes n'entra pas dedenz.   252 *M* Et R. ra.   257 *M* li maufes.   264 *M* ce est droiz.   271 *M* Si faisomes ceste.   275 *M* sor.

21. LAMBERT LE TORT: ROMAN D'ALEXANDRE

about 1180

[Twenty-eight MSS., ten of which are fragmentary, were described by P. Meyer in *Romania*, XI, p. 213; we have followed the Oxford MS., Bodley 264, completed in 1338. Edition: H. Michelant, *Li Romans d'Alixandre, par Lambert li Tors et Alexandre de Bernay*, Stuttgart, 1846 (gives the text of an inferior MS., Paris, Bibl. Nat., fr. 786, with variants of MS. Bibl. Nat., fr. 375). See also P. Meyer, *Alexandre le Grand dans la littérature française du moyen âge*, 2 vols., Paris, 1886, especially vol. II, chs. 7 and 8.]

The *Roman d'Alexandre* in 12-syllable lines (or 'Alexandrines') was composed by several authors in the last third of the 12th century. The oldest part, from which our extract is taken, is by Lambert le Tort, a 'clerc' of Châteaudun, and was written as continuation to an earlier version in decasyllabic lines. The episode here given is based on the *Epistula Alexandri ad Aristotelem*, describing the wonders of India, found in several versions (see F. Pfister, *Kleine Texte zum Alexanderroman*, Heidelberg, 1910, p. ix; Latin text, p. 21). The French poet has freely amplified his original. As no critical edition exists, we give the text of a good (though late) MS., introducing a few corrections with the assistance of Michelant's edition (*M*). A number of Picard forms, due to the scribe, have been standardized. All rejected MS. readings are given in the foot-notes.

Fol. 54 r°. to 55 v°. (corresponds to Michelant, pp. 277-87). Alexander, after vanquishing King Porus of India, pursues him across the desert, and is led astray by treacherous guides:—

Quant Alixandre mut, des cors fu grans li glas.
Montés est en un tertre, c'on claime l'Olifas,
Por esgarder ses homes dont tuit li val sont ras.
Entre muls et somiers et dromadaires cras,
Qui portent paveillons, chandelabres et dras,   5
Escüelles d'or fin et coupes et hannas,
Plus ont d'or en lor frains que trente mile mars.
As autres garisons ot bien quatre cent chars;
[Grans] quatre lieues durent quant passent a espars.
Du chaut et de la voie sont li home tuit las;   10

1 *MS.* grant.   7 *M* Plus ot or.   9 Grans *supplied from M.*

Ses angoisse la soif, ne püent faire un pas.
Li traïteur ques guient sont plain de sathanas,
Ques mainent es desers qui du soleil sont ars ;
N'ont soing que ja de l'ost retourt ne haus ne bas :
Miex vuelent tuit morir que li rois ne soit las.   15

   Molt fu l'ost icel jour confundue et dampnee ;
Du chaut et de la soif par poi ne fu desvee.
Cil qui pot avoir eue [a] sa bouche atempree,
Et qui goute n'en ot sa broigne a engoulee :
Pour la froidour du fer sa soif a trespassee.   20
D'eue du ciel pleüe encontre une vespree
En une cave pierre a Zephirus trouvee ;
Grant talent a de boivre, n'en a goute passee.
En son elme la prent, au roi l'a presentee ;
Alixandre la vit, si l'a molt esgardee,   25
Et pense, s'il la boit, ja ert sa gent desvee,
Car se chascun[s] n'en a, sa soif li ert doublee.
Il l'a devant lor iex a la terre getee :
La volenté de boivre lor est toute passee.
Une coupe d'or fin a li rois demandee,   30
D'uevre galacïenne et par pans noëlee,
Cent livres i eüst s'ele fust monnoëe ;
Et quant ot son service et s'amour molt loëe,
Por guerredon de l'eue l'a Zephiron donee.
Et si home et les bestes sont lié de la vespree   35
Pour la froidour de l'air qui chiet a la rousee ;
Chascun[s] devant son tref se gist guele baee
Et reçoit le serain qui chiet a la seree ;
Il n'i a chevalier n'ait la bouche crevee.
A l'aube aparissant fu toute l'ost montee.   40

   A l'aube aparissant fu toute l'ost meüe ;
Li soleus fu levés, li chaus molt les argüe.

14 *MS*. haut.   18 a *supplied from M*.   32 *MS*. i eust bien.
35 *MS*. lies.   36 *MS*. choit.   38 *MS*. rechoit.   42 *MS*. solaus.

Li maines rois esgarde les une roche agüe ;
Ne gaire loing de soi a une eue veüe
Qui estoit d'un haut pui en un val descendue.   45
Qui ot tente ne tref, tost fu el pre tendue.
Dementres que chascun[s] de herbergier s'argüe,
Descent li maines rois de la mule crenue
Pour estraindre sa soif que [il] a grant eüe ;
Plus amere fu l'eue, quant li rois l'ot beüe,   50
Que suie destempree n'aloisne ne cegüe.
Tele angoisse ot li rois, tous li cors li tressue,
Et voit que sans travail n'en bevra beste mue ;
Si l'a a toute l'ost vaee et deffendue.
Puis fait les trefs cueillir, s'ont lor voie tenue.   55
Sus la rive de l'eue une sente ont sigüe
Jusqu'a une ferté qui est appareüe ;
En une isle estoit loing plus que uns ars ne rue.
La gent qu'estoit dedens estoit demie nue ;
Ains puis n'en parut uns qu'il orent l'ost veüe.   60

  Li rois vint a la rive o trestout son barné ;
N'i trueve pont ne planche qui li soit apresté ;
Et li champ dedefors sont tuit ars et brullé,
De l'ardeur du soleil menuement crevé ;
Puis le premerain home que Diex avoit formé,   65
De trestoutes anones n'i ot plain poing semé.
Li rois cline vers terre, si a un poi pensé,
Et quant il se redrece, s'apela Tholomé ;
Sus la senestre espaule li a son bras posé,
Puis li dist en rïant : 'Veïs mes tel ferté ?   70
Cil qui laiens estont sont molt boneüré :
Il n'erent ne ne sement ne ne coillent nul blé,
Ne n'issent du chastel ne yver ne esté.

45 pui] *MS.* pie, *correction based on M.*   49 *M* restraindre ; *MS.* son soif ; il *supplied from M.*   51 *MS.* ne aloisne.   52 *MS.* tout. 58 *MS.* .i. arc.   65 *MS.* Por le ; *M* Puis que premierement ot Dex le mont formé.   66 *MS.* avaines, *M* ahanas, *var.* anones.   69 *MS.* brach.

Nuls ne set lor covine ne dont il ont plenté,
Ou s'il vivent du vent ou de la gloire De.   75
S'a·force nes puis prendre, petit pris mon barné.
Quatre cent chevaliers belement a celé
Lor trametrai anuit, ains qu'il soit avespré.
Se il au plain se metent, pris sont et afolé;
Puis en ferai fors trere quanqu'il ont amassé;   80
Ja n'i remaindra hom, tant soit de grant aé.
Cil sevent les desers, que par tout ont alé;
Se il bien ne nous mainent et a grant sauveté,
Et l'eue ne nous mostrent, ars seront et venté.'

Molt fu l'eue parfonde, et li marois fu mols;   85
Trente piés ot de le et trois toises de gros,
Et fu itant espés, tout se tint a un dos;
Il n'a ferté en Inde ne chastel si enclos.
Quatre cent chevaliers du miex et des plus os,
Qui en sa conpaignie avoient plus grant los,   90
I fait li rois entrer, les haubers en lor dos.
Onques cil n'i entra qui(l) ne feïst que fols,
Car unes bestes a entre les crous repos,   ·
Que li païsant claiment les ypopatamos;
Mil en saillent ensamble ques prendent par les cos,   95
Menjuent lor la char et peçoient les os;
Nes puet garir haubers, tant soit serrés a clos,
Ne grans escus bouclés, qui de dous cuirs soit vos,
Qu'autresi nes transgloutent conme fuelles de bos.

Quant vit li maines rois sa gent ainsi morir,   100
Por aidier a ses homes vait ses armes saisir;
Corant vint a la rive, si voloit ens saillir.
Dan[z] Clins et Tholomer le courent detenir;
Irïement li distrent: 'Rois, por quoi vues morir?
Car te menbre du saut que tu feïs a Tyr,   105

81 *MS.* home, *M* hom.   92 *M* Mais n'i enterra nus que ne face
que fos.   96 *MS.* pechoient.   98 *MS.* grant.

Quant feïs ton berfroi dessi as murs venir;
Tu saillis en la ville con hom de grant aïr,
Si la preïs par force; le duc feïs morir
A grant honte et a glaive.   Mal l'en doit avenir
Qui riens te contretient: il ne puet pas guencir.   110
Se muers en autre terre, quel part porrons vertir?
Vous n'avés nul baron qui vous doie servir,
Ençois qu'en son païs puisse ja revertir,
Que tout ne soit seürs de la teste tolir.'
Li rois clina vers terre, si geta un soupir.   115
Les traïtors ques guie[nt] fist devant soi venir;
Il en jura ses diex, mal le vol[d]rent traïr.

   Cil furent cent cinquante ques devoient guier;
Li rois fist les cent prendre et en l'eue geter.
Ypopatamos saillent, quant les virent noër;   120
Plus qu'a l'autre fïe[e] cuient proie trover;
Tant en issent ensamble, nus nes peüst esmer;
Tuit cil qui sont en l'ost les courent esgarder.
Onques icele nuit ne porent reposer,
Pour les bestes de l'eue ques veulent afoler.   125
Molt fu liés Alixandre quant il vit adjorner;
Il a dit a ses homes: 'Ci fait mal converser.
Que nous profiteroit ici a sejourner
Et herbergier sus l'eue dont ne poons gouster?'
Puis fait cueillir ses tentes, si s'en prist a aler,   130
Et garda devant lui, que li soleus luist cler;
Enmi le fil de l'eue vit dous homes ester
En un chalant de ros — cent homes puet porter.
En indyen langage les a fait apeler;
Eue douce por boire lor a fait demander,   135
Et s'il vuelent avoir, si li viengnent mostrer,
Car plus lor en donra qu'il ne porront porter.

106 *MS.* Quant tu feis.   113 *MS.* Enchois.   118 *MS.* chunquante.
122 *MS.* en isaut, *M* en iscent.   127 *MS.* chi.   128 *MS.* ichi.
131 *MS.* solaus.

Cil li ont respondu : 'Nous n'avons d'avoir cure ;
Nous ne faisons marchié de nule creature ;
Aussi conme ces bestes ont conmune nature,   140
Prent l'un[s] avoir a l'autre sans conte et sans mesure.
Mes por ce que fait estes a la nostre figure,
Et veons que de soif soffrés si grant ardure,
Vous enseignerons eue o ombre et o froidure.
Veés vous ce haut tertre a cele desjointure ?   145
Tres parmi ces desers a une grant costure ;
Illuec a un sentier qui jusqu'a l'estant dure.
Uns estans d'eue douce est illec par nature,
Il n'en a plus en Ynde, si con dit l'escripture.
Se voie nel vous tot ou grant desconfiture,   150
Ains nonne y porrois estre a petite aleüre.

'Savés, seignor,' font il, 'que vous volons mentoivre,
Por ce que de noient ne vous volons deçoivre ?
Quant ven[d]rois a l'estang, troverois grant açoivre
De pins et de loriers, d'oliviers, de genoivre ;   155
Molt est grans li herbages que paissent li atoivre.
Gardés n'i deschargiés un point de vostre atoivre,
Qu'il n'a merveille en Inde la nuit n'i viegne boivre,
Se serpent vous i truevent, des ames estes soivre.'

Lors s'en tourne li rois, s'oliflambe levee ;   160
Vienent a la crevace que cil lor ont mostree,
Et quant furent tuit outre le tret d'arbalestee,
Si ont a main senestre une voie tornee
Qui d'ours et de lyons iert freschement hantee.
Li traïtor ques guient lor i ont mesesree :   165
Tout a escïent ont la voie trespassee.
Onques ne fina l'ost jusqu'a une valee,

142 *MS.* fais.   145-6 *M* Vees vus la cel tertre, a cele creneure (*var.*
creveure) ; Tout droit iluec desous, a une desjointure.   147 *MS.* lestaut.
150 *MS.* tost ; *M* Se pecies nel vus tot u grans mesaventure ; voie] *corr.*
pechiés ?   153 *MS.* dechoivre.   154 *M* aboivre, *var.* atoivre.   156 *M*
asoivre.   159 *MS.* serpens.

Et truevent une pierre qui estoit coverclee ;
Desous gisoit une oursse freschement faonnee ;
Ses faonniaus crient perdre, si est toute desvee.   170
Quant el senti la frainte, s'a la teste levee
Et vint errant a l'ost, la grant guele abaee ;
Si a enmi sa voie une mule encontree
Qui estoit de farine et de froment trossee ;
La destre poe hauce, done li tel colee   175
Que la senestre espaule li a du bu sevree ;
La mule chiet a terre, la farine a versee.
Uns chevalier[s] de Grece a la lance levee
Et vint poignant a l'oursse tout[e] une esperonnee ;
Parmi le cors la fiert, si l'a a mort navree.   180
Si grant bret gete l'orsse, quant se sent esgenee,
Il n'a beste el convers qui n'en soit esfraee ;
Chascune fait grant bret et gete tel crïee
Qu'oïr les peüst l'en de pres d'une jornee.
N'i remaint nul[e] beste qu'el n'i soit assamblee.   185
La bataille conmence de haute relevee ;
N'i a Grieu qui n'i fiere ou de lance ou d'espee.
La ou li lyon hurtent fu l'ost desbaretee ;
Nes puet garir haubers ne grant targe listee
Qu'il n'en boivent le sanc et traient la coree.   190
Ain[çoi]s que la nuit vint, si depart la mellee,
Et chascune des bestes est a son lit alee ;
Et s'encor i eüst de jour une liuee,
Toute s'en alast l'ost confondue et matee.

Quant les bestes departent, au roi vint Licanors : 195
' Sire, du herbergier quiex iert li nostre esfors ? '
Et respont Alixandre : ' Ja n'en ert pris confors.'
Les navrés met en biere et fait ardoir les mors.
Devant la mie nuit s'en est tornee l'ost,

172 *MS*. enrant.   189 *MS*. hauberc.   191 *M* Mais por le nuit qui
vient.   193 *MS*. se encor.

Et quant il s'en tornerent, tant fait soner de cors,   200
Tant i ot de buisines, que li sons fu si fors
Que par tous les desers les ot l'en jusqu'as pors.
Ne remaint es desers culuevre ne crapos
Ne guivre ne serpens qui tant i soit repos,
Por la frescheur du sanc ne siue les esclos.   205
Cil qui ist fors de route molt i par fait que sos ;
De cent pars est saisis et traïnés es cros.

    Tolomer vait devant, li preus et li senés,
Par un ancien sentier et rengiés et serrés.
Cil qui ist fors de route fait molt que fol[s] provés,   210
Car les bestes l'assaillent en viron et en les,
Ours, lyons et lupars et griffons empenés ;
Sus les chevaus les prendent, ses em portent armés ;
Nes puet garir haubers ne fors escus bouclés
N'en menjucent la char et rompent les costés.   215

    Or s'en vait Tholomer qui toute l'ost conduit.
Ne mangerent la nuit ne pain ne char ne fruit,
Mes chascun[s] en alant plain poing de froment cuit.
L'arrieregarde fist Dan[z] Clins li fis Caduit ;
N'a home en sa conpaigne qui forment n'en anuit.   220
La vermine les point, qui derriere au dos bruit.
Tel poour a chascun[s], par poi qu'il ne s'en fuit,
Quant Dan[z] Clins lor escrie : ' Arrestés vous trestuit.
Ne vous esmaiés mie se la vermine bruit,
Mes chascun[s] chevalier[s] sus sa lance s'apuit.   225
Se ceste arrieregarde poons [bien] faire anuit,
Grant gre nous en savra Alixandre, ce cuit.'

    Cil de l'arrieregarde sont chevalier honeste ;
Il se tornent arriers, la ou Dan[z] Clins s'areste.
Ou truevent grans serpens, ses fierent sus la teste ;   230

204 *MS.* serpent.   207 *MS.* traines ens es c., *M var.* tr. en cros.
214 *MS.* hauberc ne fort escu.   226 bien *supplied from M.*

La ou il est petis, sel defoule la beste,
Au retorner qu'il firent lor ont fait grant moleste,
Que il n'i a serpent qui soit de tel poëste
Qu'il ne s'en voist bleciés ; sus euls fu la tempeste. 234

   'Seignors,' ce dit Dan[z] Clins, 'ne sai par quel mesure
Nous dut anuit venir ceste mesaventure.
Quant la vermine vint qui nous fist tel ardure
Por ce que l'ost tornast ne perdist s'aléüre,
Et feïst Alixandre ceste desconfiture,
La fuite nous tornast a molt grant forfaiture,   240
Ne ja mes en sa vie n'eüst il de nous cure.'

   Contre la mie nuit, ains que chantent li gal,
Issi l'ost d'une conbe, s'entrent en un igal.
Li choan et les guivres qui issoient du val
Lor firent toute nuit paine, travail et mal,   245
Car en trestoute l'ost n'a home si vassal,
S'il ist fors de la route por torner a estal,
Que li choan ne poignent ou lui ou son cheval.
Alixandre apele son mestre seneschal
Et dist li qu'il aport un grant paile royal ;   250
Por crieme des choans fait covrir Bucifal ;
Quant l'en li ot lacié a boutons le poitral,
N'en parut chiés ne keue ne li esperonal.

   Li choan des desers sont greignor que voltors.
Graindre est une des eles que n'est uns covertors, 255
Car il volent par l'air et sus l'ost font lor tors.
S'aucuns issoit de route, entrés ert en mal cors ;
S'un[s] des choans le voit, ja puis n'avra secors
De lui ou du cheval qu'il ne remaigne blos.
Toute nuit jusqu'a l'aube lor dura cist labors.   260

   A l'aube aparissant vin[d]rent chalves-soris ;
Menors sont de corneilles et greignors de perdris.

231 *MS.* petit.   242 *MS.* chantast, *M* cantent.   244, 248, 254
MS. choans.   244 guivres] *M* mutes, *var.* mutre.   246 *MS.* nest,
M n'a.   248 *MS.* ceval.   252 *MS.* lachie.   253 *MS.* chief.

N'a chevalier en l'ost, tant soit d'armes garnis,
Se pres du vis li vole, ne soit tous esbahis ;
Del sommeçon de l'ele le fiert enmi le vis,   265
Si que [grans] quatre lieues remaint tout estordis.
Tant lor dura cist mals, ains qu'il fust departis,
Que li jors parut clers et soleus esbaudis.
Es les vous au sentier qui hiersoir fu guerpis.

265 *MS.* sommechon.   le f. en la char vis, *M* si le f., ce m'est vis,
var. sel f. en mi le vis.   266 grans *supplied from M.*   268 *MS.* solaus.

22. RAOUL DE HOUDENC: MERAUGIS DE
PORTLESGUEZ
about 1200

[MSS. : Vatican, Regina 1725, second half of 13th century (*V*) ; Vienna
2599, end of 13th century (*W*) ; Turin, L iv 33, end of 14th century, by
a Picard scribe (*T*).   Edition : M. Friedwagner, *Meraugis von Portlesguez*,
Halle, 1897; reviews and corrections by G. Paris in *Romania*, XXVII,
p. 307, W. Foerster in *Zeitschr. f. franz. Spr. u. Lit.*, XX, 2nd part,
p. 103, and especially G. Ebeling in Herrig's *Archiv*, CIII, p. 403, and
Zeitschr. f. rom. Phil., XXIV, p. 508; cf. also M. Friedwagner, *Die
Verwandtschafts- und Wertverhältnisse der Meraugis-Handschriften*, in
Zeitschr. f. rom. Phil., XXVI, pp. 452 and 552.   See also W. von
Zingerle, *Über R. de H. und seine Werke*, Diss. Erlangen, 1880:
C. Abbehusen, *Zur Syntax Raouls de Houdenc* (Stengel's *Ausgaben und
Abhandlungen*, LXXVIII), Marburg, 1888 ; G. Paris, article on *Meraugis*
in *Hist. litt. de la France*, XXX, Paris, 1888, p. 220 ; C. Habemann, *Die
literarische Stellung des M. von P. in der altfranz. Artusepik*, Diss.
Göttingen, 1908.]

Raoul de Houdenc (probably Houdan, dept. Seine-et-Oise) was
the best of the numerous imitators of Chrétien de Troyes. Nothing
is known of his life.   *Meraugis de Portlesguez*, the earliest of his
extant works, was composed at the end of the 12th, or not later
than the first decade of the 13th century.   It is a work of pure
invention, loosely attached to the Arthurian cycle.   The text of the
following extract is based on MS. *T*, which reviewers agree in
regarding as nearest to the original.   Friedwagner's system has
usually been adopted as regards choice of forms.

Gorvain Cadruz and Meraugis, two knights who have hitherto been bosom friends, fall in love with the same lady, Lidoine of Cavalon. Gorvain loves her for her beauty, Meraugis for her ‘valor’ and ‘cortoisie’. They quarrel and come to blows.

Vv. 469-731 :—

E insi Gorvain Cadruz avint.
  Et ses compainz qui o lui vint,
Meraugis, qui Gorvain amot,
De lui ravint que, quant il ot
Un pou a la dame parlé,   5
Se cil l’ama por sa beauté,
Il ama tant l’autre partie,
Sa valor et sa cortoisie
Et ses cointes diz esvoisiez,
Qu’il fu cent tanz plus desvoiiez   10
D’amors que ses compainz n’estoit.
Einsi furent andui destroit
Por li amer en tel maniere.
Durement est amor maniere
De genz sosprendre et desvoiier.   15
Lidoine monte ; au convoiier
Li sont venu de mainte part
Li chevalier. A tant s’en part
Lidoine, et lors Gorvains remaint.
Des chevaliers i vindrent maint,   20
Au convoiier mout en i ot.
Meraugis, cui point n’enuiot
De li veoir, ala aprés,
Entre les autres se mist pres

1 *VT* cadrus ; *W* Gorveinz cadruz en vet. 2 *V* o li ; *W* Ses c. qui avec lui vet. 3 *W* Gorveinz ; *VT* amoit. 4 *T* oit. 5 *VW* poi, *so Ed.* 6-10 *W* Or not il pas .v. pas ale Que il fu .c. tantz plus desvoiez Et bien de ce certains soiez. 7 *V* Cist ama, *so Ed.* ; *V* dautre, *so Ed.* 9 *V* affetiez, *so Ed.*, *T* esvoisies. 10 *V* enlaciez, *so Ed.* 12 *W* ambedui. 13 *W* lui. 14 *T* Duicement, *W* Voirement, *Ebeling* Doucement ? ; *Ed.* amors. 15 *V* gent ; *W* sourprendre ; *T* dechepvoir. 16 *T* et au convoir. 17, 18 *not in W.* 17 *T* ll. *W inverts 19 and 20.* 19 *W* Lidoine .i. petitet rem 21 *V* maint, *so Ed.* ; *W* Apres les autres sen i ot. 22 *T* nenuioit ; *W* De tiex qui ne sonerent mot. 23 *W* Et Meraugis sen vet apres. 24 *not in T* ; *W* se tient.

De la dame et ele de lui.   25
Mes quanqu'il vont parlant andui,
Si li renforcent ses dolors. —
Por quoi ? — Il vet charjant d'amors
Et plus et plus a chascun mot.
Or l'aime mieuz qu'or ne l'amot ;   30
Or l'aime, or charge mieuz et mieuz,
Tant que l'amor li fiert es ieuz
Et el vis et par tot le cors,
Que l'en la puet puisier defors,
Tant en a par dedenz eü.   35
A douce fontaine a beü
Qui si par tens est raempliz.
Voirs, il est si d'amors empliz
Enfin qu'il n'i a que redire.
Ja Deus n'i ait part, s'il puet dire   40
Sol tant qu'il demandast congié ;
Mes come hom qui a songié
Remest toz pris enmi la voie.
Dou cuer et des ieuz la convoie,
Qu'il n'a pooir d'aler avant.   45
Lors torne son cheval ferrant,
Si s'en revint le petit pas.
Gorvains Cadruz eneslepas
Remonte et vers lui s'adreça.

---

25 *V* cele.   26 *V* quant il, *so Ed.*; *W* M. que il. ambedui.   27 *V* resforcent, *so Ed.*, *W* reforcent.   28 *V* Par ; *T* cantant ; *W* Por ce que il va chargant.   29 *V* Que.   30 *V* mieuz que ne, *so Ed.*, *W* plus que il ne ; *T* amoit.   31 *and* 32 *inverted in W.*   31 *VW* et charge, *so Ed.*; *T* de mix en mix.   32 *T* lamours ; *W* le fiert as.   33 *W* Et as iex.   34 la] *V* en, *so Ed.*, *TW* le ; *TW* puissier.   35 *W* Atant par en a.   37 *W* Dont il se tient si aemplis.   38 *V* Il est voir ; *V* espriz, *W* espris, *so Ed.*   39 *VW* Einsi ; *V* que ni.   40 *V* deu ne place sil, *so Ed.*; *W* Quant il sen partist ne pot d.   41 *W* Fors tant. demande.   42 *TW* com home, *so Ed.*   43 *V* Remaint toz seuls en une v.   44 *W* De cuer et de sens.   46 *W* torna.   47 *V* revient, *so Ed.* ; *V* en elle pas.   48 *T* en le pas, *W* isnele pas.   49 *V* Revint, *so Ed.* ; et] *V* en, *not in W.*

A l'encontrer li demanda : 50
'Or me dites, compainz amis,
Avez veü com Deus a mis
Trestotes les beautez ensemble
Sor ceste pucele qui semble
Qu'el doie mieuz qu'assez valoir ? ' — 55
'De sa beauté ne puet chaloir,'
Fet Meraugis, 's'or n'est vaillanz ;
Que s'ele estoit d'onor faillanz
Et ele estoit plus bele assez,
Si seroit por noient lassez 60
D'amors celui qui l'ameroit.
Cil qui s'amor entameroit
Por cors sanz cortoisie amer,
Bien i porroit sentir amer. —
Porroit ? — Oïl, s'amor ne ment.' 65
Gorvains Cadruz tot erraument
Respont : 'Sire compainz, por quoi ?
Il m'est avis, si com je croi,
S'ele est deable par dedenz
Ou guivre ou fantosme ou serpenz, 70
Por la beauté qui est defors
Doit toz li monz amer son cors.' —
'Non doit !' — 'Si doit, ce m'est avis !'
Ç'a dit Gorvains a Meraugis,
'Ma volenté vos dirai tote ; 75
Car je vos aim et sai sanz dote
Que vos m'amez en bone foi.

53 *T* De toutes. 54 *W* Sus ; *VW* cele. 55 *V* Quil, *TW* Quele ; qu'assez] *V* queles, so *Ed.*, *W* que riens. 57 *T* meraugins ; s'or] *V* sel, so *Ed.*, *W* si ; *T* vaillant. 58 *W* Car si or estoit ; *V* damor, *W* de henour ; *T* faillant. 60 *T* serroient. 61 *W* icil. 62 *VW* Car qui, so *Ed.* 63 *and* 64 *inverted in W.* 63 *W* Sil na vaillance en lui amer. 65 *W* Folie seroit vraiement ; *VT* samors. 69 *VW* Sele ert, so *Ed.* 70 *V* Grue fantosme. 72 *T* Dont ; *V* Doit len amer de denz s. c. 74 Ç'a] *V* Ce, so *Ed.*, *T* Cha, *W* Se. 76 *VW* Que, so *Ed.* ; sai] *W* cest.

Et por ce, amis, ne vos doi
Celer mie ma privauté ;
Par mainte foiz, en verité,   80
M'avez conseillié et je vos.'
Cil respont : ' Les amors de nos
Ne sont or pas a esprover.
Se je puis nul conseil trover
En ce que vos me volez dire,   85
Je l'i metrai.' — ' Ferez, beaus sire ? '
' Oïl, sanz dote, se jel sai.'
Dist Gorvains : ' Et je vos dirai
Que ne diroie a nul autre home ;
Conseilliez moi, ce est la some :   90
J'aim Lidoine de tot mon cuer
Enfin que ja mes a nul fuer
N'en partirai, c'est verité. —
Por quoi l'aim gié ? — Por sa beauté ? ' —
' Por sa beauté ? ' — ' Voire, sanz plus !   95
Et tot claim quite le sorplus ;
Fors por itant sui ses amis.
Se Deus i a autre bien mis,
Je n'en sui liez, n'il ne m'en poise.
Ou soit vilaine ou soit cortoise   100
Ou soit de totes males mors,
Si aim je sa beauté d'amors
Tant qu'encor m'en puis merveillier.' —
' Vos estes bons a conseillier ! '
Dit Meraugis. — ' Sire, coment ? ' —   105

78 *V* Por ce amis je, *so Ed.*, *W* Por quoi amis je.   79 mie] *V* point
de, *so Ed.*, *W* riens de.   80 Par *not in V*, *W* Car ; *VW* maintes, *so
Ed.* ; *V* et en.   83 *W* sont mie or.   86 *W* Que li.   si ferai.   87 *W*
sanz faille se je en sai.   88 *V* Fet.   gel vos.   89 *V* Que nel, *W* Que
je ne ; autre *not in W*.   90 *T* cen est.   91 *T* Je aim li de.   92 *W*
Ainsi.   93 *W* par verite.   94 *W* lamez ; *T* ses biautez.   95 *T*
ses biautes.   96 *V* Gen claim, *W* Tot en claim, *so Ed.* ; *V* le soubre-
plus.   97 *W* Car por, *so Ed.* ; *T* par.   99 *W* ne ne men.   102 *T*
Saim.   103 *VW* Tant que toz, *so Ed.*   105 *T* meraugist ; sire] *V*
voire.

'Quant il ne puet estre autrement,
Amez la, jel vos lo einsi.' —
'Onques de vostre los n'issi,'
Ce dit Gorvains, 'ne ne quier fere ;
Car vos m'avez de cest afere   110
Mout conseillié a mon talant.'
Dit Meraugis tot en alant :
'Sire compainz, jel faz por bien.
Or me reconseilliez dou mien
D'un tel afere, ou se ce non,   115
Ja ami ne departiron
Entre nos deus de ceste place.'
Gorvains respont : 'Ja Deu ne place
Que mautalent ait entre nos !
Ja se li torz ne muet de vos,   120
De moi n'istra il ja avant.
Ja Deus a nul bien ne m'avant,
Se je volentiers n'i metoie
Conseil, se conseil vos savoie
Doner de vostre mesestance ! —   125
Por quoi ? — Je sai bien sanz dotance
Que vos conseilleriiez moi.' —
'Or me conseilliez donc en foi,
Sire compainz, se vos savez :
J'aim la dame que vos amez   130
Enfin sanz faille outreement
D'autre amor et tot autrement
Que vos ne l'amez ; car je l'aim
D'amors de si naturel raim

109 *T* quiert.   110 *V* Que.   111 Bien c., *so Ed.*   113 *V* fet il,
W je le faz, *T* jel fes.   114 *W* Dont me cons.; *V* au mien, *so Ed.*,
W autre rien.   115 *W* De cest a.   118 *W* Et cil r.   120 *VW* ne
vient, *so Ed.*   121 *V* ne vendra ja, *so Ed.*, *W* ne ere il ja.   122 *V*
nul jor ;   *T* ma mant.   124 *V* Tot le conseil que je porroie, *so Ed.*,
W Conseil se je le i savoie.   127 *T* Quan vo pooir cons.   128 *V* a
foi.   131 *VW* Einsi, *so Ed.*   133 *V* que je.   134 *W* Damour ;
V daussi.

Que je l'aim por sa cortoisie,   135
Por sa bonté sanz vilenie,
Por son douz non, por sa proëce.
Aussi com vostre amor s'adrece
A amer sanz plus sa beauté,
Vos di je sor ma loiauté   140
Que je l'aim por ce sanz plus, voire,
Que s'ele estoit baucenz ou noire
Ou fauve — que vos en diroie? —
Ja por ce mains ne l'ameroie,
Ne ja n'en seroie tornez.'   145
Gorvains respont : 'Vos me gabez.' —
'Non faz.' — 'Si fetes, com je cuit ;
Mes se c'est voirs que m'avez dit,
Mout m'en poise et mout m'en merveil,
Et si vos lo en droit conseil   150
Que ja mes n'i pensez nul jor,
Ou se ce non, ci faut l'amor ;
Car ja mes ne vos ameroie.'
Dit Meraugis : 'Bien le disoie :
Ne me volez a mes talenz   155
Conseillier ; c'est li mautalenz
Qui nos depart, si est granz deus ;
Que nostre amor a entredeus
Mout grant, et si bel la depart
Que vos l'amez a une part   160
Et je a autre ; si m'est vis,
Par la reson que je devis,

136 *T* sa biaute, *W* ses bons ditz.   138 *V* Einsi, *so Ed.*   140 *V*
par ma.   141 *V* ice ; plus *not in V* ; *W* sans plus por ce.   142 *W*
brunete, *T* baucende.   147 *T* si que cuit.   148 *V* Que ; *W* sil est.
149 *T* me p. mesmerveil ; et *not in V.*   150 *W* Et molt.   151 *W*
a nul j.   152 *T* Que se chou.   153 *VW* Que.   155 *V* a mon talent.
156 *V* le mautalent.   157 *W* ce est.   158 *V* Que lamor est entre
nos deus, *so Ed.*, *W* Que il ni a amour entre nos deus.   159 *V* Si granz ;
V et se je la d., *so Ed.*, *W* et cist pointz nous d. ; *T* si biau.   161 *V*
a lautre, *so Ed.*, *W* en autre ; si] *VW* ce.

Que ja tencier ne deüsson.'
Gorvains respont : 'Ceste tençon
Torra a certes, jel voi bien.   165
Gardez que plus n'i clamez rien !
Trop avez dit, fuiiez de ci !
La trieve faut, je vos desfi
Et vueil ci prover orendroit
Que vos n'avez en s'amor droit.' —   170
'Si ai, je cuit.' — 'Vos non avez,
Quant vos por son cors ne clamez.
Ceste reson vos en met fors.
Que vaut li sorplus sanz le cors ?
Noient enfin, ce os bien dire.   175
Et se vos m'en volez desdire,
Voz armes vos en covient prendre.' —
'Et je sui prez de moi desfendre,'
Dit Meraugis, 'et dou prover
Que l'en puet mieuz reson trover   180
Par qu'ele doit estre m'amie
Que vostre ; car vos n'amez mie
Sa cortoisie et son douz non ;
Vos non, vos n'i avez riens, non !
Ce sui je prez a desresnier.'   185
Einsi furent li chevalier
A la guerre por tel afere.
Quant vint a la bataille fere,
Qu'il n'i ot fors des cous doner,
Si sont venu au retorner   190
Li chevalier qui convoiierent

163 *T* nen deuissons.   164 *V* Ce dit Gorv.   165 *W* je sai b.
166 *W* que mes.   168 *T* trive.   169 *V* Et si v. pr.   170 *W* en
lui nul dr.   171 *W* Si com je cuit non avez ; je] *V* ce.   172 *VW* lamez,
so Ed.   174 li] *V* le ; *W* Quant li sourplus defors le corps.   175 *W*
N. ne vaut ; os bien] *V* vueil je, *so Ed.*, *W* volez.   179 *W* et de.
181 *W* Que ele ; *V* doie, *so Ed.*   182 car] *V* que, *W* quant.   184 *TW*
Vous ni aves ; *T* ne o ne non, *W* noient vous non.   185 *W* Ja.
prest de d.   187 *W* por cel.   190 *V* Cil.   191 *V* convoioient, *so
Ed.*, *T* convoievent.

Lidoine ; et mout s'esmerveillierent
Quant il oïrent la tençon,
Qu'onques autant de mesprison
N'orent mes entr'eus deus veüe,   195
Mes grant amor i ot eüe.
Si s'esmerveillent et demandent
Qu'il ont et qu'il s'entredemandent,
Et qui a droit et qui a tort.
Et cil dïent a un recort   200
La verité de lor bataille :
Que por la pucele sanz faille
Se vueillent ocirre et combatre.
Cil qui vuelent la noise abatre
S'esmerveillent de ce qu'il oent,   205
Si lor blasment et lor desloent
Lor volenté et lor folie,
Et dïent que grant musardie
Les fet de tel chose entremetre.
Mes onques fin n'i porent metre,   210
Non ; car Gorvains dit entreset
Que ja por pooir que nus et
La bataille ne remandra.
Dit Meraugis : ' Ja n'avendra !
Honi serïons, ce me semble.'   215
Lors les lessent aler ensemble
Cil qui n'i porent metre fin.

192 et *not in* VW; V se merveilloient, *so Ed.*, W sen merveil-
lierent.   194 V Onqes.   195 W Navoient entr. ; T entels
delz ; W veu.   196 W molt. eu ; V i a.   197–8 W Si se mer-
veillent durement Et demandent comunement.   199 T et li quels
a t.   200 W en leur rec.   201 lor] VW la, *so Ed.*   202 TW Qui ;
la pucele] V lydoine einsi, *so Ed.*, W lidoine estoit.   203 V Se
voloient amdeus c., *Ed.* Se voloient andui c., W Que il ainsi se vuelent c.
204 V Cil voloient.   205 V Et la tencon se il pooient, W Se merveil-
lent et quant il loient.   206 W Si les ; V et molt lor ; W desvoient.
207 T Lo.   208 W Si d.   211 W Dont ; car] VW que, *so Ed.*
212 W por chose.   213 W ni ; VW remaindra, *so Ed.*   214 W
Tiex i a dit ja.   215 V Honiz seroie, *so Ed.*, W Domage seroit.

Et cil trespassent le chemin,
Si s'adrecent enmi le plain
Fier et maütalentif et plain   220
De hardement ; et bien sachiez
Qu'onques el champ por lor pechiez
Ne clinerent vers oriänt,
Ainz clinent et vont aorant
Cele part ou la dame vet.   225
Lors n'i ot plus, mes chascuns let
Cheval aler, si s'entrevienent
Es escuz ; des lances qu'il tienent
S'entrefierent de plain eslés,
Si qu'il en font croissir les es   230
Des escuz encontre les piz,
Et qu'il ont par force guerpiz
Les frains, car les lances sont forz.
Et li baron de grant esforz
Furent, et si droit s'entrevont   235
Que tot abatent en un mont
Chevaus et chevaliers ensemble.
Mes tost refurent, ce me semble,
Li chevalier en piez sailli,
Et s'entresont entrassailli   240
As espees tot de rechief ;
Chascuns met l'escu sor le chief,
Si s'entrevienent au .devant.
Ne sai li queus feri avant,

218 *V* Et il, *so Ed.* ; *W* Lors trespasserent.   219 *W* Si sassem-
blent.   220 *W* entalentif.   221 et bien] *W* bien le.   222 *VW* en
champ, *so Ed.* ; *T* par.   223 *W* Nenclinerent contre.   224 *V*
Mes ainz.   roant.   225 *V* ou lidoine estoit.   226 *W* Dont.
227 *T* Chevalx.   228 *T* qui t.   229 *T* plains ; *W* Se vont ferir de
fier esles.   230 *W* Se ; en *not in T* ; *T* croisier, *W* froissier.
231 *W* Des e. que ont contre leur p.   233 *V* que les.   234 *W* Et
il qui de si gr.   235 *W* si fort.   236 *VW* Quil abatent tot, *so Ed.*
240 *V* Si, *so Ed.* ; *W* Et si se sont entre ass. ; *T* entresailli.   242 *V*
Ch. lescu devant son ch., *so Ed.*, *W* Ch. ot bien covert le ch.   243 *W*
par covant.   244 *W* ferist.

Ne li queus plus ne li queus mains,   245
Mes les espees de lor mains
Errerent tost, plus tost que vent.
Se cil li done, cist li rent
Tot coup a coup sanz plus atendre.
De quanque braz pueent estendre   250
S'entrepaient, mes ce sont cous :
Es braz, es testes, et es cous
S'entredonent et sor les vis.
Gorvains fu preuz et Meraugis
Fiers et hardiz come lïons,   255
Onques mes plus fiers champïons
N'assemblerent en nule terre,
Car li uns d'eus ne puet conquerre
Sor l'autre vaillant un denier,
Mes come hardi chevalier   260
S'entratendent et s'entraçopent ;
En la fin depiecent et copent
Heaumes et haubers et escuz.

245 *T* nel quel m.   246 *W* M. as espees des cox maints.   247 *V* Errent, *so Ed., W* Donent, *Foerster* Oirrent ; *VW* et vont plus tost, *so Ed.* ; que] *T* de.   248 *W* Se li uns ; done] *VW* paie, *so Ed., T* donent ; *V* et ciz ; *W* lautre r.   249 *V* Tel c. ; *W* tot sanz at.   251 *V* Sentrevienent ; *V* et ce fu tost, *so Ed.*   252 *V* Es b. es t. dun acost, *so Ed., W* Es sorcilz es testes es couts, *T* Es b. es costes et es dos.   253 *V* Sentredonerent sor : *W* le vis.   254 *T* prors et meragis; *W* G. et sire mer.   255 *T* lion, *so Ed.*   256 *W* si fiers ; *Ed.* fire champion ; *T* campions.   257 en] *V* de.   258 *V* Que.   260 *W* vaillant ch.   261 *W* sentracospent, *T* sentrecapent.   262 *Ed.* despiecent.

23. LE ROMAN DE GUILLAUME DE DOLE

1200

[MS. : Vatican, Christina of Sweden, 1725, 13th century. Edition : G. Servois, *Le Roman de la Rose ou de Guillaume de Dole* (*Soc. d. anc. textes*), Paris, 1893. See also A. Todd in *Transactions and Proceedings of the Modern Language Association of America*, II (1887),

p. 107; A. Mussafia in *Sitzungsber. phil.-hist. Kl. Akad. Wiss. Wien*, 136 (1897); Ch.-V. Langlois, *La Société française au XIIIe siècle*, Paris, 1904, etc., p. 57; F. Löwe, *Die Sprache des Roman de la Rose ou de Guillaume de Dole*, Diss. Göttingen, 1903.]

This work was entitled by its author *Le romans de la Rose*, but is commonly known by the more distinctive title of *Guillaume de Dole*. Nothing definite is known of the author. He dedicated his work to Milon de Nanteuil (apparently identical with the Milon who became bishop of Beauvais in 1217), and numerous allusions to contemporary personages indicate that he wrote about 1200. The dialect employed is somewhat indefinite; Löwe concluded that the poem was written in the Beauvais district, but it contains few forms that are not frequent also in Central French texts. The author has enlivened his work by introducing snatches from many of the songs then in vogue, a procedure adopted by a number of other 13th-century writers.

Vv. 259–555 (*omitting* 348–407). *Description of a festival at the court of the Emperor Corras (Conrad) of Germany :*—

> Quant il furent levé vers tierce,
> Par le bois vont joër grant piece,
> Toz deschaus, manches descousues,
> Tant qu'il sont es illes venues ;
> As fonteneles qui sordoient   5
> Mout pres de la ou il estoient
> Logié el bois por le deduit,
> Ça dui, ça troi, ça set, ça uit,
> S'assieent por laver lor mains.
> Li lieus n'estoit mie vilains,   10
> Ainz estoit verz com en esté,
> Et si avoit mout grant plenté
> De floretes indes et blanches.
> Ainçois qu'il cousissent lor manches,
> Levent lor oils et lor beaus vis.   15
> Les puceles, ce m'est avis,
> Lor atornent fil de filieres
> Qu'eles ont en lor aumosnieres ;
> Or ne sai ge que riens lor faille.
> As dames, en lieu de touaille,   20

Empruntent lor blanches chemises ;
Par ceste ochoison si ont mises
Lor mains a mainte blanche cuisse :
Je ne di mie que cil puisse
Estre cortois qui plus demande.   25
Et li disners et la vïande
Est aprestez, napes assises,
Et les dames se resont mises
Au retour, et li chevalier,
Qui ne prisent mauvés dangier   30
La coue d'une vïolete,
Ains chantent ceste chançonete :

Enon Deu, sire, se ne l'ai,
L'amor de lui, mar l'acointai.

Ainz que ceste fust dite tote,   35
Commence uns autres en la route :

    La jus desoz la raime,
   Einsi doit aler qui aime.
    Clere i sourt la fontaine,
       Y-a !   40
Einsi doit aler qui bele amie a.

Ainz qu'ele fust bien commencïe,
Une pucele secorcïe
D'un trop biau chainze, a un blont chief,
En recommence de rechief :   45

  Se mes amis m'a guerpie,
  Por ce ne morrai ge mie.

Ainz que ceste fust bien fenie,
Une dame sanz vilonie,
Qui ert suer au duc de Maience,   50
Haut et seri et cler commence :

Main se leva bele Aeliz.
Dormez, jalous, ge vos en pri.

Biau se para, miex se vesti,
    Desoz le raim.   55
Mignotement la voi venir,
    Cele que j'aim.

Et li gentiz quens de Savoie
Chante ceste tote une voie :

Main se leva bele Aeliz.   60
Mignotement la voi venir.
Bien se para, miex se vesti
    En mai.
Dormez, jalous, et ge m'envoiserai.

Et li quens de Lucelebourg,   65
Qui amoit iloec par amor
Une dame de grant solaz,
Qui chantoit de mains et de braz
Miex que dame qui fu pieça,
Por l'amor de li commença :   70

C'est tot la gieus el glaioloi.
Tenez moi, dame, tenez moi.
   Une fontaine i sordoit,
     A-é !
Tenez moi, dame, por les maus d'amer.   75

Si chantant en itel meniere,
Resont tuit revenu arriere
Trusqu'as trez ou il ot bel estre,
Car cil qui de ce furent mestre
Les ont d'erbe fresche jonchiez ;   80
Biaus les ont fez et affetiez
Et ont osté coutes et liz ;
Ensamble metent cez tapiz
Por estre a gregnor largeté.
Varlez i ot a grant plenté :   85
Iloec lor ont l'eue donee,
Que la vïande ert aprestee,

Tables mises et napes beles.
Li chevalier et les puceles
Et les dames sirent par tires.   90

    .   .   .   .

  Mout tarja poi aprés, ce cuit,
Quant li·veneor, li archier,
Qui alerent hui main chacier,
Et li chevalier, por esbatre,
Ou par trois chemins ou par quatre   95
Repairent fesant lor menees,
Grant plenté de bestes troussees,
Chevriex, biches, et cers de cresse.
Quant la noise des cors apresse,
Et cil qui portent les forchiez   100
Ou il ont mises lor daintiez,
Et cil as cors de cerf ramuz,
Lors n'i remest granz ne menuz
Es pavellons, qui ne s'en isse
Encontre ciaus qui mainte bisse   105
Orent le jor tolu la vie.
Tuit dïent qu'il ont grant envie
De ce qu'il n'i furent alé.
Cil qui avoient buisiné
S'en revindrent mout hericié,   110
Cil veneor mal atirié
Es ledes chapes de grisan,
Qui ne furent noeves oan,
Et heuses viez, rouges et dures,
Et roncins durs sanz ambleüres,   115
Qui sont en sanc jusq'as jarrez ;
Et ont derrier euls lor brachez
Et les lïens desor les braz.
Il ne porterent roiz ne laz,

105 *MS.* bische.   116 *MS.* Et sont, *so Ed.*

Ainçois pristrent a forçoier   120
Trois cers, sanz ce que li archier
Ocirent, que as mains lor vint,
Qu'il en ocistrent plus de vint,
Biches, chevriex, lievres, goupiex
Qui ont par devers les cortiex   125
Dan Constanz tolu maint chapon.
Li keu firent la venoison
Destrousser, si la portent cuire ;
N'i a nul qui de faim ne muire
De ceuls qui ont en bos esté :   130
Por c(e) ont li seneschal hasté
A la cuisine lor vïande.
Que que l'empereres demande
A ses veneors des noveles,
Cez dames et cez damoiseles   135
S'en revont as tentes deduire,
Et cil qui ne voelent ciax nuire
Qui recontoient lor mençonges :
Vos deïssiez que ce fust songes
Des merveilles qu'il lor contoient.   140
Il se rit de ce qu'il mentoient,
Mes c'est coustume de tiex genz.
Aprés none fu beaus et genz
Li soupers aprestez et cuiz ;
Et serjans voiseus et recuiz   145
De quanque fere a cort covint
I ot assez, et quant ce vint
Qu'en reparla des napes metre,
Bien fu qui s'en sot entremetre,
Qu'assez i ot varlez et gent.   150
As bacins, as vassiax d'argent,
Donent l'eue communement.

122 *MS.* Ocirent ciax qas mains, *so Ed.*   148 *MS.* Quel.   150 *MS.* genz.

On les rassist sifetement
Com il orent sis au disner.
Cil qui vindrent del bois vener   155
Se sont d'une part tuit assis :
Qu'il ne sont mie si farsis
De vïande com sont li autre ;
Tant en ont pris et d'un et d'autre
Qu'il n'en est mesure ne conte.   160
Li veneor n'orent pas honte
S'il orent boef au premier mes
As bons aus, destrempé d'aigrés,
Et puis oisons et mortereux.
Il i ot tels des amoreus   165
Qui en menjassent bien, ce cuit ;
Mes il souperent par deduit
Lor daintiez et lor venoison,
Dont il i ot si grant foison,
Nuls, tant fust povres, n'i failli.   170
Mes savez dont sont malbailli ?
Que il ne sevent q'est mesese :
Einsi les paist cils rois a ese.

  Quant il orent mengié assez
Et beü trestot a lor sez,   175
[N]on pas rouge vin a tostees,
Quant les napes furent ostees,
Il se sont tuit levé des tables ;
Puis sont alé joër as tables,
Et troi chevalier d'autre part   180
Rejoent as dez, au hasart,
Denier a autre tresqu'a sis ;
Et li autre resont assis
Cil as eschez, cil a la mine.
Vïeleors a dras d'ermine   185

157 *MS.* forsis (?), *so Ed.*   180 *MS.* .iii. chevaliers.

Vïelent par cez pavellons.
Les dames et les compegnons
L'empereor s'en issent hors,
Main a main em pur lor biau cors.
Devant le tref, en un pre vert,   190
Les puceles et li vallet
Ront la carole commenciee.
Une dame s'est avanciee,
Vestue de cotele en graine ;
Si chante ceste premeraine :   195

 C'est tot la gieus enmi les prez.
Vos ne sentez mie les maus d'amer.
 Dames i vont por caroler.
  Remirez voz bras,
Vos ne sentez mie les maus d'amer   200
  Si com ge faz.

Un[s] vallez au prevost d'Espire
Redit ceste, qui n'est pas pire :

 C'est la jus desoz l'olive,
 Robins en maine s'amie :   205
 La fontaine i sort serie ;
  Desouz l'olivete,
 Enon Deu, Robins en maine
  Bele Marïete.

Ceste n'ot pas duré trois tours   210
Quant li filz au conte d'Aubours,
Qui mout amoit chevalerie,
Recommence a voiz serie :

 Main se levoit Aaliz.
  J'ai non Enmelot.   215
 Biau se para et vesti
  Soz la roche Guion.

   194 *MS.* dune cotele, *so Ed.*

    Cui lairai ge mes amors,
    Amie, s'a vos non?

Et la duchesse d'Osteriche,   220
Qui si estoit de beauté riche
Q'en ne parloit se de li non,
Recommence ceste chançon :

Main se leva la bien fete Aeliz.
Par ci passe li bruns, li biaus Robins.   225
Biau se para et plus biau se vesti.
Marchiez la foille, et ge qieudrai la flor.
Par ci passe Robins li amorous,
Encor en est li herbages plus douz.

    Que de Robin, que d'Aaliz,   230
    Tant ont chanté que jusq'as liz
    Ont fetes durer les caroles.

24. LYRICS IN THE POPULAR STYLE

a. CHANSON DE TOILE

12th century

[MS. : Paris, Bibl. Nat., fr. 20050, fol. 69, second half of 13th century ; cf. P. Meyer et G. Raynaud, *Le Chansonnier français de Saint-Germain-des-Prés, reproduction phototypique* (*Soc. d. anc. textes*), Paris, 1892. Numerous editions.]

Quant vient en mai, que l'on dit as lons jors,
    Que Franc de France repairent de roi cort,
Reynauz repaire devant el premier front ;
Si s'en passa lez lo meis Arembor,
Ainz n'en dengna le chief drecier amont.   5
    E Raynaut amis !

Bele Erembors a la fenestre au jor
Sor ses genolz tient paile de color ;
Voit Frans de France qui repairent de cort,

E voit Raynaut devant el premier front: 10
En haut parole, si a dit sa raison.
    E Raynaut amis!

'Amis Raynaut, j'ai ja veü cel jor,
Se passissoiz selon mon pere tor,
Dolanz fussiez se ne parlasse a vos.' —   15
'Jal mesfaïstes, fille d'empereor,
Autrui amastes, si oblïastes nos.'
    E Raynaut amis!

'Sire Raynaut, je m'en escondirai:
A cent puceles sor sainz vos jurerai,   20
A trente dames que avuec moi menrai,
C'onques nul home fors vostre cors n'amai.
Prennez l'emmende et je vos baiserai.'
    E Raynaut amis!

Li cuens Raynauz en monta lo degré,   25
Gros par espaules, greles par lo baudré;
Blonde ot lo poil, menu recercelé:
En nule terre n'ot si biau bacheler.
Voit l'Erembors, si comence a plorer.
    E Raynaut amis!   30

Li cuens Raynauz est montez en la tor,
Si s'est assis en un lit point a flors,
Dejoste lui se siet bele Erembors.

.   .   .   .

Lors recomencent lor premieres amors.   35
    E Raynaut amis!

10 *to* 36 Raynaut] *MS.* .R.   16 Jal] *MS.* iel.   34 *Heyse con-*
jectured: Plorant la vit, dont l'en prist grant tendror.   35 *MS.* reco-
mence.

b. CHANSON

1189?

[Six MSS. Edition : J. Bédier et P. Aubry, *Les Chansons de Croisade*, Paris, 1909, p. 109. There are several earlier editions.]

A lady laments the absence of her lover, who has gone on a Crusade—possibly (to judge from the archaic style) the Third Crusade, in 1189. The poem was long ascribed, on the untrustworthy authority of MS. *C*, to the Lady of Faiel, whose love for the Châtelain de Coucy is the subject of a romantic story ; but vv. 17–20 represent the speaker as unmarried. MS. *M* ascribes it more credibly to Guiot de Dijon, on whom see *Hist. litt. de la France*, XXIII, Paris, 1856, p. 555. The form of the poem is that of the early *Chansons de Croisade*. The following text is that of Bédier ; the variants have been omitted. Three MSS. invert stanzas 2 and 3, 4 and 5 respectively.

Chanterai por mon corage
  Que je vueill reconforter,
Car avec mon grant damage
Ne quier morir n'afoler,   4
Quant de la terre sauvage
Ne voi nului retorner
Ou cil est qui m'assoage
Le cuer, quant j'en oi parler.   8
    Dex, quant crïeront Outree,
    Sire, aidiés au pelerin
    Por cui sui espoëntee,
    Car felon sunt Sarrazin.   12

Soferrai en tel estage
Tant quel voie rapasser.
Il est en pelerinage,
Dont Dex le lait retorner !   16
Et maugré tot mon lignage
Ne quier ochoison trover
D'autre face marïage ;
Folz est qui j'en oi parler !   20
    Dex *etc.*   21–4

De ce sui au cuer dolente
Que cil n'est en Biauvoisis
Qui si sovent me tormente :
Or n'en ai ne gieu ne ris.   28
S'il est biaus, et je sui gente.
Sire Dex, por quel feïs?
Quant l'uns a l'autre atalente,
Por coi nos as departis?
    Dex *etc.*   33-6

De ce sui en bone atente
Que je son homage pris,
Et quant la douce ore vente
Qui vient de cel douz païs   40
Ou cil est qui m'atalente,
Volentiers i tor mon vis :
Adont m'est vis que jel sente
Par desoz mon mantel gris.   44
    Dex *etc.*   45-8

De ce sui mout deceüe
Que ne fui au convoier ;
Sa chemise qu'ot vestue
M'envoia por embracier :   52
La nuit, quant s'amor m'argüe,
La met delez moi couchier
Mout estroit a ma char nue
Por mes malz assoagier.   56
    Dex *etc.*   57-60

c. PASTOURELLE

BY JEAN MONIOT DE PARIS (about 1275)

[MSS. : *KPNU*. Facsimile of *K* (Paris, Arsenal, 5198, end of 13th century) : P. Aubry et A. Jeanroy, *Le chansonnier de l'Arsenal, reproduction phototypique*, Paris, 1911 ff., p. 196. Facsimile of *U* (Paris, Bibl. Nat., fr. 20050, second half of 13th century) : P. Meyer et G. Raynaud, *Le chansonnier français de Saint-Germain-des-Prés, reproduction phototy-*

pique (*Soc. d. anc. textes*), Paris, 1892, fol. 157. Edition : K. Bartsch, *Altfranz. Romanzen und Pastourellen*, Leipzig, 1870, p. 300. See also G. Raynaud, *Jean Moniot de Paris*, in *Mélanges de philologie romane*, Paris, 1913, p. 332. The forms adopted in the following text are those of *K.*]

Au nouviau tens que nest la vïolete
   Parmi ces prez, et mainte autre florete,
Sorpris de nouvele amor
Vueil fere chançonete ;
Si la ferai sanz sejor   5
Cortoise et mignotete.
Avant hier au point du jor
Un pou devant la chalor
Errai ma sentelete.
Pastorete sanz pastor,   10
Blanchete, de bel ator,
Vi soz une coudrete :
Iluec miroit sa color
Et sa blanche gorgete.
Toute seule en cel destor   15
Disoit sa notelete,
Si n'i demora plus :
    ' Dex doint male nuit la guete
    Qui dit : Sus, or sus, or sus !
    Ainz que jorz soit venuz.'   20
Tout belement descendi de ma sele :
Tout en rïant li dis : ' Ma damoisele
Bele, Dex vous dont bon jour,
Qui touz biens renouvele,
Et si vos gart de dolor,   25
Bele gentil pucele.' —

KPN Moniot de Paris ; *U gives no name.*   1 *U* A nouiàs tans.   2 *U* Par mei les bos.   3 *U* Sospris.   5 *U* fera.   7 *U* a point.   11 *PN* et de ; *N* bele.   12 *U* Vis sus une correte.   13 *U* Elle m. 15 cel] *N* ce, *U* .i.   16 *U* Chantoit sa chansonete ; *N* notete.   17 *U* Ci ne demorra je plus.   18 *U* Deus tant mal mi fait la gaite.   19 *U* Ki dist.   20 *U* Li jors nest pais venus ; *K* jor.   21–41 *and* 42–60 *inverted in U.*   21 *U* Inellemant.   22 Ma *not in N.*   23 *P* Damledex, *U* Cil deus.   24 *K* tout bien.

'Sire, Dex vous dont honor
Et si vous gart de tristor;
Ceste proiere est bele.' —
'Pastorete, en grant error   30
M'a mis et en grant labor
Vostre color nouvele.' —
'Sire, mult a pou valor
Deduiz de pastorele.
Nüete sui, sanz savor,   35
S'ai trop povre gounele.'
Je li dis : 'Bele nee,
    Vadu vadu vadu va,
    Bele, je vous aim pieça,
    Vostre amor m'afolera   40
    S'ele ne m'est donee.'

La pastore ert droite et bien fete et gente ;
Biau cors, biau vis ot et bele jouvente.
Je li dis : 'Ma douce suer,
Vostre amor m'atalente ;   45
En vous servir met mon cuer
Et trestoute m'entente.
Je sui vostres sanz mentir,
Ja mes ne m'en qier partir
Pour vent ne pour tormente.   50
Mon cuer vous doing tout entir,
Ja ne m'en qier repentir
En chemin ne en sente.' —
'Sire, amors c'est mes retors,
C'est or ma droite rente :   55

30 *N* Pastorele.   31 et en grant labor] *U* por.   34 *K* Deduit.
35 *U* Jonete seus sans signor.   36 trop] *U* mult.   37–41 *U* Vadreu
vadreu vadreu va vadreu vadreu delle.   41 *KNP* Sel.   42 *N* Pas-
tore ert d., *U* La pastorete d.   43 *N* cors et biau ; ot] *U* ait.   44 *U*
ma belle s.   49 *U* man kier departir.   51 *U* vos las.   52 *U* Ne
ne man veil departir.   54 *U* amors est ; *KU* recors.   55 *U* Si
est ma muedre r. ; *P* Ce est ma.

Se vous m'amez par amors,
Droiz est que je m'en sente ;
Et plus jolïete en sui.
    Sanz amors ne sui je pas,
    Non ier ja n'onques ne fui.'   60

58 *KNP* jolie.   60 *U* ier je jai, *KNP* ere je ja.

d. PASTOURELLE (13th century)

[MS. : Paris, Bibl. Nat., fr. 12581, 14th century. Edition : K. Bartsch, *Altfranz. Romanzen und Pastourellen*, Leipzig, 1870, p. 203.]

Par un sentier   l'autre jor chevauchoie,
  Et truis enmi ma voie
Perrin et Guiot et Rogier,
Lorjot, Sarot, Maroie :
Chascuns mult se cointoie   5
Et chascune por son bergier ;
Mais Guiz qui bien sot son mestier
Lor chante et note un dorenlot :
    Vadeurelidele, vadeurelidot.

Je trais arrier   et m'assis en l'erboie   10
Por esgarder leur joie
Qu'il faisoient en souhaidier.
Lourjot huve de soie
Ot et blanche corroie,
Fremail d'argent, bource, aguillier,   15
Dont Guis estriva avantier,
Qui li note cest dorenlot :
    Vadeurelidele, vadeurelidot.

A l'espringuier   chascuns si tient la soie,
Et chascune conjoie   20
Son ami, dont se fait plus fier.
Perrin[s] mult bel mestroie,
A la dance s'avoie.

MS. 4 Et lorioit.   13 Bouriot.   19 Alespinguer.

Au point qu'il doit antremucier
Si fait ses housiaus con lichier,   25
Qui tant passe le doranlot :
    Vadeurelidele, vadeurelidot.

Por efforcier   la feste, se desloie
Maroie, et Sarre encroie
Uns viez gans por li cointoier —   30
Perrins mult se desvoie —
Ne li chaut qui la voie,
Ses biaux iex va [ele] abaissier,
Et Guiz li va muçant darrier,
Qui li note cest doranlot :   35
    [Vadeurelidele, vadeurelidot.]

'Voiz dou lodier',   dit Perrins, 'or m'anoie,
Rogier, va, si te noie ;
Tu as pris [mult] vilain mestier,
Tu nos monstres ta roie.   40
Se je ne le laissoie
Por nostre feste depecier,
Je te donroie ton loier.
Or puez dire ce dorenlot :
    Vadeurelidele, vadeurelidot.'   45

Rogiers point ne s'esfroie,
A Perrin si s'aloie,
Dou poing lez l'oïe le fiert ;
Chascuns por son ami aidier
Guerpirent tuit le doranlot :   50
    Vadeurelidele, vadeurelidot.

25 glichier (*from misunderstanding of the contraction for* con).   34 mucent. *A stanza appears to be missing after v.* 36 ; *cf. Bartsch, op. cit.,* II, 58.   37 manuoie.   48 Que dou poig le fiert lez loie.

25. COURTLY LYRICS

a. CHANSON

BY CONON DE BÉTHUNE (1180)

[MSS.: Paris, Bibl. Nat., fr. 844, fol. 45 (*M*), and 12615, fol. 99
(*T*), both of end of 13th century; the third stanza is also given by
e, a fragment of a 13th-century MS. (cf. A. Wallensköld in *Neuphil.
Mitteilungen*, 1917, p. 2). Editions: A. Wallensköld, *Chansons de C. de
B.*, Helsingfors, 1891, p. 223; do. (*Classiques fr. du moyen âge*), Paris,
1921, p. 5; etc.]

Conon de Béthune (about 1150–1220), of an illustrious Artois
family, enjoyed a high reputation first as poet, later also as warrior
and statesman. Unless otherwise stated, the forms here adopted
are those of *M*, which is written in Central French; but it may
be noted that the poem shows a 'Picard' rhyme (v. 2).

*The following poem refers to an incident which occurred at the
Parisian court about 1180: the Queen-Mother (Alix of Champagne)
and her son (Philip Augustus) blamed Conon for using dialectal
words in his poems; the presence of Countess Marie de Champagne
increased his mortification.*

M out me semont Amours ke je m'envoise,
    Quant je plus doi de chanter estre cois;
Mes j'ai plus grant talent ke je me coise,
Por ce s'ai mis mon chanter en defois;
Que mon langage ont blasmé li François   5
Et mes chançons, oiant les Champenois
Et la Contesse encor, dont pluz me poise.

  La Roïne n'a pas fait que cortoise,
Qui me reprist, ele et ses fix li Rois;
Encor ne soit ma parole françoise,   10
Si la puet on bien entendre en françois;
Ne cil ne sunt bien apris ne courtois,
S'il m'ont repris se j'ai dit mos d'Artois,
Kar je ne fui pas nourriz a Ponthoise.

M Quenes, *T* Mesire Quenes.   1 *T* que ien menvoise.   4 *T*
Por cou sai nus.   5 *T* langaige; *M* francoiz.   6 *T* cancons.
7 *T* encoir.   8 *T* ne fist pas que.   9 *T* fieus.   10 *T* Encoir.
franchoise.   11 *T* franchois, *M* francoiz.   12 *T* chil.   14 *T* fus.
pontoise.

Dex ! ke ferai? Dirai li mon corage ? 15
Li irai je dont s'amor demander?
Oï, par Dieu ! car tel sunt li usage
C'on n'i puet mais sanz demant rienz trouver ;
Et se je sui outrageus du rover,
Ne s'en doit pas ma dame a moi irer, 20
Mais vers Amors, qui me fait dire outrage.

15 *T* coraige.   16 *e* Et irai a li por merci d.   17 *e* Oie.   teus est
li usages ; *T* usaige.   18 *e* Con ne done mais riens sans demander.
19 *e* se gi.   de parler ; *T* outraigeus del trover, *correction by Scheler,
Trouvères belges, p. 26.*   19–21 *From* rover *to* outrage *torn out of M.
After* 19 *e adds* Si mait dieus ni doi avoir damage.   21 *e* Mais a amors.
T font.   outraige.

b. CHANSON

By Guillaume de Ferrières, Vidame de Chartres
end of 12th century

[MSS. : Berne 389, end of 13th or beginning of 14th century (*C*) ;
Paris, Bibl. Nat., fr. 20050, second half of 13th century (*U*). Diplomatic
edition of *C* by J. Brakelmann in Herrig's *Archiv*, XLII, p. 273 ; correc-
tions by Gröber and von Lebinski in *Zeitschr. f. rom. Phil.*, III, p. 47.
Facsimile of *U*: P. Meyer et G. Raynaud, *Le Chansonnier français de
Saint-Germain-des-Prés (Soc. d. anc. textes).* Paris, 1892, fol. 32. Edition :
J. Brakelmann, *Les plus anciens chansonniers français*, Marburg, 1896, p. 28.
See also P. Paris, in *Hist. litt. de la France*, XXIII, Paris, 1856, p. 605.]

Guillaume de Ferrières (Orléanais) was Vidame, or military pro-
tector, to the Bishop of Chartres, took part in the Fourth Crusade,
and died in 1219 as Grand Master of the Templars at Damietta.
His rather plaintive love poems were already celebrated by the year
1200, as one is quoted in the *Roman de Guillaume de Dole.* Unless
otherwise stated, the orthography is that of *U.*

Desconsilliez plus que nus hom qui soit,
   Chanz, si ne sai ne por coi, ne coment,
Se por ce non, q'Amors m'a en destroit ;
Si me covient faire tot son talent,
Et jel ferai, ne puet estre altrement, 5

C Viscuens de Chartres ; *no name given by U.*   1 *U* nuns.   3 *C*
por tant non.   mont.   5 *U* altremant.

Si come cil qui grant mestier avroit
De melz qu'il n'a, se ma dame voloit :
Mais li ne plaist que me get de torment,
Si me mervoil qant pitiez ne l'en prent.

❙   Se guerredon fussent meri a droit,   10
Desore toz fust li miens haltement ;
Je faz ausi com leials amanz doit :
Soffre et desir et requier et atent.
Mais ma dame le fait a escïent,
Si com cele qui bien conoist et voit   15
Que li jalous l'abouette et mescroit,
Qui ainz n'ama ne joie ne jovent ;
Ce me fera soffrir plus longement.

Dolce dame, bien me sovient dou jor
Que vos premiers m'apelastes ' Amis ! '   20
Encore en serf Damedeu et aor
K'en si halt leu ai mon corage mis.
Mais d'une rien vos requier et chasti :
D'icele gent dont j'ai si grant paor,
Que moins i a des nostres que des lor ;   25
Mais s'en vos a tant de bien com je di,
Pou nos poront grever nostre anemi.

Granz mestiers fust que j'eüsse merci,
S'estre pooit, que trop ai de dolor,
Mais encor voil je melz atendre ensi   30
Que ma dame ne gart auques s'onor.   *❙*
Mais por neient vos penez, traïtor,

8 *C* ne li.   9 *and* 18 *transposed in C.*   9 *C* que pitiet.   10 *C* fuissent randu.   11 *C* Desor trestous.   12 *C* ensi com loiaus amis. 13 *U* desire ; *C* esgairt, *U* requiert.   14 *U* lo.   15 *C* Comme celle ke ; *U* Si come.   17 *C* Conkes namait ne solais ; *U* jovant, 18 *C* por tant mestuet soffrir.   19 *C* menbre del j.   21 *C* en pri deu merci et aour.   22 *C* Quensi h. l. me doignait consentir.   23 *C* Maix une.   24 *C* De celle.   25 *U* at.   26 *U* at ; *C* com jai dit. 28 *U* mesters.   29 *U* poist.   31 *C* me gairde a deshonor.

Que ja par li ne seromes traï,
Que je sai tant sen et proëce en li,
Qu'ele seit bien jüer de son meillor ;   35
Ne ja par moi ne savront ceste amor.

   Cuidiez vos donc, que je voise querant
Sifaite amor com ces autres genz font,
Qui par tout vont ces dames essaiant
Et sospirent ausi com de parfont,   40
Et, quant il ont esploitié, si s'en vont
Et vuelent bien c'on s'en aut percevant ?
Ja Damedex, cui je trai a garant,
Ne lor aït, quant mestier en avront !
Car par els faut bone amors et defont.   45

   Une chose sachent bien mesdisant :
Je ne sui pas cil cui Amors confont,
Ains en ai plus le cuer baut et joiant,
Qant me sovient des granz biens k'en li sont.
Chançons, va t'en a la meillor del mont   50
Et si li di ce que par toi li mant :
Q'ele ait merci de son leal amant,
Que li miens cuers la proie et semont.
Revien a moi, s'ele bien te respont,

   Et s'ele va mon salut chalonjant,   55
Il n'i a plus ; mais mi chant remaindront,
Ne ja par moi ne recomenceront.

33 *C* per vos.   34 *C* Ma dame ait tant.   37 *C* Ne cuidies pais ke
jeu aille.   38 *C* celle autre.   39 *C* K. ades v. les d.   40 *C* ensi
com.   41 *C* ont recovreit.   42 *C* sen voist.   43 *C* jen trais.
45 *C* desront.   46–57 *not in C.*   47 *U* amor.   48 *U* lo.   51 *U*
se.   ceu.   53 *U* proiet ; *corr.* et la semont ?   55 *U* chalongent.
56 *U* at.   remainront.

c. CHANSON

BY RICHART DE SEMILLI

end of 12th century

[MSS. : *KNPXV.* The text is based on *K* (Paris, Arsenal, 5198, end
of 13th century, p. 171) ; cf. P. Aubry et A. Jeanroy, *Le Chansonnier de
l'Arsenal, reproduction phototypique.* Paris, 1911 ff. Edition : G. Steffens,
Der kritische Text der Gedichte von Richart de Semilli, in *Festschrift für*
W. Foerster, Halle, 1902, p. 360 ; cf. A. Jeanroy in *Romania,* XXXI,
p. 440.]

Richart de Semilli is known only from his poems, which indicate
that he lived in Paris. His works show an attractive blend of
courtly and popular poetry ; thus in the following example he has
added a refrain to a courtly *chanson.* The orthography is that of *K.*

> Par amors ferai chançon
>   Pour la tres bele loër :
> Tout me sui mis a bandon
> En li servir et amer.
> Mult m'a fet maus endurer,   5
> Sin atent le guerredon,
> N'onques n'en oi se mal non.
> He las ! si l'ai ge tant amee :
>   Dame, il fust mes bien seson
>   Que vostre amor me fust donee.   10
>
> Onques riens mes cuers n'ama
> Fors la bele pour qui chant,
> Ne ja mes riens n'amera,
> Ce sai je bien, autretant.
> Ma douce dame vaillant,   15
> Bien sai, quant il vos plera,
> En pou d'eure me sera
> Ma grant paine guerredonnee.
>   Dame, qui je aim pieça,
>   Et quant m'iert vostre amor donee ?   20

KNPX Mestre Richart de Semilli ; *no name given by V.*   3 *X* mis
en abandon.   6 *V* Jen atent ; *P* Si en.   12 *N* je chant.   13 *X*
namerai.   14 *V* Ce sachiez bien.   19 *X* jaim grant piece a.

Dame ou touz biens sont assis,
Une riens dire vos vueil :
Se vous estes de haut pris,
Por Dieu ! gardez vous d'orgueil,
Et soiez de bel acueil   25
Et as grans et as petiz ;
Vos ne serez pas touz dis
Ensi requise et demandee.
   Dame, ou j'ai tout mon cuer mis,
   Et quant m'iert vostre amor donee ?   30

Se vous vivez longuement,
Dame, il ert oncore un tens
Ou viellece vous atent.
Lors diroiz a toutes genz :
' Lasse, je fui de mal sens   35
Que n'amai en mon jouvent
Ou requise iere souvent ;
Or sui de chascun refusee.'
   Dame, que j'aim loiaument,
   Et quant m'iert vostre amor donee ?   40

Chançon, va tost sanz delai
A la tres bele au vis cler,
Et si li di de par moi
Que je muir por bien amer,
Car je ne puis plus durer   45
A la dolor que je trai ;
Ne ja respas n'en avrai,
Puis que ma mort tant li agree.
   Dame, que j'aim de cuer vrai,
   Et quant m'iert vostre amor donee ?   50

26 *X* a petiz.   28 et] *V* ne.   35 *Steffens* mas sens ; *all MSS.*
have mal sens *except N which is doubtful.*   36 *P* ma j.   37 *V* req. fui.
39 *V* Dame il fust etc. (*as v. 9*).   40 *X* doner.   41 *VX* va ten.
42 *V* au cler vis.   46 *V* quen je.   47 *N* respons ; *K* arrai.   48 *V*
li gree.   49 *NXV* verai.   50 *NP* done.

d. JEU-PARTI

By Pierre de Beaumarchais
early 13th century?

[MSS.: Paris, Bibl. Nat., fr. 844, fol. 173 (*M*), and 12615, fol. 51 (*T*), both of end of 13th century. Edition: A. Dinaux, *Trouvères, jongleurs et ménestrels du Nord de la France et du Midi de la Belgique*, III, *Les trouvères artésiens*, Paris and Valenciennes, 1843 (from *T* only).]

Two (or possibly three) lyrics by this poet are preserved, but nothing is known of him or of the lady mentioned in his *jeu-parti*. He appears to have written in Central French, his home being presumably Beaumarchais, in the department Seine-et-Marne. The orthography is that of *M*.

Douce dame, ce soit sanz nul nomer,
   Queus volez vos que li vostre amis soit:
Buen chevalier, s'il le convient armer,
Et des armes n'i ait nul autre esploit
Ne nule rienz ou cortoisie ait droit —   5
Tel le vos faz, ce est l'une partie;
Ou biauz et bons, de douce compaignie,
Sage et cortois et d'amoros soulaz,
Sanz prouece — itel le vos refaz?

   Par Dieu, Perrot, mout fait mieuz a amer   10
Li uns des deus, ki sa bonté reçoit:
Bons chevaliers ne puet tant amasser
Males teches, que toz jors preus ne soit;
En lui blasmer n'a bone dame droit
En sa mauté ne en sa vilenie.   15
S'a l'un des deus me convient estre amie,
Au preu donrai mes guimples et mes laz:
Tot le ferai cortois entre mes braz.

   Ce nen iert ja, douce dame vaillanz,
Qu'envers celui puissiez rienz adrecier.   20

M Pieros de bel marrais, *T* Perros de bel marcais.   **2** vos *not in M*; *T* vostres.   **6** *T* cen est; *M* est une.   **13** *T* theches.   **15** *M* Ne en son mal ne.   **20** *T* Que vers.   puissius (?).

Sa prouece le doit mout metre avant,
Maiz li sorpluz vos doit mout anoier ;
Car li miens set d'amors le droit mestier,
Si a largece et sens et cortoisie,
Et la bonté d'ami ne remaint mie :   25
Bien est honis ki a ces teches faut.
N'est pas preudom ki des armes ne vaut ?

   Par Dieu, Perrot, mout vaut mieuz uns besanz
Que uns tornoiz, qui a droit veut jugier.
En chevalier ne vaut nule rienz tant   30
Com prouece : c'est son meillor mestier ;
Si s'en doit bien bele dame paier
Et oublïer tote sa vilenie.
Por toz tens mes prent la chevalerie ;
Au preu me tieng, quel part que li jeus aut :   35
Mains en avrai blasme, se blasme en saut.

24 *T* Et sa larghece.   25 *T* bontes.   26 *T* theches.   27 *M*
armez.   28 *T* meex .i. besant.   31 *T* milleur.   34–6 *not in M.*
34 *T* tous mes mes.   35 *T* tieg.   jus.   36 *T* arai.

26. ROMANCE OF LANCELOT
first quarter of 13th century

[MSS. very numerous ; we have followed Brit. Mus., Lansdowne 757,
13th century, fol. 71 v° to 76 v°.   Editions : this passage was printed by
P. Toynbee in *Dante and the Lancelot Romance*, Cambridge, Mass., 1886
(for the Cambridge, U.S.A., Dante Society), and again (with omissions)
in *Specimens of Old French*, Oxford, 1892, p. 154 ; his text has been
collated afresh with the MS.   The whole romance has also been edited
from another MS. (Brit. Mus., add. 10293, 14th century) in the following
work : H. V. Sommer, *The Vulgate Version of the Arthurian Romances*
(Carnegie Institution of Washington, publication no. 74), 1909 ff.,
vols. 3–5 ; the corresponding passage is in vol. 3 (1910), p. 256.   See
also P. Paris, *Les Romans de la Table Ronde*, t. III, Paris, 1872 ;
Gröber's *Grundriss*, II, part 1, Strasburg, 1902, p. 996 ; J. D. Bruce,
The Composition of the Old French Prose Lancelot, in *Romanic Review*, IX
and X ; F. Lot, *Étude sur le Lancelot en Prose*, Paris, 1918 ; and criticisms

of the last-mentioned work by A. Pauphilet in *Romania*, XLV, p. 514 ;
J. L. Weston in *Romania*, XLVI, p. 314 ; J. D. Bruce in *Romanic Review*, X, p. 377; P. Rajna in *Nuova Antologia*, Oct. 1, 1920.]

On the intricate problems connected with the authorship, date, sources, etc. of this work, see the above-mentioned literature. The author has not been identified, but there are reasons for supposing that he was an ecclesiastic, native of Champagne. The MS. here followed is written in Central French, but shows traces of an Eastern dialect. The principal variants of Sommer's text (*S*) are given in the foot-notes.

How the first private meeting between Lancelot and Queen
Guenievre was contrived by Galehout :—

E insint aloit Galehouz a son conpaingnon au main et au
soir, et a chascune foiz qu'il revenoit, li demandoit la roine
qu'il avoit trové. Et la nuit revint Galehouz la ou il soloit.
L'endemain par matin [vint] a son conpaingnon et si li dist :
'Il n'i a plus, car hui en cest jor covient que la roine vos 5
voie.' — 'Sire, por Deu ! fetes issi que nulle riens ne le sache
fors vos et li, car il a assez de tex en la meson lo roi qui me
conoistroient bien, s'il me veoient.' — 'Or n'aiez garde,' fet
Galehouz, 'car ge en penserai molt bien.' A tant prent de lui
congié, si apele son seneschal : 'Gardez,' fet il, 'se ge vos 10
envoi querre, que vos veingniez a moi et amenez mon con-
paingnon si que nulle riens ne sache que ce soit il.' — 'Sire,
fait cil, 'vostre plesir.' Lors revient Galehouz au tref lo roi ;
et la roine li demande : 'Quex noveles ?' — 'Dame,' fet il,
'beles assez : venuz est la flor des chevaliers del monde.' 15
— 'Et Dex !' fet ele, 'coment le verrai gié ? Car ge le voil
veoir en tel maniere que nus ne lo sache fors lui et moi et vos ;
car ge ne voil mie que autres genz en aient aise.' — 'Enon
Deu ! dame,' fet Galehouz, 'einsi iert il, car il dit qu'il ne
voldroit mie que nules genz de la meson lo roi Artur le coneus- 20
sent por nule rien.' — 'Coment,' fet ele, 'est il donc coneuz
çaienz ?' — 'Dame,' fet il, 'tex genz le porroient veoir qui
bien le conoistroient.' — 'Dex !' fet la roine, 'qui puet il

---

1 *MS.* Gal', *et passim.*   4 *S* Et l'endemain se lieve bien matin et
vient a son compaignon.   7 *S* fors nous et elle.   15 *S* venue est.

estre ?' — 'Dame,' fet Galehouz, 'si m'ait Dex, ge ne sai, car onques ne me dist son non ne dom il est.' — 'Non !' fet 25 ele, 'si m'ait Dex, merveilles oi ; et or m'est assez plus tart que ge le voie c'onques mes.' — 'Dame,' fet il, ' vos le verroiz encor anuit, et si vos dirai coment. Nos en irons senpres deduire la aval' — si li moſtre un leu enmi la praerie tot plain d'arbroisieaus — 'si avrons au meins de conpaingnie que nos 30 porrons, et la le verroiz ; si irons un poi devant ce que anuitier doie.' — 'Ha !' fet ele, 'beaus doz amis, con avez or bien dit ! Et pleust or au seingnor del mont qu'il anuitast ja !' Lors conmencent andui a rire, et la roine l'acole et li fait molt grant joie. Et la dame de Maloaut[1] les voit rire, si pense que 35 or est la chose plus hastive qu'el nel seut, si s'en prent molt garde, et ne vient chevalier[s] en la meson cui ele n'esgart enmi le vis. Molt fait la roine grant joie del chevalier qui venuz est, et molt li tarde que la nuit viengne ; si entent a parler et a ragier por le jor oblier qui li ennuie. 40

Einsi passa le jor tant que vint aprés souper qu'il avespri. Et la roine a pris Galehout par la main, et la dame de Maloaut avoc li, et damoisele Lore de Cardoil et une soe pucele, sanz plus de conpaingnie, si s'en torne tot contreval les prez droit la ou Galehouz avoit dit. Et qant il ont un poi alé, et Galehouz 45 se regarde et voit un escuier ; si l'apele et li dit qu'il aille dire a son seneschal qu'il viegne a lui, e li mostre en quel leu. Et qant la roine l'ot, si se regarde et dit : 'Coment,' fet ele, 'est il vostre senescaus ?' — 'Nenil, dame,' fet il, 'mes il vendra avoc lui.' A tant s'en vient soz les arbres, si s'asient a une 50 part entre la roine et Galehout bien loing des autres. Et la

26 *The word after* plus *is partially erased* ; *other MSS. have* tart, *so S.* 29 *MS.* plains. 33 *S* au salveor. 39–40 *S* si entent tant a parler et a deviser por le jour oublier que il lui anuie. 42–4 *S* et si apele la dame de Malohaut avoeques li, et damoisele Lore de Carduel, et une soie damoisele sans plus qui avoit esté entour li tous jours, si s'en torne. 50 *S* Atant vienent. 51 *S* entre Galahos et la roine ; *MS.* Gal't.

[1] The Lady of Malohaut was herself in love with Lancelot, who had been her prisoner at Le Puy de Malohaut and had there rejected all her advances.

dame de Maloaut et les autres autresi se merveillent molt de ce
qu'il sont si priveement.   Et li vallez vint au seneschal, si fist
son message.   Et cil prist tantost le chevalier avoc lui, si
passerent l'eue et vindrent tot contreval les prez, la ou li vallez 55
lor mostra.   Qant il aprochierent, et les dames les esgardent ;
si conut la dame de Maloaut le buen chevalier, conme cele qui
maint jor l'avoit eu en sa baillie ; et por ce qu'ele ne voloit mie
qu'il la coneust, s'enbroncha et se traist pres de ma damoisele
Lore.   Et cil trespassent outre, si se traist pres li seneschaus 60
des dames et les salue.   Et Galehouz dit a la roine : ' Dame,
vez ci le meillor chevalier del monde.' — ' Li quex est ce ? '
fet la roine.   ' Dame, li quex vos resenble ce estre ? ' —
' Certes ', fet ele, ' il sont andui molt bel chevalier, mes ge ne
voi ci cors ou il deust avoir la moitié de proece qu'il avoit el 65
noir chevalier.' — ' Dame,' fet il, ' bien sachiez que ce est li
uns de cez deus.'

A tant vienent devant lá roine, et li chevaliers trenble si
durement qu'il ne puet la roine saluer, et a tote la color perdue,
si que la roine s'en merveille molt.   Lors s'agenoillent ambedui, 70
et li seneschax Galehout la salue ; et ausi fait li autres
chevaliers, mais ce est molt povrement, ainz fiche ses euz en
terre conme honteus.   Et lors s'apense la roine que ce est il.
Et lors dist Galehouz au seneschal : ' Alez, si fetes conpaingnie
a cez dames qui trop sont seules.'   Et la roine prent le chevalier 75
par la-main la ou il est a genouz, si l'asiet devant li et li fet
molt bel senblant, et li dit tot en riant : ' Sire, molt vos avons
desirié, tant que Deu merc⁻ et Galehout qui ci est que or vos
veons.   Et neporqant encor ne sai ge mie se vos estes le
chevalier que ge demant.   Mes Galehouz me dit que ce estes 80
vos ; et encor voldroie ge bien savoir de vostre boche, se vostre
plesir estoit, qui vos estes.'   Et il li respont qu'il ne set,

53 *S* qu'eles sont.   56 *After* mostra *S adds* Et il furent andoi si bel
chevalier que por noiant quesist on plus biax en lor pais.   70 Lors
s'ag. ambedui *not in S.*   75 *After* seules *S adds* Chil fait che que ses
sires li commande.   78 *S* et la Galahot.

n'onques nule foiz ne la regarda enmi le vis. Et la roine se
merveille molt que il puet avoir, et tant que ele sospiece bien
une partie de ce que il a. Et Galehouz, qui honteus le voit et [85]
esbahiz, pense qu'il diroit ançois a la roine son pensé sol a sol,
si se regarde et dit si haut que les dames l'oent : ' Certes,' fet
il, ' molt sui or vilains que totes cez dames n'on[t] c'un sol
chevalier a conpaingnie, ainz sont si soles.' Lors se drece et
vient a eles, et eles se lievent totes encontre lui, et il les rasiet ; [90]
et lors conmencent a parler de maintes choses. Et la roine
met le chevalier en paroles, et si li dit : ' Beax doz sire, por
quoi vos celez vos vers moi ? Certes, il n'i a mie por quoi.
Et neporquant vos me poez bien dire se vos estes celui qui
venquié l'assenblee devant ier.' — ' Dame,' fet il, ' nenil.' — [95]
' Coment ? ' fet ele, ' n'aviez vos unes armes totes noires ? ' —
' Dame, oïl.' — ' Et dont n'estes vos celui cui mes sire
Gauvains envoia les trois chevaus ? ' — ' Dame, oïl.' — ' Donc
n'estes vos cil qui porta les armes Galehout le desreain jor ? '
— ' Dame, oïl.' — ' Donc n'estes vos celui qui l'assemblee [100]
vainquié le segont jor ? ' — ' Dame, non fis, voir.' Lors
s'aparçut bien la reine qu'il ne voloit pas conoistre que il l'eust
vaincue, si l'em prise mout en son cuer. ' Or me dites,' fait
ele, ' qui vos fist chevalier ? ' — ' Dame, vos,' fait il. — ' Gié ! '
fait ele, ' qant ? ' — ' Dame,' fet il, ' membre vos il que uns [105]
chevaliers vint a mon seignor lo roi a Camaalot, qui iert navrez
parmi le cors de dous tronçons de lance et d'une espee parmi
la teste, e qe uns vallez vint autresi a lui au vendredi a soir, qui
fu chevaliers au diemenche matin ? ' — ' De ce,' fet ele, ' me
sovient il molt bien. E se Dex vos aït, fustes vos ce qe la [110]
damoisele amena a cort, vestue de la robe blanche ? ' — ' Oïl,
dame,' fait il. — ' Et por coi,' fet ele, ' dites vos donc qe ge
vos fis chevalier ? ' — ' Dame, por ce que il est voirs ; car la

---

84 *S* ele soupechoune. 95 Dame . . . nenil *not in S.* 98 Gauvains]
MS. G. 98–100 Donc n'estes vos cil . . . oïl *not in S.* 100 qui
l'assemblee, *another scribe begins at this point (fol. 73).* 107 de dous
tr. de lance *not in S.* 111 *MS.* vestuz, *S* vestue.

costume est tels el roiaume de Logres que chevaliers n'i puet
estre fez sanz espee ceindre, et cil de cui il tient l'espee le fet 118
chevalier ; et de vos la tien ge, dame, car li rois ne m'en dona
point ; et por ce di ge qe vos me feistes chevalier.' — 'Certes,'
fet la roine, 'de ce sui ge mout liee . . . Or me dites,' fet
ele, 'totes les choses que vos avez fetes, por qui les feistes
vos ?' — 'Dame,' fet il, 'por vos.' — 'Coment ?' fet ele, 120
'amez me vos donc tant ?' — 'Dame,' fet il, 'ge n'aim tant ne
moi ne autrui.' — 'Et d̀es qant,' fet la reine, 'm'amez vos tant?'
— 'Dame,' fet il, 'des le jor qe ge fui apelé chevalier, et si ne
l'estoie mie.' — 'Par la foi', fet ele, 'qe vos me devez, dont
vint cest[e] amor que vos avez en moi mise si grant et si 125
enterine ?'

A cez paroles qe la reine li disoit avint qe la dame de
Maloaut s'estossi tot a escient, et dreça la teste qe ele avoit
embronchiee.   Et li chevaliers l'entendi maintenant, car mainte
foiz l'avoit oie, et il l'esgarde ; et qant il la vit, si ot tel peor et 130
tele angoisse que il ne pot mot respondre a ce qe la reine li
demandoit, si conmence a sospirer si durement qe les lermes li
coroient des euz tot contreval les joes ̇si espessement qe li
samiz dont il estoit vestuz en fu moilliez jusque sor les genolz
devant.   Et quant il plus esgardoit la dame de Maloaut, et sis 135
cuers estoit plus a male ese.   De ceste chose se prist la reine
garde, et vit qu'il esgardoit mout peoreusement la ou les dames
estoient ; et ele l'aresna : 'Dites moi', fet ele, 'dont ceste
amors mut qe ge vos demant.'   Et il s'esforce de parler au
plus qe il puet, et dit : 'Dame, si m'ait Dex, des le jor que ge 140
vos ai dit.' — 'Coment fu ce donqes ?' fet ele.   'Dame,' fet
il, 'vos le me feistes fere, qui de moi feistes vostre ami, se vostre
boche ne m'en menti.' — 'Mon ami !' fait ele, 'coment ?' —
'Dame,' fet il, 'ge ving devant vos, quant ge oi pris congié del

118 *Passage omitted : the Queen questions Lancelot at length about his
exploits, and satisfies herself as to his identity.   From* 118 *MS. written in a
third hand.*   125-6 si gr. et si ent. *not in* S.   127-8 S la dame del
Pui de Malohaut.   137 S moult piteusement.   139 mut] S vient.

roi mon seignor, toz armez fors de mon chief et de mes mains, 145
si vos conmandai a Deu, et dis qe ge estoie vostres chevaliers
et vostre amis, et vos respondistes que vostre chevaliers et
vostre amis voliez vos bien qe ge fusse en toz les leus ou ge
seroie. Et ge dis : " A Deu, dame " ; et vos deistes : " A Deu,
biaus dolz amis." Onqes puis ciz moz ne me issi del cuer ; ce 150
fu li moz qui proudom me fera, se ge ja le sui ; ne onques puis
ne ving en si grant meschief que de cest mot ne me membrast·
Ciz moz m'a conforté en toz mes ennuiz. Ciz moz m'a de toz
max esté garanz et m'a gardé de toz perilz. Ciz moz m'a saolé
en totes mes granz feins. Ciz moz m'a fet riche en mes granz 155
povretez.'

'Par foi,' fet la reine, ' ci ot mot de buene ore dit, et Dex en
soit aorez qui dire le me fist ; mes ge nel pernoie pas si a certes
conme vos feistes, et a maint chevalier ai ge autresi dit ou ge ne
pensai onqes qe le dire ; e vostre pensers ne fu mie vileins, 160
mes dolz et debueneres, si vos en est bien avenu, car prodom
vos a fet. Et neporqant la costume est mes tele es chevaliers
qu'il font semblant as dames de tex choses dont pou lor est as
cuers ; et vostre semblant me mostre que vos amez ne sai la qele
de cez dames qui la sont plus que vos ne faites moi, qar vos avez 165
assez ploré de peor, ne n'osez regarder vers eles de droit esgart.
Si m'aparçoif bien qe vostre pensers n'est pas a moi tant con
vos me fetes entendant ; et par la foi que vos devez a la rien
que vos plus amez, la qele des trois est ce qe vos amez tant ? ' —
'Si m'ait Dex,' fet il, ' onqes nule d'eles n'ot mon coer en sa 170
baillie.' — ' Ce. n'a mestier,' fet la reine, ' vos ne m'en poez
rien embler, car j'ai veues maintes choses autreteles, et ge voi
bien que vostre cuers est la, conment qe li cors soit ci.' Et ce
disoit ele por veoir de combien ele le porroit metre a malese ;

147 et vostre amis] *S* en quelconques lieu que je fuisse.   148-9 en
toz . . . seroie *not in S.*   160 *S* onques fors le dit.   162-3 *S* la
coustume n'est mie teile des chevaliers, qui font grans samblans a maintes
dames.   169 *After* tant *S adds* Ha ! dame, por Dieu, merci.   173 *MS.*
le cors.   173-4 *S.* Et de che seit ele bien por voir comment ele le pora
metre a m.

car ele cuidoit bien savoir qu'il ne pensoit d'amors se a li non — 175
ja mar eust il fet por li que seulement la jornee que il fist es
armes noires[1] — mes ele se delitoit mout durement en sa
mesaise veoir et escouter.   Et cil en fu si angoisseus qe par un
pou que il ne se pasma ; mes la peor des dames qui l'esgar-
doient le retint, et la reine meesmes s'en dota, por ce que ele le 180
vit palir et color changier.   Si le prist par le braz qu'il ne
chaist, et apela Galehout ; et il salt sus, si vient a li corant et
voit que sis compainz est issi conreez, si en a si grant angoisse
a son cuer conme il puet greignor avoir, et dit : 'Ha ! dame,
por Deu, dites moi que il a eu.'   Et la reine li conte ce que 185
ele li ot mis devant.   'Ha ! dame,' fet Galehouz, 'merci ! Vos
le nos porriez bien tolir par tex corroz, et ce seroit trop granz
domages.' — 'Certes,' fait ele, 'ce seroit mon ; mes savez vos
por cui il a tant fet d'armes ? ' — 'Dame', fet Galehouz, 'naie
voir.' — 'Se ce est voirs ', fet ele, 'qu'il m'a dit, ce fu por 190
moi.' — 'Dame,' fet Galehouz, 'einsi voirement m'ait Dex,
bien l'em poez croire ; car autresi conme il est plus proudom
que nul ome, autresi est sis cuers plus verais qe tuit li autre'. —
'Voirement ', fet la reine, 'diriez vos qu'il est proudom, se vos
saviez qu'il a fet d'armes puis que il fu chevaliers.'   Lors li 195
conte les chevaleries si conme il les avoit fetes ; si li avoit coneu
qu'il avoit portees les armes vermeilles a l'autre assemblee.[2]
'Et sachiez de voir qu'il a totes cez choses fetes por un sol
mot.'   Lors li devise la reine le mot si con vos avez oi qu'il
l'avoit dit.   'Ha ! dame,' fet Galehouz, 'aiez en merci por ses 200
granz desertes ; et fetes le por moi, autresi conme ge ai fet ce

178 *S* veoir et esgarder.   180 s'en dota] *S* le douta.   187 nos]
S me.   189 por cui] *S* porcoi.   196 *corr.*, *with S*, si comme il li
avoit dites, et qu'il li avoit coneu ?

[1] On the second day of the great battle between the forces of Galehout
and those of King Arthur, Lancelot (wearing black armour) performed
marvellous deeds of valour, because the Queen had sent him a personal
appeal.
[2] A year previously Lancelot had fought incognito, wearing red armour,
for King Arthur against the forces of Galehout.

qe vos me proiastes.' — 'Qel merci', fet ele, 'volez vos qe ge
en aie?' — 'Dame,' fet Galehouz, 'vos savez bien qe il vos
aime sor tote rien, et plus a fet por vos qe onqes nus autres
chevaliers ne fist mes por dame. Et veez le ci. Si sachiez de 205
voir qe ja la pes de mon seignor lo roi et de moi ne fust, se il
ses cors ne l'eust faite.'[1] — 'Certes,' fet ele, 'ge ne dot mie qe
il n'ait plus fet por moi qe ge ne porroie deservir, s'il n'avoit
plus fet que ceste pes porchaciee ; ne il ne me porroit nule riens
reqerre que ge li peusse belement veer. Mes il ne me requier[t] 210
nule rien, ainz est si maz et si dolenz que il ne fina de plorer
onqes puis que il conmença a regarder vers cez dames la ;
neporqant ge nel mescroi pas d'amor qe il ait a nule d'eles, mes
il dote se devient que aucune d'eles le conoisse.' — 'Dame,'
fet Galehouz, 'de ce ne covient il tenir nule parole. Mes aiez 215
merci de lui, car il vos aime assez plus qe il ne fet soi meesmes.
Ne mie por ce qe, si m'ait Dex, ge ne savoie riens de son covine
qant il i vint, fors tant que il dotoit estre coneuz, ne onqes riens
plus ne m'en descovri.' — 'G'en avré', fait ele, 'tel merci con
vos voldroiz, car vos avez fet ce que ge vos requis, si doi bien 220
fere ce qe vos voldroiz ; mes il ne me prie de rien.' — 'Dame,'
fait Galehouz, 'qu'il n'en a pooir, ne l'en ne puet nule riens amer
que l'en ne dot. Mais ge vos pri por lui ; et se ge ne vos em
prioie, sel devriez vos porchascier, car plus riche tresor ne
porriez vos mie conqerre.' — 'Certes,' fet ele, 'gel sai bien et 225
g'en ferai qanque vos conmanderoiz.' — 'Dame,' fet Galehouz,
'granz merciz ; et ge vos pri que vos li doigniez vostre amor, et
qe vos le prengniez a vostre chevalier a toz jorz, et vos devenez
sa loiaus amie a toz les jorz de vostre vie, lors si l'avroiz fet plus
riche qe se vos li doniez tot le monde.' — 'Einsint,' fet la 230
reine, 'l'otroi gié qe il miens soit et ge tote soe ; et par vos

213-4 *S* Mais il se doute que aucune nel connoisse.   217-8 *S* Por
ce si m'ait Diex que je ne savoie quant il vint de son covine fors.
231 *S* que il soit tous miens et.

---

[1] Galehout had been induced by Lancelot, for whom he had a
passionate admiration, to submit to King Arthur on the third day of the
great battle, although he had completely defeated the King's forces.

soient amendé tuit li mesfet et li trespas des covenances.' —
' Dame,' fet il, ' granz merciz ; mais or i covient conmencement
de seurté.' — ' Vos n'en deviseroiz ja nule chose ', fet la roine,
' que ge n'en face.' — ' Dame,' fet Galehouz, ' donc le besiez, 235
par comencement d'amor veraie.' — ' Del besier ', fet ele, ' ne
voi ge ore ne leu ne tens.   Mes ne dotez mie qe ge ausi
volenteive n'en soie conme il seroit ; mes cez dames sont iluec
qui mout se merveillent que nos avons ici tant fet, si ne porroit
estre qe eles nel veissent.   Et neporqant, s'il velt, ge le beseré 240
mout volentiers.'   Et il en est si liez et si esbahiz que il ne puet
respondre mot fors tant solement : ' Dame, granz merciz.' —
' Ha ! dame,' fet Galehouz, ' del suen voloir ne dotez vos ja,
qu'il i est toz ; et si sachiez bien que ja riens nule ne s'en
aparcevra, car nos nos trairons tuit troi ensemble autresi conme 245
se nos conseillions.' — ' De coi me feroie ge prier,' fet ele,
' plus le voil ge que vos ne il.'   Lors se traient tuit troi ensemble
et font semblant de conseillier.   Et la reine voit bien que li
chevaliers n'en ose plus fere, si le prent par le menton et le
bese voiant Galehout assez longuement, si que la dame de 250
Maloaut sot de voir qe il la baisoit.

244-5 sachiez . . . car nos *not in S.*   251 *S* seit qu'ele le baise.

27. LI FAIT DES ROMAINS

first half of 13th century

[MSS.: see P. Meyer, *Les premières compilations françaises d'histoire
ancienne*, in *Romania*, XIV, p. 1 ; 37 MSS. are there enumerated, but
the list does not claim to be complete.   We have followed MS. Paris,
Bibl. Nat., fr. 23083, end of 13th century, and have compared the text
with an Oxford MS. (Bodleian, Canonici misc. 450), written by an
Italian scribe and dated 1384 (*B*) ; the latter MS., however, tends to
abridge the text, and its readings are given only in a few special cases.
Editions : none since 1500 ; brief extracts are given by P. Meyer.   See
also F. Settegast, in *Giornale di Filologia Romanza*, II, p. 176 ; J. Loesche,
Die Abfassung der Faits des Romains, Diss. Halle, 1907.]

This work, the oldest extant book of ancient history written in
French prose, deals almost exclusively with the life of Julius Caesar,

and was not continued down to Domitian, as the author had
originally intended. It is translated, or rather adapted, from works
of Suetonius, Sallust, Caesar, Lucan, and other Latin writers. The
author, probably a clerk of Paris, has not been identified. He
treated his material freely, completing one source with the help of
another. In order to make classical antiquity intelligible to the
lay-folk of his day, he did not hesitate to commit glaring ana-
chronisms. His work enjoyed great popularity down to the 16th
century.

*Fol. 147 v° to 149 r°. Scenes from the battle of Pharsalia
(48 B.C.), narrated in the style of a* chanson de geste, *and culminat-
ing in a single combat between Pompey and Caesar :*—

La peussiez veoir grant dolour et grant machacre. Li sena-
tour de Romme, qui longuement avoient esté em pes, s'entre-
controient souvent ; si faisoit li filz et li peres, si que li uns
feroit l'autre et ocioit a grant meschief, et li couzins son couzin.
Caton et Cyceron, qui d'autre chose se soloient entremetre que 5
de combatre, furent en cel estour ; et le faisoit chascuns au
miex qu'il pooit, comme a tel besoing.

Cesar amonestoit les suenz qu'il n'entendissent pas au menu
pueple ocirre, mes aus pluz gros et aus pluz nobles senatours,
et les moustroit et faisoit connoistre aus estranges chevaliers 10
de s'ost. Dont il avint que troi sodoier ferirent Caton tout a
un poindre et l'abatirent, car ses chevaus fu ocis desouz lui.
Caton sailli em piés et trest l'espee, dont il avoit le jour maint
cop feru, et en donna tel cop a un des trois qui l'orent abatu,
qu'il le fendi tout jusques es arçons. A l'autre cop trencha le 15
braz o toute l'espee au secont. Li tiers li vuida la place, si
que Chaton ot bon loisir de remonter seur un autre cheval que
Tulles li rendi. Et quant Caton fu a cheval, entre lui et Tulles
se remistrent en l'estor.

Gabilius ot en sa main un grant faussart d'acier ; il s'esleisse 20
vers Tulle et l'assenne em bas, si qu'il li mist le fer entre la
cuisse et les alves de la sele. La pointe du fausart l'ataint el
laz de la chauce de fer, si qu'ele entra deus doie el braon de la
cuisse. Tulles tint en sa mein son brant d'acier tout nu ; s'il

5 Cyceron] *MS.* cirriet, *B* ciceron.   18 Tulles] *B* ciceron, *et passim.*

ne se venge, bien se tient a escharni. Il fiert Gabilion parmi 25
le chief amont; onques coife ne hiaumes ne li valu un gant
que tout ne le porfendist dusques es seurciz. Aprés fiert
Galeran, un Prouvencel, qui molt aloit Pompee blastengant et
mesdisoit des senatours. Tulles le feri si qu'il li rest le nez
contreval o tout les grenons, et la levre desouz o tout le menton: 30
tout li dent li parurent. 'Tenés,' dist Tulles, 'cil qui ceste
colee vous donne vouz aprent que vouz devez avoir les levres
circoncises, que vouz ne dioiz folie de ceus qui doivent estre
vostre seignor.'

Antoines, qui princes et mareschaus estoit de toute l'ost 35
Cesar, aloit entor les suens, ses amonestoit de bien fere; et il
meismes se combatoit comme vassaus adurez. Ses escuz sam-
bloit uns viez talevas des cox qu'il avoit receuz. Il vit Aufa-
mien un senator, parent Pompee, qui ot ocis trois chevaliers
de sa main a un assaut. Il leisse aler le destrier et vient seur 40
lui l'espee trete. Antoines li donne tel cop qu'il li fet la teste
voler o tout le hiaume. Quant Gueneuz et Sextuz, li dui fil
Pompee, virent lor couzin cheoit, si n'ot que couroucier en
eus. Ambedui brochierent ensemble a un eslais. Sextuz feri
Antoine d'une lance seur l'escu, si qu'il li passa le fer dusques 45
au hauberc; iluec arresta li fers et couvint la lance voler en
tronçons. Puis tret Sextuz l'espee et li court suz. Gueneus
tint une mache d'acier. Cil feri de l'espee et cil de la mache,
et tant qu'il embronchierent Antoine seur le col du destrier;
et se secours li eust longuement demouré, li dui vallet li 50
eussent fet doumage. Cesar, qui ot sa gent raliee, vint cele
part o tout cent chevaliers. Lors couvint az deus damoisiaus
qu'il guerpesissent Antoine.

Li estours recommence de nouvel. Pompee, qui molt avoit
traveilliez et semons et ennortez ceus qu'il avoit a guier, ot 55
meint cop donné et receu celui jour. Il vint a celui chaple ou
Antoines fu rescouz, et tint un glaive en sa main. Cesar, qui

42 Gueneuz] *B* Gaius, *et passim.*   51 raliee] *B* raune.   55 tra-
veilliez] *B* raliez.

molt ot desirree l'assamblee a lui, n'ot point de lance a cele
fois. Il seisi l'ensaigne que Lelius tenoit o l'aigle d'or, et
broche le bon destrier contre Pompee. Pompee li revint a 60
l'encontre. Il s'entrecontrerent de tel randon qu'il s'entreper-
cierent les fors escuz; mes tant furent lor hauberc dru maillié
et treilliç, que li fer des lances ne les porent maumetre ne
empoirier. Li dui duc furent vertueus et les lances furent fors
et roides. Il s'entrehurterent si durement, que ambedeus lor 65
couvint les seles vuidier; nepourquant il s'apuierent si vertueu-
sement que les coroies des estriers rompirent et li fer ploierent,
li arçon derrier froissierent. Li baron volerent par desuz les
crupes des chevaus a terre, tant comme les hanstes se porent
estendre. 70

Iluec avint une grant merveille; car li dui destrier, qui
furent a cele jouste entrehurtez des piz, se trestrent ensuz et
s'esleissierent li uns encontre l'autre, et s'entreferirent si dure-
ment, qu'il couvint qu'il cheissent arriere seur les crupes. Puis
s'entrevenoient li uns contre l'autre et s'entremenjoient aus 75
denz; getoient des piés si aigrement, que li cop resambloient
cop de moutons qui hurtaissent a un mur. Au daarrain se
retrestrent ensuz li uns de l'autre pluz d'un arpent mesuré, et
s'entrevindrent de si grant eslés qu'il cheirent ambedui. Li
chevax Pompee ot le col esloissié en tel maniere, que onques 80
puis qu'il fu cheoiz ne pot mouvoir ne teste ne piez. Li
chevaus Cesar mouvoit la teste et les piés, mes il ne leva
onques puis du champ, car il fu a mort ferus et ot route
l'eschine. Ce tindrent a grant merveille cil qui ce virent.
Cesar meismes et Pompee, qui orent grant piece geu el 85
champ, furent tuit esbahiz quant il virent cele merveille,
et commença Cesar son cheval a regreter. 'Ha! bons des-
triers,' dist il, 'tant mar i fustes! De maint estor m'avez geté.
Ja mes par moi ne sera vostre per recouvrez. Je ne preisse
pas de vouz le tresor de deus citez.' Ce reconforta Cesar 90

61 *B* sentrepecierent.   75 *B* sentremordoient.   77 *B* cop dun
moton feres qi hurtast.

toutes voies un poi, que li chevaus Pompee estoit mors du tout, et li suens avoit encore un petit de vie ; ice li donna esperance de conquerre le champ.

Or furent li dui duc a pié enmi le champ.   Li uns vint vers l'autre, l'espee trete, l'escu devant le pis.   Il s'entredonnerent 95 si granz cox seur les escuz bendez qu'il les fendirent jusques es boucles.   Cesar geta premiers, et feri Pompee parmi le chief amont du trenchant de l'espee, si qu'il li trencha un quartier de son hiaume, si que li fers de la blanche coiffe parut a Pompee parmi la faute du hiaume.   Li brans li coula jouste 100 l'espaule, et selonc le braier ala descendant jusques en terre, ou il entra pluz d'un pié mesuré.   Pompee rot le sien cop levé. Il fu granz et fornis : bien sambla prince viguereus et amanevi. Tel cop donna a Cesar dù branc en travers de l'escu par desouz la boucle, qu'il li copa plus de pié et demi.   L'espee 105 fu trenchant et afilee.   Ele ot esté au roy Mitridates ; Pharnasses, ses filz, li rois des Hermins, la donna a Pompee par grant amor, quant il en ot copee la teste a son pere, et presenta l'espee et le chief som pere tout ensamble a Pompee pour avoir sa grace, et Pompee li rendi le regne pour l'amor de la 110 bone espee.   V[u]lcans, uns nobles fevres, l'ot forgiee en une ille de mer, et fu trouvee lonc tens aprés en un sarqeu, envo- lopee d'un drap de soie.   Celte, li rois de Perse, l'ot eue longuement en son tresor ; aprés l'ot Mitridates, et puis Pompee.   Tant fu trenchant l'espee qu'ele abati, si comme 115 nous avons dit, non pas seulement tant comme il a de la boucle aval, ançois trencha le geron senestre du blanc hauberc, si qu'il chei sor l'erbe.   'Cesar,' dist il, 'tout aie je le poil mellé et blanc, si n'ai ge pas oubliez les cox que je ai apris a donner en ma jouvente.   Et car pleust ore a Dieu qu'il n'eust 120 que moi et vous en cest champ !   Ancui savroit on li quiex a tort de nouz deus.   Je cuideroie rendre a Romme la franchise que vouz alez chalenjant.'

99 *MS.* le fer.   105-15 *History of Pompey's sword omitted by B.*

Cesar, qui d'autre part fu entalentez de soi vengier du cop
que Pompee li ot donné, geta l'espee et cuida ferir Pompee en 125
cel endroit ou il l'ot feru devant, pour ce que li hiaumes i
estoit entamez ; mes Pompee geta son escu encontre. L'espee
qui refu auques trenchans abati un chantel de l'escu. Au
torner que Pompee fist, li torna l'espee Cesar contreval la
jambe senestre, et li copa plus de quarante mailles de la 130
chauce, si que l'espee emporta avant soi de la char o tout le
cuir. Et se li cox ne fust tornez, il li eust la jambe copee ;
mes li cox torna en la main et guenchi par defors. Nepour-
quant il li trencha l'esperon rez a rez du talon. Cesar, qui vit
issir le sanc de la jambe Pompee, li dist une retrete : 'Huimés 135
vouz ferai ge sentir comment m'espee taille. Ce que je vouz ai
l'esperon copé vouz donne example que vous ne devez en
cheval monter ne ceindre espee ne chaucier d'esperon se par
moi non ; que je doi estre sires et mestres de Romme comme
cil qui li a aidié s'onnour a acroistre en maintes terres, dont 140
vouz m'avez ma victoire et mon triumphe detrié.'

   Quant Pompee oi cele parole, si en fu mult courouciez, et
dist : ' O Cesar, trop, seroit Fortune avillie et li dieu vilain,
s'il avenoit que je et li senator de Romme cheissent el servage
d'un seul home. La franchise de Romme te veul je chalengier 145
au trenchant de m'espee.' Lors li saut Pompee comme
lyons qui est courouciez, et fiert si Cesar parmi le chief amont,
que l'espee li trencha et fendi le hiaume. Et se li cox ne fust
tornez en la main Pompee, ele fust coulee a Cesar jusqu'es
dens ; car Pompee li donna de toute sa vertu, et l'espee estoit 150
trop lonc a devise. Li cox descendi entre l'espaule et le coute,
si que l'espee trencha la char jusques aus oz. Li sanc en
commença a raier contreval. Pompee s'escria : ' Or sommes
nouz par ingal. Ancui savra l'en bien li quiex en sera au
noaus, se ceste bataille dure auques. Bien se prueve l'espee 155
que Farnasses me donna. Se je vif longues, ele li sera
guerredonnee.'

135 retrete] B rampogne.

Adont s'entrevindrent li dui baron et escremirent des espees, tant que li uns ne li autres n'ot pas tant d'escu entier qu'il em peust som bras couvrir, et rorent assez doumagiez les haubers 160 et les hiaumes.   Bien cuidoit l'en que Pompee en eust le meillour a la parfin ; et si eust il eu, se ne fust li pechiez aus Rommains et la fortune Cesar.   Mes Domices et Scipions, Catons et Cycerons et autre senatour, et li fil Pompee, Sextus et Gueneus, et roy pluz de trente et autres pueples assez s'em 165 vindrent iluec en l'aide Pompee.   Antoines revint d'autre part, et Lelius et Crastinus et tant de gent comme Cesar avoit.   Si remistrent li un et li autre lor duc a cheval.

Fol. 174 v° to 175 v°.   Cleopatra seduces Caesar :—

Cleopatra, qui fu eschapee si comme nous avonz dit, fist tant qu'ele vint devant Cesar.   Ele se fia auques en sa biauté ; 170 mate chiere fist et triste au pluz qu'ele onques pot.   Toute fu eschevelee et atornee a guise de fame qui devoit merci crier et requerre aide.   Ore oiez comment ele parla :

'O tu, Cesar, souverains duz ! Se nule biautez ne nule gentillece est el linage Lagi, qui fu sires d'Egipte aprés Alix- 175 andre, je doi estre tenue pour noble et pour gentis ; car je fui fille au bon roy qui tint Egipte devant cestui, et cis est mes freres.   Mes il est mes hoirs a tort, et par mauvais conseil m'a chaciee et mise fors de l'onnour ou je devoie avoir autretant comme il, et getee m'a en destroite prison comme escilliee ; 180 si m'en vieng clamer a toi.   Et saches que se je recouvroie ma seignourie par ta main, que je fusse par toi ensi comme je devreroie estre, je seroie ta royne tout mon vivant et te beiseroie les piés.   Tu es en mon paiz venus : il m'est avis que tu soies une clere estoile, qui tout doies enluminer et toute 185 la terre adrecier.   Je ne quier pas estre du tout dame ; si a bien apris la terre d'Egipte a avoir gouvernement de fame : ele ne met nule difference entre home et fame, qu'ele n'ait apris a estre gouvernee de royne autressi bien comme de roy.

183 *corr.* devroie ?

Lis les lettres du testament mon pere : tu i trouveras qu'il 190
leissa son regne en commun a moi et a mon frere, et ses sales
et ses chambres et ses palais ; mes mes freres ne m'i claimme
rienz.   Nepourquant je sai bien qu'il m'amast, se il fust en sa
poesté ; mes il ne fet rienz de sa propre volenté, ançois fet
quanqu'il fet par le conseil Photinus, un cuivert traiteur.   Biax 195
sire chiers, je ne quier riens de ce qui fu mon pere ne de ce
qu'il me leissa, se il ne te plaist.   Une seule chose te requier
que tu m'otroies par ta franchise : ren moi le regne qui fu
mon pere, et en oste les traitours qui mon frere corrumpent.
Et se tu autre bien ne me fes, fai seviaus que mes freres soit 200
rois ; car il n'a fors le nom de roy.   Photinus et Achillas sont
seignor du tout.   Oste ceste honte d'Egipte et fai que mes
freres soit en droit estat.   Ha ! se tu savoies comme Photinus
a le cuer plain d'orgueil de ce que Pompee a le chief copé !
Et certes autretel fera il de toi se il onques puet ; mes Fortune 205
t'en gart ! Assez te puet torner a grant desdaing, et a toi et au
monde, ce que Photinus ot onques pooir el chief Pompee.'

Cleopatra n'eust de riens amoloiees les dures oreilles Cesar
pour sa proiere, mes sa face et sa biautez li firent sa besoigne.
Cesar l'ot esgardee, quoi qu'ele parloit a lui, et li entra l'estin- 210
cele el cuer ; et tant en fu corrompuz qu'il la vousist ja tenir
entre ses bras, et fust fet quanque ele demandoit ; et ensi
fu il. Cesar et Tholomé furent el palais. La pais fu confermee
entr'eus par les granz dons que Tholomé li dona.   Cleopatra
refu iluec, qui se penoit de sa mercerie desploier pour esmou- 215
voir Cesar a luxure et pour miex fere sa besoigne.

Li leus meismes estoit couvenables a tel chose fere ; car li
palais estoit si biaus et si riches que ce estoit uns granz deliz
a veoir.   Li tref estoient tuit couvert de plates d'or.   Li lam-
brois estoit touz fes a or et a pierres precieuses si comme de 220
sardines et d'alemandines.   Li pavemens ne fu ne de marbre ne
de pourfire : l'en n'i passoit se seur oniches non et seur calce-
doines.   La court et li porce estoient tuit couvert d'olifant.

Les portes ensement estoient de trop grant biauté : li merriens
en estoit de cedre et de cyprés. Les ymages i estoient de 22
blanc os de fin yvuire, les autres de fin or, les autres de fin
argent ; les esmeraudes, les topaces plantees de leus en leus.
Li oeil des ymages furent plain de granas et de menus safirs.
Des ministres et des serjans i ot assez grant tourbe, qui furent
de diverses fourmes et de divers abit : les uns viox, les autres 23
juennes ; li un orent noire cheveleure comme mor, li autre
blanche et blonde, si c'onques Cesar n'ot veues pluz blondes
gens en la terre du Rin, li autre estoient crespé et recercelé.
Des robes ne fet pas a parler ; car li pluz povre garçon estoient
vestu de bouqueran et de quamelot, li riche de pourpre, de 23
samit, de dyaspre et d'autres dras de soie. La furent li escoillié
qui n'ont nule barbe ne nul grenon, et s'estoient il de grant
aage.

Cesar s'assist seur une couche, Tholomé d'une part et
Cleopatra d'autre. Ele estoit la pluz bele dame qu'il couvenist 24
querre. Parmi tout ice se fu ele fardee et appareilliee, comme
cele qui vouloit pleire a Cesar, et comme cele cui la seignourie
d'Egipte ne soufisoit pas, ainz tendoit a estre dame de Romme,
se ele le pooit enlacier. Ele fu vestue de lin et de pourpre
gouté a or. Ele ot entor ses crins et entour son col grant 24
charge des pluz precieuses pierres que l'en pot trouver en la
Rouge Mer et ailleurs. Ele ot a son col un fremail d'or et de
james, qui toute enluminnoit sa gorge, et ot unes frenges lees
de fin or environ la chevechaille de sa pourpre. Li dui chief
li en descendoient aval som pis en croiz, si que ses pis devant 2
en estoit tous enluminez. La ceinture qu'ele portoit fu d'un
quir de serpent, luisanz et menuement mailliez ; li membre et
la boucle furent d'or et de pierres. Du mantel ne fet mie
a parler, qui ii jut derriere son dos seur la couche ; car ele ot

228 *After* safirs *B adds* Par le palais estoient li liz e la vasselemente
dor e dargante e de pieres precioses. Les chouches furent covertes de
porpre e de samit e de baudechins e de draps de soie dont lovre estoit
trop belle e trop riche.   235 *MS.* vestus.   253–69 Du mantel . . .
quatre citez *omitted in B.*

les ataches ostees de son col pour miex moustrer la feture de 255
ses espaules et de son cors, que ele ot assez bien mollé.

Ele fu longue et droite : pluz grossete fu un pou par entour
les hanches que par le pis, grelle fu par la ceinture. La
cheveleure ot sore et espesse et longue, le front large et plain
et ample, les sorcilz grelles et voltis, les eulz gros et vairs, le 260
nez haut et droit et de bele mesure, les oreilles petites et
nettes, les levres vermeilles et grossetes, la bouche bien fete,
le menton roont, la coulour fresche et vermeille. Li fars
qu'ele i ot mis l'amenda molt. Les mameles ot assez dures
et petites, la jambe ot bien fete et le pié bel et bien taillié. 265
Ses chauces furent de cendel, li soller d'orfrois a pelles d'oriant.
La couverture du mantel qu'ele ot affublé fu d'un samis, la
pane fu blanche d'ermine esleue, li tassel d'or fin, ou il ot deus
rubis seelez qui valoient quatre citez.

28. DU VILAIN MIRE

middle of 13th century

[MSS. : Paris, Bibl. Nat., fr. 837, 13th century (*A*) ; Berne, 354, 13th
century (*B*) ; Berlin, Hamilton 257, end of 13th century (*C*). MS. *A*, on
which editions are based, is regarded as nearly contemporary with the
work itself. Editions : A. de Montaiglon et G. Raynaud, *Recueil Général
des Fabliaux*, tome III, Paris, 1878, p. 156 ; C. Zipperling, *Das altfranz.
Fablel du Vilain Mire*, Halle, 1912.]

This anonymous fabliau is based on a popular theme found in
many other versions, of which the best-known is Molière's *Médecin
malgré lui*. For a comparative study of the various versions and
further literature, see Zipperling's introduction and bibliography.
Only the more important variants of MSS. *B* and *C* are here given.

*A girl of noble birth is married to a well-to-do peasant, who
beats her every morning before going out to his work.*

Vv. 116–228 :—

A^u matin li vilains pusnais
   Ra sa feme si estordie,
Por poi qu'il ne l'a mehaingnïe ;

2 *C* Ra si s. f. appareilliee.   3 *C* mehaingniee.

Puis s'en revait aus chans arer.
La dame commence a plorer :   5
' Lasse ! ' dist ele, ' que ferai ?
E comment me conseillerai ?
Bien sai que mal m'est avenu.
Fu onques mon mari batu ?
Nenil, il ne set que cops sont :   10
S'il le seüst, por tout le mont
Il ne m'en donast pas itant.'

    Que qu'ainsi s'aloit dementant,
Ez vos deus messagiers le roi,
Chascun sor un blanc palefroi ;   15
Envers la dame esperonerent,
De par le roi la saluerent ;
Puis demanderent a mengier,
Que il en orent bien mestier.
Volentiers leur en a doné,   20
Et puis si leur a demandé :
' Dont estes vos, et ou alez ?
Et dites moi que vous querez.'
Li uns respont : ' Dame, par foi,
Nous sommes messagier le roi ;   25
Si nous envoie un mire querre.
Passer devons en Engletere.' —
' Por quoi fere ? ' — ' Damoisele Ade,
La fille le roi, est malade.
Il a passé uit jors entier   30
Que ne pot boivre ne mengier,
Quar une areste de poisson
Li aresta ou gavïon.
Or est li rois si corouciez,
S'il la pert, ne sera mes liez.'   35
Et dist la dame : ' Vous n'irez

16–19 *BC* Qui (*C* Et) dedanz la meson entrerent Et a disner li deman-
derent.   30 *A* entiers, *B* des ier.

Pas si loing comme vous penssez,
Quar mon mari est, je vous di,
Bons mires, je le vous afi ;
Certes, il set plus de mecines   40
Et de vrais jugemenz d'orines
Que onques ne sot Ypocras.' —
' Dame, dites le vous a gas ? ' —
' De gaber ', dist ele, ' n'ai cure.
Mes il est de tele nature   45
Qu'il ne feroit por nului rien,
S'ainçois ne le batoit on bien.'
Et cil dïent : ' Or i parra ;
Ja por batre ne remaindra.
Dame, ou le porrons nous trover ? ' —   50
' Aus chans le porrez encontrer :
Quant vous istrez de ceste cort,
Tout ainsi con cil ruissiaus cort,
Par defors cele gaste rue,
Toute la premiere charrue   55
Que vous troverez, c'est la nostre.
Alez ! a saint Pere l'apostre ',
Fet la dame, ' je vous commant.'
Et cil s'en vont esperonant,
Tant qu'il ont le vilain trové.   60
De par le roi l'ont salué ;
Puis li dïent sanz demorer :
' Venez en tost au roi parler.' —
' A que fere ? ' dist li vilains. —
' Por le sens dont vous estes plains.   65
Il n'a tel mire en ceste tere ;
De loing vous sommes venu querre.'

46 *BC* ne vialt dire (*C* fere) nule r.   50 *BC* le troverons nos.
51 *B* Vos lou verroiz tot a estros, *C* V. le troverez a e.   53–4 *BC*
A un ruissel (*C* rivail) qui laissus (*C* la jus) cort De joste cele (*C* ceste)
vieille r.

Quant li vilains s'ot clamer mire,
Trestoz li sans li prent a frire ;
Dist qu'il n'en set ne tant ne quant.   70
'Et qu'alons nous ore atendant?'
Ce dist li autres ; 'bien sez tu
Qu'il veut avant estre batu
Que il face nul bien ne die.'
Li uns le fiert delez l'oïe,   75
Et li autres parmi le dos
D'un baston qu'il ot grant et gros.
Il li ont fet honte a plenté,
Et puis si l'ont au roi mené ;
Si le montent a reculons,   80
La teste devers les talons.
Li rois les avoit encontré,
Si lor dist : 'Avez rien trové?' —
'Sire, oïl,' distrent il ensanble,
Et li vilains de paor tranble.   85
Li uns d'aus li dist premerains
Les teches qu'avoit li vilains,
Et comme ert plains de felonie ;
Quar de chose que on li prie
Ne feroit il por nului rien,   90
S'ainçois ne le batoit on bien.
Et dist li rois : 'Mal mire a ci,
Ainc mes d'itel parler n'oï.
Bien soit batuz, puis qu'ainsi est.'
Dist uns serjanz : 'Je sui tout prest ;   95
Ja si tost nel commanderois
Que je li paierai ses drois.'
Li rois le vilain apela :
'Mestre,' fet il, 'entendez ça :
Je ferai ma fille venir,   100
Quar grant mestier a de garir.'

78-91 *expanded and altered by BC.*

Li vilains li crïa : 'Merci,
Sire, por Dieu qui ne menti !
Si m'aït Dieus, je vous di bien,
De fisique ne sai je rien ;   105
Onques de fisique ne soi.'
Et dist li rois : 'Merveilles oi.
Batez le moi !' Et cil saillirent,
Qui assez volentiers le firent.
Quant li vilains senti les cops,   110
Adonques se tint il por fols ;
'Merci !' commença a crïer,
'Je la garrai sanz delaier.'

*On being left alone with the princess, the peasant performs such
absurd antics that she laughs in spite of her pain, and coughs up
the offending fish-bone. The peasant triumphantly hands the bone
to the king, and asks leave to return home ; but a fresh beating
persuades him to stay at court.*

Vv. 291–392 :—

Li vilains est a cort remez,
Et si l'a on tondu et rez,   115
Et si ot robe d'escarlate.
Fors cuida estre de barate,
Quant les malades du païs,
Plus de quatre vint, ce m'est vis,
Vindrent au roi a cele feste ;   120
Chascons li a conté son estre.
Li rois le vilain apela :
'Mestre,' dist il, 'entendez ça :
De ceste gent prenez conroi ;
Fetes tost, garissiez les moi.' —   125
'Merci ! sire,' li vilains dit,
'Trop en i a, se Dieus m'aït ;
Je n'en porroie a chief venir,
Si nes porroie toz garir.'

102-3 *not in* BC.   111-12 BC Sor (C Sus) les espaules sor lo (C e
el) dos Au roi a dit sire merci.   113 sanz d.] BC jel vous afi.
119-23 *altered by* BC.   128-9 *not in* BC.

Li rois deus garçons en apele,   130
Et chascons a pris une estele,
Quar chascons d'aus mout bien savoit
Por qoi li rois les apeloit.
Quant li vilains les vit venir,
Li sans li commence a fremir.   135
' Merci ! ' lor commence a crier,
' Je les garrai sanz arester.'
Li vilains a demandé laingne ;
Assez en ot, comment qu'il praingne.
En la sale fu fez li feus,   140
Et il meïsmes en fu keus.
Les malades i aüna,
Et puis aprés au roi pria :
' Sire, vous en irez aval,
Et trestuit cil qui n'ont nul mal.'   145
Li rois s'en part mout bonement,
De la sale ist, lui et sa gent.
Li vilains aus malades dist :
' Seignor, par cel Dieu qui me fist,
Mout a grant chose a vous garir ;   150
Je n'en porroie a chief venir
Fors qu'issi con je vous dirai :
Le plus malade en eslirai,
Si l'arderai en icest feu,
E tuit li autre en avront preu ;   155
Quar cil qui la poudre bevront
Tout maintenant gari seront.'
Li uns a l'autre regardé ;
Ainz n'i ot boçu ne enflé
Qui otrïast por Normendie   160

136 *BC* Sire merci je les garre.   137 *B* Or tost dist li rois jel verrai,
C Et dist li r. ja le verre.   142–3 *BC* Les m. fist arengier Au roi dist
je vos voil proier.   152 *not in A* ; qu *not in C. After* 153 *A inserts*
Et en cel feu le meterai.   156–7 *BC* Quar tuit de la p. bevrez Et erran-
ment gariz serez.

Qu'eüst la graindre maladie.
Li vilains a dit au premier:
'Je te voi mout afebloier;
Tu es des autres li plus vains.' —
'Merci! sire, je sui toz sains,   165
Plus que je ne fui onques mais;
Alegiez sui de mout grief fais
Que j'ai eü mout longuement.
Sachiez que de rien ne vous ment.' —
'Va donc aval! Qu'as tu ci quis?'   170
Et cil a l'uis maintenant pris.
Li rois demande: 'Es tu gari?' —
'Oïl, sire, la Dieu merci!
Je sui plus sains que une pomme;
Mout a ou mestre bon preudomme.'   175

   Que vous iroie je contant?
Onques n'i ot petit ne grant
Qui por tout le mont otrïast
Que l'en en cel feu le boutast,
Ainçois s'en vont tout autressi   180
Con se il fussent tuit gari.
Et quant li rois les a veüz,
De joie fu toz esperduz.
Puis a dit au vilain: 'Biaus mestre,
Je me merveil ce que puet estre   185
Que si tost gariz les avez.' —
'Merci! sire, jes ai charnez:
Je sai un charme qui mieus vaut
Que gingembre ne citouaut.'
Et dist li rois: 'Or en irez   190
A vostre ostel quant vous voudrez,
Et si avrez de mes deniers
Et palefroiz et bons destriers;

Et quant je vous remanderai,
Vous ferez ce que je voudrai.   195
Si serez mes bons amis chiers,
Et en serez tenuz plus chiers
De toute la gent du païs.
Or ne soiez plus esbahis,
Ne ne vous fetes plus ledir,   200
Quar ontes est de vous ferir.' —
' Merci ! sire,' dist le vilain,
' Je sui vostre homme et soir et main,
Et serai tant con je vivrai,
Ne ja ne m'en repentirai.'   205
Du roi se parti, congié prent,
A son ostel vint lïement.
Riches mananz, ainz ne fu plus,
A son ostel en est venus,
Ne plus n'ala a la charrue ;   210
Ne onques puis ne fu batue
Sa fame, ainz l'ama et chieri.
Ainsi ala, con je vous di :
Par sa fame et par sa voisdie
Fu bons mestres, et sanz clergie.   215

194-9 *not in BC.*   200 *BC* plus ferir.   201 *BC* Quar (*B* Que)
grant honte est (*C* ai) de vous laidir.   202 *B* li vilains.   203 *B* hom,
C lige ; *B* de mes deus mains, *C* de meins.   204-11 *altered by BC.*
215 *BC* Fu il (*C* puis) bons mire et s. c.

29. RUSTEBEUF

fl. 1250–1285

[Editions : A. Jubinal, *Œuvres complètes de Rutebeuf*, 2 vols., Paris,
1839; do., 3 vols. (*Bibl. Elzév.*), Paris, 1874 ; A. Kressner, *Rustebuef's
Gedichte*, Wolfenbüttel, 1885. See also E. Schumacher, *Zur Syntax
Rustebuef's*, Diss. Kiel, 1886 ; L. Jordan, *Metrik and Sprache Rutebeufs*,
Diss. Göttingen, 1888 (also in *Franco-Gallia*, V, pp. 213, 255, and 331);
L. Clédat, *Rutebeuf* (*Les Grands Écrivains Français*), Paris, 1891, etc. ;
A. Burchardt, *Beiträge zur Kenntnis der franz. Gesellschaft . . . auf
Grunde der Werke Rutebeufs, etc.*, Diss. Leipzig, 1910 ; G. Feger,

Rutebeufs Kritik an den Zuständen seiner Zeit, Diss. Basle, Freiburg-in-Baden, 1920.]

Rustebeuf is believed to have been a native of Burgundy, but lived at Paris. His language, with few exceptions, is that of Paris. In both the following poems we adhere as closely as possible to MS. *A*, written in Central French, which has been collated afresh. The variants of other MSS. are selected from those given by Kressner.

a. Three MSS., all at Paris, Bibl. Nat.: fr. 837 (*A*), fr. 1593 (*B*), and fr. 1635 (*C*), all of the 13th century. On the quarrel between the University of Paris and the Mendicant Orders (Dominicans and Franciscans, commonly known as Jacobins and Cordeliers respectively) see Lavisse, *Hist. de France*, III. 2, p. 382; Clédat, p. 72; Burchardt, p. 37; Feger, p. 41. Rustebeuf's poem on the subject was written, according to Feger, in 1254-5, when the Dominicans had already appealed to the Pope (cf. v. 59).

b. MSS. *A*, *B*, and *C*, as above; also Paris, Bibl. Nat., fr. 24432, 14th century (*D*). The *Complainte* must have been written shortly after 1260, the date of Rustebeuf's second marriage.

a. DE LA DESCORDE DE L'UNIVERSITÉ ET DES JACOBINS

Rimer m'estuet d'une descorde
   Qu'a Paris a semé Envie
Entre gent qui misericorde
Sermonent et honeste vie.
De foi, de pais et de concorde   5
Est lor langue molt replenie,
Mes lor maniere me recorde
Que dire et fere n'i soit mie.

Sor Jacobins est la parole
Que je vos vueil conter et dire;   10
Quar chascuns de Dieu nous parole
Et si deffent corouz et ire,
Et c'est la riens qui l'ame afole,
Qui la destruit et qui l'empire.
Or guerroient por une escole   15
Ou il vuelent a force lire.

B Des Jacobins, *C* Ci encoumence la D. des J. et de l'U.   12, 13 *B* Et si vous voil conter et dire Que cest.   16 *B* eslire.

Quant Jacobin vindrent el monde,
S'entrerent chiés Humilité :
Lors estoient et net et monde
Et s'amoient Divinité ;   20
Mes Orguex, qui toz biens esmonde,
I a tant mis iniquité
Que par lor grant chape roonde
Ont versé l'Université.

Chascuns d'els deüst estre amis   25
L'Université voirement,
Quar l'Universitez a mis
En els tout le bon fondement :
Livres, deniers, pains et demis ;
Mes or lor rendent malement,   30
Quar cels destruit li anemis
Qui plus l'ont servi longuement.

Miex lor venist, si com moi membre,
Qu'alevez nes eüssent pas :
Chascuns a son pooir desmembre   35
La mesnie saint Nicholas ;
L'Université ne s'i membre,
Qu'il ont mise du trot au pas,
Quar· tel herberge on en la chambre
Qui le seignor gete du cas.   40

Jacobin sont venu el monde
Vestu de robe blanche et noire ;
Toute bontez en els abonde,
Ce puet quiconques voudra croire ;
Se par l'abit sont net et monde,   45
Vous savez bien, ce est la voire,
S'uns leus avóit chape roonde,
Si resambleroit il provoire.

17-24 *not in* B.   33 *BC* moi semble.   39 *B* Que.   40 *B* chaz.
44 *C* Ce porra quiconques vet croire.

Se lor oevre ne se concorde
A l'abit, qu'amer Dieu devise, 50
Au recorder avra descorde
Devant Dieu au jor du juïse;
Quar se Renart çaint une corde
Et vest une cotele grise,
N'en est pas sa vie mains orde: 55
Rose est bien sor espine assise.

Il pueent bien estre preudomme,
Ce vueil je bien que chascuns croie;
Mes ce qu'il pledoient a Romme
L'Université, m'en desvoie. 60
Des Jacobins vous di la somme:
Por riens que Jacobins acroie,
La peleüre d'une pomme
De lor dete ne paieroie.

56 *C* La roze est sus lapine assise.   59 *B* Mes cil qui pl.   63 *B*
La parure.   64 *B* parroie.

b. LA COMPLAINTE RUTEBEUF

Ne covient pas que vous raconte
Comment je me sui mis a honte,
Quar bien avez oï le conte
En quel maniere
Je pris ma fame darreniere, 5
Qui bele ne gente nen iere.
Lors nasqui paine
Qui dura plus d'une semaine,
Qu'el commença en lune plaine.
Or entendez, 10
Vous qui rime me demandez,
Comment je me sui amendez
De fame prendre:
Je n'ai qu'engagier ne que vendre,
Que j'ai tant eü a entendre 15

C Ci encoumence la Complainte Rutebeuf de son ueil.

Et tant a fere,
Quanques j'ai fet est a refere ;
Que qui le vous voudroit retrere,
 Il durroit trop.
Diex m'a fet compaignon a Job,   20
Qu'il m'a tolu a un seul cop
 Quanques j'avoie.
De l'ueil destre, dont miex veoie,
Ne voi je pas aler la voie
 Ne moi conduire :   25
A ci dolor dolente et dure,
Qu'a mïedi m'est nuiz obscure
 De celui oeil.
Or n'ai je pas quanques je vueil,
Ainz sui dolenz, et si me dueil   30
 Parfondement,
C'or sui en grant afondement,
Se par cels n'ai relevement
 Qui jusqu'a ci
M'ont secoru, la lor merci.   35
Le cuer en ai tristre et noirci
 De cest mehaing,
Quar je n'i voi pas mon gaaing.
Or n'ai je pas quanques je aing :
 C'est mes domages ;   40
Ne sai se ç'a fet mes outrages.
Or devendrai sobres et sages
 Aprés le fet,
Et me garderai de forfet.
Mes ce que vaut, quant c'est ja fet ?   45
 Tart sui meüs ;

17 *not in B : CD* Et tant dannui et de contraire.   18 *BCD* Car qui.
21 Qu *not in BCD*.   31–9 *not in D*.   34 *BC* jusque ci.   36 *BC*
Moult ai le cuer tristre et marri.   39 *A* haing.   45 *BC* ce est ja fet,
so Kressner, D quant ce est fet.

A tart me sui aparceüs,
Quant je sui ja es las cheüs.
    Cest premier an
Me gart cil Diex en mon droit san   50
Qui por nous ot paine et ahan,
    Et me gart l'ame.
Or a d'enfant geü ma fame;
Mes chevax a brisié la jame
    A une lice;   55
Or veut de l'argent ma norrice,
Qui m'en destraint et me pelice,
    Por l'enfant pestre,
Ou il revendra brere en l'estre.
Cil Damediex qui le fist nestre   60
    Li doinst chevance,
Et li envoit sa soustenance,
Et me doinst encore alejance
    Qu'aidier li puisse,
Que la povretez ne me nuise,   65
Et que miex son vivre li truise
    Que je ne fais!
Se je m'esmai, je n'en puis mais,
C'or n'ai ne dousaine ne fais
    En ma meson   70
De busche por ceste seson.
Si esbahiz ne fu mes hom
    Com je sui, voir,
C'onques ne fui a mains d'avoir.
Mes ostes veut l'argent avoir   75
    De son osté,
Et j'en ai pres que tout osté,
Et si me sont nu li costé

48 *BC* sui en mes las, *so Kressner, D* sui en vilz las.   54 *A* Mon cheval.   57 *BD* me des. ; *C* men pelice.   59 *BC* en laitre. 65, 66 *BCD* Et que miex son vivre li truise Et que miex mon ostel conduise, *so Kressner.*   69 *CD* Car je nai, *so Kressner.*   76 *BD* De mon·

Contre l'yver.
Cist mot me sont dur et diver,   80
Dont molt me sont changié li ver
      Envers antan :
Por poi n'afol quant g'i entan.
Ne m'estuet pas taner en tan,
      Quar le resveil   85
Me tane assez quant je m'esveil ;
Si ne sai se je dorm ou veil,
      Ou — se je pens —
Quel part je penrai mon despens,
Par quoi puisse passer le tens.   90
      Tel siecle ai gié :
Mi gage sont tuit engagié
Et de chiés moi desmanagié,
      Car j'ai geü
Trois mois, que nului n'ai veü.   95
Ma fame ra enfant eü,
      C'un mois entier
Me ra geü sor le chantier ;
Je me gisoie endementier
      En l'autre lit,   100
Ou j'avoie pou de delit :
Onques mes mains ne m'abelit
      Gesir que lors,
Quar j'en sui de mon avoir fors,
Et s'en sui mehaigniez du cors   105
      Jusqu'au fenir.
Li mal ne sevent seul venir :
Tout ce m'estoit a avenir,
      S'est avenu.
Que sont mi ami devenu   110

80 *and* 81 *inverted in CD.*   80 *BCD* Cist mal, *so Kressner.*   81 *not in B.*   97 *D omits* C', *so Kressner.*   99 *BD* Et je gisoie, *C* Ge gisoie. 103 *BC* Gesirs.

Que j'avoie si pres tenu
  Et tant amé?
Je cuit qu'il sont trop cler semé:
Il ne furent pas bien femé,
  Si sont failli.   115
Itel ami m'ont malbailli,
C'onques, tant com Diex m'assailli
  En maint costé,
N'en vi un seul en mon osté:
Je cuit, li vens les a osté.   120
    L'amor est morte:
Ce sont ami que vens enporte,
Et il ventoit devant ma porte,
  Ses enporta,
C'onques nus ne m'en conforta   125
Ne du sien riens ne m'aporta.
    Ice m'aprent:
Qui auques a, privez le prent;
Mes cil trop a tart se repent
  Qui trop a mis   130
De son avoir por fere amis,
Qu'il nes trueve entiers ne demis
  A lui secorre.
Or lerai donc fortune corre,
Si entendrai a moi rescorre,   135
  Se jel puis fere.
Vers les preudommes m'estuet trere
Qui sont cortois et debonere
  Et m'ont norri;
Mi autre ami sont tuit porri,   140
Je les envoi a mestre Orri

113 *and* 114 *inverted in B.*   113 *B* Il furent trop a cler s., *D* Je croi
quil sont molt cler s.   114 *C* femrei, *Kressner* semé.   120 *B* les
ma, *so Kressner*.   126 *BCD* riens du sien.   128 *ABCD* privé, *so*
Kressner.   129 *BCD* Et cil, *so Kressner*.   141 *B* Houri, *C* Horri,
D Ourri.

Et se li lais ;
On en doit bien fere son lais,
Et tel gent lessier en relais
    Sanz reclamer,   145
Qu'il n'a en els riens a amer
Que l'en doie a amor clamer.
    Or pri celui
Qui trois parties fist de lui,
Qui refuser ne set nului   150
    Qui le reclaime,
Qui l'aeure et Seignor le claime,
Et qui cels tempte que il aime –
    Qu'il m'a tempté —
Que il me doinst bone santé,   155
Que je face sa volenté
    Tout sanz desroi.
Mon seignor, qui est filz de roi,
Mon dit et ma complainte envoi,
    Qu'il m'est mestiers,   160
Qu'il m'a aidié molt volentiers :
Ce est li bons quens de Poitiers
    Et de Toulouse ;
Il savra bien que cil goulouse
Qui sifetement se doulouse.   165

142 *B* ses i, *so Kressner,* *C* cest li, *D* si les.   143 *BD* Car on d.,
C Con en d.   148–56 *not in C.*   152 *not in B* ; *D* Qui seignor
et ami le cl.   154 *BD* Qui ma, *so Kressner.*   155 *BD* Que il men-
voit.   157 *BCD* Mais s. d.

30. RUSTEBEUF: LE MIRACLE DE
THEOPHILE

middle of 13th century

[MS. : Paris, Bibl. Nat., fr. 837, 13th century. For editions and
literature see the preceding extract. The *Miracle de Theophile* is also
printed in Monmerqué et Michel, *Théâtre français au moyen âge*, Paris,

1839 and 1879, p. 136. See also E. Lintilhac, *Le Théâtre sérieux au moyen âge*, Paris, 1904, etc., p. 177.]

This play, based on a popular mediaeval legend, was probably written for performance by a 'puy' (or literary and dramatic circle) in honour of the Virgin Mary. The exact date of its composition is uncertain, but it is the earliest extant French work of its kind.

The priest Theophilus, deprived by his bishop of his office as seneschal, passes from piety to impiety, blasphemes God, and appeals to the sorcerer Salatin 'qui parloit au Deable quant il voloit'. Salatin arranges an interview between Theophilus and the Devil.

Vv. 144-374 :—

Ici parole Salatins au Deable et dist:

Uns crestïens s'est sor moi mis
  Et je m'en sui molt entremis,
Quar tu n'es pas mes anemis;
    Os tu, Sathanz?
Demain vendra, se tu l'atans :   5
Je li ai promis quatre tans.
    Aten le don,
Qu'il a esté molt grant preudom,
Por ce si a plus riche don.
Met li ta richece a bandon.   10
    Ne m'os tu pas?
Je te ferai plus que le pas
    Venir, je cuit,
Et si vendras encore anuit,
Quar ta demoree me nuit ;   15
    G'i ai beé.

    Ci conjure Salatins le Deable:

Bagahi laca bachahé,
Lamac cahi achabahé,
    Karrelyos,
Lamac lamec bachalyos,   20
Cabahagi sabalyos,
    Baryolas,
Lagozatha cabyolas,
Samahac et famyolas,
    Harrahya.   25

Or vient li Deables qui est conjuré et dist :
Tu as bien dit ce qu'il i a :
Cil qui t'aprist riens n'oublïa ;
    Molt me travailles.

Salatins.

Qu'il n'est pas droiz que tu me failles
Ne que tu encontre moi ailles,   30
    Quant je t'apel ;
Je te faz bien süer ta pel.
Veus tu oïr un geu novel?
    Un clerc avons
De tel gaaing com nous savons ;   35
Soventes foiz nous en grevons
    Por nostre afere.
Que loëz vous du clerc a fere
Qui se voudra ja vers ça trere?

Li Deables.

    Comment a non?   40

Salatins.

Theophiles par son droit non.
Molt a esté de grant renon
    En ceste terre.

Li Deables.

J'ai toz jors eü a lui guerre,
C'onques jor ne le poi conquerre.   45
Puis qu'il se veut a nous offerre,
    Viengne en cel val
Sanz compaignie et sanz cheval ;
N'i avra gueres de travail,
    C'est pres de ci.   50
Molt avra bien de lui merci
Sathan et li autre nerci ;
    Mes n'apiaut mie
Jhesu, le fil sainte Marie :

Ne li ferïons point d'aïe.   55
    De ci m'en vois:
Or soiez vers moi plus cortois,
Ne me traveillier mes des mois —
    Va, Salatin —
Ne en ebrieu ne en latin.   60
    Or revient Theophiles a Salatin.
Or sui je venuz trop matin?
    As tu riens fet?

       Salatins.
Je t'ai basti si bien ton plet,
Quanques tes sires t'a mesfet
    T'amendera,   65
Et plus forment t'onorera,
Et plus grant seignor te fera
    C'onques ne fus.
Tu n'es or pas si du refus
Com tu seras encor du plus.   70
    Ne t'esmaier!
Va la aval sanz delaier;
Ne t'i covient pas Dieu proier
    Ne reclamer,
Se tu veus ta besoingne amer.   75
Tu l'as trop trové a amer,
    Qu'il t'a failli:
Mauvesement as or sailli.
Bien t'eüst ore malbailli,
    Se ne t'aidasse.   80
Va t'en, que il t'atendent; passe
    Grant aleüre;
De Dieu reclamer n'aies cure!

       Theophiles.
Je m'en vois; Diex ne m'i puet nuire

    8 *MS.* aidaisse.

Ne riens aidier,   85
Ne je ne puis a lui plaidier.
Ici va Theophiles au Deable, si a trop grant paor,
et li Deables li dist:
Venez avant, passez grant pas ;
Gardez que ne resamblez pas
Vilain qui va a offerande.
Que vous veut ne que vous demande   90
Vostre sires ?   Il est molt fiers !

Theophiles.
Voire, sire.   Il fu chanceliers ;
Si me cuide chacier pain querre.
Or vos vieng proier et requerre
Que vos m'aidiez a cest besoing.   95

Li Deables.
Requiers m'en tu ?

Theophiles.
Oïl.

Li Deables.
Or joing
Tes mains et si devien mes hon :
Je t'aiderai outre reson.

Theophiles.
Vez ci que je vous faz hommage,
Mes que je raie mon domage,   100
Biaus sire, des or en avant.

Li Deables.
Et je te refaz un couvant
Que te ferai si grant seignor
C'on ne te vit oncques greignor.
Et puis que ainsinques avient,   105
Saches de voir qu'il te covient
De toi aie lettres pendanz
Bien dites et bien entendanz ;

Quar maintes genz m'en ont sorpris
Por ce que lor lettres n'en pris :   110
Por ce les vueil avoir bien dites.

Theophiles.

Vez les ci, je les ai escrites.

*Or baille Theophiles les lettres au Deable, et li Deables
li commande a ouvrer ainsi :*

Theophile, biaus douz amis,
Puis que tu t'es en mes mains mis,
Je te dirai que tu feras :   115
Ja mes povre homme n'ameras ;
Se povres hom sorpris te proie,
Torne l'oreille, va ta voie ;
S'aucuns envers toi s'umelie,
Respon orgueil et felonie ;   120
Se povres demande a ta porte,
Si garde qu'aumosne n'en porte.
Douçor, humilitez, pitiez,
Et charitez et amistiez,
Jeüne fere, penitance   125
Me metent grant duel en la pance.
Aumosne fere et Dieu proier,
Ce me repuet trop anoier ;
Dieu amer et chastement vivre,
Lors me samble serpent et guivre   130
Me menjue le cuer el ventre.
Quant l'en en la meson Dieu entre
Por regarder aucun malade,
Lors ai le cuer si mort et fade
Qu'il m'est avis que point n'en sente ;   135
Cil qui fet bien si me tormente.
Va t'en ! tu seras seneschaus :
Lai les biens et si fai les maus ;
Ne juge ja bien en ta vie,

Que tu feroies grant folie   140
Et si feroies contre moi.
            Theophiles.
Je ferai ce que fere doi ;
Bien est droiz vostre plesir face,
Puis que j'en doi ravoir ma grace.
      Or envoie l'Evesque querre Theophile :
Or tost ! lieve sus, Pince-Guerre,   145
Si me va Theophile querre,
Se li renderai sa baillie.
J'avoie fet molt grant folie
Quant je tolue li avoie ;
Que c'est li mieudres que je voie,   150
Ice puis je bien por voir dire.
         Or respont Pince-Guerre :
Vous dites voir, biaus tres douz sire.
Or parole Pince-Guerre a Theophile et Theophiles respont :
Qui est ceenz ? —
                      Et vous qui estes ? —
Je sui uns clers. —
                      Et je sui prestres.—
Theophile, biaus sire chiers,   155
Or ne soiez vers moi si fiers.
Mes sires un pou vous demande,
Si ravrez ja vostre provande,
Vostre baillie toute entiere.
Soiez liez, fetes bele chiere,   160
Si ferez et sens et savoir.
            Theophiles.
Deable i puissent part avoir !
J'eüsse eüe l'eveschié,
Et je l'i mis, si fis pechié.
Quant il i fu, s'oi a lui guerre,   165
Si me cuida chacier pain querre.

Tripot lirot por sa haïne
Et por sa tençon qui ne fine!
G'i irai, s'orrai qu'il dira.

Pince-Guerre.
Quant il vous verra, si rira   170
Et dira por vous essaier
Le fist; or vous reveut paier,
Et serez ami com devant.

Theophiles.
Or disoient assez souvant
Li chanoine de moi granz fables;   175
Je les rent a toz les deables.

*Or se lieve l'Evesque contre Theophile et li rent sa
dignité et dist:*
Sire, bien puissiez vous venir.

Theophiles.
Si sui je, bien me soi tenir:
Je ne sui pas cheüs par voie.

Li Evesques.
Biaus sire, de ce que j'avoie   180
Vers vous mespris, jel vous ament,
Et si vous rent molt bonement
Vostre baillie: or la prenez,
Quar preudom estes et senez,
Et quanques j'ai si sera vostre.   185

Theophiles.
Ci a molt bone patrenostre,
Mieudre assez c'onques mes ne dis.
Desormés vendront dis et dis
Li vilain por moi aorer,
Et je les ferai laborer: 190
Il ne vaut rien qui l'en ne doute.

178 *Jubinal, edition of 1874* Si sai je bien me sostenir.

Cuident il je n'i voie goute?
Je lor serai fel et irous.

Li Evesques.

Theophile, ou entendez vous?
Biaus amis, penssez de bien fere.   195
Vez vous ceenz vostre repere,
Vez ci vostre ostel et le mien.
Noz richeces et nostre bien
Si seront desormés ensamble;
Bon ami serons, ce me samble: 200
Tout sera vostre et tout ert mien.

Theophiles.

Par foi, sire, je le vueil bien.

*Ici va Theophiles a ses compaignons tencier, premierement
a un qui avait non Pierres:*

Pierres, veus tu oïr novele?
Or est tornee ta rouele,
Or t'est il cheü ambes as,   205
Or te tien a ce que tu as,
Qu'a ma baillie as tu failli.
L'evesque m'en a fet bailli:
Si ne t'en sai ne gre ne graces.

Pierres respont:

Theophile, sont ce manaces?   210
Des ier priai je mon seignor
Que il vous rendist vostre honor,
Et bien estoit droiz et resons.

Theophiles.

Ci avoit dures faoisons,
Quant vos m'aviiez forjugié.   215
Maugré vostres, or le rai gié:
Oublïé aviiez le duel.

Pierres.

Certes, biaus chers sire, a mon vuel

Fussiez vous evesque esleüs
Quant nostre evesques fu feüs;   220
Mes vous ne le vousistes estre,
Tant doutiiez le roi celestre.

    Or tence Theophiles a un autre:
Thomas! Thomas! or te chiet mal,
Quant l'en me ra fet seneschal;
Or leras tu le regiber   225
Et le combatre et le riber:
N'avras pïor voisin de moi.

        Thomas.
Theophile, foi que vous doi,
Il semble que vos soiez yvres.

        Theophiles.
Or en serai demain delivres,   230
Maugrez en ait vostre visages.

  219 *MS.* evesques eus, *Editors* evesques eslus.

31. PHILIPPE DE NOVARE

about 1195–1270

[Philippe de Novare (Novara in Lombardy, formerly misinterpreted as Navarre) was one of numerous foreigners who in the 13th century used French for literary purposes in preference to their native language. When still young (before 1218) he left his home for Cyprus, then a French colony, became associated with the Lords of Baruth (Beirut), of the powerful Ibelin family, and had a prominent and varied career as soldier, statesman, and author. His language does not show any conspicuous Italian influence. See Beugnot, *Notice sur la vie et sur les écrits de Philippe de Navarre*, in *Bibl. École des Chartes*, II, p. 1; G. Paris in *Romania*, XIX, p. 99; P. Meyer, *De l'expansion de la langue française en Italie pendant le moyen âge* (*Atti del congresso internazionale di scienze storiche*, IV), Rome, 1903 (also published separately). A fuller bibliography is given by Kohler (see below).]

a. MEMOIRS.

  This work was long believed to be lost; but a large part of it has been identified in a historical compilation, the *Gestes des*

Chiprois, which was composed about 1320 and has been preserved in a single MS., now in private hands, written in 1343 at Kyrenia in Cyprus. Edition: Ch. Kohler, *Philippe de Novare: Mémoires* (*Class. fr. du moyen âge*, 10), Paris, 1913. For earlier editions and literature on the subject see Kohler's introduction.

The Memoirs describe the struggle which took place in Cyprus and Syria (1218–42) between the Ibelin family (of whom Philippe was a passionate supporter) and the followers of Frederick II (Emperor and King of Jerusalem). In historical and literary value they are scarcely inferior to the works of Villehardouin and Joinville. Kohler's edition, which we follow, is based on the single MS., but occasional improvements have been made with the help of an Italian translation of the 16th century, the *Chronicle of Amadi*.

Sections CXLIX—CLV (events of 1232):—

Le seignor de Baruth ala a Acre, et tant ordena et fist que les sairemens des Poulains furent tous refreichis, et qu'il fu maire de nouveau. L'evesque de Sayete manda au seignor de Baruth, priant, pour Deu et por son honour et pour son profit, que il le feist conduire devant luy, car il voloit a luy parler. 5
Le seignor de Baruth respondy que de par Deu venist. Il manda pour luy, et le fist conduire. Si tost com il fu en sa presence, il ly unes letres de par l'Empereor, en queles il avoit salus et creance.

L'evesque dist: 'Sire, il s'en contient es letres que vous me 10 devés croire. L'Empereor vous mande que il se repent mout de ce quy a esté entre vous et luy, et il se portera de ci en avant en tel maniere vers vous que vous et tous les vostres en serés riches et manant. Mais il veaut que vous ly faites un poi d'ennor, por ce que les gens ne puissent dire que vous l'avés vencu: l'enour 15 qu'il vous requiert [est] que vous venés en aucun leu ou il semble que il ait poer, et que vous dites ensi simplement, coment qu'il soit ne coment que non: "Je me met en la mercy de l'Empereor, come de mon seignor."' [A ce respondi monseignor] de Baruth: 'Sire evesque, a la fin de ma parole ferai 20 respons a vostre requeste; mais tout avant vous diray un conte et une essample quy est escrite au livre des fableaus de Renart.

11 *MS.* repente.   19 A ce resp. mons. *added from Amadi.*

Ce m'est avis qu'il afiert bien a ceste raison que vous m'avés dite.

'Il avint, en une forest plantive et pleine de toutes manieres 25 de bestes, qu'il y avoit un mout grant lion et mout mal rechi-gnant, maladif et malenconious. Un jour se gisoit devant sa cave; si vit passer une grant route de sers gras et de saisons. Le lion dist a sa privee maihnee: "Se je ne manjue de cel serf gras quy vait devant les autres, les mieges m'ont dit que je sui 30 mors." Maintenant manda au serf, priant pour Deu que il venist a luy parler, car il estoit si malades que il moroit; le serf y ala volentiers, come a son seignor. Si tost come il vint a l'entree de la cave, le lion se hasta de luy prendre; si l'atainst de la paute a la chiere et ly avala la peau jusque sur le museau. 35 Le serf fu fort et sain, et le lion foible et malade; si chey en ariere de son cop meisme. Ly serf s'en ala la chiere sanglantee, et dist que ja mais en sa court nen entreroit. Toutevoies gary le serf de sa playe.

'Un grant tens aprés avint que le lion manda au serf et dist 40 que, se Deu ly aidast, il ly cuida faire joie a l'entree de sa maison, et luy acoler, et si avint par meschance que ses ongles s'acrocherent en sa chiere, et il, de sa foibleté, au cheir, le grafigna mau son gré, et por Deu [qu']il venist a luy. Tant y ot de proyeres qu'a luy rala. Le lion sailly a l'encontre, et 45 lansa pour prendre le; ses pautes l'atainstrent jusques a sa coue de lonc en lonc de son dos; si en leva deus grans corroies. Le serf sailly esforseement come bleciés. Le lion estoit encores foibles, si chey de son cop meisme. Le serf s'en fuy et fu longuement malades de celes nafres, pres que tout un an. 50

'Au chef de l'an, le lion remanda a luy de ses barons, et tant le sarmonerent et proyerent que trai fu le serf, et revint a court. Le lion fu amendé, et estably sa privee maihnee [qui] le serf prist et ocist, et comanda que il fust escorchés et apareillés et

26 *MS.* richignant. 28 *MS.* sers grans, *cf. Amadi 180* cervi grassi. 53-4 *Amadi 180* El lion se hebbe emendato, et statui quelli di casa sua che preseno el cervo et occisolo, et lo fece scorticare. 54 ocist] *MS.* cist.

overt et desfait, car il voloit manger de luy.   Les bestes quy 55
manjuent char, si come Yzengrin et Renart, s'en entremystrent
de l'apareiller.   Renart bouta son groin et prist le cuer et le
manga.   Les autres bestes furent mout effreees ; le lyon s'en
prist garde, et come desloal s'en vost excuser par sa parole, et
dist : "Seignors, ne cuidés pas que pour felonie ne por lecherie 60
j'ai ocis le serf, mais por ma garison l'ai fait, car tuit li miege mos-
trérent que je ne pooye garir, se je ne manjoye del cuer dou serf."

'Le cuer ne pot estre trové, que Renart l'avoit ja mangié.   Le
lion jura que ce avoit fait Renart, car il avoit la barbe san-
glantee ; chascun le mostra au deit, et tuit distrent et jugierent 65
que Renart en devoit morir.   Renart dist en audience que
prest fu au comandement dou roy, et au jugement de la court
se metoit : "Seignors," ce dit Renart, "le serf vint antan a court,
si s'en party la chiere sanglante ; une autre fois aprés revint et
laissa deus corroyes de son dos ; la tierce fois revint morir si 70
nicement come cil quy n'avoit point de cuer, car se il eust cuer,
il ne fust pas revenus la tierce fois ; et l'on dist un proverbe :
'Ce qui n'i est ne puet on trover.'   Le serf n'avoit cuer, ne je
ne l'ay mangié.   Mon groin en est sanglant de l'escorcher et de
l'ovrir.   Je pry chascun en son endroit que por Deu et por 75
s'arme me juge."   Si distrent tuit a une vois que le serf n'avoit
point de cuer, et ensi fu Renart delivre.

'Et je vous di, sire evesque,' fait le sire de Baruth, 'que je
pues bien dire de l'empereor et de moy cest essample.   Il est
le lion et je suy le serf; deus fois m'a deceu : la premiere fois 80
a Lymesson, dont je os bien sanglante chere ; la seconde quant
je party de Deudamor, le chasteau, et vins a luy : encontre les
covenances, il retint les fortereces et toute Chipre a son eus, et
puis vendy le roy et Chipre a mes enemis.   Ce furent les deus
corroyes de mon dos.   Et se ores vieng en la tierce fois en sa 85
mercy, je otroy que je soye mort come fu le serf, [et] que l'on
juge seurement que je n'ai point de cuer.   Dont je vous di, sire

55 *MS.* mager.   58 *MS.* effrees.   60 *MS.* lechiere.   87 *MS.*
poin.

evesque, et veuill bien que il sache qu'en sa manaye ne me
tenra il ja mais ; et se mau gre mien, par meschance, [deusse]
estre devant luy, et il eust tout son pooir et je ne eusse ni 90
enfans, ni amis, ne pooir plus que dou petit doit de ma main,
o celuy me defenderoie jusques a la mort.'   A tant fina sa
parole.

b. DES QUATRE TENZ D'AAGE D'OME.

[Five MSS. (*ABCDE*), all of the 13th century, were used for the
edition ; the text is based on *A* (Paris, Bibl. Nat., fr. 12581).   Edition :
M. de Fréville, *Les Quatre âges de l'homme, traité moral de Philippe de
Navarre* (*Soc. d. anc. textes*), Paris, 1888.   See also P. Meyer in *Bibl.
École des Chartes*, L, p. 669 ; Ch.-V. Langlois, *La Vie en France au moyen
âge*, Paris, 1907, etc., p. 184.]

When over 70 years of age, Philippe de Novare embodied his
varied experience of life in a moral treatise, of real literary value
and unusual originality.   The following extract is from the first
part (on Childhood), sections 23-5, 27 and 28, and expresses
Philippe's views on the upbringing of women.   We follow the text
of de Fréville, but give only the more important variants.

Fame ne doit estre large, — petite ne grant, — car pucele
n'a mestier d'avoir chose de quoi ele peust faire joiaux, por
doner as paranz ne as autres ; ainz doit estre povre : et por
ce dit on, quant aucuns est a meschief d'avoir : ' Il est plus
povres que pucele.'   Et quant ele sera mariee, se ele est large, 5
et li mariz larges, riens ne lor durra ; et se li mariz est eschars,
et ele est large, ele fait honte a son seignor.   En fame ne puet
estre largesce bone que une : ele puet doner aumones large-
ment por Dieu, par le congié de son mari, por les ames d'aus,
se il ont quoi ; et quant on voit fame trop large, toz jors 10
doute l'an qu'ele ne soit large de son cors ausis comme de
l'avoir.

L'an lor doit en anfance aucun mestier apanre por entendre,
et non mie penser.   Toutes fames doivent savoir filer et
coudre ; car la povre en avra mestier, et la riche connoistra 1

miaus l'ovre des autres.   A toutes doit on apanre et ansaignier
que eles soient bones baisseles, les povres por ovrer, les riches
por ansaignier ; de tout ce ne doit estre nule desdaigneuse,
car la glorieuse mere Dieu daigna et volt ovrer et filer.

A fame ne doit on apanre letres ne escrire, se ce n'est 20
especiaument por estre nonnain ; car par lire et escrire de
fames sont maint mal avenu.   Car tieus li osera baillier ou
anvoier letres, ou faire giter devant li, qui seront de folie
ou de priere, en chançon ou en rime ou en conte, qu'il
n'oseroit proier ne dire de bouche, ne par message mander. 25
Et ja n'eust ele nul talant de mal faire, li deables est si soutis
et entendanz a faire pechier, que tost la metroit en corage que
ele lise les letres, et li face respons.   Et queus que li respons
soit, foibles ou fors, a l'anortement de l'anemi et a la foiblece
de la complexion de la fame, a unes autres letres plus losan- 30
gieres sera angignie par aventure ; et touz jors dit on que 'au
serpent ne puet on doner venin', car trop en i a.

.   .   .   .

En toutes menieres se doit on porveoir de les garder
destroitement et chastier asprement, en dit et en fet, des
petitece : car anfance est li fondemenz de vie, et sor bons 35
fondemenz puet on bastir granz edifiz et bons.   Et mout se
doit on traveillier de les ansaignier sovant, et doner soi garde
qu'eles soient de bele contenance et simple, et que lor regars
soient coi et atampré ; de non esgarder trop affichiement, ne
trop haut, ne trop bas, mais devant aus tout droit a l'androit 40
de lor iaus, sans traverser, et sanz bouter sa teste avant ; ne
traire arriers en fenestre ne aillors, et simplement passer et
aler devant la gent.

Quant eles sont assamblees de noces ou d'autre feste, l'an

17 baisseles] *B* menagieres, *C* meisaires, *E* ovrieres.   25 *A* dire ne
proier.   26 *A* soumis.   30 de la c.] *A* et a la c. ; *BCE* la foible
complession.   32 puet] *BCE* doit.   33 *BCE* garder et nourir.
34 des] *A* de, *C* en, *E* et en.   35 *AC* car en anfance ; bons] *AD*
granz.   39 *AD* soient tuit atampré ; *A* affermement.   42 et aler
not in A.   44 *AC* sont ansamble.

lor doit bien deffandre qu'eles ne soient trop plaisantieres ne 45
trop acointables, ne vileinnement gourdes. Et mieus vaut
il qu'eles soient un po desdaigneuses en meniere et orguil-
leuses, que trop souples, especiaument a ceus et a celes qui
repairent antor eles et font acoison de servir eles. Car l'an
dit, et voirs est, que 'privez sires fait fole mainie'; et plus 50
granz perilz gist en privee dame que en privé seignor; et mout
afiert a fame qu'ele parole po; car en trop parler dit on sovant
folie.

46 gourdes] *AD* gardees.   49 *ABCD* antor eux.

32. ROMAN DE FAUVEL

1310–14

[There are at least twelve MSS., of which the most important are:
Paris, Bibl. Nat., fr. 2139, 14th century (*A*); do., fr. 146, 14th century,
(*E*). Photographic reproduction of *E* by P. Aubry, Paris, 1907.
Edition: A. Långfors, *Le Roman de Fauvel par Gervais du Bus* (*Soc.
d. anc. textes*), 1914–19; cf. review by E. Hoepffner in *Romania*, XLVI,
p. 426. For the historical allusions see Lavisse, *Hist. de France*, III, 2,
p. 174.]

This satirical poem consists of two books, dated 1310 and 1314
respectively, both presumably from the pen of Gervais du Bus, a
Norman, who championed the policy of King Philip IV against the
Knights Templars and helped to prepare public opinion for the
dissolution of the order in 1312. The extract given below corre-
sponds to vv. 599–742 and vv. 927–1028 of Långfors' edition, but
it is based on MS. *E*, which supplies a more homogeneous (Central
French) text than MS. *A* (followed by Långfors).

Les premiers apostres estoient
   Pouvres, et pouvrement vivoient:
Plains estoient de charité
Et fondez sus humilité.
Or est le de changié, helas!   5
Car autrement vont nos prelas.
Je n'en puis faire bone hystoire,
Car Avarice et Vainne Gloire
Les ont du droit chemin ostez;

7 *A* Je ne, *E* Si nen.

Trop joint leur sont pres des costez.   10
Pasteurs sont, mes c'est a eus pestre :
Hui est le leu des brebis mestre.
Bien leur sevent oster la laine
Si pres de la pel qu'el en saine ;
Au touser sont tuit apresté,   15
N'il n'atendent pas a l'esté,
Mes en touz temps plument et pillent.
Fauvel le veut, car il l'estrillent,
Et si le frotent doucement :
Placebo chantent hautement,   20
Mais *Dirige* dïent sanz note.
Il est general terremote,
Car la terre tourne a rebours,
Et clers et lais, moines et bours,
Sont tourné ce devant derriere.   25
Las ! comment sont mis en chaiere
Juenes prelas par symonie,
Qui riens ne sevent de clergie ?
Il ont non de reverent pere,
Et enfant sont ; ne doit pas plere   30
A Dieu que s'espouse l'Iglise
Soit en mains de tex prelas mise.
Gouverneeurs ne sont seürs
Joines gens, s'i ne sont meürs.
Nepourquant, au bien eslingnier,   35
Je ne savroie distinguier
Les quiex prelas, au dire voir,
Font au jor d'ui miex leur devoir.
Les uns, encor em parlerai,
Sont devers le conseil le rai :   40

10 *A* T. j. les ont.   11 *A* pour els.   14 *E* quēle s.   15 *E* A tondre.
16 *A* Ne eulz na. p. l.   18 *A* F. leur rent que els e.   28 *A* Qui
poi ont apris de clergie.   31-2 *E* A d. que ligl. sesp. Soit par m. de
t. p. clouse.   33 *A* Ne sont pas gouverneurs seurs.   34 *A* seuls ne.
35 *A* a bien esluignier.   37 *A* a d.   39 *A* parleroi.   40 *A* le roy.

Aus enquestes, aus jugemens,
Aus eschequiers, aus parlemens
Vont nos prelas, bien y entendent.
Les biens de l'Iglise y despendent ;
Les pouvres en ont pouvre part,   45
Car Fauvel l'aumosne depart
Qui en boban tout abandonne,
Et aus pouvres gens riens ne donne.
Par tiex prelas, si com je cuide,
Est au jour d'ui l'Iglise vuide   50
De foy plus qu'ains ne fu veü.
Par eus est souvent pourveü
Le roi d'exaccïons lever
Sus l'Iglise et de li grever.
Par les prelas qui vuellent plere   55
Au roy et tout son plesir fere
Dechiet au jour d'ui sainte Eglise
Et pert s'onnor et sa franchise.
Tiex prelas peres ne sont mie,
Mes parrastres, qui n'aiment mie   60
Les enfans de leur espousees
Qui par honneur leur sont donnees.
Les enfanz ne leur püent plere
Des quiex il n'aiment pas la mere.
Nos prelas font bien leur deü,   65
Car il sont postiaus de seü
Et de rosel en sainte Eglise
Si la soustiennent par tel guise
Que leurs souzgiez pincent et taillent,
Mes a touz leurs besoins leur faillent.   70
Touz jours s'en vont de pis en pire.

44 *A* omits y.   46 *E* ausmone.   47 *E* boben.   48 *A* Es es.
58 *E* Et p. au jour dui sa f.   62 *so A* ; *other MSS.* Par qui honeurs.
64 *A* Des que il.   66 *A* Quant.   68–9 *A* Tant en font que nul ne
les prise Leurs s. p. bien et taillent.   70 *E* Et.

Il n'est mes temps que l'en se mire
En leur faiz pour exemple prendre ;
Mes savoir doivent et entendre
Que Diex en son grant jugement   75
En prendra cruel vengement.
Helas ! et pour quoi ne s'avisent
Nos prelas, qui hui tant se prisent,
Pour les biens qu'il ont de l'Iglise,
Que toute leur entente ont mise   80
En orgueil et en vanité ?
Tout temps vuelent, c'est verité,
Avoir honneurs et grans servises
A genouz et en toutes guises,
Enclinez, chaperons ostez.   85
Tant ont d'onneur en touz costez
Qu'il ne semble pas, c'est la somme,
Qu'i soient nez de fame et d'omme,
Ains croissent touz jours leur estas.
Il ne pensent pas aus restas   90
Qu'il avront au general conte ;
Diex les gart qu'il n'en aient honte !
La vainne gloire dont tant boivent
Et les honneurs si les deçoivent,
Enivrez sont, ne leur souvient   95
De ce que faire leur couvient.
Raison si me dit et enhorte
Qu'il n'entrerent pas par la porte
Par quoi prelas jadis entrerent,
Mais par dessus les murs ramperent,   100
Autrement que ne fist Cephas.

72 *E omits* se.   74 *A* deveis.   75 *A* a son.   80 *A* Qui.
79-80 *E* P. l. b. quil ont et les rentes De liglise ont mis leur ententes.
87 *E omits* pas.   88 *A* Quil s. de fame ne d.   89 *E* crossent.
90 *A* a r.   95-6 *E inverts the order of these lines.*   100 *A* mon-
teirent.

Tant ont fait *per fas et nephas*
Tiex rampeeurs que la mestrise
Ont au jor d'ui de sainte Yglise.
Fauvel jusques aus murs les porte, 105
Et Symonie, qui est forte,
L'eschiele tost leur appareille ;
Tost montent si que c'est merveille.
Avis m'est que n'ai pas veü
De mon temps prelat esleü 110
Pour ce qu'il fust de sainte vie,
Mais grant lignage ou symonie
En font du tout leur volenté :
Sanz eus n'est mes nul clerc renté,
Se par servir ne le pourchace. 115
Encor i fet Fauvel fallace,
Car le bon serjant essaiez
Est moult souvent trop pis paiez
Et pis rentez que n'est celi
Qui plus tart vient pere de li. 120
Le bon n'a cure de flater,
L'autre set bien Fauvel grater ;
Et Fauvel, qui les rentes donne,
Ne regarde pas la personne
De celi qui le bien desert, 125
Mais cil qui de torcher le sert.
Pour ce souvent leur painne perdent
Qui a tiex gens servir s'aerdent.
A nos prelas doint Diex avis,
Par quoi il soient plus ravis 130
D'amer foi, raison et droicture
Et ceus dont il portent la cure.

103–4 *E* Que ont la mestrise tiex rompeeurs De liglise dont est peeurs.   106 *A* O s.   109 *A* oi ; *E* pais veu.   115 *A* servise nel p.   116 *E* Encoquore.   118 *E* Et m.   120 *E* pire de li. 128 *A* Qui a s. t. g.

De sainte Eglise sont le chief.
Pour ce leur di tout de rechief
Que par leur notoire defaute   135
L'Eglise, qui jadis fu haute,
Est au dessouz, dolente et basse,
Com la nacele souz la nasse,
Si c'om n'i puet mes nul bien prendre,
Car li pescheur sont a reprendre.   140
Des autres estaz de l'Yglise
Poi en y voi de bonne guise :
Tous sont müés de lour droit estre,
Chanoine, moine, cler et prestre.

.   .   .   .

Tant y a fait la beste fauve   145
Que les ordres, se Diex me sauve,
Sont pres toutes desordenees.
Bien pert Fauvel est mauvés chief :
Un' ordre a ja mis a meschief
Qui estoit des plus honnorees.   150
   Tant i a fait la beste amere
Que sainte Eglise, nostre mere,
S'en complaint griement et demente :
La fraude des Templiers aperte,
Qui les dampne a mort et a perte,   155
La fait mere trite et dolente ;
   Soupirer la fait et gemir
Si que tout homme en doit fremir
Qui est droit filz de sainte Eglise.
Li Templier l'ont mise en tristece,   160
Si qu'el lamente en grant destrece
Et se complaint en ceste guise :

134 *E* di tant.   136 *A* qui fut j.   140 *A* Que li.   141-3 *E* Des
autres estas pourveons De leglise trop pou veons Ne soient hors de leur
droit estre.   144 *E* Chanoinnes moines.   147 *A* Sont t. p. ; *E* desorde.
151 *so A* ; *other MSS.* Tant en a f.   155 *E* Qui les a mis a mort aperte.
156 *A* fait metre triste, *E* feit m. trite.   161 *E* Si en lamente.

'Helas! com si male aventure,
Chose grieve et fortune dure,
Quant mes enfanz m'ont deguerpie! 165
Li Templier, que je tant amoie
Et que tant honoré avoie,
M'ont fait despit et vilanie.

   Nourri les ay et alleitiez
Et a mon poair afaitiez 170
Pour deffendre la Sainte Terre
Contre Sarrazins renoiez.
Mais or les voi si desvoiez
Qu'a Jhesucrist ont empris guerre.

   Mon cher espous ont renïé, 175
Qui pour eus fu crucefïé,
De quoi il portoient le signe.
Las! pour quoi l'ont il voulu faire?
Je leur ai touz jours esté mere
Douce, gracïeuse et benigne. 180

   Le signe de la croiz portoient:
De la crestïenté devoient
Estre maintiens et champïons.
Pour ce moult honnorez estoient,
Essauciez par tout, et avoient 185
Rentes et grans possessïons.

   Onques a eus nul mal ne fis,
Mais des biens du vrai crucefis
Avoient il outre mesure,
Et franchises et privileges. 190
Las! or sont devenuz hereges
Et pecheeurs contre nature.

   Le cueur m'est tout mat et fremi
De ce qu'es laz a l'ennemi

163 *E* Lasse com ci. 166 *E* que tant jotant. 169–74 *These lines are found only in E.* 179 *A* ai estei t. j. 187–246 *A omits these lines.* 193 *E* c. met.

Se sont si longuement tenuz :   195
Touz s'i estoient entassez ;
Il a plus de cent anz passez
Que leurs meschiés sont avenuz.
   Entr'eus avoient fait une ordre
Si horrible, si vil, si orde   200
Que c'est grant hideur a le dire :
Tantost quant aucun recevoient,
Renïer du tout li fesoient
Jhesucrit, et la croiz despire :
   A cracher dessus commandoient.   205
L'un l'autre derriere baisoient.
Moult avoient ors estatuz.
Helas ! mal furent d'Adam nez,
Car il en seront touz dampnez
Et dissipez et abatuz.   210
   Helas ! helas ! c'est bien raison,
Car il ont trop longue saison
Ceste orde vie demenee :
Si regnassent plus longuement,
Crestïenté certenement   215
En fust par tout envenimee.
   Diex, qui en veut faire venjance,
A fait grant grace au roi de France
De ce qu'i l'a aperceü.
Diex a s'amour l'a apelé   220
Quant tel mal li a revelé
Qu'ains mes ne pot estre sceü.
   Saint Loys, le roi de Secire [1]
Ouïrent bien en leur temps dire
Des Templiers faiz de soupeçon :   225

221 *E omits* a.   223 *E* Secile.   225 *E* fait par s.

[1] *i.e.* Charles of Anjou.

Moult se penerent du savoir,
Mais onques n'en porent avoir
En leur temps certene leçon.
    Mais cestui neveu saint Loys
Doit estre liez et esjoïs,   230
Quant il en a ataint le voir.
Moult a mis et labour et painne
A faire la chose certainne.
Tres bien en a fait son devoir :
    Diligaument, comme preudomme,   235
Devant l'apoustolle[1] de Romme
A poursuï ceste besoingne
Tant que li Templier recognurent,
Des greigneurs qui en l'ordre furent,
Devant le pape leur vergoingne   240
    Et tant de douleur que grant honte
Seroit a faire plus lonc conte,
Si qu'il est miex que je m'en taise.
Dampnez en sont et mis a mort.
Or est bien foul qui ne s'amort   245
A faire tant que Fauvel plaise !
    Fauvel lour a trop bien rendu
Ce qu'il avoient entendu
A vivre ou siecle faussement.
Tel loier a qui sert tel mestre :   250
Quant Fauvel a fait les siens pestre,
Si leur donne leur paiement.'

---

237 *E* Au pourfuir.   243 *E* me t.   250 *É* maint m.

[1] *i. e.* Pope Clement V.

33. STORY OF ASENATH

about 1320.

[MS. : Paris, Bibl. Nat., fr. 6938, dated 1333. Edition: L. Moland et C. d'Héricault, *Nouvelles françaises en prose du XIVᵉ siècle (Bibl. Elzév.*), Paris, 1858. See also E. W. Brooks, *Joseph and Asenath*, London, 1918.]

The story of Asenath—daughter of Potipherah, priest of On, and wife of the patriarch Joseph (cf. *Genesis* xli. 45)—was probably the work of a Christianized Jew of the early Christian period, and is included in the apocryphal Testament of the Twelve Patriarchs ; cf. G. Brunet, *Évangiles apocryphes*, Paris, 1849, p. 536, and Saint-Marc Girardin, *Essais de littérature et de morale*, Paris, 1853, vol. II, p. 110. It was incorporated by Vincent of Beauvais (d. 1264), author of the largest mediaeval encyclopædia, in his *Speculum historiale* (Liber primus, cap. CCXVIII-CCXXII), of which a French version was made between 1317 and 1327 by the indefatigable translator Jean du Vignay, at the request of Jeanne de Bourgogne, Queen of France. On Vincent of Beauvais see *Hist. litt. de la France*, vol. XVIII, Paris, 1835, p. 449 ; and on Jean du Vignay see *Romania*, XXV, p. 405. We follow the text of Moland and d'Héricault.

Pp. 3-12 :—

De l'ystoire Asseneth.

El temps du premier des sept ans de la plenté de blez, envoia Pharaon Joseph pour assembler le fourment. Et Joseph vint en la contree de Elyopoleos, ou Puthiphar estoit, qui estoit prestre et mestre conseillier de Pharaon, qui avoit Asseneth, sa fille, belle sur toutes les vierges de terre, et sembloit as filles des 5 Juis en toutes choses. Mais elle estoit orguilleuse et hautaine et despisant tout homme. Et nul homme ne l'avoit oncques veue ; car elle estoit en une tour jointe à la maison Puthiphar, grant et lee et haute. Et desus cele tour avoit un estre ou il avoit dis chambres. Et la premiere estoit bele et grant, faite 10 de pierres de marbre de couleurs ; et les parois estoient de pierres precieuses assises en laz d'or, et la couverture doree. Et la estoient les diex des Egyptiens, d'or et d'argent, les quiex Asseneth aouroit et leur sacrefioit chascun jour.

En la seconde chambre demoroit Asseneth, et la estoient 15

aornemens d'or et d'argent et de pierres precieuses et de dras precieux.   En la tierce chambre avoit de touz les biens de terre ; et la estoient les celiers Asseneth.   Et les autres sept chambres estoient a sept vierges qui servoient Asseneth, et estoient tres beles, et homme n'avoit oncques parlé a elles ne 20 enfant masle.   En la chambre Asseneth estoient trois fenestres : la premiere tres grant par devers orient, la seconde devers midi, la tierce devers aquilon.   Et en celle chambre estoit un lit doré couvert de dras de pourpre tissus a or et a jacintes.   Et la dormoit Asseneth seule, ne onques homme n'avoit sis sus cel 25 lit.   Et entour cele maison avoit un grant estre clos de tres haut mur, et en cel estre avoit quatre portes de fer ; et a chascune porte garder avoit dis et huit hommes tres fors et josnes et bien armez ; et en la destre partie de cel estre estoit une fontaine vive, et aprés la fontaine une citerne qui recevoit 30 l'yaue et arousoit touz les arbres plantez en l'estre, qui estoient biaus et portans fruit.   Et Asseneth estoit grant comme Sare, gracieuse comme Rebeca, et bele comme Rachel.

Comment Joseph reprist Asseneth de aourer les ydoles.

Joseph envoya un message a Putiphar qu'il voloit aler en sa 35 maison.   Et il en ot grant joie, et dist a sa fille : ' Joseph, fort de Dieu, doit venir ci.   Je te veul donner a li pour fame.'   Et elle en ot despit, et dist : ' Je ne veul pas estre fame d'un chaitif, mes de filz de roy.'   Et si comme ilz parloient, un message vint qui dist : ' Vez ci Joseph.'   Et Asseneth s'en foui en sa 40 tour haut.   Et Joseph vint seant en un char qui fu de Pharaon, qui estoit doré ; et le traioient quatre chevaus touz blans comme noif, en frainz et en hernois dorez.   Et Joseph estoit vestu d'une cote blanche tres resplendissant et un mantel de pourpre tyssu d'or ; et avoit une couronne doree sus son chief, et en 45 celle couronne estoient douze tres fines pierres esleues ; et sus ces pierres avoit douze estoiles d'or ; et tenoit en sa main verge royal et un rain d'olive tres plain de fruit.

26 grant estre] atrium magnum.

Et Putiphar et sa fame vindrent a l'encontre et l'aourerent. Et entra Joseph en l'estre, et les huis furent clos. Et quant 50 Asseneth le vit de sa tour, si fu trop courouciee de la parole que elle avoit dite de li, et dist : ' Vez ci le soleil qui est venu a nous en son char ! Je ne savoie pas que Joseph fust filz de Dieu. Qui pot engendrer si grant biauté d'omme, et quel ventre de fame pot porter tel lumiere ? '   55

Et Joseph entra en la maison Putiphar, et eulz li laverent les piez. Et il demanda quel fame estoit cele qui estoit a la fenestre de la tour : voise s'en hors de ceste maison ! Car il cremoit ja qu'ele n'eust couvoitise de li comme pluseurs autres qui li avoient envoié leur messages et dons de diverses manieres, 60 que il avoit refusees o grant indignacion. Et Putiphar dit : ' Sire, c'est ma fille, qui est vierge et het tout homme, et ne vit onques homme que moi et toi au jour d'ui. Si tu veulz, elle vendra saluer toi.' Et il se pourpensa : ' Se elle het tout homme, elle ne sera pas couvoiteuse de moi.' Et dit a 65 son pere : ' Se vostre fille est vierge, je l'aime comme ma suer.'

Et sa mere l'ala querre et l'amena devant Joseph. Et son pere li dist : ' Salue ton frere, qui het toutes les fames estranges aussi comme tu hez les hommes.'

Et dont dist Asseneth : ' Diex te gart, qui es beneoit de Dieu 70 le haut ! '

Et Joseph dist : ' Beneisse toi Diex qui toute chose vivifie ! ' Et dont commanda Putiphar que elle besast Joseph. Et elle le voult faire ; mes Joseph mist sa main contre la poitrine Asseneth, et dist : 'Il n'apartient pas a homme qui aoure Dieu vif et mengue 75 pain de vie et boit en calice sans corrupcion, besier fame estrange qui aoure ydoles sourdes et mues et baise de sa bouche, et mengue a leur table pain de guervier et boit calice de leur esponges, et se oint d'uille non enquerable.'

77–9 manducantem a mensa eorum panem anchonis et bibentem de spondis eorum calicem anedras, calicem occultum, et ungentem se oleo inscrutabili, *translation of* καὶ ἐσθίει ἐκ τῆς τραπέζης αὐτῶν ἄρτον ἀγχόνης, καὶ πίνει ἐκ τῆς σπονδῆς αὐτῶν ποτήριον ἐνέδρας, καὶ χρίεται χρίσματι ἀπωλείας (*P. Batiffol, Studia patristica, fasc. 1, Paris, 1889, p. 49*).

De la penitance Asseneth et de la consolacion de l'angre ; com- 80
ment il vint des ciex en la chambre Asseneth et parla a li et la
conforta moult doucement.

Quant Asseneth ot oy les paroles de Joseph, si fu trop
correciee et pleura ; et Joseph ot pitié de li, et li mist la main
sus la teste, et la beney. Et Asseneth s'esjoi de la beneiçon, 85
et se mist sus son lit, et fu malade de paour et de joie, et
renonça as diex qu'elle aouroit et fist penitance. Et Joseph
but et menga, et, quant il s'en dut aler, Putiphar le volt retenir
un jour ; et il ne put ; mes il s'en ala et promist a revenir
dedenz huit jours. 90

Et Asseneth se vesti de cote noire qu'elle vesti quant son
frere le mendre fu mort, et c'estoit vestement de tristresce ; et
clost l'uis de sa chambre sus li et pleura, et geta hors toutes ses
ydoles par la fenestre devers aquilon, et toute sa viande roial
donna as chiens, et mist cendre sus son chief et sus le pavement, 95
et pleura amerement par sept jours.

Et a l'uitiesme jour, quant le coc chanta et les chiens
abaierent au matin, elle regarda par la fenestre devers orient, et
vit une estoile clere pres de li, et le ciel ouvri, et apparut grant
lumiere ; et Asseneth chai a terre encline sus la cendre, et un 100
homme descendi du ciel, et s'esta sus le chief Asseneth et
l'apela par son nom. Et elle n'osa respondre de paour. Si
l'apela seconde foiz : 'Asseneth, Asseneth !' Et elle respondi :
'Vez me ci, sire, di moi qui tu es.' Et il li dist : 'Je sui
prince de la maison de Dieu et de son ost ; lieve toi sus tes 105
piez, et je parlerai a toi.'

Et Asseneth leva son chief et vit un home qui sembloit a
Joseph en toutes choses, et avoit estole et verge roial et
couronne ; et le vout de li estoit comme foudre, et ses iex
comme rai de soleil, et les cheveus du chief comme flambe de 110
feu. Et quant elle le vit, elle ot paour et chai encline. Et
l'angre la releva et la conforta, et li dist : 'Oste ce vestement
noir que tu as vestu et ce ceint de tristresce et ce sac de tes

jambes et cele cendre de ta teste, et leve ta face et tes mains
de vive yaue, et t'aorne de tes vestemens, et je parlerai a toi.' 11฀

Et elle s'aourna hastivement et retorna a l'angre, et l'angre
li dist : 'Asseneth, oste cel aornement de ta teste, car tu es
vierge ; esjois toi et conforte, car ton nom de vierge Asseneth
est escript el livre des vivans et n'en sera ja mais esfacié ; et tu
es renouvelee au jour d'ui et vivifiee, et mengeras pain de 12c
beneiçon et bevras boivre sans corrupcion, car tu seras ointe
de cresme saint ; et je t'ai hui donnee espouse a Joseph, et
ton nom ne sera plus Asseneth, mes nom de grant refuge, car
ta penitance a prié pour toi le haut roy de qui elle est fille, et
vierge touz jours riant et attrempee.' 12฀

Et elle demanda a l'angre son nom ; et il respondi : 'Mon
nom est escript du doi de Dieu el livre du tres haut roi ; et
tout ce qui est escript en cel livre n'est pas a dire ne il n'apar-
tient oir a nul homme mortel.'

De la table et du miel que Asseneth mist a l'angre, et comment 13c
l'angre benei Asseneth.

Et dist Asseneth, qui tenoit le mantel de l'angre par dessus :
' Se je ay trouvé grace en tes iex, sié toi un petit sus ce lit, sus
lequel onques homme n'assist, et je t'apareillerai la table.'

Et l'angre dist : 'Fai tost.' Et elle mist le pain douz et 13฀
souef flerant et nape neuve. Et l'angre dist : ' Donne moy
une ree de miel.' Et si elle fu courouciee pour ce que elle
n'en avoit point. Et l'angre li dist : 'Entre en ton celier, et
tu en trouveras sus ta table.' Et elle y ala et trouva miel tres
blanc comme noif et tres pur et de soueve oudeur. Lors elle 14c
dist a l'angre : ' Sire, je n'avoie point de miel, et tu le deis de
ta bouche sainte, et il est fet ; et l'oudeur de lui sent comme
l'alaine de ta bouche.'

117 denuda caput tuum a teristro[1]. 123–5 nam poenitentia exoravit
pro te altissimum, quae est filia altissimi, virgo hilaris ridens semper et
modesta.

---

[1] The *theristrum*, or head-covering, seems to have been worn among
the Jews by married women only (Brooks, p. xii).

Et l'angre si rist pour l'entendibleté Asseneth, et mist sa main sus son chief, et dist : 'Tu es beneoite, pour ce que tu 145 delessas les ydoles et creus en nostre Seigneur vif.   Et ceulx sont beneois qui viennent a li par penitance : car il mengeront de cestui miel, que les mousches de paradis firent de la rousee des roses de paradis.   Et ceulz qui en mengeront ne mourront ja en pardurableté.'   150

Et puis prist l'angre le miel et en rompi une petite partie, et en menja un pou, et mist l'autre en la bouche Asseneth, et dist : 'Tu as mengié en ce jour pain de vie, et es ointe de cresme saint, et tes chars sont renouvelees et tes os sont sanez, et ta vertu sera sans defaillir ne ta janesce ne vieillira ja, et ja 155 ta beauté ne faudra ; et tu seras cité souveraine de tous les afuians au non de nostre Seigneur omnipotent roy des siecles.'

Et puis atoucha l'angre la ree de miel, et elle devint entiere comme devant ; et puis estendi sa main et toucha de son mestre doi le miel en croiz, et la ou son doit toucha fut fet en 160 sanc ; et dist a Asseneth : 'Resgarde ce mieil.'   Et, quant elle le resgarda, elle vist mousches issir hors du miel, blanches comme noif et aucunes vermeilles comme jacintes, et aviron-nerent toutes Asseneth, et fesoient le miel en sa paume ; et mengierent li et l'angre de celui miel ; et l'angre dist as 165 mousches : 'Allez vous en en vostre lieu.'   Et elles s'en alerent vers orient en paradis.   'Aussi seront toutes les paroles vraies que je t'ai hui dites.'   Et encore estandi l'angre sa main tierce foiz et toucha le miel, et le feu sailli sus la table et usa le miel sanz faire a la table mal, et l'oudeur qui yssi du miel et du feu 170 fu tres doulce.

De la beneiçon des sept vierges et du mariage Asseneth selonc l'ystoire.

Asseneth dist a l'angre : 'Sire, j'ai avecques moi sept vierges qui furent norries avec moi des enfance, et fumes toutes nees 175

156-7 et eris sicut metropolis aedificata omnium confugientium ad nomen Domini.

et engendrees en une nuit. Je les apelerai, et tu les beneiras comme moi.'

Et il les fist apeler, et les beney, et dist: 'Beneisse vous Diex, nostre Seigneur tres haut, et soiés aussi comme sept coulompnes de la cité de refuge.' Et donc commanda 180 Asseneth oster la table. Et quant elle l'ot ostee, et elle aloit mettre la en son lieu, l'angre s'esvanoi de ses iex. Et quant elle retorna, elle vit aussi comme un curre a quatre chevaus alant vers orient el ciel. Et Asseneth commence a prier Dieu qu'il lui pardonnast ce que elle avoit parlé si hardiement a li. 185

Et vez cy tantost un message qui nonça a Putiphar que Joseph, ami de Dieu, venoit, et son message est ja a la porte. Et Asseneth se hasta d'aler encontre, et s'aresta devant les estables de la maison. Et quant Joseph entra en l'ostre, elle le salua et dist les paroles que l'angre li avoit dictes, et li lava 190 les piez. Et l'endemain Joseph pria Pharaon que il li donnast Asseneth a fame; et il li donna, et leur mist couronnes d'or les milleurs que il avoit, et les fist entrebesier l'un et l'autre, leur fist grans noces et grans disners qui durerent sept jours, et commanda que nulz ne feist euvre les noces durantes, et 195 apela Joseph filz de Dieu et Asseneth fille du tres grant Roy haut.

34. GUILLAUME DE DEGUILEVILLE: LE PELERINAGE DE VIE HUMAINE

1330-32

[MSS. very numerous; see preface to edition, where fifty-four MSS. of the first recension are enumerated; the text here printed is that of Paris, Bibl. Nat., fr. 1818 (14th century), one of the best and most complete MSS., with spelling differing but slightly from that of the author. Edition by J. J. Stürzinger, for the Roxburghe Club, London, 1893, based on ten MSS.; vols. II (1895) and III (1897) contain the *Pelerinage de l'Ame* and the *Pelerinage Jhesucrist* respectively, by the same author; vol. IV, to contain Introduction, Glossarial Index and Notes, has not appeared. See also P. Meyer, letter printed in Furnivall's *Trial-fore-words to the parallel text edition of Chaucer's Poems*, London, 1871, p. 100

(especially on the metre); H. L. D. Ward, *Catalogue of Romances in the department of MSS. of the British Museum*, vol. II, London, 1893, p. 588; Gröber's *Grundriss*, II, part i, Strasburg, 1902, p. 749; K. B. Locock, in Furnivall's edition of *The Pilgrimage of the Life of Man 'englisht by John Lydgate* (*Early English Text Society*), part III, London, 1904 (also published for the Roxburghe Club, London, 1905).]

Guillaume de Deguileville, born 1294 or 1295, was prior of the Cistercian monastery of Châlis (dept. Oise). Inspired, as he tells us, by the *Roman de la Rose*, he composed a vast allegorical work in three parts (36,000 vv.), describing successively man's life in this world, the life of the soul after death, and the model life and death of Christ. Part I was written in 1330–32, part II in 1355, part III in 1358; part I was also revised by the author before 1355. The work was translated into English by John Lydgate (1426), also by an unknown author about 1430; it was utilized by Chaucer (*Boke of the Duchesse* and *A B C*), and possibly suggested to Bunyan the idea of the *Pilgrim's Progress* (Miss Locock disputes this). It is written in lines of eight syllables, rhyming in pairs, but with an unusual feature: the final unaccented syllable of feminine rhyme-words counts as the eighth syllable of the line, instead of being supernumerary; in many cases the copyists have added a syllable in order to make these lines normal. Rejected readings of the MS. followed are given in the foot-notes.

Vv. 1–70:—

Ci commence le songe du pelerinage de humaine vie.

A ceuz de ceste regïon
  Qui point n'i ont de mansïon,
Ains y sont tous, com dit saint Pol,
Riche, povre, sage et fol,
Soient roys, soient roÿnes,   5
Pelerins et pelerines,
Une visïon veul nuncier
Qui en dormant m'avint l'autrier.
En veillant avoie leü,
Consideré et bien veü   10
Le biau roumans de la Rose.
Bien croi que ce fu la chose

3–6 *Peregrini et hospites sunt supra terram* (*Hebr.* xi. 13). *Non enim habemus hic manentem civitatem* (*Hebr.* xiii. 14).

Qui plus m'esmut a ce songier
Que ci aprés vous vueil nuncier.
Or viengnent pres et s'arroutent   15
Toute gent, et bien escoutent ;
Ne soit nul et ne soit nule
Qui arriere point recule ;
Avant se doivent touz bouter,
Touz asseoir et acouter :   20
Grans et petis la visïon
Touche sans point d'excepcïon.
En françois toute mise l'ai,
A ce que l'entendent li lai.
La pourra chascun aprendre   25
La quel voie on doit prendre,
La quel guerpir et delessier.
C'est chose qui a bien mestier
A ceuz qui pelerinage
Font en cest monde sauvage.   30
Or entendez la visïon
Qui m'avint en religïon
A l'abbaie de Chaalit,
Si com j'estoie en mon lit.

L'acteur parle.

Avis m'ert si com dormoie   35
Que je pelerins estoie
Qui d'aler estoie excité
En Jherusalem la cité.
En un mirour, ce me sembloit,
Qui sanz mesure grans estoit,   40
Celle cité aparceue
Avoie de loing et veue.

15 Or i v. pres et se arr.   20 *Most MSS.* escouter, *so Ed.*   22 de exc.   25 Illec p.   34 en nostre lit.   35 Avis mestoit, *cf. Roman de la Rose, v. 45,* Avis m'iere.

Mont me sembloit de grant atour
Celle cité ens et entour.
Les chemins et les alees 45
D'or en estoient pavees,
En haut assis son fondement
Estoit, et son maçonnement
De vives pierres fait estoit,
Et haut mur entour la clooit. 50
Mont i avoit de mansïons,
De lieus et d'abitacïons.
La estoit toute leece,
Toute joie sans tristece.
Illuec, pour passer m'en briefment, 55
Avoit chascun generaument
De tout bien plus que demander
Ja mais ne sceüst, ne penser ;
Mes ce mont me desconfortoit,
Que chascun pas [bien] n'i entroit 60
A son plaisir, pour l'entree
Qui forment estoit gardee.
Cherubin portier en estoit
Qui un fourbi glaive tenoit,
Bien esmoulu a deux taillans, 65
Tout versatille et bien tournans.
Mont s'en savoit cil bien aidier,
N'est nul tant sache du bouclier
Qui par illec passer peüst
Que mort ou navré ne feüst. 70

Vv. 7033-7198. The pilgrim, while hesitating to cross the Hedge of Penitence, is ensnared by Dame Peresce (Sloth) :—

Le pelerin parle.

Or vous dirai comment m'avint
Dont grandement me mesavint.

45-50 *Revelation* xxi. 21, 18, 19, 12.   51 *John* xiv. 2.   62 Qui
mont forment.

Ainsi com musant alaie,
Querant pertuis en la haie,
En mon chemin cordes et las   75
Avoit que ne veoie pas.
Dedens me senti enlaciez
Soutainement et par les piez
Arresté, dont fui esbahi
Grandement et au cuer marri,   80
A Raison a parler lessai
Et Grace Dieu entroubliai.
De la haie force ne fis
Ne de querre i treu ne pertuis ;
Assez a faire et a penser   85
Avoie aus cordes desnouer ;
Rompre bien ne les pouoie,
Quar fort com Sanson n'estoie.
Vieille laide et hideuse
Contraite et malgracïeuse,   90
Que ne veoie pas devant
Pour ce que me venoit suiant,
Les cordes et les las tenoit
A une main et empoingnoit.

   Quant me retournai et la vi,   95
Plus que devant fu esbahi,
Quar la vi toute moussue,
De mousse toute pellue,
Orde et noire et ville et sale ;
Laide chose fust en sale,   100
Qui li veïst venir dancier.
Une coingnïe a un bouchier
Pour assommer pourciaux avoit
Dessous s'aisselle, et si portoit

73 comm en musant.   74 En querant.   87 Rompre pas bien.
88 pas nestoie.   89 Une vieille.   90 Contrefaite.   97 Quar je
la.   98 Et de.

Cordes en fardel lïees   105
Au col et enfardelees.
Cuidai, quant vi la maniere,
Que fust loutriere ou louviere.
Tiex troussiaux ai veu aus louviers
Qui sont au roy, et aus loutriers.   110

Le pelerin parle.

   'Qu'est ce,' dis je, 'vielle puant?
Que me venez vous ci suiant?
Qui estes vous, et par quel droit
M'arrestés vous ici endroit?
Ne deussiez pas ainsi venir   115
Sans parler et vous estoussir.
Bien pert que onques n'issistes
De bon lieu, ne ne venistes.
Fuiez de ci, et me laissiez
Oster ces las d'entour mes piez!   120
Ne sui pas gerfaut ne faucon
Ne esprevier n'esmerillon
N'autre oisel a fauconnier
Pour moi de giez ainsi lïer.'

Peresce parle.

   Adonc la vielle respondi: 125
'Par mon chief,' dist elle, 'ainsi
Com cuides, pas n'eschaperas;
Mal y venis, a moi l'aras.
Vielle puant m'as clamee;
Vielle sui, mes mesnommee   130
M'as de ce que puant m'as dit,
Quar puant ne sui pas, ce cuit.
En maint biau lieu ai ore esté,
Et en iver et en esté,

---

105 en un f.   106 A son col.   107 Bien cuidai.   108 Que
loutriere fust.   117 ne issistes.   129 mas appellee.   130 sui e.

Couchiee en chambres d'empereurs,   135
De rois et d'autres grans seigneurs,
Et en courtines d'evesques,
D'abbez, de prelas et prestres,
Qu'onques mes puant nommee
Ne fu nul temps ne clamee.   140
Dont te vient il, comment osas
Ainsi parler, qui en mes las
Ez arrestez et enlaciez?
Je croi que bien seroies fiers
Et malement parleroies   145
A moi, se cheu n'i estoies ;
Et pour ce, puis que je t'i tien,
Je croi que m'en vengerai bien,
Je te merrai ja en tel lieu
Ou te ferai croirre en mon dieu.'   150

Le pelerin parle.

'Vielle,' dis je, 'qui estes vous,
Qui avez si le cuer estous?
Dire vostre non deüssiez,
Puis qu'ainsi vous me menaciez.'

Peresce parle.

'Certes', dist elle, 'je vuel bien   155
Que ne te soit celé de rien
Mon non, qui sui, de quoi je serf.
Fame sui au bouchier d'enfer
Qui li amaine par cordiaus,
Aussi com se fussent porciaus,   160
Les pelerins que arrester
Je puis par les piez et lïer.
Mains li en ai pieça menez,
Et en merrai encore assez,

137 Et] Couchiee, *Ed. suggests* Mise (?).   138 et de prestres.
139 Que onques.   140 fu en nul t.   145 tu parl.   157 Mon non
dist elle de.

Des quiex le premier tu seras,   165
Se ne m'eschapes de mes las.
Pour ce ving ainsi lïer toi
Repostement et en recoi ;
S'autrement fusse venue,
Bien cuidasse avoir perdue   170
Ma paine, quar de la passer
Vouloies et toi en aler.
  Je sui la vielle qui me gis
Avec les enfans en leur lis,
Qui sur l'autre coste tourner   175
Les fais et eus envis lever ;
Je sui nee pour eus bercier
Et pour eus faire soumeillier,
Pour eus clorre la paupiere
Qu'il ne voient la lumiere.   180
Je sui celle qui dormir fas
Enmi la nef dessouz le mas
Le gouverneur, quant a perdu
Son gouvernail, ou l'a rompu,
Combien que soit enmi la mer   185
Et que le[s] vens voie lever ;
Puis perdue chevissance
Li fas metre en nonchalance,
Tout laissier perir et farder
Et sa nef en peril aler.   190
Je sui celle qui sans fouir
Fais en gardins chardons venir,
Ronces et orties lever
Et cauquetrepes sans semer.
Par maintes fois avenu m'est   195
Que ce qui a faire estoit prest

169 Quar sautrement.   179 reclorre.   180 Que il.   187 Apres
perdue.   188 Tout li fas.

A l'endemain l'estuioie,
Et aprez rien n'en faisoie.
Volentiers tout generaument
Au temps a venir je m'attent,   200
Et par moi a souvent esté
Maint bon ouvrage retardé.
J'ai nom Peresce gouteuse,
Encrampelie, boisteuse,
Mehaignïe, afolee,   205
Enfondue et engelee ;
Et s'autrement me veus nommer,
Tristece me puez appeller,
Quar de quanque voi m'ennuie.
Et ausi com se defrie   210
Mole tournant qui a moudre
Rien n'a, et de soi fait poudre,
Ausi je me vois defriant
Par ennui toute et degastant.
Rien ne me plaist, se a mon gre   215
N'est fait et a ma volenté.
Et pour ce qu'ainsi m'ennuie,
Porte je ceste coignïe —
Ennui de vie l'appelle on —
Qui ausi com mache de plom   220
Estonne et assomme la gent.
C'est la coignïe proprement
Dont jadis Helye assommai
Souz la genevre et aplommai.
Se n'eust esté le haut pendu   225
Par qui deux foys excité fu,
Pour puissance que il eüst,
Point eschappé il ne me fust.

197 je lest.   198 Et puis aprez.   203 la gouteuse.   204 Lenc.
et la b.   205 La meh. laf.   206 Et lenf. et leng.   209 il men-
nuie.   210 Et tout ausi.   211 qui n'a que m.   212 Et de soi fait
farine et poudre.   223–8 *Cf. iii* (*A.V. 1*) *Kings, xix. 5-7.*

De ceste coignïe assomme
Clers au moustier et aplomme ;   230
Si pesans et si aplommés
Les fais que, s'estoient pesez,
Vendre les pourroit on a pois,
Et un en peseroit bien trois ;
Nul n'en espargne que puisse   235
Assommer, ne que je truisse.'

229 jassomme.   230 Les clers.   235 que je puisse.

35. MIRACLE OF THE NUN WHO LEFT HER ABBEY

14th century

[MS. : Paris, Bibl. Nat., fr. 819–20, beginning of 15th century.
Edition : G. Paris et U. Robert, *Miracles de Nostre Dame par personnages*
(*Soc. d. anc. textes*), vol. I, Paris, 1876, p. 309 ; vol. IX of this edition,
to contain (*inter alia*) rejected readings of the MS., has not appeared.
See also H. Schnell, *Untersuchungen über die Verfasser der Miracles de
N.-D. par personnages* (Stengel's *Ausgaben und Abhandlungen*, XXXIII),
Marburg, 1885 ; G. Gröber, *Ein Marienmirakel*, in *Festgabe für W. Foerster*,
Halle, 1902, p. 421.

This is one of a collection of forty dramatized Miracles, com-
posed for performance by a 'puy' (cf. no. 30) in honour of the
Virgin Mary, probably at Paris.

*A nun, wooed by a knight, has promised to elope with him ; but the
Virgin Mary, to whom she continues to pay her devotions, on two suc-
cessive nights stands in her way and prevents her leaving the abbey.*

Vv. 390–607 :—

Deuxiesme nonne. Que peut c'estre ? Ay je sens desvé
                        Ou j'ay esté enfantosmee,
                   Qui ne puis estre oultre passee
                   Celle chappelle ou ore entray ?
                   Par Dieu, encore me mettray   5
                   En essai se pourray passer.
                   Pener me doy bien et lasser
                   A fin d'acomplir ma promesse,

Car je seray chevaleresse,
Se de ceens puis estre yssue.　　10
Je m'en revois sanz attendue,
Si saray qui m'en avenra.
Doulce Dame, *ave Maria,*
Gracia plena, Dominus tecum,
Benedicta tu in mulieribus　　15
Et benedictus fructus ventris tui.
Or doi j'avoir bien plain d'annui
Le cuer, et de courrouz et d'ire,
Quant ceste ymage contredire
Deux foiz m'est venue a passer,　　20
Et je n'ay plus par ou aler
Puisse, se n'est par ci endroit.
Aussi con sur moy clamast droit,
L'issue par cy me devee ;
Je voy bien qu'en vain muse et bee :　25
Retourner en dortoir me fault,
Mais le cuer de douleur me fault
　　Quant g'y revois.

Nostre Dame.　Ralons nous en entre nous trois,
Mi ange, en la gloire infinie,　　30
Et si chantez a voiz serie
　　Aucun rondel.

Gabriel.　Nous en dirons un tout nouvel,
Dame, quant vous le conmandez.
Michiel, avecques moy chantez　　35
　　Et sanz decort.

Michiel.　Disons donc ce rondel d'accort ;
　　Bel est a dire.

　　Rondel.

Dame du royal empire
Des cieulz, mere au roy des roys,　　40
Mains vous sert homs, plus empire,

Dame du royal empire,
Car par vous de Dieu s'espire
Grace es cuers plains de desrois,
Dame du royal empire 45
Des cieulx, mere au roy des roys.

L'escuier. Mon seigneur, j'ay oy la vois
De l'aloëte. Il est grant jour.
Alons m'en de cy sanz sejour,
  C'on ne nous truisse. 50

Le chevalier. Las! je ne say conment je puisse
Durer, tant ay au cuer courrouz.
Perrotin, va t'en, ami doulz,
Et revien assez tost a moy,
Car je te jur en bonne foy 55
Ja mais bien ayse ne seray
Tant qu'a elle parlé aray;
  N'en doubtes point.

L'escuier. Je venray donc cy bien a point.
  Je m'en vois, sire. 60

La premiere nonne. Ma dame, encore avons a dire
Noz heures, et le jour est hault.
Trop avons dormy: il nous fault
  De ci lever.

L'abbesse. Hau! Diex, je prenoie a resver. 65
Egardez conme il est haulte heure!
Or sus! alons m'en sanz demeure
  En cuer nous trois.

Deuxiesme nonne. Ma chiere dame, alons, c'est droiz,
  Et temps en est. 70

L'abbesse. A chascune son livre prest?
Je lo que tout bas versillons.
Mettons nous ci a genoillons
  En Dieu priänt.

Premiere nonne.	Ce ne vueil j'estre detrïant,	75
	Ma chiere dame ; or conmanciez :	
	Diner sera bien avanciez	
	Ains qu'aions dit.	
L'abbesse.	Conmencier vueil sanz contredit.	
	Domine, labia mea apperies.	80
Les seurs.	*Et os meum annunciabit laudem tuam.*	
L'abbesse.	*Deus, in adjutorium meum intende.*	
Les seurs.	*Domine, ad adjuvendum me festina.*	
L'abbesse.	*Benedicamus Domino.*	
Les seurs.	*Deo gràcias.*	85
L'abbesse.	Alons diner ysnel le pas,	
	Puiz que noz heures dit avons,	
	Et aprés en dortoir yrons	
	Sus la vespree.	
Deuxiesme nonne.	Chiere dame, s'il vous agree,	90
	Un petit ici demourray,	
	Car uncore un po a dire ay	
	De mon service.	
L'abbesse.	M'amie, je seroie nice,	
	Se dire ne le vous laissoie.	95
	Nous en irons par ceste voie	
	Nous deux devant.	
Le chevalier.	E ! doulce amie, en convenant	
	M'aviez d'estre a moy venue :	
	Par deux nuiz vous ay attendue	100
	Et a toutes deux musé ay,	
	Dont j'ay esté en grant esmay,	
	En grant courrouz et a malayse.	
	Pour Dieu, a moy dire vous playse	
	Qui m'a ce fait que ne venistes	105
	Des le convenant que me fistes	
	Premiere foiz.	
Deuxiesme nonne.	Doulx sire, se conte de Foix	
	Feussiez, n'en peüsse je faire	

Plus ; ne vous vueille pas desplaire ; 110
Je l'amenderay bonnement,
Car ennuit tout certainement
Venray a vous entour mienuit,
Sire, et pour Dieu ne vous ennuit
    De mon demour.   115

Le chevalier. Doulce amie, pour vostre amour
Ne m'en vueil je pas courroucier,
Mais je vous pri, dame, et requier
    Ennuit venez.

Deuxiesme nonne. Sire, pour tout certain tenez 120
Que a vous vers mienuit iray :
Pour nulle riens ne le lairay,
    Soiez en seur.

Le chevalier. Dame, ce soit a bon eür.
A Dieu ! moult bien me prendray garde 125
De vous, car moult forment me tarde
    Vostre venue.

Deuxiesme nonne. Bien sui fole quant tant tenue
Me sui a servir ceste ymage,
Qui deux foiz m'a fait tel hontage 130
Que le passer m'a deffendu
Par cy, dont le cuer ay fondu
Tout en douleur, c'est bien droiture.
Mais pour nient prent ci de moy cure,
Car de touz poins certes lairay 135
Son service ; plus n'en feray.
Trop long temps en cloistre ay musé
Et mon corps en penance usé :
Plus n'en feray ; j'en sui a fin.
Ains qu'il soit demain au matin 140
Pense j'estre en autre harnoys.
Avecques l'abbesse m'en vois
    Qui m'atent la.

Premiere nonne.	Bien veigniez, belle suer ; or sa,
	Avez dit tout ? 145
Deuxiesme nonne.	Oïl, j'ay tout mis sus le bout
	Jusqu'a demain.
L'abbesse.	C'est bien fait ; mettez ci la main,
	Belle suer, avec nous mengiez.
	Tenez, ceste cuisse rungiez 150
	De ce poucin.
Deuxiesme nonne.	Voulentiers, dame, de cuer fin,
	Quant le voulez.
Premiere nonne.	Ma chiere dame, or m'entendez :
	Nous avons mengié a foison. 155
	Il est d'aler couchier saison,
	Si com me semble.
L'abbesse.	C'est voirs ; alons nous trois ensemble.
	Demain lever nous convenra
	Matin, pour ce que l'en tenra 160
	Ceens chapitre.
Deuxiesme nonne.	Alons donc : je ne vueil pas istre
	De vostre accort.

Le chevalier.	Perrotin, il m'est moult a fort
	De ce qu'estre autrement ne peut : 165
	Grant chose a en ' faire l'esteut '.
	Doulz amis, a toy me complaing.
	Je vieng de celle que tant aing,
	A qui j'ay parlé longuement
	Et si li ay monstré conment 170
	Deux nuiz elle m'a fait attendre ;
	Et elle d'umble cuer et tendre
	M'a prïé que je li pardoingne,
	Car il li sourdi une essoine
	Par quoy a moy ne pot venir, 175
	Mais que ja venra sanz faillir ;
	Que m'en diz tu ?

L'escuier.	Mon seigneur, par le roy Jhesu,
	Sachiez, s'en vostre point estoie,
	Qu'a ceste foiz encore yroie 180
	Elle gaittier.
Le chevalier.	Pense donc de toy affaittier,
	Car maintenant nous en yrons
	La endroit, et la gueterons
	Tant qu'elle viengne. 185
L'escuier.	Sire, ne dites plus qu'il tiengne
	A moy : prest sui.
Le chevalier.	Alons m'en, il est temps maishui,
	Tout bellement.

Deuxiesme nonne.	Or ne vueil je plus longuement 190
	Demourer que je ne m'en voise
	De ci endroit sanz faire noise.
	Convent dort, que je bien le say,
	Et si me mettray en essay
	De passer parmy la chappelle 195
	Sanz dire *ave* ne kyrïelle
	Devant l'image de Marie ;
	Trop m'a fait estre en cuer marrie,
	Dont plus saluer ne la vueil,
	Ne tourner devers li mon oeil. 200
	Dame, dame, tenez vous la !
	Puis que passee suis de ça,
	Je ne retourneray mais huy
	Ne des mois, car je vois celuy
	Que j'aim de cuer et que je quier 205
	Qui m'atent la.

	Doulz ami chier,
	A vous m'en vien.
Le chevalier.	Doulce amie, puis que vous tieng,

Je sui hors de toute tristesce
Et plain de joie et de leesce.   210
Vous soiez la tres bien venue,
N'y ait plus parole tenue;
Cy endroit plus ne demouron.
Or tost mettez ce chapperon
Et puis ce mantellet vestez.   215
Pour Dieu, dame, que vous hastez,
Car pour voir espouser vous vueil
Ains que je dorme mais de l'ueil;
     N'en doubtez point.

Deuxiesme nonne. Sire, je suis preste et a point :   220
          Avant mouvez.

Le chevalier. Escuier, devant nous alez :
          Passez tantost.

L'escuier. Sire, voulentiers, a brief mot
          Je vois devant.   225

---

36. EUSTACHE DESCHAMPS
about 1346–1406

[The principal MS. of Deschamps' works is Paris, Bibl. Nat., fr. 840, written in the first quarter of the 15th century. Extract *a* is also found in a second MS., but the variants offer no special interest and are here omitted. Edition: Marquis de Queux de Saint-Hilaire et G. Ray naud, *Œuvres complètes de E. D.* (*Soc. d. anc. textes*), 11 vols., Paris, 1878–1903 ; vol. XI contains a biographical notice and general introduction. See also A. Sarradin, *Étude sur E. D.*, Versailles, 1878 ; K. Voll, *Das Personal- und Relativ-pronomen in den Balades de Moralitez des E. D.*, Diss. Munich, 1896 ; H. Bode, *Syntaktische Studien zu E. D.*, Diss. Leipzig, 1900 ; E. Hoepffner, *E. D. Leben und Werke*, Strasburg, 1904.]

Eustache Deschamps (also known as Eustache Morel), a Champenois by birth, spent the greater part of his life in the service of Charles V and Charles VI, kings of France, holding successively a number of important public posts. As poet he was a disciple of Guillaume de Machaut. Prolific and versatile, prosaic but sometimes eloquent, with a strongly didactic and moralizing tendency, he was the leading French poet of his day ; but to the modern reader the quantity of his work appears more remarkable than its quality.

a. BALADE. (I. cxxiii)

On the death of Guillaume de Machaut. 1377.

Armes, amours, dames, chevalerie,
  Clers, musicans, faititres en françois,
Tous sophistes, toute poëterie,
Tous ceuls qui ont melodïeuse voix,
Ceuls qui chantent en orgue aucune fois   5
Et qui ont chier le doulz art de musique,
Demenez dueil, plourez, car c'est bien drois,
La mort Machaut, le noble rethorique.

  Onques d'amours ne parla en folie,
Ains a esté en tous ses diz courtois,   10
Aussi a moult pleü sa chanterie
Aux grans seigneurs, a dames, a bourgois.
He ! Orpheüs, assez lamenter dois
Et regreter d'un regart autentique,
Arethusa et Alpheüs, tous trois,   15
La mort Machaut, le noble rethorique.

  Prïez pour lui si que nul ne l'oublie :
Ce vous requiert le bailli de Valoys,
Car il n'en est au jour d'ui nul en vie
Tel comme il fut, ne ne sera des mois.   20
Complains sera de princes et de roys
Jusqu'a long temps pour sa bonne pratique ;
Vestez vous noir, plourez tous, Champenois,
La mort Machaut, le noble rethorique.

          12 *MS*. et a bourgois.

b. BALADE. (I. xvii)

Against the country of Flanders. 1385.

Li uns se plaint de sa grant povreté,
  Et li autres de pluseurs maulx qu'il a ;
L'autres se plaint qu'il a riches esté
Et voit trop bien que plus ne le sera ;

Li uns se plaint quant il se marïa   5
Onques encor; l'autres qui est trop tendres
Se plaint du froit qui trop le refroida ;
Mais ne me plaing fors du païs de Flandres.

Deux fois y fu d'iver, et deux d'esté :
La premiere, quant li Roys les mata   10
A Rosebech ; a Bourbourc apresté
Seconde foiz, quant li Roys l'assiega ;
Adonc aprés des Gantoys se venga ;
A l'Escluse ne fut pas ses faiz mendres
Quant passer dubt : maint plaignent pour cela,   15
Mais ne me plaing fors du païs de Flandres.

Car g'i ay eu toute chetiveté ;
En cheminant la boe m'afubla
D'un ort mantel ; je fu dedenz bouté,
Et mon sommier jusqu'au coul se plunga ;   20
Bahu et tout long temps y demoura ;
Quant g'issi hors et lui, nous semblions cendres.
Complaigne soy des Flamens qui vouldra,
Mais ne me plaing fors du païs de Flandres.

L'Envoy.

Princes, ja mais mes cuers ne l'amera,   25
C'est uns drois lieux pour atendrir les ventres ;
De leurs piques se plaingne qui vouldra,
Mais ne me plaing fors du païs de Flandres.

6 *MS.* li autres.

c. RONDEAU. (II. ccxxx.)

Summer is the season for War. 1389 ?

On doit aller guerroier en esté
    Et ou printemps, que l'erbette point drue,
Que li chaut vient et yver se remue :

Les chevaulx ont lors tous biens a plenté,
Et le logeis de mal en bien se mue.   5

L'en doit aler guerroier en esté
Et ou printemps, que l'erbette point drue :

Neige et gresil sont en terre bouté,
On oit chanter chascun parmi la rue ;
Arme toy lors, tien toy l'iver en mue.   10

L'en doit aler guerroier en esté,
Et ou printemps, que l'erbette point drue,
Que li chaut vient et yver se remue.

   9 *MS.* larrue.   11 aler *not in MS.*

d. BALADE. (II. ccxxxii.)

The Fox and the Crow.

(Compare La Fontaine, *Fables*, I. 2.)

Renart jadis, que grant faim destraignoit,
   Pour proie avoir chaçoit par le boscage,
Tant qu'en tracent dessur un arbre voit
Un grant corbaut qui tenoit un frommage.
Lors dist Renars par doulz humble langaige :   5
'Beaus Thiesselin, c'est chose clere et voire
Que mieulx chantes qu'oisel du bois ramage.'
On se deçoit par legierement croire,

   Car li corbauls le barat n'apperçoit,
Mais voult chanter ; po fist de vassellage,   10
Tant qu'en chantant sa proye jus cheoit ;
Renart la prist et mist a son usaige.
Lors apperçut le corbaut son dommaige
Sanz recouvrer perdit par vaine gloire ;
A ce mirer se doivent foul et saige :   15
On se deçoit par legierement croire.

   5 *MS.* et humble.

Q

Pluseurs gens sont en ce monde orendroit
Qui parlent bel pour querir adventaige ;
Mais cil est foulz qui son fait ne congnoit
Et qui ne faint a telz gens son couraige ;   20
Gay contre gay doivent estre en usaige ;
Souviengne vous de la corneille noire
De qui Renars conquist le pasturage :
On se deçoit par legierement croire.

e. CHANÇON ROYAL. (III. cccxv.)

The joys of country life. 1405 ?

En retournant d'une court souveraine
  Ou j'avoie longuement sejourné,
En un bosquet, dessus une fontaine,
Trouvay Robin le franc, enchapelé—
Chapeauls de flours avoit cilz afublé   5
Dessus son chief—et Marïon sa drue.
Pain et civoz l'un et l'autre mangue,
A un gomer puisent l'eaue parfonde,
Et en buvant dist lors Robins qui sue :
' J'ay Franc Vouloir, le seigneur de ce monde.   10

He ! Marïon, que nostre vie est saine !
Et si sommes de tres bonne heure ne :
Nul mal n'avons qui le corps nous mehaigne ;
Dieux nous a bien en ce monde ordonné,
Car l'air des champs nous est habandonné ;   15
A bois couper quant je vueil m'esvertue ;
De mes bras vif ; je ne robe ne tue ;
Seürs chante ; je m'esbas a ma fonde.
Par moy a Dieu doit grace estre rendue :
J'ay Franc Vouloir, le seigneur de ce monde.   20

19 *MS.* grace doit.

Tu puez filer chascun jour lin ou laine,
Et franchement vivre de ton filé,
Ou en faire gros draps de tiretaine
Pour nous vestir, se no draps sont usé.
Nous ne sommes d'omme nul habusé,   25
Car Envie sur nous ne mort ne rue.
De noz avoirs n'est pas grant plait en rue,
Ne pour larrons n'est droiz que me reponde;
Il me suffist de couchier en ma mue:
J'ay Franc Vouloir, le seigneur de ce monde.   30

  Juge ne craim qui me puist faire paine
Selon raison: je n'ay rien offensé.
Je t'aime fort, tu moy d'amour certaine.
Pas ne doubte que soie empoisonné.
Tirant ne craing: je ne sçay homme armé   35
Qui me peüst oster une laitue.
Paour n'ay pas que mon estat se mue:
Aussi frans vif comme fait une aronde.
De vivre ainsi mon cuer ne se remue:
J'ay Franc Vouloir, le seigneur de ce monde.   40

  Dieux! qu'a ces cours ont de dueil et de paine
Ces curïaux qui dedenz sont bouté!
Je l'apperceu trop bien l'autre sepmaine,
C un fais de bois avoie la porté.
Ilz sont tous sers: ce n'ay je pas esté.   45
Mangier leur vi pis que vïande crue.
Ilz mourront tost; et ma vie est creüe,
Car sanz excés est suffisant et ronde.
Plus aise homme n'a dessoubz ciel et nue:
J'ay Franc Vouloir, le seigneur de ce monde.'   50

L'Envoy.

  Prince, quant j'eu franc Robin escouté,
Advis me fut qu'il disoit verité:
En moy jugié sa vie belle et monde,

Veu tous les poins qu'il avoit recité.
Saige est donc cilz gardans l'auctorité :   55
J'ay Franc Vouloir, le seigneur de ce monde.

55 *MS.* Saiges.

f. VIRELAY (IV. DLXXXVIII).

The Lover's Alleluia.

Or a mon cuer ce qu'i vouloit,
  Or a mon cuer ce qu'i queroit,
Or a mon cuer son vray desir,
Or a mon cuer tout son plesir,
Or a tout ce qu'i desiroit,   5

La bonté, la beauté, l'onnour,
La rose, la fresche coulour,
La plus plaisant, la plus amee,
La mieulx garnie de douçour,
Et la plus amoureuse flour   10
Qui onques fust au monde nee ;

Celle de qui nulz ne saroit
Descripre les biens, ne pourroit
Ancre, papier ne plume offrir,
Ne langue ne pourroit souffrir   15
De la louer selon son droit.

  Or a mon cuer *etc.*   17—21

C'est Pallax, deesse d'amour,
Et mon refuge et mon demour ;
C'est ma joye et paix ordonnee,
C'est la fin de tout mon labour,   25
C'est ma vie et ce que j'aour,
C'est ma joyeuse destinee,

C'est celle que mon cuer conoit,
C'est celle que mon cuer servoit,

26 ce] *MS.* le.

C'est celle qui fait repartir   30
Mon cuer d'amour, et remerir ;
Folz est qui plus demanderoit.

    Or a mon cuer *etc.*

37. LE MENAGIER DE PARIS (1393)

[Three MSS. (one unimportant), all of the 15th century, are described
by the editor. Edition : J. Pichon, *Le Ménagier de Paris, traité de morale
et d'économie domestique*, 2 vols., Paris, 1846.]

The anonymous author was undoubtedly a bourgeois of Paris, a
member of the magistracy and a man of dignity and wealth.
Married at an advanced age to an orphan girl of noble birth, he
adopts a kindly and paternal attitude towards his young wife. In
a modest and touching Prologue he explains that she has appealed
to him for advice regarding her new duties as mistress of a large
household, and that he has therefore embodied his own wide expe-
rience of such matters in a book for her guidance. He even
expresses the hope that his advice may assist her in serving another
husband when he himself is gone. In successive sections he deals
with (1) her duties towards God and her husband, (2) the welfare
of her household, and (3) sports and games ; section 3 is unfinished.
He was a man of literary tastes, possessing a clear style and a happy
turn of expression.

*Our extract, taken from section 2, ch. iii (Pichon, vol. II, p. 53),
discusses the servant problem in the 14th century :—*

Sur quoy, chiere seur, ou cas que vous vouldriez entreprendre
a estre mesnagiere, ou introduire une autre vostre amie,
sachiez que serviteurs sont de trois manieres. Les uns qui sont
prins comme aides pour certaine heure, a un besoing hastif,
comme porteurs a l'enfeutreure, brouetiers, lieurs de fardeaulx 5
et les semblables ; ou pour un jour ou deux, une sepmaine ou
une saison, en un cas necessaire ou penible où de fort labour,
comme soieurs, faucheurs, bateurs en granche ou vendengeurs,
hottiers, fouleurs, tonneliers et les semblables. Les autres a
temps et pour certain mistere, comme cousturiers, fourreurs, 10
boulengiers, bouchiers, cordoenniers et les semblables qui
euvrent a la piece ou en tache pour certain euvre. Et les
autres sont pris pour estre serviteurs domestiques pour servir

a l'annee et demourer a l'ostel.   Et de tous les dessus-dis
aucun n'est qui voulentiers ne quiere besongne et maistre.   15

Quant est des premiers, ils sont neccessaires pour descharger .
et porter fardeaulx et faire grosses et pesans besongnes ; et
ceulx sont communement ennuyeux, rudes et de diverses
responses, arrogans, haultains, fors a paier, pres de dire injures
et reprouches se l'en ne les paie a leur gre quant la besongne 20
est faicte.   Si vous pry, chiere seur, que quant vous en avrez
a faire, dictes a maistre Jehan le despensier ou autres de vos
gens qu'ils quierent et choisissent et prennent ou facent choisir
et prendre les paisibles ; et tous jours faictes marchander a
eulx avant ce qu'ils mettent la main a la besoigne, a fin qu'il 25
n'y ait debat aprés ; ja soit ce que le plus souvent il ne veulent
marchander, mais se veulent bouter en la besoigne sans
marchié faire, et si doulcement dient : ' Mon seigneur, ce n'est
riens, il n'y a que faire : vous me paierez bien, et de ce que
vous vouldrez je seray content.'   Et se ainsi maistre Jehan les 30
prent, quant ce sera fait ils diront : ' Sire, il y avoit plus a faire
que je ne cuidoie ; il y avoit a faire et cecy et cela, et d'amont
et d'aval ' ; et ne se vouldront paier et crieront laides parolles   .
et villaines.   Si dictes a maistre Jehan qu'il ne les embesoigne
point, ne seuffre embesoigner, sans marchander avant, car 35
ceulx qui ont voulenté de gaigner sont vos subjects avant que
la besoigne soit commencee, et, pour le besoing qu'ils ont de
gaigner, craignent que un autre ne l'entrepreigne par devant
eulx pour doubte de perdre le marchié, et que autre n'ait ce
gaing ; et pour ce ils se mettent a plus grant raison.   Et se 40
maistre Jehan estoit si credule a eulx et a leurs douces paroles
es quelles il se fiast trop, et il advenoit que il souffrist que sans
marchander ils entrassent en la besoigne, ils scevent bien que
aprés la besoigne par eulx commencee, nul autre, pour honte,
n'y mettra par dessus eulx la main, et ainsi seriez en leur 45
subjection aprés et en demanderoient plus ; et se lors ils ne
sont paiés a leur voulenté, ils crieront et brairont vilain blasme
et oultrageux, et ne sont honteux de rien et publient male

renommee, qui est le pis. Et pour ce est il meilleur de faire
marchander a eulx plainement et entendiblement avant le coup, 50
pour oster toutes paroles de debat. Et tres a certes vous prie
que se le cas ou la besoingne le desire, vous faictes enquerre
de quelle condition sont et ont esté vers autres, ceulx que vous
vouldrez faire embesongner, et aussi que a gens repliquans,
arrogans, haultains, raffardeurs ou de laides responses ne aiez 55
riens a faire, quelque prouffit que vous y veez ou quelque
advantage, ne quelque bon marchié qu'ils vous facent, mais
gracieusement et paisiblement les esloingnez de vous et de vos
besongnes ; car se ils s'y boutent, vous n'en eschapperez ja
sans esclandre ou debat. Et pour ce faictes par vos gens 60
prendre des serviteurs et aides paisibles et debonnaires, et leur
donnez plus, car c'est tout repos et paix que d'avoir a faire a
bonnes gens ; pour ce est il dit que ' qui a a faire a bonnes
gens, il se repose ' ; et par semblable peut l'en dire que ' qui
a a faire a hargneux, douleur luy croist '.   65

   Item, des autres comme vignerons, bateurs en granche,
laboureurs et les semblables, ou autres comme costuriers,
drapiers, cordoenniers, boulengiers, mareschaulx, chandeliers de
suif, espiciers, fevres, charrons, vignerons et les semblables
autres, chiere seur, je vous conseille et pry que vous aiez tous 70
jours en memoire de dire a vos gens qu'ils aient a besongner a
gens paisibles, et marchandent tous jours avant le fait, et
comptent et paient souvent sans attendre longue creance sur
taille ne sur papier ; ja soit ce que encores vault il mieulx taille
ou escripture que soy attendre du tout a sa memoire, car les 75
crediteurs cuident tous jours plus et les debteurs moins, et de
ce naissent debas, haines et lais reprouches ; et vos bons
creanciers faictes paier voulentiers et souvent de ce que vous
leur devrez, et les tenez en amour a fin qu'ils ne vous changent,
car l'en n'en recueuvre mie tous jours de bien paisibles.   80

   Item, quant aux chamberieres et varlets d'ostel que l'en dit

   69 *After* suif *the 3 MSS. add* : Et nota que qui veult faire chandelle de
suif, il est neccessaire de tres bien faire secher son lumignon au feu.

domestiques, chiere seur, sachiez que a fin qu'elles vous
obeissent mieulx et qu'elles vous doubtent et craignent plus a
courroucier, je vous laisse la seignorie et auctorité de les faire
choisir par dame Agnés la beguine ou autre de vos filles qui 85
vous plaira, a recevoir en nostre service, de les louer a vostre
gre, et de les paier et tenir en nostre service tant comme il vous
plaira et leur donner congié quant vous vouldrez. Toutes voies
de ce devez vous a part secretement parler a moy et faire par
mon conseil, pour ce que vous estes trop jeune et y pourriez 90
bien estre deceue par vos gens mesmes. Et sachiez que
d'icelles chamberieres qui n'ont service, pluseurs sont qui se
offrent et ramentoivent et quierent a grant besoing maistres et
maistresses, et de celles ne prenez aucunes que vous ne sachiez
avant ou elles ont demouré, et y envoiez de vos gens pour 95
enquerir de leurs conditions : sur le trop parler, sur le trop
boire, combien de temps elles ont demouré, quel service elles
faisoient et scevent faire, se elles ont chambres ou acointances
en ville, de quel pais et gens elles sont, combien elles y
demourerent et pour quoy elles s'en partirent ; et par le service 100
du temps passé, enquerez quelle creance ou esperance l'en peut
avoir de leur service pour le temps a venir. Et sachiez que
communement telles femmes d'estrange pais ont esté blasmees
d'aucun vice en leur pays, car c'est la cause qui les amaine a
servir hors de leur lieu. Car s'elles fussent sans tache, elles 105
fussent maistresses et non serviteresses ; et di des hommes
autel. Et se vous trouvez par le rapport de leurs maistres ou
maistresses, voisins ou autres, que ce soit vostre besoigne,
sachiez par elles, et devant elles faictes par maistre Jehan le
despensier enregistrer en son papier de la despense, le jour que 110
vous la retendrez, son nom et de son pere et de sa mere et
d'aucuns de ses parens, le lieu de leur demourance, et le lieu de
sa nativité et ses pleiges ; car elles en craindront plus a faillir,
pour ce qu'elles considereront bien que vous enregistrez ces
choses pour ce que, s'elles se deffuioient de vous sans congié, 115
ou qu'elles feissent aucune offense, que vous en plaindriez ou

rescririez a la justice de leur pays ou a iceulx leurs amis. Et
nonobstant tout, aiez en memoire le dit du philosophe lequel
s'appelle Bertran le vieil, qui dit que se vous prenez chamberiere
ou varlet de haultes responses et fieres, sachiez que au departir, 120
s'elle peut, elle vous fera injure ; et se elle n'est mie telle, mais
flateresse et use de blandices, ne vous y fiez point, car elle bee
en aucune autre partie a vous trichier ; mais se elle rougist
et est taisant et vergongneuse quant vous la corrigerez, amez
la comme vostre fille. 125

SECTION IV

OLD FRENCH DIALECTS

38. HUON DE BORDEAUX

Saint-Omer, about 1220

[MSS. : Tours, Bibl. de la ville, 936, 13th century (*A*) ; Paris, Bibl.
Nat., fr. 22555, 15th century (*B*) ; Turin, Bibl. Nazionale, L. II, 14,
dated 1311 (*C*) ; the MSS. do not follow a uniform version. Editions :
F. Guessard et C. Grandmaison, *Huon de Bordeaux, chanson de geste*
(*Les Anciens Poètes de la France*), Paris, 1860 ; A. Graf, *I complementi
della Chanson d'H. de B.*, Halle, 1878, an extract from MS. *C*.   See
also M. Friedwagner, *Über die Sprache des altfranz. Heldengedichtes
H. de B.* (Körting's *Neuphil. Studien*, VI), Paderborn, 1891 ; H. Schäfer,
Über die Pariser Hss. 1451 u. 22555 der H. de B.-Sage (Stengel's *Ausgaben
u. Abhandlungen*, XC), Marburg, 1892 ; A. Counson, *La légende d'Obéron*
(*Extrait de la Revue Générale*), Brussels, 1903 ; C. Voretzsch, *Die Com-
position des H. de B.* (*Epische Studien*, I), Halle, 1900.]

The poem blends the characteristics of epic and romance, and
combines them with a fairy tale.   The extract (verses 189-297,
edition Guessard-Grandmaison) is based on a fresh collation of A.

*On the day of Pentecost Charlemagne holds his court at Paris.
Old and weary, he asks his assembled subjects to relieve him of
the burden of empire and to elect a younger man in his place as
king of France.   His son Charlot has disgraced himself and killed
Baudoin, the son of Ogier, with a chess-board.   The Emperor is
aware of the unworthiness of his heir, nevertheless he pleads for
his elevation to the throne, and while he pleads Charlot appears in
person, bearing a hawk on his wrist :—*

'Baron,' dist Karles, 'ves ci bel chevalier ;
 Moult ai grant duel quant ne me veut edier,
Quant ne maintient ma tere et m'iretier,
Et neporquant, pour Diu je vous requier
Quel faciés roi, je vous en veul proier,   5

    5 *A* Que f. r., *B* Faites en roy.

Car c'est li oirs de France, che saciés.'
— 'Sire,' dist Nales, 'pour Diu, dont l'araisniés
S'il veut le tere recevoir et le fief.'
Et respont Karles : 'A vo plaisir en iert.'
Li rois l'apele, voiant ses chevaliers :   10
'Fiex, vien avant, n'aies soing d'atargier,
E si retien ta tere et t'iretier.
Si m'aït Dix, tu tenras si franc fief,
Com Damedix, qui tot puet justicier,
Tient paradis le regne droiturier.   15
Il nen a homme sous le cape du ciel,
Se il t'en taut valisant un denier,
Que ne le puises destruire et essillier ;
Il ne a marche ne païs ne renier,
Tant que Diex soit servis et essauciés,   20
Que tu ne soies cremus et resoigniés.
Fiex, n'aies cure de traïtor lanier ;
As plus preudommes vous alés acointier,
Car de preudomme puet venir tos li biens.
Portés honnor et amor au clergié,   25
A sainte glise pensés du repairier,
Donnés du vostre as povres volentiers.'
— 'Sire,' dist l'enfes, 'a vostre plaisir iert.'
A ces paroles que vous m'oiés nonchier,
Uns maus traïtres est levés sor ses piés,   30
Amauris fu de la Tor de Rivier ;
Devant Karlon en vint tos coureciés.
Cil vaura ja un tel plait commenchier
Dont douce France fu en grant destorbier.
'Sire,' fait il, 'mal faites et pecié,   35
Et moult grant mal, se me puist Dix edier,
Que vostre fil donnés tere a baillier

La ou vous n'estes ne amés ne prisiés ;
Je sai tel tere que bien pres de ci siet,
Qui s'i vorroit de par vous renonchier,   40
On li feroit tos les menbres trenchier.'
— 'He ! Dix ! u esse ?' dist Karles au vis fier.
Dist Amauris : 'Ce vous dirai ge bien :
C'est a Bordele, que bien pres de ci siet.
Mors est li dus, bien a set ans entiers,   45
Remés en sont doi garçon paltonier,
Gerars et Hues, doi malvais iretier,
Qui ne vous degnent servir ne essauchier.
He ! enpereres, et c'or le faites bien :
Car me carciés de vostres chevaliers,   50
Si prenderai mon lignaige le fier,
Desc' a Bordele ne vaurai atargier,
Les dous garçons prenderai sans dangier,
Ses amenrai a Paris el planchier,
Si les porés et pendre et essillier.'   55
Et dist li rois : ' Jou l'otroi volentiers.'
— 'Sire,' dist Nales, 'mal dites et pecié ;
On ne doit mie traïtor essauchier,
Ne tous ses boins greer ne otroiier.
Li doi enfant sont joule, ce sachiés,   60
Et s'ont aveuc moult grant tere a baillier ;
Par nicheté oublïent cest mestier.
Sewins li dus vous servi volentiers,
Che fu lour peres, Dix lor face pitié !
Moult vous ama et forment vous tint chier.'   65
— 'Il avoit droit ', dist Karles au vis fier,
'S'il me servoit de gre et volentiers ;
Bele ert le rente que l'en devoit baillier,
Trois jors ens l'an en portoit le relief :
Au jour de Paskes, c'on doit cumeniier,   70

46 *A* paltoniers.   54 *A* planchi.   56 *A* le roi.   59 *A* tout lor
boins.   68 *A* que len, *Editors* qu'el en.   69 *A* eus portoit.

A Pentecouste, le haut jor enforcié,
Et au Nouel, que tant fait a proisier ;
Mais ce n'ert mie d'un blïaut entaillié
Qu'il en portoit des tables le relief,
Ançois estoit de grans coupes d'or mier, 75
De beles napes et de coutiax d'achier,
Et de hanas d'or et d'argent proisié.
Bien se pooit et vanter et prisier
Que les trois jors qu'il servoit al mangier
Que trois mil livres li valoit li mestiers. 80
Or vous dirai qu'il rendoit de cu fief :
Quant jel mandoie par sëaus et par briés,
Il me venoit et secorre et edier,
Quant je voloie errer et cevauchier,
En sa compaigne dis mile chevaliers. 85
Jou n'i metoie valisant un denier,
Fors que l'avaine le soir, aprés mengier.'
— 'Sire,' dist Nales, 'pour Diu le droiturier,
Dont vous pri jou, se vous m'avés tant chier,
Que vous mandés les dous frans iretiers ; 90
Se il i vienent, a amour les traiiés.'
— 'Certes,' dist Karles, 'je le veul volentiers ;
Jes manderai par dous frans mesagiers.'
— 'Sire,' dist Nales, 'cent mercis en aiiés ;
Gerars et Hues, mi doi franc iretier, 95
Sont mi neveu, de vreté le sachiés.'
— 'Certes,' dist Karles, 'tant les ai ge plus chier.'
Quant Amauris les ot ensi plaidier,
Sachiés de voir moult en fu courechiés.
Li rois apele Engerran et Gautier : 100
'Segnor,' dist Karles, 'or ne vous atargiés,
Metés les sieles sor les corans destriers.
Desc'a Bordele vous convient cevauchier,

81 *A* fies.   85 *A* .x. mil.   103 *A* convint.

Et si me dites la ducoise al vis fier
Qu'ele me face ses enfans envoiier,   105
Huon l'enfant et Gerart le proisié ;
Et s'il n'i vienent, jes ferai essillier,
Et lour taurai lour teres et lor fiés ;
Et s'il i vienent, je les tenrai moult chiers.'

39. PHILIPPE MOUSQUET: CHRONIQUE RIMÉE

Tournai, first half of 13th century

[MS : Paris, Bibl. Nat., fr. 4963, 13th century. Editions : Baron de Reiffenberg, *Chronique rimée de Ph. Mousques*, 2 vols., Brussels, 1836-8 (*R*) ; A. Tobler, extracts in *Mon. Germ. Hist., Scriptorum*, t. XXVI, 1882, p. 718 (*T*). See also T. Link, *Über die Sprache der Chronique rimée von Ph. Mousquet*, Erlangen, 1882.]

The chronicle relates the history of France from the Fall of Troy down to the year 1242 (1245 ?). For the earlier period it is based mainly on Latin sources, but it also embodies (in a summarized form) various *chansons de geste*.

The extract (vv. 19839–19939 of Reiffenberg) is from Tobler's edition. It describes the capture of King Richard on his return from the Holy Land (December, 1192).

En mer se mist li rois Ricars ;
   Al vent sigla tot a escars —
Car il n'ot cure de haster,
Ains vot les plus sains pors taster —
En une moult rice galie,   5
Mais cou fu a poi de mesnie,
Tant qu'en Alemagne ariva.
A tiere issi, moult se cela ;
Lor cevaucures acaterent
Et con marceant se celerent,   10
Tant que par barat et par gille
Hierbegierent a une vile
Priés d'une citet, ki la fu.
Quant il orent refait lor fu,

3 *MS.* nont c.   12 vile] *i. e. Erdberg, now a suburb of Vienna.*

Lor capons cras ont al fu mis, 15
Et puis si ont al vin tramis
Deus barius que d'Acre aportoient ;
A la tavierne les envoient.
A la chité dont jou vos di,
Marciés estoit le samedi. 20
Uns cevaliers la si bevoit,
Ki baillie en la vile avoit.
La haïne del duc savoit
Et del roi, et tantos k'il voit
Les deus barius, ses a conus, 25
Quar a Acre les ot veüs.
Esranment l'Englois acosta
Qui les deus barius aporta ;
Et quant il l'ot bien esgardé,
S'a li cevaliers demandé, 30
Qui li baril estoient tel.
Et cil n'a dit ne un ne el,
Fors tant qu'il dist : ' Marceant sommes,
Qui de viers Acre repairoumes.'
Et li cevaliers li a dit : 35
' Jou ne sai, mais, se Dieux m'aït,
Cil baril sont le roi Ricart.'
A tant s'en tourna d'autre part
Li Englois, si fist del vin traire
Et puis s'en est mis el repaire. 40
Li cevaliers pour consiuir
Le fist lués de si priés siuir
C'on li a dit ou il estoient.
Lors s'aperciut qu'il se celoient
Con marceant vallant et rike : 45
Cremoient le duc d'Osterike,
En qui tiere il furent entré.
Li cevaliers a encontré
Le prouvost de la vile esrant,

Et il li a dit maintenant :   50
'Je sai moult d'Englois hierbegiés.
Mandés siergans, et si saciés
Quel gent il sont ; car je mescroi
Que li rois Ricars en secroi
S'en voelle aler con marceans ;   55
Quar il est vistes et sacans,
Si crient le duc, jel sai de fi,
Pour cou qu'en Acre li toli
Son ostel et par son effors
Fist ses banieres gieter fors.   60
Et par dela n'oze il aler,
Quar il fist a Acre jurer
La mort del bon roi Felipon.
Moult a en lui cruel pipon,
Et traïtre est, bien le savons.   65
Li dus est liés, se le prendons,
Quar il est fel et despisans.
Des Genevois et des Pisans
Est il ausi trop malement.
Alés cele part esranment,   70
Et nos les trouverons mangans.'
Lors manda li prouvos siergans,
Armet se sont et vienent la.
Li prouvos tot avant ala
Et si rouva la porte ouvrir,   75
Et l'ostes, ki les vit venir,
A dit : 'Signor, quel le ferés ?
Ves ci le prouvost, ja l'avrés.'
Li rois Ricars en piés sailli,
Moult durement s'en esbahi ;   80
Mais par le consel de sa gent
Les le fu s'asist esranment,

66-8 *so* 7, *R punctuates* prendons ; Quar il est fel et despisans,
Des.

Si prist a torner les capons
Tot ausement com uns garcons.
Si vallait et si cevalier   85
Atornerent l'autre mangier.
Tout ensi cascuns se couvri.
Et li ostes la porte ouvri,
Le prouvost laisa ens entrer,
Si le rouva venir disner.   90
'Nou ferai', c'a dit li prouvos ;
'Mais dites moi, je le voel, tos,
Quel gent sont caiens a ostel,
Qui le disner atornent tel
Con s'il i euist conte u roi ?   95
Marceant n'ont pas tel conroi.'
'Sire', dist li ostes esrant,
'Il dïent qu'il sont marceant,
Ki de l'ost d'Acre s'en revienent.
Mais moult ricement se contienent ;   100
Car il sont et rice et manant.'

91 *R* Non ferai.

40. AUCASSIN ET NICOLETE

Hainault, beginning of 13th century

[MS.: Paris, Bibl. Nat., fr. 2168, second half of 13th century. Facsimile by F. W. Bourdillon, Oxford, 1896. Editions: F. W. Bourdillon, *Aucassin et Nicolete*, Manchester, 1919 (*B*) (earlier editions, 1887, 1897) ; H. Suchier, *Aucassin und Nicolete*, Paderborn, 1878 (revised and re-edited several times ; the fifth and succeeding editions appeared also in a French translation by A. Counson ; the ninth edition, revised by W. Suchier, 1921, is in German only) (*S*). See also G. Paris in *Romania*, VIII, p. 284 and XXIX, p. 287 (*P*). A useful bibliography is given in Bourdillon's last ed. (completed by E. G. R. Waters in *Mod. Lang. Rev.*, XV, p. 192). On the language, see Suchier's edition.]

The romance (of which we reproduce chapters 4 to 6) is written in prose interspersed with verse.

Quant li quens Garins de Biaucaire vit qu'il ne poroit Aucassin son fil retraire des amors Nicolete, il traist au visconte de le vile, qui ses hon estoit, si l'apela :

— 'Sire [vis]quens, car ostés Nicolete, vostre filole ! Que la tere soit maleoite, dont ele fu amenee en cest pais ! C'or 5 par li pert jou Aucassin, qu'il ne veut estre chevaliers, ne faire point de quanque faire doie. Et saciés bien que, se je le puis avoir, que je l'arderai en un fu, et vous meismes porés avoir de vos tote peor.'

— 'Sire', fait li visquens, 'ce poise moi qu'il i va, ne qu'il i 10 vient, ne qu'il i parole. Je l'avoie acatee de mes deniers, si l'avoie levee et bautisie et faite ma filole ; si li donasse un baceler qui du pain li gaegnast par honor. De ce n'eust Aucassins, vos fix, que faire. Mais puis que vostre volentés est et vos bons, je l'envoierai en tel tere et en tel pais, que ja mais 15 ne le verra de ses ex.'

— 'Ce gardés vous !' fait li quens Garins ; 'grans maus vos en porroit venir.'

Il se departent. Et li visquens estoit molt rices hom, si avoit un rice palais par devers un gardin. En une canbre la 20 fist metre Nicolete, en un haut estage, et une vielle aveuc li por conpagnie et por soisté tenir, et s'i fist metre pain et car et vin et quanque mestiers lor fu. Puis si fist l'uis seeler, c'on n'i peust de nule part entrer ne iscir, fors tant qu'il i avoit une fenestre par devers le gardin, assés petite, dont il lor venoit un 25 peu d'essor.

Or se cante.

Nicole est en prison mise,
En une canbre vautie
Ki faite est par grant devisse,
Panturee a miramie.   30
A la fenestre marbrine

1 *MS.* Biaucare.   5 C'or] *S reads* Car.   7 *MS.* puis et avoir.
12 donasse] *PS add* un de ces jors.   17 Ce] *S reads* Or, *but MS. clearly*
has Ce.   30 *S corr.* Panturee a mirabile.

La s'apoia la mescine.
Ele avoit blonde la crigne
Et bien faite la sorcille,
La face clere et traitice.   35
Ainc plus bele ne veïstes !
Esgarda par le gaudine,
Et vit la rose espanie,
Et les oisiax qui se crïent.
Dont se clama orphenine.   40
— 'Ai mi ! lasse ! moi caitive !
Por coi sui en prison misse ?
Aucassins, damoisiax, sire,
Ja sui jou li vostre amie,
Et vos ne me haés mie.   45
Por vos sui en prison misse,
En ceste canbre vautie,
U je trai molt male vie.
Mais, par Diu le fil Marie,
Longement n'i serai mie,   50
    Se jel puis faire !'

Or dient et content et fablent.

Nicolete fu en prison, si que vous avés oi et entendu, en le
canbre. Li cris et le noise ala par tote le terre et par tot le
pais, que Nicolete estoit perdue. Li auquant dient qu'ele est
fuie fors de la terre, et li auquant dient que li quens Garins de 55
Biaucaire l'a faite mordrir. Qui qu'en eust joie, Aucassins
n'en fu mie liés, ains traist au visconte de la vile, si l'apela :

— 'Sire visquens, c'avés vos fait de Nicolete, ma tres douce
amie, le riens e[n] tot le mont que je plus amoie ? Avés le
me vos tolue ne enblee ? Saciés bien que, se je en muir, faide 60
vous en sera demandee ; et ce sera bien drois, que vos m'arés
ocis a vos deus mains ; car vos m'avés tolu la riens en cest
mont que je plus amoie.'

39 *MS.* oisax.   50 *S corr.* Longement ne serai prise.   51 faire]
MS. far, *S corr.* mie.

— 'Biax sire,' fait li [vis]quens, 'car laisciés ester ! Nicolete est une caitive que j'amenai d'estrange tere ; si l'acatai de mon 65 avoir a Sarasins, si l'ai levee et bautisie et faite ma fillole, si l'ai nourie, si li donasce un de ces jors un baceler qui del pain li gaegnast par honor. De ce n'avés vos que faire. Mais prendés le fille a un roi u a un conte. Enseurquetot, que cuideriés vous avoir gaegnié, se vous l'aviés asognentee ne mise 70 a vo lit ? Mout i ariés peu conquis, car tos les jors du siecle en seroit vo arme en infer, qu'en paradis n'enterriés vos ja.'

— 'En paradis qu'ai je a faire ? Je n'i quier entrer, mais que j'aie Nicolete, ma tres douce amie que j'aim tant. C'en paradis ne vont fors tex gens con je vous dirai. Il i vont ci[l] 75 viel prestre et cil viel clop et cil manke, qui totejor et tote nuit cropent devant ces autex et en ces viés croutes, et cil a ces viés capes e[s]reses et a ces viés tatereles vestues, qui sont nu et de[s]cauc et estrumelé, qui moeurent de faim et de soi et de froit et de mesaises. Icil vont en paradis ; aveuc ciax n'ai jou 80 que faire. Mais en infer voil jou aler ; car en infer vont li bel clerc, et li bel cevalier qui sont mort as tornois et as rices gueres, et li buen sergant, et li franc home. Aveuc ciax voil jou aler. Et s'i vont les beles dames cortoises, que eles ont deus amis ou trois avoc leur barons. Et s'i va li ors et li 85 argens, et li vairs et li gris ; et si i vont harpeor et jogleor et li roi del siecle. Avoc ciax voil jou aler, mais que j'aie Nicolete, ma tres douce amie, aveuc mi.'

— 'Certes,' fait li visquens, 'por nient en parlerés ; que ja mais ne le verrés. Et se vos i parlés, et vos peres le savoit, 90 il arderoit et mi et li en un fu, et vos meismes porriés avoir toute paor.'

— 'Ce poise moi,' fait Aucassins.

Il se depart del visconte dolans.

72 seroit] *PS add* vos cors honis et aprés en seroit. 77 *MS.* crapent ; croutes] *so P, MS.* cruutes, *S* creutes. 83 buen] *so PB, MS.* biē, *S corr.* boin. 94 Il se] *so S, MS.* Ise se, *P corr.* Si se.

41. FROISSART: CHRONICLES

Hainault, second half of 14th century

[MSS. of the Chronicles are very numerous ; of Book I there are more than fifty MSS., representing three different versions and one revision. Editions : Kervyn de Lettenhove, *Chroniques de Froissart*, Brussels, 1863 ff. ; S. Luce et G. Raynaud, *Chroniques de Froissart*, Paris, 1869 ff. See also G. Paris et A. Jeanroy, *Extraits des Chroniqueurs français*, Paris, 1891 (re-edited several times) ; Mary Darmesteter, *Froissart* (*Les Grands Écrivains fr.*), Paris, 1894. On the language of Froissart see E. Ebering, *Syntaktische Studien zu F.*, in *Zeitschr. f. rom. Phil.*, V, p. 323 ; F. Welter, *Über die Sprache F.'s* (*Bericht des Realgymnasiums zu Essen*), 1889 ; G. Mann, *Die Sprache F.'s auf Grund seiner Gedichte* in *Zeitschr. f. rom. Phil.*, XXIII, p. 1.]

The extract (book I, chapters 28–9 of Luce's edition) is based on MS. Paris, Bibl. Nat., fr. 6477–9, which has preserved many of the dialectal traits. In this account of the expedition of Edward III against the Scots (1327–8), Froissart has followed closely an earlier Chronicle by Jean le Bel (cf. J. Viard et E. Déprez, *Chronique de Jean le Bel* (*Soc. de l'hist. de France*), vol. i, Paris, 1904, p. 50).

Li Escot sont dur et hardit durement, et fort travillant en armes et en guerres. Et a ce temps de donc il amiroient et prisoient assés petit les Englés, et encores font il au temps present. Et quant il voelent entrer ou royaume d'Engleterre, il mainnent bien leur host vint ou vint et quatre liewes loing, 5 que de jour que de nuit, de quoi moult de gens se poroient esmervillier, qui ne saroient leur coustume.

Certain est, quant il voelent entrer en Engleterre, il sont tout a cheval uns et aultres, fors mis li ribaudaille qui les sieuent a piet : assavoir, sont chevalier et escuier bien montés sour bons 10 gros roncins, et les aultres communes gens del pays tout sour petites hagenees. Et si ne mainnent point de charoy, pour les diverses montagnes qu'il ont a passer, et parmi che pays dessus dit que on claimme Northombrelande. Et si ne mainnent nulles pourveances de pain ne de vin, car leurs usages est telz 15 en guerres et leur sobrietés, qu'il se passent bien assés longement de char cuite a moitiet, sans pain, et de boire aigue de riviere,

sans vin. Et si n'ont que faire de chaudieres ne de chauderons,
car il cuisent bien leurs chars ou cuir des bestes meismes, quant
il les ont escorcies. Et si sevent bien qu'il trouveront bestes a 20
grant fuison ou pays la ou il voellent aler. Par quoi il n'en
portent aultre pourveance que cescuns em porte, entre le selle
et le peniel, une grande plate piere, et se tourse derriere lui
unes besaces plainne de farine en celle entente que, quant il
ont tant mangiet de char mal quitte que leur estomach leur 25
samble estre wape et afoiblis, il jettent celle plate piere ou feu
et destrempent un petit de leur farine d'yawe. Quant leur
piere est cauffee, il jettent de ceste clere paste sus ceste chaude
piere et en font un petit tourtiel a maniere de une oublie de
beghine et le menguent pour conforter l'estomach. Par ce 30
n'est point de merveilles se ilz font plus grandes journees que
aultres gens, quant tout sont a cheval hors mis le ribaudaille,
et si ne mainnent nul charoi ne aultres pourveances, fors ce que
vous avés oy.

En tel point estoient il entré en celi pays dessus dit, si le 35
gastoient et ardoient, et trouvoient tant de bestes qu'il n'en
savoient que faire. Et avoient bien trois mille armeures de
fier, chevaliers et escuiers, montés sus bons roncins et bons
coursiers et vint mille hommes armés a leurs guises, appers et
hardis, montés sus ces petites hagenees qui ne sont ne loiies ne 40
estrillies, ains les envoie on tantost paistre c'on en est descendu,
en pres, en riés et en bruieres. Et si avoient deus tres bons
chapitaines, car li rois Robers d'Escoce, qui estoit moult preus,
estoit adonc durement viex et chargiés de le grosse maladie, si
leur avoit donnet a chapitainnes un moult gentil prince et 45
vaillant en armes, c'est assavoir le conte de Moret, qui portoit
un escut d'argent a trois orilliers de geules, et mon signeur
Guillaume de Douglas, que on tenoit pour le plus hardi et le
plus entreprendant de tous les deus pays, et portoit un escut
d'asur a un chief d'argent et trois estoilles de geules dedens 50

42 *MS*. fries.

l'argent. Et estoient cil doi signeur li plus haut baron et li
plus poissant de tout le royaume d'Escoce, et li plus renommé
en biaus fais d'armes et en grans proeces. Or voel jou revenir
a nostre matere.

Quant li rois englés et ses gens veirent les fumieres des Escos, 55
si que dit est par devant, il sceurent bien que c'estoient li Escot
qui entré estoient en leur pays. Si fisent tantost criier as armes,
et commander que cescuns se deslogast et siewist les banieres.
Ensi fu fait. Et traist cescuns armés sus les camps, si que
pour tantost combatre. La endroit furent ordonnees trois 60
grosses batailles a piet, et cescune bataille avoit deus eles de
cinq cens armeures de fier qui devoient demorer a cheval. Et
saciés que on disoit que il y avoit bien huit mille armeures de
fier, chevaliers et escuiers, trente mille hommes armés, li moitiés
montés sur petites hagenees, et l'autre moitiet sergans a piet, 65
envoiiés par election de par les bonnes villes a leurs gages,
cascune bonne ville pour se rate. Et si y avoit bien vingt et
quatre mille arciers a piet sans le ribaudaille.

Tout ensi que les batailles furent ordonnees, on chevauca
tous rengiés apriés les Escos, a l'assent des fumieres, jusques a 70
basses viespres. Adonc se loga li hos en un bois, sus une
petite riviere, pour yaus aaisier, et pour attendre le charoi et les
pourveances. Et tout le jour avoient ars li Escot, a cinc liewes
priés de leur host, et ne les pooient raconsiewir. L'endemain,
au point dou jour, cescuns fu armés, et trairent les banieres as 75
camps, cescuns a se bataille et desous se baniere, si com
ordonné estoit. Si chevaucierent les batailles ensi rengies, tout
le jour, sans desrouter, par montaignes et par vallees ; ne
onques ne peurent approcier les Escos, qui ardoient devant
yaus, tant y avoit de bois, de marés, de desiers sauvages et mal 80
aisiés, montaignes et valees. Et si n'estoit nuls qui osast, sus
le tieste a coper, fourpasser ne chevaucier devant les banieres,
fors mis les mareschaus.

42. LI DIALOGE GREGOIRE LO PAPE

Liège, second half of 12th century

[MS. : Paris, Bibl. Nat., fr. 24764, end of 12th or beginning of 13th century. Edition : W. Foerster, *Li Dialoge G. lo P., Erster Theil: Text* (alone published) Halle, 1876. See also W. Foerster in *Roman. Forschungen*, II, p. 206 ; D. Behrens in *Franz. Studien*, III, Heft 6, p. 36 ; L. Wiese, *Die Sprache der Dialoge des Papstes Gregor*, Halle, 1900 ; M. Wilmotte in *Zeitschr. f. franz. Spr. u. Lit.*, XXII, part 2, p. 186 ; id., *Le dialecte du ms. F. Fr. 24764*, in *Festgabe für H. Suchier*, Halle, 1900.]

Pope Gregory the Great (about 540-604) in his Latin Dialogues described to his deacon Peter the life and miracles of the earliest Italian monks. The oldest French translation was probably written in some monastery in the vicinity of Liège. It is excessively literal, and should not be regarded as illustrating French syntax of the period. The Latin text is printed in Foerster's edition below the French.

Book 3, ch. xvi (p. 142) :—

DE MARTIN LO MOINE

Gregoires. Novelement altresi es parties de Campaine uns hom mult honorables, Martins par nom, el mont Marsike menoit vie solitaire, et par pluisors ans fut il enclos en une mult estroite fosse, cui conurent li pluisor des nostres, et si ₅ furent present a ses faiz. De cui ge meismes sai pluisors choses, et racontanz altres mult religious hommes, Pelagio lo pape de bone ramenbrance ki moi devant alat et altres.

Del queil ciz miracles fut promerains, ke manés ke il soi trast el pertuis del devant dit mont, en cele piere ki en soi ₁₀ meisme une caveie stroite fosse avoit faite, la eissit fors gote d'aigue ki a Martin, lo serjant de Deu, el us de cascun jor astoit asseiz, et ke nient plus n'en astoit et a la necessiteit n'en defaloit. En la queile chose mostrat li tot poissanz Deus com grande cure il avoit de son serjant, a cui il solunc lo viez ₁₅ miracle ministrat a boivre en la solteit de la durece de la pirre.

Mais li anciens anemis de la humaine lingie, aianz envie de

ses forces, il soi traveilhat par art auseie de boteir celui fors
de sa fosse. Quar il entrat une beste a soi amiable, loist a 20
savoir un serpent, si soi penat par fait espawentement defors
getteir celui de sa habitation. Quar li serpenz comenzat a
venir en la fosse sous avoc lo soul, et quant il orevet, soi
esterneir devant lui, et quant il colchoit, ensemble lui colchier.
Mais li sainz hom, del tot nient espaventeiz, estendit sa main 25
u son piet a sa boche disanz : 'Se tu as pris congiét ke tu
fieres, ge nel defend mie.' Et quant ceste chose senz entre-
laissement par trois ans astoit demeneie, par un jor li anciens
anemis, vencuz de si grande sa force, fremit, et li serpenz soi
donat en trebuchement par lo pendant leiz del mont, et toz les 30
arbres de cel liu brullat de la flamme eissant de soi. Li queiz,
en ce ke il brullat tot lo leiz del mont, destraindant lo tot
poissant Deu, fut destrainz demostreir de com grande vertut
astoit cil ki s'en alevet vencuz. Poise, Pirres, ge te proi, ciz
hom del sanior en queile haltece de pense stiut, ki avoc lo 35
serpent giut par trois ans segurs.

Pirres. De la oie ai ge paor.

Gregoires. Ciz hom d'onorable vie el promier tens de sa
inclusion ot proposeit ke il ja mais ne verroit femme, nient ke
il despitoit lo genre, mais par tant ke il cremoit encurre lo 40
visce de temptation par la bealteit de la veue. Quant ce avoit
oit une femme, si montat hardiement lo mont, et si alat a sa
fosse senz vergonge. Et icil regardanz un poi lonz et veanz les
dras de la femme venant a soi, il soi donat en orison, en terre
abaissat la face, et joskes a tant giut jus esterneiz, ke la nient 45
vergondouse s'en ralat lasseie de la fenestre de sa cele. La
queile femme en cel meisme jor, manés k'ele descendit del
mont, finat la vie, par ke de la sentence de sa mort seroit
doneit a entendre ke mult desplaut al tot poissant Deu, k'ele
contristat son serjant par fol hardement.   50

Par un altre tens essiment, quant li pluisor coroient a lui par
religiouse devotion, et li sentiers astoit estroiz ki el pendant
leiz del mont les aprochanz menoit a sa cele, uns petiz enfes,

nient visdement alanz, chait de cel mont, et trebuchat joskes a
la val, ki desoz cel meisme mont mise alsi com en parfont est 55
veue. Quar en cel liu astoit li monz criuz en soi de si grande
haltece, ke li grant arbre ki eissent de cele valeie a ceaz ki
regardent del mont semblent estre alsi com buisson. Dunkes
furent parturbleit tot cil ki venoient, et par grande cure fut quis,
se en alcun liu li cors del escolorgiét enfant poist estre troveiz. 60
Et ki creroit altre chose l'enfant se mort non? Ki aesmeroit
lo cors veaz entier a terre avoir venut, quant il poist estre
deschireiz en parties des entreposeies roches? Mais li enfes
requis en la val fut troveiz nient solement vis, mais encor
haliegres. Dunkes fut overtement conut a toz, ke li enfes por 65
uec ne pot pas estre malmis, car la orisons de Martin lo portat
en son chaement.

Et en la fosse de celui apeirt une grande roche dessore, la
queile, par tant k'ele semblevet par une petite al mont estre
affichie, ele mananz dessore la cele Martin, par cascun jor 70
manecievet son chaement et la mort de Martin alsi com ele
deust chaoir. A lui venanz Mascatus, li nierz Armentier lo
noble homme, avoc une grande multitudine de vilains, proievet
ke li hom de Deu deniast eissir de cele meisme fosse, par ke
il poist del mont forsragier la roche ki devoit chaoir, et li 75
serjanz de Deu en sa fosse ja habiteroit segurs. Et quant li
hom de Deu ce ne voloit pas consentir, il comandat k'ele
li fesist ce k'ele poist, et il soi trast en la plus parfunde partie
de sa cele. Nekedent se la grande pesantume chaist, n'astoit
pas dote k'ele ensemble et la fosse destruiroit et Martin ociroit. 80
Gieres quant cele multiteiz ki astoit venue soi traveilhoit, se ele
poist, senz lo perilh de l'homme Deu leveir cele grande pirre
ki dessore gisoit, manés avint une mult merveilhouse chose,
eaz toz veanz; car meisme la pesantume cui il traveilherent
esragier, sodainement d'eaz traveilhanz forsragie, par k'ele 85
n'atocheroit la fosse de Martin, ele donat un salt, et si chait
lonz alsi ke fuianz la blezure de Martin. La queile chose par
lo comant del tot poissant Deu par lo ministere des angeles

entent estre faite cil ki feolment croit totes choses estre
ordineies par la divine porveance. 90

Iciz, quant il promiers soi trast en cel mont, nient encor
enclose la fosse mananz, il loiat son piét a soi d'une chaine de
fer, si la fichat a la pirre en l'altre part, par ke lui ne loiseroit
pas plus lonz aleir ke la quantiteiz de cele chaine astoit
estendue. La queile chose oanz Benoiz, li hom d'onorable 95
vie cui ramenbrance ge fis ci dessore, il ot cure de mandeir a
lui par son disciple : 'Si tu es li sers de Deu, ne toi tenget pas
chaine de fer, mais la chaine de Crist.' A la queile voiz
Martins manés desloiat cele boie, mais unkes en aprés n'estendit
lo desloiét piét ultre lo liu en cui il lo soloit estendre loiét, et 100
si soi estrainst en si grant espace senz la chaine, en com grant
il meist devant loiez.

Li queiz, quant il aprés cele hore soi ot enclos en la fosse de
cel liu, dunkes comenzat avoir disciples, li queil manant d'une
part de sa fosse avoient acconstumeit l'aigue puisier del puz al 105
us de la vie. Mais la corde en cui pendoit la selge por puisier
l'aigue soventes foiz rumpoit. De ce avint, ke cele chaine, cui
li hom del sanior avoit desloie de son piét, demanderent sei
disciple, si la joinssent al fun, et si la loierent en cele selge.
Des lo queil tens ja avint ke cil funs et cascun jor astoit 110
molhiez de l'aigue, et en nule maniere ne rumpoit. Quar par
tant ke cil funs atochat la chaine de l'homme Deu, et il trast en
soi force de fer por soffrir l'aigue.

Pirres. Icist fait moi plaisent, car il sont merveilhous, et
mult, car il sont novel. 115

43. TRANSLATION OF A SERMON OF
SAINT BERNARD

Metz, about 1200

[MS.: Berlin ; see A. Tobler in *Sitzungsber. d. Berliner Akademie*,
1889, p. 291. Edition : A. Schulze, *Predigten des h. Bernhard in altfranz.
Übertragung* (*Bibl. d. lit. Vereins Stuttgart*, CCIII), Tübingen, 1894.

See also W. Foerster, *Li Sermon Saint Bernart*, Erlangen, 1885 (also in *Roman. Forschungen*, II) ; L. Clédat, *Les flexions dans la traduction des Sermons de S. B.*, in *Annuaire de la Fac. des lettres de Lyon*, II, p. 243 ; K. Buscherbruck, *Die altfranz. Predigten des heiligen Bernhard von Clair-vaux*, in *Roman. Forschungen*, IX, p. 662.]

Sermons of St. Bernard of Clairvaux (1091–1153) in Old French exist in three MSS., two of which (published by Foerster and Schulze respectively) combine to form a series covering the whole church year. They were translated, probably in the latter part of the 12th century, somewhat slavishly from a Latin original (printed by Schulze below the French text). The dialect is that of Metz, but is not quite consistent throughout, two translators having shared the work. A sermon for Palm Sunday (Schulze, no. V, p. 45) :—

Il nos covient hui, chier freire, parler plus briement por lo tens ki petiz est. Li processions, que nos hui doiens faire, nos aministret molt a dire, mais ele mismes nos detriet ensi que nos ne pouns mies dire plusors choses. Nos doiens hui celebrer sollempnal procession et aprés un petit doiens oir la 5 passion nostre Signor. Por Deu, por cai fut faite ceste mer-villouse assembleie, ou c'orent en pense nostre peire, quant il emsemble la procession misent la passion ? La procession representet om hui per droit, car ele hui fut faite ; mais li passions por cai fut ele atorneie ensemble, que fut faite lo 10 venridi primes aprés ? Certes, molt covenaulement fut mise li passions avoc la procession, por ceu ke nos sachiens, que nos nule fiance ne doiens avoir en nule joye de cest munde, car la fin de la joie porprent li plours. Por ceu, chier freire, ne soiens mies sot, ke nostre prosperitez ne nos ociet, mais el jor 15 des biens ne mattons mies en obli les mals, ne les biens el jor des mals. Ensi est melleie ceste presente vie, et ne mies soulement a la gent seculer, mais nes assi a ceos qui espiritel-ment vivent. A la seculer gent mismes, qui aimment lo munde, veons nos a la fieie avenir chose que lor plaist et a la fieie chose 20 que lor deplaist, et cil ausi qui espiritelment vivent ne sunt mies adés en tristece nen adés ne sunt en joye ; anz est a ous li vespres et li matins uns jors, et ceu ausi que sainz Job dist : ' Tel visites al matin et enoytes lo prueves.' Ensi est or tant

cum cist seules permaint, mais tan cum il decourt, doveroie 25
miez dire.

Mais aprés cestui seule doient venir dui altre seule, qui molt
serunt diviseit et divers, ensi qu'en l'un nen averit si plour non
et crusement de denz, et en l'altre si joie non et voix de los ;
' car Deus furberit les oilz des sainz de totes lor larmes et ja 30
mais ne serit en ous ne plours ne criz ne dolors.' Or tant cum
ceste vie duret, nen unt mies cil qui Deu aimment tote lor
volenteit en cest munde, si cum cil mismes nen unt qui
aimment lo munde ; car cil mismes soffrent maintes adversiteiz.
Por ceu se doient cil qui Deu aimment retraitier les biens el 35
jor des mals, qu'il ne devignent fleve et inpacient, si cum cil de
cui om leist en la salme : ' Dons te loerit, quant bien li averas
fait.' Et el jor des biens ne mattent mie ausi en obli les mals,
por ceu qu'il ne s'eslievent et dient en lor habundance, qu'il en
permenant ne se moverunt. Car ensi cum li prosperitez des 40
choses seculers ocit lo sot cuer seculer, ensi puet li habundance
de l'espiritel prosperiteit ocire l'espiritel cuer, s'il sages nen est
et voisous ; li espiritels hom juget tot a fait. Mais dont avient
ceu que li prosperitez ocit lo sot et ne mie lo sage ? Escrit est
en un altre leu : ' Li cuers del sage homme est lai ou tristece 45
est, et li cuers de la sote gent lai ou joie est.' Et por ceu dist
a droit cist mismes sages hom, que ' miez valt aler a la maison
de plour qu'a la maison de convive.' Ja soit ceu ke li aversitez
sollet aflavillier lo cuer, totevoies eslievet molt plus de gent li
prosperitez, si cum escrit est : ' Devers ton costeit charunt 50
mil ', c'est lo senestre costeit, qui signefiet l'aversiteit, ' et deix
mile ', c'est molt plus, ' devers ta destre ', ke la prosperiteit
signefiet. Et por ce que d'une part et d'altre at peril, si
preievet li sages hom et si disoit : ' Richeces et povretez ne me
doner mie ', por ceu que per aventure ne soie eslevez en orgoil 55
per les richeces ou abatuz en inpacience per la povreteit.

Et por ceu volt nostre Sires mostrer humiliteit en la pro-
cession et en sa passion pacience. Ausi cum une barbiz fut
menez en sa passion a la mort, et ausi fut muz cum li agnes est

davant celui quel tont et si nen aovrit mies sa boche ; qui ne 60
manicievet mies, quant om lo ferivet, anz orevet anceos et si
disoit : ' Peres, pardone lor, car il ne sevent qu'il facent.' Et
en la procession que fist il ? Li peule s'aparillevent por issir
fors encontre lui, ne ceu n'estoit mies receleit a lui, qui savoit
bien ceu k'estoit dedenz l'omme. Et il coment s'aparillat ? Il 65
ne s'aparillat nen en charaz nen ens chevals nen ens frains
d'argent nen en selles covertes d'or, anz s'assist sor lo dos d'un
petit asnun et si ot les vestemenz des apostles, que ju ne croi
mie qu'eles fusent les plus precioses del pais.

Mais ceu que fut qu'il procession volt avoir, qui savoit bien 70
que sa passions devoit apermemmes venir aprés ? Ceu fist il
tost por ceu que li passions fust plus amere de ceu que li
processions averoit davant esteit ; car cil mismes pueles, qui a
si grant feste l'ot davant receut, lou crucifiat aprés en cel
mismes leu et en cel tens mismes, mais c'un poc de jors ot 75
entredous. O cum sunt dessemblanz ces dous parolles : ' Oste,
oste, crucifie lou ', et ' Benoiz soit cil qui vient el nom nostre
Signor, li rois d'Israhel !' O cum est dessemblanz chose :
' Rois d'Israel ', et ' Nos nen avons nul roi mais que Cesaire !'
Certes, molt sunt dessemblant li raim vardiant et li croiz, les 80
flours et les espines. Celui devest om un petit aprés de ses
vestimenz et si gettet om sors sus, devant cui li altre espandoient
davant lor vestemenz. Wai a ti, amaritez de noz pechiez,
por cui a destrure fut necessaire si granz amaritez !

En cele procession, que dons fut faite, ot si cum mi semblet 85
quatre ordenes, et toz ces quatres ordenes porons nos per
aventure hui atrover en ceste nostre procession. Li un alevent
davant et si aparillivent la voie ; ce sunt cil qui vos governent
et qui adrescent voz piez en la voie de paix. Li altre alevent
aprés ; et ce sunt cil qui conossent lor propre non-sachance et 90
qui devotement enseuent et s'aerdent adés a l'essample de ceos
qui davant ous vunt en la voie de Deu. Li disciple estoient
ahers a son costeit si cum sei priveit ; et ce sunt cil qui esleit
ont la mellor partie, qui ens clostres vivent soulement a Deu,

adés aherdant a lui et eswardant son plaisir. Li beste ne 95
deffallit mies ausi en cele procession, sor cai il sot, qui signefiet
ceos qui sunt de dur cuer et assi cum en une maniere bestial.
Lai nen ot mies grant habundance de tels bestes, ne mestiers
ne fut mies ; car tels bestes sunt anceos a charge qu'a honor,
ne por ous ne fust mie li processions molt plus gloriose. Tels 100
manieres de bestes ne sevent mie chanter, mais haskerosement
braire ; et ce sunt cil, qui adés unt mestier de verge et
d'esperons. Et totevoies ceos mismes ne dewerperit mies
nostre Sires, tant cum il vorrunt porter sa discipline. A tel
gent dist li salmistes : 'Serviz a nostre Signor en crimor, et si 105
prennoz discipline, que nostre Sires ne se corrost ancune fieie
et si periez de la droite voie.' Quant ceste beste ne vuelt
sofrir discipline, qu'i at i plus mais ke nostre Sires la degizet
assi cum per un desdeng et qu'ille apermemmes isset de la
voie corranz as espines et as chardons, per cai li parolle Deu 110
est forchachieie, c'est as richeces de cest munde et al deleit de
la char ? . . .

100 *MS.* gloriese.

44. METZ PSALTER

14th century

[MSS. : Paris, Bibl. Mazarine, 798 (*M*) ; London, Brit. Mus., Harley
4327 (*H*) ; both dated 1365. A third MS., Paris, Bibl. Nat., fr. 9572
(*N*), differing considerably from the others, is printed in full by Bon-
nardot. Editions : F. Apfelstedt, *Lothringischer Psalter* (*Altfranz. Bibl.*,
IV), Heilbronn, 1881 (based on *M* only) ; F. Bonnardot, *Le Psautier de
Metz* (*Bibl. fr. du moyen âge*, III), Paris, 1884 (text only published). See
also S. Berger, *La Bible française au moyen âge*, Paris, 1884, p. 270, and
a review of this work in *Romania*, XVII, p. 121.]

In spite of papal prohibition, translations from the Bible into the
vulgar tongue were numerous in Lorraine during the Middle Ages.
This translation of the Psalter, in its present form, dates from the
middle of the 14th century. Its earlier history is unknown, but it
probably bears no relation to the Vaudois Psalter burned at Metz
in 1199. The text is that of *M*, but a few variants of *H* are added.
We give part of the translator's preface, in which he dwells on the
difficulties of his task, and a psalm as a specimen of his work.

PROLOGUE

Cilz qui ait cest Psaultier de latin translateit en romans
prie et requieirt a touz ceulz qui lou vorront transcrire et
copier, que il metient ou faicent mettre tout devant lou Psaultier
ceste prefaice et prologue qui s'ensuit, pour entendre plus cleire- 5
ment tout lou romans trait dou latin, au moins ceu qu'ens en
puet entendre, et pour savoir auci queil peril est de translateir la
saincte escripture en romans et queil profit puet venir a celui
qui devotement se vuelt acostumeir a dire lou Psaultieir, soit
en romans pour les gens laye, soit en latin pour ceulz qui 10
l'entendent.

Vez ci lou Psaultier dou latin trait et translateit en romans
en laingue lorenne, selonc la veriteit commune et selonc lou
commun laingaige, au plus pres dou latin qu'en puet bonne-
ment : aucune fois de mot a mot, aucune foiz sentence pour 15
sentence, aucune fois un mot et une perolle pour une aultre a
ce meismes sens pour donneir l'entendement des perolles que
on dit.

Quar pour tant que laingue romance et especiaulment de
Lorenne est imperfaite, et [li latins] plus asseiz que nulle aultre 20
entre les langaiges perfaiz, il n'est nulz, tant soit boin clerc ne
bien parlans romans, qui lou latin puisse translateir en romans
quant a plousour mos dou latin ; mais couvient que, per cor-
ruption et per diseite des mos françois, que en disse lou
romans selonc lou latin, si com : *iniquitas* 'iniquiteit', 25
redemptio 'redemption', *misericordia* 'misericorde' ; et ainsi
de mains et plousours aultres telz mos, que il couvient ainsi dire
en romans comme on dit en latin.

Aucune fois li latins ait plousours mos que en romans nous
ne poions exprimeir ne dire proprement, tant est imperfaite 30
nostre laingue, si com on dit on latin : *erue, eripe, libera me*,
pour les quelz trois mos en latin nous disons un soul mot en

10 *H* layez.   29 en romans *not in H.*

romans : 'delivre moi'; et ainsi de maint et plusours aultres
telz mos, des quelz je me coise quant a present pour cause de
briesteit.   35

Aucune fois li latin warde ses rigles de gramaire et ses con-
gruiteiz et ordenances en figures, en qualiteiz, en comparison,
en persones, en nombres, en temps, en declinesons, en causes,
en muef et en perfection; que on romans ne en françoiz on
ne puet proprement wardeit, pour les varieteiz et diversiteiz 40
des lainguaiges et lou deffault d'entendement de maint et
plusour, qui plus souvent forment lour mos et lour parleir a
lour volenteit et a lour guise que a veriteit et au commun
entendement. Et pour ceu que nulz ne tient en son parleir
ne rigle certenne, mesure ne raison, est laingue romance si 45
corrumpue qu'a poinne li uns entent l'aultre, et a poinne puet
on trouveir a jour d'ieu persone qui saiche escrire, anteir ne
prononcieir en une meismes semblant menieire ; mais escript,
ante et prononce li uns en une guise et li aultre en une aultre.

Auci est il a savoir que li latins ait plusour mos que nulle- 50
ment on romans on ne puet dire maiques per circonlocution
et exposition ; et qui les vorroit dire selonc lou latin en romant,
il ne dit ne latin boin ne romans, mais aucune foiz moitieit
latin moitieit romans. Et per une vainne curiouseteit, et per
aventure per ignorance, vuellent dire lou romans selonc lou 55
latin de mot a mot, si com dient aucuns : *negocia ardua*
'negoces ardues', et : *Effunde frameam et conclude adversus
eos* 'Effunt ta frame et conclut encontre eulz'; si n'ait ne
sentence ne construction ne perfait entendement/ Et quant
nostre Sires dit en l'evangeile saint Jehans : *Nisi palmes* 60
manserit in vite, qui diroit lou romans selonc lou latin de mot
a mot il diroit ainsi : 'Se li palme ne demoret en la vis', et si
n'ait point de vrai ne de perfait entendement selonc lou senz
de la lettre ; quar si mot si 'palme' signifie plusour chose,

40 wardeit] *so MN* ; *corr.* wardeir, *with H ?*   50 il *not in H.*
57 *Psalm* xxxiv. (*A.V.* xxxv.) 3 ; *translated by the writer* : Trai fuer ton
espeie et la lieve contre ceulz . . .   60 *John* xv. 4.

2366   S

quar ou la palme de la main, ou l'arbre dou paumieir, ou lou 65
getons et rains de la vigne ou de chescun aultre arbres. Et
tout ainsi puet on dire de ce mot 'vis', qui signifie plusour
choses : ou vigne, ou visaige, ou une vis tournant. . . . Il apert
dont asseiz cleirement que aucune foiz dire lou romans mot a
mot selonc lou latin est chose corrumpue et imperfaite, et que 70
teile translation aucune foiz faulce la sentence et destruit
l'entendement des perolles, et mue et chainge l'entention de
la letre et dou texte.

Et pour ceu dont est ce trop perillouse chose de translateir
la saincte escripture dou latin en romans, quar li escripture 75
saincte est si plainne de plusours sens et de plusour entende-
mens que, qui la vuelt mettre de latin en romans, se il n'i ait
lonc temps estudieit et se il n'ait l'usaige et l'entendement de
li, il ne la puet veritablement translateir senz erreir.

Dont il avient plusour fois que, en metant un mot pour un 80
aultre, ou une lettre pour une aultre, ou une persone pour une
aultre, ou un adjectif pour uns substantif, li sens et l'entende-
ment de l'escripture est fauceiz et corrumpus, et pervertie est
l'entention dou Sainct Esperit, per queil inspiration et ensigne-
ment li sains prophetes, apostres et ewangelistres ont eut 85
perleit en sainctes escriptures ; et contient teile translation
errour et heresie : et en ceu git li peril de ceulz qui s'entre-
mettent de translateir escriptures de latin en romans, especiaul-
ment la saincte escripture et les dis des sains. . . .

PSALM CXXIII (A. V. CXXIV)

1. Se ce ne fut ceu que nostre Sires estoit en nous, puet 90
dire Israel, ‘

2. Se ce ne fut ceu que nostre Sires estoit en nous, quant li
homes nous assaillient,

3. A bien pres que touz vis nous eussent englouti ; quant
lour courrouz se corressoit contre nous, 95

74 *H* cen.   82 uns] *so HM*, *corr.* un ? *N* unz substantiz.
87 *H* cen.

4. A bien pres que l'iawe ne nous ost engloutis.

5. Nostre arme ait trespasseit lou ruissel; a bien pres que nostre arme ne trespassait yawe tres grande et perillouse.

6. Benoiz soit Dieux, qui ne nous ait mies donneiz en proie ne en caption a lour denz pour nous devoreir.

7. Nostre arme, ensi comme uns passerez ou uns moixons, est delivree et warentie dou las des venours ; li las est desrompus et dissippeiz, et nous sommes delivreiz.

8. Nostre ayde ait esteit on nom de nostre Signour, qui ait fait ciel et terre.   105

99 H Benoix.

45. RAOUL DE CAMBRAI
Cambrai (?), 12th century

[MSS.: Paris, Bibl. Nat., fr. 2493, 13th century (*A*); Bibl. Nat., fr. 24726 contains some fragments copied by Fauchet from an MS. now lost (*B*). Edition: P. Meyer et A. Longnon, *Raoul de Cambrai* (*Soc. d. anc. textes*), Paris, 1882. See also J. Bédier, *Légendes épiques*, II, Paris, 1908, p. 319 ; R. W. Goerke, *Die Sprache des Raoul de C.*, Kiel, 1887.]

The poem is composite : the first part (in *laisses mʋnorimes*) appears to be adapted from an older version, but the second part (in *laisses assonancées*) is a later addition.

We reproduce vv. 1388–1520. Raoul, who is at war with the four sons of Herbert de Vermandois, attacks and burns the monastery of Origny which belongs to them ; Marsent, the mother of Raoul's squire Bernier, perishes in the flames.

E̲n Origni, le bor[c] grant et plaingnier,
   Li fil H[erbert] orent le liu molt chier,
Clos a palis qu'entor fisent fichier ;
Mais por desfendre ne valoit un denier.
Un pre avoit mervillous et plagnier   5
Soz Origni, la on sieut tornoier.
Li gues estoit as nonnains del mostier ;
Lor buef i paissent dont doivent gaaingnier ;
Sous ciel n'a home qui l'osast empirier.

1 le] *Editors propose* ot, *and again l. 90.*   8 buef] *Editors propose* bues?

Li quens R[aoul] i fait son tre drecier ;   10
Tuit li paisson sont d'argent et d'or mier ;
Quatre cens homes s'i pueent herbergier.
De l'ost se partent troi glouton pautonnier ;
Deci al borc ne finent de broichier,
L'avoir i prisent, ne l'i vosent laissier.   15
Sous en pesa qu[i] il devoit aidier,
Dis en i qeurent, chascuns porte un levier ;
Les deus ont mors par leur grant encombrier,
Li tiers s'en vait fuiant sor son dest[r]ier ;
Deci as trez ne se vost atargier ;   20
A pié descent desor le sablonier,
Son droit signor va le souler baisier,
Tout en plorant merci prist a crier,
A haute voiz commença a huchier :
' Ja Damerdieu ne puist ton cors aidier   25
Se ne te vas de ces borgois vengier
Qi tant sont riche et orguillos et fier
Toi ne autrui ne prisent un d[enier],
Ainz te manasce[n]t la teste a rooignier.
Ce il te pue[e]nt ne tenir ne baillier,   30
Ne te garroit tot l'or de Monpeslier.
Mon frere vi ocire et detranchier,
Et mon neveu morir et trebuchier.
Mort m'i eüsent, par le cors s[aint] Richier,
Qant je m'en vign fuiant sor cest destrier.'   35
R[aoul] l'oï, le sens quida changier ;
A vois c'escrie : ' Ferez, franc chevalier !
Je vuel aler Origni pesoier.
Puisq'il me font la guere comencier,
Se Diex m'aït, il le comparront chier ! '   40
Qant cil l'entende[n]t, si se vont haubergier
Isnelement, q'il ne l'osent laissier.
Bien sont dis mile, tant les oï prisier.

16 *Editors put a full stop after* aidier.

Vers Origni commence[n]t a broichier ;
Es focez entrent por le miex esploitier ;   45
Le paliz tranche[n]t a coignïes d'acier,
Desous lor piés le font jus trebuchier ;
Le fosé passent par delez le vivier,
Deci as murs ne vossent atargier.
Es borgois n'ot a cel jor qu'aïrier,   50
Qant del palis ne se porent aidier.

   Li borgois voient le paliz ont perdu :
Li plus hardi en furent esperdu.
As forteresce[s] des murs sont revenu ;
Si getent pieres et maint grant pel agu ;   55
Des gens R[aoul] i ont molt confondu.
Dedens la vile n'a home remasu
As murs ne soient por desfendre venu,
Et jurent Dieu et la soie vertu,
Se R[aoul] truevent, mal li est avenu.   60
Bien se desfendent li jovene et li chenu.
R[aoul] le voit, le quer ot irasqu :
Il jure Dieu et la soie vertu,
Se tuit ne sont afolé et pendu,
Il ne se prise valisant un festu.   65
A vois c'escrie : 'Baron, touchiés le fu !'
Et il si fisent qant il l'ont entendu,
Car au gaaing sont volentiers venu.
Malement a R[aoul] couvent tenu
Qi entre lui et l'abeese fu.   70
Le jor lor a rendu malvais salu :
Le borc ont ars, n'i a rien remasu.
L'enfes B[ernier] en a grant duel eü,
Qant il voit ci Origni confundu.

   Li quens R[aoul] ot molt le quer irié   75
Por les borgois qi l'ont contraloié.

Dieu en jura et la soie pitié
Q'il ne laroit por Rains l'arseveschié
Qe toz nes arde ainz q'il soit anuitié.
Le fu cria: esqüier l'ont touchié ;   80
Ardent ces sales et fonde[n]t cil planchier.
Tounel esprene[n]t, li sercle sont trenchié.
Li effant ardent a duel et a pechié.
Li quens R[aoul] en a mal esploitié :
Le jor devant ot Marcent fïancié   85
Qe n'i perdroient nes un paile ploié ;
Le jor les art, tant par fu erragiés !
El mostier fuient, ne lor a preu aidié :
Cel desfïassent, n'i eüssent lor pié.

  En Origni, le borc grant et plaignier,   90
Li fil H[erbert] orent le liu molt chier,
Marsent i misent qui fu mere B[ernier],
Et cent nonains por Damerdieu proier.
Li quens R[aoul], qui le coraige ot fier,
A fait le feu par les rues fichier.   95
Ardent ces loges, ci fondent li planchier ;
Li vin espandent, s'en flotent li celie[r] ;
Li bacon ardent, si chieent li lardie[r] ;
Li saïns fait le grant feu esforcier,
Fiert soi es tors et el maistre cloichier,   100
Les covretures covint jus trebuchier ;
Entre deus murs ot si grant charbonier,
Les nonains ardent : trop i ot grant brasier ;
Totes cent ardent par molt grant encombrïer ;
Art i Marsens qui fu mere B[ernier],   105
Et Clamados, la fille au duc Renier.
Parmi l'arcin les covint a flairier ;

---

83 Li effant] *Editors suggest* Les nonains, *cf. l. 103.*   89 Cel] *i. e.*
Sel (Se le) ; *Editors suggest* Sis desfiast (= S'il les avait défiés).   90 *cf.*
l. 1.   96 *B* A. les salles.   97 s'en flotent] *so B, A* et fondet.
99 *B* engreignier.

De pitié pleurent li hardi chevalier.
Qant B[ernier] voit si la cose empirier,
Tel duel en a, le sens quide changier.　　　110
Qi li veïst son escu enbracier !
Espee traite est venus au mostier,
Parmi les huis vit la flame raier ;
De tant com puet uns hom d'un dart lancier
Ne puet nus hon ver[s] le feu aproichier.　　115
B[ernier] esgarde dalez un marbre chier :
La vit sa mere estendue couchier,
Sa tenre face estendue couchier.
Sor sa poitrine vit ardoir son sautier.
Lor dist li enfes : 'Molt grant folie qier :　　120
Ja mais secors ne li ara mestier.
Ha ! douce mere, vos me bais[as]tes ier !
En moi avez mout malvais iretier :
Je ne vos puis secore ne aidier.
Dex ait vostre arme, qi le mont doit jugier !　　125
E ! R[aoul] fel, Dex te doinst encombrier !
Le tien homaje avant porter ne qier.
Se or ne puis ceste honte vengier,
Je ne me pris le montant d'un denier.'
Tel duel demaine, chiet li li brans d'acier ;　　130
Trois foiz se pasme sor le col del destrier.
Au sor Gueri s'en ala consellier,
Mais li consaus ne li pot preu aidier.

110 *A* quida.　　112 *A* venue.　　114 *B* Itant.　dun arc gitier.
118 *The line is probably corrupt*; *Editors suggest* ardoir et graaillier.

46. VILLEHARDOUIN: CONQUEST OF CONSTANTINOPLE

Dialect of Champagne, about 1210

[MSS. : *ABCDEF*; see introduction to edition of 1874. The principal MS. is *A* (Paris, Bibl. Nat., fr. 4972), written in the 14th century,

probably at Venice. Edition : N. de Wailly, *Geoffroi de Ville-Hardouin :
Conquête de Constantinople*, Paris, 1872 and 1874. See also N. de Wailly
in *Notices et Extraits des Mss. de la Bibl. Nat.*, XXIV, 2nd part, p. 1 ;
A. Kressner, *Über den epischen Charakter der Sprache V.'s*, in Herrig's
Archiv, LVII, 'p. 1 ; A. Haase, *Syntaktische Untersuchungen zu Ville-
hardouin und Joinville*, Oppeln, 1884 ; G. Paris et A. Jeanroy, *Extraits
des Chroniqueurs français*, Paris, 1892, etc.]

Villehardouin was born in Champagne (twenty miles east of
Troyes) between 1150 and 1164, and was Maréchal of Champagne
from 1191 onwards. He played a leading part in the Fourth
Crusade, from 1199, as warrior, counsellor and diplomat, and was
given a domain in Thrace, where he probably composed his book
—the oldest specimen of French historical prose. He died about
1212, leaving his work unfinished. MS. *A*, which we follow as
closely as possible, appears to have preserved some of the original
dialectal features, though Central French forms predominate.
Variants, except those of *A*, are given only in doubtful cases.

Sections 154-62. *The crusaders seize the port of Constantinople
and capture the tower of Galata (events of 1203) :—*

Li jors fu devisez quant il se recueildroient es nes et es
vaissiaus por prendre terre, ou por vivre ou por morir ;
et sachiez que ce fu une des plus doutoses choses a faire qui
onques fust. Lors parlerent li evesque et li clergiez al pueple,
et lor mostrerent que il fussent confez et feist chascuns sa 5
devise ; que il ne savoient quant Diez feroit son commande-
ment d'els. Ft il si firent mult volentiers par tote l'ost, et
mult pitosement.

Li termes vint si con devisez fu ; et li chevalier furent es
uissiers tuit avec lor destriers ; et furent tuit armé, les helmes 10
laciez, et li cheval covert et enselé. Et les autres genz, qui
n'avoient mie si grant mestier en bataile, furent es granz nes
tuit ; et les galees furent armees et atornees totes.

Et li matins fu biels, un poi aprés le soleil levant ; et l'em-
perieres Alexis les attendoit a granz batailles et a granz corroiz 15
de l'autre part. Et on sone les bozines ; et chascune galie fu
a un uissier liee por passer oltre plus delivreement. Il ne

2 *After* terre *BCDEF add* par force.   14 *A* apres le s. un poi levant,
BF un poi devant le s. l., *not in CDE.*

demandent mie chascuns qui doit aler devant ; mais qui
ançois puet, ançois arive. Et li chevalier issirent des uissiers,
et saillent en la mer trosque a la çainture tuit armé, les 20
hielmes laciez et les glaives es mains ; et li bon archier et li
bon serjant et li bon arbalestrier, chascune compaignie ou
endroit ele ariva.

Et li Greu firent mult grant semblant del retenir ; et quant
ce vint as lances baissier, et li Grieu lor tornent les dos : si 25
s'en vont fuiant, et lor laissent le rivage. Et sachiez que
onques plus orguellieusement nuls porz ne fu pris.

Adonc comencent li marinier a ovrir les portes des uissiers
et a giter les ponz fors ; et on comence les chevax a traire ; et
li chevalier comencent a monter sor lor chevaus, et les batailles 30
se comencent a rengier si com il devoient.

Li cuens Baudoins de Flandres et de Hennaut chevauche, qui
l'avangarde faisoit, et les autres batailles aprés, chascune si cum
eles chevauchier devoient ; et alerent trosque la ou l'emperere
Alexis avoit esté logiez. Et il s'en fu tornez vers Costanti- 35
noble, et laissa tenduz tres et paveillons ; et la gaignerent
nostre gent assez.

De nostres barons fut tels li conseils que il se hebergeroient
sor le port devant la tor de Galathas, ou la chaiene fermoit
qui movoit de Costantinoble. Et sachiez de voir que par 40
cele chaiene covenoit entrer, qui al port de Constantinoble
voloit entrer. Et bien virent nostre baron, se il ne prenoient
cele tor et rompoient cele chaiene, que il estoient mort et
malbailli. Ensi se herbergierent la nuit devant la tor et en la
juerie que l'on apele l'Estanor, ou il avoit mult bone vile et 45
mult riche.

Bien se fissent la nuit eschaugaitier ; et l'endemain, quant fu
hore de tierce, si firent une assaillie cil de la tor de Galathas,

20 *BCDEF* saillirent.　22 ou endroit] *B* la ou ; *CDEF* chascuns
a sa c. la endroit ou ele, *so Ed.*　25 et . . . tornent] *BCDEF* li G. lor
tornerent, *so Ed.*　31 *BCDEF omit* si com il d.　32 *BCDEF* che-
vaucha.　36 et la . . . assez *not in BCDEF.*

et cil qui de Constantinoble lor venoient aidier en barges ; et
nostre gent corent as armes. La assembla premiers Jaques 50
d'Avesnes et la soe maisnie a pié ; et sachiez que il fu mult
chargiez, et fu feruz parmi le vis d'un glaive, et en aventure de
mort. Et uns suens chevaliers fu montez a cheval, qui avoit
nom Nicholes de Janlain ; et secorrut mult bien son seignor,
et le fist mult bien, si que il en ot grant pris. 55

Et li criz fu levez en l'ost ; et nostre gent vienent de totes
parz et les mistrent enz mult laidement, si que assez en i ot de
morz et de pris ; si que de tels i ot qui ne guenchirent mie a la
tor, ainz alerent as barges dunt il erent venu ; et la en rot assez
de noiez, et alquant en eschaperent. Et cels qui guenchirent 60
a la tor, cil de l'ost les tindrent si pres que il ne porent la
porte fermer. Enqui refu granz li estors a la porte ; et la tor
tollirent par force, et les pristrent laienz. La en i ot assez de
morz et de pris.

Ensi fu li chastiaus de Galathas pris, et li porz gaigniez de 65
Costantinoble par force. Mult en furent conforté cil de l'ost,
et mult en loerent Damledieu, et cil de la vile desconforté. Et
l'endemain furent enz traites les nes et li vaissel et les galies et
li uissier. Et donc pristrent cil de l'ost conseil ensemble por
savoir quel chose il porroient faire, s'il asauroient la vile par 70
mer ou par terre. Mult s'acorderent li Venisien que les
eschieles fussient dreciees es nes, et que toz li assaus fust par
devers la mer. Li François disoient que il ne se savoient mie
si bien aidier sor mer com il savoient ; mais quant il aroient
lor chevaus et lor armes, il se savroient mielz aidier par terre. 75
Ensi fu la fins del conseil que li Venisien assauroient par mer,
et li baron et cil de l'ost par terre.

.   .   .   .

50 premiers *not in A.*   52 en *not in A.*   57 les] *A* le.   59 *BCDEF*
en i ot, *so Ed.*   62 *Ed.* la lor.   68 enz] *B* a cel port, *C* ou port, *DE*
es pors, *F* ad porz.   74 *After* savoient *BF add* par terre, *so Ed.*
74-5 com … terre *not in CDE.*

Et pristrent li baron de l'ost un parlement, et li dux de Venise ; et distrent qu'il conossoient que cil ne lor atendroit nul covent, et si ne lor disoit onques voir ; et que il envoiassent 80 bons messages por requerre lor convenance, et por reprover lou servise que il li avoient fait ; et se il le voloit faire, preissent le ; et s'il nel voloit faire, desfiassent le de par als, et bien li deissent qu'il pourchaceroient le lor si come il poroient. 85

A cel message fu esliz Coenes de Betune et Geoffrois de Ville-Hardoin, li mareschaus de Champaigne, et Miles li Braibanz de Provins ; et li dux de Venise i envoia trois hals homes de son conseil. Ensi monterent li message sor lor chevax, les espees çaintes ; et chevaucherent ensemble trosque 90 al palais de Blaquerne. Et sachiez que il alerent en grant peril et en grant aventure, selon la traison as Gres.

Ensi que descendirent a la porte et entrerent el palais, et troverent l'empereor Alexi et l'empereor Sursac son pere seanz en deus chaieres lez a lez. Et delez aus seoit l'empereris, qui 95 ere fame al pere et marastre al fil, et ere suer al roi de Hungrie, bele dame et bone. Et furent a grant plenté de haltes genz, et mult sembla bien corz a riche prince.

Par le conseil as autres messages mostra la parole Coenes de Betune, qui mult ere sages et bien enparlez : 'Sire, nos 100 somes a toi venu de par les barons de l'ost et de par le duc de Venise. Et saches tu que il te reprovent le grant servise que il t'ont fait, con la gens sevent et cum il est apparisant. Vos lor avez juré, vos et vostre peres, la convenance a tenir que vos lor avez convent ; et vos chartes en ont. Vos ne lor avez 105 mie si bien tenue con vos deussiez.

Semont vos en ont maintes foiz, et nos vos en semonons, voiant toz voz barons, de par als, que vos lor taignoiz la

84 et bien . . . poroient *not in A.* 102 le grant servise *not in A.* 104 que . . . convent *not in BCDEF.*

convenance qui est entre vos et als. Se vos le faites, mult lor
ert bel; et se vos nel faites, sachiez que des hore en avant il 110
ne vos tienent ne por seignor ne por ami; ainz porchaceront
que il avront le leur en totes les manieres que il porront. Et
bien vos mandent il que il ne feroient ne vos ne altrui mal,
tant que il l'aussent desfié; que il ne firent onques traison, ne
en lor terre n'est il mie acostumé que il le facent. Vos avez 115
bien oi que nos vos avons dit, et vos vos conseilleroiz si con
vos plaira.'

Mult tindrent li Gre a grant mervoille et a grant oltrage
ceste desfiance; et distrent que onques mais nus n'avoit esté
si ardiz qui ossast l'empereor de Constantinople desfier en sa 120
chambre. Mult fist as messages malvais semblant l'empereres
Alexis, et tuit li autre qui maintes foiz lor avoient fait mult biel.

109 qui . . . als *not in BCDEF*; *A* vos la.   110 des . . . avant *not in BCDEF.*   111 *A* tiegne.   112 *A* le leu.   120 *CDF* sa ch. meismes, *so Ed.*   122 *A* li autres, *BCDEF* li Grieu.

47. CRESTIEN DE TROYES: EREC

Champagne, about 1160

[MSS.: *HCPBVAE*, the last three unimportant; for details, see introduction to edition of 1890. Editions: W. Foerster, *Erec und Enide von Christian von Troyes* (Chr. v. Tr., *Sämtliche Werke*, III), Halle, 1890; id., *Kristian von Troyes, Erec und Enide, Textausgabe* (*Roman. Bibl.*, XIII), Halle, 1896, 2nd ed. 1909. See also W. Foerster, *Kr. von Tr., Wörterbuch zu seinen sämtlichen Werken* (*Roman. Bibl.*, XXI), Halle, 1914 (contains an account of Crestien's language).]

Crestien de Troyes wrote his romances at the court of Countess Marie of Champagne, between 1150 and 1180. *Erec et Enide*, his earliest extant original romance, contains numerous popular expressions and dialectal traits (characteristic of Eastern Champagne) not to be found in his later works. We follow Foerster's text of 1909, and give selected variants only. Foerster has standardized forms and spellings on the basis of MS. *C*, written in a dialect very close to that of Crestien.

Vv 411–41. Description of Enide:—

M̲ out estoit la pucele jante,
Car tote i ot mise s'antante

Nature qui faite l'avoit.
Ele meïsme s'an estoit
Plus de cinc çanz foiz mervelliee,　　　　5
Comant une sole foiiee
Tant bele chose feire sot ;
Ne puis tant pener ne se pot
Qu'ele poïst son essanpleire
An nule guise contrefeire.　　　　10
De cesti tesmoingne Nature
Qu'onques si bele creature
Ne fu veüe an tot le monde.
Por voir vos di qu'Iseuz la blonde
N'ot tant les crins sors ne luisanz,　　　　15
Que a cesti ne fu neanz.
Plus ot, que n'est la flors de lis,
Cler et blanc le front et le vis.
Sor la blanchor par grant mervoille
D'une color fresche et vermoille,　　　　20
Que Nature li ot donee,
Estoit sa face anluminee.
Li oel si grant clarté randoient
Que deus estoiles ressanbloient.
Onques Deus ne sot feire miauz　　　　25
Le nes, la boche ne les iauz.
Que diroie de sa biauté ?
Ce fu cele par verité
Qui fu feite por esgarder ;
Qu'an li se poïst an mirer　　　　30
Aussi come an un mireor.

*Vv. 3967–4038.   An encounter between Erec and Kay (King
　　　　Arthur's seneschal) :—*

Galopant sor le Guingalet
S'an aloit Keus tot un valet

11 *CB* ceste.　　15 *CP* Not les crins tant.　　16 *B* fust.　　17 *H*
ne soit flors.　　28 *CB* por.　　32 *CBP* gringalet.

Tant que par avanture avint
Qu'Erec a l'ancontre li vint. 35
Erec conut le seneschal
Et les armes et le cheval,
Mes Keus pas lui ne reconut ;
Car a ses armes ne parut
Nule veraie conoissance, 40
Que tant cos d'espee et de lance
Avoit sor son escu eüz
Que toz li tainz an fu cheüz ;
Et la dame[1] par grant veisdie,
Por ce qu'ele ne voloit mie 45
Qu'il la coneüst ne veïst,
Aussi con s'ele le feïst
Por le hasle et por la poudriere,
Mist sa guinple devant sa chiere.
Keus vint avant plus que le pas 50
Et prist Erec eneslepas
Par la resne sanz saluer.
Ainz qu'il le leissast remuer,
Li demanda par grant orguel :
'Chevaliers !' fet il, 'savoir vuel 55
Qui vos estes et don venez.' —
'Fos estes, quant vos me tenez,'
Fet Erec, 'nel savroiz anuit.'
Et cil respont : 'Ne vos enuit,
Car por vostre bien le demant. 60
Je voi et sai certainnemant
Que bleciez estes et navrez.
Anquenuit buen ostel avrez,

---

39 *H* naparut, *B* naparcut.   41 Que *not in HCB* ; *BP* cop ; *C* despees ; *H* et tant de.   43 *BP* Que li toinz en estoit ; *HC* ert. 53 *H* la laiast.   62 *Foerster 1909* estez.   63 *H* Anqui.   averes.

i. e. Enide

Se avuec moi volez venir.
Je vos ferai mout chier tenir   65
Et enorer et aeisier,
Car de repos avez mestier.
Li rois Artus et la reïne
Sont ci pres an une gaudine
De trez et de tantes logié.   70
Par buene foi le vos lo gié
Que vos an veigniez avuec moi
Veoir la reïne et le roi,
Qui de vos grant joie feront
Et grant enor vos porteront.'   75
Erec respont : 'Vos dites bien ;
Mes je n'i iroie por rien.
Ne savez mie mon besoing ;
Ancor m'estuet aler plus loing.
Leissiez m'aler, que trop demor ;   80
Ancor i a assez del jor.'
Keus respont : 'Grant folie dites,
Quant del venir vos escondites ;
Espoir vos an repantiroiz.
Et bien vos poist, si i iroiz   85
Andui, et vos et vostre fanne,
Si con li prestres vet au sanne,
Ou volantiers ou a anviz.
Anquenuit seroiz mal serviz
(Se mes consauz an est creüz),   90
Se bien n'i estes coneüz.
Venez an tost, que je vos praing.'
De ce ot Erec grant desdaing.
'Vassaus !' fet il, 'folie feites,
Qui par force aprés vos me treites.   95

72 *H* en venes.   77 *P* M. niroie, *CB* Ni iroie ; *CBP* por nule r.
79 plus] *BPA* molt; *H* alters.   83 *C* Qui; *H* de.   86 *H* fenne.
87 *H* senne.   90, 91 *not in C.*   90 *Foerster 1909* n'an, *against all*
MSS.   95 *BP* Quant.

Sanz desfïance m'avez pris :
Je di que vos avez mespris,
Que toz seürs estre cuidoie,
Vers vos de rien ne me gardoie.'
Lors met a l'espee la main   100
Et dist : ' Vassaus ! leissiez mon frain !
Traiiez vos la ! Je vos taing mout
Por orguelleus et por estout . . .'

99 *H* Ne de vos rien.

48. JEAN PRIORAT DE BESANÇON :

LI ABREJANCE DE L'ORDRE DE CHEVALERIE

Franche-Comté, end of 13th century

[MS. : Paris, Bibl. Nat., fr. 1604. Edition by U. Robert (*Soc. d. anc. textes*), Paris, 1897. See also A. Castan, *J. P. de B.*, in *Bibl. École d. Chartes*, XXXVI, p. 124 ; F. Wendelborn, *Sprachliche Untersuchung der Reime der Végèce-Versification des P. von B.*, Diss. Bonn, 1887 ; U. Robert, *L'Art de Chevalerie par Jean de Meun* (*Soc. d. anc. textes*), Paris, 1897, Introduction.]

The versified translation of Vegetius, *De re militari*, written by Jean Priorat between 1286 and 1290 in his native dialect, is based, not on the Latin, but on a version in French prose made by Jean de Meun in 1284. Priorat probably wrote for Jean de Chalon d'Arlay (uncle of the Count of Burgundy), who besieged and took Besançon in 1290–1. Frequent inaccuracies in rhyme and metre (e.g. neglect of feminine *e* in vv. 7 and 17) show that he was an inexperienced versifier. The MS. appears to be very close to the original.

Vv. 8739–60 and 8971–9060 (cf. Jean de Meun, L'Art de Cheva-lerie, book IV, ch. 5, 9, 10) ; advice to a beleaguered garrison :—

Comant nos davons fossez faire
Por nos et contre l'adversaire.

L'on doit per sant d'antiquitey
Faire per devant la citey
Fossez perfonz et granz et larges   5
Et per meniere d'ovriers saiges,

Si qu'il ne puissent legieremant
Estre empliz, n'igaul ausimant
Per nos enemis, que contraire
Et domaige nos vuillent faire.   10
Fai les tex, que quant soronder
Comanceront et abonder
De l'iaul et de la sorecrue,
Que li conins point de value
Ne ait, ne que continuer   15
Puissent per terre remuer;
Car per doues menieres empachie
An est lor huevre et depecie,
Ce est per la perfondetey
Des fossez et per quantitey   20
De l'iaul qu'est si sorabondanz
Que miner ne puent dedanz.

.   .   .   .

    Se ners ou cordes defailloient,
    Adonc que cil dedanz feroient.

  Il covint bien per grant estude   25
Coillir foison et multitude
De cordes, de ners ausimant,
Dois le premier comancemant,
Por toz engins aidier a faire,
Si c'on mal n'an ait ne contraire.   30
  Prest aient per tel entreval
Coues et traces de cheval
Por raparoillier arbeletes
De cordes, s'on n'ai autres prates.
  Chevoz de fomes tot sanz dote,   35
Tot soit ce que plus grieve et coste,
Vaut moult a faire tel meniere,
Se besoins ou granz defauz iere.

    31 *MS*. Perraident.

Ce fu bien aprovez a Rome,
Et si vos dirai quant et come ;   40
Car quant li Capitoires fu
Essegiez et qu'ainsi an fu
Que cordes et ners lor failloient,
Et que per tel defaut cessoient
Li engin et les arbeletes,   45
Adonc les dames totes prates
Furent de lor chevoz baillier
Et les se firent ataillier,
Et a lor mariz les tendirent,
Qui les lor engins en refirent,   50
Per quoi l'essauz des enemis
Fu rebotez et arriers mis,
Et les dames per lor chatey
Vodrent meuz perdre lor biautey
De lor traces et laides estre   55
O lor mariz et a lor estre,
Que servir en desloiautey
Lor enemis o lor biautey ;
Et meuz amerent lor franchise
Garder que faire en autre guise.   60
   Ausi rest chose profitauble
Et es enemis domaigauble
De garder cornes et cuers cruz,
Et, por ce que meuz soie cruz,
L'on an rafaite les curies   65
Et les engins per granz maitries,
Et si sont en maintes menieres
Cex choses bones et entieres.

      Que doiz faire con li essegïe
      Defaute d'eue n'aient mie.   70
   Granz profiz et granz avantaiges
Est es citez qu'ont lor usaiges

D'ial qui vient de vive fonteinne
Deanz la citey per bone estreinne.
Et se nature nes i done   75
N'a ce faire ne s'abandone,
Lors i doit l'on tantost puis faire
Et per cordes l'eue fuer traire
Et perfonder selonc l'autece
Per grant poinne, non per parace.   80
   Mes moult de foiz sus places seches,
Sus granz montaignes et sus roches
Sont li chatel ou les citez
Mises per granz antiquitez.
En celes per sant et per poinnes   85
Trueve on un petit plus loinz voinnes
Et plus bes, et sont de fonteinnes
Qui descendent d'aut des montaignes.
Celes per tors fors et hauteinnes
Per chaufax ou per berbiqueinnes   90
Puet l'on deffandre et per saietes
Ou per tres bones arbeletes,
Si que l'on i puet suremant
Aler abruver voiremant.
   Et s'ainsi est que la fonteinne   95
Soit en pandant, bien tant lointeinne
Comme l'on puet traire d'un art,
Lors per ovraige et per art
Doiz un petit boialot faire
Por a toi la fonteinne atraire.   100
Ciz borz doit entre la fonteinne
Estre et la citey hauteinne.
Archiers, arbeletiers la soient
Mis, que la fonteinne gardoient.

98–102 *Jean de Meun*: il convient faire un petit chastelet, que on appelle bourc, entre la cité et la fontaigne.   101 entre] *MS.* estre en.

Et avec ce doit l'on avoir 105
Cyternes, et por recevoir
L'eue qu'est choite per la plue,
Et por ce qu'ele moult ahue
Au besoing, car a moult grant poinne
Puet l'on voincre ne faire essoinne 110
A cex qui ont d'ia bon usaige
Et qu'a pol se tiegnent con saige.

49. THE LYONS YSOPET

Franche-Comté, end of 13th century

[MS. : Lyons, Bibl. de l'Académie, 57, contemporary with the transla-
tion and possibly written by the translator himself. Edition : W. Foerster,
Lyoner Ysopet (*Altfranz. Bibl.*, V), Heilbronn, 1882. See also B. Herlet,
Studien über die sog. Yzopets, in *Roman. Forschungen*, IV, p. 219.]

This *Ysopet* (i.e. collection of fables in the vulgar tongue, in
imitation of Aesop) was freely translated from a popular mediaeval
Latin fable-book—the so-called *Esopus moralisatus* or *Romulus
Neveleti*, believed to have been written about 1177 by a certain
Walter Anglicus. The Latin text is included by Foerster in his
edition of the French work.

We give fables 46 (vv. 2365–2408) and 48 (2543–84).

Des chevas et des oiseax.

Li chevaus es oiseax fermarent
Guerre, en bataille s'asamblarent.
Chescuns pense dou miez ferir
Por lo pris d'armes aquerir. 5
Viguerousemant se combatent,
Entr'aus mout duremant se batent.
La victoire fut en balance,
Nuns n'an ot certainne esperance.
En cel point li chaveseriz, 10
Qui ai cors samblant a seriz,
Aules de toile et colour noire,
Mostre que sa foi n'est pas voire :

Por doner es chevax aye,
Laisse sa propre compaignie, 15
Es oiseax fait mout de contraire
Por ce que puisse es chevas plaire.
L'aigle voit que ses ost chancele,
En haute voiz les en apele :
'Encui avroiz ceste victoire,' 20
Dist ele, 'vostre en iert la gloire.'
Li oiseax sont encoraigiez,
Ou chanp fierent con enraigiez.
Don se prirent a desconfire
Li chevaus : chescuns lo dos vire, 25
Por saver lour vies s'an fuent ;
Li autre en chaçant mains en tuent.
Li oiseax en portent lo pris.
Li chaveseriz i fu pris,
Sa traïson fu bien provee, 30
La poinne fu tele tensee :
De ses plumes lo despoillerent
Et robe noire li donarent,
Et l'ont banni en tel meniere
Que jemais ne haut en lumiere ; 35
Chestoié l'ont per batemant :
Ensinc se part dou jugemant.
Dois adonc vai toz jours de nuit,
Quar la clartey dou jour li nuit.
    Laissier lou privey por l'estrange. 40
Nuns ne doit faire tel eschange.
A dous seignors ne doit servir
Hons qui vuet honour desservir.
Cil travaille essez sanz riens faire,
Qui a dous seignours cuide plaire. 45

.   .   .   .   .

31 *Corr.* censee ? (*Foerster*).

Dou cer qui besmoit ses jambes.

Li cers soffre de soi destrace;
Vers une fontainne s'adresce.
La fontainne est clere et bele,
D'argent samble estre la gravele.   50
Quant li cers boit per grant delit,
En l'aigue sa samblance lit.
Il se regarde et se remire,
Ses cornes lo cuer li font rire;
Longues furent et bien ramees,   55
Mout li samblent estre honorees;
Con plus regarde en la fontainne,
Plus s'esjohit per gloire vainne.
D'autre part li fait grant destrace,
Quant de sez piez voit la magrece;   60
Ses chambes trop li desplasoient,
Quar noires et maigres estoient.
A grant esbais chiens soreviegnent,
Vers lui tout droit la trace tiegnent.
Quant il les sentit abaier,   65
Il s'am prist fort a esmaier;
Ses piez mat en ovre por fuire,
Qu'il tenoit devant en laidure.
Des chambes la legeretey,
Cele lo moinne a sauvetey;   70
Quant il les sent forz et ignales,
Si les tient et bones et bales.
Ses cornes qu'il ot chier tenues,
Qu'erent si grant et si forchues,
Vosist que fussent esraigies   75
De sa teste, ou erent fichies,
Car mout a grant henuit li vienent,
Quant per l'espés bois lo retiegnent.
Chose sanz profit por son asme
Sont ses granz cornes, mout s'an blasme.

Des chambes loue la bontey,
Don se tenoit ainz por ontey ;
Por son bien corre est eschapez,
Qu'il ne fust pris ne atrapez.

Ce qui aide aïr, et amer   85
Ce qui nuit, fait mout a blamer.
En mal volontier se delite
Nostre cuers, et lo bien despite.

50. GUILLAUME DE LORRIS: LE ROMAN DE LA ROSE

Orléanais, between 1225 and 1240

[There are about 300 MSS., most of which are described by E. Langlois, *Les manuscrits du Roman de la Rose, description et classement*, Lille, 1910. Editions : E. Langlois, *Le Roman de la Rose...*, *publié d'après les manuscrits* (*Soc. d. anc. textes*), Paris, 1914, ff. ; a detailed study of the language is contained in vol. i. See also F. M. Auler, *Der Dialekt der Provinzen Orléanais und Perche im 13. Jahrh.*, Diss. Strasburg, Bonn, 1888 ; F. W. Bourdillon, *The Early Editions of the Roman de la Rose*, London, 1906; K. R. v. Ettmayer, *Der Rosenroman (Erster Teil), stilistische, grammatische u. literarhistorische Erläuterungen* . . ., Heidelberg, 1919.]

The allegorical poem begun by Guillaume de Lorris was continued forty years later by Jean de Meun. The extract reproduces vv. 21–135.

Au vintieme an de mon aage,
Ou point qu'Amors prent le paage
Des juenes genz, couchiez m'estoie
Une nuit, si con je soloie,
E me dormoie mout forment ;   5
Si vi un songe en mon dormant
Qui mout fu biaus e mout me plot ;
Mais en cel songe onques rien n'ot
Qui trestot avenu ne soit
Si con li songes recensoit.   10
Or vueil cel songe rimeier,
Por voz cuers plus faire esgaier,

Qu'Amors le me prie e comande.
E se nus ne nule demande
Coment je vueil que li romanz   15
Soit apelez que je comenz,
Ce est li Romanz de la Rose,
Ou l'Art d'Amors est toute enclose.
La matire en est bone e nueve ;
Or doint Deus qu'en gre le reçueve   20
Cele por cui je l'ai empris ;
C'est cele qui tant a de pris
E tant est dine d'estre amee
Qu'el doit estre Rose clamee.

  Avis m'iere qu'il estoit mais,   25
Il a ja bien cinc anz ou mais,
Qu'en mai estoie, ce sonjoie,
Ou tens ou toute rien s'esgaie,
Que l'en ne voit boisson ne haie
Qui en mai parer ne se vueille   30
E covrir de novele fueille.
Li bois recuevrent lor verdure,
Qui sont sec tant come ivers dure ;
La terre meïsmes s'orgueille
Por la rosee qui la mueille,   35
E oblie la povreté
Ou ele a tot l'iver esté ;
Lors devient la terre si gobe
Qu'el viaut avoir novele robe ;
Si set si cointe robe faire   40
Que de colors i a cent paire.
L'erbe e les flors blanches e perses,
E de maintes colors diverses,
C'est la robe que je devise,
Por quoi la terre miauz se prise.   45

19 e nueve] *some MSS.* e vive, *or* e voire.   24 Que d.   38 gobe]
noble.   39 Que v., *or* Que a. v., *or* Ki v.

Li oisel, qui se sont teü
Tant come il ont le froit eü
E le tens divers e frarin,
Sont en mai, por le tens serin,
Si lié qu'il montrent en chantant   50
Qu'en lor cuers a de joie tant
Qu'il lor estuet chanter par force.
Li rossigniaus lores s'esforce
De chanter e de faire noise ;
Lors se deduit e lors s'envoise   55
Li papegauz e la calandre ;
Lors estuet juenes genz entendre
A estre gais e amoreus,
Por le tens bel e doucereus ;
Mout a dur cuer qui en mai n'aime,   60
Quant il ot chanter sor la raime
As oisiaus les douz chanz piteus.
En icelui tens deliteus,
Que toute rien d'amer s'esfroie,
Sonjai une nuit que j'estoie ;   65
Lors m'iere avis en mon dormant
Qu'il estoit matins durement :
De mon lit tantost me levai,
Chauçai moi e mes mains lavai.
Lors trais une aguille d'argent   70
D'un aguillier mignot e gent,
Si pris l'aguille a enfiler.
Hors de vile oi talent d'aler,
Por oïr des oisiaus les sons,
Qui chantoient par ces boissons   75
En icele saison novele.
Cousant mes manches a videle,

48 E le fort t. d'iver f., *or* d'yver e frerin.   64 Quant t., *or* Qe
chescun a a. s'avoie.   77 vizele, *or* vicelle, *or* visele.

M'en vois lors toz seus esbatant,
E les oiselez escoutant,
Qui de chanter mout s'angoissoient,   80
Por les vergiers qui florissoient.

Jolis, gais e pleins de leece,
Vers une riviere m'adrece
Que j'oï pres d'ilueques bruire,
Car ne me soi aler deduire   85
Plus bel que sus cele riviere.
D'un tertre qui pres d'iluec iere
Descendoit l'eue grant e roide.
Clere estoit l'eue e ausi froide
Come puiz ou come fontaine ;   90
Si estoit poi mendre de Seine,
Mais qu'ele estoit plus espandue.
Onques mais n'avoie veüe
Cele eue qui si bien seoit ;
Si m'abelissoit e seoit   95
A regarder le leu plaisant.
De l'eue clere e reluisant
Mon vis rafreschi e lavai ;
Si vi tot covert e pavé
Le fonz de l'eue de gravele.   100
La praerie grant e bele
Tres au pié de l'eue batoit.
Clere e serie e bele estoit
La matinee e atempree ;
Lors m'en alai parmi la pree,   105
Contreval l'eue esbaneiant,
Tot le rivage costeiant.

Quant j'oi un poi avant alé,
Si vi un vergier grant e le,

---

80 c. (m.) s'esjoissoient, *or* m. s'enforçoient.   81 Par les, *or* Par ces.
90 C. de p. ou de f.   94 b. coroit.

Tot clos de haut mur bataillié,   110
Portrait dehors e entaillié
A maintes riches escritures.
Les images e les pointures
Dou mur volentiers remirai.

51. SERMONS OF MAURICE DE SULLY

Poitou, middle of 13th century

[MS.: Poitiers, **124**, middle of 13th century. Edition : A. Boucherie, *Le dialecte poitevin au XIII*^e *siècle*. Paris, and Montpellier, 1873. See also A. Lecoy de la Marche, *La Chaire française au moyen âge*, Paris, 1868, p. 40; A. Tobler in *Göttingische gelehrte Anzeigen*, 1874, p. 1413; E. Goerlich, *Die südwestlichen Dialekte der Langue d'oïl Franz. Studien*, III), Heilbronn, 1882.]

Maurice de Sully (died 1196), having won great fame as a preacher, was promoted in 1160 to the bishopric of Paris. From the sermons which he had preached in the vulgar tongue, he compiled a Latin manual for the use of the clergy of his diocese, afterwards adopted in other dioceses also. The Latin text was repeatedly translated (or restored) into the vernacular, and versions exist in several dialects. It is uncertain whether the Poitevin version, from which our extract is taken, is based directly on the Latin or on an intermediate version in the vulgar tongue. We give a sermon for Whit Sunday (Boucherie, p. 101) and part of another of a more general character (p. 192).

[*In*] *die Pentecoste.*

Si quis diligit me, sermonem meum servabit, et Pater meus diliget eum, et ad eum veniemus, et mansionem apud eum faciemus.
Nos trovom on saint livre d'ui que n[ostre] S[ire] enveia lo saint esperit dau cel a ses apostres, si cum il lor aveit promis avant qu'il fust mis en croiz e avant qu'il montast on cel.   Quar ce 5 dit l'escripture que lo jor de la Pentecoste esteient li apostre en un luc, si vint sor eaus uns granz sons dau cel en senblance de fuc, e lor done grace de parler toz les langages de tot le munde. Si soguirent les langages daus estranges terres, si s'en merveil-lerent mot les genz daus estranges pais, e distrent: 'Que deit 10

1, 2 *John* xiv. 23.   5–21 *Cf. Acts* ii.

que cil, qui ont esté ne e norri de cest pais, parlent les langages
de nos terres, e recontent les merveilles e les miracles De?'
E quant ou virent li Jué de Jherusalem, qui mot aveient hai
n[ostre] S[eignor] e ses miracles e sa doctrine e ses apostres, si
distrent qu'il esteient ivre, ja seit ceu qu'ol est ore de terce. 15
Mas c'est ceu que n[ostre] S[ire] promist a ses apostres par lo
prophete Johel : ' Ge mettrai,' fist il, ' de mon esperit sor voz
fils e sor voz filles.' Si lor preecha mis sires sainz Peres la
resurrection e l'ascencion n[ostre] S[eignor], tant qu'il en torna
par la grace dau saint esperit e la grace de la crestienté treis 20
mil hommes. C'est la feste que nos fesom hui dau saint esperit
que Dex enveia a ses apostres. Fesom issi sa feste que nos en
seiom parçoner par sa grace, e qu'il voille en nos venir herberger
e en nos ester, e nos conseiller e conforter. Que nos vaut ceu
que li apostre orent lo saint esperit e qu'il furent plus saintifié, 25
s'il ne descent en nos e il ne nos oste de noz pechez? Si nos
volom aveir la soe grace, fasom ausi cum firent li apostre :
esmundom nos *ab omni inquinamento carnis et spiritus.* Esmun-
dom noz cuers e noz corages de tote enchoture, e si aurom lo
saint esperit, e non pas solement lo saint esperit, mas lo pere e 30
lo fil e lo saint esperit. Quar ce dist Dex en l'evangile d'ui :
Si quis diligit me, etc. Si aucuns garde mes comandemenz, mis
peres l'amera ; si vendrom a lui e ferom nostre estage en lui.
' Si aucuns,' fist il, ' m'aimet, cil gardera mes comandemenz.'
Par ce dist il ' si aucuns m'aime ', qu'il saveit beñ que mot i 35
aureit de ceaus qui en lui creireient, e qu'ol i aureit mot poi de
ceaus qui en verité l'amereient. Hui est li jor que ol i a mot
deaus apelez en l'evangile e poi daus esliz ; si cum il meismes
dist : *Multi enim sunt vocati, pauci vero electi.* Sapchez que on
champ Dameredé a mot de la jarcerie e poi dau froment. En 40
son rez a prou de la vermine e petit daus peissons. En l'aire
Dameredé a mot de la paille e poi dau grain. En son parc a
mot daus chebres e poi daus oeilles. E par totes icestes choses

28 *2 Cor.* vii. 1.   29 cuers] *corr.* cors?   35 *corr.* Por ce?
39 *Matth.* xxii. 14.   43 par] *corr.* por?

dist Dameredex 'si aucuns m'aime' ; quar il saveit ben que poi
aureit de ceaus qui en verité l'amereient.   Si nos amom 45
Dameredé, si comande que nos gardom ses comandemenz, si
qu'il veauge en nos aver son ostau.   Quar, si cum dit la sainte
escripture, nos devom estre li verais temples Da[meredé], e il
deit aveir en nos sa mansion.   *Et si quis violaverit templum*
Dei, disperdet illum Deus.   Si aucuns enchotist lo temple De — 50
c'est sei meisme de peché — Dex lo destruira.   Seignors, issi a
e deit aveir Da[meredex] son ostau en nos meismes.   Fasom li
honor.   Si nos la li fesom en terre, il la nos fera ons ceaus.
Quod nobis p[restare] d[ignetur] [*Jhesus Christus etc.*]

De historiis.

Quadam die solempni, accedens puer Moyses ad Pharaonem, 55
ioculando manibus percussit coronam ejus, et cecidit in cineres.
Par mot essanples nos mostre De sa venue e la manere de
nostre salu, davant ceu qu'il s'aumbrast en la Virge ; si cum
dit li livres de l'ancien estoire que un jor d'une haute feste, que
li paien celebroient, s'estoit li reis d'Egypte, qui avoit non 60
Pharaons, assis sor un fautestu enmi sa sale entre ses barons,
e si s'esteit fait coroner d'une corone mot riche qui esteit de fin
or e de precioses peres, e ceu aveit il fait por l'autece de la
feste.   Moyses li prophetes esteit petiz enfes en la cort, que la
fille lo rei Pharaon faseit norrir, por ceu qu'ele l'aveit gari de 65
neger, e trait de l'aigue ou il esteit gitez par le comandement
au rei Pharaon, qui aveit comandé que tuit li enfant malle qui
naistreient dau pople d'Israel par tote Egipte fussent neé ; quar
trop multiplieient li fil Israel en Egypte, ce li eret avis, si
cremeit qu'il li tolissont sa terre.   Moyses si esteit ja tant norriz 70
en la cort, que joant alot par la sale ; si vit la bele corone que
li reis aveit en son chep, si correguit cum enfes, si tendit ses
dous mains por juer a la corone e por prendre, si la feri, par la
volunté n[ostre] S[eignor], si qu'ele cheguit dau chep au rei ons
cendres.   Seignors, merveilles sunt li sacrement de nostre salu. 75

49, 50 *1 Cor.* iii. 17.

Of oiez par cum bele signefiance Dex demostra la venue de
son regne a noz ancessors e les destruemenz de l'orgoillos
deable.   Bien avez oi dire que deables regnot par tot le munde,
par le peché dau premer homme, avant que Dex venguist en
terre e qu'il nos reemsist.   Mas Dex qui, par moz autres 80
prophetes e par maintes autres figures e primes e puis, son
advenement nos demostra, par cestui nos signefie mot aperte-
ment sa vertu e sa gloire.   E par nostre salu en devom ben
enquerre l'espiritau signifiance.   Moyses, qui fut gitez daus
aigues, selon l'interpretation de son non, nos signefie nostre 85
Sauveor, que sainz Johan Baptiste baptiza on flum Jordan e
traist daus aigues par essample de nostre salu.   Egypte, la
terre au rei Pharaon, ou Moyses fut norriz, nos signifie cest
monde, ou Dex fut por nos travaillez e despiz.   Verement est
cist monz Egypte.   *Egyptus interpretatur tribulatio :* Egypte si 90
est tribulations.   E qui vit onc cest mont en paiz?   Tot tens i
a tribulations, tantes muances, tot tens adversitez.   Fous es[t]
qui s'i fie, quar onques Dex qui le fist n'i vot pas aver paiz. . . .

83 par] *corr.* por *?*   92 *Tobler corrected* tot tens muances.

52. EPISTLE FOR ST. STEPHEN'S DAY
Southern Touraine, 12th century

[MS.: Tours, Bibl. du Petit Séminaire, second half of 12th century.
Facsimile : *Rev. des langues romanes*, 1879, p. 5.   Edition : W. Foerster
und E. Koschwitz, *Altfranz. Übungsbuch*, 6th ed., Leipzig, 1921, col. 226
(*K*), where particulars may be found of earlier editions by G. Paris (*P*),
W. Foerster (*F*) and E. Stengel (*S*), also of emendations by K. Bartsch
(*B*) and G. Paris (*P*).   See also E. Koschwitz, *Commentar zu den
ältesten franz. Sprach-denkmälern* (*Altfranz. Bibl.*, X), Heilbronn, 1886,
p. 200.]

Certain church festivals, especially that of St. Stephen (Decem-
ber 26), were often celebrated with an ' Epître farcie ', i. e. an epistle,
read at mass, interpolated with paraphrases or expansions of the
text written in poetic form and set to music.   In structure this, the
earliest French example, closely resembles extract no. 13, but rhyme

is used instead of assonance. The dialect of the copyist was the
same as that of the author. Passages from the Latin epistle enclosed
in square brackets are not in the MS.

Leccio actuum apostolorum.

Por amor De vos pri, saignos barun,
   Seet vos tuit, escotet la leçun,
Escotet la par benne entencïun,
De saint Estevre, lo glorïus barun,
Qui a ce jor reçut sa pasïun.   5

In diebus illis Stephanus . . .

[Acts vi. 8. *Stephanus autem plenus gratia et fortitudine faciebat prodigia et signa magna in populo.*]

[Cist] seint Estevres fut plains de grant bonté,
Enma tot cels qui creïvent en De,
Feseit miracles o non de Demnedé:
Cuntrat e ces, a tot dona santé.
Por ce[l] haierent a [t]u[t] tens li Jüé.   10

Surreserunt . . .

[vi. 9. *Surrexerunt autem quidam de synagoga*]

Encontre lui s'esdrecerent trestuit;
Distrent ensenble: 'Mau veïsmes cetui:
Il a deable qui parole en lui.
Jotun ensenble por deputer o lui,
E si arrun l'escïence de lui.'   15

Et non poterant . . .

[*quae appellatur Libertinorum, et Cyrenensium et Alexandrinorum, et eorum qui erant a Cilicia, et Asia, disputantes cum Stephano:*]

Au deputer furunt cil de Libie
E cil de Sire e cil d'Alesandrie
E de la terre qu'est enmé Celicie,

3, 4 *inverted in MS., correction by PFK.*   3 *MS.* bēnē.   6 Cist *suggested by F.*   7 *P* En me (= *in medio*); *MS.* creinent, *F* creeient, *BSK* creivent.   8 *MS.* dēmēde.   9 *MS.* As cuntrat e au ces, *emendation by Boucherie.*   10 cel] *so FP*; *B* a tus tens.   14 *MS.* o lue.

Tuit li Jüef li plus save d'Asye ;
S'il le concluent, ja li toldrunt la vie.   20

Audientes . . .

[vi. 10. *et non poterant resistere sapientiae et Spiritui, qui loquebatur.*]

Mes au barun ne porent contrester
Ne d'ecïencie ne de clergil mester ;
Il fut bons clers, bien se sot deraisner ;
Unques vers lui ne porent mot soner.
Entre os porpensent con le porrunt danner.   25

Com autem esset . . .

[vii. 54. *Audientes autem haec dissecabantur cordibus suis, et stridebant
dentibus in eum.*]

Molt sunt iré li Jüé, li felun,
Croisent les dent encontre lo barun
Con fait li chiens encontre lo larun ;
Molt volentiers dannassent le barun,
Se il en lui trovassent l'achisun.   30

Ecce video . . .

[vii. 55. *Cum autem esset plenus Spiritu sancto, intendens in caelum, vidit
gloriam Dei, et Iesum stantem a dextris Dei,* 56. *et ait : Ecce video
caelos apertos, et Filium hominis a dextris stantem Dei.*]

Unques por els ne se volt desmentir
Por nule chose que negunt li deït ;
Esgarde el cel, si i vit Jhesu Crist ;
Pois as Jüés, a[s] feluns, si lor dit

.   .   .   .   35

Ex[c]lamantes . . .

[vii. 57. *Exclamantes autem voce magna continuerunt aures suas, et
impetum fecerunt unanimiter in eum.*   58. *Et eicientes eum extra
civitatem lapidabant :*]

Quant ce oïrent, ensenble s'ecrïer[en]t,
Tan[t] dolent furunt pur poi ne s'esragere[n]t.

P suggested inverting lines 21-5 *and* 26-30.   21 *MS.* porrun *corrected
to* porent.   28 *MS.* encontre o lo.   35 *K completed* Quel cel overt
e le fil De veït.   36 *MS.* secriiert, *first* i *above the line, K* s'ecriierent.

Lo barun pritrent, ledement le baterent,
Fors de la vile ledement le giterent,
Pois le barun entr'os si lapiderent.   40

Et testes . . .

[*et testes deposuerunt vestimenta sua secus pedes adulescentis, qui
vocabatur Saulus.*]

Mes ce trovun que as piet d'un enfant
Mistrent lor dras cil qui le segueiént :
Saulus ot non, de Damassa la grant ;
Pois fut apotres, si con trovun lesant,
Saint Pol l'apellent la crestïane gent.   45

Et lapidabant . . .

[vii. 59. *Et lapidabant Stephanum invocantem, et dicentem : Domine Iesu,
suscipe spiritum meum.*]

Lo barun seguent molt g[r]ant torbe de gent ;
Plaient lo for[t], lo sanc vet espandant,
Li cors li faut, vait sei afebleant,
Damedé prie o ben cor docement :
'Sire,' fet il, 'mon esperite pren.'   50

Positis autem, Domine ne . . .

[vii. 60. *Positis autem genibus, clamavit voce magna, dicens : Domine,
ne statuas illis hoc peccatum.*]

Quant volt fenir, se s'est ajonelet,
Nostre Saignor de rechief a prïé :
'Sire,' fet il, 'por la meie amité
Pardone a cet qui ci m'unt lapïé,
Que ja por mei ne perdent t'amisté.'   55

Et com hoc dixisset . . .

[*Et cum hoc dixisset, obdormivit.*]

A icest mot li sen[t] De fu feni ;
S'erme reçut Jhesu qu'il a servi.

43 *MS.* au *corrected to* ot ; *MS.* deadamassa, e *above the line, P* d'Ada-
massa.   47 *MS.* loscant, *F* lo sant.   48 *MS.* Licours, o *expunctuated.*
51 volt] *F* dut ; *PF* ajenolet.   52 *MS.* reechief.   56 sent] *so FS.*
57 *MS.* jhesum que il.

Oi est la [fe]ste, si cum avet oï;

Preiun li tuit, nos qui sunmes ici,

Que il pre De qu'il ait de nos merci.   60

    58 la feste] *so F.*   60 *F* pret ; *MS.* qui il.

53. PEAN GATINEAU: LIFE OF ST. MARTIN

Tours, early 13th century

[MS. : Paris, Bibl. Nat., fr. 1043, second half of 13th century. Editions : W. Söderhjelm, *P. G.: Leben des heiligen Martins* (*Bibl. d. lit. Vereins Stuttgart*, 210), Tübingen, 1896; id., *Das altfranz. Martinsleben des P. G. aus Tours, neue revidierte Ausgabe*, Helsingfors, 1899. See also A. Tobler in *Zeitschr. f. rom. Phil.*, XXI, p. 409 ; A. Mussafia in *Sitzungsber. phil.-hist. Kl. Akad. Wiss. Wien*, 137; T. Söderhjelm, *Die Sprach ein dem altfranz. Martinsleben des P. G. aus Tours*, in *Mémoires de la Société neophilologique à Helsingfors*, IV, p. 51.]

Pean Gatineau (died about 1227) was an eminent canon of the church of St. Martin at Tours, who wrote, among other works, an account of his patron saint in the vernacular. In compiling his work he utilized not only all the available Latin sources, but also information collected orally by himself. St. Martin of Tours (about 316-400) was famous in the Middle Ages for his miraculous cures and rescues, of which the following (vv. 10033–10134 of the 1899 edition) is an example. Two or more copyists shared the writing of the MS., but their dialect did not differ materially from that of the author.

C̓il d'Auverne saint Martin einment
    Toz jorz, et lor seignor le clement,
Car a mainz en a aïei
Si tost com il l'en ont preiei.
Si avint si que se voërent   5
Genz, qui en ço païs esterent,
Qu'a Tors a saint Martin iroient
Au plus tost qu'il onques porroient.
Li tens vint, si s'apareilleirent
Et lor estovoir porchacierent   10
Si qu'au chemin tantost se mistrent.
Lor oroisons par France fistrent,

1 *MS.* einnent, *Ed.* eimment.   6 ço] *corr.* ce ?   9 *MS.* Li leus.

Si com pelerin doivent faire.
Puis se remistrent au repaire
Par Orlains, ou chalan loërent.   15
Li notonnier avau nagerent,
Si comme fere le devoient.
Li pelerin tuit entendoient
Au païs tot entor voier,
Tant que deable en fist choier   20
Un en l'eive, si le perdirent.
A terre menois descendirent,
Car li un d'els forment ploroent,
Li autre lor temples tiroent
De deul dom il perdu l'avoient.   25
Li notonnier molt entendoient
Au peschier, si il peüssunt ;
Mes onc, por riens qu'il seüssunt,
Trover ne pecheir ne le porent.
Tuit li pelerin grant duel orent   30
Quant d'ilec partir les covint,
Car de lor ami lor sovint,
Qu'en l'eive ilec perdu avoient,
Ne riens fere plus n'en pooient.
D'ilec tot lor chemin errerent,   35
Tant qu'a Mermostier abuterent ;
Si alerent a oroisons :
Li plusor d'els en pamaisons
Cheïrent dou deul qu'il avoient,
Et distrent que molt se haoient   40
Dom onques nesuns d'els la vint,
Quant ainsi lor en mesavint.
Grant piece eissi se dementerent,
Tant que vers Tors re-s'adrecerent

---

13 *MS.* pelerins.   22 *MS.* A chore, *perhaps a place-name* ; A terre
suggested by Tobler.   25 *MS.* perdu avoient.   28 *MS.* onques.
31 *MS.* convint.   34 *MS.* poient.   41 *MS.* nesun.   43 *Ed.* einsi.

Por fere lor pelerinage   45
Comme prodome et comme sage.
Mes ainsi com le pont passerent,
Lor conpaignon tot sain troverent,
Qui les atendoit sus le pont,
Ne por els pas ne se repont,   50
Eins lor dist que bien venissunt.
Li pelerin esbaï sunt
Quant il lor conpaignon sain voient,
Que voier ja mes ne quidoient.
Puis corurent, si l'acolerent   55
Et de son estre demanderent,
Savoir, comment se fut meüz
De l'eive ou il estoit cheüz.
Lors lor dist cil molt hautement
Comment il cheït et quement   60
'Saint Martin!' tantost s'escrïa,
Et quoment sainz Martins li a
Aidé et secoru meneis:
Qu'uns hom blans ausi comme neis,
Qui evesque li resemblot,   65
Vint a lui qui forment tremblot
D'ire et d'angoisse et de freor,
Et li dist qu'il n'eüst peor,
Car il estoit a sauveté
Por ce qu'il l'avoit regreté   70
Et que demandé ot s'aïe,
Et que la voie ot envaïe
D'aler a lui, ou se voa;
Et comment puis toz jorz noa
Soz l'eive, ou toz jorz le menot,   75
Et de lui garder se penot
De l'eive, ou par force neast,
Se il tant le saint ne preast;

2 *MS.* saint martin; *Tobler* l'i a, *but cf. Mussafia.*   64 *MS.* blanc.

Et comment hors de l'eive ou mist,
Sanz ce que il onc point vomist, 80
Davant Mermostier l'abaïe,
Et li dist que por cele aïe
Ilec saint Martin mercïast,
Et puis alast, si le preiast
A Tors, ou si cors reposot; 85
Et comment esté la chose ot
Deïst a toz communaument,
Si vivroient plus leaument
Et De plus en enoreroient
Et saint Martin en enmeroient, 90
Car bien seüst de verité
Qu'i l'ot de la mort aquité.
Li pelerin molt s'esjoïrent
Et lor pelerinage firent
Au cors saint, ou prou genz troverent 95
A qui le miracle conterent;
Et cil meïmes lor canta,
Qui davant els toz se vanta
Que par le saint et par s'aïe
Avoit recovree sa vie, 100
Et prïa qu'il le nonceissunt
Par trestot, et le preichessunt.

101 *MS.* nonicessunt, *correction by Tobler.*

54. GUILLAUME DE S. PAIER: ROMAN DU MONT-SAINT-MICHEL

Mont-Saint-Michel, Normandy, about 1160

[MSS.: London, Brit. Mus., Add. 10289, dated 1280 (*A*); Brit. Mus., Add. 26876, dated 1340 (*B*). Editions: F. Michel, *Le Roman du Mont-Saint-Michel* (*Mém. de la Soc. des antiq. de Normandie*, XX), Caen, 1856, reproduces MS. *A* only; P. Redlich, *Der Roman du Mont-Saint-Michel* (Stengel's *Ausgaben u. Abhandlungen*, XCII), Marburg, 1894, gives the text of both MSS. See also A. Ullrich in Herrig's *Archiv*, LXXIX, pp. 25, 217.]

The poem, written by a monk of Mont-Saint-Michel, is derived from Latin sources. It tells the early history and legends of the famous monastery. The extract corresponds to vv. 49-150 of Michel's edition ; the text is based on MS. *A*, corrected with the help of material supplied by Redlich and Ullrich.

Desouz Avrenches vers Bretaigne,
   Qui toz tens fut terre grifaine,
Eirt la forest de Quokelunde,
Dont grant parole eirt par le munde.
Cen qui or est meir et areine,   5
En icel tens eirt forest pleine
De meinte riche veneison ;
Mes ore i noënt li peisson :
Dunc peüst l'en tres bien aleir,
N'i esteüst ja crendre meir,   10
D'Avrenches dreit a Poëlet,
A la cité de Quidalet.
   En la forest aveit un mont
En un planistre, alques roünt.
Dous capeles aveit es leiz   15
Del mont, feites beles asseiz :
De seint Estienvre l'une esteit,
Qui vers le haut del mont seieit ;
Aval el bas, cen sei jen bien,
Resteit la seint Si[m]phorïein.   20
En ermitage illuec esteient
Moigne plusor qui Deu serveient.
Le numbre d'els ne treus en livre ;
Escharsement aveient vivre.
La forest eirt grant et oscûre,   25
La ou li moine eirent en cure

12 *B* griffagne.   3 *B* cokelonde.   4 *A* Don.   6 *B omits* eirt. 8 *A* il noet li poisson ; *B* inoe.   9 *B* pouet ; *AB* aler.   10 *B* estoueit. 11 *B* en poulet.   12 *A* ridalet *?*   15 *A* Dunc.   17 *B* estienne. 24 *A* aveiet.   25 *A* grande.

De Deu servir et jor et noit :
En cen aveient lor deliet.
Aseiz maneient loinz de gent,
Meseises granz orent souvent.   30
Hom ne fame nes visitout,
Ne mes uns prestres quis amout ;
D'une vile eirt, Astre out non.
Par un asne, sanz nul guion,
Lor aveiout, quant il poeit,   35
De tel sustance cume aveit.
Li asnes iert si enseigniez
Que, quant tornout d'Astre chargiez,
Ja en nul leu ne s'esteüst
Ne forveier pas nes peüst   40
Desi que a cel mont veneit
Ou ses meistres tramis l'aveit.
Eisi ala et vint souvent,
Tant qu'a un jor, ne sei comment,
Uns lous alout par le chemin,   45
Qui l'acontra, si mist souvin ;
Estrenglei l'a, pois le menja.
Quant cen out feit, si s'en torna.
Molt se merveillent li serf Deu
De lor asne, quant n'est al leu   50
A icel' ore cum soleit —
Il n'en pout meis, essoigne aveit,
La mort li eirt molt grant essoigne —
Quant atendu l'orent li moine
Molt longuement, ne il ne vint,   55
Ne il ne sourent qu'il devint,
Vunt au mostier por Deu preier,

30 *A* Meseisais.   31 *A* Home ne f. ne.   33 *A* eiert, *B omits.*
34 *A* guium.   35 *A* avoieaut, *B* en voiet ; *A* poiet.   36 *B* cum
il a. ; *A* aueiet.   40 *B* Ne forfere pas ne se ; *A* pas ne p.   44 *A*
que a.   46 *B* lencontra.   49 *A* merveilleit.   51 *B* icel iour
comme i s.   53 *B omits.*   55 *B* A icel ior ne ine v.

Qui conseil lor selt enveier,
Que, s'i li pleit, or les secore
De lor asne qui trop demore.   60
A oreisons s'eirent tuit mis,
Quant Deus lor a le lou tramis
Qui lor sommier mangié aveit.
Grant senblant fait de faire dreit ;
Tant s'umilie dolcement,   65
Que bien sourent apertement
Qu'il out lor asne devorei :
Donc li unt dit et commandei
Que meis les serve del mestier
Dont l'asne les serveit l'autr'ier.   70
Si cum dit l'unt, et il fait l'a ;
Longuement pois le sac porta.
En la veie se mist en eirre,
Qui plus dreite eirt, chiés le proveire,
Prest de porter sor sei la somme   75
Que desirrouent li Deu homme.
Li lous fut forz et granz et gros,
Le sac porta desus son dos ;
Venuz en est a la meison,
De connoisance out achaison.   80
Li buens prestres, quant il le vit,
Crere poiez molt s'esbahit ;
Mes por le sac, qu'il out veü
Ensor son dos e conneü,
Sout que de Deu vertu esteit,   85
Qui tel sommier li trameteit,
Qui li faiseit de l'asne eschange
Par tele beste qu'ert estrange ;

58 *B* Que. sout.   59 *A* or le s.   **67** *A* devore.   68 *A* commande.
70 *A* Donc li a. s.   73 *B* mist estres.   76 *B* desire orent.   77 *B*
gras et gros.   81 *A* Li beus buens p.   82 *B* pouez.   83 *A* que
out.

Renveie l'en chargié arriere,
Sanz cop de verge dont le fiere.   90
Issi vint souvent et ala,
Tant cum Deu plout et commanda.
Ja par les chans tant n'en alast
Ne par les viles, qu'il trovast
Home ne fame ne enfant   95
Qui le huast, ne poi ne grant,
Einz l'apelout qui quel veieit,
Quer cum uns chiens priveiz esteit.
Contre nature, c'espeir bien,
Se joouent ou lui li chien,   100
O els jeseit, ou els alout;
Mais je ne sai s'il i manjout.

90 *A* donc le, *B* dont len.   91 *B* Il i v.; *A* souven.   94 *A* par viles que il; *B* quil tornast.   96 *B* Quil le.   97 *B* qui le.   98 *A* un.   99 *A* ce espeir.   100 *B* Si ioient o lui.   101 *A* alaut, *B* aleit. 102 *B* cil i mengiet.

55. BEROUL: TRISTAN

Normandy, end of 12th century

[MS.: Paris, Bibl. Nat., fr. 2171, second half of 13th century, the MS. is incomplete and damaged. Editions: E. Muret, *Le Roman de Tristan par Béroul et un anonyme* (*Soc. d. anc. textes*), Paris, 1903; id., *Béroul, le Roman de Tristan* (*Classiques fr. du moyen âge*), Paris, 1913, revised edition, 1922. For bibliography, see Muret's editions. See also M. K. Pope in *Mod. Lang. Rev.*, VIII, p. 189.]

Beroul names himself twice in the first part of this fragmentary poem. Otherwise nothing is known of him, except that his language shows him to be a native of Normandy, either of the eastern part of the province (Muret) or of the western (Pope). He appears to have been a jongleur by profession and to have utilized two sources, sometimes contradictory; possibly, however, the concluding portion (written after 1190) is by a continuator.

King Marc having irrefutable evidence of the guilt of Tristan and Iseut, condemns both to be burnt alive. On the way to the stake, however, Tristan escapes from his guard by leaping from a chapel on a high cliff down to the shore below, whither none dare follow him. In the flight he meets Governal, his tutor and squire.

Vv. 965-1108 :—

Mais or oiez de Governal :
  Espee çainte, sor cheval,
De la cité s'en est issuz.
Bien set, se il fust conseüz,
Li rois l'arsist por son seignor ;   5
Fuiant s'en vait por la poor.
Mot ot li mestre Tristran chier,
Qant il son brant ne vout laisier,
Ançois le prist la ou estoit ;
Avoc le suen l'en aportoit.   10
Tristran son mestre aperceut,
Ahucha le — bien le connut ;
E il i est venuz a hait ;
Qant il le vit, grant joie en fait.
' Maistre, ja m'a Dex fait merci :   15
Eschapé sui, et or sui ci.
Ha ! las, dolent, et moi que chaut ?
Qant n'ai Yseut, rien ne me vaut.
Dolent ! el saut que orainz fis,
Que dut ice que ne m'ocis ?   20
Ce me peüst estre mot tart.
Eschapé sui ! Yseut, l'en t'art !
Certes, por noient eschapai.
En l'art por moi, por li morrai.'
Dist Governal : ' Por Deu, beau sire,   25
Confortez vos, n'acuelliez ire.
Veez ci un espés buison,
Clos a fossé tot environ.
Sire, meton nos la dedenz.
Par ci trespasse maintes genz :   30
Asez orras d'Iseut novele.
Et se en l'art, ja mais an cele

10 l'en aportoit] *MS.* la ou estoit.   17 *MS.* qui chaut.   19 *MS.* le saut.

Ne montez vos, se vos briment
N'en prenez aspre vengement !
Vos en avrez mot bone aïe.   35
Ja, par Jesu, le fiz Marie,
Ne gerrai mais dedenz maison
Tresque li troi felon larron
Par qu'est destruite Yseut ta drue
En avront la mort receüe.   40
S'or estïez, beau sire, ocis,
Que vengement n'en fust ainz pris,
Ja mais nul jor n'avroié joie.'
Tristran respont : ' Trop vus anoie !
Beau mestre, n'ai point de m'espee.'   45
— ' Si as, que je l'ai aportee.'
Dist Tristran : ' Maistre, donc est bien.
Or ne criem, fors Deu, imais rien.'
— ' Encor ai je soz ma gonele
Tel rien qui vos ert bone et bele :   50
Un hauberjon fort et legier,
Qui vos porra avoir mestier.'
— ' Dex ! ' dist Tristran, ' balliez le moi.
Par icel Deu en qui je croi,
Mex vuel estre tot depecié,   55
Se je a tens i vien, au re,
Ainz que getee i soit m'amie,
Ceus qui la tienent nen ocie.'
Governal dist : ' Ne te haster.
Tel chose te puet Dex doner   60
Que te porras mot mex venger ;
N'i avras pas tel destorbier
Con tu porroies or avoir.
N'i voi or point de ton pooir,

33 *MS.* Nencontrez.   34 aspre] *MS.* enpres.   39 *MS.* Par quoi est.
55 *MS.* depeciez, *Editor corr.* desmenbré ? *but cf. v.* 77.   56 *MS.*
aurez.   58 *MS.* ocient.

Quar vers toi est iriez li rois ;   65
Avocques sont tuit li borjois
Et trestuit cil de la cité.
Sor lor eulz a toz conmandé
Que cil qui ainz te porra prendre,
S'il ne te prent, fera le pendre.   70
Chascun aime mex soi qu'autrui :
Se ja levout sor toi le hui,
Tex te voudroit bien delivrer,
Ne l'oseret neis porpenser.'
Plore Tristran, mot fait grant duel.   75
Ja, por toz ceus de Tintajol,
S'en le deüst tot depecier,
Qu'il n'en tenist piece a sa per,
Ne laisast il qu'il n'i alast,
Se son mestre ne li veiast.   80
   En la chanbre un mes acort,
Qui dist Yseut qu'ele ne plort,
Que ses amis est eschapez.
'[Et] Dex,' fait ele, ' en ait bungrez !
Or ne me chaut se il m'ocïent   85
Ou il me lïent ou deslïent.'
Si l'avoit fait lïer li rois,
Par le conmandement as trois,
Qu'il li out si les poinz estroiz,
Li sanc li est par toz les doiz.   90
' Par Deu !' fait el, 'se je mes jor . . .
Qant li felon losengeor
Qui garder durent mon ami
L'ont deperdu, la Deu merci,
Ne me devroit l'on mes proisier.   95

66 *MS.* Auoc.   71 *MS.* soi que toi.   72 *MS.* Selea l.
75 fait] *MS.* sait.   77 depecier] *Editor corr.* descoper *or* desmen-
brer ?   91 *Lacuna ; according to G. Paris the meaning is* Si jamais je
[me plains de mon sort].

Bien sai que li nains losengier
Et li felons, li plain d'envie,
Par qui consel j'ere perie,
En avront encor lor deserte.
'Torner lor puise a male perte !'   100
    Seignor, au roi vient la novele
Q'eschapez est par la chapele
Ses niés, qui il devoit ardoir.
De mautalent en devint noir,
De duel ne set con se contienge ;   105
Par ire rove qu'Yseut vienge.
Yseut est de la sale issue.
La noise live par la rue.
Qant la dame lïee virent—
A laidor ert—mot s'esfroïrent.   110
Qui ot le duel qu'il font por li,
Com il crïent a Deu merci !
' Ha ! roïne franche, honoree,
Qel duel ont mis en la contree
Par qui ceste novele est sorse !   115
Certes, en asez poi de borse
En porront metre le gaain.
Avoir en puisent mal mehain !'
    Amenee fut la roïne
Jusque au re ardant d'espine.   120
Dinas, li sire de Dinan,
Qui a mervelle amoit Tristran,
Se lait choier au pié le roi :
' Sire,' fait il, ' entent a moi.
Je t'ai servi mot longuement   125
Sanz vilanie, loiaument.
Ja n'avras home en tot cest reigne,
Povre orfelin ne vielle feme,

110 *MS.* sesfroierent.   119 *MS.* Dmenee ; D *is due to an error of
the rubricator, the guide letter* a *is still visible.*

Qui por vostre seneschaucie,
Que j'ai eü tote ma vie,   130
Me donast une beauveisine.
Sire, merci de la roïne !
Vos la volez sanz jugement
Ardoir en feu : ce n'est pas gent,
Qar cest mesfait ne connoist pas.   135
Duel ert, se tu le suen cors ars.
Sire, Tristran est eschapez ;
Les plains, les bois, les pas, les guez
Set forment bien, et mot est fiers.
Vos estes oncle et il tes niés :   140
A vos ne mesferoit il mie.
Mais vos barons, en sa ballie
S'il les trovout nes vilonast,
Encor en ert ta terre en gast.'

142 *MS*. en uos ballie.

56. LA CLEF D'AMORS

Normandy, 1280 ?

[MSS. : Paris, Bibl. Nat., nouv. acq. fr. 4531, 14th century (*A*) ; Florence, Bibl. Mediceo-Laurenziana, 15th century (*B*) ; MS. of 14th century, published by Tross (*C*). Editions : E. Tross et H. Michelant, *La Clef d'amour, poème publié d'après un ms. du XIVe s.*, Lyons, 1864 ; A. Doutrepont, *La Clef d'amors* (*Bibl. Norm.*), Halle, 1890. See also Foerster in *Lit.-blatt. f. germ. u. rom. Phil.*, XII, 1891, col. 164 ; Tobler in Herrig's *Archiv*, LXXXVI, p. 352.]

The poem is a clever adaptation, rather than a translation, of Ovid's *Ars Amatoria*. The extract (vv. 2589–2688 of Doutrepont's edition) reproduces the substance of *Ars Amatoria*, lib. III, 311–424, but omits numerous references to classical literature and mythology.

Chanter est noble chose et bele,
Especïaument a pucele ;
Pour cen voil je que tant fachiez
Que proprement chanter sachiez.

Le seri chant de le sereine   5
Tret a soy les nes et ameine :
Aussi poueiz vous enchanter
Les amourous par bien chanter.
Chescun desire oïr les chans
Des oisiaux des bois et des chans ;   10
Mes greignor delit doivent rendre
Vos chans que nos pouon entendre.
Chantez a vois melodïose,
Simple, plesant et gracïose.
Le biau chant de plusors puceles   15
Les fet bien amer per as beles.
   Metre doiz ton entencïon
A sonner le psalterïon
Ou timbre ou guiterne ou citole ;
C'est cen qui du tout nous afole.   20
Semblablement te doiz adieure
A rommans fetichement lieure ;
Quer les henors et le temps a
Fame ou tant d'esbatemens a.
Grandement te puet avanchier   25
Bien caroler et bien danchier,
Baler, passer au rigolet
A petit pas simple et molet.
Les gieuz des echés et des tables
Te sont propres et couvenables :   30
Nous tenon fame a bien aprise
Qui bien en seit l'art et la guise.
En faisant ton gieu proprement
Doiz penser couvenablement :
Telz gieuz soutilz seulent mont plere   35
Qui cortoisement les seit fere.

---

16 *B* fet a. per a es b.   19 *B* quintaine, *C* quinterne.   21 *C* aduire.
22 *B* A f. r. ; *C* luire.   29 *A* de t.   30 *A* Telz.   35 *AB* moult.
36 les] *A* le.

Des autres gieuz est largement
Ou peuz jouer semblablement.
En mil formes te doiz dedire,
Se tu veuz que nen te desire :   40
Trop lede chose est a pucele
Quant jouer ne seit, tant soit bele.
Par jouer solon nos souvent
Entrer en l'amorous couvent.
Le fort n'est pas a bien jouer,   45
Mes a vos mours bien aoner,
Si que nule en jouant ne die
Ne mes henour et courtoisie.
Quant vostre douz contenement
Et vos biautés apertement   50
Regardon, que que nul me die,
C'est du gieu la greignor partie.
Plusors en ai veü tenchier
Com se tout vousissent trenchier
Par l'ardour de lor couvoitise,   55
Quant le gieu n'aloit a lor guise.
Les autres ai veü jurer
Et a encïent parjurer
Et dire blasme sanz deserte
Affin de recouvrer lor perte.   60
Jupiter, le souverain sire,
Vous gart de telz ledenges dire
Et de telz paroles retrere
Qui doient as amans desplere.
· Cen n'apartient pas as gentilles,   65
Mes as vilains et a lor filles,
Qui bien, henour ne cortoisie
Ne sourent onques en lor vie.

---

39 *C* deduire.   40 *B* len.   43 *B* ioie.   46 *B* uos moz.   51 me]
B en.   64 as] *B* es; amans] *A* dames, *C* autres.   65 as] *BC* a.
66 *B* a v.   68 *B* onc jour de l.

Par le temps chaut, sos estes sages,
Vous devez tenir es umbrages   70
Pour la grant ardor eschiver,
Qui le halle fet aviver.
Aprendre devez les usages
De ces petis pelerinages :
Plusors y ont esté adieutes   75
Qui depuis ont eü grans sieutes.
La vous devez vous esmouver,
Quer acheson poueiz trouver
D'aler y souvent et menu :
A mainte en est bien avenu.   80
As yglises encourtinees,
As caroles, as assemblees
Vous devez bien moustrer parees,
Se vous desirez estre amees :
Pour nient a fame bele chose   85
Ne biau cors, se moustrer ne l'ose ;
Quer biauté de fame est perdue
Qui toutes fois se tient en mue.
Por cen voil je que hors se tree
Souvent, si que chescun la vee :   90
Soi moustrer est mont profetable
A feme bele et deletable.
Plusors ouailles seut assaudre
La louve, pour paour de faudre ;
Si se tient elle bien contente   95
Quant une em puet trere a sa sente.
Autresi pour un ami fere
Vous devez entre plusors trere ;
Lors ne faudrez pas, a m'entente,
Qu'aucun s'amor ne vous presente.   100

69 *A* Pour ; *B* se uous, *omits* le.   76 *A* d. y o.   79 *B* Dy aler s.
81 *B* Es egl.   82 *B* A c. a ass.   90 la] *B* le.   92 *A* delietable.
94 *A* l. qui pas ne ueut f.   96 trere] *AB* estre.   97 *B* Et auci.
2366   X

57. VOYAGE OF SAINT BRENDAN

England, 1121 or shortly after

[MSS.: London, Brit. Mus., Cotton Vesp. B X[1], end of 12th century (*A*); Paris, Bibl. Nat., nouv. acq. fr. 4503, second half of 12th century (*B*); York, Chapter Library, 16 K 12, part 1, 13th century (*D*); Paris, Arsenal, 3516, 13th century (*E*); *ABD* are Anglo-Norman, *E* is continental. Diplomatic edition of *A* by H. Suchier in Böhmer's *Romanische Studien*, I, p. 553; of *E* by T. Auracher in *Zeitschr. f. rom. Phil.*, II, p. 438. Critical edition by E. G. R. Waters in preparation. See also J. Vising, *Étude sur le dialecte anglo-normand au XIIe siecle*, Upsala, 1882; W. Hammer, *Die Sprache der anglonorm. Brandanlegende*, Diss. Halle, 1885; K. Brekke, *Étude sur la flexion dans le Voyage de S. Brandan*, Paris, 1885; H. Calmund, *Prolegomena zu einer kritischen Ausgabe des ältesten franz. Brendanlebens*, Diss. Bonn, 1902. On St. Brendan and his legend, see C. Wahlund, *Die altfranz. Prosaübersetzung von Brendans Meerfahrt*, Upsala, 1900.]

The poem was dedicated to Queen Aaliz, second wife of Henry I of England, by an author who names himself 'li apostoiles danz Benedeiz' (not yet identified). It is freely translated from the Latin *Navigatio Sancti Brendani*, a widely-read prose work of the second half of the 11th century (for editions see Wahlund, p. xxxi), and is the earliest extant version in any vernacular. St. Brendan was an Irish saint of the 5th and 6th centuries, to whom (for uncertain reasons) old Irish sea-legends became attached. The forms adopted in the following extract are those of *A*; only a selection of the variants of *BDE* is here given. The metre is similar to that of extract no. 34; but there is normally a caesura in the middle of the line.

Vv. 355-480:—

> Vindrent al port el rivage.
>   Ast vus mult tost un message:
> Pain lur portet e a beivre,
> E sis rovet cel receivre.
> Puis lur at dit: 'Soür seez,   5
> Quel que peril que vus veiez.
> Que que veiez, n'aez poür;
> Deus vus durat mult bon oür,

1 *A* Vindrint.   2 *BD* Es lur.   3 *B* P. aporte, *D* Le p. aporte, *E* P. lor aporte; *A* e le bevire, *D* e le b., *E* e mies a boivre.   4 cel] *A* cil; *B* Si lur rueve icel r., *D* E rovez a ceus r., *E* E si lor rueve ce r.   5 *A* dist.   seet.

E ço verrez qu'alez querant
Par la vertud de Deu le grant ;　　　　　10
E de cunrei nen esmaez
Que vus ici asez n'aiez :
N'en frat faile desque vendrez
En icel liu u plus prendrez.'
Parfunt clinant, saisit les en ;　　　　　15
Plus ne lur dist, meis alat s'en.
　　Or unt voüt li Deu servant
Que il eirent par Deu cumant,
E unt pruvét tut a soüt
Par miracles que unt voüt ;　　　　　20
E bien veient que Deus les paist.
De loër Deu nuls ne se taist.
Siglent al vent, vunt s'en adés,
Li cunduz Deu mult lor est pres.
Curent par mer grant part de l'an,　　　　25
E merveilles trestrent ahan.
Terre veient a lur espeir,
Cum de plus luin lur pout pareir.
Drechent lur nef icele part,
E n'i at nul del nager tart.　　　　　30
Lascent cordes, metent veil jus,
Ariverent e sailent sus.
Veient berbiz a grant fuisun,
A chescune blanche tuisun ;
Tutes erent itant grandes　　　　　35
Cum sunt li cerf par ces landes.
Dist lur l'abes : 'Seignurs, d'ici
Ne nus muvrum devant terz di.
Jusdi est oi de la ceine,

---

9 *A* que.　　12 *A* nen aiez.　　13 *B* Ne frad f., *D* Ne frat faillir,
E Nares faute ; *A* dis quen.　　14 *A* cel leiu.　　16 *BDE* dit.
19 *A* un.　　21 *A* veiant. le.　　29 *BDE* Drecent ; *A* icel.　　30 *B*
Nen i ad, *E* Se ni a ; *A* de le n. se tart, *B* de n. sen t.　　33 *A* granz.
36 *A* cers.　　38 *AB* muverum.　　39 *A* Judis.

Cum li filz Deu suffrit peine. 40
Il nus est douz e prest amis,
Qui prestement nus ad tramis
Dunt poüm sa feste faire.
Pensez de la nef sus traire.
D'icez berbiz une pernez, 45
Al di pascal la cunreez;
A Deu cungét de ço ruvum,
Altre quant nus or n'i truvum!
  Que cumandat, içо fait unt,
E par tres dis ileoc estunt. 50
Al samadi lur vient uns mes,
De la part Deu salüet les;
Peil out chanut, oilz juvenilz,
Mult out vescut sanz tuz perilz.
Pain lur portet de sun païs, 55
Granz e mult blanz guasteus alis;
E se il lur falt nule rien,
Tut lur truvrat, ço promet bien.
L'estre d'iloc l'abes anquist;
Ne sai s'osat, mais poi l'en dist. 60
Ço respundit: 'Asez avum
Quanque des quers penser savum.'
E dist l'abes: 'Berbiz ad ci,
Unc en nul leu tant grant ne vi.'
Respunt lui cil: 'N'est merveille: 65
Ja ci traite n'ert oeile;
L'ivers nen i fait rancune,
Ne d'enfertét n'i mort une.

41-2 *not in B.*   41 *A* pres, *E* prest; *D alters.*   42 *DE* E preste-
ment.   43 *A* la fest.   45 *A* De.   46 *BDE* jur.   47 *D* pernum,
E prendom.   48 *B* A. que nus ore, *D* Quant ore altre, *E* Quant nos ci
autre.   55 *BD* aporte.   56 *A* Grant.   57 *AB* si lur.   58 *A*
truverat, *B* troverad; *D* Troverat lur, *E* Tot trovera; *BD* pramet.
60 *A* so asat.   64 *B* greinurs, *D* tant granz, *E* si grans.   66 *A*
nert tr.   67 *DE* Ivers; *A* nen fait raencune, *BDE* ni f. nule r.

A cel' isle que tu veis la,
Entre en ta nef, Brandan, e va.   70
En cel' isle anuit estras,
E ta feste demain i fras.
Demain enz nuit en turnerez ;
Por quei si tost, bien le verrez.
Puis revendrez, e sanz peril,   75
Bien pres siglant de cest costil ;
E puis irez en altre liu,
U jo en vois e la vus siu,
Mult pres d'ici ; la vus truvrai,
Asez cunrei vus porterai.'   80
  Siglet Brandan, nel cuntredit,
Vait a l'isle que il bien vit.
Vent out portant e tost i fud,
Mais bien grant mer out trescurud ;
E issi vait qui Deus maine.   85
Terre prennent, e sanz peine ;
Eissent s'en fors tuit li frere
Fors sul l'abes qui enz ere.
Beal servise e mult entrin
Firent la nuit e le matin.   90
Puis qu'unt tut fait lur servise
En la nef cum en iglise,
Charn de la nef, qu'il i mistrent,
Pur quire la dunc la pristrent.
De la busche en vunt quere,   95
Dunt le manger funt a terre.
Cum li mangers fud cunreez,
Dist li bailis : ' Or aseez.'
Dunc s'escrïent mult haltement :
'A ! donz abes, quar nus atent ! '   100

71 *A* entras.   72 *B* d. feras ; *DE* Ta f. d. i feras.   79 *BDE omit*
la ; *ABDE* truverai.   83 portant] *A* par deu.   88 *BE* labe ; enz] *A*
en.   89 *A* sevise ; *BE* e enterrin, *D* mult enterin.   91 *A* que out.
92 *A* glise.   99 *A* sesscirent.

Quar la terre tute muveit,
E de la nef mult se luigneit.
Dist li abes : 'Ne vus tamez,
Mais Damnedeu mult reclamez ;
E pernez tut nostre cunrei,   105
Enz en la nef venez a mei.'
Jetet lur fuz e bien luncs raps.
Parmi tut ço muilent lur dras.
Enz en la nef entré sunt tuit,
Mais lur isle mult tost s'en fuit ;   110
De dis liwes bien choisirent
Le fou sur lui qu'il i firent.
Brandan lur dist : 'Frere, savez
Pur quei poür oüt avez ?
N'est pas terre, ainz est beste,   115
U nus feimes nostre feste,
Pessuns de mer sur les greinurs.
Ne merveillez de ço, seignurs.
Pur ço vus volt Deus ci mener
Qu'il vus voleit plus asener.   120
Ses merveilles cum plus verrez,
En lui mult mielz puis encrerrez.
Mielz le crerrez e plus crendrez,
A sun. comant plus vus prendrez.
Primes le fist li Reis divins   125
Devant trestuz pessuns marins.'

102 *BDE* sen fuieit.   107 *BE* Jetent ; *A* l. raps, *B* lung ras, *E* loing cras ; *D alters*.   111 *A* E de dis luiues b. chosserent.   116 *B omits* nus.   117 *BE* tut li gr., *D* tut des gr.   118 *A* merveilles. 119 *AB* deu.   120 *A* Qui il.   122 *A* puis m. m., *B omits* puis, *D* plus mielz, *E* plus fermement ; *ADE* crerrez.   123-4 *not in A*. 123 *B* Mult ; *BD* plus le ; *BE* criendrez.   124 *B* Pur sun. penerez ; *E* De lui servir plus peneres.

58. RESURRECTION PLAY
England, 13th century

[MS.: Paris, Bibl. Nat., fr. 902, Anglo-Norman. Editions: A. Jubinal, *La Résurrection du Sauveur, fragment d'un mystère inédit*, Paris, 1834; W. Foerster und E. Koschwitz, *Altfranz. Übungsbuch*, 6th ed., Leipzig, 1921, col. 213.]

We reproduce the concluding portion of the fragment (ll. 255–372 of Foerster's edition). In order to restore the sense it has been necessary to correct the MS. in a few instances and to reject some of the emendations in Foerster's text (*F*). Most of the lines are octosyllabic, but there are many irregularities.

Nichodemus.   Ahi! Deus omnipotent!
      Ciel e terre, e ewe e vent,
Trestuz comanablement,
Sunt al ton comandement,
E tutes choses ensement,   5
Fors sul en terre male gent,
Qui unt cestui mis a turment,
Livrez a mort senz jugement.
Uncore i avrat vengement,
Mes tu es sire mult pacient.   10
Dune nus faire dignement
A cest seint cors enter[e]ment.
Quant le cors enoint aveient,
Sur la bere il le meteient.

Nichodemus. Sire Joseph, vus estes einznez,   15
Alez al chef, jo vois as piez;
Si alum tost ensevelir:
Avez vus u il pout gisir?

Joseph. Jo ai un monument mult bel;
De pere est fait trestut novel.   20
Ore i alum a dreit' hure:
Laenz av[e]ra sepulture.

10 *MS.* pacēt.   14 *MS.* il be m.   16 *MS.* al piez.   18 *MS.* Avez veu.   20 *MS. adds in margin* Posuit eum in monumento nouo quod exciderat a petra [*Matth.* xxvii. 60].

    Quant il fut enterrez e la pere mise,
    Caiphas, qui est levez, dit en ceste guise:

Caiphas. Sire Pilate, oez mon conseil;   25
    Jo ai grant tort si jol vus ceil:
    Li fel Jhesu, icel trichere
    Qui la fut pendu come lere,
    Iceo diseit en son vivant —
    Si sunt li plusur mescreant —   30
    Qu'il al terz jur relevereit;
    Mes mult par est fol qui ceo creit.
    Le sepulcre faimes guarder,
    Que nel vengent li soen embler;
    Car il irreient par tut prechant,   35
    E par le païs denonciant,
    Qu'il ert de mort resurs e vifs;
    Si frat mescreire les chaistifs:
    S'il est issi, si sera piz.

Pilatus. Vus ditez veir, ceo m'est avis.   40
    Un des serganz dunc s'esdresça,
    E a Pilate issi parla:

Quidam miles. Si l'om me volt donner la cure,
    Jeo garderai le sepulture,
    E si ceo est par aventure   45
    Que nul ne venge a icel' hure
    De ces amis qu'embler le voille,
    Ja ne turnerat qu'il ne se doille:
    N'averat membre que ne li toille,
    Ja ne quer que prestre me soille.   50
    Treis des altres dunc leverent,
    E al primer [is]si parlerent:

Alter quidam miles. Bel compain, od vus en irrum,

27 *MS.* Ih'c icel.   31 *MS.* releverat.   32 *MS. adds in margin*
Iube custodiri sepulcrum ne furentur eum discipuli eius et dicant plebi
quia surrexit et erit nouissimus error peior priore [*Matth.* xxvii. 64].
33 *MS.* Le sepulture.   35 *MS.* il le i.   38 *MS.* ferat.   39 *F* S'il
issi est se sera.   42 *F* Pilatus.   47 *MS.* que e.

E le sepulcre garderum.
Nul n'i vendra qui ne prengum,   55
N'il ne levra que nel sachom.
Tercius. Aloms i tost hardiement,
Si gardum ben le monument.
Si nul venge por lui embler,
Nus le ferum grant pour aver.   60
Quartus. Pur la fei qui dei Pilate,
Si nul venge feire barate,
Tels quinze cols li paiera[i]
Que del primer l'esturnera[i].
Pilatus. Ceo que jurez, tendrez en fei,   65
Que si nuls hom seit si hardi
Que puis le vespre venge ici
Espigucer e aguaiter
Si le cors vus poisse embler,
Tut die il que por ceo le face,   70
Ceo jurrez en ceste place,
Que qu'il seit, petit u grant,
Il n'en ait des princes guarant,
(Tut) parmi le gule le prendrez ;
Quant ert pris, a nus le merrez.   75
Ceo jurez lealment a tenir !
U est le rolle ? faitez le venir.
Est vus un prestre qui out a non Levi,
Si out escrite la lei Moysi.
Levi. Veez ici la lei que Moises fist,   80
Si cum Deus meimes a li la dist.
Les dis comandemenz i at :
Qui parjure(t) ert ja le tairat.
Caiphas. Or jurez tuz sur cest ecrist
De tenir quanque vus ai dist.   85

55 *F* viendra.   56 *MS.* leuera, *but cf. l. 105.*   65 *F punctuates*
fei ?   69 *MS.* poissez.   70 le] *corr.* nel ? *F* le fac.   73 *MS.* E il.
74 *F* le guié.   76 *F punctuates* tenir ?   83 ja le] *corr.* ja ne *or* ja nel ?
84 *MS.* Ore.

Unus militum. Par la lei que ci est present,
　　　　　Si nuls i venge celeement,
　　　　　Jeo m'entremettrai de lui prendre,
　　　　　A mon païr, e a vus rendre.
　　Alter. Par la (grant) vertu de ceste lei　　　　90
　　　　　Ceo que cist dit tendrai en fei.
　Tercius. Jeo [le] tendrai, si Deu pleist,
　　　　　Par la seinte lei qu'ici est.
[*Quartus.*] Si me aït iceste lei,
　　　　　Jeol tendrai ben endreit de mei.　　　　95
　Caiphas. E jo ensemble od vus irrai :
　　　　　De cest mester vus saiserai ;
　　　　　Granté-vus, sire, qu'il seit issi ?
　Pilatus. Sire Chaiphas, ben le vus otri.
　　　　　Dunt si cum il alerent la,　　　　100
　　　　　Un par vei[e] lur demanda :
Aliquis in via respiciens. U en alé-us si grant alure ?
Unus militum. Garder alum la sepulture
　　　　　De Jhesu qui est enseveli,
　　　　　Qui dit qu'il levrat al terz di.　　　　105
Item qui supra. Ad ceo Pilate comandé ?
Alter ex militibus. Oil, ceo sachez en verité :
　　　　　Veez ci l'evesque Caiphas,
　　　　　Qui tut se vent od nus le pas,
　　　　　Qui la garde nus comandra :　　　　110
　　　　　Or venge qui venir voldra.
　　　　　Quant Caiphas les i out mené,
　　　　　Si lur ad dit e comandé :
　Caiphas. Ore estes ci al monument ;
　　　　　Gardez le ben parfitement.　　　　115
　　　　　Si vus dormez e il seit pris,
　　　　　Ja mes ne serum bonz amiz. . . .

88 *MS.* mentremectrai.　　89 *F* A men.　　93 *MS.* que ici.　　94 *MS.*
Si mat iceste lait, *F* Si m'at iceste l'ait ; *F places a full stop here, connects
this line with the speech of* TERTIUS, *and l. 95 with that of* CAÏPHAS.
111 *MS.* Ore.　　117 *The end is missing.*

59. NICOLE BOZON: LES CONTES MORALISÉS

England, about 1320

[MSS. : London, Gray's Inn, 12 (*A*), Cheltenham, MS. Phillipps (*B*), both Anglo-Norman of the middle of the 14th century; a third MS., London, Brit. Mus., Harl. 1288, end of 14th century (*C*), contains a Latin translation of some of the *Contes*. Edition: L. Toulmin Smith et P. Meyer, *Les contes moralisés de Nicole Bozon* (*Soc. d. anc. textes*), 1889. See also M. Hewlett, *A Mediaeval Popular Preacher*, in *The Nineteenth Century*, XXVIII (1890), p. 470; L. Karl, *Vie de Sainte Elisabeth de Hongrie par Nicolas Bozon*, in *Zeitschr. f. rom. Phil.*, XXXIV, p. 295; J. R., *Metaphors of Brother Bozon, translated* . . ., London, 1913; J. Vising, *Deux poèmes de Nicholas Bozon*, Göteborg, 1919; A. C. Thorn, *Les Proverbes de bon enseignement de Nicole Bozon* (*Lunds Universitets Årsskrift*, Bd. 17, nr. 4), Lund, 1921.]

From the delight he takes in exposing the vices and exactions of the rich and the mighty, it is obvious that the Franciscan friar Nicole Bozon wrote his stories for the edification and comfort of those in humble circumstances. As was suggested by P. Meyer, he doubtless accumulated his material in the course of a long experience as a popular preacher, and turned it to account in his sermons before he set it down in book form. He was a man of catholic taste, and he adorned his tales with data derived from the most varied sources, e.g. natural history, the Bible, books of examples and fables, vernacular literature, proverbs both English and French, and even contemporary gossip.

We reproduce the stories numbered 5 and 22 (chap. IV) in the edition by Smith and Meyer. Among the variants we give a few passages from the Latin translation.

(*a*)

Quod senescalli sint advocati pauperum contra dominos impios et injustos.

La nature e la custume de le sengler est, quant veit chen ou lou ou autre best aproscher ver ces porceaux en boys ou en gastine, de metter sey devaunt ces porceaux e aguer ces dens e boter avaunt l'espaudle destre, qar ceo est plus fort que l'autre. Facent auxint les senescalle des graunt 5

4 qar ceo] *B* qe.   5–7 *C* Sed ne [= num] faciunt sic senescalli.

seignours qui ont le poverail en gard, quant veynt lour seignours gettre enchesouns vers les poveres pour aver de lour ; parlent donqes pour eux e boutent avaunt l'espaudle destre, ceo est la verité, qe ont pour eaux, pour defendre les cheitifs ! Veyre, veyre, blaunche face neyre. Ceo dussent ils feare, mes il ne 10 ont qe feare :

> If ye loverd biddes fle,
> Ye stiward biddes sle.

Dount plusours des senescall veolent mes ove lur seignours en enfern descendre qe encountre lour volenté dire pour defender 15 les poveres.

Narratio ad idem.

Jeo oy dire qe jadis fust un riche homme qe un sergeaunt out norry de un enfaunt, qe mout ama, taunt qe ceo sergeaunt enmaladit a le mort e deveit feare soun testament, si devisa 20 soun corps a la cimitier e sa alme a enferne, mes ceo ne fust pour rien qe pour nul de ces cumpaignouns voleit chaunger sa sentence. A ceo vynt soun seignour, si lui reprist de sa folie ; et l'autre respoundi qe meux voleit estre od lui en enfern qe saunz lui demorir a ciel. Pour ceo le di qe plusours par com- 25 paignie vont od lur seignours al maufee, pour duresces qe font a ceaux qe deussent norir e meigtener ; qar ils guerpissent la manere del sengler, e se donnent al manere de un oysel qe est appellé voutre.

10 face] *B* chause ; *C omits the sentence.* 12-13 *A* For 3if ye louerd bidd sle Ye stiward biddes fle ; *B* flo. slo ; *C* byddyth (*twice*). 14 *A* mes qe l. s. en e. descendent. 19 *B* de enfaunce. 20 *A* enmaladie. 22 *A* cupaignouns. 23 si lui] *B* qi le. 25 le] *A* jeo. 27 *B* guerpirent. 28 *C* avis que vocatur vulter.

(*b*)

Quod diabolus venatur animas canibus suis maledictis.

Quintus canis.

Ore alom a Tristwel, le queynt chien del venour, qe est descouplé as lieveres qe tant sunt vistes de passer les

1-2 *C* Deinde solvit quintum canem nomine Trystewell et hoc super animalia multum velocia vocata roes. 1 qe] *B* ceste.

montaignes, com sount les ordenez de seynt Esglise, persones,
prestres, moignes, freres, qe dussent par reisoun mongter les moun-
taignes de haut vie e legerment passer, sanz charge de terrien aver, 5
la valeye de cest mound. Mes, allas ! qe dirrai? plusours sunt
chacés en la rey de venour par Tristewell soun chien qe les mene
a sa volenté, pur ceo qe eux affient en chose qe lur deceivera.
Quant persone de cent livres de rente ad quilly deus platers du
relef a sa table pur envoyer a deus poveres, dount lui est avis 10
qe il ad mout fet pur Dieux, e qe il eyt congee de estuer tot le
remanent a soun us demegne pur despendre en pompe e en
vanité, e, qe pys est, en lecherie e en lour affinitee, sicom la
chose ne est mye louur, fors soulment a necessité de clers.
Pur ceo dit nostre Seignur as prelatz de seynt Esglise : ‘ Vous 15
escowez les wibetez e transglutez le camaile.’   Ceo est a dire :
vous pernez la grosse a vous, e chose qe rien ne vaut donés a
poveres. *Duces ceci excolantes culicem, camelum autem trans-
glucientes.*   Les chapeleynez e les unez de religioun auxi se
affient taunt en lur corone e en la reverence qe la gent lur font, 20
qe si ils eyent chaunté une messe le jour, lur est avys qe tot la
remenant del temps lur seit grauntee a hudivesce e pur solacer
le cors.   Et qe pis est, de ascuns mauveys ribaudes qe tant se
affient en lur noun de chapeleyn qe il vendra de sa puyte e
chauntera sa messe de si haut note sicom sa vie ordenee solom 25
Dieux estoyt, et tut le jur aprés despendra en ribaudie.   De ceo,
sei pleint le seint Espirit e dit : ‘ Il y sount de mauveys qui se
fount auxi seurs cum ils eussent les fetz des prodhomes.’
Sunt impii ita securi quasi justorum facta habeant.   E ceste

3 persones] *C* rectores ; *and again in l. 9.*   5 *A* passe souz charge ;
C sine mundialibus curis.   9 *A* de relef.   10 a deus] *B* pur d.
12 us demegne] *A* us de mesme ; *B* oe, *omits* demegne.   13 *B* pys
est de plusours en l. ; *A omits* lour ; affinitee] *C* in nepotum pro-
mocionibus.   14 *B* ne est pas lour.   15 as p.] *B* a p.   16 es-
cowez] *B* escouhet ; *A* les camailez.   17 la grosse] *B* les gras, *C*
que multum valent.   18-19 *Matth.* xxiii. 24.   20 *A omits* taunt.
21 le jour] *A* del j.   23 *A* la cors.   26 *A omits* e tut . . . ribaudie ;
De ceo] *A* De ces, *omits* sei.   27 *A omits* de *after* sount ; *A* e se
tienent auxi dignes cum ils.   29 *C* Sunt impii qui ita securi sunt quasi,
etc., *Eccles.* viii. 14.

faux seurtee les chace a confusioun, cum dist seint Job 21⁰ : 30
'Sire Dieux', fet il, ' pur quoy vivent les mauveys ? Ils ont lur
parens e lur enfauntz geauntz devaunt eaux, e sount asez seurs
par tant qe ils ne sentent vostre chastiment. Ils pernent lur
solace en ceste vie e dient en queor : De Dieux ne avoms qe
fere. Mes jeo say ', fet il, ' en poy de houre en enfer descende- 35
rount .' *Quare impii vivunt? sublevati sunt [et] comfortati*
diviciis. Semen eorum permanet coram eis, propinquorum turba
et nepotum in conspectu eorum. Domus eorum secure sunt et
pacate, et non est virga Dei super eos. Sequitur : Ducunt in bonis
dies suos, et in puncto ad inferna descendunt. Ceo est le chien 40
qe en engleys est apellé Tristewell, qe chace plusours gentz de
seynt Esglise a la rei del venour ici cruel.

30 confusioun] *B* confession.   32 geauntz] *B* juauntz.   33 *B* ne
sentent point.   36–39 *Job* xxi. 7–9.   39–40 *Ibid.* 13 ; *not in B.*
42 *A* au rei ; *B* a la rei lour v. taunt c.

SECTION V

FIFTEENTH CENTURY

60. ALAIN CHARTIER: LE QUADRILOGUE INVECTIF

about 1426

[MSS. of Alain Chartier's works are very numerous. Edition: A. Duchesne, *Les Œuvres de maistre Alain Chartier*, Paris, 1617. An edition by Mlle. E. Droz in *Class. fr. du moyen âge* is announced. See also H. Eder, *Syntaktische Studien zu Alain Chartiers Prosa*, Diss. Erlangen, Würzburg, 1889; E. Höpfner, *Die Wortstellung bei Alain Chartier und Gerson*, Diss. Leipzig, 1883; G. Joret-Desclosières, *Un écrivain national au XVᵉ s. : Alain Chartier*, Paris, 1897; L. E. Kastner in *Mod. Lang. Rev.*, XII, p. 45.]

At the time when, after Agincourt (1415), the fortunes of France reached their lowest ebb, Alain Chartier was the first Frenchman to revive the hopes of his countrymen, and to give voice to the nascent feeling of French nationalism to which Joan of Arc was soon to give an irresistible impetus.

We reproduce pp. 415–18 of Duchesne's edition. In a fine allegory the writer shows us France in the guise of a stately lady in widow's weeds. She stands near the ruins of a once beautiful castle, and everything around spells desolation. Her three sons are near her: one (Nobility) is erect and armed from head to foot, the other (Clergy) sits musing, arrayed in his robes, while the third (People) lies prostrate, a gaunt, ragged creature. The mother turns to them and rouses them to action :—

[*France*] Saichons premierement qui sont ceulx contre qui vous avez a guerroyer. Et se bien en enquerez, c'est la lignee de Sergestus et de Hangestus les Saxons, qui comme souldoyers vindrent au secours du roy de la grant Bretaigne oppressé de dures guerres. Et depuis occuperent et prindrent ⁵ le pays pour eulx, quant ilz le sentirent despourveu par guerre de sa bonne chevalerie, et par trahison soubz faintise de paix occirent le surplus de la noblesse du pays. C'est la lignee de celuy qui debouta et occist son souverain seigneur Richard roy d'Angleterre, pour usurper tyranniquement sa seigneurie. ¹⁰

Ce sont ceulx qui voz peres et voz predecesseurs ont souvent guerroyez, ars et degastez voz champs et voz villes, e qui de telle lignee sont yssus que naturelment convoitent aneantir du tout vostre generation. Ce sont ceulx qui se sont adjoinctz et alliez aux desloyaulx et rebelles de ce royaulme, dont a la 15 confusion de leur querelle ilz ont adjousté desloyaulté en soustenant les euvres desloyalles de leurs alliez et compaignons.

D'autre part vueil monstrer les raisons qui doivent voz courages enflammer, et vous donner seurté et confiance. Vos ennemis anciens et naturelz vous assaillent a leur entreprise, et 20 viennent chalenger vostre terre et vostre pays sur vous. Ilz sont assaillans, vous estes deffendeurs. Ilz veulent asservir vostre liberté, et vous avez a vous deffendre de leur servage. Ilz quierent vostre mort et perdition, et nature vous oblige a deffendre vostre seurté et vostre vie. Ilz s'efforcent d'oster et 25 ravir par force la vie et la substance de voz femmes et enfans, que nature vous contrainct a doulcement nourrir et tendrement aimer. Ilz veulent debouter vostre prince droicturier et naturel seigneur, que voz vies et voz corps sont tenuz deffendre, et tendent occuper le siege royal pour vous deffouler souz leur 30 tyrannie. Envis entreprendriez les conquestes de voz predecesseurs, qui soubzmisrent grant partie de Grece en leur subjection, laquelle de leur nom s'appelle encores Gallogrecie, et conquirent Romme jusques au Capitolle ; quant la terre sur quoy vous habitez et qui vous soustient et donne pasture ne pouez 35 pas secourir ne deffendre, et vous laissez estre comme exillez sur vostre mesme pays, que delaissier ne voulez, ne garder ne le sçavez. Quelle chose est ce doncques qui peult tant refroidir et tant rabaisser voz courages ? Les ennemis ne sont de fer, immortelz ne invincibles, ne que vous. Ilz n'ont glaives ne 40 armeures que vous n'ayez les pareilles ; ne sont en si grant nombre que vous ne soyez autant ou plus. Leur eur ne fera pas fortune leur estre tousjours ainsi propice, qui de sa nature est envers tous muable. Si fault par force dire que, s'ilz ont riens d'avance qui les eslieve sur vous, c'est hardement de 45

courage. Et se vous avez rien qui soubz eulx vous desprime,
c'est la multitude de voz pechez, qui convertist vostre cueur et
atrait a soy, et laissez estaindre la lumiere de vostre gloire et
destruire vostre seigneurie devant vos yeux sans remede y
querir ne mettre, sinon que la grace de Dieu y euvre en soy. 50
A laquelle deservir vous mettez petite paine, et ne pouez en ce
point longuement temporiser, sans veoir decheoir le nom
François a vostre perdurable vitupere et malediction.

L'acteur. Ces parolles moult aigrement et de cueur cour-
roucé disoit aux trois dessus descriptz ceste dame tresadoulee, 55
et de ses beaulx yeulx, dont les ruysseaulx de lermes couloient,
regardoit si effrayement leur desroyé maintien, que bien sem-
bloit soy sentir d'eulx injuriee ou mescongneue. Et aprés ce
que chascun se fu longuement tenu de parler, celluy qui gisoit
renversé sur la terre plaintif et langoureux, et tant attainct de 60
mal que nulle vertu ne luy estoit demouree sinon la voix et le
cry, print a parler et respondre ce qui s'ensuit.

Le peuple. Haa! mere jadis habondant et plantureuse de
prosperité, et ores angoisseuse et triste du declin de ta lignee,
je reçoy bien en gre ta correction, et congnois que tes plaintes 65
ne sont point desraisonnables ne sans cause. Mais trop m'est
amere desplaisance que j'aye de ce meschief la perte et le
reprouche ensemble, et que m'en doyes en riens tenir suspect.
Et quant d'autruy coulpe je porte la tres aspre penitence,
je suis comme l'asne qui soustiens le fardel importable, 70
et si suis aguillonné et batu pour faire et souffrir ce que je
ne puis. Je suis le bersault contre qui chacun tire saiettes de
tribulation. Haa! chetif doloreux! dont vient ceste usance,
qui a si bestourné l'ordre de justice, que chacun a sur moy
tant de droit comme sa force luy en donne? Le labeur de 75
mes mains nourrist les lasches et les oyseux, et ilz me perse-
cutent de faim et de glaive. Je soustiens leur vie a la sueur et
travail de mon corps, et ilz guerroyent la mienne par leurs
oultrages, dont je suis en mendicité. Ilz vivent de moy, et je

71 souffrir] *some MSS.* soustenir.   72 bersault] bersail.

meur par eulx. Ilz me deussent garder des ennemis, helas ! et 80
ilz me gardent de mengier mon pain en seureté. Comment
avroit homme en ce party pacience parfaicte, quant a ma per-
secution ne peult on riens adjouster que la mort ? Je meur
et transis par deffault et necessité des biens que j'ay gaignez.
Labeur a perdu son esperance, marchandise ne trouve chemin 85
qui la puisse sauvement adresser. Tout est proye, ce que
l'espee ou le glaive ne deffend. Ne je n'ay autre esperance
en ma vie, senon par desespoir laisser mon estat, pour faire
comme ceulx que ma despouille enrichist, qui plus ayment la
proye que l'onneur de la guerre. Que appelle je guerre ? ce 90
n'est pas guerre qui en ce royaume se maine. C'est une
privee roberie, ung larrecin habandonné, force publicque soubz
umbre d'armes, et violente rapine, que faulte de justice et de
bonne ordonnance ont fait estre loisibles. Les armes sont
criees et les estendars levez contre les ennemis, mais les 95
exploitz sont contre moy, a la destruction de ma povre sub-
stance et de ma miserable vie. Les ennemis sont combatus
de parolles, et je le suis de faict. Regarde, mere, regarde, et
avise bien ma tres-langoureuse affliction ; et tu cognoistras que
tous refuges me deffaillent.   100

61. CENT NOUVELLES NOUVELLES. THE DOG'S LEGACY

[MS.: Glasgow, Hunterian Museum. Edition: T. Wright, *Cent Nouvelles
Nouvelles* (*Bibl. Elzév.*), 2 vols., Paris, 1858. See also W. Küchler in
Zeitschr. f. franz. Spr. u. Lit., XXX, p. 330 ; W. Söderhjelm, *La Nouvelle
française au XVe s.*, Paris, 1910, p. 112 ; J. U. Schmidt, *Syntaktische
Studien über die Cent Nouvelles Nouvelles*, Diss. Zürich, 1888.]

This collection of tales appears to have been composed at the
court of Philip III of Burgundy about 1456, possibly by Antoine de
La Sale (but cf. Söderhjelm, p. 158). It bears evidence of strong
Italian influence, and in his preface the author warns us that the
work 'en soy contient et tracte cent histoires assez semblables en
matere, sans attaindre le subtil et tresorné langage du livre de Cent
Nouvelles' [i.e. Boccaccio's *Decameron*]. Many of these after-
dinner stories came from Poggio's *Facetiae*.

Vol. II, pp. 205-8. La XCVIᵉ Nouvelle. How a bishop received fifty golden crowns as a legacy from a dog :—

Or escoutez, s'il vous plaist, qu'il advint l'aultrhier a ung simple riche curé de village, qui par simplesse fut a l'emende devers son evesque en la somme de cinquante bons escuz d'or. Ce bon curé avoit ung chien qu'il avoit nourry de jeunesse et gardé, qui tous les aultres chiens du pais passoit 5 d'aller en l'eaue querir le vireton, ung chappeau, si son maistre l'oblyoit ou de fait apensé le laissoit quelque part. Bref, tout ce que bon et sage chien doit et scet faire, il estoit le passeroute; et a l'occasion de ce, son maistre l'amoit tant, qu'il ne seroit pas legier a compter combien il 10 en estoit assoté.

Advint toutesfoiz, je ne sçay par quel cas, ou s'il eut trop chault ou trop froit, ou s'il mengea quelque chose qui mal luy fist, qu'il devint tres malade, et de ce mal mourut, et de ce siecle tout droit au paradis des chiens alla. Que fist ce bon 15 curé? Il qui sa maison, c'est assavoir le presbitaire, dessus le cimitere avoit, quand il vit son chien de ce monde trespassé, il se pensa que une si sage et bonne beste ne demourast sans sepulture; et pour tant il fist une fosse assez pres de l'huys de sa maison, qui dessus l'aitre, comme dit est, 20 respondoit, et la l'enfouyt et sepultura. Je ne sçay pas s'il luy fist ung marbre et par dessus engraver une epythaphe, si m'en tais. Ne demoura gueres que la mort du bon chien au curé fut par le village et les lieux voisins annuncé, et tant s'espandit que aux oreilles de l'evesque du lieu parvint, 25 ensemble de la sepulture saincte que son maistre luy bailla; si le manda vers luy venir par une citation que ung cicaneur luy apporta.

'Helas!' dist le curé au cicaneur, 'et que ay je fait, et qui m'a fait citer d'office? Je ne me sçay trop esbahir que la 30 court me demande.' — 'Quand a moy', dit l'autre, 'je ne sçay qu'il y a, si ce n'est pour tant que vous avez enfouy vostre chien dedans lieu saint ou l'on mect les corps des chrestians.'

— 'Ha!' ce pensa le curé, 'c'est cela?' Or a primes luy
vint en teste qu'il avoit mal fait, et dist bien en soy mesmes 35
qu'il passeroit par la, et que s'il se laisse emprisonner qu'il
sera escorché, car monseigneur l'evesque, la Dieu mercy, est
le plus convoiteux prelat de ce royaume, et si a gens entour
de luy qui scevent faire venir l'eaue au moulin, Dieu scet
comment. 'Or bien force est que je la perde ; si vault mieulx 40
tost que tard.'

Il vint a sa journee, et de plain bout s'en alla devers
monseigneur l'evesque, qui tantost comme il le vit luy fist
ung grand prologue pour la sepulture saincte qu'il avoit fait
bailler a son chien, et luy baptisa son cas si merveilleusement 45
qu'il sembloit que le curé eust fait pis que regnier Dieu.
Et aprés tout son dire, il commenda que le curé fust mené
en la prison. Quand le curé vit qu'on le vouloit bouter
en la boeste aux caillouz, il requist qu'il fust oy, et mon-
seigneur l'evesque luy accorda. Et devez savoir que a ceste 50
calonge estoient foison de gens de grand fasson, comme
l'official, les promoteurs, les scribe[s], notaires, advocatz et
procureurs, qui tous ensemble grand joye avoient du non
accoustumé cas du pouvre curé qui a son chien avoit donné
la terre saincte. Le curé en sa defense et excuse parla en 55
bref et dist : 'En verité, monseigneur, si vous eussez autant
congneu mon bon chien, a qui Dieu pardoint, comme j'ay,
vous ne seriez pas tant esbahy de la sepulture que je luy ai
ordonnee comme vous estes, car son pareil ne fut ne jamais
sera.' Et lors racompta balme de son fait : 'Et s'il fut bien 60
bon et sage en son vivant, encores le fut il autant ou plus a
sa mort, car il fist un tres beau testament, et pour ce qu'il
savoit vostre necessité et indigence, il vous ordonna cinquante
escuz d'or, que je vous apporte.' Si les tira de son sein et
a l'evesque les bailla, qui les receut voluntiers, et lors loa et 65
approuva le sens du vaillant chien, ensemble son testament
et la sepulture qu'il luy bailla.

62. CHASTELLAIN: EXPOSICION SUR VERITÉ MAL PRISE

about 1460

[MS.: Brussels, Bibl. de Bourgogne, 11101, 15th century. Editions: J. A. C. Buchon, *Œuvres historiques inédites de Sire George Chastellain*, Paris, 1837, reprinted 1883; Kervyn de Lettenhove, *Œuvres de Georges Chastellain*, vol. 6, Brussels, 1864, p. 243. See also Kervyn de Lettenhove, *Notice sur la vie et les ouvrages de G. Ch.*, in vol. 1 of his edition.]

George Chastellain (1405-75), poet, historian, and moralist, from 1455 official historiographer to the Dukes of Burgundy, was head of the 'Grands Rhetoriqueurs' and the most eminent French writer of his day. In his didactic works he did not hesitate to tell bold and unpalatable truths to contemporary princes; a poem of this kind, entitled *Dit de verité*, aroused the displeasure of Charles VII of France and his followers, and Chastellain was nearly arrested on the charge of slandering France. In his *Exposicion sur verité mal prise* he defended himself against this accusation. We follow Buchon's edition, which preserves the forms of the MS. better than that of Kervyn; a few variant readings by Kervyn are given in the foot-notes.

We give the opening passage (illustrative of his more ambitious prose style) in which the author describes how he was sitting in his study, planning a work which should justify him against calumniators, when he was suddenly visited by four fearsome women, namely Indignation, Reprobation, Accusation, *and* Vindication.

Comme n'a guieres seisse en mon estude, la ou, en diversité de materes a moy presentees, me prindrent diverses ymaginacions moult parfondes, et, pour les aucunes d'icelles mettre en escript, je preisse la plume entre les dois et disposasse tourner mon entendement a labeur, comme qui tres haultes et 5 tres dangereuses materes avoie entre mains, et principalement touchant cestui tres noble et tres glorieux royaulme dont, indigne hystoriographe, voudroie bien garder l'onneur de Dieu et des personnes, et, sans flecir ne tourner a faveur, garder propre honneur et salut; en quoy toutevoies, comme je con- 10 siderasse la difficulté de l'oeuvre, et que, tenant la plume en suspense, je pensasse en ma matere subgecte que moult je pesoie,

Kervyn. 3 moultes. 4 mettre escrit. 9 flechir.

et qu'en icelle je trouvasse difficultés maintes moult dures a
desnoer, et dont l'atteinte du vif n'estoit pas legiere, et plus
encore la determinacion dangereuse ; pensant ainsy solitaire, 15
et pesant a la balance l'onneur, la gloire et la haulte regnacion
des roys et des princes crestiens, ensemble les glorieuses
operacions et natures des nobles chevaliers, barons et vassaulx
d'au jour d'ui et de mon temps, entre les quels par guerres et
divisions ont peu estre congreées haynes et mautalens, et sourses 20
parciales affections et controverses, dont le fardeau tres pesant
s'estoit venu plongier sur mes espaules, jusques a durement
ressongnier comment je me cheviroie du portage, la ou je
ploioie dessoubs et soubs le quel sentis nature aucunement
restiver a l'encontre par une mollette paour prise soudaine, que, 25
par trop espelucier parfont les choses secretes, ou par estre
trop veritable ou trop precis en escripre, je n'aquisisse haynes
envers moy et mesveillance, et qu'en mes labeurs et saines
intencions ne fusse maintenu a suspect, et peusse cheoir
finablement a icelle cause en aucun infortune, qui des mon 30
jeune eage toutevoies avoie quis songneusement la grace des
princes, et pour iceulx distinguer et congnoistre visité et
perquis diverses regions, dont encore l'affection ne m'estoit
amendrie ; comme lors je seisse en cest estat, et variasse entre
faire et laissier, entre accuser et parer, et que le percogiter tout 3
et comprendre me donnast de soussi beaucop pour en faire
bien : soudainement lors, comme se le tonnoire cheist du ciel,
vindrent a la croisure de mon estude crier quatre imperieuses
voix moult agues ; et disant icelles : 'Ouvre cy ! ouvre !'
fellement fraperent sur huys et fenestres qui toutes churent du 40
cop ; et y entrerent quatre dames moult espoentables en regart,
les quelles aveques horreur de figure me donnerent fremison
aussi en leur survenue, jusques a retraire tous mes esperis
emprés le cuer, et laissier le corps privé de ses mouvemens,
fors seulement de la ueue, la quelle arresteement se contint en
icelles, mais affuiant vers la fantasie s'esmerveilloit toute de

20 congreés.   26 esplucier.   38 impetueuses.   41 espoventables.

l'intencion de ces quatre et de la cause de leur survenue si
impetueuse, nonobstant que la semblance de leurs personnes
demonstroit assez la faculté de leurs natures, qui toutes se
presentoient felles et prestes a injurier qui que fust.   50

Lors, moy surpris en ce point, comme homme a demi mort
et qui n'avoie riens en vigueur, fors seulement la fantasie ou
tout je recueilloie, et la tres estrange habituacion d'icelles,
et la tres horrible ostencion foraine aussi de leurs conten-
dances, ensemble autres grans misteres qui servoient a leur 55
personage et a noter bien dignes, commençay a fichier
mon regart en icelles, et a noter leurs semblances et
composicions moult estranges ; car avoit la premiere les
oreilles bouciees tant estroitement que a nulle rien, fors qu'a
propre affection; ne voloit donner ascout ; portoit l'estomac 60
hault et enflé, col tors vers la main senestre, regart envenimé,
la veue creuse et parfonde dedens la teste, de la quelle, en
regardant les hommes, les sembloit tresperchier ; sembloit
estre merancolieuse en ses manieres, grave en parler et tardive,
mais despite mortellement en couvert, jusques a l'escrevement 65
du sacq, la ou toute se deslioit ; avoit l'une des mains torse
en arriere, et d'icelle faisoit signe de despection, et en l'autre
tenoit ung glaive dont la pointe mordoit a dens, et sembloit
qu'en icelui aguisoit son venin.   Dont, comme je regardoie le
front d'icelle et que durement m'espoentoie de son estre, je 70
y perceus en lettres de couleur de souffre ardant escript:
'Indignacion suis je.'

Si me tins a moult aise d'en savoir le nom, quand par icelui
je pouoie jugier plus proprement de son affaire.   Dont retirant
mes yeulx d'ensus pour aprendre des autres, tantost les gettay 75
en la seconde, qui se presentoit en semblant pour moy donner
a assavorer de ses oeuvres, et pour speculer bien et comprendre
la diversité de ses formes . . .

59 bouchées.   63 trespercer.   65 *Buchon* escrenement. *Kervyn.*
69 Donc.   70 espoventoie.   74 pouvoie.

63. VILLON: LE TESTAMENT

1461

[MSS. : Paris, Arsenal, 3523 (*A*); Paris, Bibl. Nat., fr. 2ᵣ o41 (*C*) (the best); Stockholm, Bibl. Royale, 53 (*F*); also the early printed edition by Levet, Paris, 1489, based on a lost MS. (*I*); all of the 15th century; see introductions to editions, and L. Foulet in *Romania*, XLII, p. 490. Editions : A. Longnon, *Œuvres complètes de François Villon*, Paris, 1892; Fr. Villon, *Œuvres, éd. par un ancien archiviste* [A. Longnon] (*Class. fr. du moyen âge*, 2), Paris, 1910; 2nd edition revised by L. Foulet, 1914. See also G. Paris, *Fr. Villon* (*Grands Écrivains français*), Paris, 1901; id., *Villoniana*, in *Romania*, XXX, p. 352; P. Champion, *Fr. Villon, sa vie et son temps*, 2 vols., Paris, 1913.]

The following extract is taken from the latter part of the *Testament* (vv. 1644-1767). We follow the edition of 1914, but also incorporate the improvements suggested by L. Foulet in *Romania*, XLVI, p. 383. Only a selection of the variants is here given.

> Item, ne sçay qu'a l'Ostel Dieu
> Donner, n'a povres hospitaulx ;
> Bourdes n'ont icy temps ne lieu,
> Car povres gens ont assez maulx.
> Chascun leur envoye leurs os.   5
> Les Mendians ont eu mon oye ;
> Au fort, ilz en avront les os :
> A menue gent menue monnoye.

> Item, je donne a mon barbier,
> Qui se nomme Colin Galerne,   10
> Pres voisin d'Angelot l'erbier,
> Ung gros glasson (prins ou ? en Marne),
> Affin qu'a son ayse s'yverne.
> De l'estomac le tiengne pres ;
> Se l'yver ainsi se gouverne,   15
> Il avra chault l'esté d'aprés.

1-16 *not in F.*   5 *A* leurs aulx, *C* les oz.   7 ilz en] *C* et ilz ; *C* les aulx.   8 *C* menues gens.   16 *I* Trop navra.

Item, riens aux Enfans Trouvez;
Mais les perdus faut que consolle.
Si doivent estre retrouvez,
Par ·droit, sur Marïon l'Idolle. 20
Une leçon de mon escolle
Leur liray, qui ne dure guerre.
Teste n'ayent dure ne folle;
Escoutent! car c'est la derniere:

'Beaulx enfans, vous perdez la plus 25
Belle rose de vo chappeau;
Mes clers pres prenans comme glus,
Si vous allez a Montpipeau
Ou a Rueil, gardez la peau:
Car, pour s'esbatre en ces deux lieux, 30
Cuidant que vaulsist le rappeau,
La perdit Colin de Cayeux.

'Ce n'est pas ung jeu de trois mailles,
Ou va corps, et peut estre l'ame.
Qui pert, riens n'y sont repentailles 35
Qu'on n'en meure a honte et diffame;
Et qui gaigne n'a pas a femme
Dido la royne de Cartage.
L'homme est donc bien fol et infame
Qui, pour si peu, couche tel gage. 40

'Qu'ung chascun encore m'escoute!
On dit, et il est verité,
Que charreterie se boit toute,
Au feu l'yver, au bois l'esté.

18 *C* aux perdu. 20 sur] *AF* chez, *I* cheuz. 22 *C* Leur lairay;
I guiere. 25 *C* Beau frere. 27 *C* apprenans, *F* prepenans.
28 *AFI* mon pipeau. 32 *ACFI* Le perdit, *so Foulet*; *AF* des Cayeulx.
36 *A* Quil en, *C* Con en, *F* Quon ne. 39 *FI* Lhomme donc (*F*
doncques) est fol. 43 charreterie] *so Foulet, with AC, F* charité,
editions of 1892, 1910, 1914 charretée.

S'argent avez, il n'est enté,   45
Mais le despendez tost et viste.
Qui en voyez vous herité ?
Jamais mal acquest ne prouffite.

Ballade de bonne doctrine a ceux de mauvaise vie.

   'Car ou soies porteur de bulles,
Pipeur ou hasardeur de dez,   50
Tailleur de faulx coings et te brusles
Comme ceulx qui sont eschaudez,
Traistres parjurs, de foy vuydez ;
Soies larron, ravis ou pilles,
Ou en va l'acquest, que cuidez ?   55
Tout aux tavernes et aux filles.

   'Ryme, raille, cymballe, luttes,
Comme fol, fainctif, eshontez ;
Farce, broulle, joue des fleustes ;
Fais, es villes et es citez,   60
Farces, jeux et moralitez ;
Gaigne au berlanc, au glic, aux quilles.
Aussi bien va — or escoutez ! —
Tout aux tavernes et aux filles.

   'De telz ordures te reculles,   65
Laboure, fauche champs et prez,
Sers et pense chevaux et mulles,
S'aucunement tu n'es lettrez :
Assez avras, se prens en grez ;
Mais, se chanvre broyes ou tilles,   70
Ne tens ton labour qu'as ouvrez
Tout aux tavernes et aux filles ?

45 *CFI* nest quitté.　46 *C* Mais les despens et tost et vist.　*Title by Clément Marot.*　49–76 *not in A.*　53 *FI* parjures.　54 *C* Soiez larons raviz.　58 *C* folz fainctilz.　66 *C* faulches.　67 *C* Sers penses.　68 *C* tu es.　69 *C* araz.　71 *F* Nentens, *I* Ne tends.

'Chausses, pourpoins esguilletez,
Robes et toutes vos drappilles,
Ains que vous fassiez pis, portez   75
Tout aux tavernes et aux filles.

'A vous parle, compaings de galle,
Mal des ames et bien du corps ;
Gardez vous tous de ce mau hasle
Qui noircist les gens quant sont mors ;   80
Eschevez le, c'est ung mal mors ;
Passez vous en mieulx que pourrez ;
Et, pour Dieu, soiez tous recors
Qu'une fois viendra que mourrez.'

Item, je donne aux Quinze Vings   85
(Qu'autant vauldroit nommer Trois Cens) —
De Paris, non pas de Provins,
Car a eulx tenu je me sens —
Ilz avront, et je m'y consens
Sans les estuys, mes grans lunettes,   90
Pour mettre a part, aux Innocens,
Les gens de bien des deshonnestes.

Icy n'y a ne ris ne jeu.
Que leur vault il avoir chevances,
N'en grans lis de parement jeu,   95
Engloutir vins en grosses pances,
Mener joye, festes et dances,
Et de ce prest estre a toute heure ?
Toutes faillent telles plaisances,
Et la coulpe si en demeure.   100

Quand je considere ces testes
Entassees en ces charniers,

Tous furent maistres des requestes,
Au moins de la Chambre aux Deniers,
Ou tous furent portepanniers :　　　　　　105
Autant puis l'ung que l'autre dire,
Car d'evesques ou lanterniers
Je n'y congnois rien a redire.

Et icelles qui s'enclinoient
Unes contre autres en leurs vies,　　　　　110
Des quelles les unes regnoient
Des autres craintes et servies,
La les voy toutes assouvies,
Ensemble en ung tas pesle-mesle ;
Seigneuries leur sont ravies :　　　　　　115
Clerc ne maistre ne s'y appelle.

Or sont ilz mors, Dieu ait leurs ames !
Quand est des corps, ilz sont pourris.
Aient esté seigneurs ou dames,
Souef et tendrement nourris　　　　　　　120
De cresme, fromentee ou riz,
Leurs os sont declinez en pouldre,
Aux quelz ne chault d'esbatz ne ris.
Plaise au doulx Jhesus les absouldre !

104 *CI* Ou tous de.　　108 *C* riens.　　109 *C* Se icelles.　　113 *C* voys.　　121 *C* froumentee.　　122 *CI* Et les oz declinent.　　123 *C* esbat.

64. MAISTRE PIERRE PATHELIN
about 1465

[The principal early editions are those by Guillaume Le Roy, Lyons, about 1485 (*R*), Pierre Levet, 1489 or 1490 (*L*), Germain Beneaut, 1490 (*B*), and Marion de Malaunoy, about 1500 (*M*) ; all from *L* onwards are based, directly or indirectly, on *R*. Facsimile of *R* published by E. Picot for the Soc. d. textes fr. mod., Paris, 1907 ; of *M* by E. Picot for the Soc. d. anc. textes fr., Paris, 1904. Modern editions : F. Génin, Paris, 1854 ; P. L. Jacob, Paris, 1859 ; E. Fournier in *Le Théâtre français avant la Renaissance*, Paris, 1876 ; F. E. Schneegans (*Bibl. Romanica*), Stras-

burg, no date ; critical edition announced by R. T. Holbrook. See also
K. Nyrop in *Bulletin de l'Acad. royale des Sciences et des Lettres de
Danemark*, 1900, no. 5 (cf. *Romania*, XXX, p. 432) ; R. T. Holbrook,
Étude sur Pathelin, Baltimore and Paris, 1917 (cf. *Romania*, XLV,
p. 544).]

The farce of Pathelin, the masterpiece of the mediaeval French
drama, has been attributed without justification to a number of
different authors ; the name most recently put forward is that of the
poet Guillaume Alecis, but the reasons for this attribution have not
been published. In the following extract we follow *R* as closely as
possible ; the variants of other early editions are selected from those
given by Schneegans.

*Pierre Pathelin, a needy 'avocat', is piqued by his wife's remark
that he has no clients, and that his 'avocasserie' does little towards
feeding and clothing them. He declares that his talents shall at any
rate procure them clothes, and sets off to the draper's shop. Pathelin
and the draper exchange compliments, and the former takes a seat.*

Vv. 180–351 :—

Pathelin [fingering a piece of cloth].

	Que ce drap ycy est bien fait !	
	Qu'est il souef, doulx et traictis !	
Le Drappier.	Je l'ay fait faire tout faictis	
	Ainsi des laines de mes bestes.	
Path.	En hen ! Quel mesnaiger vous estes !	5
	Vous n'en ystriez pas de l'orine	
	Du pere : vostre corps ne fine	
	Tousjours, tousjours de besoignier.	
Le D.	Que voulez vous ? Il fault songner,	
	Qui veult vivre, et soustenir paine.	10
Path.	Cestuy cy est il taint en laine ?	
	Il est fort comme ung cordoën.	
Le D.	C'est ung tres bon drap de Rouen,	
	Je vous prometz, et bien drappé.	
Path.	Or vrayement j'en suis attrappé !	15
	Car je n'avoye intencïon	
	D'avoir drap, par la passïon	

4 *B* Et de la laine.   5 *M* Hen hen. messager.   8 *RLBM* tous-
jours *once only.*   10 *B* endurer.   11 *B* Cestuy drap.   12 *Schnee-
gans suggests attributing this line to the draper.*

De Nostre Seigneur! quand je vins.
J'avoye mis appart quatre vings
Escus, pour retraire une rente ;   20
Mais vous en avrez vingt ou trente,
Je le voy bien, car la couleur
M'en plaist tres, tant que c'est douleur.

Le D.   Escus ?
Path.   Voire.
Le D.   Ce pourroit il faire
Que ceulx dont vous devez retraire   25
Ceste rente prinssent monnoye ?
Path.   Et ouÿ bien, se je vouloye ;
Tout m'en est ung en païément.
Quel drap est ce cy ? Vrayëment,
Tant plus le vois et plus m'assotte.   30
Il m'en fault avoir une cotte,
Bref, et a ma femme de mesme.
Le D.   Certes, drap est chier comme cresme.
Vous en avrez, se vous voulez :
Dix ou vingt frans y sont coulez   35
Si tost !
Path.   Ne me chault, couste et vaille !
Encor ay je denier et maille
Qu'oncques ne virent pere ne mere.
Le D.   Dieu en soit loué ! Par Saint Pere,
Il ne m'en desplairoit en piece.   40
Path.   Bref, je suis gros de ceste piece.
Il m'en couvient avoir.
Le D.   Or bien,
Il couvient adviser combien
Vous en voulez, premierement.
Tout est a vostre commandement,   45

---

23 *M* Si me plaist tant.   24 *RLBM attribute* Voire *to the draper* ;
pourroit] *Jacob and later editors correct* peut.   27 *M* ouy dea.   28 *B*
men est ung or ou p. ; *M* mest.   32 a *not in R.*

Quanque il en **y** a en la pille,
Et n'eussiez vous ne croix ne pille!

Path.   Je le sçay bien; vostre mercy!

Le D.   Voulez vous de ce pers cler cy?

Path.   Avant, combien me coustera   50
La premiere aulne? Dieu sera
Payé des premiers, c'est rayson.
Vecy ung denier; ne faison
Rien qui soit, ou Dieu ne se nomme.

Le D.   Par Deu, vous dittes que bon homme,   55
Et m'en avez bien resjouy.
Voulez vous a ung mot?

Path.   Ouÿ.

Le D.   Chascune aulne vous coustera
Vingt et quatre solz.

Path.   Non fera!
Vingt et quatre solz? Saincte Dame!   60

Le D.   Il le m'a cousté, par ceste ame!
Autant m'en fault, se vous l'avez.

Path.   Dea, c'est trop.

Le D.   Ha! vous ne sçavez
Comment le drap est enchery.
Trestout le bestail est peri   65
Cest yver, par la grant froidure.

Path.   Vingt solz, vingt solz!

Le D.   Et je vous jure
Que j'en avray ce que je dy.
Or attendez a samedy:
Vous verrez que vault! La toison,   70
Dont il souloit estre foison,
Me cousta, a la Magdalene,
Huit blans, par mon serment, de laine,

---

46 *M* Tant quil y en; **y** *not in LB.*   49 *B* Et voulez, *and omits*
cler.   54 *M* quil.   60–86 *R has a modern imitation.*   61 le *not*
in M.   62 *LBM* Tant.   71 *LB* solloit.

Que je souloie avoir pour quatre.

Path. Par le sang bieu ! sans plus debatre, 75
Puis qu'ainsi va, donc je marchande.
Sus, aulnez.

Le D. Et, je vous demande,
Combien vous en fault il avoir ?

Path. Il est bien aysié a savoir.
Quel le a il ? 80

Le D. Le de Brucelle.

Path. Trois aulnes pour moy, et pour elle . . .
Elle est haulte . . . deux et demye,
Ce sont six aulnes . . . ne sont mie . . .
Et non sont . . . Que je suis bec jaune !

Le D. Il ne s'en fault que demie aulne 85
Pour faire les six justement.

Path. J'en prendray six tout rondement,
Aussy me fault il chapperon.

Le D. Prenez la ! Nous les aulneron.
Si sont elles cy, sans rabatre : 90
Empreu, et deux, et trois, et quatre,
Et cinq, et six.

Path. Ventre saint Pierre !
Ric a ric !

Le D. Aulneray je arriere ?

Path. Nenny, de par une longaine !
Il y a ou plus parte ou plus gaigne 95
En la marchandise. Combien
Monte tout ?

Le D. Nous le sçavrons bien.
A vingt et quatre solz chascune :
Les six, neuf frans.

79 *LB* aise. 80 *LBM omit second* le. 81 et pour elle *not in M.*
89 *R* aulnerons. 90 *R* Silz sont. 91 *M* Empreuf. 92 *M* Cinq.
94 *B* N. en sanglante estrainne ; *Génin, Jacob* ce n'est qu'une l. 95 *M*
omits first ou ; *LBM omit second* plus, *so Schneegans, but cf.* 135, 155,
164. 97 *R* scavons.

Path.	Hen ! c'est pour une ...
	Ce sont six escus. 100
Le D.	M'aist Dieu, voire.
Path.	Or, sire, les voulez vous croire
	Jusques a ja quant vous vendrez ?
	Non pas croire : vous les prendrez
	A mon huis, en or ou monnoye.
Le D.	Nostre Dame ! je me tordroye 105
	De beaucoup, a aler par la.
Path.	Hee ! vostre bouche ne parla
	Depuis, par mon seigneur saint Gille,
	Qu'elle ne disoit pas evangille.
	C'est tres bien dit : Vous vous tordriez. 110
	C'est cela ! Vous ne vouldrïez
	Jamais trouver nulle achoison
	De venir boire en ma maison.
	Or y bevrez vous ceste fois.
Le D.	Et, par saint Jaques, je ne fais 115
	Guares aultre chose que boire.
	Je iray. Mais il fait mal d'acroire,
	Ce sçavez vous bien, a l'estraine.
Path.	Souffist il se je vous estraine
	D'escus d'or, non pas de monnoye ? 120
	Et si mangerez de mon oye,
	Par Dieu, que ma femme rotist.
Le D.	Vrayement, cest homme m'assotist.
	Alez devant ! sus, je yray doncques,
	Et le porteray . . .
Path.	Rien quiconcques ! 125
	Que me grevera il — pas maille ! —
	Soubz mon esselle !
Le D.	Ne vous chaille.

100 *R* huit, *L corrected by pen to* six.   111 *Corr.* Et vous ? (*Schnee-gans*).   112 *M* ochoison.   114 *LBM* burez.   116 *B* que de b.
117 *M* de croire.   125 *M* riens quelzconques.

2366   z

        Il vault mieux, pour le plus honeste,

        Que je le porte.

Path.   Male feste

        M'envoit la saincte Magdalene,   130

        Se vous en prenez ja la paine!

        C'est tres bien dit : dessoubz l'esselle ;

        Cecy m'y fera une belle

        Bosse. Ha! c'est tres bien alé!

        Il y avra et beu et gallé   135

        Chiez moy, ains que vous en aillez.

Le D.   Je vous pry que vous me baillez

        Mon argent, dez que je y seray.

Path.   Feray ... Et, par Dieu, non feray

        Que n'ayez prins vostre repas   140

        Tres bien ; et si ne vouldroye pas

        Avoir sur moi de quoy payer.

        Au mains viendrez vous assaier

        Quel vin je boy. Vostre feu pere,

        En passant, huchoit bien : 'Compere !' 145

        Ou 'Que dis tu?' ou 'Que fais tu?'

        Mais vous ne prisez ung festu,

        Entre vous riches, les povres hommes.

Le D.   Et, par le saint sang bieu ! nous sommes

        Plus povres ...   150

Path.   Ouay ! A Dieu, a Dieu !

        Rendez vous tantost au dit lieu

        Et nous bevrons bien, je m'en vant.

Le D.   Si feray je. Alez devant,

        Et que j'aye or !

Path. [*alone, in the street*].   Or ? Et quoy doncques ?

        Or ? Dyable ! je n'y failly oncques. 155

130 *RLB* Men voise, *so Schneegans*, *M* menvoye, *cf. v.* 1282.   133 *M*
me fera.   135 *M omits first* et, *so Schneegans*.   139 *M omits* Et.
143 *R* viendriez.   144 *B* Quel vin buvoit vostre.   148 *Jacob and*
later editors omit les.   149 saint *not in RLBM, added by Genin.*
150 *M* Quoy.   152 *LB* beuron, *M* burons ; *M* vante.   154 *M* jay.

Non! Or? Qu'il puist estre pendu!
En dea! il ne m'a pas vendu
A mon mot, ce a esté au sien;
Mais il sera payé au myen.
Il luy fault or? On le luy fourre!   160
Pleust a Dieu qu'il ne fist que courre
Sans cesser, jusque a fin de paye!
Saint Jehan! il feroit plus de voye
Qu'i n'y a jusques a Pampelune.

[He returns home.]

Le D. [*in his shop.*] Ilz ne verront soleil ne lune,   165
Les escus qu'i me baillera,
De l'an, qui ne les m'emblera.
Or n'est il si fort entendeur
Qui ne treuve plus fort vendeur.
Ce trompeur la est bien bec jaune,   170
Quant pour vingt et quatre solz l'aulne
A prins drap qui n'en vault pas vingt!

156 *B* or par le col soit p. ; *RL* peult.   160 or *not in M.*   162 *R* jusques a.   164 *LBM* Quil ny a jusque a, *so Schneegans.*   166 *LM* quil, *so Schneegans.*   169 *R* trouve.   171 *LB* vingt quattre.

65. PHILIPPE DE COMMYNES: MÉMOIRES

[MSS. : There are six MSS., the most important being : Paris, Bibl. Nat., fr. 10156 (*A*) ; ditto, fr. 3879 (*B*) ; Nantes, Bibl. de l'abbaye de Saint-Germain-des-Prés, now Musée Dobrée (*D*) ; MS. formerly belonging to Anne de Polignac, niece of the author (*P*). Philippe de Commynes wrote about 1490-98, but all the extant MSS. date from the 16th century. Editions : a first (incomplete) text was published in 1524 ; better editions followed, however, in rapid succession. There are later editions by R. Chantelauze, *Mémoires de Ph. de C.*, Paris, 1881, with chapter on syntax ; B. de Mandrot, *Mémoires de Ph. de C.*, Paris, 1901-3, based on MS. *P*. See also A. Stimming, *Die Syntax des Commines*, in *Zeitschr. f. rom. Phil.*, I, p. 191.]

The extract (bk. III. chap. 5, pp. 204–7 of Mandrot's edition) refers to the year 1470, when the Earl of Warwick, with the assistance of Louis XI, landed a force in England and restored Henry VI to the English throne, Edward IV being forced to take refuge in Flanders.

Je vous ay dict devant comme ceste armee de monseigneur de Warvic, et ce que le roy avoit appresté pour le conduyre, estoit prest a monter, et celle de monseigneur de Bourgongne prest pour les combatre, qui estoit a hancre au devant d'eulx. Dieu voulut ainsi dispouser des choses que ceste 5 nuyt sourdit une grande tormente, et telle qu'il faillut que l'armee du duc de Bourgongne fouyst : et coururent les ungs des navyres en Escosse, les aultres en Hollende ; et en peu d'heure[s] aprés se trouva le vent bon pour ledit conte, lequel passa sans peril en Angleterre.[1]   10

Ledit duc de Bourgongne avoit bien adverti le roy Edouard du port ou ledit conte devoit descendre, et tenoit gens exprés avecques luy pour le solliciter de son prouffit ; mais il ne luy en challoit et ne faisoit que chasser. Et n'avoit gens si prouchains de luy que l'arcevesque d'Yort et le marquis de 15 Montagu, frere[s] dudit conte de Warvic, que luy avoient faict ung grand et sollennel serment de le servir contre leur frere et tous aultres : et il s'i fyoit.

Descendu que fut ledit conte de Warvic, grand nombre de gens se joignirent a luy, et se trouva fort. Le roy Edouard, 20 des ce qu'il le sceut, commença lors a penser a ses besongnes, qui estoit bien tard, et manda au duc de Bourgongne qu'i luy prioit qu'il eust tousjours son navyre en la mer, afin que ledit conte ne peust retourner en France ; et de la terre il en cheviroit bien. Ces parolles ne pleurent gueres la ou ilz 25 furent dictes, car il sembloit qu'il eust myeulx vallu ne luy laisser point prendre terre en Angleterre que d'estre contrainct venir en une bataille.

Cinq ou six jours aprés la descendue dudit conte de Warvic,

4 *A* qui estoit arrivé au devant ; *B* a Havere, *D* a Hancié.   29 *BD* descente.

[1] Warwick and his men landed at Plymouth and Dartmouth on September 13, 1470.

il se trouva tres puissant, logié a trois lieues du roy Edouard, 30
lequel avoit encores plus largement gens, mais qu'ilz eussent
esté tous bons, et s'atendoit de combatre ledit conte. Il estoit
bien logié en ung vilaige fortiffié,[1] ou au moins en ung logis
ou l'on ne povoit entrer que par ung ponts, comme luy propre
m'a compté : dont bien luy print. Le demeurant de ses gens 35
estoient logés en d'aultres villaiges prouchains. Comme il
disnoit, on luy vint dire soubdainement que le marquis de
Montagu, frere dudit conte, et quelque autre, estoient montez
a cheval et avoient faict crier a tous leurs gens : 'Vive le Roy
Henry!' De prime face ne le creut pas ; mais incontinent 40
y envoya plusieurs messaiges, et s'arma, et mist des gens aux
barrieres de son logis pour le desfendre. Il avoit la avecques
luy ung saige chevalier appellé monseigneur de Hastingues,
grand chambellan d'Angleterre, le plus grand en auctorité
avecques luy. Il avoit pour femme la seur dudit conte : 45
toutesfoiz il estoit bon pour son maistre, et avoit en ceste
armee bien trois mil hommes a cheval, comme luy mesmes
m'a compté. Ung aultre y avoit, appellé monseigneur d'Escalles,
frere de la femme dudit roy Edouard, et plusieurs bons
chevaliers et escuyers, qui tous congneurent que la besongne 50
alloit mal ; car les messagiers rapporterent que ce que avoit
esté dict au roy estoit veritable, et s'assembloient pour luy
venir courre sus.

Dieu voulut tant de bien a ce roy qu'il estoit logé pres de la
mer ; et y avoit quelque navyre qui le suyvoit, menant vivres, 55
et deux hulques d'Ollande, navyres marchans. Il n'eust aultre
loisir que de se aller fourrer dedans. Son chambellan demoura
ung peu aprés, qui(l) dist au chief de ses gens et plusieurs
particuliers de cest ost qu'ilz allassent devers les aultres, mais
qu'il leur prioit que leur voulenté demeurast bonne envers leur 60
roy et luy ; et puys s'en alla mettre dedans la navyre avecques

[1] *i.e.* Doncaster, co. Yorks.

les aultres qui estoient prest a partir. Leur coustume d'Angle
terre est que, quant ilz sont au dessus de la bataille, ilz ne
tuent riens et par especial du peuple, car chascun quiert leur
complaire pour ce qu'ilz sont lors plus fors, et s'ilz ne mettent 6ʒ
nulz a finance. Pour quoy tous ces gens n'eurent nul mal des
que le Roy fut departi. Mais encores m'a compté le roy
Edouard que en toutes les batailles qu'il avoit gaignees, que,
des ce qu'il venoit au dessus, i montoit a cheval et crioit qu'on
sauvast le peuple et que on tuast les seigneurs ; car de ceulx 7c
n'eschapoient nul ou bien peu.

Ainsi fouyt ce roy Edouard l'an mil quatre cens soixante et
dix, avecques ces deux hulques et ung petit navyre sien, et
quelzques sept ou huyt cens personnes avecques luy, qui
n'avoient aultre habillement que leur habillement de guerre. 7ʒ
Et s'ilz n'avoient ne croix ne pille, ne n'y sçavoient a grand
peyne ou ilz alloient.[1] Bien estoit estrange a ce pouvre roy —
car ainsi [se] pouvoit il bien appeller — de ainsi s'en fouyr et
estre persecuté de ses propres serviteurs. Il avoit ja acous-
tumé ses aises et ses plaisirs, douze ou treize ans, plus que 8c
prince qui ait vescu de son temps ; car nule autre chose il
n'avoit eu en pensee que aux dames, et trop plus que de raison,
et aux chasses, et a bien tracter sa personne. Quant il alloit
en la saison en ses chasses, il faisoit mener plusieurs pavillons
pour les dames. En effect il y avoit faict tres grand chere ; et 85
aussi il avoit le personnaige ainsi propice a ce faire que homme
que jamais je veisse, car il estoit jeune, et beau autant que nul
homme qui ait vescu en son temps ; je dy a l'heure de ceste
adversité, car despuys s'est faict fort gras.

71 *P* n'eschapest.   82 *D omits* eu.   86 *D omits* ainsi.

[1] Edward landed at the Hague on October 11, 1470, together with
his brother Richard, Duke of Gloucester, and a few noblemen.

GLOSSARY

The Glossary includes (*a*) proper names not sufficiently explained in the text or in the notes, (*b*) late or debased Latin forms, (*c*) all mediaeval French words, with the omission of simple words used and spelt as in Modern French. A few slight orthographic discrepancies, such as the presence of a double consonant instead of a single one or vice versa, have also been disregarded, when no confusion was possible. With these exceptions all the forms and meanings occurring in the French texts have been recorded. Words variously spelt are explained under the standard Old French (twelfth-century Central French) forms. Cross-references are given as far as possible, but -*ei* should also be looked up under -*oi*; -*or*, -*ur*, -*our* under -*eur*; -*os*, -*us*, -*ous* under -*eus*; -*un*, -*um* under -*on*, -*om*; -*y* under -*i*; -*l* + consonant under -*u* + consonant; -*nb*, -*nm*, -*np* under -*mb*, -*m(m)*, -*mp*. It should be remembered also that -*en* and -*an*, -*ein* and -*ain*, -*ai*, -*ei*, and -*e* are often interchangeable. In the conjugation and declension only irregularities have been noted. Under *nom.* (i. e. nominative singular) are included accusative plural forms, when the two are identical, and *pres. part.* (i. e. present participle) includes also the gerund. Finally it should be observed that in N.-E. French (Extracts 38–45) the value of palatals is often uncertain owing to the confusion of dialectal and standard French forms. Thus *ce*, *ci* may have the same value as in Central French, or be equivalent to Central French *ke*, *ki* or *che*, *chi*; while *ca*, *co*, *cu* may represent *ka*, *ko*, *ku*, or *cha*, *cho*, *chu*, or *ça*, *ço*, *çu* in Central French pronunciation. In the same way *ga*, *go*, *gu* occasionally stand for Central French *ja*, *jo*, *ju*; and *ge*, *gi* for *gue*, *gui*.

a, ad 11, 22: *prep.* (expressing dative) to, from; (of place) to, towards, at; (opposition) with, against 27, 58; 30, 44; (possessive) of 13, 40; (of time) at, on; until 64, 69; *a temps*, for a period 37, 9; *a l'annee*, by the year 37, 14; (of manner) with, in 11, 18; 14, 200; in accordance with, according to 13, 25, 53; 30, 218; 57, 27; (accompaniment) with 39, 6; (attribute) with 23, 185; (material) made of, of 14, 95; (instrument) with 11, 22; (after verbs of calling and holding) for, as (or untranslatable) 13, 66; 29 b, 147; 30, 76; 62, 29; (of purpose) for, as 26, 89; (+ *inf.*) to; in order to 12, 85; (giving passive sense) 15, 117; (expressing condition) 64, 106.

aage v. eage.
aaisier, aei-, *v. a.* set at ease 47, 66; *v. refl.* refresh oneself 41, 72.
Aaliz v. Aeliz.
aanz v. ahan.
ab, *prep.* with 10, 17; 12, 8.
abaer, *v.* hold wide open; *pp.* agape 21, 172.
abai, *sm.* bark 20, 243.
abaie, abb-, *sf.* abbey 34, 33.
abaier, *v.* bark 33, 98.
abaissier, *v.* lower, cast down 24 d, 33.
abandoner, -uner, habandonner 36 e, 15: *v. a.* abandon, give up; *v. refl.* devote oneself 48, 76; *pp. adj.* unrestricted, unchecked 60, 92.
abatre, abattere (*L*) 7, 65: *v.* strike down, beat down; unhorse 27,

12; mitigate, stop (a quarrel) 22, 204; humiliate 32, 210.

abé; *nom.* abes 57, 37; *obl. pl.* abez 14, 229, abbez 34, 138 : *sm.* abbot.

abeesse, abbesse, -eese 45, 70 : *sf.* abbess.

abelir, *v.* please 29 b, 102.

abent (*L*) = habent, *ind. pr. 6 of* habere *v.* 4 b, 4.

Abilant, puis d', Anti-Lebanon, mountain-range in Syria 15, 2.

abio (*L*) = abeo, *ind. pr. 1 of* abire, *v.* 7, 94.

abit, *sm.* clothing, livery 27, 230; dress, habit (of a monk) 29 a, 45.

abitacion 34, 52, abitatio (*L*) 4 b, 2, habitation 42, 22 : *sf.* dwelling-place.

abiter = habiter 17, 206.

abouetter, *v.* watch, spy upon 25 b, 16.

abruver, *v.* give to drink, water 48, 94.

absolst, absouldre v. assoudre.

abstutus (*L*) = astutus, *adj.* 4 c, 4.

abuter, *v.* arrive 53, 36.

Abuthaur, Abu Taher, a Saracen prince 9 b, 15.

acater v. achater.

acceptor (*L*), *sm.* hawk 8, 28.

accort, *sm.* agreement; *d'a.,* in unison 35, 37; *issir de l'a. de,* disagree with 35, 163.

Acelin, count of Gascony, one of Charlemagne's knights 14, 156.

achaison v. achoison.

achater 15, 193, aca- 39, 9 : *v.* purchase; obtain, 13, 40.

acheson v. achoison.

achier = acier 38, 76.

Achillas, assassin of Pompey, 27, 201.

achoison 64, 112, ochoison 23, 22, acoison 31 b, 49, achaisun 16, 20, -son 54, 80, acheson 56, 78, achisun 52, 30, enchesoun 59 a, 7 : *sf.* cause, occasion 31 b, 49; opportunity 23, 22; pretext 59 a, 7; attack, assault 16, 20.

acointable, *adj.* familiar 31 b, 46.

acointance, *sf.* acquaintance, connexion 37, 98.

acointier, *v. a.* make the acquaintance of 23, 34; *v. refl.* (+ *o*) do. 17, 160.

acoison v. achoison.

açoivre, *sm.* herd of animals, hence multitude 21, 154.

acoler, *v.* throw the arms round the neck of, embrace 18, 98.

aconduire; *ind. pr. 3* acunduit 15, 38 : *v.* lead, guide.

aconsiure; *pp.* aconseu 15, 70 : *v.* hit, break to pieces.

acontrer v. encontrer.

açoper, *in* entraçopent 22, 261: *v.* obstruct, stop.

acorder, acc-, *v. a.* arrange, settle 17, 156; grant 61, 50; *v. refl.* agree 46, 71.

acorre; *ind. pr. 3* acort 55, 81 : *v.* come at a run.

acoster, *v.* accost 39, 27.

acostumer, ac(c)ous-, acconstumeir 42, 105, acos- 44, 9 : *v. a.* become accustomed to 65, 79; *v. n.* be in the habit of 42, 105; *v. refl.* accustom oneself 44, 9; *non accoustumé,* unusual 61, 54.

acouter, *v. refl.* lean on one's elbows, support oneself 34, 20.

acquest, *sm.* acquisition, gain 63, 55; *mal a.,* ill-gotten gains 63, 48.

acraventer, *v.* overthrow, overwhelm 16, 55.

Acre, Acre (Palestine) 31 a, 1; 39, 17.

acroire; *subj. pr. 3* acroie 29 a, 62 : *v.* obtain on credit, borrow; give credit 64, 117.

acroistre, *v.* increase, augment 27, 140.

acteur, *sm.* author 34, 35.

acueil, *sm.* reception, welcome; *estre de bel a. a,* receive graciously 25 c, 25.

acue(i)llir, acui-, *v.* seize, catch 15, 112; give way to (passion) 55, 26.

aculio v. aguilun.

ad v. a and avoir.

adaisement, *sm.* provision for comfort, hence marriage 13, 46.

adastet (*L*), *ind. pr. 3 of* *adastare (?), urge on (?) 7, 139.

adenz, *adv.* with face on the ground 15, 131.

adés, *adv.* always 43, 22; immediately 57, 23.

adeser; *subj. pr. 3* **adeist** 14, 40: *v.* touch.

adieure, *v. refl.* apply oneself 56, 21; *pp.* adieut, addicted 56, 75.

adimplire (*L*) = adimplere, *v. a.* 3 b, 20.

adjoindre; *pp.* adjoinct 60, 14: *v. refl.* join.

adjorner, *v. impers.* become light, dawn 21, 126.

adjouster, *v.* add 60, 16.

adnunciare (*L*) = annuntiare, *v. a.* 6, 54.

adoluser, *v. refl.* lament, grieve 16, 74.

adonc 34, 125, **adont** 20, 173, **adonques** 28, 111: *adv.* then.

adpendere (*L*) = appendere, *v.* 3 b, 12.

adrecieement, *adv.* straight 15, 38.

adrecier, -scier, -sser, -cer 53, 44: *v.a.* direct, guide 27,¹ 186; convey, send 25 d, 20; *v. refl.* make one's way 22, 49.

adsedue (*L*), **adsiduae** (*L*) = assidue, *adv.* 4 a, 4; 6, 27.

adsumptus (*L*) = assumptus, *pp.* 3 b, 25.

aduber, *v.* arm, knight 16, 9; ornament, mount 15, 200; *li adubét,* the armed knights 14, 74.

aduc (*L*) = adhuc, *adv.* 1, 113; 6, 17.

aduner v. auner.

aduré, *adj.* hardy, brave 27, 37.

adv- v. av-.

advenement, *sm.* advent 51, 82.

adversarius (*L*) = adversarios, *acc. pl.* 6, 44.

advertir, *v.* warn, 65, 11.

advocat, *sm.* advocate, 61, 52.

aé, *interj.* ah! oh! 23, 74.

aé, *sm.* age 21, 81.

aeisier v. aaisier.

Aeliz 23, 52, **Aaliz** 23, 214: heroine of dance-songs.

aerdre 20, 232; *ind. pr. 6* **aerdent** 32, 128; *pres. p.* **aherdant** 43, 95;

pp. **ahers** 43, 93: *v. a.* snatch 20, 232; *v.n.* adhere 43, 95; *v. refl.* adhere 43, 91; apply oneself 32, 128.

aesmer, *v.* think, believe 42, 61.

aeure v. aorer.

aez v. avoir.

afaire, aff-, afere, *sm.* affair, matter, business 17, 162 (*cf.* faire).

afaitier, affetier, affaittier, *v. a.* prepare carefully, set in order 48, 65; train 32, 170; *v. refl.* prepare oneself, get ready 35, 182; *pp. adj.* in good order, tidy 23, 81.

afebloier 28, 163, **afebleer** 52, 48: *v. n. and refl.* become feeble.

aferir; *ind. pr. 3* **afiert** 31 a, 23: *v.* befit, become 31 b, 52; be apposite 31 a, 23.

afermer, *v.* make firm, make steadfast 13, 166.

affection, *sf.* ardour, passion 62, 21.

affichier, *v.* fix, attach 42, 70.

affichiement, *adv.* fixedly 31 b, 39.

affin v. fin.

affinitee, *sf.* kindred, relations 59 b, 13.

afflicz v. aflire.

Affrike 14, 198, **Alf-** 16, 50: Africa.

afier, aff-; *ind. pr. 1* **afi** 28, 39: *v.* promise 20, 208; assért, assure 28, 39; *v. refl.* trust 59 b, 8.

afiert v. aferir.

afiler, *v.;* *pp. adj.* with a fine edge, sharp 27, 106.

aflavillier, *v. a.* weaken 43, 49.

aflire; *pp. nom.* **afflicz** 12, 79: *v.* afflict.

afoiblir, *v.* become feeble 41, 26.

afoler; *ind. pr. 1* **afol** 29 b, 83: *v. a.* maim, mutilate 34, 205; injure, blight 29 a, 13; maltreat, kill 16, 13; 21, 79, 125; 24 c, 40; bewitch, infatuate 56, 20; *v. n.* become mad 29 b, 83; perish, die 24 b, 4.

afondement, *sm.* abasement 29 b, 32.

afubler, aff-, *v. a.* wrap, envelop 36 b, 18; attach, put on (a garment) 27, 267; *v. refl.* (+ *de*) put on, wear 17, 26.

afuir, aff-, *v.* flee 33, 157 ; 62, 46.

Agapus (*L*), name of a Christian merchant 4 a, 2.

agenoillier 26, 70, ajoneler 52, 51 : *v. refl.* kneel down.

agne, *sf.* lamb 43, 59.

agreer, *v.* agree to 17, 157 ; please 25 c, 48 ; 35, 90.

agu, *adj.* sharp, pointed 16, 140 ; (of voice) piercing 62, 39.

aguaiter, *v.* lie in wait, watch 58, 68.

aguer, *v.* sharpen, 59 a, 3.

aguille, *sf.* needle 50, 70.

aguillier, *sm.* needler-holder 24 d, 15.

aguillonner, *v.* goad, prick 60, 71.

aguilun 15, 28, aculio (*L*) 7, 96 : *sm.* goad.

aguisier, *v.* sharpen 62, 69.

ahan 14, 78 ; *nom.* aanz 12, 4 : *sm.* weariness, distress.

aherdant, ahers v. **aerdre.**

ahi v. **ai.**

ahuchier, *v. a.* call 55, 12.

ahue v. **aidier.**

ai, ahi, *interj.* alas ! 16, 174 ; *ai mi,* woe is me ! 40, 41.

aide, ayde, *sf.* aid, help ; helper 37, 4.

aidier, -er, edier 38, 2 ; *ind. pr. 3* **ahue** 48, 108 ; *subj. pr. 3* ajud 12, 155, ait 16, 152, aist 64, 100; *imper. 2* ajude 15, 68 ; *pp.* aiei 53, 3 : *v.* (+ *dat.*) help ; *v. refl.* show one's fighting powers, fight 46, 74 ; (+ *de*) make use of 34, 67 ; 45, 51 ; (*si, ainsi*) *m'ait Dieus,* God help me ! 26, 24, 191 ; 64, 100 ; &c.

aie, aye, *sf.* help ; *faire a. a,* give aid to 30, 55.

aiei v. **aidier.**

aiet v. **avoir.**

aigle, egle, *sf.* eagle ; ornament in form of an eagle, perhaps as weather-vane (cf. A. Tobler, *Altfranzösisches Wörterbuch*) 15, 5 ; ensign of Roman army 27, 59.

aiglent, *sm.* dog-rose 15, 8.

aigrement, *adv.* bitterly 60, 54 ; angrily, violently 27, 76.

aigret ; *nom.* -és 23, 163 : *sm.* verjuice.

aigue v. **eaue.**

ail ; *nom.* aus 23, 163 : *sm.* garlic.

ailleurs, -ors, ailurs 13, 194 : *adv.* elsewhere.

aim, aim- v. **amer.**

ainc 28, 93, **hanc** 12, 74, **ains** 21, 60, ainz 24 a, 5 ; 25 b, 17 ; 28, 159, 208 : *adv.* ever ; also 12, 74, 99 ; *ne . . . a.,* never 21, 60 ; *a. mais* (+ *neg.*) never before 28, 93.

ainçois v. **ançois.**

aing v. **amer.**

ains v. **ainc** and **ainz.**

ainsi v. **ensi.**

ainz v. **ainc.**

ainz, ains, einz, eins, anz 43, 22, enz 57, 73 : *adv.* sooner ; rather 18, 37 ; *a. que,* before 14, 213 ; *conj.* but rather, but 17, 175 ; *prep.* before 21, 151.

ainzné, ei-, *adj.* elder, eldest 17, 9.

air v. **hair.**

air, *sm.* anger, wrath 21, 107 ; gusto 20, 57.

airier, *v.* be angry 45, 50.

ais v. **es.**

Ais, Aix-la-Chapelle 14, 134.

aise, ese, ayse, *sf.* ease, comfort ; *a a.,* comfortably 23, 173 ; *avoir a. de,* derive amusement from 26, 18 ; *male a.,* v. **malaise.**

aise, ayse, *adj.* at ease, happy 35, 56.

aisié, ay-, *pp. adj.* easy 64, 79 ; *mal a.,* difficult, impracticable 41, 81.

aissel, *sm.* axle 15, 27.

aisselle, ess- 64, 127 : *sf.* armpit.

ait v. **aidier.**

aitre, estre, *sm.* enclosure round a house, garden 33, 26, 50; churchyard 61, 20.

ajoneler v. **agenoillier.**

ajud, ajude v. **aidier.**

ajudha, *sf.* help, assistance 10, 15 ; *estre en a.,* be of assistance 10, 33.

al = **a lo** 12, 107 ; **a le** 13, 1.

al- v. **au-.**

Alamanni (*L*) ; *acc. pl.* **Alamannus** (= -nos) 6, 40 : a Germanic people settled in S. Germany and Switzerland.

alare v. aler.

alasser, *v.* grow weary, tire 19, 194.

albur, *sm.* white-wooded tree, perh. laburnum 15, 8.

albus (*L*), *adj.*; *in albis*, in white baptismal garments 6, 32, 53.

Alderufe, a pagan knight 16, 83.

alegier, *v. a.* relieve 28, 167 ; *v. n.* become light, lose weight 19, 175.

aleiement, *sm.* alliance 17, 170.

aleine, -aine, *sf.* breath 15, 215 ; voice 20, 87.

aleir v. aler.

aleis, pagan language 16, 158.

alejance,*sf.*relief,alleviation 29b,63.

alemandeis, German language 16, 158.

alemandine, *sf.* almandine, sort of garnet 27, 221.

aler, aller, alare (*L*) 7, 131, aleir, 42, 94 ; *ind. pr.* *1* vois 18, 141, *2* vas 45, 26, *3* vait 12, 49, vat 13, 9, vet 22, 28, va 24 d, 33, vai 49, 38, *4* alum 58, 103, *5* alé-us (= alez vus) 58, 102, *6* vunt 13, 44, vont 28, 59 ; *impf.* *1* alaie 34, 73, *3* alout 54, 45 ; *fut.* *1* irrai 15, 214, yray 64, 124, *5* jroiz 47, 85 ; *cond.* *1* iroie 28, 176, *6* irreient 58, 35 ; *subj. pr.* *1* alge 13, 134, voise 25 b, 37, *2* ailles 30, 30, *3* alt 18, 192, voist 21, 234, aut 25 b, 42, aille 26, 46, voise 33, 58, haut 49, 35, *5* aillez 64, 136, *6* ralgent 12, 36; *impf.* *6* alessunt 12, 138 ; *imper.* *2* vas 13, 52, va 24 d, 38, *4* alum 58, 17, **aloms** 58, 57, **alom** 59 b, 1: *v.* go; walk 16, 183; be at stake 63, 34; (*+ gerund*, expresses continuous action) 13, 9 ; 14, 65; &c.; *a. a la charrue*, follow the plough 28, 210; *devant a.*, precede 42, 8; *en a.*, *soi en a.*, go away 12, 154; 15, 61; *alons m'en = alom* (*alons*) *en* 35, 49 ; *v. impers.* take place, happen 28, 213; (*+ dat.*) befall 18, 100 ; *puis qu'ainsi va*, since that is the position 64, 76 ; *inf. subs.* departure 18, 8.

Alesandrie, Alexandria 52, 17.

aleure, alure *sf.* pace ; *a petite a.*, without hurrying 21, 151 ; *grant a.*, swiftly, fast 19, 190.

alever, *v.* exalt, elevate 29 a, 34.

Alexis 46, 15 ; *obl.* **Alexi** 46, 94 : Alexis III, Emperor of Constantinople 1195–1204.

alferant, *sm.* war-horse, charger 16, 216.

Alfrike v. **Affrike.**

alge v. **aler.**

alis *adj.* unleavened 57, 56.

Alixandre, Alexander the Great, king of Macedon 15, 108 ; 21, 1 ; 27, 175.

allas, *interj.* alas ! 16, 236.

alleitier, *v.* suckle 32, 169.

alme v. **ame.**

almosner, *sm.* receiver of alms 13, 123.

alodis (*L*), *sm.* possession, estate 7, 102.

aloer 13, 78, aluer 14, 215 : *v.* place, lodge.

aloier, *v. refl.* draw near 24 d, 47.

aloisne, *sf.* wormwood, absinth 21, 51.

aloser, *v.* honour, make famous 16, 171.

Alpheus, Arethusa's lover, metamorphosed (according to Ovid) into a Greek river 36 a, 15.

als v. **il.**

als = a les 12, 122.

Alsis, Edessa (now Orfa), a town in Mesopotamia 13, 86.

alter v. **autel.**

altisme, *adj.* highest 16, 15.

altrement = autrement 19, 126.

altresil = altresi le 15, 114.

alve. *sf.* side-piece of saddle 27, 22.

amaine v. **amener.**

amanevir, *v.* ; *pp. adj.* ready, skilful 27, 103.

amant, *sm.* lover ; *Munt des Dous Amanz*, near Pont-de-l'Arche (dept. Eure) 19, 252.

amarité, *sf.* bitterness 43, 84.

Amatus (*L*), prior of the monastery of Vézeronce (died 632) 4 c, 15.

Amauris de la Tor de Rivier, an adviser of Charlemagne 38, 31.

ambasiatum (*L*), *sn.* embassy, mission 8, 8.

ambedeus, -dui v. ansdous.

ambes 12, 35, ambas 12, 73, *adj.* both ; *a. as*, v. as.

ambler, *v.* move at an easy pace, amble 15, 17.

ambleure, *sf.* walking pace, amble ; *aler l'a.*, ride gently 15, 61 ; *sanz ambleures*,unable to amble 23,115.

ame 21, 159, anima 11, 2 ; 12, 90, anme 14, 1, alme 16, 42, arme 31 a, 77 ; 40, 72 ; 44, 97 ; 45, 125, erme 52, 57 : *sf.* soul.

amende, em-, emm- 24 a, 23 : *sf.* fine, reparation ; *estre a l'a.*, incur a fine 61, 3.

amender ; *ind. pr. 1* ament 30, 181 : *v. a.* make reparation for, redress 26, 232; improve 19, 226; 27, 264; *v. refl.* better oneself 29 b, 12 ; recover, get better 31 a, 53.

amendrir, *v.* diminish 62, 34.

amener ; *ind. pr. 1* amaine 34, 159, *3* amaine 37, 104, *6* ameinent 16, 251 ; *fut. 1* amenrai 38, 54 : *v.* bring, conduct.

ament v. amender.

amer, enmer 52, 7 ; 53, 90, aimer ; *ind. pr. 1* aim 19, 99, aing 29 b, 39, aime 39, 115 ; 23 aima 12, 123, aimet 51, 34, *6* aimment 43, 19, einment 53, 1 ; *impf. 3* amot 19, 88, -out 19, 24 : *v.* love, like ; *pp. adj.* amét, pleasing, agreeable 12, 115 ; *inf. as subs.* 23, 75.

ametiste, *sf.* amethyst 17, 236.

amfant v. enfant.

amferm, *adj.* infirm, weak 13, 220.

amfora (*L*), ampora (*L*) = amphora, *sf.* 1, 115.

ami, -ic 12, 33; *nom.* -ix 12, 28 ; *fem.* -ie : *sm.f.* friend ; used of a near relative 13, 154, 223; lover 22, 97.

amiable, *adj.* friendly 42, 20.

amicicia (*L*) 6, 3, amiticia (*L*) 5, 17, = amicitia, *sf.*

aministrer, *v.* provide 43, 3.

amiral 15, 174 ; *nom.* amirelz 16, 5 : *sm.* emir, Arab prince.

amirer, *v.* admire 41, 2.

amistié 30, 124, -iét 15, 58, -ét 13, 163, -é 52, 55, amité 52, 53 : *sf.* friendship, love.

amiticia v. amicicia.

amoloier, *v. a.* soften 27, 208.

amonester, *v.* admonish, warn 18, 3.

amont, -unt, *adv.* up, upwards 14, 148 ; above, high up 27, 26.

amor, -ur, -our, *sf.* love ; often *pl.* 22, 11 ; 23, 218 ; &c. ; personified (often *indecl.* Amors) *masc. or fem.* 25 a, 1, 21 ; 25 b, 3 ; *amer d'amors, par amor(s)*, love tenderly 22, 102 ; 23, 66 ; 24 c, 56.

amordre ; *ind. pr. 3* amort 32, 245: *v. refl.* apply oneself, set to work.

amoreus, -ous, -os, amoureus, -ous, *adj.* enamoured, in love, loving 23, 228 ; *subs.* lover, swain 23, 165.

ampairer v. empoirier.

amycdala (*L*), amiddula (*L*) = amygdala, *pl.* of amygdalum, *sn.* 1, 71.

an v. on.

an ; *nom.* anz 13, 161 : *sm.* year.

anatemer ; *pp. nom.* anatemaz 12, 40 : *v.* anathematize, curse.

anceos v.ançois.

ancessor 17, 249, anceisur 13, 5 : *sm.* ancestor.

ancien ; *gen. pl.* ancienur 13, 1 : *adj. and subs.* ancient, old.

ançois, en-, ainceis, -çois, anceos 43, 61 : *adv.* previously, first 16, 206 ; sooner, before 18, 86 ; soonest 46, 19 ; *a. que*, before 21, 113 ; *conj.* but 23, 120.

anconoistre ; *pret. 6* anconurent 13, 115 : *v.* recognize.

ancre, *sm.* ink 36 f, 14.

ancui 16, 91, encui 49, 20 : *adv.* to-day.

ancun v. aucun.

andedus (*L*), *sm.* andiron 8, 37.

andui v. ansdous.

anel, *sm.* ring 13, 73.

anemi v. enemi.

anemus (*L*) = **animos,** *acc. pl. of* **animus** *sm.* 4 c, 10.

anfance = enfance 31 b, 13.

anganer, *v.* trick, deceive 13, 160.

ange 35, 30, **angele** 13, 88, **angle** 14, 56, **angre** 33, 80 : *sm.* angel.

angoisse, -guisse 19, 212 : *sf.* anguish.

angoisseus, anguissus 14, 154 : *adj.* full of anguish.

angoissier, *v. a.* cause anguish to, distress 21, 11 ; *v. refl.* labour, take pains 50, 80.

angre v. ange.

anguissusement, *adv.* anxiously 19, 84.

anima v. ame.

animan = anima en 12, 90.

anme v. ame.

annuncer, *v.* announce 61, 24.

anoget, anoier v. enoier.

anone 21, 66, **anoṇe** (*L*) = annonae or annonam (cf. A. Camilli in *Archivum Romanicum*, vi, pp. 510 sq.) 5, 5 : *sf.* coin, foodstuff.

anortement, *sm.* persuasion 31 b, 29.

anquenuit, *adv.* this night 47, 63.

anquist v. enquerre.

ansdous 14, 153, **ams.** 14, 180. **ambedeus** 27, 65 ; *nom.* andui 13, 23, ambedui 19, 4 : *adj. and pron.* both.

antan, *adv.* last year 29 b, 82.

ante, *sf.* aunt 19, 138.

Antecrist, Antichrist 16, 125.

anteir v. hanter.

antercier, *v.* pick out, recognize 13, 121, 177.

antestetis (*L*) = antistites for antistes, *sm.* prior 4 c, 17.

antif, *adj.* ancient 15, 42.

Antigoné, Antigone, daughter of Œdipus 17, 9.

Antoine, Marcus Antonius 27, 35.

antremucier, *v.* half-hide ; bend to pass under other dancers' arms (?) 24 d, 24.

anuit v. enoier.

anuit, ennuit 35, 112, **enoytes**

43, 24 : *adv.* this night, to-night 15, 209 ; forthwith 43, 24.

anuitier, -ter, *v. impers.* become night 13, 51.

anvel *adj.* yearly 14, 134.

anz v. an and ainz.

aoi, *interj.* (refrain ?) at the end of a tirade in the Roland 14, 46.

aoner v. auner.

aorer 22, 224, **aourer** 33, 14 ; *ind. pr. 1* aor 25 b, 21, aour 36 f, 26, *3* aeure 29 b, 152 : *v.* adore, worship.

aornement ; *nom.* -ns 33, 16 : *sm.* ornament.

aorner, aour-, *v refl.* adorn oneself 33, 116.

aovrir, *v. a.* open 43, 60.

apanre v. aprendre.

aparc- v. apercevoir.

apareillier, app-, apareiller, -iller 43, 65 ; *ind. impf. 6* aparillevent 43, 63, -ivent 43, 88 : *v. a.* make ready 31 a, 54 ; *v. refl.* prepare oneself 53, 9 ; attire oneself 27, 241.

aparoir ; *ind. pr. 3* apeirt 42, 68, apert 44, 68 ; *pret. 3* apparut 33, 99 ; *pres. p.* aparissant 21, 40, apparisant 46, 103 ; *pp.* appareu 21, 57 : *v.* appear, show oneself ; *pres. p. adj.* manifest 46, 103.

apartenir ; *pret. 5* -tenistes 18, 153 : *v.* belong ; be related 18, 153 ; (+ *dat.*) become, beseem 56, 65 ; *v. impers.* (+ *dat.*) beseem 33, 76.

apeirt v. aparoir.

apeler, appeller ; *ind. pr. 1* apel 30, 31 ; *impf. 3* apelout 54, 97 ; *subj. pr. 3* apiaut 30, 53 : *v.* call 13, 170 ; address 13, 23 ; *v. refl.* be named 37, 119 ; appeal (to a higher tribunal) 63, 116.

apenser, *v. refl.* bethink oneself 26, 73 ; *de fait apensé,* deliberately, purposely 61, 7.

apercevoir, aparceveir 19, 74 ; *ind. pr. 1* aparçoif 26, 167, *3* aperceit 18, 17, apperçoit 36 d, 9 ; *fut. 3* aparcevra 26, 245 ; *pret. 1* apperceu 36 e, 43, *3* aparçut 26, 102, apperçut 36 d,

13, aperceut 55, 11 ; *pp.* aperceu 20, 126, aparceu 34, 41 : *v. a. and refl.* perceive.

apermemmes, *adv.* immediately 43, 71.

apert; *nom.* appers 41, 39 : *adj.* manifest 32, 154; skilful, alert 41, 39.

apertement, *adv.* manifestly, clearly 51, 82 ; 54, 66.

apiaut v. apeler.

aplommer, *v.* strike down, or make drowsy (double sense) 34, 224 ff.

apoier 40, 32, apuier 27, 66 ; *subj. pr. 3* apuit 21, 225 : *v. refl.* lean, support oneself.

aporter ; *subj. pr. 3* aport 21, 250 : *v.* bring.

apostre 28, 57, apostle 43, 68, apotre 52, 44 : *sm.* apostle.

apoustolle, *sm.* pope 32, 236.

appart v. part.

aprendre 34, 25, apanre 31 b, 13 ; *ind. pr. 3* aprent 27, 32 ; *pret. 3* aprist 13, 34, *6* apresdrent (or *plpf.* ?) 12, 128 ; *pp.* apris 14, 128 : *v.* learn 13, 34; teach 27, 32 ; tell 20, 73 ; (+ *a*) begin to 12, 128 ; *bien apris*, well brought up 25 a, 12.

aprés, -ez 34, 198, -iés 41, 70 : *adv.* after, afterwards ; *en a.*, afterwards 42, 99 ; *prep.* after; beyond, next to 33, 30.

apresdrent v. aprendre.

apresser, *v. n.* draw near, approach 23, 99 ; *v. a.* press hard, beset 13, 59.

aprester ; *pret. 1* apresté 36 b, 11 : *v. a.* make ready 18, 24 ; *v. n.* get ready 36 b, 11 ; *pp. adj.* ready 32, 15.

apriés v. aprés.

aprochier, -oichier 45, 115, -oscher 59, 2, approcier 41, 79 : *v.* draw near, approach.

aproismier, aprosmer 12, 148 ; *ind. pr. 3* aprisme 18, 167 : *v.* approach.

aprover v. esprover.

aptus (*L*), *adj.* kind, sympathetic 4 a, 3 ; 4 c, 4.

apuit v. apoier.

aput (*L*) = apud, *prep.* 4 b, 4.

aquerre, aquerir 49, 5 ; *subj. impf. 1* aquisisse 62, 27 : *v.* win, acquire.

aquilon, *sm.* north wind, hence north 33, 23.

aquiter, *v.* set free, save 53, 92.

ara, aras, aray v. avoir.

araisnier 38, 7, ares- 26, 138, araisoner 16, 223, -uner 19, 64 : *v.* speak to.

arbalestee, *sf.* shot from a crossbow 21, 162.

arbalestrier 46, 22, arbeletier 48, 103 : *sm.* crossbow-man.

arbelete, *sf.* crossbow 48, 33.

arbre, *sm.* tree ; *a. de molin*, shaft of a mill 15, 114.

arbroissel; *nom.* arbriscellus (*L*) 7, 95, arbroisieaus 26, 30 : *sm.* shrub.

arbusta (*L*), *sf.* tree, shrub 7, 95.

arc, art 48, 97 ; *nom.* ars 21, 58 : *sm.* bow.

arcevesque, *sm.* archbishop 14, 7.

Archaide, Arcadia in Greece, 17, 88.

Archamp, battlefield identified by Suchier with Larchamp (Mayenne) and the neighbouring district of le Désert (Ille-et-Vilaine) 16, 81.

archier, -cier 41, 68 : *sm.* archer.

arcin, *sm.* burning, conflagration 45, 107.

arçun, *sm.* saddle-bow 16, 139.

ardant, *sm.* torrid or equatorial sea (?) 17, 227.

ardeur, -our, -or, *sf.* ardour, heat 21, 64.

ardiz v. hardi.

ardoir 21, 198 ; *ind. pr. 2* ars 55, 136, *3* art 15, 184 ; *fut. 1* arderai 28, 154 ; *subj. impf. 3* arsist 55, 5 ; *pp.* ars 21, 13 : *v. a. and n.* burn.

ardure, *sf.* burning, hence anguish 21, 143.

ared v. areter.

areine, *sf.* sand 54, 5.

Arembor v. Erembor.

arer 15, 25 ; *ind. pr. 6* erent 21, 72 : *v.* plough.

arere, *sm.* plough 15, 38.

aresnier v. araisnier.

areste, *sf.* fish-bone 28, 32.

arester, arr- ; *pret. 3* arestut 20, 6 : *v. a., n. and refl.* stop.

areter ; *ind. pr. 1* ared 16, 98 : *v.* accuse, blame.

Arethusa, a nymph in the train of Diana, pursued by Alpheus and transformed into a fountain 36 a, 15.

argent, *sm.* silver ; money 29 b, 56 ; rent 29 b, 75 ; (herald.) argent 41, 47.

arguer, *v. a.* oppress, afflict 18, 89 ; 21, 42 ; 24 b, 53 ; *v. refl.* make haste 21, 47.

argus (*L*) = argutus ? *adj.*, or perh. = largus ? *adj.* 4 c, 4.

Aridius (*L*), a Roman, adviser of Gondebaud 6, 1.

ariere, arr-, arriers 21, 229, -ier 24 d, 10 : *adv.* back ; *en a.*, backwards 31 a, 37.

ariver, *v.* come to land 13, 82.

arme v. ame.

arme, *sf.* arm, weapon ; *pl.* warlike deeds 25 d, 4 ; armour 26, 96.

Armentier, Armentarius, a nobleman 42, 72.

armer, *v.* arm ; *pp. subs.* combatant 41, 59.

armeure, *sf.* armour 41, 37.

aroient v. avoir.

aronde, *sf.* swallow 36 e, 38.

aroser, arou-, aru- 19, 225, *v.* water.

arpent, *sm.* measure of distance 27, 78.

arresteement, *adv.* steadfastly, fixedly 62, 45.

arrier(s) v. ariere.

arrouter, *v. refl.* gather together 34, 15.

arrun v. avoir.

ars v. ardoir and arc.

arseveschié, *sm.* archbishopric 45, 78.

arsist v. ardoir.

art v. ardoir and arc.

art, *sf.* art, craft ; artifice 20, 129 ; *A. d' Amors*, sub-title of the Roman de la Rose 50, 18.

artemon (*L*), *sm.* mast 7, 86.

Artur 26, 20 ; *nom.* Artus 47, 68 : King Arthur.

as = a les 13, 5.

as, *sm.* ace, the one on dice ; *ambes as*, ames-ace, throw of two ones (the lowest throw) 30, 205.

asaier v. essaier.

asalier v. assaillir.

asauroient v. assaillir.

asaz v. assez.

ascout, *sm.* ; *doner a.*, listen 62, 60.

ascun v. aucun.

asient, asiet, asist v. asseoir.

asme v. esme.

asne, *sm.* ass.

asnun, *sm.* young ass 43, 68.

asognenter, *v.* make a bed-fellow of 40, 70.

asols v. assoudre.

aspre, *adj.* harsh, bitter 55, 34.

asprement, *adv.* harshly, sharply 31 b, 34.

assaier v. essaier.

assaillie, *sf.* attack 46, 48.

assaillir 21, 211, asalier 12, 56, assaudre 56, 93 ; *ind. impf. 6* assaillient 44, 93 ; *cond. 6* asauroient 46, 70, ass- 46, 76 : *v.* assail, attack ; *pres. p. subs.* aggressor 60, 22.

assaudre v. assaillir.

assaut 27, 40 ; *nom.* assaus 46, 72, essauz 48, 51 : *sm.* assault, attack.

assavoir, *adv.* to wit, namely 41, 10.

assavorer, *v.* taste 62, 77.

assegier, assiegier 36 b, 12, essegier 48, 42 : *v.* besiege.

asseiz v. assez.

assemblee, -eie 43, 7, assenblee, assam- : *sf.* social gathering 56, 82 ; hand-to-hand combat 27, 58 ; tournament 26, 95 ; combination 43, 7.

as(s)embler, as(s)am-, *v.* assemble, gather 19, 181 ; unite in marriage 13, 45 ; join battle 22, 257 ; 46, 50.

assener, -nner, asener, *v.* hit, strike 27, 21 ; instruct, educate 57, 120.

Asseneth, Asenath, daughter of Potipherah, priest of On 33, 4.

assent, *sm.* sign, indication ; *a l'a. de,* guided by 41, 70.

asseoir 34, 20 ; *ind. pr. 3* asiet 26, 76, *6* assieent 23, 9, asient 26, 50; *pret. 1* assis 24 d, 10, *3* asist 12, 58, **ass-** 27, 239; *imper. 5* **aseez** 57, 98 ; *pp.* **assis** 23, 27 : *v. a.* set, cause to sit 26, 76; lay (table-cloth) 23, 27 ; place, establish 25 c, 21 ; 34, 47 ; besiege 12, 58; set, insert 33, 12 ; *v. n. and refl.* sit down 13, 146; 33, 134.

assourer, *v. refl.* become reassured 20, 17.

as(s)ez, asaz 12, 151, **asseiz** 42, 13, **essez** 49, 44 : *adv.* much, many, a great deal, plenty 15, 152 ; very 19, 49; enough 12, 151 : well enough, very well 16, 220; *plus a.,* much more 44, 20.

assi v. **aussi.**

assieent v. **asseoir.**

assoagier, *v.* assuage, soothe 24 b, 7.

assommer, *v.* fell, slaughter 34, 103 ; knock down, or send to sleep (double sense) 34, 221 ff.

assoter, -tter, *v.* besot, infatuate 61, 11.

assoudre, absouldre 63, 124 ; *pret. 3* **absolst** 12, 142 ; *pp.* **asols** 14, 231 : *v.* absolve.

assouvir, *v.* bring to an end 63, 113.

ast v. **es.**

Astarut, heathen deity 16, 126.

astenir, *v. refl.* abstain 13, 222.

astoit v. **estre.**

Astre, Asteriac (Austoriacum), now called Beauvoir 54, 33.

asur v. **azur.**

at v. **avoir.**

ataillier, *v.* cut off 48, 48.

ataindre, ateindre 16, 132 ; *ind. pr. 3* **ataint** 27, 22 ; *pret. 3* **atainst** 31 a, 34, *6* **atainstrent** 31 a, 46 ; *pres. p.* **ateignant** 14, 65 ; *pp.* **ateint** 19, 146, **ataint** 32, 231, **attainct** 60, 60 : *v.* reach ; strike 27, 22 ; overcome 60, 60 ; *pp.* exhausted 19, 146.

atalenter, *v.* (*+dat.*) please, be

desired by 24 b, 31 ; *vostre amor m'atalente,* I desire your love 24 c, 45.

at-ns v. **atendre.**

atargier, *v* delay, tarry 15, 24.

atemprer 21, 18, **atamprer** 31 b, 39, **attremper** 33, 125 : *v.* cool, refresh ; *pp. adj.* temperate, mild 50, 104 ; modest 31 b, 39; 33, 125.

atendre, att- ; *ind. pr. 1* **atent** 25 b, 13, **att-** 34, 200, *2* **atans** 30, 5 ; *imper. 2* **aten** 30, 7, **-nt** 57, 100 : *v a.* wait for, await ; keep (an agreement) 46, 79 ; *v. n.* wait; *v. refl.* wait 34, 200 ; expect 65, 32; (*+a*) depend upon 37, 75.

atendrir, *v.* make tender, melt 36 b, 26.

atirier, *v.* attire, dress 23, 111.

atochier, atou-, *v.* touch 33, 158.

atoivre, *sm.* draught animal; animal in general 21, 156.

atoivre, *sm.* gear, baggage 21, 157.

Aton, Atys, the lover of Ismene 17, 55.

ator, -our, *sm.* adornment, toilet 24 c, 11 ; *de grant a.,* magnificent 34, 43.

atorner, -eir 43, 10, **aturner**: *v. a.* turn 13, 139 ; make ready 39, 86 ; provide 23, 17; fit out 18, 1 ; dress 27, 172 ; impute 19 33; *v. refl.* fit oneself out 19, 132 ; *a. ensemble,* add on 43, 10.

atraire, *v.* draw, bring 48, 100.

atrover, *v.* find 43, 87.

atteinte, *sf.* reaching, grasp 62, 14.

attendue, *sf.* waiting 35, 11.

attrempé v. **atemprer.**

au = a le 21, 24 ; en le 31 a, 22.

aube, al-, *sf.* dawn ; *a l'a. aparissant,* at daybreak 21, 40.

Aubours, Dagsburg (Alsace) ; *le conte d'A.,* perh. Albert count of D. (? 1172–1211) 23, 211.

auctorité, *sf.* true saying, maxim 36 e, 55 ; authority 37, 84.

aucun, alc-, anc- 43, 106, **asc-** 59 b, 23 : *pron. and adj.* some one, any one, some, any; *les aucuns,* some 62, 3 ; *aucune foiz,* sometimes 36 a, 5 ; *ancune fieie,* on some occasion, some day 43, 106.

aucunement, *adv.* somewhat 62, 24.

aud v. avoir.

audience, *sf.* hearing ; *en a.,* aloud 31 a, 67.

audit v. oir.

Aufamien, name (fictitious) of a Roman senator 27, 38.

augrent v. avoir.

aule v. ele.

aulner, *v.* measure (cloth, sold by the ell) 64, 77.

aumbrer, *v. refl.* hide oneself 51, 58.

aumosne, alm-, aumone 31 b, 8 : *sf.* alms.

aumosniere, alm-, *sf.* purse attached to the girdle (originally for carrying alms-money), châtelaine-bag 16, 17 ; 23, 18.

aune, alne, aulne 64, 51 : *sf.* ell.

auner 28, 142, adu- 11, 15, aoner 56, 46 ; *pp.* adunat 12, 47 : *v. a.* gather together, assemble ; derive 11, 15 ; regulate, compose 56, 46.

auquant, alq-, *pron. pl.* some, a certain number 14, 75.

auques, alq-, *pron.* somewhat, a little 29 b, 128 ; *adv.* somewhat 17, 202 ; for a little while 27, 155.

aureit, aurent, auret, &c. v. avoir.

aurez v. oir.

aus = a les 27, 9.

aus v. ail and il.

ausement v. aussiment.

auser, -eir, *v.* ; *pp. adj.* accustomed, usual 42, 19.

aussent v. avoir.

aussi, -y, alsi, ausi, -is 31 b, 11, assi 43, 18, auci 44, 7, auxi 59 b, 19, auxint 59 a, 5 : *adv.* thus, so 33, 167 ; 34, 213 ; consequently, therefore 36 a, 11 ; also 43, 18 ; as 50, 89 ; *a. comme,* v. com ; *a. que,* as though 42, 87.

aussiment, ausement 39, 84, ausimant 48, 8 : *adv.* likewise ; *tot a. com,* just like 39, 84.

aut v. aler and avoir.

aut, autece v. h-.

autel, *pron.* the same, the like 37, 107.

autel, alter 13, 169 ; *nom.* autex 40, 77 : *sm.* altar.

autentique, *adj.* genuine 36 a, 14.

autre, altre, aultre, altra 13, 156 : *pron. and adj.* other ; second 20, 247 ; *a. puis a.,* one after another 13, 213 ; *uns et aultres,* one and all 41, 9.

autresi, alt-, autressi, *adv.* likewise 10, 17 ; *a. bien,* just as well 27, 189 ; *a. com,* v. com.

autretant, *adv.* just as much, to the same extent 25 c, 14 ; *a. com,* just as much as 27, 179.

autretel, *adj. and pron.* of the same kind, similar, just the same 26, 172 ; 27, 205.

autrier, autr'ier, *adv.* ; *l'a.,* the other day 17, 34.

autrui, -uy, *pron.* some one else, other people 20, 217.

Auverne, Auvergne 53, 1.

auxi, auxint v. aussi.

auxiliare (*L*) = auxiliari, *v. dep.* 6, 48.

avaine, *sf.* oats 38, 87.

aval, avau, *adv.* down, below 17, 20 ; downwards 27, 117 ; down stream 53, 16 ; *prep.* down 27, 250.

avaler, *v. a.* tear down 31 a, 35.

avance, *sf.* advantage 60, 45.

avancier, -chier 56, 25 ; *subj. pr. 3* avant 22, 122 : *v. a.* advance, promote ; *v. refl.* come forward 23, 193 ; *pp.* forward, nearly ready 35, 77.

avangarde, *sf.* vanguard 46, 33

avant v. avancier.

avant, avaunt 59 a, 4 : *adv.* (place where) in front, farther on ; (motion) forward ; (of time, order) before, first ; *en a.,* henceforward 10, 14 ; forward 14, 124 ; *ad en a.,* for the future 12, 108 ; 13, 38 ; *des or en a., de ci en a.,* henceforward 30, 101 ; 31 a, 12 ; *a. que, a. . . . que, a. ce que,* before 28, 73 ; 51, 4 ; *prep.* before ;

a. (h)ier, the day before yesterday 24 c, 7 ; 24 d, 16.

avantage, adv- 37, 57, avantaige 48, 71, adventaige 36 d, 18 : *sm.* advantage, profit.

avaunt v. avant.

aveier v. envoier.

avenant, *adj.* pleasing, attractive 15, 15.

avenir 17, 182, adv- 37, 42 ; *ind. pr. 3* avient 30, 105 ; *pret. 3* avint 19, 1, adv- 61, 1 ; *fut. 3* avendra 22, 214, avenra 35, 12 ; *pp.* avenu 26, 161 : *v. n.* (+*a*) attain, succeed in doing 17, 182 ; *v. impers.* happen, befall, come to pass.

aventure, avan-, *sf.* chance, mischance 18, 42 ; 32, 163 ; adventure 19, 2 ; danger 46, 52 ; *par a.*, perchance, perhaps 31 b, 31 ; by chance 47, 34.

aver v. avoir.

Aver, the Avars, a Turanian people 16, 48.

averit v. avoir.

avers, *adj.* hostile 14, 196.

aversité, adv- 65, 89, adversiteit 43, 34 : *sf.* adversity.

avesprer 21, 78, -rir 26, 41 : *v. impers.* become evening.

aveuc v. avuec.

avillir, *v.* debase, disgrace 27, 143.

avironer, -nner, *v.* surround 17, 237.

avis, -ys, advis 36 e, 52 : *sm.* opinion ; *estre a.* (+*dat.*), seem, be the opinion 15, 118 ; 22, 68.

aviser, adv- 64, 43 : *v. n.* consider 60, 99 ; *v. refl.* take heed, become aware 32, 77.

aviver, *v.* increase, intensify 56, 72.

avoc, avoec v. avuec.

avoier, *v. refl.* make one's way 24 d, 23.

avoir 21, 136, -eir 13, 58, -er 13, 91 ; *ind. pr. 1* ay 33, 133, *2* as 13, 224, *3* a 12, 41, at 12, 82, ad 12, 87, ait 44, 2, ai 48, 34, *4* avonz 27, 169, -um 57, 61, -oms 59 b, 34, *5* avés 21, 112, avet 52, 58, *6* unt 13, 29 ; *pret. 1*

oi 20, 107, os 31 a, 82, eu 36 e, 51, *3* aut 12, 47, oct 12, 80, oth 12, 91, aud 12, 145, out 13, 16, ot 17, 38, ost 44, 96, *6* augrent (or *plpf.* ?) 12, 4, aurent 12, 141, ourent 13, 12, orent 19, 229 ; *plpf 3* auret 11, 2, 20 ; 12, 132, awret 12, 8 ; *fut. 1* avré 26, 219, aray 35, 57, *2* aras 34, 128, averas 43, 37, *3* awra 12, 90, averit 43, 28, avera 58, 22, *4* aurom 51, 29, arrun 52, 15, *5* avroiz 26, 229, avrés 39, 78, arés 40, 61 ; *cond. 3* averoit 43, 73, aureit 51, 36, *6* aroient 46, 74 ; *subj. pr. 1* aye 64, 154, *3* ait 13, 143, aiet 13, 185, et 22, 212, eyt 59 b, 11, *4* aions 35, 78, *5* aiez 37, 55, *6* aient 48, 70, eyent 59 b, 21 ; *impf. 3* awisset 11, 27, oust 15, 193, eust 21, 32, euist 39, 95, *5* eussez 61, 56, *6* aussent 46, 114 ; *imper. 2* aies 30, 83, *5* aiez 15, 65, aiiés 38, 94, aez 57, 7 ; *pp.* out 13, 109, eu 16, 187, eut 44, 85 : *v.* have : be the matter with one (*que as tu ?* what is the matter with you ?) 22, 198 ; *a. chier*, hold dear 13, 58 ; *a moi l'aras*, you will have to try conclusions with me 34, 128 ; *a. a* (+ *inf.*) (expressing obligation, necessity) have to 15, 169 ; 35, 61 ; 37, 31 ; 60, 23 ; (periphrasis for future tense) 13, 165, 187 ; *impers.* (often with *i*) there is, there are 13, 3, 68 ; *tanz jurz ad que ne* . . ., it is so long since . . . 13, 210 ; (*il*) *n'i a plus*, there is nothing more to be done, the matter is settled 22, 226 ; 25 b, 56 ; 26, 5 ; *inj. subs.* possessions, wealth, money 13, 58.

Avrenches, Avranches (dept. Manche) 54, 1.

avuec 24 a, 21, -oc 13, 53, -oec 15, 203, -ec 24 b, 3, -euc 38, 61, -ecques 33, 174, -eques 62, 42, -ocques 55, 66, ove 59 a, 14 : *prep.* with ; in spite of 24 b, 3 ; *adv.* withal, in addition 38, 61.

awisset v. avoir.

awra, awret v. avoir.

az = a les 27, 52.

azur, asur 41, 50 : *sm.* azure blue.

bacheler, bace- 40, 13 : *sm.* young man.

bacin, *sm.* basin 23, 151.

bacon, *sm.* piece of bacon 45, 98.

baer v. beer.

Bagot, a heathen deity 16, 125.

bahu, *sm.* trunk, portmanteau 36 b, 21.

bail(l)i, *sm.* magistrate; holder of an appointment 30, 208; steward 57, 98; *le b. de Valoys,* Eustache Deschamps 36 a, 18.

bail(l)ie, ballie 55, 142: *sf.* power, possession, charge 13, 209; office, jurisdiction 30, 147.

baillier, -er, ballier 55, 53 : v. hold in one's power 45, 30; govern 38, 37; give 19, 144.

baisier, bes-, beis- ; *fut.1* beseré 26, 240: *v.* kiss; *inf. subs.* 20, 220.

baissele, *sf.* girl 31 b, 17.

baissier, *v.* lower 46, 25.

bal v. bel.

Balçan v. baucan.

baldur, *sf.* ardour, boldness 14, 176.

baler, *v.* dance, trip 56, 27.

ballie, -ier v. baill-.

balme, *sm.* balm ; *fig.* soothing words 61, 60.

bancal (*L*), -alis (*L*), *sm.?* seat covering 8, 36.

bandon, *sm.* free disposal, liberty ; *soi metre a b.,* devote oneself entirely 25 c, 3.

baptesme 20, 199, batesma 13, 29, baptismus (*L*) 6, 27 : *sm.* baptism.

baptisier, -zare (*L*) 6, 31, -zer 13, 31, bautisier 40, 12 : *v.* baptize ; name, describe 61, 45.

baptisterie, *sf.* baptism 16, 100.

barat, *sm.* deceit, ruse 36 d, 9.

barate, *sf.* deceit, ruse 58, 62;

difficulty, embarrassment 28, 117.

barbarin, a pagan language, perh. the language of Barbary or Arabic? 16, 157.

barbiz v. berbiz.

Bardol, name of a dog 20, 123.

baril ; *nom.* barius 39, 17 : *sm.* bariel.

barnage, *sm.* company of barons or knights 15, 19.

barné, *sm.* company of barons or knights 15, 142 ; 21, 61.

baron, -un ; *nom.* ber 14, 12, bers 16, 3 : *sm.* baron, brave warrior.

barragan, *sm.* cloth of camel's hair (?) 17, 23.

Baruth, Beirut (Syria); *le seignor de B.,* Jean I d'Ibelin 31 a, 1.

bas, bes 48, 87, *adj.* (of place, sound, rank) low; (of time) late 41, 71 ; *adv.* low ; below 20, 150; en *b.,* low down 27, 21 ; *sm.* lower part 54, 19.

basterna (*L*), *sf.* a sort of litter or sedan-chair, usually borne by mules 6, 14.

bastir ; *pret. 3* bastid 15, 109 : *v.* build; *b. un plait,* conduct a case (legal term, here *fig.*) 30, 63.

baston, *sm.* stick 20, 108.

bastuncel, *sm.* small stick, staff 14, 142.

batail(l)e, *sf.* battle, fight ; battalion 41, 61.

bataillier, *v.* embattle, furnish with battlements 50, 110.

batemant, *sm.* flogging 49, 36.

batesma v. baptesme.

batsur, *sm.* beater ; *b. en granche,* thresher 37, 8.

batlinia (*L*), *sf.* bed linen, sheets 8, 36.

batre ; *pret. 6* baterent 52, 38: *v. a.* beat; flap 20, 148; *v. n.* extend 50, 102 ; *v. refl.* exchange blows, fight 49, 7 ; *inf. subs.* beating 28, 49.

baucan, balçan ; *nom.* baucenz 22, 142 : *adj.* spotted with black and white ; *sm.* piebald horse

16, 44 ; name of William's horse 16, 149.

Baudoins de Flandres et de Hennaut, li cuens 46, 32 : one of the leaders of the Fourth Crusade, made Emperor of Constantinople in 1204.

baudré, *sm.* belt, girdle 17, 22.

baut, *adj.* joyful, lively 25 b, 48.

bautisier v. baptisier.

beal, beaulx, beaus v. bel.

beaucoup, -cop 62, 36 : *adv.* much ; *de b.*, greatly 64, 106.

beauté, beltét 15, 190, biauté 27, 170, -ey 48, 54, bealteit 42, 41 : *sf.* beauty.

beauveisine, *adj. sf. (maaille* is understood), half-penny from the mint of the bishops of Beauvais 55, 131.

bec, beccus (*L*) 7, 121 : *sm.* beak ; *b. jaune,* greenhorn, simpleton 64, 84.

beer, baer, *v.* gape 21, 37 ; wait impatiently 30, 16 ; 35, 25 ; be eager, seek 37, 122.

beguine 37, 85, beghine 41, 30 : *sf.* beguine, member of lay sisterhood founded 1180 by Lambert Begue.

bel, beau, biau 23, 44, biel 46, 14, bal 49, 72, beal 57, 89 ; *nom.* biaux 24 d, 33, biauz 25 d, 7, beax 26, 92, biax 27, 195, beaulx 63, 25 ; *fem.* bel(l)e : *adj.* beautiful, fine, handsome ; agreeable 24 c, 29 ; 46, 110 ; *adv.* handsomely, finely, well 22, 159.

belement, belle-, bela-, *adv.* with due ceremony 13, 48 ; gently, quietly 21, 77 ; 24 c, 21 ; 35, 189 ; fairly, properly 26, 210.

Belleem, Bethlehem 16, 27.

bellezour, *adj. (compar. of* bel) more beautiful 11, 2.

Belzebu, a heathen deity 16, 124.

ben v. bien.

ben, benne v. bon.

bender, *v.* ; *pp. adj.* strengthened or decorated with metal bands 27, 96.

benegnus (*L*) = benignus, *adj.* 4 c, 3.

beneiçon, *sf.* blessing, benediction 33, 85.

beneir ; *pret. 3* beney 33, 85 ; *pp.* beneoit 33, 70, *nom.* -eois 33, 147, benoiz 43, 77 : *v.* bless.

berbex v. berbiz.

berbicaritia (*L*), *sf.* sheepfold 8, 15.

berbicarius v. bergier.

berbiqueinne, *sf.* barbican, double tower 48, 90.

berbiz 57, 33, berbex (*L*) 7, 117, barbiz 43, 58, brebis 32, 12 : *sf.* sheep.

bercier, *v. a.* rock 34, 177.

bere v. biere.

berfroi, *sm.* siege-tower 21, 106.

bergier, berbicarius (*L*) 7, 29 : *sm.* shepherd.

bergiere, *sf.* shepherdess 17, 135.

berlanc, *sm.* brelan, card-game 63, 62.

Bernard de Bruban, brother of William of Orange 16, 244.

Bernier, squire of Raoul de Cambrai 45, 73.

bersault, *sm.* target 60, 72.

Bertharius (*L*), Berthaire, brother of Hermenefredus and co-king of Thuringia 3 b, 39.

Bertran, nephew of William of Orange 15, 69 ; 16, 85.

Bertran le vieil, perh. Pierre Bertrand d'Annonay, called 'l'ancien', bishop and cardinal, 1280–1349 (cf. *La Grande Encyclopédie,* vi. 464) 37, 119.

bes v. bas.

besace, bisatia (*L*) 7, 54 : *sf.* pack ; *pl.* wallet, pouch 41, 24.

besant, *sm.* bezant, gold coin of Byzantine origin 25 d, 28.

beseré, besier v. baisier.

besmer v. blasmer.

besoigne, -oingne, -ongne, *sf.* task, work, business 30, 75 ; what one requires 37, 108 ; *faire sa b.,* achieve one's object 27, 209.

besoigneus, *adj.* famished 20, 175.

besoignier, -ongner, *v. n.* work 64, 8 ; have dealings 37, 71.

besoing ; *nom.* -oins 32, 70 : *sm.*

need, necessity; *a grant b.*, urgently 37, 93.

bestail, *sm.* live stock 64, 65.

beste, best 59 a, 2 : *sf.* beast.

bestourner, *v.* overturn, pervert 60, 74.

Betee, Mer, a mythical sea, generally located in the west, the waters of which were in a coagulated or semi-liquid state 17, 218.

beut,bevez,bevra,bewre v. boivre.

Biaucaire, Beaucaire (dept. Gard) 40, 1.

biauté v. beauté.

Biauvoisis, Beauvaisis, the district around Beauvais 24 b, 26.

biche v. bisse.

biel v. bel.

bien, ben 12, 102 : *adv.* well, very much, very 17, 89 ; quite, fully 15, 52 ; easily, very likely 22, 64 ; rightly 22, 154 ; certainly, indeed 27, 161 ; well off 63, 78 ; *sm.* good thing 12, 5 ; possession, property 30, 198 ; product, fruit 33, 17 ; good action 12, 135 ; kindness 20, 266 ; good quality 22, 98 ; good in general 13, 10 ; advantage 47, 60 ; *por b.*, with good intentions 22, 113.

biere, bere 58, 14 : *sf.* bier.

bieu, euphemism for *Dieu*, used in oaths 64, 75.

bisatia v. besace.

bische v. bisse.

bise, *sf.* north wind 15, 96.

Bise, name of a hen 20, 83.

bisse 23, 105, bische 20, 192, biche 23, 98 : *sf.* female deer, hind.

blanc ; *nom.* -ns 15, 7, -nz 57, 56 ; *fem.* blanche, blaunche 59 a, 10 : *adj.* white ; *sm.* silver coin worth 5 *deniers* 64, 73.

blanchete 24 c, 11 : dimin. of blanche.

blanchor, *sf.* whiteness 47, 19.

blandice, *sf.* caress, flattery 37, 122.

blandicius (*L*), *adj.* coaxing 6, 39.

Blaquerne, palace near the harbour of Constantinople 46, 91.

blasme, blesme (?) 16, 109 : *sm.* blame ; blasphemy 16, 109.

blasmer, blasphemare (*L*) 7, 82, besmer 49, 46, blamer 49, 86 . *v.* blame.

blastengier,*v.* reproach, rail against 27, 28.

blaunche v. blanc.

blecier, *v.* wound 21, 234.

blesme v. blasme.

blezure, *sf.* injury, hurt 42, 87.

bliaut ; *nom.* -alz 15, 79, -auz 17, 18 : *sm.* long close-fitting garment, tunic.

bloi, *adj.* fair, blonde 15, 144.

blont 23, 44, blonde (*masc.*) 24 a, 27 ; *fem.* blonde 40, 33 : *adj.* fair-haired, fair.

blos, *adj.* stripped, deprived ; *remanoir blos de*, lose 12, 259.

boban, *sm.* luxury 32, 47.

boche, bu-, bou-, bucca (*L*) 7, 109 : *sf.* mouth ; *de b.*, by word of mouth 31 b, 25.

boclé, bou-, *adj.* (of a shield) furnished with a boss 16, 54.

boçu, *adj. and subs.* hunchback 28, 159.

boe, *sf.* mud 36 b, 16.

boens v. bon.

boés v. buef.

boeste, *sm.* box ; *b. aux caillouz*, ' stone jug ', prison 61, 49.

boialot, *sm.* small canal, conduit 48, 99.

boie, *sf.* fetter 42, 99.

boin v. bon.

bois, boys, bos 21, 99 ; 23, 130 : *sm.* wood.

boisteus, *adj.* limping, lame 34, 204.

boivre 21, 23, bei- 19, 114, bewre 12, 116, boire 21, 135 ; *ind. pr. 1* boy 64, 144, *3* boit 21, 26 ; *impf. 3* bevoit 39, 21 ; *pret. 3* but 33, 88 ; *fut. 3* bevra 21, 53 ; *subj. pr. 6* boivent 21, 190 ; *impf. 1* beusse 19, 201 ; *imper. 5* bevez 19, 195 ; *pres. p.* buvant 36 e, 9 ; *pp.* boud 14, 77, beut 15, 189, beu 19, 150 : *v.* drink ; *v. refl.* be spent on drink 63, 43 ; *inf. subs.* drink, potion 19, 114.

bon 13, 1, buon 12, 113, boen 13,

224, **buen** 25 d, 3, **boin** 38, 59, **ben** 52, 49 ; *fem.* **buona** 11, 1, **bonne** 36 e, 12, **benne** 52, 3 : *adj.* good ; easy 22, 104 ; pious 64, 55 ; *sm.* good man 32, 121 ; wish, desire 38, 59 ; 40, 15.

bone (*L*) = **bonae**, *gen. f. sg. of* bonus, *adj.* 4 a, 1.

bonement, bonn-, *adv.* willingly, readily 19, 125 ; 28, 146 ; fairly, reasonably 44, 14.

boneuré, *adj.* blest, fortunate 21, 71.

bonté, -tét, bunté, -tey 49, 81 : *sf.* goodness, kindness 16, 178 ; affection 25 d, 11, 25 ; excellence 14, 111 ; 49, 81.

borc ; *nom.* **borz** 48, 101 : *sm.* town 45, 1 ; small castle, outwork 48, 101.

Bordele, Bordeaux 38, 44.

borjois, -gois, bourgois, *sm.* townsman 36 a, 12.

borse, bource 24 d, 15, *sf.* purse.

bos v. **bois.**

boschage, -cage, *adj.* of the woods, wild 18, 158 ; *sm.* grove, wood 36 d, 2.

boter, bou-, boteir 42, 19 : *v.* push, thrust 28, 179 ; *v. refl.* thrust oneself 34, 19.

bouchier, *sm.* butcher 34, 102.

boucier, *v.* stop up 62, 59.

boucle, *sf.* boss, knob (on centre of shield) 27, 97 ; buckle (of a belt) 27, 253.

boud v. **boivre.**

boule, *sf.* fraud, deceit 20, 249.

boulengier, *sm.* baker 37, 11.

bouqueran, *sm.* sort of fine cotton cloth, made at Bokhara 27, 235.

Bourbourc, Flemish town, besieged and taken by Charles VI in 1384 36 b, 11.

bourc, *adj. and subs.* bastard ; here apparently ' townsman ' 32, 24.

bource v. **borse.**

bourde, *sf.* jest 63, 3.

Bourgongne 65, 11, **Burgundia** (*L*) 6, 17 : Burgundy.

bout, *sm.* end, thrust ; *metre sus le b.,* bring to an end, complete 35, 146 ; *de plain b.,* straight 61, 42.

bozine v. **buisine.**

brachet, *sm.* hound 23, 117.

braevis v. **brief.**

braier, *sm.* waistband 27, 101.

braire, brere 29 b, 59 ; *ind. pr. 3* **brait** 18, 235, **bret** 20, 95 : *v.* cry, yell ; bray 43, 102.

brant, -nc ; *nom.* **-ns** 27, 100 : *sm.* blade (of sword) 15, 204 ; sword 27, 24.

braon, *sm.* fleshy part (of the leg) 27, 23.

brasier, *sm.* fire, blaze 45, 103.

brasme (usually **prasme**), *sm.* prase, a precious stone 15, 123.

braz, bras, *sm.* arm 14, 153.

brere v. **braire.**

bret, *sm.* cry, howl 20, 47.

Bretaigne, Brittany 54, 1 ; *grant B.,* Great Britain 60, 4.

breton, -un, *adj. and subs.* Breton 19, 5 ; 20, 110.

brief, bref ; *nom.* **braevis** (*L*) 4 b, 3, **brevis** (*L*) 8, 48, **briés** 38, 82 : *adj.* short ; *adv.* in short, in fine 61, 8 ; *en b.,* briefly 61, 56 ; *sm.* dispatch, letter 8, 48 ; 19, 139.

briefment, briement 43, 1, **briment** 55, 33 : *adv.* briefly 34, 55 ; quickly 55, 33.

briesteit, *sf.* brevity 44, 35.

brisier, *v. a.* break 29 b, 54.

Brittannicus (*L*), *adj.* Breton 9 a, 22.

broce, *sf.* thicket 20, 176.

brochier, broichier 45, 14 : *v.* spur.

broigne 21, 19, **brunia** (*L*) 7, 62 : *sf.* byrnie, coat of mail.

brouetier, *sm.* porter using barrow or handcart 37, 5.

brouller, *v.* make spells, act as sorcerer 63, 59.

broyer, *v.* break (hemp) 63, 70.

Bruban, a city (?) 16, 244.

Brucelle, Brussels ; *lé de B.,* (of cloth) Brussels width 64, 80.

bruire ; *ind. pr. 3* **bruit** 15, 121 : *v.* rustle, rush noisily 15, 112 ; hiss 21, 221 ; *pres. p. adj.* noisy 15, 215.

brun, *adj.* brown 17, 46 ; dark-haired 23, 225.

brunia v. broigne.

brusler, bruller 21, 63 : *v. a.* burn 15, 221 ; *v. refl.* get burned 63, 51.

bu, *sm.* trunk (of the body) 16, 131.

Bucifal, King Alexander's horse 21, 251.

buef 45, 8, boef 15, 169 ; *nom.* boés 15, 58 : *sm.* ox; beef 23, 162.

buen v. bon.

bugler, *v.* bellow, resound 15, 100.

Bugre, Bulgarian 14, 196.

buisine 21, 201, bozine 46, 16 : *sf.* trumpet.

buisiner, *v.* blow the trumpet 23, 109.

buisson 42, 58, boi- 50, 29, buison 55, 27 : *sm.* bush.

bulle, *sf.* papal bull, indulgence 63, 49.

bungrez v. gre.

buona, buon v. bon.

Burgundia v. Bourgongne.

busche, *sf.* fire-wood 29 b, 71.

butirum (*L*), butyrum (*L*), *sn.* butter 8, 45.

butticularius (*L*), *sm.* butler 8, 2.

c' v. ce and qui.

ca- v. cha-.

ça, sa 35, 144 : *adv.* hither; here 23, 8 ; *vers ça*, in this direction 30, 39; *de ça*, on this side 35, 202.

caballus v. cheval.

cadeler, *v.* lead, command (an army) 14, 201.

caderunt v. cheoir.

cadhun; *fem.* -una 10, 16 : *adj.* every.

cadit v. cheoir.

caedis (*L*) = caedes, *sf.* 3 b, 34.

Caesaraugusta v. Sarraguce.

çaienz 26, 22, çaenz 16, 229, ceenz 30, 153, -ns 35, 10, caiens 39, 93 : *adv.* in here, in this place.

çaint v. ceindre.

Caiphas 58, 24, Chaiphas 58, 99 : Caiphas, the high-priest.

calandre, *sf.* calandra, kind of lark 50, 56.

calatus (*L*), galatus (*L*) = calathus, *sm.* basket (?) 1, 43.

calcedoine, *sm. or f.* chalcedony 17, 234; 27, 222.

Calcostegis (*L*), Calcosteis (*L*), probably the name of a building in Rome or at Carthage 1, 7.

calice, *sm.* cup, chalice 33, 76.

Califerne (*var.* Galiverne), the land of the caliph (but cf. Boissonnade, p. 159) 14, 198.

calonge, *sf.* lawsuit, trial 61, 51.

calsist v. chaloir.

calumpniari (*L*) = calumniari, *v. dep.* 7, 69.

calves v. chauvesoriz.

Camaalot, Camelot, the seat of King Arthur's Round Table 26, 106.

camaile, *sm.* camel 59 b, 16.

cambrel = cambre le 15, 163.

camera, cammara v. chambre.

Campaine, the Campagna, Italian plain SE. of Tiber 42, 2.

canter v. conter and chanter.

cap v. chief.

Capitoire 48, 41, -tolle 60, 34 : Capitol.

capitulum (*L*) 9 a, 31, capiclum (*L*) 1, 85 : *sn.* law, edict (cf. chapitre).

capraritia (*L*), *sf.* stable for goats 8, 15.

caption, *sf.* capture 44, 100.

capulare (*L*), *v.* strike with the sword 7, 13 ; cut down 8, 27 (cf. chaple).

car, quar, kar, qar, quer 13, 2 : *conj.* for ; used for *que* (cf. Meyer-Lübke, *Grammatik der roman. Sprachen*, III, § 585) 29 a, 39 ; (used with imperative to express strong entreaty) do now, pray 13, 52; &c.

carbuncle, *sm.* carbuncle, ruby 15, 184.

carcare, carcier v. chargier.

Cardoil, Carlisle, a residence of King Arthur 26, 43.

carole, *sf.* round dance 23, 192.

caroler, *v.* perform a round dance, dance 23, 198.

carra (*L*), *sn. pl.* (cf. **carrus**, *sm.*) 7, 33.

carruca v. **charrue**.

Cartage, Carthage 18, 46.

cartallus (*L*), *sm.* basket 7, 49.

cas, *sm.* vaulted room on ground floor, principal part of house 29 a, 40.

cas, *sm.* case 61, 45 ; chance 61, 12 ; *ou c. que*, in case, supposing 37, 1.

Cassinoilum (*L*), Chasseneuil (dept. Vienne) on the Clain near Poitiers 9 b, 6.

castre, *sf.* prison, dungeon 12, 92.

cata (*L*), *prep.* (with distributive sense) ; *c. mane mane*, every morning 2, 3 (cf. **cadhun**).

cataigne, *sm.* captain, chief 14, 186.

Caton 27, 5, **Chaton** 27, 17 : Marcus Porcius Cato the younger, enemy of Caesar, committed suicide after the battle of Pharsalia.

cauffer, *v.* warm, heat 41, 28.

cauquetrepe, *sf.* star-thistle 34, 194.

causa v. **chose**.

cause, *sf.* cause ; (grammar) case 44, 38 ; *por c. de*, for the sake of 44, 34.

cave, *sf.* den 31 a, 28.

cave, *adj.* hollow 21, 22.

caver 15, 182,-**eir** 42, 11 : *v.* hollow out.

ce v. **cist** and **se**.

ce, *adj.* blind 52, 9.

ce 21, 153, **czo** 11, 21, **cio** 12, 15, **ço** 13, 49, **ceo** 15, 65, **c'** 22, 74, **che** 38, 6, **cou** 39, 6, **ceu** 43, 12, **cen** 54, 5, 19 ; 56, 3 ; **ice** 27, 92, **iço** 16, 221, **iceo** 58, 29 : *dem. pron. neut.* this, that, it ; (used pleonastically) 14, 212 ; 16, 147 ; &c. ; *ce* (*ceu*) *que*, the fact that 27, 136 ; 29 a, 59 ; 30, 180 ; &c. ; *a ceo*, thereupon 59 a, 23 ; *a ce que*, in order that 34, 24 ; *por ce*, *por ce que*, v. **por**.

ceaus v. **ciel**.

ceaus, **ceaux**, **ceaz** v. **cil**.

ceci, **cecy** 64, 133 : *dem. pron.* this.

ceens, **ceenz** v. **çaienz**.

cegue, *sf.* hemlock 21, 51.

ceil v. **celer**.

ceindre 26, 115 ; *ind. pr. 3* çaint 29 a, 53 ; *pp.* ceint, 14, 105, çaint 46, 90 : *v.* gird on.

ceine, *sf.* Lord's supper 57, 39.

ceint, *sm.* girdle 33, 113.

ceinture, **çain-** 46, 20 : *sf.* girdle, belt.

cel v. **ciel**.

cel, **cele**, **cels**, **celui** v. **cil**.

cel = **ce le** 52, 10 ; **se le** 45, 89.

cela, *dem. pron.* that 36 b, 15.

cele v. **sele**.

cele, *sf.* cell 42, 46.

celeement, *adv.* stealthily, secretly 58, 87.

celer ; *ind. pr. 1* ceil 58, 26 : *v. a.* conceal, hide ; *v. refl.* conceal one's identity 26, 93 ; *a celé*, secretly 21, 77.

celeste, **-tre** 16, 120 : *adj.* heavenly, celestial.

Celicie, Cilicia 52, 18.

celier, *sm.* cellar 45, 97 ; store-room 33, 18.

Celte, Xerxes (?) 27, 113.

cementarius (*L*) 7, 100, **commentarius** (*L*) 7, 59 : *sm.* mason.

cen v. **ce**.

cendal 15, 168, **cendel** 27, 266 : *sm.* sendal, taffeta.

cengle, *sf.* band, girth 16, 118.

censum (*L*), *sn.* tribute, tax 8, 29.

cent ; *obl. pl.* çanz 47, 5 : a hundred.

ceo v. **ce** and **cist**.

ceos v. **cil**.

Cephas, the apostle Peter (cf. John i. 42) 32, 101.

cerchier, *v.* seek 17, 115.

cerf, **serf** 31 a, 29, **cer** 49, 46 ; *nom.* **cers** 23, 98, **sers** 31 a, 28 : *sm.* stag ; *c. de cresse*, v. **cresse**.

certain ; *fem.* -**ainne** 32, 233, -**ene**

32, 228, **-enne** 44, 45 : *adj.*
certain, assured 32, 228 ; loyal
36 c, 33 ; fixed, definite 37, 12.

certainement, -enement, -ain-
nement 47, 61 : *adv.* certainly.

certes, *adv.* certainly, indeed 16,
205 ; *a c.,* assuredly 13, 147 ;
in earnest 26, 158 ; earnestly 37,
51 ; *torner a c.,* become real
earnest 22, 165.

ces v. cist and son.

Cesaire, Caesar 43, 79.

Cesar, C. Julius Caesar 27, 8.

cescun v. chascun.

cest, cesta, -e, -i, -ui, cetui v.
cist.

ceu v. ce.

ceuls, ceulx, ceulz, ceus, ceuz
v. cil.

cevauchier v. chev-.

cevaucure, *sf.* mount, horse and
equipment 39, 9.

cez v. cist.

Chaalit, Châlis (dept. Oise) 34,
33.

chacier, -scier, -sser, *v.* hunt ;
pursue 16, 200 ; drive out 18, 85.

chaeine, chaine 42, 92, **chaiene**
46, 39 : *sf.* chain.

chaement, *sm.* fall 42, 71.

chai, chaist v. cheoir.

chaiere, ca- 15, 30: *sf.* chair; throne
32, 26.

chaille v. chaloir.

chainze, *sm.* linen garment, petti-
coat 23, 44.

Chaiphas v. **Caiphas.**

chaitif, che-, chei- 59 a, 9, **chais-**
tif 58, 38 ; *fem.* **caitive** 40, 41 :
adj. and subs. captive 16, 251 ;
wretch 58, 38.

chalant 21, 133, **caland** 14, 71,
chalan 53, 15 : *sm.* flat-bottomed
boat.

chalengier, -ger ; *pres. p.* chalon-
jant 25 b, 55, **-enjant** 27, 123 :
v. a. contest, dispute.

chaloir 22, 56 ; *ind. pr. 3* chielt 11,
13, chieut 16, 90, chalt 18, 197,
chaut 24 d, 32, chault 63, 123 ;
impf. 3 challoit 65, 14 ; *subj. pr.
3* chaille 64, 127 ; *impf. 3* calsist

12, 80 : *v. impers.* (+ *dat.* and *de*)
be a care, concern, worry.

chalonjant v. **chalengier.**

chalor, *sf.* heat 24 c, 8.

chambe v. jambe.

chamberiere, *sf.* chamber-maid 37,
81.

chambre, chan-, cammara (*L*) 1,
47, **camera** (*L*) 8, 35, **cambra** 13,
55, **-bre** 13, 74, **canbre** 40, 20:
sf. bedroom ; dwelling-house 8,
35 ; private domain 14, 184 ; *C.
aux Deniers,* court dealing with
expenses of the royal household
63, 104.

champ, -np, camp 14, 43 ; *nom.*
chans 28, 4 : *sm.* field, field of
battle.

champel, *adj.* of the field ; *estur
(bataille) c.,* pitched battle 14,
136 ; 16, 11.

champion, -iun, *sm.* combatant,
champion 16, 143.

chanceler 49, 18, **cancellare** (*L*)
7, 114 : *v.* waver, falter.

chancelier, *sm.* chancellor, a cathe-
dral official with various adminis-
trative duties 30, 92.

chançon, *sf.* song 17, 13.

chançonete 23, 32 : *dimin. of* chan-
çon.

chandelabre, *sm.* candelabrum 21, 5.

chandelier, *sm.* ; *ch. de suif,* maker
of tallow candles 37, 68.

changier, chaingieir 44, 72,
chaunger 59 a, 22 : *v.* change.

chanoine, canonie 14, 230: *sm.*
canon, priest.

chans v. champ and chant.

chant ; *nom.* **-ns** 56, 9 : *sm.* song.

Chantecler, Chanticleer, the cock
20, 1.

Chanteclin, father of Chanticleer
20, 20.

chantel, *sm.* edge or corner of
shield 27, 128.

chanter, ca- 15, 155, **chaunter**
59 b, 21 ; *ind. pr. 1* chanz 25 b, 2,
chant 25 c, 12 ; *subj. pr. 4* can-
tumps 12, 6 ; *imper. 4* cantomps
12, 3 : *v.* sing ; *inf. subs.* singing
25 a, 4.

chanterie, *sf.* singing, song, poetry 36 a, 11.

chantier, *sm.*; *gesir sor le ch.*, remain on the stocks (like a ship), be inactive 29 b, 98.

chanut v. **chenu.**

chanve 17, 189, **-vre** 63, 70 : *sm.* hemp.

chaoir v. **cheoir.**

chape, cape 38, 16 : *sf.* cape, hooded cloak 23, 112; (of monks) cowl 29 a, 23.

chapel, ca- 15, 34, **chappeau** 61, 6; *pl.* **chapeauls** 36 e, 5 : *sm.* hat; garland 36 e, 5; 63, 26.

chapele, ca- 54, 15, **chappelle** : *sf.* chapel.

chapeleyn 59 b, 24; *pl.* **-leynez** 59 b, 19 : *sm.* chaplain.

chapitaine, -nne, *sm.* captain, leader 41, 43.

chapitre, *sm.* chapter, general assembly of nuns 35, 161.

chaple, *sm.* striking of swords, fight 27, 56.

chapon, ca- 39, 15 : *sm.* capon.

char, car 15, 169 : *sm.* cart, wagon; carriage 33, 41.

char 15, 145, **carn** 13, 116, **car** 14, 216, **charn** 57, 93 : *sf.* flesh.

charat, *sm.* carriage 43, 66.

charbonier, *sm.* mass of glowing charcoal 45, 102.

chargier, carcare (*L*) 7, 58, **carcier** 38, 50; *pres. p.* **charjant** 22, 28 : *v. a.* load; beset, press hard 46, 52; (+ *de*) entrust with 38, 50; *v. n.* become loaded 22, 28.

Charle, Karlo 10, 15, **-e 10,** 18, **-un** 15, 17, **-on** 38, 32, **Carle** 15, 45, **-un** 15, 40; *nom.* **Karlus** 10, 31, **Carles** 14, 6, **Ch-** 14, 58, **Karles** 14, 151 : (1) Charles the Bald, King of France, subsequently Emperor (823–877) 10, 15; (2) Charlemagne 14, 6; 15, 17; 88, 1.

Charlemaigne 16, 129, **Karle-magne** 14, 62, **Carlemaine** 15, 42 : Charlemagne.

charn v. **char.**

charnel, carnel, *adj.* fleshly, bodily 12, 87; mortal 15, 205.

charner, *v.* charm, cast a spell over 28, 187.

charnier, car- 14, 223 : *sm.* mortuary.

charoi, -oy, *sm.* carts, wagons 41, 12.

charreterie, *sf.* carter's earnings 63, 43.

charront, charunt v. **cheoir.**

charrue, carruca (*L*) 8, 19, **carue** 15, 25 : *sf.* plough; tillage 8, 19; *aler a la ch.*, v. **aler.**

chascun 21, 27, **ca-** 14, 106, **casqun** 15, 178, **chascon** 28, 121, **cescun** 41, 22, **che-** 44, 66, **chacun** 60, 74 : *pron. and adj.* each one, each.

chastel, -eau 31 a, 83, **chatel** 48, 83; *nom.* **chastiaus** 4b, 65 : *sm.* castle.

chastiment, *sm.* chastisement, punishment 59 b, 33.

chastoier, chastier, ca-, chestoier 49, 36 : *v.* blame, reprove 12, 20; admonish, warn 25 b, 23; chastise 31 b, 34.

chatey, *sf.* chastity 48, 53.

Chaton v. **Caton.**

chau v. **cheoir.**

chauce, -sse, *sf.* stocking 27, 266; leg-piece (of armour) 27, 23; *pl.* breeches 63, 73.

chaucier, *v.* put on (hose or shoes) 17, 23.

chauderon, *sm.* caldron, kettle 41, 18.

chaudiere, *sf.* large caldron 41, 18.

chaufaut; *nom.* **-ax** 48, 90 : *sm.* scaffolding.

chaun- v. **chan-.**

chaut v. **chaloir.**

chaut, -d, -lt ; *nom.* **chaus** 21, 42; *fem.* **calda** (*L*) 1, 25, **chaude** 41, 28 : *adj.* hot, warm; *sm.* heat 16, 104.

chauvesoriz, calves sorices (*L*, *pl.*) 7, 137, **chalve-soris** 21, 261, **chaveseriz** 49, 10 : *sf.* bat.

che v. **ce.**

chebre, *sf.* goat 51, 43.

chef v. **chief.**

cheguit v. **cheoir.**

chei, cheirent, cheissent v. **cheoir.**

cheitif v. chaitif.

chen = chien 59 a, 2.

chenu, chanut 57, 53 : *adj.* hoary, white ; old 45, 61.

choir 62, 29, cheir 31 a, 43, chaoir 42, 72, choier 53, 20 ; *ind. pr. 3* chiet 16, 116, *6* chieent 45, 98 ; *impf. 3* cheoit 36 d, 11 ; *bret. 3* cadit 12, 147, chei 19, 214, chey 31 a, 36, chai 33, 100, chait 42, 54, cheguit 51, 74, cheit 53, 60, *6* caderunt (*L*) 7, 88, cheirent 27, 79, churent 62, 40 ; *fut. 6* charront 20, 211, charunt 43, 50 ; *subj. impf. 3* chaist 26, 182, cheist 62, 37, *6* cheissent 27, 74 ; *pp.* chau 16, 134, cheoit 27, 43, cheu 29 b, 48, choit 48, 107 : *v.* fall ; (of dice) turn up 30, 205 ; *fig.* 30, 223.

chep v. chief.

chere v. chiere.

chescun v. chascun.

chesne, *sm.* oak 20, 183.

chestoier v. chastoier.

cheliveté, *sf.* wretchedness 36 b, 17.

cheval, caballus (*L*) 8, 21 ; *nom.* chevaus 21, 213, -ax 27, 80, -aulx 36 c, 4, -as 49, 1, -aux 63, 67 : *sm.* horse.

chevaleresse, *sf.* a knight's wife 35, 9.

chevalerie, *sf.* chivalry 23, 212 ; knightliness, prowess 25 d, 34 ; knightly exploit 26, 196.

chevalier, cev- 39, 21 : *sm.* knight.

chevance, *sf.* subsistence 29 b, 61 ; property, fortune 63, 94.

chevauchier, cheval-, cevau- 38, 84 ; *ind. impf. 3* chevauchot 17, 33 : *v.* ride.

cheveçaille, -chaille, *sf.* collar 27, 249 ; head-piece of bridle 17, 43.

chevel ; *nom.* -veus 17, 29, -voz 48, 35 : *sm.* hair.

cheveleure, *sf.* head of hair, hair 27, 231.

chevir, *v. n. and refl.* (*+ de*) cope with 62, 23 ; 65, 25.

chevissance, *sf.* provisions, necessaries 34, 187.

chevoz v. chevel.

chevruel ; *nom.* chevriex 23, 98 : *sm.* roebuck.

chey v. cheoir.

chi v. qui.

chief, quev 12, 41, cap (*Prov.*) 12, 70, chef 31 a, 51, chep 51, 74 ; *nom.* chiés 15, 131 : *sm.* head ; leader 32, 148 ; end 27, 249 ; (herald.) upper third of a shield 41, 50 ; *de ch. en ch.,* from beginning to end 19, 140 ; *venir a ch. de,* get to the end of, dispose of 28, 128 ; accomplish 28, 151.

Chielperings, Childeric II, king of France (d. 673) 12, 31.

chielt, chieut v. chaloir.

chier, cher 13, 58, ker 13, 130 : *adj.* dear ; costly, precious 15, 87 ; *avoir ch., tenir ch.,* love, esteem 38, 65, 89 ; *adv.* dearly 45, 40.

chiere, chere 31 a, 82 : *sf.* face, countenance 17, 11 ; *faire bele ch.,* show pleasure, be joyful 30, 160 ; *faire grand ch.,* live luxuriously 65, 85.

chierir = cherir 28, 212.

chiés v. chief.

chiés 29 a, 18, chiez 64, 136 : *prep.* in the house of ; *de ch.,* from the house of 29 b, 93.

chiet v. cheoir.

Chilpericus (*L*), Chilperic, brother of Gondebaud, king of the Burgundians 6, 7.

chité v. cité.

Chlodomer(is?) (*L*), Clodomir (d. 524), son and co-successor of Clovis 6, 36.

Chlodoveus (*L*) 6, 4, Glodoveus (*L*) 6, 23 ; *gen.* Chlodoviae (= Chlodovei) 6, 48 : Clovis, king of the Salian Franks from 481 to 511.

Chlotechilda (*L*) 6, 7, Chrotechildis (*L*) 6, 13 : Clotilda or Clotilde, daughter of Chilperic, married to Clovis in 493.

Chlothacharius (*L*), Clotaire I (d. 511), youngest son and co-successor of Clovis 3 b, 2.

choan, *sm.* owl 21, 244.

choier v. cheoir.

choisir, coi- 13, 174 : *v.* see, distinguish, pick out ; choose 37, 23.

choit v. cheoir.

chol, *sm.* cabbage 20, 59.

chose, cosa 10, 16, cose 11, 9, kose 11, 23, causa 12, 124 : *sf.* thing, matter ; *mout a grant ch. a*, it is a very difficult matter to 28, 150 ; *ne . . ch.*, nothing 31 b, 2.

chrestian, christ- v. crestien.

churent v. cheoir.

ci v. si.

ci, cy, ici, ycy, *adv.* here; *par ci*, this way 23, 225 ; *de ci en avant*, v. avant.

ciaus v. cil.

cicaneur, *sm.* bailiff 61, 27.

ciclaton, *sm.* costly silken garment 17, 56.

ciel, ciels v. cil.

ciel, cel 12, 118 ; *nom.* ciex 33, 81, cieulz 35, 40, ceaus 51, 53 : *sm.* sky, heaven.

ciest v. cist.

cil 12, 17, ciel 12, 65, icil 15, 22, cils 23, 173, cilz 36 e, 5, ciz 48, 101 ; *acc. sg.* ciel 12, 11, icel 13, 11, cel 13, 37 ; *dat. (used as acc. and nom. also)* celui 13, 66, -uy 31 a, 93, celi 41, 35, icelui 50, 63, celluy 60, 59 ; *nom. pl.* cil 13, 126 ; *acc. pl.* cels 11, 12, ciels 12, 125, ceus 17, 252, ciaus 23, 105, ceuls 23, 130, ceulx 33, 146, ceulz 33, 149, ceuz 34, 1, iceulx 37, 117, ciax 40, 83, ceaz 42, 57, ceos 43, 91, sous 45, 16, cex 48, 111, ceaus 51, 36, ceaux 59 a, 27 ; *fem. sg.* celle 11, 23, ciel' 12, 21, cilla 12, 55, cele 13, 183, icele 14, 99, cel' 57, 69 ; *pl.* icelles 37, 92, celles 37, 94 ; *neut. sg.* icel 17, 172, cel 57, 4 : *dem. pron. and adj.* that, he, she, it ; *used in sense of def. art.* 15, 155 ; 40, 75 ; 45, 81 ; *cil . . . cil . . .*, some . . . others . . . 23, 184.

cimitiere, -tier 59 a, 21, -tere 61, 17, *sm.* (*and f.* ?) cemetery.

cinc, cinq, five.

cio v. ce.

ciol = cio li 12, 26.

ciprés, cy-, *sm.* cypress 17, 82.

ciptét v. cité.

cispes (*L*) = caespes, *sm.* 3 b, 28.

cist 52, 6, ciz 26, 150, cis 27, 177, iciz 42, 91 ; *acc. sg.* cest 14, 43, cist 10, 15, ciest 12, 123, icest 13, 68, ce 21, 145 ; 52, 5, cu 38, 81, ço 53, 6; (*used as nom.*) ceo 59 a, 19 ; *dat. sg.* (*used as acc. and nom. also*) cestui 20, 144, cetui 52, 12 ; *nom. pl.* cist 16, 234; *acc. pl.* icez 13, 123, ces 15, 60, cez 15, 77, cet 52, 54; *fem. sg.* ceste 14, 32, cesta 13, 70, icest' 13, 188 ; *dat.* (*used as acc.*) cesti 47, 11 ; *pl.* ces 15, 60, icestes 51, 43 : *dem. pron. and adj.* this, that ; *used in sense of def. art.* 15, 60, 77 ; 21, 140 ; 23, 83 ; &c.

cité, -ét, -ey 48, 4, ciutat (*Prov.*) 12, 57, ciptét 13, 42, chité 39, 19: *sf.* city.

citole, *sf.* stringed instrument, kind of cithern 56, 19.

citouaut, *sm.* zedoary 28, 189.

ciu (*Prov.*), *sf.* city 12, 55.

ciutat v. cité.

civot, *sm.* spring onion 36 e, 7.

ciz v. cist.

clamer; *ind. pr. 1* claim 22, 96, *3* claime 21, 2, -mme 27, 192, *6* claiment 21, 94, clement 53, *2* : *v. a.* call, name 21, 2 ; acknowledge, allow 27, 192; lay claim to 22, 166 ; 35, 23 ; *v. n.* clamour 16, 224; make a claim 22, 172 ; make complaint, appeal 27, 181 ; *cl. quite*, give up one's claim to, renounce 22, 96; *cl. a*, describe as, call 29 b, 147.

clamor, *sf.* cry, appeal 13, 221.

clar v. cler.

clarét, *sm.* wine mixed with honey, mead 15, 154.

claritét, *sf.* brightness, light 12, 117.

clarté, -ét, -ey 49, 39: *sf.* brightness, light.

cleirement, *adv.* clearly 44, 5.

clement v. clamer.

cleminx (*L*) = clemens, *adj.* 4 c, 3.

cler, clar 12, 120: *adj.* clear, bright; *adv.* clearly, brightly; in a resonant tone 15, 117; thinly, sparsely (sown) 29 b, 113.

clerc 30, 34; *nom.* clers 30, 154: *sm.* clerk, one in holy orders.

clergie, *sf.* learning 28, 215; 32, 28.

clergié, *sm.* clergy 38, 25.

clergil, *adj.* befitting a 'clerc'; *c. mester,* learning, scholarship 52, 22.

clerie, cleri', *sm.* monk 12, 16, 61.

clers v. clerc.

clignier, *v.*; *c. les iex,* close the eyes, blink 20, 26.

cliner, *v. n.* incline, lean forward, bow 21, 67.

Clins, danz (*li fis Caduit*), one of Alexander's generals 21, 103, 219.

clochier, cloi- 45, 100: *sm.* belltower, tower.

cloistre, clostre 43, 94: *sm.* cloister.

clop 40, 76, cloppus (*L*) 8, 20: *adj.* lame.

clore, clorre 34, 179; *ind. pr. 3* clooit 34, 50; *pret. 3* clost 33, 93; *pres. p.* cloant 15, 89; *pp.* clos 20, 48: *v. a.* close; enclose 34, 50; *v. n.* close 15, 89; *a clos,* closely, tightly 21, 97.

cluins (*L*) = cluens, *pres. p.* of cluere, *v. n.* 4 c, 1.

ço v. ce and cist.

coart; *fem.* coarde 20, 258: *adj. and subs.* cowardly, coward.

coc; *nom.* cos 20, 22: *sm.* cock.

cocleare (*L*), cocliarium (*L*) = cochleare, *sn.* spoon 1, 35.

Coenes v. Conon.

coi v. qui.

coi; *nom.* coiz 20, 248: *adj.* quiet, silent; calm 31 b, 39.

coife, -ffe, *sf.* coif, metal cap worn under helmet 27, 26.

coigniee, cuniada (*L*) 8, 38, coingnie 34, 102: *sf.* axe.

coillir v. cueillir.

coing, *sm.* coin 63, 51.

cointe, *adj.* acquainted 13, 212; clever, witty 22, 9; pretty 50, 40.

cointoier, *v. refl.* adorn oneself 24 d, 5.

coisier, *v. refl.* be quiet, keep silence 25 a, 3.

coisir v. choisir.

coist v. cuire.

coitier, *v.* spur on, harass 18, 201.

col- v. cou-.

col, coul 36 b, 20; *nom.* cos 21, 95, cous 22, 252: *sm.* neck.

colafus (*L*) 7, 78, colpus (*L*) 7, 48, = colaphus: *sm.* blow (cf. coup).

colee, *sf.* blow 21, 175; 27, 32.

Colin de Cayeux, a Parisian student, friend of Villon, hanged about 1460 for robbery 63, 32.

colober v. culuevre.

colomb, *sm.* dove 11, 25.

colomne, -umne, colomna (*L*). 1, 11, coulompne 33, 180: *sf.* pillar, column; pilaster 15, 92.

color, -lur, coulour, -leur, culur 14, 169: *sf.* colour; complexion 27, 263; *de color(s),* coloured 24 a, 8; 33, 11.

colpus v. colafus.

com 11, 19, cum 10, 16, cume 13, 119, cun 14, 39, cumme 15, 99, conme 21, 99, con 21, 107, come 22, 42, comme 37, 4: *adv.* as, how, like; (in exclamations) how 13, 106; *si c.* 10, 16, *ensement c.* 15, 101, *autresi c.* 15, 114, *aussi c.* 21, 140, *sifaitement c.* 23, 154, *ensi c.* 27, 182, *issi c.* 28, 152, in the same manner as, just like; *c. plus . . . plus . . .,* the more . . . the more . . . 49, 57; *tant c., autretant c.,* v. tant, autretant; *conj.* (+ *subj.*) in such manner that, so that 11, 19; in order that 48, 69; as though 13, 143; when 62, 1; (+ *ind.*) when, 12, 47; &c.; *si c., ainsi c.* (+ *ind.*), while, as 33, 39; 34, 73; *aussi c.* (+ *subj.*), as though, as if 35, 23; *aussi c. se,* just as though 47, 47.

comanablement, *adv.* universally, together 58, 3.

comandement, cuman-, comman-, conman-, *sm.* command 13, 24.

comander, comm-, cum-, conm-, commendare (*L*) 8, 17, cumm- (*L*) 7, 106, commender 61, 47 ; *ind. pr. 1* commant 28, 58 ; *fut. 3* comandra 58, 110, *5* commanderois 28, 96 ; *pp.* commandei 54, 68, *fem.* comandethe 13, 73 : *v.* command ; commend, entrust 12, 91 ; tend, look after 8, 17 ; *c. a Dieu,* commend to God, bid farewell to 13, 73 ; *v. refl.* commend oneself 12, 44.

comant, -nd, cumand 13, 53 : *sm.* command.

combatre, *v. n.* fight 27, 6 ; *v. refl.* fight one another 22, 203 ; fight 16, 94 ; *inf. subs.* fighting 30, 226.

combien, *adv.* how much, how long ; *de c.,* to what extent 26, 174 ; *c. que,* although 34, 185.

come v. com.

comencement, coumen-, coman-, *sm.* beginning 26, 233.

comencier, cum-, conm-, comm-, comancier, conm-, commencer, commenchier 38, 33 ; *ind. pr. 1* comenz 50, 16 ; *pret. 3* comenzat 42, 22 : *v.* commence, begin.

coment, comm-, conm-, comant, quement 53, 60, quoment 53, 62 : *adv.* how ; *c. que* (+*subj.*) although 26, 173 ; however 28, 139 ; 31 a, 18.

comentum (*L*) = comestum? *acc. sg. of* comestus, *sm.* food, bread 5, 6.

cometans (*L*) = comitans, *pres. p. of* comitari, *v. dep.* 4 c, 5.

commendare v. comander.

commentarius v. cementarius.

comovoir, *v.* move, perturb 18, 145.

compaigne, con-, cumpanie 15, 1 : *sf.* company, retinue.

compaignie, conp-, conpaingnie, -agnie, *sf.* company, society ; social qualities 25 d, 7 ; body of troops 21, 90 ; 46, 22 ; *faire c. a,* keep (a person) company 26, 74.

compaignon, conpaingnon, compegnon 23, 187, cumpaignoun 59 a, 22 ; *nom.* cumpainz 14, 8, com- 22, 2, compain 58, 53, -aing 63, 77 : *sm.* companion, comrade.

comparer, comparare (*L*) 7, 30 ; *fut. 6* comparront 45. 40 : *v.* purchase 7, 30 ; pay for, atone for 45, 40.

comparison, *sf.* (grammar) comparison 44, 37.

compas, cum-, *sm.* measure ; *par c.* 15, 90, *a c.* 15, 170 ; 17, 193, exactly measured, perfectly regular.

compascere (*L*) = compescere, *v. a.* 4 c, 9.

complaignement, *sm.* complaint, lamentation 18, 143.

complaindre ; *ind. pr. 1* complaing 35, 167, *3* -plaint 32, 153 ; *subj. pr. 3* -plaigne 36 b, 23 ; *pp. nom.* -plains 36 a, 21 : *v. a.* lament, mourn for ; *v. refl.* lament, make complaint 32, 153.

complainte, *sf.* complaint, lament 29 b, 159.

complaire, *v.* (+ *dat.*) please 65, 65.

complexion, *sf.* constitution, nature 31 b, 30.

composicion, *sf.* demeanour 62, 58.

compter v. conter.

comun, commun, conmun, *adj.* common 41, 11 ; general 44, 43 ; mutual 10, 13 ; communistic 21, 140 ; *en c.,* in common, shared 27, 191.

comunaument, -alment, communaument, *adv.* mutually 18, 183 ; universally 53, 87.

comunement, comm-, *adv.* universally, to all 23, 152 ; usually 37, 18.

con v. com.

conbe, *sf.* valley, combe 21, 243.

conclure, *v.* reduce to silence by argument 52, 20.

concorder, *v. refl.* (+ *a*) be in harmony with, suit 29 a, 49.

concreidre, *v. refl.* give in, yield, surrender 11, 21.

condemner; *pp.nom.* condemnets 12, 82 : *v.* injure, mutilate.

condition, *sf.* conduct, morals 37, 53.

conduire, -duyre; *ind. pr. 3* -duit 21, 216; *pret. 3* -duist 17, 118 : *v.* lead, escort 17, 118; *v. refl.* guide oneself 29 b, 25.

conduit; *nom.* cunduz 57, 24 : *sm.* escort, protection.

coneussent, coneust v. conoistre.

confermer, *v.* confirm 27, 213.

confez, *adj. and subs.* ; *estre c* , confess one's sins 46, 5.

confire; *pp.* confit 15, 123 : *v.* set, fix.

confondre, -fundre; *ind. pr. 3* -font 25 b, 47 : *v.* confound, overcome.

confort; *nom.* confors 21, 197 : *sm.* comfort.

conforter; *ind. impf. 3* -fortot 18, 220; *subj. pr. 3* confort 18, 94 : *v.* exhort, urge 12, 35; comfort, console 18, 94; *v. refl.* be of good cheer 33, 118.

confusion, -ioun 59 b, 30 : *sf.* confusion.

congeer, *v.* dismiss 15, 210.

congeria (*L*) = congeries, *sf.* 3 b, 35.

congié, -ġiét, -gee 59 b, 11, cungét 57, 47 : *sm.* leave, farewell; permission 16, 106; *demander c.,* take leave 19, 130; *prendre c.,* take leave 26, 10 ; obtain permission 42, 26; *doner c. a,* dismiss 37, 88.

congreer v. conreer.

congruité; *nom.* -teiz 44, 36 : *sf.* agreement.

conin, *sm.* mine-gallery 48, 14.

coniucta (*L*) = coniuncta, *pp. fem. of* coniungere, *v. a.,* 4 b, 2.

conjoier, *v.* be joyful towards, make much of 24 d, 20.

conlauder, *v.* praise, glorify together 12, 126.

conoissance, connoisance, *sf.* knowledge 54, 80; coat of arms, cognizance 47, 40.

conoistre 26, 102, conn- 27, 10, congn- 62, 32 ; *ind. pr. 1* conuis 16, 25, conois 17, 137, congnois 60, 65, *3* conuist 14, 128, conoist 17, 155, cunuist 19, 1c8, congnoit 36 d, 19, conoit 36 f, 28, *5* conuisiez 15, 47, *6* conuissent 13, 203, conossent 43, 90; *impf. 5* conuissiez 16, 225, *6* conossoient 46, 79; *pret. 3* conut 14, 149, congnut 20, 5, *6* conurent 42, 5, congneurent 65, 50; *fut. 1* conuistrai 16, 220, *2* cognoistras 60, 99, *3* connoistra 31 b, 15, *6* conuistrunt 13, 210 ; *cond. 6* conoistroient 26, 8; *subj. pr. 3* conoisse 26, 214; *impf. 3* coneust 26, 59, *6* coneussent 26, 20; *pp.* coneu 26, 21, conu 39, 25, conut 42, 65, conneu 54, 84, congneu 61, 57 : *v.* know, recognize; admit, confess 16, 25 ; 26, 102, 196.

Conon; *nom.* Coenes 46, 86 : C. de Betune, a knight of Artois (about 1150–1220), celebrated as warrior, orator, and poet.

conplacere (*L*), *v. n.* comply, give satisfaction 8, 9.

conpta v. conte.

conq(u)erre 22, 258, cunquere 14, 194; *pret. 3* conquist 36 d, 23 ; *fut. 5* conquerrez 18, 144; *pp.* cunquis 15, 194; *v.* conquer, win; gain, achieve 18, 144 ; 40, 71.

conreer, -reier 16, 185, congreer 62, 20 : *v.* prepare, make ready 15, 73 ; take care of, look after 15, 83; contrive, bring about 62, 20 ; *issi conreez,* in such a plight 26, 183.

conroi, -rei, cunreid, -rei; *nom.* corroiz 46, 15 : *sm.* provisions 14, 97 ; workmanship, condition 15, 174 ; body of troops 46, 15 ; *prendre c. de,* look after, see to 28, 124.

cons v. conte.

conscrivere (*L*) = conscribere, *v.* 4 c, 16.

conseil, cun-, consel 39, 81 ; *nom.*

conseuz 17, 1, -saus 45, 133, -sauz 47, 90 : *sm.* counsel, advice; council ; plan, intention 46, 38.

conseillier, -sellier, -seiller, *v. a.* advise, counsel ; *v. n.* take counsel secretly, whisper 26, 246 ; *v. refl.* take counsel, decide what to do 28, 7.

conseillier, -sellier, *sm.* counsellor 11, 5.

consentir, cun- ; *ind. pr. 1* consens 63, 89 : *v. a.* consent to 42, 77 ; grant, allow 14, 34 ; *v. refl.* consent 63, 89.

conserver ; *ind. pr. 3* conservat 10, 30 : *v.* keep, observe (an oath).

conseuz v. consiure.

consile (*L*) = consilii, *gen. sg. of* consilium, *sn.* 4 c, 8 (cf. conseil).

consirrer, *v. refl.* become resigned ; do without 19, 28 ; *inf. subs.*, resignation 13, 156.

consiure, -siuir 39, 41 ; *pp.* conseu 55, 4 : *v.* overtake 55, 4; track down, discover 39, 41.

consolament, *sm.* consolation 12, 90.

consoller, *v.* console 63, 19.

Constanz v. Coustant.

constreindre ; *ind. pr. 3* contrainct 60, 27 ; *pp.* contrainct 65, 27 : *v.* constrain, compel.

conte, cunte, conpta 13, 42 ; *nom.* cons 13, 17, quens 14, 7, quons 16, 36, cuens 24 a, 25 : *sm.* count.

conte, *sm.* computation, reckoning 21, 141 ; tale, story 29 b, 3.

contenance, *sf.* demeanour, deportment 31 b, 38.

contenant, *sm.* mien, demeanour 15, 45.

contendance, *sf.* countenance 62, 54.

contenement, *sm.* behaviour, bearing 56, 49.

contenir ; *subj. pr. 3* -tienge 55, 105 : *v.* contain ; *v. refl.* be contained 31 a, 10 ; behave 13, 140 ; *soi c. en*, (of sight) fasten upon 62, 45.

conter, cun-, compter 37, 73, canter 53, 97 : *v.* relate, narrate ; reckon, calculate.

contesse, *sf.* countess 25 a, 7.

contrainct v. constreindre.

contraire, *sm.* harm, injury 48, 9 ; *torner a c.* (+ *dat.*), vex, annoy 18, 88 ; *venir a c.* (+ *dat.*), inconvenience 18, 224.

contrait 34, 90, cuntrat 52, 9 : *adj.* misshapen, deformed.

contraloier, *v.* thwart, vex 45, 76.

contre, cuntre, contra 10, 33 : *prep.* against ; towards 21, 242 ; *soi lever c.*, get up and meet 30, 177.

contredire, cun- ; *pret. 3* contredist 11, 23? *v.* oppose, resist 35, 19 ; 57, 81.

contree, -ethe 13, 75, -ede 13, 133, cuntree, -etha 13, 20, -ethe 13, 105 : *sf.* region, district.

contrefeire, *v.* copy, imitate 47, 10.

contrester, cun-, *v.* withstand 14, 115.

contretenir, *v.* defend against, contest 21, 110.

contreval, *adv.* down, to the ground 27, 30 ; *prep.* down 26, 44.

contrister, *v.* sadden, afflict 42, 50.

controver, *v.* invent 16, 228.

conuissent, -uist, -uistrunt, -ut v. conoistre.

convenant v. covenant.

convenaulement, *adv.* appropriately 43, 11.

convenra, convient v. covenir.

convers, *sm.* place inhabited, haunt 21, 182.

converser ; *ind. impf. 3* conversot 19, 61 : *v.* live, dwell 13, 21 ; stay, remain 21, 127.

convertir, *v.* turn 60, 47.

convoi(i)er, *v.* accompany, escort (on one's departure) 22, 16 ; *inf. subs.* 24 b, 50.

convoitier, convoiteux v. cov-.

cop v. coup.

coper, cou-, *v.* cut ; cut up 22, 262 ; cut off 27, 105.

cor v. cuer.

cor, corn 14, 224 : *sm.* horn.

corage, couraige 36 d, 20, cor- 45, 94 : *sm.* state of mind, feelings, disposition 24 b, 1 ; intention 18,

90 ; *metre en c.*, dispose, induce 31 b, 27.

corbaut 36 d, 4 ; *nom.* corbauls 36 d, 9 : *sm.* crow.

corde, *sf.* cord, rope 34, 75 ; *ceindre une c.*, wear a knotted cord round one's waist, i. e. become a 'Cordelier' or Franciscan friar 29 a, 53.

cordel ; *nom.* cordiaus 34, 159 : *sm.* cord, line.

cordoan 17, 24, -oen 64, 12 : *sm.* Cordova leather.

cordoennier, *sm.* shoemaker 37, 11.

coree, *sf.* upper viscera, heart and lungs 21, 190.

corn v. cor.

corne, *sf.* ; *pl.* horns 48, 63 ; antlers 49, 54.

corocier v. correcier.

coroie, corr-, corroye, *sf.* strap ; girdle 24 d, 14 ; strip of skin 31 a, 47.

corone, couronne, *sf.* crown ; tonsure 59 b, 20.

coroner ; *pp.* coronat 12, 41 : *v.* crown ; tonsure 12, 41 ; 14, 230

corporut, *adj.* strong-limbed 16, 130.

corre 29 b, 134, curre 13, 79, courre 20, 90 ; *ind. pr. 3* curt 16, 38, cort 17, 227, court 27, 47, 6 corent 16, 46, cour- 20, 112, cur- 57, 25, qeurent 45, 17 ; *impf. 6* coroient 26, 133 ; *pret. 3* corut 16, 30. correguit 51, 72, 6 corurent 53, 55 ; *pres. p.* corant 21, 102, cur- 14, 70, corr- 43, 110 ; *pp.* curut 15, 81 : *v.* run ; sail 13, 79 ; flow 16, 30 ; *c. sure, c sus* (+ *dat.*), fall upon, attack 16, 128 ; 27, 47 ; *inf. subs.* chase 20, 125 ; *pres. p. adj.* swift 15, 199.

correcier 33, 84, corocier 13, 54, curucier 19, 100, couroucier 27, 43, cor- 28, 34, courroucier 35, 117, courecier 38, 32, -chier 38, 99, corressieir 44, 95 ; *subj. pr. 3* corrost 43, 106 : *v.* make angry, vex ; *v. refl.* be angry, become angry ; *inf. subs.*, anger ; *n'ot que c. en eus*, they were filled with anger 27, 43.

corroiz v. conroi.

corrompre, -rumpre 27, 199 : *v.* corrupt.

corropt v. corroz.

corroptios, *adj.* angry, wrathful 12, 105.

corrost v. correcier.

corroz, corouz, courrouz, corropt 12, 21 : *sm.* anger, wrath, vexation.

cors, corps 11, 2 : *sm.* body ; person 26, 65 ; *mon (ton, &c.) c.*, I, me, (thou, &c.) 13, 99 ; 16, 171 ; 24 a, 22 ; 45, 25 ; *il ses c.*, he in person 26, 207.

cors, curs, *sm.* run, course ; *pleins c.*, at a run 14, 152.

corsut, *adj.* big-bodied, stout 16, 211.

cort, curt, court ; *pl.* cours 36 e, 41, corz 46, 98 : *sf.* courtyard 27, 223 ; royal court 23, 146 ; court of justice 61, 31 ; *la c. celestre*, heaven 16, 120.

cortil, cour- 20, 80 ; *nom.* cortiex 23, 125 : *sm.* garden.

cortine, cur-, cour-, *sf.* bed-curtain 13, 144.

cortois, -eis, curteis, courtois, *adj.* courtly, well-bred 17, 10.

cortoisement, corteise-, *adv.* courteously 17, 106.

cortoisie, cour-, *sf.* courtesy 22, 8.

cos, *v.* col and coup.

cosa, cose v. chose.

cosdre, coudre 31 b, 15 ; *subj. impf. 6* cousissent 23, 14 ; *pres. p.* cousant 50, 77 : *v.* sew, sew up, stitch up.

Costantin, Emperor Constantine (d. A. D. 323) 15, 108.

Costantinoble 46, 35, Cons- 15, 4 : Constantinople.

coste, *sf.* rib, side 17, 39.

costé, -teit 43, 50 : *sm.* side.

coster, couster, *v.* cause distress 48, 36 ; cost 64, 36.

*costif ; *nom.* costis 15, 126 : *adj.* violent (?).

costil, *sm.* coast 57, 76.

costeier, *v.* follow the bank or side 50, 107.

costre, *sm.* sacristan 13, 176.

costume, cous-, cus-, *sf.* custom 23, 142.

costure v. **couture.**

cote, cotte, *sf.* tunic, over-garment 33, 44.

cotele, *sf.* short coat or tunic 23, 194; *c. grise,* garment worn by Franciscan friars 29 a, 54.

cou v. **ce.**

couchier, col-, cul-, colcer 13, 52, **culcier** 14, 100 : *v. a.* lay ; *v. n.* lie in bed 24 b, 54 ; *v. refl.* go to bed.

coudrete, *sf.* hazel-tree 24 c, 12.

coue v. **queue.**

couler, *v. n.* flow ; slip, slide 27, 100 ; *v. a.* spend 64, 35.

coup, colp, cop 27, 14 ; *nom.* **cous** 22, 189, **cox** 27, 38, **cos** 47, 41, **cols** 58, 63 : *sm.* blow ; stroke 27, 14 ; *c. a c.,* blow for blow 22, 249 ; *avant le c.,* beforehand 37, 50.

coupe, colpe, coulpe, *sf.* fault, sin ; *meie c.,* 'mea culpa', I confess my sin 16, 33.

cous v. **col.**

cousin, -zin 27, 4 : *sm.* cousin.

cousinage, *sm.* kinship 20, 167.

Coustant ; *nom.* **-ns** 20, 102 ; **Dan Constanz** 23, 126 : a peasant, in the 'Roman de Renart'.

cousturier, *sm.* tailor 37, 10.

coute, *sm.* elbow 27, 151.

coute, *sf.* bed-cover, quilt 23, 82.

coutel, cuntellus (*L*) 1, 10 ; *nom.* **coutiax** 38, 76 : *sm.* knife.

couture, cult- 15, 60, **cost-** 21, 146 : *sf.* field, cultivated land.

couvenable, *adj.* suitable 27, 217.

couvenablement, *adv.* suitably 56, 34.

couvoitise, *sf.* cupidity, lust 33, 59.

covenance, conv-, *sf.* compact, what is agreed upon 46, 81 ; *pl.* covenant, agreement 26, 232 · 31 a, 84.

covenant, cuv-, conv-, *sm.* covenant, promise 16, 12 ; *avoir en c. a,* have promised, be pledged 35, 98,

covenir, couv-, conv-; *ind. pr. 3* **covint** 48, 25; *fut. 3* **convenra** 35, 159; *subj. impf 3* **couvenist** 27, 240 : *v. impers.* behove, be necessary, must.

covent, couv-, conv-, couvant *sm.* convent 35, 193; community 56, 44; agreement, promise 30, 102; *avoir c.,* have agreed upon 46, 105.

coverclé, *adj.* having a lid or cover 21, 168.

covert v. **covrir.**

covertor 21, 255, **cuvertur** 15, 172: *sm.* coverlet, quilt.

coverture, couver-, covre- 45, 101 : *sf.* covering; roof 33, 12.

covient, covint v. **covenir.**

covine, *sm. and f.* nature, habits 16, 186; 21, 74; state of mind 26, 217.

covir ; *pret. 3* **covit** 17, 96 : *v.* desire.

covoiteus, couv-, convoiteux 61, 38 : *adj.* covetous.

covoitier, covei-, convoi- 60, 13 : *v.* covet, desire.

covrir, couv-; *ind pr. 6* **covrent** 15, 135 ; *pp.* **covert** 43, 67 : *v.* cover ; *v. refl.* conceal oneself, dissimulate 39, 87 ; *en couvert,* secretly 62, 65.

cox v. **coup.**

craim, craing v. **creindre.**

cramaculus (*L*), *sm.* pot-hook 8, 37.

crapot ; *nom.* **-os** 21, 203 : *sm.* toad.

crapulla (*L*) = crapula, *sf.* disgust 7, 47.

cras 21, 4, **gras** 31 a, 28 : *adj.* fat.

Crastinus, adherent of Caesar, said by Lucan to have struck the first blow at the battle of Pharsalia 27, 167.

creance, *sf.* belief 13, 3 ; credence, introduction 31 a, 9; credit 37, 73; confidence 37, 101.

creature, cria- 16, 189 : *sf.* creature, animal ; person 21, 139.

credre, creez, creit v. **croire.**

creindre ; *ind. pr. 1* **criem** 13, 60,

craim 36 e, 31, craing 36 e, 35,
3 crient 21, 170, *6* craignent
37, 38; *impf. 3* cremoit 33, 59,
-eit 51, 70, *6* -oient 39, 46; *fut.*
5 crendrez 57, 123, *6* craindront
37, 113; *cond. 2* crendreies 16,
20; *pp.* cremu 38, 21, craint 63,
112 : *v.* fear.

Creissenz, Crescentius, ruler of
Rome, hanged as rebel by Em-
peror Otto III in 998 (cf.
Romania, ix. 45) 15, 109.

creivent v. croire.

cremoit, cremu v. creindre.

crenu, *adj.* long-haired, with long
mane 21, 48.

crere, creroit, crerrez v. croire.

cresme, *sm.* chrism, holy oil 33,
122; 64, 33; cream 63, 121.

cresper, *v.*; *pp. adj.* crisped, woolly
(hair) 27, 233.

cresse, *sf.* fat; *cerf de cr.*, fat stag
23, 98.

crestien, christianus (L) 6, 57,
christian 10, 13, christiien 11,
14, crestian 52, 45, chrestian
61, 33 : *adj. and subs.* Christian.

crestienté, cristientét 13, 12 : *sf.*
Christianity.

creus v. croire and crués.

creus, crous 21, 93, cros 21, 207:
sm. hollow.

crevace, *sf.* fissure, ravine 21, 161.

crever; *subj pr. 3* criet 20, 162 :
v. burst; put out (eyes) 12, 70;
crack 21, 64; parch 21, 39.

cri, cry; *nom.* criz 43, 31 : *sm.*
outcry, lamentation.

criature v. creature.

criee, *sf.* cry, loud noise 21, 183

criem, crient v. creindre.

crieme, *sf.* fear 21, 251.

crier; *pret. 3* criad 16, 32 :
v. cry, shout; *v. refl.* chirp, twitter
40, 39; *c. merci*, appeal for mercy
16, 32; *c. les armes*, call men to
arms 60, 95.

crigne, *sf.* hair 40, 33.

crignels, *sm. pl.* hair 14, 180.

criminel, *adj.* wicked; *la gent c.*,
the Saracens 14, 60.

crimor, *sf.* fear 43, 105.

crin, *sm.* hair 15, 144.

criscit (L) = crescit, *ind. pr. 3 of*
crescere, *v. n.* 4 c, 11 (cf.
croistre).

crisolite, *sf.* chrysolite 17, 235.

Crist, Christus (L) 4 c, 2, Krist
11, 24 : Christ.

cristientét v. crestienté.

croire 26, 192, credre 12, 102,
croirre 34, 150, crere 54, 82;
ind. pr. 1 creid 13, 205, crei 18,
159, croi 20, 257, *3* creit 16, 37,
croit 42, 89, *5* creez 16, 16;
impf. 6 creivent 52, 7; *pret. 2*
creus 33, 146, *3* creut 65, 40;
fut. 5 crerrez 57, 123; *cond. 1*
creroie 20, 256, *3* creroit 42, 61,
6 creireient 51, 36; *subj. pr. 3*
croie 29 a, 58; *pp.* creu 47, 90,
cru 48, 64 : *v.* believe; give
credit for 64, 101.

croissir; *ind. pr. 6* croisent 52, 27 :
v. a. gnash (teeth) 52, 27; *v. n.*
grate, creak 22, 230.

croistre, creis- 16, 105; *ind. pr. 3*
croist 37, 65, *6* croissent 32, 89;
pp. creu 36 e, 47, criut 42, 56:
v. grow; arise, accrue 32, 89;
pp. adj. fully developed, complete
36 e, 47.

croisure, *sf.* window 62, 38.

croiz, croix 12, 62, cruiz 14, 108 :
sf. cross; obverse side of a coin
(sometimes stamped with a cross),
head 64, 47; 65, 76; *metre en c.*,
crucify 51, 5.

cropir; *ind. pr. 6* cropent 40, 77 :
v. cower, crouch.

croute, *sf.* crypt 40, 77.

crucefier, *v.* crucify 32, 176.

crucefis, *sm.* crucifix, cross 32,
188.

cruel; *nom.* crueus 18, 70 : *adj.*
cruel.

crués, creus, *adj.* hollow 20, 183;
sunken (eyes) 62, 62.

cruiz v. croiz.

crupe, *sf.* crupper 27, 69.

crusement, *sm.* gnashing 43, 29.

cu v. cist.

cueillir 21, 55, coillir 48, 26; *ina.*
pr. 6 coillent 21, 72; *fut. 1*

qieudrai 23, 227 ; *pp.* quilly 59 b, 9 : *v.* collect, gather.

cuens v. conte.

cuer v. cuir.

cuer, coer, cor 12, 88, quor 13, 166, quer 16, 172, cueur 32, 193, queor 59 b, 34 : *sm.* heart ; courage 31 a, 71 ; *de c.,* sincerely 35, 205.

cuer, *sm.* choir, chancel 35, 68.

cui v. qui.

cuidier, qui- 53, 54 ; *ind. pr. 1* quid 14, 178, cuit 18, 93, *6* cuient 21, 121 : *v.* think ; expect, hope 21, 121.

cuil = cui lo 12, 91.

cuir, quir 27, 252, cuer 48, 63 : *sm.* leather ; hide 21, 98 ; 41, 19.

cuire 23, 128, quire 57, 94 ; *ind. pr. 6* cuisent 41, 19 ; *pret. 3* coist 11, 20 ; *pres. p.* cocens (*L*) 1, 19 ; *pp.* cuit 21, 218, *fem.* quitte 41, 25 : *v.* cook ; *v. refl.* burn 11, 20.

cuisin, *sm.* cushion 15, 31.

cuisse, quisse 16, 133 : *sf.* thigh, leg.

cuit v. cuidier.

cuivert 27, 195, culvert 16, 109: *adj.* base, despicable.

cuiz v. cuire.

cul ; *nom.* cus 20, 116 : *sm.* posterior.

cul- v. cou-.

culto (*L*) = cultu, *abl. sg. of* cultus, *sm.* 6, 24.

cultre, *sm.* ploughshare 15, 27.

culuevre 21, 203, colober (*L*) 1, 93 : *sf.* snake.

culur v. color.

culvert v. cuivert.

cum-, cun- v. com-, con-.

cumble, *sm.* roof 16, 250.

cumeniier, *v.* communicate, receive or administer Holy Communion 38, 70.

cumunel, *adj.* common ; *tuit en sunt c.,* all do it in common 14, 50.

cuniada v. coigniee.

cunjugle (or cunjungle ?), *sf.* yoke-strap (of a plough) 15, 26.

cunquerrantment, *adv.* as a conqueror, victoriously 14, 141.

cunreid v. conroi.

curb, *adj.* bent, hooked 16, 204.

cure, *sf.* care, anxiety ; *avoir c.,* desire 18, 41 ; 21, 138 ; care, concern oneself 21, 241 ; take care 42, 96 ; *porter la c.,* have the care, be in charge 32, 132 ; *prendre c. de,* take care of, look after 35, 134 ; *estre en c.,* apply oneself, be zealous 54, 26.

curial ; *nom.* -aux 36 e, 42 : *sm.* courtier.

curie, *sf.* cuirass, 48, 65.

curiouseteit, *sf.* curiosity 44, 54.

curre, *sm.* chariot 33, 183.

curs v. cors.

curso (*L*) = cursu, *abl. sg. of* cursus, *sm.* 6, 1 (cf. cors).

curt v. cort and corre.

curucier v. correcier.

curut v. corre.

cus v. cul.

cybaria (*L*) = cibaria, *sn. pl.* 3 b, 18.

Cyceron 27, 5, Marcus Tullius Cicero (106–43 B.C.), supporter of l'ompey at the battle of Pharsalia.

cymballer, *v.* play the cymbals 63, 57.

czo v. ce.

daerrain 17, 207, desreain 26, 99, daarrain 27, 77: *adj.* last ; *au d.,* 27, 77.

dai- v. dei-.

dalez v. delez.

damage 20, 168, dom- 26, 188, doum- 27, 51, domaige 48, 10, domm- 36 d, 13 : *sm.* injury, loss.

Damassa, Damascus 52, 43.

dame, dama 13, 148 : *sf.* lady ; sovereign lady, mistress 27, 186 ; 35, 39 ; *Dame,* the Virgin Mary 64, 60 ; *nostre D. !* by our Lady ! 64, 105.

Damnedeu 13, 90, Domine-Deu 12, 1, Dampnedeu 16, 10, Damedeu 25 b, 21, Damerdieu 45, 25, Damledieu 46, 67, Dameredé

51, 40, Demnedé 52, 8, Damedé 52, 49 ; *nom.* Domine-Deus 12, 95, Damedex 25 b, 43, -diex 29 b, 60, -dix 38, 14, Dameredex 51, 44 : *sm.* Lord God.

damno, *sm.* loss ; *in d.*, prejudicial 10, 19.

damoisel, damisel 19, 57 ; *nom.* damoisiaus 27, 52, -siax 40, 43 : *sm.* boy of noble birth (cf. danzel).

damoisele, -eisele, -isele 19, 92, domnizelle 11, 23 : *sf.* girl of noble birth.

dampner, danner, *v.* damn 16, 37 ; harm, injure 21, 16 ; condemn 52, 25.

dan 16, 3, dom 12, 56, danz (*indecl.*) 13, 48, 114, donz 57, 100 : *sm.* lord, sir.

dance, *sf.* dance 24 d, 23.

dancier, -chier 56, 26 : *v.* dance.

dangier, *sm.* danger 38, 53 ; power, domination, esp. marital power, opposition to love 23, 30.

danner v. dampner.

danz v. dan.

danzel 17, 73 ; *nom.* danzeaus 17, 109 : *sm.* young nobleman (cf. damoisel).

darrenier v. derrenier.

darrier v. derriere.

dau = de le 51, 4.

daus = de les 51, 38.

davant v. devant.

davons v. devoir.

de v. dieu.

de, *sm.* die, dice 23, 181 ; *le de est changié*, the die has been altered, i. e. things are different 32, 5.

de, d', *prep.* of, from ; concerning, about, as regards 12, 6 ; (partitive) of 12, 51 ; (cause) on account of, from 28, 85 ; (agent) by 25 c, 38 ; (instrument) with, by means of 13, 29 ; (manner) with 27, 150 ; (of place) on 15, 29 ; (of time) from 10, 14 ; in 36 b, 9 ; at 36 e, 12 ; during 64, 167 ; (after *autre* or comparative) than 15, 174 ; 25 d, 4 ; (after verbs) to, &c. ; (in exclamations) 24 d, 37 ; *de ce que,* because 20, 62 ; *de par,* v. part.

dea, *interj.* come now ! really ! 64, 63.

deable v. diable.

deanz, *prep.* within, in 48, 74.

deaus = de les 51, 38.

debat ; *nom.* -as 37, 77 : *sm.* dispute.

debatre, *v.* haggle 64, 75.

debonaire, debuenere 26, 161, debonere 29 b, 138, debonnaire 37, 61 : *adj.* kind, genial, debonair.

debouter, *v.* overthrow, depose 60, 9.

debteur, *sm.* debtor 37, 76.

debuenere v. debonaire.

decarrat v. decheoir.

decevoir, deceivre 19, 186, deçoivre 21, 153 ; *ind. pr. 3* deçoit 20, 140, *6* deçoivent 32, 94 ; *fut. 3* deceivera 59 b, 8 ; *pp* deceu 20, 141 : *v.* deceive ; disappoint 24 b, 49 ; *v. refl.* be deceived 36 d, 8.

decheoir 60, 52 ; *ind. pr. 3* dechiet 32, 57 ; *fut. 3* decarrat 14, 176 : *v.* decay, diminish.

deci v. desi.

decima (*L*), *sf.* tithe 8, 32.

decliner, *v. n.* and *refl.* decline, decay 13, 9 ; 16, 68 ; wane, sink 14, 51.

declineson, *sf.* declension 44, 38.

decoller, *v.* behead 12, 138.

decorre ; *ind. pr. 3* decourt 43, 25 : *v.* flow, fleet.

decort, *sm.* discord, dissonance 35, 36.

dedefors, *adv.* outside 21, 63.

dedenz, -ens, -anz, -ans, *adv.* within, inside 19, 247 ; *par d.*, do. 22, 35 ; *prep.* within 43, 65.

dedessus, *prep.* ; *par d.*, over 20, 59.

dedesur, *prep.* upon 16, 134.

dedevant, *adv.* in front 14, 69.

dedevers, *prep.* towards, on the side of 15, 97.

dedire v. deduire.

deducere (*L*), *v. a.* ; *rationes d.*, give reasons 8, 11.

deduire, -dire 56, 39 : *v. refl.* disport oneself, frolic 23, 136.

deduit, *sm.* pleasure, enjoyment 24 c, 34 ; *par d.*, for pleasure, in a festive manner 23, 167.

defaillir; *ind. pr. 6* **deffaillent** 60, 100; *impf. 3* **defaloit** 42, 14; *pret. 3* **deffallit** 43, 96 : *v. n.* fail, be wanting 33, 155; run short 48, 23.

defaut, deffault 44, 41 : *sm.* lack.

defaute, *sf.* lack 48, 70; shortcoming, sin 32, 135.

defendre, deff-, desf- 22, 178, **deffandre, defender** 59 a, 15; *ind. pr. 3* **deffent** 29 a, 12 ; *cond. 1* **defenderoie** 31 a, 93 : *v.* forbid, prohibit 14, 42; defend 32, 171; *v. refl.* defend oneself 22, 178.

defenir, *v. a.* end, bring to a successful ending 14, 163.

deffuir, *v. refl.* run away 37, 115.

defois, *sm.* prohibition ; *metre en d.,* renounce, give up 25 a, 4.

defondre ; *ind. pr. 3* **defont** 25 b, 45 : *v.* melt away, disappear.

deforain, *adj.* outside 17, 199.

defors, *adv.* outside 12, 58 ; *par d.,* do. 27, 133 ; *par d., prep.* beyond 28, 54.

defouler, deff-, *v.* tread under foot 21, 231.

defrier, *v. refl.* rub or wear oneself away 34, 210.

deganare (*L*), *v.* deceive 7, 22.

degaster, *v. refl.* destroy oneself 34, 214.

degizet v. dejeter.

degré, -ét 13, 218 : *sm.* stair, step.

deguerpir ; *fut. 3* **dewerperit** 43, 103 : *v.* forsake, abandon 32, 165.

deignier, dai-, dengnier, denier 42, 74 ; *subj. pr. 3* **degnet** 11, 26 : *v.* deign.

deintié, dai-, *sf.* choice morsel, titbit ; *pl.* (of a stag) dowcets 23, 101.

deis, deissiez, deistes v. dire.

deit v. devoir and dire.

deix v. dis.

dejeter ; *subj. pr. 3* **degizet** 43, 108 : *v.* cast away.

dejoste, *prep.* by the side of 24 a, 33.

dejus, *adv.* beneath 12, 149.

del = de lo 12, 70 ; de le 13, 38.

delaier, *v. n.* delay 28, 113.

delaissier, -lessier, *v.* forsake 33, 146.

deleit v. delit.

deletable, *adj.* pleasant, charming 56, 92.

delez, da- 45, 116 : *adv.* by the side 15, 143 ; *prep.* by the side of 14, 216 ; on the side of, on 28, 75 ; *par d.,* by the side of 45, 48.

delgiét, *adj.* delicate ; elegant 15, 46.

delit, -leit 43, 111, -liet 54, 28 : *sm.* pleasure, delight.

deliter or **-ier,** *v. refl.* take delight 26, 177.

deliteus, *adj.* delightful 50, 63.

delivre, *adj.* agile, nimble 17, 35; released, free 30, 230.

delivreement, *adv.* freely, easily 46, 17.

delivrer, -eir 44, 103 : *v.* deliver, set free.

dels = de les 12, 3.

demaine v. demener.

demander ; *ind. pr. 1* **demant** 26, 80 : *v.* ask, ask for.

demant, *sm.* request 25 a, 18.

demeine 16, 18, **demegne** 59 b, 12 : *adj.* private, peculiar, own.

demener ; *ind. pr. 3* -meine 19, 243, -maine 45, 130 ; *pp. fem.* demenede 13, 142 : *v.* manifest, display (joy or grief) 13, 104 ; lead, carry on 32, 213 ; continue 42, 28.

dementer, *v. refl.* lament, display violent grief 13, 129.

dementres, *adv.* ; *d. que,* while 21, 47.

demeure, *sf.* tarrying, delay 35, 67.

demi (usually **demie** *sf.*), *sm.* small loaf 29 a, 29.

demi, -my, demidius (*L*) 1, 74 : *adj.* half.

demonstrer v. demostrer.

demoree, *sf.* tarrying, delay in coming 30, 15.

demorer, -urer, -ourer, -orir 59 a, 25 ; *fut. 1* **demourray** 35, 91 : *v.* tarry, delay 14, 55 ; dwell, live 33, 15; remain 41, 62 ; remain behind, be left 60, 61 ; *pres. p. subs.* remainder 65, 35.

demostrer, -onstrer, -ostreir 42, 33 : *v.* show, demonstrate ; make a show of, pretend 12, 26.

demour, *sm.* tarrying, absence 35, 115 ; dwelling-place 36 f, 23.

demourance, *sf.* abode 37, 112.

den, *adv.* then 12, 37.

dengnier, denier v. deignier.

denier, *sm.* penny ($\frac{1}{12}$ of *sol*) ; *pl.* money 19, 133.

denoncier, *v.* announce, declare 58, 36.

dent ; *nom.* -ns 27, 150 : *sm.* tooth.

deo v. dieu.

departie, *sf.* separation 18, 92.

departir ; *ind. pr. 1* depart 22, 159 : *v. a.* distribute, apportion 13, 92 ; separate, part 14, 214 ; *v. n. and refl.* separate, part 17, 1 ; 21, 191 ; depart 21, 267.

depecier 24 d, 42 ; *ind. pr. 6* depiecent 22, 262 : *v. a.* break to pieces, break up.

deperdre, *v.* lose 55, 94.

deplaint, *sm.* lamentation 13, 105.

deplaist v. desplaire.

deporter, *v. refl.* disport oneself, make merry 15, 16.

depreer ; *pp. fem.* depredethe 13, 143 : *v.* sack, despoil.

deputer, *v.* dispute 52, 14.

deraisner, *v. refl.* defend one's case, argue 52, 23.

Deramé, king of the Saracens, father of Rainoart and Guiburc 16, 169.

deramer ; *pp. fem.* deramede 13, 144 : *v.* tear.

derrenier, dernier, darrenier 29 b, 5 : *adj.* last.

derriere, derrier 23, 117, darrier 24 d, 34 : *adv. and prep.* behind.

des = de les 13, 17.

des, dez, dois 48, 28 ; 49, 38 : *prep.* from, since ; *d. ore* 15, 188, *d. or en avant* 30, 101, henceforward ; *d. quant*, since when 26, 122 ; *d. (ce) que*, as soon as 64, 138 ; 65, 21.

desanz, *adv.* previously, before 12, 98.

desbareter, *v.* discomfit, defeat 21, 188.

desc' v. dusque.

descendre ; *ind. pr. 3* descent 15, 76 : *v.* descend ; dismount 14, 52 ; disembark 53, 22.

descendue, *sf.* landing 65, 29.

deschargier, -ger, *v.* unload 21, 157.

deschaus 23, 3, -cauc 40, 79 : *adj.* unshod, barefoot, barelegged.

deschireir, *v.* tear 42, 63.

desconfire, *v. a.* discomfit, defeat 20, 138 ; *v. refl.* be routed 49, 24.

desconfiture, *sf.* discomfiture, overthrow 21, 150.

desconforter, *v. a.* discomfort, grieve 34, 59 ; *v. refl.* be distressed 15, 137.

desconseillié, -sillié 25 b, 1 : *adj.* perplexed, bewildered.

descorde, *sf.* dissension, quarrel 29 a, 1.

descosdre ; *pp.* descousu 23, 3 : *v.* unsew, unstitch.

descoupler, *v.* uncouple, let slip (dogs) 59 b, 2.

descovrir, *v.* uncover 17, 28 ; disclose, make known 18, 22.

descrire, -ipre 36 f, 13 ; *pp.* descript 60, 55 : *v.* describe.

desdaigneus, *adj.* disdainful 31 b, 18.

desdaing, -deng 43, 109 : *sm.* disdain, scorn.

desdire, *v.* contradict 17, 158.

deseriter ; *pp.* deserté 20, 195 : *v.* disinherit, dispossess 18, 81 ; dispossess of qualities 20, 195.

deserrer, *v.* tear open, disjoint 16, 114.

desert ; *nom.* desers 21, 13, desiers 41, 80 : *sm.* desert.

deserte, *sf.* deserts 55, 99 ; *pl.* 26, 201 ; *sanz d.*, undeserved 56, 59.

deserté v. deseriter.

deservir, dess- ; *ind. pr. 3* desert 32, 125 : *v.* deserve 18, 58 ; win 49, 43.

deseur, -or, -ur, dessur, desure

15, 89, **desore** 25 b, 11, **dessore**, 42, 70 : *adv.* above ; *prep.* upon, over.

desevrer, *v.* separate 16, 60.

desf- v. **def-**.

desfaire ; *pp.* **desfait** 31 a, 55 : *v.* dismember, cut up.

desfermer, *v* open, unfasten 16, 214.

desfiance, *sf.* act of defying, challenge 46, 119.

desfier, *v.* defy, challenge 22, 168 ; distrust 45, 89.

desfubler, *v.* unfasten or remove (a cloak) 17, 63.

deshaiz, *sm.* curse, malediction 20, 167.

deshonneste, *adj.* dishonourable 63, 92.

desi, dessi, deci 45, 14 : *adv.* ; *d. a, d. qu'a*, up to, as far as 17, 186 ; 21, 106.

desirrer 13, 206, **desirier** 26, 78 ; *ind.pr. 1* **desir** 25 b, 13 ; *impf. 3* **desirrot** 18, 8, *6* **desirrouent** 54, 76 : *v.* desire, long for.

desjoindre ; *ind.pr. 3* -**juint** 15, 59 ; *fut. 1* -**juindrai** 15, 58 : *v.* unyoke.

desjointure, *sf.* cleft, fissure 21, 145.

deslier v. **desloier**.

desloer, *v.* advise against, dissuade 22, 206.

deslogier, *v. refl.* leave one's quarters 41. 58.

desloial, -loal 31 a, 59 ; *nom.* -**loyaulx** 60, 15 : *adj. and subs.* disloyal, perfidious.

desloiauté, -loyaulté, -loiautey 48, 57 : *sf.* disloyalty.

desloier, deslier 55, 86 : *v. a.* unfasten 42, 99 ; *v. refl.* ungird oneself 24 d, 28.

desmaillier, *v.* cut or break the meshes 16, 115.

desmanagier, *v. a.* remove (household goods) 29 b, 93.

desmembrer, *v.* dismember 29 a, 35.

desmentir, *v. refl.* contradict oneself 52, 31.

desnoer, -nouer, *v.* unknot, unravel 34, 86.

desordené, *adj.* unruly 32, 147.

desormés, *adv.* henceforth 30, 188.

desoz, -uz, -ouz, -ous, dessouz, -ous, -oubz 36 e, 49, -**oubs** 62, 24 : *adv. and prep.* beneath ; *par d., adv. and prep.* underneath 16, 132 ; 24 b, 44 ; *estre au d.*, be degraded 32, 137.

desparer ; *ind. pr. 3.* **desperet** 13, 137 : *v.* strip, despoil of ornaments.

despection, *sf.* contempt, scorn 62, 67.

despendre, *v.* spend 32, 44.

despens, *sm.* expenditure 29 b, 89.

despense, *sf.* expenditure 37, 110.

despensier, *sm.* steward 37, 22.

desperet v. **desparer**.

despire 32, 204 ; *pres. p.* **despisant** 33, 7 ; *pp.* **despit** 51, 89 : *v.* despise ; *pres. p. adj.* arrogant 39, 67 ; *pp. adj.* angry, raging 62, 65.

despit, *sm.* contempt 32, 168 ; 33, 38.

despiter, *v.* despise 42, 40.

desplaire 20, 201, -**plere** 56, 64 ; *ind. pr. 3* **deplaist** 43, 21 ; *impf. 6* **desplasoient** 49, 61 ; *pret. 3* **desplaut** 42, 49 : *v.* displease.

desplaisance, *sf.* displeasure, grief 60, 67

desploier, *v.* unfold, exhibit 27, 215.

despoiller, *v. a.* strip 49, 32.

despouille, *sf.* spoliation 60, 89.

despourveu, *pp. adj.* deprived 60, 6.

desprimer, *v.* depress, lower 60, 46.

despuys = **depuis** 65, 89.

desque v. **dusque**.

desraisonnable, *adj.* unreasonable 60, 66.

desrein v. **daerrain**.

desreer, *v.* disarray, disorder ; *pp. adj.* **desroyé**, disorderly 60, 57.

desresnier, *v.* prove, justify (by fighting a duel) 22, 185 ; *v. refl.* argue, plead 20, 276.

desroi, *sm.* disorder 29 b, 157 ; indiscipline, sin 35, 44.

desrompre, -rumpre, *v.* break, tear open 16, 115.

desrouter, *v. n.* break the ranks 41, 78.

desroyé v. desreer.

dessemblant, *adj.* dissimilar 43, 76.

dessi v. desi.

destemprer 21, 51, **destremper** 23, 163 : *v.* mix (with water), steep, soak.

desterer, *v.* unearth, dig up 15, 206.

destor, *sm.* side-road 24 c, 15.

destorbier, *sm.* confusion, disturbance 38, 34.

destrace v. destrece.

destre ; *adj. and sf.* right-hand 15, 6.

destrece 32, 161, **-trace** 49, 47: *sf.* distress.

destreindre ; *ind. pr. 3* -aint 29 b, 57 ; *impf. 3* -eigneit 18, 150, -aignoit 36 d, 1 ; *pret. 3* -einst 19, 174 ; *pres. p.* **-aindant** 42, 32 ; *pp.* -aint 42, 33 : *v.* harass, torment 18, 150 ; compel 42, 32 ; *v. refl.* diet oneself, fast 19, 174.

destremper v. destemprer.

destrier, *sm.* war-horse, charger 15, 199.

destroit, -eit, *adj.* in straits, distressed 19, 79 ; narrow, close 27, 180 ; *sm.* perplexity, difficult position 25 b, 3.

destroitement, *adv.* strictly 31 b, 34.

destrousser, *v.* unload 23, 128.

destruement, *sm.* destruction 51, 77.

destruire, -ure 43, 84 ; *ind. pr. 3* -uit 29 a, 14 ; *pret. 1* -uis 18, 109 ; *fut. 3* -uira 51, 51 ; *pp.* -uit 13, 143 : *v.* destroy.

desturber, *v.* disturb, confuse 19, 205.

desus, dessus, desuz 27, 68 : *adv.* above, on top ; *prep.* upon, at the top of 33, 9 ; *par d.,* *adv.* above 33, 132 ; thereon 61, 22 ;

prep. over the top of 27, 68 ; *fig.* 37, 45 ; *d. -dit,* aforesaid 37, 14 ; *estre au d.,* have the upper hand 65, 63.

desuz v. desoz and desus.

desver, *v.* lose one's reason ; *pp.* *adj.* mad 18, 152.

desvoi(i)er, *v. a.* send astray 32, 173 ; infatuate 22, 10 ; turn aside, alienate 29 a, 60 ; *v. refl.* lose one's senses, become enraged 24 d, 31.

detenir, *v. a.* hold back 21, 103.

determinacion, *sf.* solving (of a problem) 62, 15.

detraire, *v.* pull, tear (the hair) 14, 204.

detrencheure, *sf.* slit (of a garment) 17, 19.

detrenchier, detran-, *v.* cut to pieces 45, 32 ; (of a garment) slit 17, 18.

detrier, *v.* retard, delay 35, 75 ; 43, 3.

deu v. devoir and dieu.

Deudamor, castle in Cyprus 31 a, 82.

deumentit, *adj.* lying to God, perjured, perfidious 12, 11.

deus v. duel and dieu.

deus, dous, deux, duos 12, 8 ; *nom.* dui 13, 44, doi 38, 46 ; *fem.* doues 48, 17 : two.

deusse, deussiez, deusson, deust v. devoir.

devaler, *v.* descend 16, 222.

devant, -aunt 59 a, 3, **davant** 17, 195 : *adv.* in front ; previously ; *venir au d.,* come to meet 22, 243 ; *d.* **dit,** aforesaid 42, 10 ; *prep.* (of time, place, order) before ; *d. ier,* the day before yesterday 26, 95 ; *d. (ce) que,* *conj.* before 20, 74 ; 26, 31 ; *par d.,* *prep.* in anticipation of 37, 38 ; in front of 48, 4.

devastar, *v.* lay waste 12, 48.

deveer, *v.* forbid, refuse 15, 151.

devemps v. devoir.

devenir ; *pret. 3* **deveng** 12, 40 ; *fut. 1* **devendrai** 29 b, 42 ; *subj. pr. 6* **devignent** 43, 36 ; *imper. 2* devien 30, 97 ; *pp.* devenut 13, 107, devengut 12, 72 : *v.* become; *v. impers.* come to pass 26, 214.

devers, *prep.* in the direction of, on the side of 15, 111 ; *par d.*, do. 23, 125.

devestir ; *ind. pr. 3* devest 43, 81 : *v.* divest, strip.

devignent v. devenir.

devinaille, *sf.* fiction 18, 187.

devise, -isse, *sf.* will, testament 46, 6 ; manner, fashion 40, 29 ; *a d.*, as much as one could wish 27, 151.

deviser ; *ind. pr. 1* devis 22, 162 : *v.* cite, adduce 22, 162 ; relate 26, 199 ; devise, arrange 26, 234 ; prescribe, ordain 29 a, 50 ; fix, appoint 46, 1 ; bequeath 59 a, 20.

devoir 32, 38 ; *ind. pr. 1* dei 15, 195, doi 25 a, 2, doy 35, 7, *2* doiz 48, 69, *3* dif t10, 17, deu (*Prov.*) 12, 77, 83, deit 15, 175, doit 22, 72, *4* devemps 12, 1, doiens 43, 2, davons 48, 1, devom 51, 48, *5* devés 31 a, 11, *6* doivent 27, 33, doient 43, 27 ; *pret. 3* dubt 36 b, 15, *6* durent 55, 93 ; *cond. 1* devreroie (?) 27, 183, doveroie 43, 25 ; *subj. pr. 1* doie 20, 255, *2* doies 27, 185, doyes 60, 68, *3* doie 21, 112, *6* doient 56, 64; *impf. 1* deusse 31 a, 90, *3* deust 26, 65, *4* deusson 22, 163 ; *pp.* deu 32, 65 : *v.* owe ; ought, be obliged ; (expressing intention or futurity) be to 33, 37 ; 45, 125 ; (contingency) be likely to, be on the point of 20, 168 ; (*interrog.*, expressing desire to know the reason for a surprising fact) *que deit ?* how can that be ? 51, 10, *que dut ice ?* how came it ? why ? 55, 20 ; *inf. subs.* duty 32, 38 ; *pp. subs.* duty 32, 65.

devorer, -eir 44, 100 ; *pp.* devorei 54, 67 : *v.* devour.

devreroie v. devoir.

dewerperit v. deguerpir.

di v. dire.

di, *sm.* day 10, 14 ; *lonx dis*, a long time 12, 147 ; *toz dis*, always 20, 68.

diable, de-, dy-, diaule 11, 4 : *sm.* devil.

diables = diable se 12, 44.

dicio (*L*) = ditio, *sf.* 6, 48.

dict, didrai, die v. dire.

diemenche, *sm.* Sunday 26, 109.

dieu, deo 10, 13, deu 12, 23, de 21, 75, diu 38, 4 ; *nom.* diex 21, 65, dex 24 b, 9, dix 38, 13, dieux 44, 99, diez 46, 6 : *sm.* god ; *por D.*, in God's name 26, 6 ; *ço iert en D.*, the matter is in God's hands, it rests with God 16, 93 ; *a D.*, good-bye 26, 149.

diffame, *sf.* infamy 63, 36.

dift v. devoir.

diligaument, *adv.* diligently 32, 235.

dilixit (*L*) = dilexit, *ind. perf. 3 of* diligere, *v. a.* 6, 24.

dimersus (*L*) = demersus, *pp. of* demergere, *v. a.* 7, 38.

dimittere (*L*), *v. a.* omit 8, 5, 12.

Dinas, li sire de Dinan, a Cornish baron, seneschal of king Marc and friend of Tristan (cf. F. Lot in *Romania*, xxiv. 337 ; J. Loth, *Contributions à l'étude des Romans de la Table Ronde*, Paris, 1912, p. 90) 55, 121.

dine = digne 50, 23.

dioiz v. dire.

dire 13, 125 ; *ind. pr. 1* di 13, 15, dy 64, 68, *2* diz 16, 108, *3* dit 28, 126, dist 30, 177, *4* disons 44, 32, *5* dites 26, 112, ditez 58, 40, dittes 64, 55, *6* dient 17, 178 ; *pret. 1* dis 20, 67, *2* deis 33, 141, *3* dist 12, 76, *5* deistes 20, 104, *6* distrent 21, 104 ; *fut. 1* didrai 12, 7, ditrai 12, 9, dirrai 14, 187, *5* diroiz 25 c, 34 ; *subj. pr. 1* die 18, 47, *3* die 18, 221, disse 44, 24, *4* dions 20, 203, *5* diez 20, 219, dioiz 27, 33, *6* dient 43, 39 ; *impf. 3* deit 52, 32, deist 53, 87, *5* deissiez 23, 139, *6* deissent 46, 84; *imper. 2* di 18, 246, *5* dictes 37, 22 ; *pres. p.* disant 42, 26 ; *pp.* dict 33, 190, dist 58, 85, *nom.* dis 37, 14 : *v.* say, tell ; utter, sing 24 c, 16 ; mean 65, 88 ; enumerate (*n'en fut nient a dire*, the tale was complete, nothing was lacking 13 161); *d. sa raison*, explain oneself, speak one's mind 24 a, 11 ; *bien dit*, well expressed 30, 108 ; *inf. subs.* talk, words 29 a, 8.

dirige, opening word of an antiphon in the Office of the Dead : *Dirige, Domine Deus meus, in conspectu tuo vitam meam* 32, 21.

dirrai v. dire.

dis, deix 43, 51 : ten ; *d. et d.*, ten at a time, by tens 30, 188.

discus (*L*), *sm.* table 8, 36.

diseite, *sf.* scarcity, dearth 44, 24.

disner = dîner 23, 26.

dispectus (*L*) = despectus, *sm.* haughtiness 4 c, 12.

disposer, -pouser, *v.* arrange, ordain 65, 5 ; get ready 62, 4.

dissiper, -ppeir 44, 103 : *v.* scatter, disperse.

dist, distrent v. dire.

distinguier, *v.* distinguish 32, 36.

dit ; *nom.* dis 44, 89 : *sm.* saying, utterance, words 22, 9 ; bidding 18, 223 ; poem (usually moral or descriptive) 29 b, 159 ; writing, composition 36 a, 10.

ditrai v. dire.

diu v. dieu.

divers ; *nom. pl.* diver 29 b, 80 : *adj.* various, diverse 27, 230 ; dissimilar 43, 28 ; disagreeable 29 b, 80 ; 37, 18 ; 50, 48.

diversité, *sf.* variety 62, 1 ; hideousness 62, 78.

diviseir, *v.* divide ; *pp. adj.* different. 43, 28.

dix v. dieu.

doi v. deus and doit.

doi, doie, doiens, doient v. devoir.

doie, *sf.* finger's breadth 27, 23.

doigniez, doing, doinst, doint v. doner.

dois v. des.

doit, deit, doi 33, 127 ; *nom.* dois 62, 4 : *sm* finger ; *mestre d.*, v. maistre.

dol v. duel.

dolatura (*L*), *sf.* axe 8, 37.

dolent, -ant, *adj.* sorrowful, wretched 24 a, 15 ; vexed, angry 52, 37.

doloir ; *ind. pr. 1* doil 18, 174, dueil 29 b, 30 ; *subj. pr. 3* doille 58, 48 : *v. refl.* grieve, sorrow.

dolor, -ur, -our, douleur, dulor 14, 32, -ur 14, 175 : *sf.* grief, sorrow, pain.

doloreux, *adj.* woeful, wretched 60, 73.

dom v. dont and dan.

dom, *sm.* house 12, 114.

domage, -aige v. damage.

domaigauble, *adj.* injurious 48, 62.

Domice, Lucius Domitius Aënobarbus, general of Pompey in the Civil War 27, 163.

Domine-Deu v. Damnedeu.

dominus (*L*); *voc.* domne 5, 2, domini 6, 6 ; *dat. sg.* domno 5, 1 : *sm.* (cf. dan).

domnizelle v. damoisele.

don v. donc.

donatum (*L*), *supine of* donare 5, 10.

donc, dunc, dont 20, 12, donqes 26, 141, don 30, 7, dunkes 42, 58, dons 43, 37, dunt 58, 100, dount 59 b, 10, donoques 60, 38 : *adv.* then ; therefore ; *a ce temps de d.*, at that time 41, 2.

doner, du-, donner, donneir 44, 17 ; *ind. pr. 1* doins 16, 97, doign 17, 139, doing 24 c, 51, *3* dunat 10, 15, *5* donés 59 b, 17 ; *fut. 1* durai 13, 224, durrai 15, 56, donrai 25 d, 17, *3* dorra 17, 167, durrat 19, 113, donra 21, 137, durat 57, 8, *6* durrunt 19, 116 ; *cond. 1* donroie 24 d, 43 ; *subj. pr. 3* duinset 14, 212, doint 18, 250, dont 24 c, 23, doinst 29 b, 61, *5* doigniez 26, 227 ; *pp. fem.* dunethe 13, 118 : *v.* give, grant; *v. refl.* (+ *en*) give oneself up to 42, 44 ; *soi d. garde*, v. garde.

donqes, dons, dont v. donc.

dont v. doner.

dont, dunt, dom 12, 77, don 47, 56, dount 59 a, 14 (cf. donc) :

adv. of place, rel. and interrog. pron. whence 21, 74; from whom, from which 24 b, 16; of whom, of which, whereof 11, 13; 13, 3; concerning which, for which 24 d, 16; wherefore, on which account 35, 199; 59 a, 14; wherewith 12, 77; in what respect 23, 171; because 53, 25, 41.

dontre que, *conj.* as long as 12, 112.

donz v. dan.

dorenlot, doran-, *sm.* refrain, song 24 d, 8, 35.

dormir; *ind. pr. 1* dorm 29 b, 87: *v.* sleep; *pres. p. subs.* sleep 50, 6.

dorra v. doner.

dos, *sm.* back; *se tenir a un d.*, remain in a heap 21, 87.

dotance, *sf.* fear, anxiety 18, 19.

dote, doubte, *sm.* doubt 22, 76; fear 37, 39; *senz d.*, doubtless 48, 35.

doter, dou-, doubter 35, 58; *ind. pr. 1* dot 18, 87; *subj. pr. 3* dot 26, 223: *v.* doubt 26, 207; fear 18, 82; *v. refl.* be afraid 18, 87.

dou = de le 22, 44.

doucement, dolce-, dulce-, doulce-, doce- 52, 49: *adv.* sweetly, kindly, softly.

doucereus, *adj.* sweet, mild 50, 59.

douçor, -our, *sf.* sweetness 36 f, 9; gentleness, kindness 30, 123.

doues v. deus.

Douglas, James (not William) Douglas, 1286 (?)–1330 (*Dict. of Nat. Biog.*) 41, 48.

doulouser, *v. refl.* make complaint, lament 29 b, 165.

doumage v. damage.

doumagier, *v.* damage 27, 160.

dount v. dont and donc.

dous v. deus.

dousaine, *sf.* dozen; measure of fire-wood 29 b, 69.

doutos, *adj.* formidable 46, 3.

douz, dolz, doulz, doulx, doz 26, 32; *fem.* douce, dolce, dulce, doulce: *adj.* sweet.

doveroie v. devoir.

doz v. douz.

doze, duze, douze, twelve 14, 14.

drap; *nom.* dras 19, 133: *sm.* cloth, clothes.

drapier, *sm.* cloth-worker 37, 68.

drapper, *v.* manufacture (cloth) 64, 14.

drappille, *sf.* apparel 63, 74.

drappus (*L*), *sm.* cloth; *d. ad discum*, table cloth 8, 36 (cf. drap).

drecier, -chier 57, 29: *v.* raise 14, 158; hoist, set (sail) 13, 79; pitch (tent) 45, 10; set up 46, 72; direct, steer 57, 29; *v. refl.* rise 14, 85.

dreitement, *adv.* straight 13, 76.

drodmund, *sm.* sort of ship (usually a large war vessel) 14, 71.

droit, dreit; *nom.* drois 28, 97: *adj.* straight, upright; right, rightful, correct; direct 26, 166; true, honest 22, 150; veritable, proper 36 b, 26; *adv.* straight; *tot d.*, do. 31 b, 40; *sm.* right; due, fee 28, 97; jurisdiction 35, 23; deserts 36 f, 16; *a ᴀ.*, rightly, justly 25 b, 10; *par d.*, rightfully 10, 16; *avoir d.*, be in the right 22, 199; *avoir d. en*, have a right or claim to 22, 170; 25 d, 5; *faire d.*, make amends 16, 96; 54, 64.

droiture, drei-, *sf.* right, justice 14, 34.

droiturier, droict-, *adj.* rightful, lawful 38, 15; righteous 38, 88.

dru, *adj.* dense, thick 36 c, 2; *adv.* densely 27, 62.

drue, *sf.* sweetheart, mistress 36 e, 6.

druerie, *sf.* love 19, 66.

dubt v. devoir.

duc; *nom.* dux 14, 9, duz 27, 174, dus 38, 45: *sm.* duke; lord 27, 174; doge 46, 88.

duchesse, ducoise 38, 104: *sf.* duchess.

dueil v. doloir.

duel, doel, deul, dol 13, 104, dueil 36 a, 7; *nom.* deus 22, 157: *sm.* grief, sorrow; *faire d.*, lament 18, 234.

dui v. deus.

duinset v. doner.

duire; *pret. 3* duist 12, 114; *pp.*

duit 17, 53: *v.* lead, conduct; teach 17, 53.

duit, *sm.* conduit, stream 16, 1.

dulce v. douz.

dulor, dulur v. dolor.

duodicem (*L*) = duodecim, *num.* 6, 18 (*cf.* doze).

duos v. deus.

dur, *adj.* hard, firm; harsh 12, 106; rough, violent 15, 121; (of a horse) jolting 23, 115; sturdy 41, 1.

dura (*L*) = duram [annonam], or *n. pl.* bad news ? 5, 3.

durai v. doner.

durece, -esce 59 a, 26: *sf.* hardness 42, 16; cruelty 59 a, 26.

durement,-ant,*adv.* hard, violently 27, 65; greatly, exceedingly 13, 198; bitterly 14, 23; quite, fully 50, 67.

durer; *fut. 3* durra 31 b, 6; *cond. 3* durroit 29 b, 19: *v.* last; extend 15, 66; continue to exist 35, 52.

durrai v. doner.

durroit v. durer.

dusques, desque, desc' 38, 52: *adv.*; *d. en, d. a,* as far as 27, 27, 45; *conj.* until 57, 13.

Dutciacus (*L*), Douzy, near Sedan 9 b, 6.

duz v. duc.

dyaspre, *sm.* heavy silken cloth, usually white, with flower and other patterns 27, 236.

e v. et.

e 13, 24, et 26, 16: *interj.* ah! oh!

eacit (*L*) = iacet, *ind. pr. 3 of* iacere, *v. n.* 4 b, 1.

Eaduel, a pagan king, perh. a mistake for Caduel 16, 50.

eage 17, 70, aage 27, 238: *sm.* age.

eaue 36 e, 8, acqua (*L*) 1, 59, ewe 14, 69, eue 16, 30, yaue 33, 51, aigue 41, 17, yawe 41, 27, iawe 44, 96, iaul 48, 13, ial 48, 73, ia 48, 111, eive 53, 21: *sf.* water.

eaus, eaux, eaz v. il.

ebrieu, *adj. and subs.* Hebrew 30, 60.

echés v. eschec.

eciencie v. escience.

ecrist v. escrit.

ecus (*L*), equs (*L*) = equus, *sm.* 1, 18.

edier v. aidier.

edifiz, *sm.* edifice 31 b, 36.

edrer v. errer.

eff- v. esf-.

effect, *sm.*; *en e.,* in fact, indeed 65, 85.

effrayement, *adv.* with fright, terror 60, 57.

egarder v. esgarder.

Egeon, Aegaeon, a sea-god, the son of Pontus and Terra 17, 228.

egetur (*L*)=igitur, *adv.* 4 c, 13.

eginus (*L*)=egenus, *adj.* 4 a, 3.

egle v. aigle.

eglise 32, 133, ig- 32, 31, yg- 32, 141, glise 38, 26, esglise 59 b, 3: *sf.* church.

ein- v. ain-.

einment v. amer.

einsi v. ensi.

eire, eirent v. errer.

eirre, *sm.* journey; *en e.,* quickly, straightway 54, 73.

el = en lo 12, 107; en le 13, 89.

el, *neut.* any other thing, something else 18, 108; (after *neg.*) anything else 12, 18; *qu'en fereient il el?* what else could they do? 14, 235; *ne un ne el,* neither one thing nor another, nothing 39, 32.

ela, ele v. il.

ele, elle 20, 148, aule 49, 12: *sf.* wing.

election, *sf.* selection, choice 41, 66.

element, *sm.* strength (?) 11, 15.

elemosina (*L*)=eleemosyna, *sf.* alms 4 a, 4.

elme v. heaume.

els v. il.

Elyopoleos, Heliopolis, the On of the Old Test., city of Lower Egypt 33, 3.

em v. en.

embesoigner, -ongner, *v. a.* set to work 37, 34, 54.

embler, enb-, imbolare (*L*) 5, 6, involare (*L*) 7, 79: *v.* take by stealth, steal; conceal 26, 172; *en emblé*, by stealth 18, 14.

embracier, enb-, *v.* embrace 18, 98.

embronchier, enb-, *v. a.* force a person's head down 27, 49; *v. refl.* bow the head, hide one's face 26, 59.

emende, emm- v. amende.

emfes v. enfant.

empachier, *v.* hinder, bring to nought 48, 17.

emparlé, enp-, *adj.* ready of speech, eloquent 46, 100.

empedement, *sm.* hindrance, persecution 11, 16.

empeindre; *ind. pr. 6* enpeignent 18, 258 : *v. refl.* rush.

empené, *adj.* feathered 21, 212.

empereor, -eur, -ethur 13, 35; *nom.* emperere 13, 18, -eres 23, 133, -ieres 46, 14, enpereres 38, 49 : *sm.* emperor.

empereris, *sf.* empress 46, 95.

empire, empirier v. empoirier.

empoignier, -poingnier, *v.* grasp, seize 20, 228.

empoirier 27, 64, ampairer 13, 10, empirier 45, 9; *ind. pr. 3* empire 29 a, 14 : *v. a.* injure, damage 27, 64; *v. n.* grow worse 35, 41; become corrupt 13, 10.

emprendre; *pp.* -pris 32, 174 : *v.* undertake, enter upon.

emprés, *prep.* near 62, 44.

empreu, one (word of good omen, used in counting) 64, 91.

empur, *prep.* for the sake of 13, 219.

en v. on.

en, em, an, in 10, 14, on 44, 31 : *prep.* in, into, to; on 15, 76; (+ *gerund*) by 15, 221.

en, em, an, am, (enclitic) n, inde (*L*) 5, 6, int 10, 32, ent 11, 15 : *adv. and pron.* thence, therefrom, away; of him, of her, of it, of them, thereof; of you 28, 153; therewith 13, 34; on that account, for that 13, 22; in the matter, about it 13, 23; pleonastic 12, 59; 13, 122; 31 a, 56, 74.

en, *interj.*; en hen, hem! oho! 64, 5; *en dea*, indeed! 64, 157.

encenser, *v. a.* cense 14, 233.

enchainer, *v.* chain 16, 251.

enchalcier, *v. a.* pursue 14, 64.

enchalz, *sm.* pursuit 14, 50.

enchapelé, *adj.* wearing a garland 36 e, 4.

encherir, *v.* become dear 64, 64.

enchesoun v. achoison.

enchotir, *v.* befoul 51, 50.

enchoture, *sf.* filth 51, 29.

encient v. esc-.

enclin, *adj.* bowed down 33, 100.

encliner, *v.* bend, bow 32, 85; *v. refl.* bow to one another 63, 109.

enclore; *pp.* enclos 21, 88 : *v.* enclose.

nçois v. ançois.

encombrier, *sm.* encumbrance, burden 45, 18; trouble, misfortune 45, 104.

encontre, -cuntre, -countre 59 a, 15 : *prep.* (of place) against 14, 195; towards, to meet 23, 105; (of time) towards, about 21, 21; *e. tere*, down to the ground 14, 20; *adv.* against it, to meet it 27, 127; to meet him 33, 188.

encontre, an-, *sm. and f.*; *a l'e.*, against it 62, 25; *venir a l'e.* (+ *dat.*), come to meet, advance towards 27, 61; meet (unexpectedly) 47, 35; *saillir a l'e.*, spring forward 31 a, 45.

encontrer, incontrare (*L*) 7, 116, ancuntrer 13, 213, acontrer 54, 46 : *v.* meet.

encor, -ore(s), ancor, uncor 16, 9, -ore 19, 18, oncore 25 c, 32 : *adv.* still, yet, again; also 25 a, 7; *e. anuit*, this very night 26, 28; *conj.* (+ *subj.*) although 25 a, 10.

encoraigier, *v.* hearten 49, 22.

encourtiner, *v.* hang with drapery 56, 81.

encrampeli, *adj.* contracted, cramped 34, 204.

encrerrez v. encroire.

encrerrunt v. encroistre.

encroier, *v.* whiten with chalk 24 d, 29.

encroire ; *fut. 5* encrerrez 57, 122 : *v.* believe.

encroistre ; *fut. 6* encrerrunt 14, 199 : *v.* increase.

encui v. ancui.

encumbrer, an-, *v.* encumber 13, 95.

encuntreval, *adv.* down stream 14, 76.

encurre, *v.* incur 42, 40.

endemain, *sm.* morrow, next day 26, 4.

endementier, *adv.* meanwhile 29 b, 99.

endroit, an-, endreit, *sm.* place, spot ; *chascun en son e.*, each one individually 31 a, 75 ; *a l'e. de*, on a level with 31 b, 40 ; *adv.*; *ci* (*ici*) *e.*, in this spot 34, 114 ; *de ci e.*, from here 35, 192 ; *par ci e.*, this way 35, 22 ; *la e.*, to that spot, there 35, 184 ; *e. a*, straight to 13, 195 ; *ou e.*, in the spot where 46, 23 ; *prep.* to, at ; *e. Tarson*, at Tarsus precisely 13, 193 ; *e. de*, as for 58, 95.

enemi, enn-, an-, inimi 11, 3: *sm.* enemy; the devil 13, 160 ; 29 a, 31 ; &c.

eneslepas, *adv.* straightway, immediately 22, 48.

enfant, amfant 13, 22, effant 45, 83, enfaunt 59 a, 19 ; *nom.* emfes 13, 35, enfes 16, 64 ; *obl. pl.* enfans 31 a, 92 : *sm.* child ; young nobleman 17, 76 ; *pl.* young people 19, 3 ; *Enfans Trouvez*, foundlings 63, 17.

enfantosmer, *v.* bewitch, hallucinate 35, 2.

enfardeler, *v.* tie or twist into a bundle 34, 106.

enfer, -ern 16, 126, infer 40, 72, enferne 59 a, 21 : *sm.* hell.

enfertét, *sf.* sickness 57, 68.

enfes v. enfant.

enfester, *v.* insult 16, 84.

enfeutreure, *sf.* piece of felt, or pad, placed by porters on their head or shoulder when carrying heavy weights 37, 5.

enfler, inflare (*L*) 7, 130 : *v.* swell ; *pp. subs.* one who is swollen with disease 28, 159.

enfoir, -fuir, -fouir, *v.* bury 14, 216.

enfondre, *v.* chill, penetrate with wet or cold 34, 206.

enforcier, *v.* strengthen 19, 143 ; *pp. adj.* great, important 38, 71.

enfraindre ; *pp.* enfrait 20, 237 : *v.* break.

enfuir v. enfoir.

engagier, *v.* pledge, pawn 29 b, 14.

engeler, *v. a.* freeze, benumb 34, 206.

Engerran, a French baron 38, 100.

engignier 18, 16, engingnier 20, 11, angignier 31 b, 31 : *v.* deceive, cheat, outwit.

engin, -ng, *sm.* ruse, deceit 20, 30 ; war-machine 48, 29.

Engleter(r)e = Angleterre 28, 27; 41, 4.

englois, -glés 41, 3, -gleys 59 b, 41 : *adj. and subs.* English.

engoler, -gouler, *v.* take in one's mouth 21, 19 ; trim with fur 17, 61.

engraver, *v.* engrave 61, 22.

engrés, *adj.* hasty, precipitate 20, 3.

enl = en lo 11, 19.

enlacier, *v.* entangle, ensnare 27, 244.

enlever, *v.* raise ; *pp. adj.* in relief 17, 194.

enluminer, -nner, anluminer, *v.* illuminate, light up 27, 185 ; endow with sight 16, 31.

enmaladir, *v.* sicken, fall ill 59 a, 20.

Enmelot, woman's name 23, 215.

enmer v. amer.

enmi, enmé 52, 18 : *adv.* in the middle 15, 170 ; *prep.* in the middle of 16, 84.

ennor v. oneur.

enoier, enuier 22, 22, anoier 24 d, 37 ; *ind. pr. 1* ennuie 34, 209, *3* anoget 7, 129, ennuie 34, 209, anoie 55, 44 ; *impf. 3* enuiot 18, 7 ; *subj. pr. 3* anuit 21, 220, ennuit 35, 114, enuit 47, 59 : *v.* be irksome, vex 26, 40 ; weary 14, 88 ; *v. impers.* annoy, vex 7, 129 ; 21, 220 ; 34, 209.

enoindre ; *pp.* enoint 58, 13 : *v.* anoint.

enon Deu, *interj.* = en non Deu, in God's name 23, 33.

enor, enorer v. oneur, onorer.

enorter, enn-, enh-, *v.* exhort 11, 13 ; encourage 27, 55 ; teach 32, 97.

enoytes v. anuit.

enpevrer, *v.* pepper, cook with pepper 15, 153.

enprisoner = emprisonner 16, 70.

enquerable, *adj.* ; *non e.*, inscrutable, mysterious 33, 79.

enquerre 17, 232, enquerir 37, 96 ; *pret. 3* anquist 57, 59 ; *imper. 5* enquerez 37, 101 : *v.* inquire, ask about, investigate.

enqueste, *sf.* judicial or official inquiry 32, 41.

enraigier, *v.* ; *pp. adj.* mad 49, 23.

ens v. enz.

enseigne, -aigne, *sf.* sign, token 16, 229 ; ensign, standard 27, 59 ; battle-cry 14, 114.

enseignier, ansaignier, *v.* show, teach 17, 159 ; train 54, 37.

enseler, *v.* saddle 46, 11.

ensemble, an-, em-, ensamble, -anble, -enble, *adv.* together ; *ansembl' ot*, together with 13, 150 ; *prep.* together with 18, 207.

ensement, *adv* thus ; *e. . . . que*, in such a way that 15, 102 ; *e. com*, v. com.

enseuent v. ensiure.

enseurquetot, *adv.* besides, after all 40, 69.

ensi 25 b, 30, issi 14, 39, ainsi 21, 100, einsi 22, 1, einsint 26, 1, ainsinques 30, 105, ensinc 49, 37, eissi 53, 43, insi 54, 43, ainsy 62, 15 : *adv.* so, thus ; *e. que*, so that 43, 4 ; *tout e. que*, as soon as, when 41, 69 ; *e. com*, v. com.

ensignement, *sm.* teaching 44, 84.

ensiure ; *ind. pr. 3* ensuit 44, 5, 6 enseuent 43, 91 : *v. a.* follow, seek after ; *v. refl.* follow.

ensor, ensure, *prep.* upon 54, 84 ; during 13, 75.

ensuit v. ensiure.

ensus, -uz 27, 72 : *adv.* back, apart 20, 38 ; *d'e.*, from thereon, away 62, 75.

ent v. en.

entaillier, *v.* carve 50, 111 ; ornament 17, 188 ; cut, slash 38, 73.

entalenté, *adj.* disposed, eager 27, 124.

entamer, *v.* make a beginning of, broach 22, 62 ; break into, damage 27, 127.

entan v. entendre.

entencion, -ciun, *sf.* intention, intent 56, 17 ; attention 52, 3.

entendement, *sm.* meaning 44, 17 ; understanding 44, 41 ; mind 62, 5.

entendeur, *sm.* sharp customer 64, 168.

entendiblement, *adv.* intelligibly 37, 50.

entendibleté, *sf.* intelligence 33, 144.

entendre ; *ind. pr. 1* entent 20, 261, entan 29 b, 83, *3* entent 26, 39 ; *imper. 2* entent 55, 124 : *v. a.* hear, listen to 19, 102 ; understand 25 a, 11 ; intend 20, 261 ; *v. n.* concentrate one's attention 31 b, 13 ; (+ *a*) pay attention to, apply oneself to 26, 39 ; 32, 43 ; *ou entendez vous ?* what are you thinking of ? 30, 194 ; *faire entendant*, pretend, claim 26, 168 ; *pres. p. adj.* (with passive sense) intelligible, clear 30, 108.

entente, antante, *sf.* thought, heart 24 c, 47 ; 32, 80 ; purpose 41, 24 ; pains, trouble 47, 2 ; opinion 56, 99.

entention, *sf.* intention, purport 44, 72.

enter, *v.* engraft 63, 45.

enterement, *sm.* burial 58, 12.

enterin, entrin 57, 89 : *adj.* sincere 26, 126.

entir 24 c, 51, entier 27, 159 : *adj.* entire.

entor, -ur, -our, antor, *adv.* around, round about 34, 44 ; *prep.* around

15, 35; (of time) about 35, 113;
par e., round 27, 257.

entraçoper v. entre- (3) and açoper
22, 261.

entramer v. entre- (3) and amer
19, 3.

entrassaillir v. entre- (3) and as-
saillir 22, 240.

entratendre v. entre- (3) and
atendre 22, 261.

entre-, entr', *verbal prefix*, (1) (of
place or time) between, in the
midst of; (2) (indicating incom-
pleteness) half- ; (3) (indicating
reciprocal action, with refl. verbs)
each other, one another, mutually.

entre, entra 13, 97 : *prep.* between,
among ; *e. . . et . .*, both . . and . .,
one with the other, taken together
21, 4; 26, 51; 27, 18; *e. nos deus*,
we two, mutually 22, 117; *e. nous
trois*, we three 35, 29.

entrebesier v. entre- (3) and
baisier 33, 193.

entrecontrer, *v. refl.* encounter one
another, meet in battle 27, 2.

entredemander v. entre- (3) and
demander 22, 198.

entredeus, -dous, *adv.* in between
43, 76; *sm.* interval, difference (?)
22, 158.

entredon(n)er v. entre- (3) and
doner 22, 253 ; 27, 95.

entreferir 27, 73, entrefierent 16,
113 : v. entre- (3) and ferir.

entrehurter v. entre- (3) and
hurter 27, 65.

entrelaissement, *sm.* intermission
42, 27.

entremenjoient v. entre- (3) and
mangier 27, 75.

entremetre 22, 209; *ind. pr. 3*
-met 20, 159, *6* -mettent 44, 87;
pret. 6 -mystrent 31 a, 56; *pp.*
-mis 30, 2 : *v. refl.* (+*de*) concern
oneself with, trouble about, see to.

entrepaier v. entre- (3)and paier
22, 251.

entrepercier v. entre- (3) and per-
cier 27, 61.

entreposer, *v.*; *pp.* -posei, placed
between, intervening 42, 63.

entreprendre ; *subj. pr. 3* -preigne
37, 38 : *v.* take by surprise 15,
132; undertake 37, 1 ; *pres. p.*
-prendant, enterprising 41, 49.

entrer, intrar 12, 14, intrer 12, 57 ;
fut. 5 enterez 16, 205 ; *cond. 5*
enterriés 40, 72 : *v.* enter; (+*en*)
start upon, begin 37, 43.

entreset, *adv.* without hesitation
22, 211.

entresont v. entre- (3) and estre
22, 240.

entresque, *adv.* as far as 17, 20.

entreval, *sm.* interval ; *per tel e.*, in
the meantime 48, 31.

entrevenir 27, 75, entrevienent
22, 227, entrevindrent 27, 79 : v.
entre- (3) and venir.

entrevont v. entre- (3) and aler 22,
235.

entrin v. enterin.

entro, *conj.* until 12, 149; antro
que, do. 12, 104.

entrol = entro li 12, 149.

entroubliai v. entre- (2) and oblier
34, 82.

entroverz v. entre- (2) and ovrir
17, 27.

enui, enn-, ann-, henuit 49, 77 :
sm. vexation, grief 19, 86 ; bore-
dom 34, 214; *venir a e.*, be trou-
blesome 49, 77.

envair, *v.* start upon, begin 53, 72.

enveia v. envie.

envenimer, *v.* poison, contaminate
32, 216; *pp. adj.* venomous 62, 61.

envers, *prep.* towards 14, 75 ; (of
time) about 29 b, 82.

envie, enveia 12, 18 : *sf.* envy ; (per-
sonified) 29 a, 2 ; *avoir e.*, be sorry,
regret 23, 107 ; be jealous 42, 18.

environer, *v.* surround 16, 62.

enviz 12, 13, -is 34, 176, a enviz
18, 131, a anviz 47, 88 : *adv.* un-
willingly, reluctantly.

envoier, -eier, -oyer, aveier 54,
35; *ind. pr. 1* envoi 26, 11 ; *subj.
pr. 3* envoit 29 b, 62 : *v.* send.

envoisier, *v. refl.* be merry, enjoy
oneself 23, 64.

envoloper, *v.* envelop, wrap 27,
112.

enz v. ainz.

enz, ens, *adv.* within, inside, therein 13, 78 ; *e. en.*, into 11, 19 ; in 15, 157 ; *prep.* (for *en* ?) on 43, 66.

eo v. je.

ephi, *sn. indecl.*, ephah, a Hebrew measure of capacity 2, 4.

epythaphe 61, 22, epytafius (*L*) 4 a, 1 : *sf. and sm.* epitaph.

er v. estre.

eramen (*L*), *sn.* copper, bronze 7, 44.

erbe, h-, *sf.* grass 14, 52 ; herb 19, 108.

erbette 36 c, 2 : *dimin. of* erbe.

erbier, *sm.* herbalist 63, 11.

erboie, *sf.* grassy place, meadow 24 d, 10.

ereditas (*L*) = hereditas, *sf.* 7, 102.

Erembor 24 a, 7, Arembor 24 a, 4 : woman's name.

erent v. arer.

erent, eret v. estre.

erme v. ame.

ermin 15, 79, hermin 17, 59 : *adj.* of ermine.

ermine, *sm.* ermine 23, 185 ; cloak of ermine 15, 10.

Ermine, Armenia 17, 80.

erragier v. esragier.

errant 15, 77, esrant 39, 49 : *adv.* speedily, quickly.

errarium (*L*) = aerarium, *sn.* 7, 34.

erraument 22, 66, esranment 39, 27 : *adv.* speedily, at once.

errer, edrer 12, 30 ; *ind. pr. 3* eire 19, 212, *6* eirent 57, 18 : *v.* journey, travel, proceed 13, 76 ; move backwards and forwards 22, 247 ; act, behave 12, 30 ; *inf. subs.* travelling 13, 190.

errer, -eir 44, 79 : *v.* make a mistake.

error, -our, *sf.* distress, dismay 24 c, 30 ; error 44, 87.

ert v. estre.

es = en les 14, 1 ; a les 49, 17.

es, *sf.* board 22, 230.

es 20, 182, est 13, 182 ; 58, 78, ais 14, 56, ez 28, 14, ast 57, 2 : *interj.* (+ *dat. of pers. pron.*) lo ! behold !

esbahir 21, 264, esbair 53, 52 : *v.* surprise, bewilder ; *v. refl.* be startled, bewildered 39, 80.

esbai, *sm.* barking 49, 63.

esbaneier, *v. refl.* amuse oneself, make merry 15, 12.

esbat, *sm.* frolic 63, 123.

esbatement, *sm.* pleasure, enjoyment 56, 24.

esbatre ; *ind. pr. 1* esbas 36 e, 18 : *v. n.* disport oneself, amuse oneself 23, 94 ; *v. refl.* disport oneself 50, 78 ; (*iron.*) 63, 30.

esbaudir, esbaldir, *v.* stimulate, cheer 18, 6 ; *pp.* (of the sun) bright, hot 21, 268.

escache, *sf.* wooden leg 16, 183.

escachier, *adj. and sm.* having a wooden leg 16, 137.

escalguaite, *sf.* sentry, watch 14, 99.

Escalles, Anthony Woodville or Wydville, Baron Scales and second Earl Rivers (1442 ?–1483) 65, 48.

escame, *sm.* footstool 15, 33.

escarbuncle, *sf.* carbuncle, ruby 15, 165.

escarimant, *sm.* rich cloth of Persian origin ; *adj.* made of such cloth 15, 32, 79.

escarlate, *sf.* costly woollen stuff (not necessarily red) ; red material (used for a physician's professional dress) 28, 116.

escars v. eschars.

eschange, *sm.* exchange 49, 41 ; *faire e.*, replace 54, 87.

eschap(p)er, *v.* escape 20, 152.

eschariement, *adv.* in a small company 17, 81.

escharnir, *v.* mock, shame 20, 72.

eschars, escars, *adj.* parsimonious 31 b, 6 ; *a e.*, in a leisurely manner 39, 2.

escharsement, *adv.* scantily 54, 24.

eschauder, *v.* boil (punishment for counterfeit coiners) 63, 52.

eschaugaitier, *v.* keep watch 46, 47.

eschec, *sm.* booty 14, 82.

eschec ; *nom.* eschés 15, 12, eschez 23, 184, echés 56, 29 : *sm.* ; *pl.* chess.

eschequier, *sm.* exchequer, financial court 32, 42.

eschevelé, *pp. adj.* dishevelled 27, 172.

eschiele, *sf.* ladder 32, 107 ; scaling-ladder 46, 72.

eschine, *sf.* backbone, spine 27, 84.

eschive, *sf.* battlement 17, 212.

eschiver 56, 71, **eschever** 63, 81 : *v.* avoid, flee from.

escience 52, 15, **eciencie** 52, 22 : *sf.* knowledge.

escient, **enc-** 56, 58 : *sm.* ; *a e.*, wittingly, deliberately 21, 166.

escillié v. **essillier**.

esclandre, *sm.* noisy dispute, scene 37, 60.

esclarcir, *v.* be bright, shine 15, 125.

Escler, Slav (confused with Saracens) 16, 46.

esclo, *sm.* footprint, track, slot (of a hunted animal) 14, 49 ; 21, 205.

Escluse, l', Sluys, seaport in the Netherlands, where Charles VI in 1385 assembled a French army for the invasion of England 36 b, 14.

Escoce 41, 52, -**osse** 65, 8 : Scotland.

escoillié, *pp. subs.* eunuch 27, 236.

escole, -**lle** 63, 21 : *sf.* school.

escolorgier, *v.* slip down 42, 60.

escondire 24 a, 19 ; *ind. pr. 1* **escondi** 16, 110, *5* **escondites** 47, 83 ; *pret. 3* **escundist** 19, 159 : *v.* deny, gainsay 16, 110 ; *v. refl.* deny a charge, justify oneself legally 24 a, 19 ; (+ *de*) refuse 47, 83.

escorchier, -**cher** 31 a, 54, -**cier** 41, 20 : *v.* flay.

escorre ; *ind. pr. 5* **escowez** 59 b, 16 : *v.* shake, (here) strain out.

Escot, Scot 41, 1.

escouter, **eskolter** 11, 5, **esculter** 15, 118 ; *imper. 5* **escotet** 52, 2 : *v.* listen to, hear.

escowez v. **escorre**.

escremir, *v.* fence, fight 27, 158.

escrevement, *sm.* bursting 62, 65.

escrier, **ecrier** 52, 36 : *v. n. and refl.* cry out, shout 14, 6 ; 27, 153.

escripture v. **escriture**.

escrire, **escripre** 62, 27 ; *ind. pr. 3*

escript 44, 48 ; *pp.* **escrit** 30, 112, **escript** 33, 119 : *v.* write.

escrit, **ecrist** 58, 84, **escript** 62, 4 : *sm.* writing ; *metre en e.*, write down 62, 4.

escriture, -**ipture**, *sf.* writing 37, 75 ; inscription 50, 112 ; book 21, 149 ; scripture, Bible 44, 8.

escu, -**ut** 41, 47 : *sm.* shield ; (coin) crown 61, 4.

escuelle, *sf.* dish, platter 21, 6.

escuier, -**yer**, **esquier** 14, 41 : *sm.* shield-bearer, esquire.

esculte, *sm. and f.* listener, spy 15, 207.

escurge, *sf.* scourge, whip 16, 253.

esdrecier, -**escier**, -**ecer** 52, 11 : *v. refl.* rise up.

esfacier, *v.* efface 33, 119.

esforcier, **eff-** 24 d, 28 ; *ind. impf. 6* **esforçouent** 19, 51 : *v. a.* make greater 24 d, 28 ; *v. n.* become greater 45, 99 ; *v. refl.* make an effort 19, 51.

esforseement, *adv.* violently 31 a, 48.

esforz, **esfors**, **effors** 39, 59 : *sm.* effort, endeavour. (?) 21, 196; strength, vigour 22, 234.

esfreer, **esfraer** 21, 182, **effreer** 31 a, 58; *ind. pr. 3* **esfroie** 24 d, 46 ; *pret. 6* **esfroirent** 55, 110 : *v. a.* frighten 21, 182 ; *v. refl.* get frightened 24 d, 46 ; be agitated 50, 64.

esgaier, *v. refl.* grow merry 50, 12.

esgarder, **esgua-**, **ega-** 35, 66, **eswardeir** 43, 95 ; *subj. pr. 3* **esgart** 26, 37 : *v. a.* look at, contemplate 13, 56 ; pay attention to 43, 95 ; *v. n.* look 31 b, 39.

esgarer, **esgua-** ; *pp. fem.* **esguarethe** 13, 134 : *v.* lead astray ; throw into confusion, dismay 13, 134 ; *pp. adj.* stranded, destitute 18, 206.

esgart, *sm.* judgement, deliberation 19, 12 ; look, glance 26, 166.

esgener, *v.* wound 21, 181.

esglise v. **eglise**.

esgua- v. **esga-**.

esguilleté, *pp.* having aiguillettes or shoulder-knots 63, 73.

eshonté, *adj.* shameless 63, 58.

esjoir, esjohir 49, 58 : *v. refl.* rejoice 33, 85 ; *pp.* joyful 32, 230.

eskoltet v. escouter.

eslais, -és, *sm.* bound ; *a e.* 20, 120, *a un e.* 27, 44, rapidly ; *de plein e.*, at full gallop 22, 229; *de grant e.*, at high speed, very rapidly 27, 79.

esleissier, *v. refl.* gallop, charge at full speed 27, 20.

esleit v. eslire.

esleu v. eslire.

eslever; *ind. pr. 3* -lieve 60, 45, *6* -lievent 43, 39 : *v.* raise, exalt 43, 55 ; *v. refl.* rise up, become exalted 43, 39.

eslingnier (could also be read as eslinguier), *v.* examine, consider 32, 35.

eslire; *pp.* esleu 27, 268, esleit 43, 93, *nom.* esliz 46, 86 : *v.* choose, select.

esloignier, -oingner, esluiner 13, 180 : *v. a.* send away, keep at a distance 37, 58 ; *v. refl.* depart, stray 13, 180.

esloissier, *v.* dislocate 27, 80.

esmaier, esmaer 57, 11 : *v. a.* frighten 20, 259; *v. n.* be dismayed 57, 11 ; *v. refl.* do. 14, 16.

esmal, *sm.* enamel 15, 171.

esmay, *sm.* dismay 35, 102.

esme, asme 49, 79 : *sm.* intention, purpose ; *faire e.*, show desire 20, 200.

esmer, *v.* estimate, count 21, 122.

esmeraude, *sf.* emerald 17, 233.

esmerillon, *sm.* merlin 34, 122.

esmerveillier 22, 192, -villier 41, 7 : *v. refl.* marvel, be amazed.

esmonder, esmunder, *v.* prune, cut away 29 a, 21 ; cleanse 51, 28.

esmoudre ; *pp.* esmoulu 34, 65 : *v.* grind, sharpen.

esmovoir, esmuveir, esmouvoir, esmouver 56, 77 ; *pret. 3* esmut 34, 13 : *v. a.* move, incite 27, 215 ; *v. refl.* move 15, 113 ; betake oneself 56, 77.

espace, *sm. and f.* space 42, 101.

Espaigne 14, 49, Hispania (*L*) 9 a, 3 : Spain.

espandre ; *ind. pr. 3* espant 17, 228 : *v. a.* spread 19, 48 ; strew 43, 82 ; pour out 52, 47 ; *v. n.* spill, run out 45, 97 ; *v. refl.* be spread abroad, become known 61, 25 ; *a espandant*, in profusion 15, 154 ; *pp. adj.* wide 50, 92.

espaneis, *adj.* Spanish 17, 91.

espanir, *v.* expand ; *pp.* open, in bloom 40, 38.

espardre, *v.* scatter ; *a espars*, in an extended line, straggling 21, 9.

espargnier 34, 235, sparniare (*L*) 7, 115 : *v.* spare.

espaule, espaudle 59 a, 4 : *sf.* shoulder.

espaventeir, *v.* terrify 42, 25.

espawentement, *sm.* terror 42, 21.

especial, *adj.* special ; *par e.*, especially 65, 64.

especiaument, -aulment 44, 19 : *adv.* especially ; expressly 31 b, 21.

espee, spede 11, 22, espethe 13, 72 : *sf.* sword.

espeir v. esperer.

espeir, *sm.* hope 57, 27.

espelucier, *v.* inquire into, scrutinize 62, 26.

esperdu, *adj.* distracted, beside oneself 28, 183.

esperer ; *ind. pr. 1* espeir 54, 99, *3* espeiret 13, 193 : *v.* hope.

esperit 44, 84, -erite 52, 50, -irit 59 b, 27 ; *nom.* -eris 62, 43 : *sm.* spirit; *saint E.*, Holy Ghost 59 b, 27.

esperon, -un, *sm.* spur 16, 140.

esperonal, *sm.* place struck by the spur 21, 253.

esperoner, *v. n.* spur, ride fast 28, 16.

esperonnee, *sf.* action of spurring; *toute une e.*, at a gallop 21, 179.

espés 21, 87 ; *fem.* -esse 27, 259 : *adj.* thick, dense.

espessement, *adv.* thickly, abundantly 26, 133.

espicier, *sm.* grocer 37, 69.

espiét 14, 101, inspieth 12, 144: *sm.* spear; sword 12, 144.

espigucer, *v.* spy 58, 68.

espîne, *sf.* thorn 29 a, 56.

Espire, Speyer (Germany); *le prevost d'E.*, not identified 23, 202.

espirer, *v. refl.* be infused 35, 43.

espirit v. esperit.

espiritel 43, 42, -tiel 12, 88, -tau 51, 84: *adj.* spiritual.

espiritelment, *adv.* spiritually, in holy orders 43, 21.

esploit, -eit, exploit, *sm.* use, advantage 25 d, 4; action, deed 60, 96; *a e.*, with alacrity, promptly 18, 258.

esploitier, -eitier, *v. a.* accomplish 15, 41; *v. n.* achieve one's object 25 b, 41; act 45, 84.

espoentable, *adj.* fearsome 62, 41.

espoenter, *v.* frighten, terrify 24 b, 11; *v. refl.* be terrified 62, 70.

espoir, *adv.* perhaps 47, 84.

esponge, *sf.* sponge (translator's error) 33, 79.

espos, -us, -ous, *sm.* bridegroom, husband 13, 66.

espose, -ouse, spuse 13, 53: *sf.* bride, wife.

esposer, -user, -ouser, *v.* marry 13, 48; *pp. sf.* wife 32, 61.

esprendre; *ind. pr.* 6 esprenent 45, 82: *v.* catch fire.

esprevier 17, 65, spervarius (*L*) 8, 28: *sm.* sparrow-hawk.

espringuier, *v.* spring, leap, dance 24 d, 19.

esprover, aprover 48, 39: *v.* try, test 22, 83; show by experience 48, 39.

espunde, *sf.* frame of a bed 15, 171.

esquier v. escuier.

esragier 42, 85, -aigier 49, 75: *v.* unroot, pull out.

esragier, err- 45, 87, esrager 52, 37: *v.* become enraged, go mad.

esrant v. errant.

*esrere, *v.* shave off; *pp.* esrés, worn out, threadbare 40, 78.

essai, *sm.* trial, attempt; *soi mettre en e.*, try 35, 6.

essaier, asaier 19, 49, ass- 64, 143: *v.* try, test 18, 239; attempt to seduce 25 b, 39; *v. refl.* try one's strength, make an attempt 19, 49.

essanpleire, *sm.* pattern, model 47, 9.

essaucier, -chier 38, 48: *v.* elevate, exalt 32, 185; worship, honour 38, 20.

essauz v. assaut.

esse = est ce 38, 42.

essegier v. assegier.

essemple, essam-, esam-, essan-, example, exem-, *sm. and f.* example; news, report 13, 182; illustration, symbol 27, 137.

essez v. assez.

essillier, esc-, exiller, *v.* ruin, destroy 38, 18; exile 60, 36; *pp. subs.* poor wretch 27, 180.

essiment, *adv.* likewise 42, 51.

essoine, -nne, essoigne, *sf.* legitimate cause of absence 35, 174; 54, 52; difficulty, trouble 48, 110.

essor, *sm.* fresh air 40, 26.

est v. issir and es.

esta v. ist and ester.

estable, *sf.* stable 33, 189.

estableté, *sf.* steadfastness, loyalty 20, 266.

establir, *v.* establish, post 31 a, 53

estache, *sf.* pillar 15, 35.

estage, *sm.* state, condition, 24 b, 13; storey, floor 40, 21; stay, abode 51, 33.

estaindre, *v.* extinguish, put out 60, 48.

estait v. ester.

estal, *sm.* position, halting-place; *torner a e.*, halt 21, 247.

estanc, -nt 21, 147, -ng 21, 154; *nom.* -ns 21, 148: *sm.* pond.

Estanor, the shore of the Bosphorus near Constantinople 46, 45.

estat; *nom.* -as 32, 89: *sm.* state 27, 203; estate, possession 32, 89; order (of the Church) 32, 141.

estatut, *sm.* statute 32, 207.

esté, -ét 15, 125, **-ed** 15, 145: *sm.* summer.

esteillé, *adj.* starry 16, 67.

estele, *sf.* splinter, piece of wood 28, 131.

estendart; *nom.* **-rs** 60, 95 : *sm.* standard.

estendre, -andre; *ind. pr. 3* estent 19, 233: *v. a. and n.* stretch out, extend 22, 250; 33, 159; *v. refl.* lie at full length 19, 233; extend, reach 27, 70.

ester 12, 81 ; *ind. pr. 3* estait 14, 69, *6* **estont** 21, 71, **-unt** 57, 50; *pret. 3* instud 12, 27, esta 33, 101, stiut 42, 35, *6* esterent 53, 6; *plpf. 3* estera (*Prov.*) 12, 146 ; *subj. impf. 3* esteust 54, 39 ; *pres. p.* estant 14, 63 : *v. n.* stand, be ; stay, dwell, live 12, 27 ; stand still 14, 54 ; *v. refl.* stand 33, 101 ; stand still 54, 39; *laissier e.,* let alone, let be 40, 64 ; *en estant,* stationary 14, 63 ; standing, upright 14, 126 ; *inf. subs.* stay, sojourn 18, 9.

esterneir, *v. refl.* prostrate oneself 42, 24.

esteust v. ester.

esteut, esteust v. estovoir.

Estevre 52, 4, **Estienvre** 54, 17 : (St.) Stephen.

estimare (*L*) = aestimare, *v. a.* 5, 3.

estincele, *sf.* spark 27, 210.

estoét v. estovoir.

estoile, -lle 41, 50 : *sf.* star.

estoire 17, 251, **hyst-** 32, 7, **yst-** 33, 173 : *sf.* history, story.

estole, *sf.* stole 33, 108.

estonner, *v.* stun 34, 221.

estont v. ester.

estor, -ur, -our, *sm.* fight, battle 14, 17.

estordir, estur-, *v.* deafen 19, 204; stun 21, 266.

estossir, estou-, *v. refl.* cough 26, 128.

estot v. estovoir.

estout 47, 103, **-ous** 34, 152 : *adj.* bold, insolent.

estovoir 53, 10, **-eir** 18, 12 ; *ind. pr. 3* estot 13, 128, **estoét** 14, 132, **estuet** 18, 223, **esteut** 35, 166 ; *pret. 3* estut 19, 54 ; *fut. 3* estovra 18, 60 ; *subj. impf. 3* esteust 54, 10 : *v. impers.* be necessary, be needed, must ; *grant chose a en faire l'esteut,* (proverbial expression) what can't be cured must be endured 35, 166 ; *inf. subs.* necessity 18, 12 ; requirements, necessaries 53, 10.

estrange, *adj. and subs.* foreign 14, 138; strange 33, 68; stranger 49, 40.

estre v. aitre.

estre, *sm.* hearth ; place where the hearth is, living-room 29 b, 59 ; house 33, 9, 189; household 48, 56.

estre 23, 78, **estra** 13, 110; *ind. pr. 1* sui 13, 110, soi 13, 220, suis 35, 202, *2* ies 13, 132, es 20, 258, ez 34, 143, *3* est 12, 5, *4* sumes 15, 132, sommes 27, 153, sunmes 52, 59, *5* estes 15, 207, *6* sunt 15, 10, sount 59 b, 3 ; *impf. 1* iere 25 c, 37, estoie 26, 124, *3* eret 11, 12, ert 13, 2, iert 20, 81, iere 29 b, 6, astoit 42, 12, ere 46, 96, eirt 54, 3, *6* erent 13, 17, eirent 54, 26 : *pret. 1* fui 14, 17, fu 34, 96, *2* fus 30, 68, *3* fut 11, 1, fud 12, 15, fo (*Prov.*) 12, 79, fu 15, 86, fust 59 a, 18, *4* fumes 33, 175, *5* fustes 26, 110, *6* furent 13, 61, furunt 52, 16 ; *plpf. 3* furet 11, 18, fura 12, 113 ; *fut. 1* er 10, 33, ierc 13, 135, serai 14, 184, ier 24 c, 60, *2* estras 13, 141, *3* iert 13, 5, ert 13, 8, serrat 15, 67, serra 17, 158, serit 43, 31, *4* seromes 25 b, 33, serum 58, 117, *5* serés 31 a, 13, seroiz 47, 89, *6* ierent 15, 201, serunt 43, 28 ; *cond. 1* seroie 26, 149, *3* serreit 17, 130 ; *subj. pr. 1* soie 26, 238, *3* sit 10, 19, seit 13, 25, *4* seiom 51, 23, *5* seez 16, 91 ; *impf. 1* fusse 26, 148, *3* fust 12, 28, feust 34, 70, fut 44, 90, *5* fuissez 16, 175, feussiez 35, 109, *6* fusent 43, 69, fussient 46, 72 ; *imper. 4* soiens 43, 15, 5 seez 57, 5; *pp.* esté 19, 105, esteit 43, 73: *v.* be; exist 14, 203; (+*dat.*) belong to 27, 106; (+*a and inf.*) be to, have to, must 22, 83; 29 b, 17, 108; 33, 128; *v. impers.* be 13, 13; (+*de and dat.*) be of importance to, concern 18, 199; *se ne fust*, had it not been for, but for 27, 162; *inf. sm.* state, condition, situation 19, 142; conditions, life 57, 59.

estre, *prep.* outside; against 17, 172.

estreindre, -aindre; *ind. pr. 3* estreint 19, 234; *pret. 3* estrainst 42, 101; *pp.* estroit 55, 89: *v.* press tightly 19, 234; *fig.* reduce, allay (one's thirst) 21, 49; *v. refl.* confine oneself 42, 101.

estreine, -einne, -aine, *sf.* fortune, luck 48, 74; first sale of the day 64, 118.

estrener; *ind. pr. 1* estraine 64, 119: *v.* make the first payment of the day.

estrengler; *pp.* -glei 54, 47: *v.* strangle.

estres, *sf. pl.* apartments 18, 231.

estrieu, estriu 16, 138, estreu 17, 47, estrier 27, 67: *sm.* stirrup.

estriller, *v.* scrape, curry 32, 18.

estriver, *v.* compete 24 d, 16.

estroit v. estreindre.

estroit, stroit 42, 11: *adj.* narrow; *adv.* close 24 b, 55.

estroitement, estreite-, *adv.* closely 17, 21.

estrumelé, *adj.* trouserless, bare-legged 40, 79.

estude, -uide 17, 184: *sf.* care; study (room) 62, 1; *par* (*grant*) *e.*, with great pains 17, 184; 48, 25.

estudieir, *v.* study 44, 78.

estuer, *v.* put aside, stow away 59 b, 11.

estuet v. estovoir.

estuier, *v.* shut in a case, put away 34, 197.

esturner, *v.* overthrow 58, 64.

estuy, *sm.* case, holder 63, 90.

esvanir; *pret. 3* esvanoi 33, 182: *v. refl.* disappear, vanish.

esveillier; *ind. pr. 1* esveil 29 b, 86: *v. refl.* wake.

esvertuer, *v. refl.* exert one's strength 36 e, 16.

esvoisié, *pp. adj.* joyous, gay 22, 9.

eswardeir v. esgarder.

et v. avoir and e.

et, e, *conj.* and, also; (introducing principal clause) 22, 88; (introducing conditional clause) 64, 47; *et je*, I too 24 b, 29; *et . . et . .*, both . . and . . 12, 111; *adv.* (before comparative) by so much, the 26, 135; 64, 30.

Ethiope, Ethiopia 17, 226.

Ethna, Mt. Etna in Sicily 17, 222.

eu v. avoir.

eue v. eaue.

Eulalia, St. Eulalia of Merida (Spain), martyred 304 A. D. 11, 1.

euls v. il.

eulz v. ueil.

eur, our, *sm.* fortune 57, 8; good fortune 60, 42; *a bon e.*, formula expressing good wishes 35, 124.

eure, h-, ore, h-, hora 12, 65, hure 58, 21, houre 59 b, 35: *sf.* hour, time; *pl.* hours, prayers 35, 62; *a bon' hore* 16, 36, *de buene ore* 26, 157, auspiciously; *a dreit' hure*, straightway 58, 21.

eus v. ues and il.

euvre v. uevre.

euvre, euvrent v. ovrer.

euz v. ueil.

evangile, -gille, evangelium (*L*) 6, 53, -geile 44, 60: *sm.* gospel; gospel truth 64, 109.

eveschié 30, 163, evesquét 12, 38: *sf.* bishopric.

ewangelistre, *sm.* evangelist 44, 85.

ewe v. eaue.

Ewruin, Ebroin, Neustrian mayor of the palace (656–81) 12, 11.

exaccion, *sf.* exaction 32, 53.

exactare (*L*), *v. a.* exact 8, 30.

example v. essemple.

*exardeir; *ind. plpf. 3* exastra 12, 107: *v.* (here *impers.*) catch fire, flare up.

*exaudir; *ind pr. 3* exaudist 12, 86: *v.* hearken to.

exciter, *v.* move, incite 34, 37; wake, arouse 34, 226.

exercite, *sm.* army 12, 54.

exibere (*L*) = **exhibere,** *v. a.* 6, 31.

exillez v. essillier.

exit v. issir.

exolis (*L*) = **exsules,** *nom. pl.* of **exsul,** *subs.* 6, 46.

eyt v. avoir.

ez v. es and estre.

fable, *sf.* fable, tale 17, 13; lie 30, 175.

fableau, *sm.* fabliau, humorous story in verse 31 a, 22.

fabler, *v.* tell a tale, relate 40, 52.

face, *sf.* face; *de prime f.,* at first 65, 40.

façon, fasson, *sf.* appearance 17, 14; rank, quality 61, 51.

faculté, *sf.* disposition 62, 49.

fade, *adj.* faint, languid 30, 134.

faemina (*L*) = **femina,** *sf.* 3 b, 15.

faemur (*L*) = **femur,** *sn.* 3 b, 12.

faict v. fait.

faictis, *adj.* made on purpose, express 64, 3.

faide, *sf.* enmity, vengeance; *demander f. a,* take vengeance on 40, 60.

faille, faile, *sf.* mistake; *sanz f.,* infallibly, surely 22, 131; *faire f.,* be lacking, run short 57, 13.

faillir, faudre 56, 94; *ind. pr. 3* **falt** 14, 58, **faut** 20, 253, **fault** 35, 26, *5* **failliez** 18, 84; *pret. 1* **failly** 64, 155, *3* **faillut** 65, 6; *fut. 3* **faldra** 18, 86, **faudra** 33, 156; *subj. pr. 3* **faille** 23, 19; *pres. p.* **faillant** 22, 58: *v. n.* fail, be lacking, run short 14, 58; come to nothing, be a failure 29 b, 115; give way, faint 35, 27; come to an end, cease 18, 86; 22, 152; do wrong, transgress 37, 113; (+ *dat.*) fail, leave in the lurch 16, 160; (+ *a*) fail to obtain, go without 23, 170; 30, 207; lack 25 d, 26; *v. impers.* be necessary, must 35, 26; *v. refl. il s'en faut,* there is wanting 64, 85.

faim, fein 26, 155 : *sf.* hunger.

fainctif, *adj.* dissembling, false 63, 58.

faintise, *sf.* pretence 60, 7.

faire, fere, fare 13, 47, **feire** 47, 7, **feare** 59 a, 10; *ind. pr. 1* **faz** 18, 131, **fas** 34, 181, *2* **fes** 27, 200, *3* **fet** 19, 195, *4* **fesom** 51, 53, *5* **fetes** 22, 147, **feites** 47, 94, *6* **funt** 13, 47; *impf. 3* **faseit** 51, 65, **feseit** 52, 8, **faiseit** 54, 87, *6* **fesoient** 32, 203; *pret. 1* **fis** 26, 101, *2* **feis** 21, 105, *3* **fist** 12, 13, *4* **feimes** 57, 116, **feistes** 26, 117, **fistes** 35, 106, *6* **firent** 13, 88, **fisent** 41, 57, **fissent** 46, 47, **fistrent** 53, 12; *plpf. 3* **fistdra** 12, 37, **fisdra** 12, 39, **firet** 13, 125; *fut. 1* **feray** 35, 139, *2* **fras** 57, 72, *3* **frat** 57, 13, *4* **ferum** 14, 45, **ferommes** 20, 271, **ferom** 51, 33; *cond. 1* **fereie** 15, 149; *subj. pr. 1* **face** 24 b, 19, *3* **fazet** 10, 17, **facet** 14, 54, **face** 28, 74, *5* **faceiz** 18, 76, **faciés** 38, 5, **fachiez** 56, 3, *6* **facent** 37, 23, **faicent** 44, 4; *impf. 3* **fesist** 12, 112, **feist** 21, 92, **fist** 64, 161, *6* **feissent** 37, 116; *imper. 2* **fai** 13, 171, *4* **fesom** 51, 22, **fasom** 51, 27, **faimes** 58, 33, **faison** 64, 53, *5* **fetes** 26, 6, **faictes** 37, 24, **faitez** 58, 77; *pres. p.* **fesant** 23, 96; *pp.* **fet** 23, 224, **faict** 37, 21, **feit** 47, 29, *nom.* **fes** 27, 220: *v.* do, make; accomplish, perform 14, 62; cause, bring about 27, 202; act 30, 141; inflict (punishment) 36 e, 31; celebrate (a festival) 51, 21; travel, cover (a distance) 64, 163; (+ *a and inf.,* e. g. *amer*) deserve to be (loved), be worth (loving) 25 d, 10 ; 38, 72 ; 49, 86 ; *f. bien* show valour, act bravely 27, 6, 36; *le f. bien,* do. 46, 55; *avoir a f. de,* have need of 37, 22; *avoir a f. a,* have dealings with 37, 56; *bien fait,* shapely, handsome 23, 224; *f. que* (*fols,* &c.), *avoir que f.,* v. qui; (as *verbum vicarium,* to avoid repetition of a preceding verb) do 10, 17; 13, 147; &c.;

(replacing *dire*) say 16, 66; &c.; *v. refl.* become, be 13, 125; 24 d, 21; come to pass 64, 24; *v. impers.* be; *f. bel,* be beautiful 15, 117; *f. requeit,* be peaceful 15, 124; *f. mal,* be bad, be harmful 21, 127; *ne fait pas a parler,* there is no need to speak 27, 234.

fairel = faire le 17, 121; 18, 208.

fais, *sm.* burden 28, 167; bundle 29 b, 69.

fait, fet, faict 60, 98; *nom.* fais 41, 53 : *sm.* deed; feat of arms, exploit 36 b, 14; case, affair 36 d, 19; *avant le f.,* beforehand 37, 72; *aprés le f.,* when the harm has been done 29 b, 43.

faititre, *sm.* composer, author 36 a, 2.

fallace, *sf.* deceit, fraud 32, 116.

fame, fanne v. feme.

fame, *sf.* fame, rumour 18, 21.

fantasie, *sf.* mind 62, 46.

fantosme, *sm.* phantom, ghost 22, 70.

faoison, *sf.* fate, destiny 30, 214.

faonel; *nom.* faonniaus 21, 170 : *sm.* young of an animal, cub.

faonner, *v.* give birth to young, cub, litter 21, 169.

farcer, *v.* play practical jokes, hoax 63, 59.

fardel 34, 105, -eau 62, 21; *nom.* -eaulx 37, 5 : *sm.* bundle, burden.

fare v. faire.

Farnasses v. Pharnasses.

farsir, *v.* stuff, cram 23, 157.

fart; *nom.* fars 27, 263 : *sm.* paint, rouge.

fas, fasom v. faire.

fas (*L*), *per f. et nephas,* by fair means or foul 32, 102.

faucon, falcun, *sm.* falcon, hawk 15, 13.

faudra, faudre v. faillir.

faus, faux, faulx 63, 51 : *adj.* false.

faussart, fausart, *sm.* scythe-shaped weapon with sharp point (usually employed as a missile, but here apparently confused with **fauchon**) 27, 20.

fausser, faulceir 44, 71, fauceir 44, 83 : *v.* make false, pervert.

fausset, *sm.* falsetto 20, 41.

faut v. faillir.

faute, faulte, *sf.* opening, gap 27, 100; default, lack 60, 93.

fautestu, *sm.* armchair, esp. used as throne 51, 61.

fauve, *adj.* fawn-coloured 22, 143.

fauvel, *adj.* fawn-coloured; *sm.* hypocrisy allegorically represented in the shape of a fawn-coloured horse 32, 18.

favelle, *sf.* talk 20, 172.

faz, fazet v. faire.

feare v. faire.

fecunditét, *sf* fruitfulness 13, 27.

feid v. foi.

feimes v. faire.

fein v. faim.

feindre; *ind. pr. 3* faint 36 d, 20; *pp. fem.* fincta 12, 25 : *v.* feign, simulate, dissemble.

feire, feis, feist, feit, feites v. faire.

feit v. foi.

fel v. felon.

Felipon, Philip-Augustus, king of France 39, 63.

fellement, *adv.* violently 62, 40.

felon, -un; *nom.* fel 12, 143, fels 18, 154; *fem.* felle 62, 50 : *subs. and adj.* traitor, treacherous, harsh, cruel 30, 193.

felonie, -nnie, *sf.* perfidy, wickedness 18, 48.

feltre, *sm.* felt cloth 15, 203.

feme, femme, femne 17, 14, fame 27, 172, fanne 47, 86, fome 48, 35 : *sf.* woman, wife.

femer, *v.* manure 29 b, 114.

femier, *sm.* dunghill 20, 6.

femus (*L*) = fimus, *sm.* 7, 93.

fenestre, *sf.* window 15, 122.

fenir, *v. a.* finish, end 23, 48; *v. n.* die 52, 51; *inf. subs.* death 29 b, 106.

feolment, *adv.* faithfully 42, 89.

fer, fier 41, 38 : *sm.* iron; iron part, head (of a weapon) 27, 21.

feramen (*L*), *sn.* game 8, 27.

fere v. faire.

ferir 27, 125; *ind. pr. 3* fiert 21, 180, *6* fierent 15, 97; *impf. 3*

feroit 27, 4, ferivet 43, 61; *pret.
3* firid 12, 148, feri 20, 116, *6* fe-
rirent 27, 11; *fut. 1* ferrai 15,
201; *cond. 1* ferreie 16, 136; *subj.
pres. 2* fieres 42, 27, *3* flerge 15,
219, flere 21, 187; *impf. 5* feris-
siez 20, 107; *pp.* feru 16, 132:
v. strike, smite; *v. refl.* (*+ en*)
attack 45, 100; *inf. subs.* blows
16, 59.

fermer; *pret. 6* fermarent 49, 1:
v. a. close 15, 198; declare (war)
49, 1; *v. n.* be fastened 46, 39.

ferrai, ferreie v. ferir.

ferrant, *adj.* iron-grey 22, 46.

ferrer, *v.* furnish with iron 16, 184;
chemin ferré, paved, metalled
road 16, 246.

ferté, *sf.* pride 16, 163.

ferté, *sf.* stronghold, fortress 21, 57.

feru v. ferir.

fes, fesant, fesom v. faire.

Fescant, abbey of Fécamp in Nor-
mandy 12, 93.

feste, *sf.* feast, festival 14, 134.

festu, *sm.* straw 45, 65.

fet, fetes v. faire.

fetichement, *adv.* prettily, well 56,
22.

fetius (*L*), *perh. gen. masc. sg. of*
foetidus ? 5, 8.

féture, *sf.* form, shape 27, 255.

feu, fou 11, 19, foc 12, 49, fu 39,
14, fuc 51, 7 *sm.* fire; *mal f.*,
hell-fire 20, 257.

feu, *adj.* deceased, lately dead 30,
220.

feust v. estre.

fevre, *sm.* blacksmith 27, 111.

fex (*L*) = **faex**, *sf.* 7, 91.

fez v. faire.

fi, *adj.*; *de f.*, for certain 39, 57.

fiance, *sf.* pledge, promise 18, 72;
trust, reliance 43, 13.

fiancier, *v.* promise 45, 85.

ficatum (*L*), *sm.* liver 7, 63.

fichier, *v.* fix, place 26, 72; *f. le
feu*, kindle fire 45, 95.

fid v. foi.

fiee, fleie v. foiee.

fief 38, 8; *nom.* fiés 38, 108: *sm.
fief.*

fier v. fer.

fier, *adj.* proud, noble 15, 45; fierce
17, 224; haughty, arrogant 22,
220.

fier, fyer, *v. refl.* (*+ a* or *en*) trust
in, rely upon 20, 166.

fiere, fierge, fiert v. ferir.

flex v. fil.

figure, *sf.* form, shape 11, 25; face
62, 42.

fil, *sm.* thread 17, 31; stream 21,
132.

fil 17, 168; *nom.* filz 13, 52, fiz 17,
80, fis 21, 219, fix 25 a, 9, fiex
38, 11; *often* filz *indecl.* 13, 15:
sm. son.

filcissimus (*L*) = felicissimus, *adj.
superl.* 4 b, 7.

filé, *sm.* what has been spun, yarn
36 e, 22.

filie v. fille.

filiere, *sf.* ball of thread 23, 17.

fille, filie 13, 40: *sf.* daughter; cour-
tesan 63, 56.

filluel, *sm.* godson 20, 199.

filole, *sf.* goddaughter 40, 4.

filz v. fil.

fin, *sf.* end; conclusion 46, 76; *me-
tre f. a*, settle (a quarrel) 22, 210;
a f. de, in order to 35, 8; *affin
que*, in order that 63, 13; *a f. que
. . . ne*, lest 37, 25.

fin, *adj.* fine, pure 15, 26; *de cuer f.*,
loyally, gladly 35, 152.

finablement, *adv.* in the end 62,
30.

finance, *sf.* end; *metre a f.*, put to
death 65, 66.

fincta v. feindre.

finer, *v. a.* finish, end 31 a, 93; *v. n.*
end 30, 168; stop 21, 167; perish,
die 14, 141; 19, 4; *f. la vie*, die
42, 48.

fiolete, *sf.* small phial 19, 185.

firid v. ferir.

fis v. fil.

fisdra v. faire.

fisique 28, 106, phisike 19, 106:
sf. physic, art of medicine.

fissent, fist, fistdra v. faire.

fix, fiz v. fil.

flaiel, fragellum (*L*) 1, 42: *sm.*

scourge ; persecution, torment 12, 95.

flairier 45, 107, **flerier** 33, 136 : *v.a. and n.* smell.

flajuler, *sm.* whip 16, 253.

flame, -mme, flamma 12, 49, **flambe** 33, 110 : *sf.* flame.

flamenc ; *nom.* -**ens** 36 b, 23 : *subs. and adj.* Fleming.

flater, *v.* flatter 32, 121 ; deceive 20, 216.

flateresse 37, 122 : *fem.* of **flateur**, flatterer.

flechir, -cir, *v. a.* bend ; (*fig.*) move 18, 168 ; *v. n.* bend 62, 9.

flerant v. flairier.

fleuste, *sf.* flute 63, 59.

fleve v. foible.

flor, -ur, -our, *sf.* flower ; *fig.* 14, 35.

Florescele 16, 138, -**ecele** 16, 167 : Alderufe's horse.

florete 23, 13 : *dimin.* of **flor**.

florir, *v.* flower, bloom 15, 8.

floter, *v.* float 14, 76 ; swim (of cellars flooded with wine) 45, 97.

flun 17, 221, **flum** 51, 86 : *sm.* river.

fo v. estre.

foc v. feu.

focé v. fossé.

foi, fei, foy, fid 12, 30, **feit** 13, 2, **feid**, 14, 171 : *sf.* faith, honour ; *en f., en bone f.*, loyally 22, 77, 128 ; verily 35, 55 ; *par f., pdr buene f.*, in good faith, verily 20, 226 ; 26, 157 ; *f. que vous doi*, by the faith that I owe you, upon my honour 30, 228.

foible 31 a, 36, **fleve** 43, 36 : *adj.* weak ; faint-hearted.

foiblece, *sf.* weakness 31 b, 29.

foibleté, *sf.* weakness 31 a, 43.

foiee, foiiee, foie 20, 264, **fiee** 21, 121, **fieie** 43, 20 : *sf.* time, occasion ; *a la f.*, from time to time, at times 43, 20.

foille v. fueille.

foir v. fuir.

foison, fuison 41, 21, **fuisun** 57, 33 : *sf.* abundance ; *a f.*, plentifully 35, 155.

Foix, province in S. of France ;

conte de F., an imaginary personage 35, 108.

foiz, feiz, fois, foys, *sf.* time, occasion 16, 179 ; *toutes f.*, always 56, 88 (cf. **tot**).

fol, foul 32, 245 ; *nom.* **folz** 24 b, 20, **foulz** 36 d, 19, **fos** 47, 57, **fous** 51, 92 ; *fem.* **folle** 63, 23 : *adj. and subs.* foolish, mad 16, 182 ; frivolous, wanton 31 b, 50.

folie, *sf.* madness, folly 15, 209 ; mad or foolish words 17, 134 ; wantonness 31 b, 23 ; *en f.*, licentiously 36 a, 9.

foloier, *v.* act foolishly 20, 139.

fome v. feme.

fonde, *sf.* sling 36 e, 18.

fondement, *sm.* foundation 29 a, 28.

fondre, *v.* melt, dissolve 35, 132 ; collapse 45, 81.

fontaine,-ainne,-einne, funtaine, *sf.* spring, fountain 16, 1.

fontenele 23, 5 : *dimin.* of **fontaine**.

fonz 50, 100, **funz** 14, 75 : *sm.* bottom.

forain, *adj.* strange, foreign 19, 244 ; external 62, 54.

forbir, four- ; *fut. 3* **furberit** 43, 30 : *v.* furbish, burnish 34, 64 ; wipe clean 43, 30.

force, *sf.* strength, might ; *pl.* strength 42, 19 ; *a f.*, by force 21, 76 ; *par f.*, by force 21, 108 ; perforce, necessarily 22, 232 ; *ne faire f. de*, be indifferent to, not care about 34, 83 ; *estre f.*, be inevitable 61, 40.

forchachieir, *v.* tread underfoot, destroy 43, 111.

forchié, *sm.* sort of fork for carrying game 23, 100.

forchu, *adj.* forked, branched 49, 74.

forçoier, *v.* hunt, pursue 23, 120.

forer, *v.* pierce 16, 29.

forest 31 a, 25, **forestis** (*L*) 8, 24 : *sf.* forest.

forfaire ; *pret. 1* -**fis** 18, 33, *2* -**fesis** 16, 152 : *v.* transgress, deserve a punishment.

forfaiture, *sf.* crime 21, 240.

forfet, *sm.* wrong-doing, misdeed 29 b, 44.

forgier, *v.* forge (metal) 27, 111.

forjugier, *v.* condemn 30, 215.

forme, fourme 27, 230: *sf.* form ; way 56, 39.

forment v. **fortment.**

formentum (*L*) = **frumentum,** *sn.* 5, 6 (cf. **froment**).

fornir, *v.* ; *pp. adj.* strongly built, strong 27, 103.

fors, fuer 48, 78 : *adv.* out, outside 12, 62 ; *f. de,* out of 21, 206 ; *f. que,* except 17, 37 ; *f. tant que,* except only that 26, 218 ; *f. por itant,* for all but that 22, 97 ; *estre f. de,* be destitute of 29 b, 104 ; *prep.* except 16, 82 ; *f. tant solement,* save this only 26, 242.

forsragier, *v.* pull out, tear away 42, 75.

fort ; *nom.* **fors** 21, 201 : *adj.* strong ; fierce 14, 136 ; great, exceeding 15, 191 ; hard, difficult 37, 19 ; heavy (work) 37, 7 ; *il m'est a f.,* I am grieved 35, 164 ; *au f.,* after all, taking everything into consideration 63, 7 ; *adv* strongly, greatly, very much, very 13, 59 ; *sm.* important matter 56, 45.

forterece, -esce, *sf.* fortress 31 a, 83.

fortment 17, 96, **forment** 13, 22 : *adv.* strongly, greatly ; exceedingly 55, 139.

forveier, *v.* lose one's way, stray 54, 40.

fos v. **fol.**

fosse, *sf.* pit, grave 61, 19 ; cavern 42, 11.

fossé, fosé, focé 45, 45: *sm.* ditch, trench, moat.

fou v. **feu.**

foudre, *sm* lightning 33, 109.

fouir, *v.* dig 34, 191.

foul v. **fol.**

fouleur, *sm.* wine-presser 37, 9.

fourment v. **froment.**

fourpasser, *v.* pass beyond 41, 82.

fourrer, *v. a.* insert, stuff (alluding to the practice of adulterating coins by inserting base metal between two layers of gold) 64, 160 ; *v. refl.* get, creep in 65, 57.

fourreur, *sm.* furrier 37, 10.

fouyr v. **fuir.**

fradra, fradre v. **frere.**

fraile 13, 9, **fraisle** 13, 69 : *adj.* fragile, weak.

fraindre ; *ind. pr. 3* **fraint** 10, 31, *6* **fraignent** 16, 114 : *v. a.* break.

frainte, *sf.* din, noise 21, 171.

framea (*L*), *sf.* double-edged sword 7, 103.

franc, francus (*L*) 6, 3 ; *nom.* **frans** 16, 233 ; *fem.* **franche**: *sm.* Frank, Frenchman 14, 64 ; *adj.* free 13, 40 ; 36 e, 4 ; noble 16, 209.

franc ; *nom.* **frans** 64, 35 : *sm.* unit of money, franc (= **20** *sous*).

France, the district occupied by the Franks, Northern France 14, 35 ; 15, 48 ; 24 a, 2.

franchement, *adv.* nobly 17, 122 ; independently 36 e, 22.

franchise, *sf.* freedom 27, 122 ; nobility, generosity 27, 198.

françois, -ceis, -çoiz 44, 39 : *adj. and subs.* French ; inhabitant of the Île-de-France 25 a, 5 ; French language 34, 23.

frans v. **franc.**

frarin, *adj.* poor, wretched, bad 50, 48.

frat v. **faire.**

frein, frain 21, 7 ; *nom.* **frainz** 33, 43 : *sm.* bridle.

freire v. **frere.**

fremail, *sm.* clasp 24 d, 15.

fremir, *v.* tremble, quiver 15, 127 ; murmur, roar 15, 121 ; become enraged 42, 29.

fremison, *sf.* shuddering, terror 62, 42.

frenge, *sf.* fringe 27, 248.

freor, *sf.* terror 53, 67.

frere, fradre 10, 15, **fradra** 10, 16, **freire** 43, 1 : *sm.* brother ; friar 59 b, 4.

fresche v. **frois.**

freschement, *adv.* freshly, recently 21, 164.

frescheur, *sf.* freshness 21, 205.

frire, *v. n.* fry ; (of blood) boil 28, 69.

froideur, -our, freidor 17, 202: *sf.* coldness.

froidure, *sf.* cold 64, 66 ; coolness 21, 144.

frois ; *fem.* **fresche** 14, 96 : *adj.* fresh.

froissier, *v. n.* break to pieces 27, 68.

froit 36 b, 7 ; *fem.* **frioda** (*L*) 1, 26 : *adj. and subs.* cold.

fromage, formaticum (*L*) 7, 97, **frommage** 36 d, 4: *sm.* cheese.

froment 21, 174, **fourment** 33, 2 : *sm.* wheat.

fromentee, *sf.* wheaten porridge 63, 121.

fu, fuc v. feu.

fu, fud v. estre.

fue(i)lle, foille 16, 2 : *sf.* leaf.

fuer v. fors.

fuer, *sm.*; *a nul f.,* at any price, on any condition 19, 200.

fui v. estre.

fuir, foir 18, 26, **fouir** 33, 40, **fuire** 49, 67, **fouyr** 65, 78 ; *ind. pr. 1* **fui** 13, 60, *5* **fuiez** 18, 113, *6* **fuent** 49, 26 : *v. a.* flee from, abandon 11, 14 ; *v. n.* flee 13, 132 ; *v. refl.* (+ *en*) flee, 13, 60.

fulc 12, 47, **fulcus** (*L*) 7, 26: *sm.* crowd, multitude.

fumiere, *sf.* smoke 41, 70.

fun, *sm.* smoke 17, 222.

fun, *sm.* rope 42, 109.

funt v. faire.

fura, furet v. estre.

furare (*L*) = **furari,** *v. dep.* 7, 79.

furberit v. forbir.

furor, *sf.* fury 12, 109.

fust, fussient v. estre.

fust ; *nom.* **fustz** 16, 252, **fuz** 57, 107 : *sm.* piece of wood, beam, shaft.

gaaignier, -ngnier, gaigner 37, 36, **gaegnier** 40, 13 : *v.* gain, win, earn ; till the land 45, 8.

gaaing 29 b, 38, **gaing** 37, 40, **gaain** 55, 117: *sm.* gain, advantage, profit.

gab ; *nom.* **gas** 17, 126 : *sm.* jest, joke ; taunt 20, 134 ; *dire a gas,* say in jest 28, 43.

gabement, *sm.* boast, joke 15, 224.

gaber, gabber, *v. a.* make fun of, mock 20, 68 ; *v. n.* jest 28, 44 ; boast, brag (in jest) 15, 188 ; *v. refl.* jest, joke 20, 244.

Gabilion 27, 25 ; *nom.* **Gabilius** 27, 20 : Aulus Gabinius, adherent of Caesar.

gage, wadius (*L*) 7, 41 : *sm.* pledge 16, 97 ; stake 63, 40; *pl.* pay 41, 66.

gaigne, *sf.* gain 64, 95.

gaillard, *adj.* vigorous, robust 14, 169.

gaillardement, *adv.* with ardour 14, 233.

gaire, guaires, gueres, guieres 62, 1, **guerre** 63, 22, **guares** 64, 116 : *adv.* much ; *ne . . . g.,* not much 30, 49; not very 21, 44 ; not long 16, 9 ; hardly 64, 116 ; *n'a g.,* not long ago 62, 1 ; *ne li est g.,* he cares little 18, 174.

gaitier, gaittier 35, 181, **guetier** 35, 184 : *v.* lie in wait for.

gal, *sm.* cock 21, 242.

galacien ; *fem.* **-nne** 21, 31 : *adj.* made at Aias or Lajazo (called Glaza by Marco Polo).

Galathas, tower of Galata at entrance to port of Constantinople 46, 39.

galee 46, 13, **galie** 39, 5: *sf.* galley, large ship.

Galehout ; *nom.* **-ouz** 26, 1 : 'roy d'outre les marches', who made war on King Arthur but afterwards came to terms with him ; v. note to 26, 207.

Galeran, name (fictitious) of an adherent of Caesar 27, 28.

galerne, gua-, *sf.* north-west wind 15, 96 ; north-west 17, 210.

galie v. galee.

galle, *sf.* merry-making ; *compaing de g.,* fellow-reveller 63, 77.

galler, *v.* make merry 64, 135.

Gallogrecie, Galatia in Asia Minor 60, 33.

Galtier de Termes, a Christian knight 16, 86.

gant, guant; *nom.* **gans** 24 d, 30 : *sm.* glove; *ne . . . un g.,* not in the least 15, 105 ; 27, 26.

gante, *sf.* wild goose 15, 153.

Gantoys, inhabitant of Ghent 36 b, 13.

garant, gua-, guarent 14, 122 : *sm.* protector 14, 73.

garba (*L*), *sf.* sheaf 7, 31.

garçon, -çun, *sm.* menial 14, 41 ; 27, 234 ; knave 38, 46.

garde, gard 59 a, 6 : *sf.* watch, guard , *avoir g.,* be afraid 26, 8 ; *avoir en g.,* have in one's care 59 a, 6 ; *soi doner g.,* take care 31 b, 37; *soi prendre g. de,* take notice of 26, 37 ; 31 a, 59 ; watch for 35, 125.

garder, gua-, wardeir 44, 36 ; *subj. pr. 3* **gart** 24 c, 28 : *v. a.* guard, keep, preserve, take care of; look at 15, 183 ; keep, observe (a rule) 36 e, 55 ; *v. n.* look 12, 117 ; take care 16, 207 ; *v. refl.* be on one's guard 47, 99 ; (+ *de*) keep away from, avoid 25 c, 24.

gardin, *sm.* garden 34, 192.

gardoier (?), *v.* guard 48, 104.

garir, gua- ; *fut. 1* **garrai** 28, 113 ; *cond. 3* **garreit** 16, 92, -oit 45, 31 ; *imper. 5* **garissiez** 28, 125 : *v. a.* preserve, protect 13, 153 ; cure, heal 28, 113 ; *v. n.* be cured, be healed 28, 101 ; be preserved, live 13, 99; *li mielz guarit,* those who came off best 14, 77.

garison, *sf.* provision 21, 8 ; cure, healing 31 a, 61.

garnir, gua-, *v.* provide, furnish, equip 13, 34 ; warn 20, 71.

garrai, garreit v. **garir.**

gart v. **garder.**

gas v. **gab.**

gast, *adj.* deserted, abandoned 28, 54.

gast, *sm.* devastation 55, 144.

gastel; *nom.* **guasteus** 57, 56 : *sm.* cake.

gaster, *v.* devastate, destroy 16, 249.

gastine, *sf.* uncultivated land 59 a, 3.

gaudine, *sf.* thicket, wood 40, 37.

Gautier, a French baron 38, 100.

Gauvain, Gawain, nephew of King Arthur and the best of all knights 26, 98.

gavion, *sm.* gullet, throat 28, 33.

gay, *sm.* watch; *g. contre g. doivent estre en usaige,* one must meet cunning with cunning 36 d, 21.

gazophylacium (*L*), *sn.* place for keeping the offerings, holy chamber 2, 17.

ge v. **je.**

geauntz v. **joer.**

Gebuin, a knight of Charlemagne 14, 36.

Gefreid, Geoffrey of Anjou, Charlemagne's standard-bearer 14, 157.

gel = **ge le** 18, 164.

geline, *sf.* hen, chicken 20, 82.

gemir 32, 157 ; *ind. pr. 3* **gient** 18, 213 : *v.* moan.

gemmét, *adj.* adorned with gems 14, 104.

generaument, *adv.* universally 34, 56 ; always 34, 199.

Genevois, Genoese 39, 68.

genoil; *nom.* **-olz** 24 a, 8, **-ouz** 26, 76 : *sm.* knee.

genoillons 35, 73, **genuilluns** 19, 218 : *en g., a g.,* on the knees.

genoivre 21, 155, **genevre** 34, 224 : *sm.* juniper.

gens, (+ *neg.*) nothing 13, 92.

gent; *pl.* **gens** 36 d, 17 : *sf.* people; troops, army 14, 31 ; menials 23, 150.

gent, jant 47, 1 : *adj.* noble, fine 15, 107 ; handsome, pretty 15, 173 ; *adv.* nobly, handsomely 15, 176.

gentement, *adv.* handsomely, excellently 13, 47.

gentil; *nom.* **-ilz** 14, 83, **-iz** 23, 58, **-is** 27, 176 : *adj.* nobly born, noble 13, 20 ; excellent 15, 122.

gentillece, *sf.* nobility 27. 175.

gentilment, *adv.* nobly 16, 150.

gerfaut, *sm.* sort of large falcon 34, 121.

germain, *adj.* ; *cousin g.*, cousin-german 20, 16.

germanitas (*L*), *sf.* relationship (of brother and sister) 4 b, 1.

germanus (*L*), *sm.* brother 6, 7.

gernun v. **grenon.**

geron, *sm.* skirt, lappet 27, 117.

gerrai v. **gesir.**

gesir 29 b, 103, **gisir** 58, 18 ; *ind. pr. 1* **gis** 34, 173, *3* **gist** 14, 117, **git** 44, 87, *6* **gisent** 19, 10 ; *impf. 3* **gisoit** 21, 169, **jeseit** 54, 101 ; *pret. 3* **joth** 12, 79, **jut** 16, 165, **giut** 42, 36 ; *fut. 1* **gerrai** 55, 37 ; *pp.* **geu** 27, 85, **jeu** 63, 95 : *v.* lie; lie abed 29 b, 94 ; *v. refl.* lie 14, 117 ; *g. d'enfant,* be in childbed 29 b, 53.

gesisti (*L*) = **gessisti,** *ind. perf.* 2 *of* gerere, *v. a.* 4 c, 6.

geste, *sf.* race, family 16, 88.

geter, getter, gettre v. **jeter.**

geton, *sm.* sprout, shoot 44, 66.

geu v. **gesir** and **jeu.**

gié v. **je.**

gient v. **gemir.**

gieres, *conj.* therefore 42, 81.

giet, *sm.* jess, strap placed round legs of hawk 34, 124.

gieter v. **jeter.**

gieu v. **jeu.**

gieus v. **jus.**

gille, *sf.* deceit, trickery 39, 11.

Girard, cousin of Vivien 16, 87.

gis, gisir, gisoit, gist, git v. **gesir.**

giter v. **jeter.**

giut v. **gesir.**

gladie v. **glaive.**

glaioloi, *sm.* bed of sword-lilies 23, 71.

glaive, gladie 12, 50 : *sm.* sword; lance, spear 27, 57 ; 46, 21.

glic, *sm.* sort of card-game 63, 62.

glise v. **eglise.**

Glodoveus v. **Chlodoveus.**

gloire, glorie 15, 147 : *sf.* glory.

glorieus, -ieux, -ius, -ios, *adj.* glorious, blessed 14, 173.

gloton, glou- 45, 13 ; *nom.* **glut** 16, 124 : *sm.* rascal, scoundrel.

glus, *sf.* bird-lime 63, 27.

glut v. **gloton.**

gobe, *adj.* proud, vain 50, 38.

Golias, Goliath (of the Old Test.; cf. *Romania,* ix. 46) 15, 166 ; a pagan king 16, 53.

gomer, *sm.* wooden jug or vessel 36 e, 8.

gonele, gonn-, goun- 24 c, 36 : *sf.* gown, tunic reaching below the knees.

gorgete 24 c, 14 : *dimin.* of **gorge.**

gort ; *fem.* **gourde** 31 b, 46 : *adj.* tongue-tied, dull.

gote, goute, *sf.* drop 21, 19 ; trickle 42, 11 ; *male g.,* harmful humour, disease 20, 162 ; *n' i veoir g.,* see nothing at all 30, 192.

goter, gouter, *v. a.* spot, fleck 27, 245.

goule v. **gueule.**

goulouser, *v.* eye greedily, covet 29 b, 164.

goupil ; *nom.* **gourpilz** 20, 101, **goupiex** 23, 124 : *sm.* fox.

gourde v. **gort.**

gouster, *v.* taste 21, 129.

gouteus, *adj.* gouty 34, 203.

gouverneeur, -neur, *sm.* governor, ruler 32, 33 ; pilot, helmsman 34, 183.

Governal, tutor and squire of Tristan 55, 1.

governer, gou-, gu- 13, 201 : *v.* govern ; *v. refl.* follow a prescribed rule of living, live 63, 15.

grabatum (*L*), *sm.* (?) low bed, pallet 13, 218.

grace, *sf.* pardon 27, 110; thanks 30, 209 ; (divine) grace 35, 44 ; (personified) 34, 82 ; favour 62, 31.

gracier, *v.* thank 14, 84.

gracieus, -ios, *adj.* gracious 32, 180.

graflgnier, *v.* scratch 31 a, 44.

graigneur, greigneur, -or, gre-gnor 23, 84, **greinur** 57, 117 ; *nom.* **graindre** 21, 255, *used as acc.* 28, 161 : *adj.* greater, greatest.

graim 13, 110 ; *nom.* **greinz** 20, 151 : *adj.* sorrowful, angry.

graindre v. graigneur.

graine, *sf.* scarlet dye, cochineal; *en gr.*, scarlet coloured 23, 194.

graisle, grele 24 a, 26, grelle 27. 258 : *adj.* slender; *sm. and f.* trumpet, bugle 14, 47.

granat; *nom.* -as 27, 228 : *sm.* red jacinth or garnet.

granche, *sf.* barn 37, 8.

grant, grandum (*L*) 7, 50, grand 12, 12, graunt 59 a, 5; *nom.* grans 21, 9 : *adj.* great, large, tall; of high rank 23, 103; (of time) long 31 a, 40 ; full (daylight) 35, 48 ; abundant 50, 88.

granter, graun- 59 b, 22 ; *ind. pr. 5* granté-vus 58, 98 : *v.* grant.

gras v. cras.

graunt v. grant.

gravele, *sf.* gravel 49, 50.

gre v. grieu

gre, gret 13, 28 : *sm.* liking, inclination, desire 17, 172 ; thanks 18, 57 ; *a g.*, acceptably 13, 172 ; *de g.*, willingly 38, 67 ; *en g.*, favourably 50, 20 ; *mau son g.*, unintentionally 31 a, 44 ; *mau g. mien*, against my will 31 a, 90 ; *savoir (bon) g.*, be grateful 13, 28 ; 30, 209; *avoir bungrez* (*+ de*), be thanked for 55, 84 ; *prendre en grez*, accept cheerfully 63, 69.

greer, *v.* consent to, grant 38, 59.

gregnor, greignor v. graigneur.

greinz v. graim.

grele v. graisle.

grenon 20, 231, gernun 15, 221 : *sm.* (often *pl.*) hair of beard or moustache.

gresil 36 c, 8 ; *nom.* -ilz 15, 120 : *sm.* hail.

gresler, *v.* hail 17, 245.

greu v. grieu.

grever ; *ind. pr. 3* grieve 48, 36 : *v.* vex, afflict 19, 75 ; harm 25 b, 27 ; burden 32, 54 ; encumber 64, 126 ; *v. refl.* be afflicted 19, 213.

grezeis, Greek language 16, 158.

grief ; *nom.* griés 15, 126 ; *fem.* grieve 32, 164 : *adj.* heavy, grievous 28, 167 ; violent 15, 126.

griement, *adv.* grievously, much 32, 153.

grieu 21, 187, greu 17, 85, gre 17, 180 ; 46, 92 : *adj. and subs.* Greek.

grieve v. grever and grief.

grifaine, *adj.* wild, inhospitable 54, 2.

griffon, *sm.* griffin, fabulous creature half eagle and half lion 21, 212.

gris, *adj.* grey 24 b, 44 ; *sm.* grey fur 40, 86.

grisan, grizain, *adj.* grey 15, 36 ; *sm.* grey cloth 23, 112.

groin, *sm.* muzzle, snout 31 a, 57.

gros ; *fem.* -sse 37, 17 : *adj.* thick, big, large ; important 27, 9 ; *de g.*, in thickness, in depth 21, 86 ; *estre g. de*, long for (like a woman with child) 64, 41.

grosset 27, 257 : *dimin. of* gros.

gua- v. ga-.

guares v. gaire.

Guascoing ; *nom.* -cuinz 14, 11 : Gascon.

gue ; *nom.* gues 45, 7 : *sm.* ford.

guenchir; -cir, *v.* turn aside, slide off 27, 133 ; escape 21, 110.

Guenes, Waningus, jailor of St. Leger 12, 91.

Gueneus, -euz, Gnaeus, son of Pompey the Great 27, 42.

gueres v. gaire.

Gueri, uncle of Raoul de Cambrai 45, 132.

guerpir ; *subj. impf. 6* guerpesissent 27, 53 : *v.* forsake, abandon 13, 208 ; let go 22, 232.

guerre v. gaire.

guerre, guere, *sf.* war 17, 116 ; hostility 18, 86, 203.

guerredon, *sm.* reward 21, 34.

guer(r)edon(n)er, *v.* reward, requite 18, 137.

guerroier, -oyer, *v.* wage war 29 a, 15.

guervier, *sm.* ? (translates ἀγχόνη, strangling) 33, 78.

guete, *sf.* watchman 24 c, 18.

gueterons v. gaitier.

gueule, goule 20, 93, guele 21, 37, geule 41, 50, gule 58, 74 : *sf.* .

throat, mouth; *sm.* 58, 74; *pl.* gules (herald.) 41, 50.

Gui, name of a peasant 24 d, 7.

Guiburc, wife of William of O-range 16, 209.

guiche, *sf.* ruse, trick 20, 191.

Guielin, a Christian knight 16, 86.

guier, *v.* guide, lead 14, 200.

guieres v. gaire.

Guillaume de Douglas v. Douglas.

Guillelme 16, 3, G. al curb nes 16, 204, Willelme d'Orenge 15, 68 : Count William of Orange, hero of O.Fr. epics.

guimple, guinple, *sf.* wimple 25 d, 17.

guingalet, name of Gawain's horse 47, 32.

guion, *sm.* guide, driver 54, 34.

Guion, la roche 23, 217 : La Roche-Guyon (dept. Seine-et-Oise) ?

Guiot, brother of Vivien 16, 62 ; *dimin. of* Gui 24 d, 3.

Guischard, a Christian knight 16, 87.

guise, *sf.* wise, manner 16, 153; condition 32, 142 ; *an g. de* 13, 149, *a g. de* 27, 172, in the manner of, like; *par nule g.,*,in no wise 13, 180 ; *a lor g.,* according to their wishes 56, 56.

guiterne, *sf.* cithern, stringed instrument 56, 19.

Guitume, la roche del (or d'Elguitume ?), locality not identified 15, 3.

guivre, *sf.* viper 21, 204.

Gundobadus (*L*), Gondebaud (or Gundibald), king of the Burgundians (died 516) 6, 2.

ha, 26, 32, haa 60, 63 : *interj.* ah! ha!; *ha! las,* v. las.

habituacion, *sf.* dress 62, 53.

habonder, *v.* abound 60, 63.

habundance, *sf.* abundance 43, 39.

habuser, *v.* misuse, treat badly 36 e, 25.

hagenee, *sf.* hackney, ambling horse 41, 12.

hai, *interj.* oh! 20, 236.

hair, air 49, 85 ; *ind pr. 2* hez 33, 69, *3* het 33, 62, *5* haés 40, 45, *6* heent 18, 77 ; *pret. 6* haierent 52, 10 : *v.* hate.

hait, *sm.* joy, eagerness 55, 13.

haliegre, *adj.* lively, sprightly 42, 65.

halle v. hasle.

hanap ; *nom.* hannas 21, 6, hanas 38, 77 : *sm.* goblet, tankard.

hanc v. ainc.

hancre, *sf.* anchor 65, 4.

Hangestus, Hengist, a Saxon warrior 60, 3.

hanste, *sf.* shaft (of lance) 27 69 ; length of a lance-shaft 15, 206.

hanter, anteir, *v.* haunt, frequent 21, 164 ; converse 44, 47.

haper, *v.* seize, snatch 20, 2.

hardement, *sm.* boldness 42, 50; desire for combat 22, 221.

hardi, -it ; *nom.* ardiz 46, 120 : *adj.* bold, brave.

hardiement, *adv.* boldly 33, 185.

harnois, her-, harnoys, *sm.* harness 33, 43; condition, social status 35, 141.

harou, *interj.* help! 20, 93.

harpeor, *sm.* harpist 40, 86.

harundo (*L*) = hirundo, *sf.* 1, 83.

hasardeur, *sm.* ; *h. de dez,* gamester 63, 50.

hasart, *sm.* game played with dice 23, 181.

haskerosement, *adv.* disgustingly 43, 101.

hasle 47, 48, halle 56, 72 : *sm.* sunburn.

haster, *v. a.* press hard 16, 59 ; expedite 23, 131 ; *v. n.* hasten, hurry 19, 78 ; *v. refl.* make haste 31 a, 34; act hastily 55, 59.

hastif ; *fem.* -ive : *adj.* forward, advanced 26, 36; urgent 37, 4.

Hastingues, Lord William Hastings, married Catherine Neville, sister of the Earl of Warwick ; he was beheaded on 14 June 1483 65, 43.

hastivement, *adv.* hastily, quickly 19, 132.

hau, *interj.* (expressing surprise) oh ! 35, 65.

hauberc 27, 46, osberc 14, 103, halberc 16, 115 ; *nom.* halbers 15, 198, haubers 21, 91 : *sm.* hauberk, coat of mail.

haubergier, *v.* put on the hauberk 45, 41.

hauberjon, *sm.* small hauberk 55, 51.

haucier, *v.* raise, lift up 21, 175.

haut v. aler.

haut, halt, hault, aut 48, 88 ; *nom.* haus 21, 14, hals 46, 88 : *adj.* high ; of high rank, noble 13, 41 ; (of time) high, late 21, 186 ; insolent 37, 120 ; high (festival) 38, 71 ; loud 49, 19 ; important 62, 5 ; tall 64, 82 ; *adv.* high ; in a high tone 15, 117 ; loudly 26, 87 ; *en h.*, loudly 24 a, 11 ; high up 34, 47 ; *sm.* height, top 48, 88.

hautain, haultain ; *fem.* hauteinne : *adj.* haughty 33, 6 ; lofty 48, 89.

hautece, haltece, autece 48, 79, *sf.* height ; loftiness 42, 35 ; importance 51, 63.

hautement, halt-, *adv.* highly 25 b, 11 ; loudly 20, 46.

he las v. las.

heaume, helmus (*L*) 7, 104, elme 14, 104, helme 15, 198, hiaume 27, 26, hielme 46, 21 : *sm.* helmet.

hebergier v. herbergier.

hee, *interj.* ah ! 64, 107.

helme, helmus v. heaume.

Helye, the prophet Elijah 34, 223.

hen, *interj.* ! 64, 5 ; *en h.*, v. en.

Hennaut, Hainaut 46, 32.

henor v. oneur.

henuit v. enui.

herbage, *sm.* pasturage 21, 156 ; grass 23, 229.

herberge, *sf.* camp, bivouac, shelter 14, 92.

herbergier 14, 86, herbegier 15 225, hierbegier 39, 12, heber-

gier 46, 38, herberger 51, 23.; *imper.* 2 herberges 13, 217 : *v. a.* give shelter to, lodge 13, 217 ; *v. n.* take shelter, bivouac 14, 86 ; *v. refl.* take up quarters 45, 12.

herege, *adj. and subs.* heretic 32, 191.

Hergart, king of Ermine (= Armenia) 17, 80.

heribergum (*L*), *sn.* habitation 7, 99 (cf. herberge).

hericier, *v.* cause to bristle, ruffle ; *pp.* in disorder 23, 110.

heriter, *v.* put in possession of an inheritance, endow 63, 47.

Hermenefredus (*L*), king of the Thuringians, in central Germany, between the Ocker, Weser, and Saale 3 b, 1.

hermin, *adj. and sm.* Armenian 16, 158.

hermine v. ermin.

hernois v. harnois.

het, hez v. hair.

heuse 23, 114, husa (*L*) 7, 53 : *sf.* hose, legging.

hiaume v. heaume.

Hiberus (*L*) = Iberus, Ebro, river in Spain 9 b, 12 (cf. Sebre).

hideur, *sf.* horror 32, 201.

hideus v. hisdeus.

hielme v. heaume.

hierbegier v. herbergier.

hiersoir, *adv.* the evening before 21, 269.

hin, *sm. indecl.* a Hebrew measure of capacity 2, 4.

hircaritia (*L*), *sf.* stable for he-goats 8, 15.

hisdeus, hisdus, hideus, *adj.* fear-inspiring, terrible 15, 126 ; hideous 34, 89.

Hispania v. Espaigne.

hoc v. o.

hoi v. ui.

hoir v. oir.

Hollande, -ende 65, 8, Ollande 65, 56 : Holland.

holocaustum (*L*), *sn.* burnt-offering 2, 1.

hom, hon v. ome

honerare (*L*) = onerare, *v.a.* 3 b, 17.

honeste, *adj.* honourable 21, 228 ; *pour le plus h.,* for politeness' sake 64, 128.

honestét, *sf.* honour 11, 18.

honir, honn-, *v.* put to shame, disgrace 14, 209.

honor v. oneur.

hontage, *sf.* disgrace, ignominy 35, 130.

honte, hunte, ontes 28, 201 : *sf.* shame, disgrace ; *a h.,* shamefully 63, 36 ; *faire h. a,* bring shame upon 31 b, 7 ; beat soundly, cudgel 28, 78 ; *soi metre a h.,* disgrace oneself 29 b, 2.

hor v. or.

hora, hore v. eure.

horal = hora lo 12, 65.

hors, *adv.* outside 23, 188 ; *h. de, prep.* out of 33, 58 ; *h. mis,* except 41, 32.

hos, host, hostis, hoz v. ost.

hosel ; *nom.* housiaus : *sm.* stocking, hose ; *faire ses housiaus,* a dancing term (?) (but cf. lichier) 24 d, 25.

hottier, *sm.* basket-carrier 37, 9.

houre v. eure.

housiaus v. hosel.

Hruodlandus v. Rollant.

hucheir, *v.* call aloud, shout 45, 24.

hudivesce, *sf.* idleness 59 b, 22.

huef ; *nom.* hués : *sm.* egg 20, 184.

huer, *v.* shout at, hoot at 54, 96.

Hues v. Huon.

huevre v. uevre.

Hugon, Hugun 15, 25 ; *nom.* Hugue 15, 52 : king, emperor of Constantinople (fictitious).

hui v. ui.

hui, *sm.* cry, clamour ; *lever le h.,* raise a hue and cry 55, 72.

huimés v. ui.

huis v. uis.

hulque, *sm.* hulk, heavy ship 65, 56.

hume v. ome.

humilité, -tét, -teit 43, 57: *sf.* humility ; personified 29 a, 18.

Hungre, Hungarian 14, 196.

Hungrie, Hungary 46, 96.

Huon 38, 106 ; *nom.* **Hues** 38, 47 : son of Seguin de Bordeaux.

hurter ; *subj. impf. 6* hurtaissent 27, 77 : *v.* strike, attack 21, 188.

husa v. heuse.

huve, *sf.* headdress 24 d, 13.

hystoire v. estoire.

i v. il.

i, y, iu 10, 33, *adv. and pron.* there 12, 26 ; therein 10, 33 ; here 13, 187 ; in the matter 22, 86 ; to the matter, to it 29 b, 83 ; with them 54, 102 ; (of a person) 22, 98 ; 40, 10, 11, 90 ; 65, 18. .

ia, ial, iaul v. eaue.

iaus v. ueil.

ibernus v. iver.

Ibin al Arabi, Solaiman Ebn el-Arabi, or Soliman el-Arabi, emir of Saragossa 9 b, 2.

ice v. ce.

icel, icele, icelui v. cil.

icest v. cist.

iceulx v. cil.

icez v. cist.

ici v. ci.

icil v. cil.

iciz v. cist.

ier, ierc, iere, ierent, iert v. estre.

ier, hier, *adv.* yesterday 30, 211 ; avantier 24 d, 16, avant hier 24 c, 7, the day before yesterday.

ies v. estre.

ieu v. ui.

ieuz, iex v. ueil.

igal 18, 182, ingal 27, 154, igaul 48, 8 : *adj.* equal, fair, just ; *par i.,* alike, on an equal footing 27, 154; *adv.* equally ; *i. ausimant,* in like manner 48, 8 ; *sm.* level ground 21, 243.

iglise v. eglise.

ignal v. isnel.

il, ill 12, 30, el 12, 87, 112, i 32, 219 ; 53, 92 ; 64, 166 ; 65, 22 ; *acc. sg., unaccented form,* lo 10, 31, l' 10, 32, (*enclitic*) l 12, 14, le 13, 33, lou 43, 74, ou 53, 79 ; *dat. sg., unaccented form,* li 10, 33, (*enclitic*) l 12, 26, l' 12, 145, ly 31 a, 35; *obl. sg., accented form*, lui 12, 4, luy 31 a, 5, li 33, 37, 52; *used as nom.* 28, 147; *nom. pl.* il 13, 103, i 32, 34, 88, ilz 33, 39, ils 37, 79; *acc. pl., unaccented form*, los 12, 82, lis 12, 129, les 12, 130, *(enclitic)* s 13, 205; *obl. pl., accented form*, els 13, 185, eus 17, 81, euls 21, 234, aus 28, 86, eulz 33, 56, eulx 37, 25, yaus 41, 72, eaz 42, 85, ous 43, 22, als 46, 84, eaus 51, 6, os 52, 25, eux 59 a, 8, eaux 59 a. 9; *used as nom.* 33, 56; *fem. nom. sg.* elle 11, 5, ela 13, 141, ele 13 148, el 17, 93, ille 43, 109; *acc sg., unaccented form*, la 11, 3, l' 13, 48, le 40, 7; *dat. sg., un-accented form*, li 11, 13; *obl. sg., accented form*, lei 11, 13, lui 13, 43, li 22, 13, elle 35, 181; li *used as nom.* 33, 165; *nom pl.* ilz 65, 25; *acc. pl., accented form*, els 18, 243; *masc. and fem. dat. pl.* llór 12, 122, lur 13, 22, lor 18, 7. leur 32, 13, lour 32, 247; *neut. nom. sg.* il 13, 51, i 43, 108, ol 51, 15, 36; *acc. sg.* lo 12, 13, l' 12, 103, *(enclitic)* l 12, 104, le 30, 172, ou 51 13 : *pers. pron. 3* he, him, she, her, it ; *used for reflexive pron.* 24 d, 30 ; 26, 43 ; 34, 176 ; 41, 72.

ileoc v. iluec.

ille v. il and islo.

iluec 17, 211, illo 12, 16, 94, iloc 13, 86, iloec 13, 82, ilec 19, 237, illuec 21, 147, illec 21, 148, ilueques 50, 84, ileoc 57, 50 : *adv.* there.

image, ym-, imagine 13, 87, ima-gene 13, 175, imagena 13, 171 : *sf.* image, statue.

imais v. ui.

imbolare v. embler.

importable, *adj.* unbearable 60, 70.

in v. en.

inclusion, *sf.* confinement 42, 39.

incolomis (*L*) = incolumis, *adj.* 9 a, 5.

incontinent, *adv.* straightway 65, 40.

incontrare v. encontrer.

inde (*L*), *pron.* 5, 6, 14 (cf. en).

inde, *adj.* indigo blue, deep blue 17, 15.

indictio (*L*), *sf.* a period of fifteen years 4 a, 6.

indyen, *adj.* Indian 21, 134.

infer v. enfer.

inflare v. enfler.

infrangere (*L*) = infringere, *v.* 7, 12.

ingal v. igal.

ingenia (*L*), *sf.* machine, engine 7, 112.

ingenie (*L*) = ingenii, *gen. sg. of* ingenium, *sn.* 4 c, 1.

Ingomer(is?), first son of Clovis and Clotilde ; died young after being baptized 6, 31.

ingressus (*L*), *sm.* entrance 2, 16.

inicium (*L*) = initium, *sn.* 6, 5.

inimi v. enemi.

inivemus (*L*) = inivimus, *ind. perf. 4 of* inire, *v. a.* 6, 3.

injurier, *v.* insult 60, 58 ; injure, harm 62, 50.

inludere (*L*) = illudere, *v.* 7, 22.

Innocens, les, 63, 91, cemetery around the church of the Holy Innocents at Paris.

innotescere (*L*), *v. a.* make known 8, 48.

inspieth v. espiet.

instud v. ester.

int v. en.

interficerunt (*L*) = interfecerunt, *ind. perf. 6 of* interficere, *v. a.* 3 b, 13.

internectio (*L*), *sf.* utter destruc-tion, extermination 10, 9.

intrar, intrer v. entrer.

introduire, *v.* instruct, teach 37, 2.

intuis (*L*) = intues (?) for intue-ris, *ind. pr. 2 of intueri* 4 a, 1.

involare v. embler.

io v. je.

iobaret (*L*) = iuvaret, *subj. impf. 3 of* iuvare, *v. a.* 6, 44.

iraistre ; *pp.* irasqu 45, 62 : *v.* anger, irritate.

ire 14, 218, ira 12, 21 : *sf.* anger, anguish ; *par i.*, angrily 55, 106.

irer, irier, *v. refl.* (+ *a*) be angry with 25 a, 20 ; *pp.* irié 45, 75, iré 52, 26, *nom.* iriez 14, 18, irrez 16, 75, vexed, angry.

iretier, *sm.* heir 38, 47 ; inheritance, patrimony 38, 3, 12.

iriement, *adv.* angrily 21, 104.

irous, *adj.* wrathful 30, 193.

irrai v. aler.

irur, *sf.* wrath, anguish 14, 151.

iscir v. issir.

Iseut 55, 31, **Yseut** 55, 18 ; *nom.* **Iseuz** 47, 14 : wife of king Mark of Cornwall, loved by Tristan.

isle 21, 58, **ille** 23, 4 : *sf.* island.

isnel, y-, ignal 49, 71 : *adj.* swift 17, 130 ; *i. le pas,* quickly 35, 86.

isnelement, *adv.* quickly 14, 57.

Israel, Israel, Jacob; *fiz I.,* the Jewish people 17, 220.

issi v. ensi.

issir 15, 133, istre 35, 162, iscir 40, 24, eissir 42, 74 ; *ind. pr. 3* eist 13, 211, ist 15, 96, est 55, 90, *6* issent 17, 179, eissent 42, 57 ; *pret. 1* issi 22, 108, *3* exit 12, 62, eissit 13, 74, eisit 13, 83, issi 21, 243, yssi 33, 170; *fut. 3* istrat 13, 167; *cond. 5* ystriez 64, 6 ; *subj. pr. 3* isse 23, 104, isset 43, 109 ; *pres. p.* eissant 42, 31 ; *pp.* issu 55, 3, y- 35, 10 : *v.* go out, come out, depart, issue ; *v. refl.* (+ *en*) go out, issue forth 12, 62 ; *i. a terre,* land 39, 8.

issue, *sf.* way out, opening 20, 135.

ist v. issir.

ist; acc. ist 10, 14 ; *fem.* esta 13, 203: *dem. adj.* this.

isti (*L*) = iste, *dem. pron. nom. sg. masc.* 6, 37.

istrat, istre v. issir.

itant v. tant.

itel v. tel.

iu v. i.

iudex (*L*), *sm.* bailiff in charge of a villa or royal farm 8, 1.

iunepirus, iiniperus (*L*) = iuniperus, *sf.* 1, 98 (cf. genoivre).

iussio (*L*), *sf.* command 6, 29.

iusta (*L*) = iuxta, *adv.* 4 b, 2.

Iustinus (*L*), Roman consul (540 A. D.) 4 a, 6.

iusum v. jus.

Ive v. **Ivon.**

iver, y-, ibernus (*L*) 7, 105 : *sm.* winter.

ivoire, ivorie 15, 95, **yvuire** 27, 226 : *sm.* ivory.

Ivon ; *nom.* Ive 14, 10 : a peer of Charlemagne.

ivorgius (*L*), *adj.* of ivory 7, 101.

Izofilus (*L*) = **Theophilus** ; perh. for Zofilus ? 1, 23.

ja, *adv.* already 13, 212 ; formerly 16, 225; certainly, indeed 16, 226 ; ever 21, 14 ; (+ *neg.*) never 12, 78 ; *ja mais* 13, 5, *jamais, jemais* 49, 35, *ja puis* 21, 258 (+ *neg.*), never, never more ; *ja soit ce (ceu) que,* although 37, 26 ; 43, 48 ; *ja quant,* whenever 64, 102 ; *ja n'eust ele nul talant,* even if she had no desire 31 b, 26.

jacinte, *sf.* jacinth 33, 24.

Jacobin, Dominican friar 29 a, 9.

jagonce, *sf.* jacinth 17, 235.

jal = ja le 16, 238.

jalous, *adj. and subs.* jealous ; esp. the jealous one, husband 23, 53.

jam = ja me 16, 225.

jambe, jame 29 b, 54, **chambe** 49, 61 : *sf.* leg.

jame, *sf.* gem 27, 248.

janesce = **jeunesse** 33, 155.

Janlain, Jenlain (dept. Nord) 46, 54.

jant v. gent.

Jaques ; *saint J.,* St. James 64, 115 ; *J. d'Avesnes,* a knight of Flanders 46, 50.

jarcerie, *sf.* tares 51, 40.

je 22, 76, **eo** 10, 15, **io** 10, 32, **jo** 13, 84, **ge** 18, 36, **jeo** 19, 93, **gié** 22, 94, **jou** 38, 56, **ju** 43, 68, **jen** 54, 19 ; *obl., unaccented form,* **me** 10, 14 ; *accented form,* **mi** 10, 17 ; 43, 85, **mei** 13, 66, **moy** 20, 38, **moi** 22, 90 : *pers. pron. 1 sg.* I, me.

Jehan, saint, St. John 64, 163.

jel = je le 22, 87.

jemais v. ja.

jen, jeo v. je. ·

jeol = jeo le 58, 95.

jes = je les 14, 193.

jeseit v. gesir.

jeter, geter, getter, giter 12, 140, gieter 39, 60, getteir 42, 22, gettre 59 a, 7 ; *ind. pr. 3* giete 17, 222 ; *subj. pr. 3* get 25 b, 8 : *v. a.* throw, cast; strike down 16, 63, 162 ; utter (a cry) 20, 47 ; deliver, extricate, rescue 27, 88 ; 51, 84; aim a blow with (a sword) 27, 125 ; *v. n.* aim a blow 27, 97 ; *j. un ris,* burst out laughing 20, 153 ; *j. les denz,* snap 20, 252 ; *j. enchesoun,* advance a pretext 59 a, 7 ; *j. des piez,* kick out 27, 76.

jeu v. gesir.

jeu, gieu, geu, *sm.* game, amusement 24 b, 28 ; poetical contest 25 d, 35 ; (dramatic) play 63, 61.

jeune, *sm.* fasting, abstinence 30, 125.

jo v. je.

joe, *sf.* cheek 26, 133.

joel ; *nom.* joiaux 31 b, 2 : *sm.* present, gift.

joer, juer, jouer ; *ind. impf. 6* joouent 54, 100; *pres. p.* geaunt 59 b, 32 : *v. n.* play, be merry 17, 173 ; dissemble 25 b, 35 ; *v. refl.* play, gambol 54, 100.

jogleor, *sm.* minstrel 40, 86.

Johel, the prophet Joel 51, 17.

joiant, *adj.* joyful 25 b, 48.

joiaux v. joel.

joie, joye, *sf.* joy ; *faire j. a,* greet joyfully, make much of 26, 35 ; 31 a, 41 ; *faire j. de,* rejoice over 26, 38.

joieus, joyeus, joius 19, 153 : *adj.* joyful.

joindre ; *imper. 2* joing 30, 96 ; *pret. 6* joinssent 42, 109 : *v. a.* join, join together ; *v. refl.* (+ a) join 65, 20 ; *joint a,* close to, adjoining 32, 10 ; 33, 8.

joine v. juene.

Joiuse, name of Charlemagne's sword 14, 105 ; 16, 129.

jol = jo le 13, 155.

joli, *adj.* merry 50, 82.

joliet 24 c, 58 : *dimin. of* joli.

jonchier, *v.* strew 23, 80.

joouent v. joer.

jor, jur, jour ; *nom.* jurz 13, 51, jurns 14, 175, jorz 24 c, 20 : *sm.* day; daylight 14, 55 ; day's work 15, 41 ; *toz jorz,* always 14, 201 ; all the time 53, 74 ; *a toz jorz,* for ever 26, 228.

jornee, jour-, *sf.* day's journey 21, 184 ; day's fighting 26, 176 ; appointed day 61, 42.

jos = jo les 13, 205.

Joseph, the patriarch Joseph 33, 2 ; Joseph of Arimathea 58, 15.

josk', joskes v. jusque.

josne v. juene.

joster, juster ; *imper. 4* jotun 52, 14 : *v. n.* meet, assemble 52, 14 ; *v. a.* bring together, engage (of a battle) 14, 163 ; match 17, 98.

joth v. gesir.

jotun v. joster.

jou v. je.

joule v. juene.

jouste, *sf.* joust, charge 27, 72.

jouste, *prep.* by the side of 27, 100.

jovene v. juene.

jovent, jouv-, *sm.* youth 25 c, 36 ; youthful qualities 25 b, 17.

jovente, juv-, jouv-, *sf.* youth, young man 14, 190 ; youthful charm 24 c, 43.

ju v. je.

jué, juef v. juieu.

juene 32, 27, juefne 17, 53, juenne 27, 231, joine 32, 34, josne 33, 29, jeune 37, 90, joule 38, 60, jovene 45, 61 : *adj.* young.

juerie, *sf.* Jews' quarter, Jewry 46, 45.

jugement, -mant, *sm.* judgement, trial ; diagnosis 28, 41.

jugier 25 d, 29 ; *pret. 1* jugié 36 e, 53 : *v.* judge.

jugler, *sm.* minstrel 15, 155.

juieu, jué 51, 13, juef 52, 19 ; *nom.* juis 33, 6 : *adj. and subs.* Jewish, Jew.

juise, *sm.* the last Judgement 29 a, 52.

jurer; *ind. pr. 1* jur 35, 55 ; *fut. 5* jurrez 58, 71 : *v.* swear; (+ *acc.* of person or thing adjured) swear by 16, 10.

jurns, jurz v. jor.

jus 12, 92, iusum (*L*) 7, 107, gieus 23, 71 : *adv.* down.

jusdi, Thursday 57, 39.

jusque, josque 14, 43, josk' 15, 11, jusq' 23, 116, jusques 27, 15, joskes 42, 45 : *adv.* as far as; *j. a,* up to, down to, as far as ; to the extent of 62, 22 ; *j. sor,* down as far as 26, 134 ; 31 a, 35 ; *conj.* (+ *subj.*) until 14, 43.

justicier, *v.* rule, govern 38, 14.

justise, -ice, *sf.* justice ; jurisdiction 17, 248.

jut v. gesir.

juvenil; *nom.* -ilz 57, 53 : *adj.* youthful.

k' v. que.

kar v. car.

Karle, Karles, &c. v. Charle.

karmin (*L*) = carmen, *sn.* 4 c, 16.

ke v. que.

ker v. chier.

keu, *sm.* cook 23, 127.

Keu, seneschal of King Arthur 47, 33.

keue v. queue.

ki v. qui.

kose v. chose.

Krist = Christ 11, 24.

kyrielle, *sf.* litany, prayer 35, 196.

la, lai 12, 148 : *adv.* there ; *la jus, la gieus,* down there, down 12, 92 ; *la defors,* out there 15, 214 ; *de la,* to the other side, over there 34, 171 ; *par dela,* beyond 39, 61.

labeur, -or, -our, *sm.* work, task, toil 21, 260 ; trouble 24 c, 31 ; earnings 63, 71.

labia (*Prov.*), *sf.* lips 12, 97.

laborer, -ourer, *v.* work, labour 30, 190.

lacier, *v.* lace on, fasten 14, 104.

laenz v. laienz.

Lagi, Lagus, ancestor of the Ptolemaic dynasty in Egypt 27, 175.

lai v. la.

lai, lay, *adj. and subs.* lay, layman 32, 24.

lai, *sm.* lay (poem) 19, 5.

laidement 46, 57, lede- 52, 38 : *adv.* disagreeably, ignominiously.

laidor, *sf.* insult, disgrace 55, 110.

laidure, *sf.* contempt; *tenir en l.,* despise 49, 68.

laienz 46, 63, -ns 21, 71, laenz 15, 124, lainz 16, 203 : *adv.* inside, within.

laier ; *ind. pr. 3* lait 20, 56, let 22, 226 ; *fut. 1* lairai 13, 209, lerai 29 b, 134, *2* leras 30, 225, *4* larrum 16, 221, *5* lerrez 20, 171 ; *cond. 3* laroit 45, 78 ; *subj. pr. 3* lait 24 b, 16 ; *imper. 2* lai 16, 203 : *v.* let, allow 16, 203); forbear, abstain 13, 209 ; forsake, abandon 30, 138.

laingne, *sf.* wood 28, 138.

lais v. laissier and lait.

lais, *sm.* legacy, bequest 29 l, 143.

laissel = laisset lo 12, 14.

laissier, laisier, -scier, -sser, lazsier 11, 24, lessier 14, 39, leissier 27, 40 ; *ind. pr. 1* lais 15, 204; *pret. 3* laissé[t] (*Prov.*) 12, 14 ; *plpf. 3* laisera (*Prov.*) 12, 42 ; *subj. pr. 3* laist 11, 28 ; *impf. 3* laissés (*Prov.*) 12, 64 : *v.* let, allow 14, 90 ; abandon, renounce, desist from 12, 22 ; cease, stop 18, 143 ; leave, bequeath 29 b, 142 ; relinquish 46, 26.

lait v. laier.

lait 18, 65 ; *nom.* lais 37, 77 ; *fem.* lede 23, 112, laide 34, 89 : *adj.* ugly 23, 112 ; bad 18, 65 ; disagreeabie 37, 33 ; unseemly 56, 41.

Lalice, Laodicea (Asia Minor) 13, 81.

lambrois, *sm.* wainscot, panelling 27, 219.

lancier, lanser, *v.* throw, hurl ; throw one's arm out, reach forward 31 a, 46.

lande, *sf.* moor 57, 36.

language, -gaige 36 d, 5, lain-
gaige 44, 14, -guaige 44, 41 : *sm.*
language.
langue, lingua (*L.*) 12, 74, laingue
44, 13 : *sf.* tongue.
languidus (*L*), *adj.* sick 8, 21.
lanier, *adj.* worthless, vile 38, 22.
lanternier, *sm.* lantern-bearer 63,
107.
lapier = lapider 52, 54.
lardier, *sm.* piece of bacon 45,
98.
large, *adj.* broad; large, great 13,
93 ; generous 31 b, 1.
largece, -esce, *sf.* liberality 25 d,
24.
largement, *adv.* generously 31 b,
8 ; in plenty, abundantly 56, 37.
largeté, *sf.* space, ease; *estre a l.,*
have plenty of room 23, 84.
largire (*L*)=largiri, *v. dep.* 5, 4.
larrecin, *sm.* theft 60, 92 ; *en l.,*
stealthily 18, 2.
larron, larun 15, 66 ; *nom.* leres
20, 190, lere 58, 28 : *sm.* thief;
a l., by stealth 18, 50.
larrum v. laier.
las v. laz and li.
las, *adj.* weary 14, 88 ; unhappy 13,
107 ; *las! lasse! he las!,* alas
18, 42.
lascer, *v.* slacken, loosen 57, 31.
lasche, *adj.* loose, relaxed 20, 147 ;
cowardly 60, 76.
laschement, *adv.* loosely 17, 22.
lasseté *sf.* negligence, sin of omis-
sion 16, 34.
latin, *adj. and sm.* Latin ; speech
16, 156.
laudavelis (*L*) = laudabilis, *adj.*
4 c, 7.
Laudebert 12, 110, Chlodobertus,
man's name.
lauder, laudier v. loer.
laver ; *ind. pr. 6* levent 23, 15 ;
imper. 2 leve 33, 114 : *v.* wash.
lawras v. levre.
laz, las, *sm.* noose, snare 23, 119 ;
cord, lace 25 d, 17 ; *pl.* snare 29 b,
48 ; network 33, 12.
lazsier v. laissier.
le v. lez and li.

le, *adj.* broad 17, 62 ; *sm.* breadth,
width 64, 80 ; *de le,* in width 21, 68.
leaument v. loiaument.
lecherie, *sf.* gluttony 31 a, 60 ; de-
bauchery 59 b, 13.
lecheor ; *nom.* lechierres : *sm.*
lecher, glutton 20, 156.
lecit (*L*) = licet, *conj.* 4 b, 3.
leçon, -un, *sf.* account, narrative
32, 228 ; lesson 63, 21 ; (in church
service) lesson 52, 2.
lectarium (*L*), *sn.* bedding 8, 35.
lede v. lait.
lede, ledement v. lié, lieement.
ledece v. leece.
ledenge, *sf.* insult 56, 62.
ledir, *v.* treat shamefully ; cudgel
28, 200.
leece 34, 53, lethece 13, 70, ledece
13, 142, leesce, 35, 210 : *sf.* joy.
legatus (*L*)=ligatus, *pp. of* ligare,
v. a. 3 b, 13 ; 6, 8.
legerie, *sf.* rashness, foolishness 17,
133.
legerment v. legierement.
legier, *adj.* light 55, 51 ; easy 61,
10 ; frivolous 17, 136.
legierement, -mant, legerment
59 b, 5: *adv.* lightly, easily 17, 132.
lei, *sf.* law 17, 248.
leiduit, *adj.* taught in the law,
clever 17, 54.
leissier v. laissier.
leist v. lire.
leiz v. lez.
Lelius, Caesar's standard-bearer 27,
59.
lerai v. laier.
lere, -es v. larron.
lerme = larme 18, 168.
lerrez v. laier.
les v. lez.
lessier v. laissier.
let v. laier.
lethece v. leece.
Lethgier, St. Leger, bishop of
Autun, put to death in 678 by
Ebroin 12, 6.
letre, lettre, *sf.* letter 44, 64 ; *pl.*
learning 13, 34 ; letter 19, 110 ;
reading 31 b, 20 ; *lettres pendanz,*
letter with hanging seal 30, 107.

lettré, *adj.* educated 63, 68.

lettuaire, *sm.* electuary 19, 113.

leu v. lieu and lire.

leu 29 a, 47, lou 54, 45 : *sm.* wolf.

leve v. laver.

lever, -eir 42, 82 ; *ind. pr. 3* live 55, 108, *6* lievent 26, 90 ; *impf. 3* levout 55, 72 ; *fut. 3* levrat 58, 105 ; *imper. 2* lieve 33, 105 : *v. a.* lift, raise ; tear off 31 a, 47 ; hold at the font 40, 12, 66 ; *v. n.* arise, get up 27, 82 ; spring up, grow 34, 193 ; *v. refl.* rise, get up 17, 3 ; *l. sus*, arise 20, 267.

Levi, a priest 58, 78.

levier, *sm.* lever, crow-bar 45, 17.

levre, lawra 12, 73 : *sf.* lip.

levus (*L*) = laevus, *adj.* 7, 7.

lewa v. lieue.

lex (*L*), *sf.* Christian religion ? 4 c, 7 (cf. lei).

lez, les, le 16, 30, leiz 42, 30: *sm.* side ; *en l.*, on the sides 21, 211 ; *l. a l.*, side by side 46, 95 ; *prep.* by the side of, close to 18, 31.

li v. il.

li 11, 21, lo 12, 143, l' 14, 7, ly 31 a, 37 ; *obl.* lo 11, 10, le 14, 37, lou 44, 4 ; *nom. pl.* li 12, 34 ; *obl. pl.* les 11, 5, lis 12, 70, los 12, 149, (enclitic) ls 12, 3, s 13, 5 ; *fem.* la 11, 10, l' 14, 1, li 41, 9 ; 43, 2, le 38, 8 ; 40, 3 ; *pl.* las 12, 67, les 13, 72 : *def. art.* the ; (*with demonstrative sense*) that 12, 34 ; *le jor*, on that day 23, 106 ; 27, 13.

lia (*L*), *sf.* dregs, sediment 7, 91.

Libie, Libya 52, 16.

Licanor, Alexander's quartermaster-general 21, 195.

lice, *sf.* barrier, railing 29 b, 55.

lichier, *sm.* perh. for lechiere, glutton *or* debauchee (For con lichier, E. Faral, in *Romania* xlix. 221, reads coulichier ; meaning ?) 24 d, 25.

Lidoine, daughter and heiress of the king of Cavalon, loved by Meraugis and Gorvain Cadruz 22, 16.

lié 21, 35 ; *nom.* liez 13, 125, liés 39, 66 ; *fem.* lede 13, 135, lie 20, 210 : *adj.* joyful.

lieement, ledement 13, 140, liement 28, 207: *adv.* joyfully.

lien, *sm.* thong, leash 23, 118.

lieu 23, 10, leu 13, 133, liu 42, 31, luc 51, 6 ; *nom.* lieux 36 b, 26 : *sm.* place, spot ; native place 37, 105 ; *en l. de*, instead of 23, 20 ; *de leus en leus*, here and there 27, 227.

lieue 20, 23, lewa (*L*) 6, 18, liwe 14, 29, liewe 41, 5 : *sf.* league.

lieuee 20, 27, liuee 21, 193 : *sf.* distance of one league.

lieur, *sm.* one who binds 37, 5.

lieure v. lire.

lieve, lievent v. lever.

lievere = lievre 59 b, 2.

lige, *adj.* liege 14, 25.

lignage 17, 78, -aige 38, 51, linage 27, 175: *sm.* family, lineage.

lignee 60, 3, lingie 42, 18 : *sf.* lineage, race.

lin, *sm.* flax 17, 189; linen 27, 244.

linage v. lignage.

linçol, *sm.* sheet 15, 168.

line, *sf.* line 15, 39.

lingie v. lignee.

lingua v. langue.

lire, lieure 56, 22 ; *ind. pr. 3* leist 43, 37 ; *pret. 3* ly 31 a, 8 ; *pres. p.* lesant 52, 44; *pp.* lit 19, 140, leu 34, 9 : *v.* read.

lis v. li.

lis (flors de), *sm.* lily 47, 17.

lister, v. stripe 15, 86.

lit 13, 56 ; *nom.* lis 34, 174 : *sm.* bed.

litis (*L*) = lites, *acc. pl.* of lis, *sf.* 4 c, 9.

liu v. lieu.

liuee v. lieuee.

livre, *sf.* unit of money, pound (= 20 *sols*) 17, 36.

liwe v. lieue.

llor v. il.

lo v. il, li and loer.

Lodhuwig 10, 33, Lodhuuig 10, 30 : Louis the Germanic, king of Germany 840–76.

lodier, *sm.* rogue, indecent fellow ;
voiz dou l., look at the rogue 24 d,
37.

loer 53, 15, **louer** : *v.* hire.

loer, louer, lauder 12, 1, **laudier**
12, 78, **lother** 13, 122 ; *ind. pr. 1*
lo 22, 107 ; *fut. 3* loerit 43, 37 :
v. praise 12, 1 ; advise 22, 107.

loge, *sf.* gallery, ante-room 45, 96.

logeis 36 c, 5, **logis** 65, 33 : *sm.* en-
campment.

Logres, Welsh name (mod. **Lloegr**)
for England 26, 114.

logier, *v.* lodge, quarter 23, 7.

loial, leial 25 b, 12, **leal** 25 b, 52 ;
nom. loiaus 26, 229 : *adj.* loyal.

loiaument, leial- 19, 72, **leau-** 53,
88, **leal-** 58, 76 : *adv.* loyally, sin-
cerely.

loier 42, 92, **lier** 12, 66, **loiier** 41,
40 : *v.* bind, fasten.

loier, *sm.* wages, reward 24 d, 43.

loing 18, 83, **luinz** 14, 33, **luign**
15, 128, **lonz** 42, 43, ·**loinz** 48,
86, **luin** 57, 28 : *adv.* far ; *de l.,*
from afar 15, 128.

lointain ; *fem.* -**teinne** 48, 96 :
adj. distant.

loisible, *adj.* allowable, permissible
60, 94.

loisir ; *ind. pr. 3* loist 42, 20 ;
cond. 3 loiseroit 42, 93 : *v. impers.*
be lawful ; *loist a savoir,* to wit
42, 20.

loisir, lei- 15, 187 : *sm.* opportunity,
leisure ; option 65, 57 ; *avoir bon
l. de,* have plenty of time to 27,
17.

lonc 27, 112, **long** 16, 131 ; *nom.*
lonx 12, 147, **lons** 17, 29 ; *fem.*
longue 27, 257 : *adj.* long ; tall ;
de l. en l., from one end to the
other 31 a, 47.

longaine, *sf.* sewer, privy ; *de par
une l.,* a coarse oath 64, 94.

longement, longue-, longa- 13, 21,
lunge- 19, 201 : *adv.* long, for a
long time.

longes 13, 84, **longues** 27, 156 : *adv.*
long, for a long time.

Longis, Longinus, the blind cen-
turion 16, 29.

lons, lonx v. **lonc.**

lonz v. **loing.**

lor 12, 33, **lur** 13, 45, **lour** 49, 26,
louur 59 b, 14 : *poss. pron. 3 pl.*
(*indecl. in O.Fr.*) their, theirs.

lorain ; *fem.* lorenne 44, 13 : *adj.*
of Lorraine.

Lore de Cardoil, attendant on
Queen Guenievre 26, 43.

Lorenne, Lorraine 44, 20.

lorier, *sm.* laurel, bay-tree 21, 155 ;
l. blanc, laurustinus 15, 7.

Lorjot 24 d, 4, **Lourjot** 24 d, 13 :
name of a peasant-girl.

lors, lor 39, 9, **lores** 50, 53 : *adv.*
then.

lort ; *fem.* lourde 20, 274 : *adj.*
dull, stupid.

los v. **il** and **li.**

los, *sm.* glory, renown 21, 90; ad-
vice 22, 108 ; praise 43, 29.

losenge, *sf.* flattery ; deceit, trick
20, 181.

losengeor, *sm.* flatterer, deceiver
55, 92.

losengier, losangier, *adj.* flattering
31 b, 30 ; deceitful 55, 96.

lothet v. **loer.**

lou v. **leu, il** and **li.**

Loun, Laon (dept. Aisne) 14, 184.

lour, louur v. **il** and **lor.**

loutrier 34, 110 ; *fem.* -**iere** 34,
108 : *s.* otter-hunter.

louve, *sf.* she-wolf 56, 94.

louvier 34, 109 ; *fem.* -**iere** 34, 108 :
s. wolf-hunter.

Loys, Saint, Louis IX, king of
France 32, 223.

luc v. **lieu.**

Lucelebourg, Luxemburg ; *li quens
de L.* 23, 65, not identified.

lucrer, *v.* gain, win over 12, 130.

Ludher, Lothaire I, Emperor (840–
55) 10, 17.

lués, *adv.* at once 39, 42.

luign v. **loing.**

luigner, *v. refl.* move away, depart
57, 102.

luin = lui en 13, 100.

luire ; *pret. 3* luist 15, 165 : *v.*
shine, glow.

lunsdi = lundi 16, 78.

lupart, *sm.* leopard 21, 212.
Lusos, Luxeuil (dept. Haute-Saône) 12, 15.
lutter, *v.* play the lute 63, 57.
luxure, *sf.* lust 27, 216.
ly v. il and lire.
Lymesson, Limasol, town in Cyprus 31 a, 82.

machacre, *sm.* carnage 27, 1.
Machaut, Guillaume de Machaut, French poet (d. 1377) 36 a, 8.
mache, *sf.* club 27, 48.
macio (*L*) 7, 59, matio (*L*) 7, 100: *sm.* mason.
maçonnement, *sm.* stone-work 34, 48.
maent v. manoir.
Magdalene, la saincte, St. Mary Magdalene 64, 130; *la M.*, festival of St. M. M. 64, 72.
magrece, *sf.* thinness 49, 60.
Mahom, Mahun 16, 105, Mahomet 16, 103 : Mahomet.
Maience, duc de 23, 50 : an imaginary personage.
maihnee v. maisniee.
maille, *sf.* coin of small value, farthing 64, 37; *jeu de trois mailles*, game with insignificant stakes 63, 33; *pas m.*, not in the least 64, 126.
maille, *sf.* mesh, ring (of mail) 27, 130.
maillier, *v.*; *pp. adj.* interlaced, meshed 27, 252; *dru maillié*, with close meshes 27, 62.
main, mein 27, 24 : *sf.* hand; *a m. senestre*, on the left 21, 163; *m. a m.*, hand in hand 23, 189.
main, *adv.* in the morning 28, 203; early 23, 52; *au m.*, in the morning 17, 2.
maine, -ent v. mener.
maine, *adj.* great 21, 43.
mainie v. maisniee.
mains v. manoir.
maint, meint 27, 56; *nom.* mains 34, 163 : *adj.* many, many a.
maintenant, *adv.* immediately, forthwith 26, 129.
maintenir, meigtener 59 a, 27 : *v.*

maintain, uphold ; *m. a*, continue to regard as 62, 29.
maintien, *sm.* stay, support 32, 183; bearing, carriage 60, 57.
maior (*L*), *sm.* prefect or steward of a villa, or royal farm 8, 31.
maiques v. mais.
mais, mes 15, 205, maiz 25 d, 22, mas 51, 16, meis 54, 69 : *adv.* more, rather 26, 162; in addition, besides 13, 43; again, any more 15, 209; ever before 21, 70; henceforth 25 c, 9; (+ *neg.*) not again, never more 12, 78; no longer 13, 187; never before 29 b, 72; *ne m.* except 17, 138; *conj.* but 12, 29; *m. que* 13, 37, *maiques* 44, 51, except; *m. que* (+ *subj.*), provided that, if only 30, 100; (+ *ind.*) except that 43, 75.
maishui, *adv.* now, immediately 35, 188.
maisniee 14, 211, mesnie 29 a, 36, maihnee 31 a, 29, mainie 31 b, 50, maisnie 46, 51 : *sf.* household, retinue.
maisnil, *sm.* house 20, 79.
maison, mes- 26, 7, meis- 54, 79 : *sf.* house, household 26, 7; *m. Dieu*, hospital 30, 132.
maistre, mestre, meistre 54, 42 : *sm.* master 27, 139; one in charge 23, 79; master (title of a physician) 28, 99; *adj.* high, chief 14, 213; *m. doi*, forefinger 33, 160.
maistresse, *sf.* mistress 37, 94.
maitrie, *sf.* mastery, technical knowledge 48, 66.
maiz v. mais.
majestét, *sf.* majesty 15, 147.
mal, miel 12, 17, mau 31 a, 44; *nom.* maus 23, 75, malz 24 b, 56, max 26, 154, maulx 36 b, 2 ; *fem.* mala 12, 30 : *adj.* evil, wicked, dire, miserable; *mala fid*, ill faith, treachery 12, 30; *male ese*, v. malaise ; *mau son gre*, v. gre ; *adv.* badly, ill 12, 39; badly off 63, 78; in an evil hour, to one's misfortune 21, 117; 32, 208; 34, 128; 52, 12 (cf. mar); *sm.* evil, harm, hurt, pain; damage 12, 51;

sickness, disease 28, 145 ; misfortune 29 b, 107 ; *voloir m. a*, wish ill to, hate 12, 17 ; *faire m.*, cause pain, be disagreeable 64, 117 ; *faire m. a*, torment 12, 112 ; injure 33, 170.

maladie, *sf.* disease, sickness; *la grosse m.*, dropsy ? (According to the *Dict. of Nat. Biog.*, Robert Bruce died of leprosy contracted in his earlier years) 41, 44.

malaise, -ese, -ayse, male ese 26, 136 : *sf.* discomfort ; *estre a m.*, be ill at ease 35, 103 ; *metre a m.*, disquiet, make uneasy 26, 174.

malbaillir, *v.* ill-treat, put in an evil plight 20, 8.

maleir ; *pp.* maleoit 40, 5 : *v.* curse.

malement, *adv.* ill, badly 29 a, 30; *estre m. de*, be on bad terms with 39, 69.

malenconious 31 a, 27, merancolieus 62, 64 : *adj.* melancholy.

maleviz, *sm.* malice 15, 180.

malgracieus, *adj.* ungraceful, ungainly 34, 90.

malle v. masle.

Maloaut, la dame de 26, 35 : v. note p. 151.

mamele, *sf.* breast 27, 264.

manace, manatce v. menace.

manacier, -scier v. menacier.

manant, *adj.* wealthy 28, 208.

manantise, *sf.* possessions, wealth 15, 105.

manatiare v. menacier.

manaye, *sf.* protection, power 31 a, 89.

manc 20, 34, manke 40, 76 : *adj.* crippled, maimed.

mander, -deir 42, 96 ; *ind. pr. 1* mant 18, 246 ; *imper. 2* mant 18, 250 : *v. n.* bid, request 18, 115 ; send word, make known 18, 246 ; *v. a.* send for, summon 19, 166; send, convey 31 b, 25.

manecier v. menacier.

manés 42, 9, menois 53, 22, meneis 53, 63 : *adv.* immediately ; *m. que*, immediately, as soon as 42, 9.

mangier, manj-, meng-, menj-, manger ; *ind. pr. 1* manjue 31 a, 29, *3* menjue 20, 11, mengue 33, 75, mangue 36 e, 7, *6* menjuent 21, 96, menguent 41, 30 ; *impf. 3* manjout 54, 102 ; *subj. pr. 6* menjucent 21, 215 ; *pres. p.* mangant 39, 71 : *v.* eat ; *inf. subs.* meal 38, 79 ; food 39, 86.

manicier v. menacier.

manier, *adj.* handy, skilful 22, 14.

maniere, meniere 23, 76, menieire 44, 48, manere 51, 57: *sf.* manner; kind 17, 223; appearance 34, 107 ; state 43, 97.

manjue, -uent v. mangier.

manoir ; *ind. pr. 2* mains 16, 66, *3* maent 11, 6 ; *pret. 3* meist 42, 102 : *v.* dwell, live ; *mananz dessore*, overhanging 42, 70.

mansion, *sf.* stay, permanent *?* bode 34, 2 ; house 34, 51.

mansiuncula (*L*), *sf.* small house 7, 81.

mant v. mander.

mantel 24 b, 44 ; *nom.* -teaus 17, 25 : *sm.* cloak.

mantellet 35, 215 : *dimin. of* mantel.

manuvrer, *v. a.* work 14, 110.

mapamonde, *sf.* map of the world 17, 193.

mape, *sf.* map 17, 197.

mar, mare, *adv.* in an evil hour, inauspiciously 14, 79 ; in vain, needlessly 16, 20 ; *ja m.*, never, certainly not 26, 176 ; *si m. fut ta vie*, how ill-starred was thy life! 14, 207 ; *tant m. i fustes*, how ill-starred you were! alas for you! 27, 88.

marastre, *sf.* stepmother 46, 96.

marbrin, *adj.* of marble 15, 181.

marc ; *nom.* mars 21, 7 : *sm.* mark, gold coin.

marceant v. marcheant.

Marcent 45, 85, -sent 45, 92, -sens 45, 105 : mother of Bernier and abbess of Origny.

marchander, *v.* haggle, bargain 37, 24 ; do business, accept the terms 64, 76.

marchandise, *sf.* merchandise, goods; bargaining, trading 64, 96.

marche, *sf.* march, borderland 38, 19.

marcheant, -chant, -ceant, 39, 10: *sm. and adj.* merchant.

marchié, -cié 39, 20: *sm.* market 39, 20; bargain 37, 39; *faire m.*, drive a bargain 37, 28; trade 21, 139; *faire bon m.*, offer favourable terms 37, 57.

marchier, *v. a.* tread down, walk upon 23, 227.

marchis = marquis 15, 188.

marciés v. marchié.

Marcius [mensis] (*L*), March 10, 1.

marés v. marois.

mareschal; *nom.* -chaus,-chaulx: *sm.* marshal 27, 35; smith 37, 68.

mariage, *sm.* marriage; *faire m. de*, marry 24 b, 19.

Mariete, woman's name 23, 209.

marinier, *sm.* sailor 46, 28.

Marion, name of a peasant-woman 36 e, 6; **M. l'Idolle**, Marion la Dentue, a courtesan of Paris in Villon's days 63, 20.

Maroie, name of a peasant-girl 24 d, 4.

marois 21, 85, marés 41, 80: *sm.* marsh.

marrement, *sm.* vexation, affliction 13, 136.

marrir, *v.*; *pp. adj.* vexed, sorrowful 20, 151.

Marsent v. **Marcent**.

Marsike, mont 42, 2 : either Monte Marsicano in the Abruzzi, or the mountain of the same name near Marsico Nuovo in Basilicata.

martel, *sm.* hammer 15, 70.

Martin, Saint-, de **Turoine**, cathedral and abbey at Tours, dedicated to St. Martin 16, 249.

martire, *sm.* torture, pain 19, 98.

martre, *sm.* marten-fur 15, 11.

mas v. mais and mast.

Mascatus, nephew of Armentarius 42, 72.

Maseuz, a fairy; or may refer to Queen Matilda, wife of William

the Conqueror and reputed maker of the Bayeux tapestry 15, 172.

masle, 33, 21, masclus (*L*) 1, 2, malle 51, 67 : *adj.* male.

masse, *sf.* throng, crowd 13, 214.

Massilia (*L*), Marseilles 6, 1.

massiz, *adj.* massive, solid 17, 48.

mast, mastus (*L*) 7, 86, mas 34, 182 : *sm.* mast.

mastin, *sm.* mastiff, dog 20, 121.

mastus v. mast.

mat v. metre.

mat 27, 171 ; *nom.* maz 26, 211 : *adj.* downcast, dismal.

mater, *v.* defeat 21, 194.

matere 41, 54, matire 50, 19 : *sf.* matter, subject.

matin, *sm.* morning; *adv.* early 30, 61.

matire v. matere.

mattent, mattons v. metre.

mau v. mal.

maufé 20, 195, malfé 16, 20, maufee 59 a, 26 : *sm.* devil.

maugré, mal-, *sm.* ill-will ; *m. vostre*, in despite of you 20, 137 ; *maugrez en ait vostre visages*, no thanks to you 30, 231 ; *prep.* in, spite of 24 b, 17 (cf. gre).

maumetre 27, 63 ; *pp.* malmis 42, 66 : *v.* damage, harm, injure.

mautalent 22, 156, mal- 18, 148 : *sm.* resentment, anger.

mautalentif, *adj.* angry 22, 220.

mauté, *sf.* badness, wickedness 25 d, 15.

mauvais, malvais, mauvés, mauveys 59 b, 23 : *adj. and subs.* bad, evil, wicked.

mauvesement, *adv.* badly 30, 78.

Maximiien, Roman Emperor (285–305, died 310) 11, 11.

Maximius (*L*), name of a Christian boy 4 b, 5.

maz v. mat.

mecine 28, 40, mescine 19, 107 : *sf.* medicine, remedy.

medisme v. meesme.

meditare (*L*) = meditari, *v. dep.* 7, 113.

medra, medre v. mere.

meesme, medisme 13, 118, meisme 14, 132, mesme 37, 91, meime 53, 97; *often indecl.* meesmes 26, 180, meismes 27, 37, mismes 43, 3 : *adj.* self, himself, herself, &c.; same, 44, 17; own 60, 37; *de m.*, likewise 64, 32.

mehaignier 29 b, 105, mehaingnier 28, 3 : *v.* mutilate.

mehain 55, 118, -ng 29 b, 37 : *sm.* mutilation, injury.

meie v. mien.

meigtener v. maintenir.

meilleur, -or, -our, -ur, meilur 13, 111, milleur 33, 193, mellor 43, 94; *nom.* mieldre 16, 111, mieudres 30, 150, mieudre 30, 187 : *adj.* better, best; *avoir le m.*, have the advantage 27, 162; *de son m.*, to the best of one's abilities 25 b, 35.

mein v. main.

meine, -ent v. mener.

meins, mains 22, 144, moins 25 b, 25 : *adv.* less, fewer; *le m.*, the least; *'au m. de . . . que . . .*, as little . . . as . . . 26, 30; *au m.*, at least 44, 6.

meint v. maint.

meir v. mer.

meis v. mais.

meis, *sm.* dwelling, house 24 a, 4.

meisme, meismes v. meesme.

meison v. maison.

meist v. manoir.

mellé, melleie v. mesler.

mellee, *sf.* hand-to-hand fight, battle 21, 191.

melodios, *adj.* melodious 56, 13.

melz v. mieuz.

membre, men-, *sm.* limb 38, 41; link (of a belt) 27, 252.

membré, *pp. adj.* strongly-built, powerful 15, 197.

membrer, men- ; *fut. 3* memberra 18, 139 : *v. impers.* remember 15, 106; *v. refl.* remember 29 a, 37; *pp. adj.* prudent, circumspect 15, 180.

memoire, *sf.* memory; *avoir en m. de*, remember to 37, 71; *avoir en m.*, bear in mind 37, 118.

memoratus (*L*) 9 b, 5, m. superius (*L*) 6, 49 : aforesaid.

menace, manatce 11, 8, manace 30, 210 : *sf.* threat.

menacier 34, 154, manatiare (*L*) 7, 23, manacier 15, 106, manascier 45, 29; *ind. impf. 3* manecievet 42, 71, manicievet 43, 61 : *v.* threaten.

mendiant, *sm.*; *les Mendians*, Mendicant friars 63, 6.

mendre v. menor.

menee, *sf.* flourish (on a horn) 23, 96.

mener; *ind. pr. 3* meine 16, 172, maine 23, 205, moinne 49, 70, 6 main(n)ent 21, 13; *fut. 1* menrai 24 a, 21, merrai 34, 149, 5 merrez 58, 75 : *v.* lead, conduct; lead (a life) 42, 4; conduct (war) 60, 91; administer (laws) 17, 249; *en m.*, lead away, take away 16, 172.

menestier v. mestier.

mengier v. mangier.

meniere v. maniere.

ministre, *sm.* attendant 27, 229.

menjassent, menjucent, menjue v. mangier.

menois v. manés.

menor, menur; *nom.* mendre 33, 92 : *adj.* less; least 16, 5; smallest 15, 169; younger, youngest 17, 51; inferior 36 b, 14.

mentir; *ind. pr. 1* ment 28, 169 : *v.* lie, break one's word 16, 12; tell lies 16, 227; *qui ne menti*, epithet of God, frequent in asseverations, 28, 103.

mentoivre, *v.* remind, warn 21, 152.

menu, -ut, *adj.* fine, narrow 17, 19; lowly, humble 23, 103; *adv.* frequently 15, 98; finely 17, 196; *m. recercelé*, finely curled, with small ringlets 24 a, 27.

menuement, *adv.* quickly 15, 134; minutely, finely 21, 64.

meon, meos v. mien.

mer 13, 76, meir 54, 5 : *sf.* sea.

merancolieus v. malenconious.

mercato (*L*) = mercatu, *abl. sg. of*

mercatus, *sm.* 7, 77 (cf. mar-chié).

mercerie, *sf.* mercery, textile goods, wares 27, 215.

merci, -cit, -cy, *sf.* mercy, pity 11, 27; thanks 18, 57; thank you! 28, 202; *vostre m.*, many thanks! 64, 48; *la lor m.*, thanks to them! 29 b, 35; *m. Deu* 14, 109, (*la*) *Deu m.* 26, 78, thank God!; *granz merciz*, many thanks! 26, 233; *avoir m. de*, take pity on 11, 27; *crier m.*, beg for mercy, implore 16, 32; *faire m.*, show mercy 55, 15.

mercier, *v.* thank 19, 70.

mere, medre 12, 53, medra 13, 101 : *sf.* mother.

merir, *v.* bestow (a reward) 25 b, 10.

Mermostier 53, 36, M. l'abaie 53, 81 : abbey of Marmoutiers, 1½ miles N. of Tours.

merrai v. mener.

merrien, *sm.* timber 27, 224.

merveille, -voille 46, 118 : *sf.* marvel, wonder; marvellous animal 21, 158; marvellous thing 27, 71; *par grant m.*, in a wondrous way 47, 19; *a m.*, wonderfully, very much 55, 122.

merveilles, *adv.* exceedingly 19, 9.

merveillier, -vellier, -veiller; *ind. pr. 1* merveil 18, 234, mer-voil 25 b, 9 : *v. n. and refl.* marvel, be amazed.

merveillos, -veillus, -veilhous 42, 83, -villous 43, 6 : *adj.* marvellous, wonderful 14, 70; amazing 18, 49.

mes v. mais.

mes, *sm.* messenger 55, 81.

mes, *sm.* dish, course 23, 162.

mesaise, -ese, -eise 54, 30 : *sf.* discomfort, hardship, misery 23, 172.

mesavenir, *v. impers.* turn out ill, happen amiss 34, 72.

meschance, *sf.* mischance 31 a, 42.

meschief, *sm.* trouble, misfortune 26, 152; *estre a m. de*, be without, lack 31 b, 4.

meschine 17, 111, -cine 40, 32: *sf.* girl, maiden.

mescine v. mecine and meschine.

mesconoistre; *pp.* mescongneu 60, 58 : *v.* disown.

mescroire, -creire 58, 38; *ind. pr. 1* mescroi 26, 213; *pres. p.* mescreant 58, 30 : *v.* disbelieve, distrust 18, 18; suspect 39, 53.

mesdire, *v.* (+ *de*) speak ill of, slander 27, 29; *pres. p. subs.* slanderer 25 b, 46.

meseise, mesese v. mesaise.

mesenge, *sf.* titmouse 20, 182.

mesesrer, *v.* act wrongly, commit a crime 21, 165.

mesestance, *sf.* embarrassment, difficulty 22, 125.

mesfaire; *pret. 5* mesfaistes 24 a, 16; *pp.* mesfet 30, 64 : *v.* do wrong, become guilty 24 a, 16; (+ *dat.*) wrong 18, 107.

mesfait 55, 135, -fet 26, 232 : *sm.* misdeed, transgression.

mesler 17, 246, meller 27, 119, melleir 43, 17 : *v.* mix; *pp. adj.* (of hair) grey 27, 119.

mesme v. meesme.

mesnagiere, *sf.* housekeeper, mistress of a household 37, 2.

mesnaiger, *sm.* business-man 64, 5.

mesnie v. maisniee.

mesnommer, *v.* misname 34, 130.

meson v. maison.

mesprendre, *v.* act wrongly, commit a fault 30, 181.

mesprison, *sf.* dissension, discord 22, 194.

message, -aige 65, 41 : *sm.* message, mission 17, 69; messenger 31 b, 25.

messagier, mesa-, *sm.* messenger 28, 14.

mestier 18, 15, menestier 11, 10, mistier 12, 19, mester 52, 22 : *sm.* service 11, 10; duty 12, 19; profession, business, occupation 24 d, 7; *avoir m.*, be of use, avail 18, 221; *avoir m. a*, be necessary to 34, 28; *avoir m. de*, be in need of 25 b, 6; *estre mestiers*, be necessary 18, 15.

mestre v. maistre.

mestrise, *sf.* mastery 32, 103.

mestroier, *v.* act as leader of the dance 24 d, 22.

mesure, *sf.* measure, dimensions 15, 63 ; moderation 18, 238 ; decree 21, 235 ; *senz m.*, beyond measure 18, 194.

mesveillance, *sf.* malevolence 62, 28.

metre 25 d, 21, mettre 33, 182, metter 59 a, 3 ; *ind. pr. 1* met 24 b, 54, *3* mat 49, 67, meet 61, 33 ; *pret. 3* mist 12, 71, *6* misent 43, 8, mistrent 46, 57 ; *subj. pr. 6* mattent 43, 38, metient 44, 4 ; *imper. 2* met 30, 10, *4*, mattons 43, 16, meton 55, 29 ; *pp.* mis 15, 182, *fem.* misse 40, 46 : *v.* put, place ; put forward, give (advice) 22, 86 ; set in order, lay (a table) 23, 88 ; spend 29 b, 130 ; 38, 86 ; apply, expend 32, 232 ; 60, 50 ; set on the table 33, 130 ; *m. avant*, give an advantage to, be in one's favour 25 d, 21 ; *m. arriers*, drive back 48, 52 ; *m. devant*, lay to one's charge, accuse 26, 186 ; *m. fors*, exclude, disqualify 22, 173 ; expel 27, 179 ; *fors mis*, except 41, 9 ; *v. refl.* put oneself, place oneself 30, 114 ; (+ *en*) enter 39, 40, undertake 19, 170 ; (+ *a*) submit to 31 a, 68 ; (+ *sor*) submit to 30, 1 ; *soi m. au chemin*, start on a journey 53, 11 ; *soi m. en mer*, put to sea 39, 1 ; *soi m. au retor*, set out on the return journey 23, 28.

meu v. movoir.

meur, *adj.* mature, ripe 32, 34.

meurs, mors 22, 101, mours 56, 46 : *sf. pl.* manners, morals.

meux, meuz v. mieuz.

mi v. je and mon.

mi, *adj.* half, mid- ; *la mie nuit*, midnight 21, 199 ; *en mi*, half way up 19, 52.

miaus, miauz v. mieuz.

Michiel, St. Michael the archangel 35, 35.

midi v. miedi.

mie, mye, *when used adverbially sometimes* mies 43, 4 : *sf.* crumb ; (+ *neg.*) not, not at all 15, 28 ; *ne mie por ce que*, notwithstanding that, although 26, 217.

miedi, midi, *sm.* midday 29 b, 27 ; south 33, 22.

miege, *sm.* doctor, physician 31 a, 30.

miel v. mal.

miel, mieil 33, 162 : *sm.* honey.

mieldre v. meilleur.

mien, myen, meon 10, 15 ; *nom.* meos 10, 31 ; *fem.* meie 14, 164 : *poss. adj. and pron. 1 sg., accented form*, my, mine ; *dou mien*, for my part, on my side 22, 114.

mienuit, *sm. and f.* midnight 35, 113.

mier, *adj.* pure (epithet of gold) 15, 35.

mieudre v. meilleur.

mieuz, mielz, miex, mieus, mieulx, melz 11, 16, miaus 31 b, 16, miez 43, 26, miauz 47, 25, meuz 48, 54, mex 55, 55, meux 59 a, 24 : *adv.* better ; best 14, 77 ; more 22, 31 ; longer 15, 52 ; (*used to form superl.*) 13, 20 ; (*as adj.*) *les m.*, the best 13, 17 ; *le m.*, the best part 21, 89 ; *au m. que*, as well as, as best 27, 7.

miga (*L*) = mica, *sf.* 5, 7 ; (cf. mie).

mignot, *adj.* pretty, dainty 50, 71.

mignotement, *adv.* prettily, daintily 23, 56.

mignotet 24 c, 6 : *dimin. of* mignot.

mil 14, 46 ; *pl.* milie 14, 181, mile 15, 9, mil 38, 80, mille 41, 37 : thousand.

Miles li Braibanz, a French baron 46, 87.

milieu, -liu 15, 91, -lou 17, 203 : *sm.* middle, centre.

milleur v. meilleur.

miloain, *adj.* middle 17, 208.

Milun, Milo, cousin of Thibaut of Reims and a knight of Charlemagne 14, 37.

mine, *sf.* a game played with dice 23, 184.

ministere, *sm.* service, ministry 42, 88.

ministerialis (*L*), *sm.* officer 8, 2.

minorare (*L*), *v. a.* diminish 8, 19.

minutia (*L*), *sn. pl.* small items 8, 47.

miramie; *a m.* (= *a mirabile* ?), wondrously; Moland et D'Héricault suggest 'à l'orientale'? 40, 30.

mire, *sm.* doctor, physician 28, 26.

mireor 47, 31, mirour 34, 39 : *sm.* mirror.

mirer, *v. a.* gaze at 24 c, 13 ; *v. refl.* gaze, contemplate 32, 72 ; mirror oneself 47, 30.

mirre, *sf.* myrrh 14, 232.

mis v. mon.

misent v. metre.

mismes v. meesme.

missire v. monseigneur.

mist v. metre.

mistere, *sm.* handicraft 37, 10 ; mystery 62, 55.

mistier v. mestier.

mistrent v. metre.

Mitridates, Mithridates the Great, king of Pontus, defeated by Pompey 66 B. C., died 64 B. C., 27, 106.

moillier, muiler 13, 19, moyler 13, 39, mullier 15, 106, muillier 15, 143 : *sf.* wife.

moillier, molhier 42, 111, muiler 57, 108; *ind. pr. 3* mueille 50, 35 : *v.* wet.

moine, munie 14, 230 : *sm.* monk.

moinne v. mener.

moinun, *sm.* stump 16, 184.

moins v. meins.

mois, meis, *sm.* month ; *des m.*, for months to come 30, 58 ; 35, 204 ; 36 a, 20.

Moises 58, 80, Moyses 51, 64, Moysi 58, 79 : Moses.

moitié, -tiet, -tieit 44, 53: *sf.* half; *cuit a m.*, half-cooked 41, 17.

moixon, *sm.* sparrow 44, 101.

mol, *adj.* soft 21, 85.

mole, *sf.* millstone 34, 211.

moleste, *sf.* hurt, injury 21, 232.

molet, -llet, *adj.* soft, indolent 56, 28 ; timid, faint-hearted 62, 25.

molhier v. moillier.

molin, mou-, mulin 15, 114 : *sm.* mill.

moller, *v.* mould, shape 27, 256 ; *pp. adj.* well-shaped 16, 211.

mon, mun ; *nom. sg.* mis 14, 194, mes 20, 45 ; *nom. pl.* mi 13, 203; *obl. pl.* mes ; *fem.* ma ; *pl.* mes : *poss. adj. 1 sg., unaccented form*, my.

mon, *adv.* assuredly, certainly 26, 188.

monde v. mont.

monde, *adj.* clean, pure 29 a, 19.

mongter v. monter.

monnoer, *v.* mint, make coin of 21, 32.

monnoye, *sf.* money, change 63, 8 ; 64, 26.

Monpeslier, Montpellier (dept. Hérault) 45, 31.

monseigneur 61, 37 ; *nom.* missire 20, 204 : *sm.* my lord.

monstier v. mostier.

monstrer v. mostrer.

mont v. mout.

mont, munt, *sm.* mountain, hill 14, 38 ; heap 22, 236.

mont, monde, munde 43, 13, mound 59 b, 6 : *sm.* world.

Montagu, John Neville, marquis of Montague (killed at Barnet on April 30, 1471) 65, 16.

montaigne, -agne, mountaigne 59 b, 4 : *sf.* mountain, hill.

montele, *sf.* small mountain (perh. a place-name ?) 15, 2.

monter, munter, mongter 59 b, 4 ; *subj. pr. 3* munt 16, 154 : *v. n.* mount, ascend 14, 143 ; mount on horseback 14, 61 ; so *m. sus* 16, 139; go on board 65, 3 ; amount 64, 97 ; *v. a.* mount, ascend 24 a, 25 ; set on horseback 28, 80 ; *v. refl.* ascend 18, 231.

Montpipeau, fortress six miles N. of Meung-sur-Loire ; *aller a M.*, slang term signifying to cheat at cards or dice (cf. piper) 63, 28.

monument, *sm.* monument, grave 58, 19.

mor, *sm.* blackamoor, negro 27, 231.

moralité, *sf.* morality-play 63, 61.

mordre ; *ind. pr. 3* mort 36 e, 26 : *v.* bite.

mordrir, *v.* murder 40, 56.

Moret, Sir Thomas Randolph, first Earl of Moray, died 1332 (*Dict. of Nat. Biog.*) 41, 46.

morir 18, 60 ; *ind. pr. 1* muir 18, 75, meur 60, 80, *2* muers 21, 111, *3* mort 57, 68, *6* moeurent 40, 79 ; *pret. 3* murut 19, 221 ; *fut. 1* morrai 23, 47 ; *cond. 3* murreit 14, 138 ; *subj. pr. 3* muire 23, 129 ; *pp. nom.* mors 12, 31 : *v. n. and refl.* die ; *il se fut (furet) morz,* he died 11, 18 ; 12, 31 ; *v. a.* kill 14, 209.

mors, *sm.* bite 63, 81.

mortel ; *nom.* -tiex 20, 212 : *adj.* mortal, deadly.

morteruel ; *nom.* -reux 23, 164 : *sm.* kind of food, dish containing milk and bread.

mos v. mot.

mostier, mous-, monstier 12, 14, muster 13, 176 : *sm.* monastery 12, 14 ; church 34, 230.

mostrer, mus-, mous-, monstrer 24 d, 40 ; *pp. fem.* mustrethe 13, 71 : *v.* show ; state, explain 19, 83 ; point at 31 a, 61 ; direct, instruct 46, 5 ; *m. sa raison,* develop one's argument, make a discourse 13, 71 ; *m. la parole,* act as spokesman 46, 99.

mot v. mout.

mot ; *nom.* mos 25 a, 13 : *sm.* word ; price, figure 64, 158 ; (as complement to negation) 26, 242 ; *(de) m. a m.,* word for word 44, 15, 69 ; *a un m.,* without bargaining 64, 57.

mound v. mont.

mousche, *sf.* fly ;·bee 33, 148.

mousse, *sf.* moss 20, 229 ; hair, fur 34, 98.

moussu, *adj.* mossy ; hairy 34, 97 (but cf. *Roman de la Rose,* ed. Langlois, note to v. 355).

mout, molt, mult, moult, mont 34, 43, mot 51, 10 : *adj.* many 13, 112 ; (*indecl.*) many 16, 161 ; *adv.* much, very much, very 12, 17 ; *m. de,* many 48, 81 ; much 49, 16.

mouton, *sm.* ram ; battering-ram 27, 77.

movoir, muv-, mouv- ; *ind. pr. 3* muet 23, 120 ; *pret. 3* mut 21, 1 ; *fut. 4* muvrum 57, 38, *6* moverunt 43, 40 ; *pp.* meu 21, 41 : *v. a.* move 27, 81 ; *v. n.* start, set out 12, 1 ; start, come 22, 120 ; *v. refl.* move 29 b, 46 ; get out 53, 57.

Moyses, Moysi v. **Moises.**

mu 21, 53 ; *nom.* muz 43, 59 : *adj.* mute, dumb.

muable, *adj.* changeable, variable 60, 44.

muance, *sf.* change 51, 92.

mucer, *v.* play the bagpipes 24 d, 34.

mudede v. **muer.**

mue, *sf.* cage for hawks ; hidden dwelling, retreat 36 e, 29 ; *soi tenir en m.,* remain caged, stay indoors 36 c, 10.

muef, *sm.* (grammar) mood 44, 39.

mueille v. **moillier.**

muer 13, 4 ; *pp. fem.* mudede 13, 116 : *v. a. and refl.* change, alter ; *ne pooir m. ne* (+ *subj.*) not be able to refrain from 14, 121.

muers v. **morir.**

muet v. **movoir.**

muir, muire v. **morir.**

mul, *sm.* mule 15, 17.

mullier v. **moillier.**

mult v. **mout.**

multiteit, *sf.* multitude 42, 81.

multitudine, *sf.* multitude 42, 73.

mulus (*L*), *sm.* mole 7, 128.

munie v. **moine.**

munipulus (*L*) = **manipulus,** *sm.* 7, 31.

Munjoie, battle-cry of Charlemagne 14, 114.

mure, *sf.* spear point 14, 109.

mure (*L*) = **more,** *abl. sg. of* mos, *sm.* 4 c, 11.

murreit v. **morir.**

musardie, *sf.* folly, imbecility 22, 208.
muser, *v.* muse 34, 73; wait uselessly, waste one's time 35, 25.
musican, *sm.* musician 36 a, 2.
mut v. movoir.

nafre, *sf.* wound 31 a, 50.
nafrer 16, 76, naff- 14, 108, **navrer** 21, 180 : *v.* wound.
nager, *v.* navigate, sail 53, 16.
naie, not I, no 26, 189.
Naimes 14, 21, **Nales** 38, 7 : duke of Bavaria, chief adviser of Charlemagne.
naistre, nestre 29 b, 60 ; *ind. pr. 3* nest 24 c, 1 ; *pret. 3* nasqui 29 b, 7 ; *pp. nom.* nez 12, 53 : *v.* be born; spring up 24 c, 1 ; arise, begin 29 b, 7 ; *home ne* (*+ neg.*), no one 16, 215.
Nales v. Naimes.
napus (*L*), *sm.* turnip 8, 46.
nasel, *sm.* nosepiece of a helmet 16, 119.
nasqui v. naistre.
nasse, *sf.* bow-net 32, 138.
natalis Domini (*L*), *sm.* Christmas day 9 b, 5 (cf. nouel).
nativité, *sf.* birth 37, 113.
nature, *sf.* nature ; (personified) 17, 184; character 54, 99; human nature 60, 24 ; *par n.*, naturally, of natural formation 21, 148 ; *de n.*, by nature 16, 188.
naturel, *adj.* natural ; by birth 16, 233.
naturelment, *adv.* by nature, naturally 60, 13.
nausia (*L*) = nausea, *sf.* 7, 47 (cf. noise).
Navarri (*L*), a people in Spain 9 b, 11.
navie, *sf.* navy, fleet 18, 5.
navier, *v.* navigate, sail 18, 66.
navrer v. nafrer.
navyre, *sm. and f.* ship 65, 8.
ne, nne 12, 104, **nen** 13, 68 : *neg. adv.* not ; *ne . . . que . . .*, nothing but, none but, only 26, 159 ; *ne ... fors . . .*, only 27, 201.

ne 10, 32, **ned** 11, 7, **ni** 31 a, 91, **nen** 43, 22, 66, **n'** 63, 95 : *conj.* nor 13, 121 ; or 15, 96, 218; 21, 46; &c. ; and 32, 16 ; 40, 70; &c. ; *ne ... ne ...*, neither ... nor ... 10, 32 ; either ... or ... 21, 14.
neanz v. neent.
necare v. noier.
necessaire, necc-, *adj.* necessary 37, 16 ; urgent 37, 7.
necessité, -teit 42, 13 : *sf.* necessity, need.
neeler 15, 33, **noeler** 21, 31 : *v.* enamel.
neent, nient 13, 49, neient 18, 21, noient 20, 51 ; *nom.* neanz 47, 16 : *sm.* anything 20, 45 ; (*+ neg.*) nothing 13, 49 ; *adv.* not at all, not 42, 39 ; *de n.*, in no wise 18, 21 ; *del tot n.*, not in the least 42, 25 ; *por n.*, to no purpose, in vain 18, 165.
neer v. noier.
nef 13, 77 ; *pl.* nes 18, 1: *sf.* boat, ship.
nefle, *sf.* medlar, a thing of no value 16, 102.
negare (*L*) = necare, *v. a.* 6, 8 (cf. noier).
neglegentia (*L*) = negligentia, *sf.* 8, 5.
neguciator (*L*) = negotiator, *sm.* 4 a, 2.
negunt, *pron.* any one 52, 32.
neiel, *sm.* niello, enamel 17, 219.
neient v. neent.
neif, neis v. noif.
neis 19, 148, nes 43, 18 : *adv.* even.
nekedent, *conj.* nevertheless 42, 79.
nel = ne lo 12, 23 ; ne le 13, 117 ; ne la 16, 201.
nem = ne me 13, 188.
nen v. ne and on.
nenil 18, 109, nenny 64, 94 : no.
nephas (*L*) = nefas 32, 102.
neporquant, -qant, nepourquant, *conj.* nevertheless 26, 79.
nepticla (*L*) = nepticula, *dimin. of* neptis, *sf.* 1, 89.
nepurhuec, *conj.* nevertheless 13, 206.

nercir, noircir, *v.* make black ;
fig. make melancholy 29 b, 36 ;
pp. subs. devil 30, 52.

nerf ; *nom.* **ners** 48, 23 : *sm.* bow-
string.

nes v. nef and neis.

nes = ne se 13, 140 ; ne les 14, 115.

nes, nez, *sm.* nose 16, 204.

nest, nestre v. naistre.

nesun, *pron.* any one 53, 41.

net, *adj.* clean, pure 27, 262.

neul v. nul.

Neustrie, Neustria 19, 7.

neveu, nevud 14, 133, **nevod** 14,
144, **nevou** 16, 61 ; *nom.* **niés**
14, 6, **niefs** 16, 243, **nierz** 42,
72 ; *obl. pl.* **nevoz** 14, 24 : *sm.*
nephew ; grandson 32, 229.

nez v. naistre and nes.

ni v. ne.

nice, *adj.* foolish 35, 94.

nicement, *adv.* foolishly, stupidly
31 a, 71.

nicheté, *sf.* foolishness, thought-
lessness 38, 62.

Nichodeme, a Saracen country 16,
198.

Nichodemus, Nicodemus, a phari-
see 58, 1.

Nicholas, saint, patron saint of
scholars ; *la mesnie saint N.,*
scholars, the University 29 a, 36.

Nicolete 40, 2, **Nicole** 40, 27 : a
Saracen girl loved by Aucassin.

nient v. neent.

nierz, niés v. neveu.

nigredo (*L*), *sf.* blackness 3 a, 19.

niule v. nul.

nne v. ne.

nnel = nne lo 12, 104.

no v. nostre.

noaus, *adv.* worse ; *estre au n.,*
come off worse, be vanquished 27,
155.

nobilité 16, 68, **-tét** 13, 14 : *sf.*
nobility.

Noble, name of the lion 20, 204.

noces, *sf. pl.* wedding 31 b, 44 ;
wedding-feast 33, 194.

noeler v. neeler.

noer, *v.* swim 21, 120.

noeve v. nuef.

noient v. neent.

noier, necare (*L*) 7, 38, **neier** 14,
78, **neger** 51, 66, **neer** 51, 68 : *v.*
drown ; *v. refl.* drown oneself 24 d,
38.

noif 33, 140, **neif** 15, 120 ; *nom.*
neis 17, 205 : *sf.* snow.

noir, neir, neyr 59 a, 10 : *adj.*
black.

noise, *sf.* quarrel 22, 204 ; noise 19,
204 ; rumour, report 40, 53.

noit = nuit 12, 111.

nom, num, nun, non, noun 59 b,
24 : *sm.* name ; *avoir n., avoir a n.,*
(+*nom. or acc.*) be called, be
named 12, 91 ; *coment a n.?,* what
is his name? 30, 40 ; *metre n.*
(+*dat.*) name 13, 30.

nomer, numer, nommer, *v.* name
13, 46 ; *v. refl.* be named 63, 10 ;
be mentioned 64, 54.

non v. nom.

non, nun (cf. ne), *neg. adv.* not ;
n. pas, not 27, 116.

nonain 45, 93, **nonn-** 31 b, 21 : *sf.*
nun.

nonchalance, *sf.* unconcern, indif-
ference ; *metre en n.,* become in-
different to 34, 188.

noncier, nun-, **nonchier** 38, 29 ;
subj. impf. 6 **nonceissunt** 53,
101 : *v.* announce.

none, nonne, *sf.* ninth hour, 3 p.m.
21, 151.

nonobstant, *prep.* notwithstanding
37, 118.

nonque 11, 13, **nunqua** 10, 18 :
adv. (with or without neg.) never.

non-sachance, *sf.* ignorance 43, 90.

norrice, *sf.* nurse 29 b, 56.

norrir, nu-, nou-, norir, nou-, *v.*
bring up, nurture 13, 32.

Northombrelande, Northumber-
land 41, 14.

nos = non se 11, 20.

nos, nus, nous, nouz 27, 122 : *pers.
pron. 1 pl.* we, us ; (*pl. for sg.*)
me 24 a, 17.

noscum (*L*), **noviscum** (*L*) = no-
biscum, *pron.* 1, 109.

nostre, nostro 10, 13, **nostra** 13,
12, **no** 36 e, 24 ; *obl. pl.* noz 14,

146; *fem. pl.* noz 30, 198: *poss. adj. and pron. 1 pl.* our, ours.

note, *sf.* note, music; *sanz n.*, in a low voice, without enthusiasm 32, 21; *de haut n.*, in a loud voice 59 b, 25.

notelete, *sf.* tune, song 24 c, 16.

noter, notare (*L*) 10, 3: *v.* indicate, mention, note; play (a tune) 24 d, 8.

notonnier, *sm.* sailor 53, 16.

nou = ne le 39, 91.

nouel, *sm.* Christmas 38, 72.

noun v. nom.

nouviau v. novel.

nouz v. nos.

novel, nouv-, nouveau, -iau 24 c, 1: *adj.* new, fresh; *n. tens* 24 c, 1, *saison novele* 50, 76, springtime; *de n.*, anew 27, 54.

novele, nuv-, *sf.* piece of news 30, 203; *pl.* news 14, 192.

novelement, *adv.* recently 42, 2.

noviscum v. noscum.

noz v. nostre.

nuef; *fem.* noeve 23, 113, neuve 33, 136, nueve 50, 19: *adj.* new.

nuet (*dimin. of* nu), *adj.* ill-clothed 24 c, 35.

nul, neul 10, 32; *nom.* nus 18, 127, nulz 20, 22, nuns 49, 9; *obl.* nului 24 b, 6; *fem.* nulla 10, 32, niule 11, 9: *adj. and pron.* any one, any, some 18, 127; (+ *neg.*) no one, none, no 10, 17.

nullatenus (*L*), *adv.* in no wise, by no means 6, 28.

numqua (*L*) = numquam, *adv.* 1, 108 (cf. nonque).

nunqua v. nonque.

nuns, nus v. nul.

nuvelis (*L*) = nobilis, *adj.* 4 c, 1.

nuvilior (*L*) = nobilior, *adj. compar.* 4 c, 11.

o v. ou and oir.

o = en le 52, 8.

o 21, 61, ob 12, 62, od 13, 91, ot 13, 150, ou 54, 100: *prep.* with; *o tot*, together with 19, 185.

o 14, 5, ou 13, 204, u 15, 101: *conj.*

or; *o ... o ...*, either ... or ... 14, 5.

o, hoc 13, 15, uec 42, 66: *dem. pron.* this; *o quid*, whatsoever 10, 17; *por o*, for this reason, therefore 11, 11.

oan, *adv.* this year, now 18, 53.

oanz v. oir.

ob v. o.

oblata v. oblie.

obli, *sm.* oblivion; *metre en o.*, forget 43, 16.

oblie, oblata (*L*) 5, 9, oublie 41, 29; *sf.* wafer, pastry.

oblier, oub-, ub-, *v.* forget 13, 157.

obnubilare (*L*), *v. a.* overcloud 9 b, 26.

observer, *v* take care not to do, abstain from 12, 52.

obtenebat (*L*) = obtinebat, *ind. impf. 3 of* obtinere, *v. a.* 6, 41.

obviare (*L*), *v.* meet 7, 116.

occasion, *sf.*; *a l'o. de*, on account of 61, 9.

occidere, occire v. ocire.

occopat (*L*) = occupat, *ind. pr. 3 of* occupare, *v. a.*, *or perh.* occubat, occubare, *v. n.* 4 c, 2.

Oceanus, Ocean (person.) 17, 227.

ochoison v. achoison.

ocire, occidere (*L*) 12, 136, ocirre 22, 203; *ind. pr. 3* ocit 43, 41, 5 ociez 18, 34; *impf. 3* ocioit 27, 4; *pret. 1* ocis 55, 20, *3* occist 12, 12, ocist 31 a, 54, *6* ocirent 23, 122, ocistrent 23, 123; *subj. pr. 1* ocie 55, 58, *3* ooiet 43, 15; *pp.* ocis 27, 12: *v.* kill; *v. refl.* kill one another 22, 203.

ocision, *sf.* slaughter 18, 126.

oct v. avoir.

oculi (*L*) = occuli, *pass. of* occulere, *v. a.* 3 a, 4.

od v. o.

oeille 51, 43, ouaille 56, 93, oeile 57, 66: *sf.* sheep.

oel v. ueil.

ofendere (*L*) = offendere, *v.* 7, 65.

offerande, *sf.* offering, offertory 30, 89.

offerre v. ofrir.

official, *sm.* officer 61, 52.

ofrir, off-, offerre 30, 46 : *v.* offer ; *v. refl.* offer oneself.

obi 16, 24, **oi** 16, 167 : *interj.* alas, alack.

oi v. **avoir** and **ui**.

oie, *sf.* ear 24 d, 48 ; 28, 75 ; hearing, listening 42, 37.

oil v. **ueil.**

oil 22, 65, **ouy** 64, 27 : yes.

oindre ; *ind. pr. 3* **oint** 33, 79 : *v.* anoint.

oir 15, 117 ; *ind. pr. 1* **oi** 15, 209, *2* **os** 30, 4, *3* **ot** 13, 221, **oit** 36 c, 9, *5* **oiés** 38, 29, *6* **oent** 22, 205 ; *impf. 3* **ooit** 20, 23 ; *pret. 1* **oi** .14, 137, **oy** 59 a, 18, *3* **audit** 12, 103, **oit** 13, 87, **uit** 15, 111, **oi** 18, 29, *6* **oirent** 22, 193, **ouirent** 32, 224 ; *fut. 1* **orrai** 30, 169, *2* **orras** 55, 31, *5* **aurez** 12, 29, 67, **orreiz** 17, 14 ; *subj. impf. 3* **oist** 16, 235 ; *imper. 2* **oz** 13, 66, **o** 27, 174, *5* **oiez** 27, 173, **oez** 58, 25 ; *pres. p.* **oiant** 25 a, 6, *nom.* **oanz** 42, 95 ; *pp.* **oi** 15, 53, **oy** 33, 83, **oit** 42, 42 : *v.* hear ; *oiant* (+ *acc.*), in the hearing of 25 a, 6.

oir 38, 6, **hoir** 27, 178 : *sm.* heir.

oisel, oy- ; *nom.* **oiseaus, -eax, oisiax** 40, 39, **-iaus** 50, 62, **-iaux** 56, 10 : *sm.* bird.

oiselet 50, 79 : *dimin. of* **oisel**

oison, *sm.* gosling 23, 164.

oissor, *sf.* wife 15, 72.

ol v. **il.**

olifant, *sm.* ivory horn 15, 213 ; ivory 27, 223.

oliflambe, *sf.* oriflamme (banner of St. Denis), royal banner 21, 160.

olive, *sf.* olive-tree 23, 204.

olivete 23, 207 : *dimin. of* **olive.**

Olivier, brother of Aude, one of the twelve peers of Charlemagne 14, 7.

Ollande v. **Hollande.**

ols v. **ueil.**

om v. **ome** and **on.**

ombre, um- 60, 93 : *sf.* shade, cover.

ome, omme, ume, home, homme, hume, omne 12, 123 ; *nom.* **om** 12, 72, **hom** 13, 14, **hon** 17, 88,

homs 35, 41 : *sm.* man ; liegeman 30, 97.

omnebus (*L*) = omnibus, *dat. pl. of* omnis, *adj.* 4 a, 3.

omque v. **onques.**

on v. **en.**

on = o en 12, 63 ; en le 44, 104 ; 51, 3.

on, om 10, 16, en 14, 142, hom 14, 223, um 19, 35, l'en 20, 54, l'on 24 a, 1, l'an 31 b, 11, an 47, 30, nen 56, 40 : *indef. pron.* one, any one, some one.

oncle, un- 16, 22 : *sm.* uncle.

oncore v. **encor.**

oncques v. **onques.**

Onestrudis (*L*), the Unstrutt, a tributary of the Saale 3 b, 33.

oneur, onor, onur, onneur, -or, -our, honeur, -or, -our, -ur, honnour, ennor 31 a 14, **enour** 31 a, 15, **enor** 47, 75, **henor** 56, 23, **henour** 56, 67 : *sf.* honour ; *fig.* monument (?) 15, 109.

oniche, *sm. and f.* onyx 27, 222.

onor (*L*) = honor, *sm.* 4 c, 12 (cf. oneur).

onorable = h- 42, 38.

onorer, onurer, honorer, honn-, honurer, enorer 47, 66 : *v.* honour.

onq(u)es, onkes, oncques, unques, unkes, omque 11, 9, unc 13, 140, **unches** 14, 105 : *adv.* ever 16, 7 ; (+ *neg.*) never 11, 9 ; *o. mais,* ever before 22, 256 ; *o. puis,* ever since, ever after 26, 150 ; *o. jor,* ever at any time 30, 45.

ons = en les 51, 53.

onteir, *v.* disgrace 49, 82.

ontes v. **honte.**

opacitas (*L*), *sf.* darkness 9 a, 10.

operacion, *sf.* exploit 62, 18.

opis (*L*) = opes, *sf. pl.* 4 c, 8.

oppresser, *v.* oppress 60, 5.

or 12, 5, **hor** 12, 67, **ore** 13, 149, **ores** 31 a, 85, **hore** 46, 110 : *adv.* now ; just now, a short time ago 22, 30 ; 35, 4 ; henceforth 13, 149.

oracio (*L*) = oratio, *sf.* prayer 4 a, 4 (cf. **oroison**).

orainz, *adv.* just now, a while ago 55, 19.

oram v. orer.

orde v. ort.

ordenance 44, 37, ordonn- 60, 94 : *sf.* rule, government.

ordene (*L*) = ordine, *abl. sg. of* ordo, *sm.* 4 c, 5.

ordene, *sm.* order 43, 86.

ordenement, *sm.* order, command 18, 121.

ordener, ordonner, ordineir 42, 90 : *v.* give directions, arrange 31 a, 1 ; establish 36 e, 14 ; ordain 18, 190 ; bequeath 61, 63.

ordure, *sf.* filth ; base occupation 63, 65.

ore v. eure and or.

ore, *sf.* breeze 24 b, 39.

oré, -et, *sm.* breeze, wind, storm 13, 195.

oreillier, orill-, *sm.* pillow 15, 168; (herald.) cushion 41, 47.

orendroit, *adv.* straightway, on the spot 22, 169 ; now, at this moment 36 d, 17.

Orenge, Orange (dept. Vaucluse) 16, 45.

orer ; *ind. impf. 3* orevet 42, 23 ; *imper. 4* oram 11, 26 : *v.* pray.

ores v. or.

orét, *pp. adj.* golden, gilded 14, 110.

orfenin, orph- 40, 40, orfelin 55, 128 : *adj. and subs.* orphan.

orfrois, -reis, *sm.* cloth embroidered with gold 15, 14.

orgueil, orgoil 43, 55, orguel 47, 54 ; *nom.* orguex 29 a, 21 : *sm.* pride ; (personified) 29 a, 21.

orgue(i)lleus, orguilleus 31 b, 47, -os 45, 27, orgoillos 51, 77 : *adj.* proud, haughty.

orgueillier, *v. refl.* become proud 50, 34.

orguellieusement, *adv.* proudly 46, 27.

oriant = orient 22, 223.

oricla (*L*) = auricula, *sf.* 1, 46 (cf. oreille).

Origni, Origny - Sainte - Benoîte (dept. Aisne), near St. Quentin 45, 1.

orilegium (*L*), orologium (*L*) = horologium, *sn.* 1, 102.

orillier v. oreill-.

orine, *sf.* urine 28, 41.

orine, *sf.* origin ; family tradition 64, 6.

oriol, *sm.* bird with golden plumage, oriole 15, 32.

orison v. oroison.

Orlains, Orleans 53, 15.

oroison, -eison, orison 42, 44: *sf.* prayer.

orphenin v. orfenin.

Orpheus, the mythic singer of Thrace 36 a, 13.

orrai v. oir.

Orri, mestre, chief nightman at Paris in Rustebeuf's day (Jubinal) 29 b, 141.

ors, ours ; *fem.* oursse 21, 169, orsse 21, 181 : *s.* bear.

ort 36 b, 19 ; *nom.* ors 32, 207 ; *fem.* orde 20, 102 : *adj.* dirty, disgusting ; impure (life) 29 a, 55.

os v. avoir, il and oser.

os, *adj.* daring 21, 89.

osberc v. hauberc.

oscur = obscur 54, 25.

oser, ozer 39, 61, osser 46, 120 ; *intd. pr. 1* os 22, 175 ; *cond. 3* oseret 55, 74 : *v.* dare.

ost v. avoir.

ost 21, 14, hostis (*L*) 8, 41, host 13, 143 ; *nom.* oz 14, 200, hoz 17, 176, hos 41, 71 : *sf. and m.* host, army.

ostage, *sm.* hospitality 18, 45.

oste, *sm.* landlord 29 b, 75.

osté v. ostel.

Ostedun, Autun (dept. Saône-et-Loire) 12, 55.

ostel, osté 29 b, 76, ostau 51, 47 : *sm.* lodging, quarters 13, 225 ; stable 15, 83, 160 ; house, abode 28, 191 ; *estre a o.*, lodge 39, 93 ; *l'Ostel Dieu*, the principal hospital in a town 63, 1.

ostencion, *sf.* look, appearance 62, 54.

oster, *v.* take away, remove 23, 82 ; take off (clothing) 33, 117 ; get rid of 37, 51 ; turn away 32, 9 ; *oste*, away with him ! 43, 76.

Osteriche, -rike 39, 46 : Austria ; *la duchesse d'O.*, not identified 23, 220.

ostur, *sm.* goshawk 15, 13.

ot v. oir·

ot, oth v. avoir.

Oton, -un 14, 36 ; *nom.* Otes 14, 9 : nobles in Charlemagne's army.

otroier 27, 198, otrier 19, 65 ; *ind. pr. 1* otrei 17, 157, otroi 26, 231, otroy 31 a, 86, *3* otreie 17, 166 : *v.* agree, acknowledge 17, 157 ; grant 19, 65.

ou v. il.

ou = en le 28, 33.

ou, ut 12, 15, o 13, 80, u 13, 94 : *adv.*; *rel. and interrog. pron.* where ; in whom 25 c, 21 ; in which 25 d, 5 ; when 25 c, 33 ; *ou que*, wherever 13, 85.

ouay, *interj.* oh indeed ! 64, 150.

oudeur, *sf.* odour 33, 140.

our v. eur.

ourent v. avoir.

ous v. il.

oust, out v. avoir.

outrage, olt-, oult-, *sm.* presumptuous words 25 a, 21 ; excess, intemperate living 29 b, 41 ; outrage 46, 118.

outrageus, oultrageux, *adj.* presumptuous 25 a, 19.

outre, oltre, oultre, ultre 42, 100 : *adv.* beyond, on the farther side 21, 162 ; farther on 26, 60 ; *passer o.*, disembark 46, 17 ; *prep.* above, more than 30, 98.

outree, *interj.* onwards ! war-cry of the crusaders (cf. *Romania*, ix. 44) 24 b, 9.

outreement, *adv.* beyond measure, exceedingly 22, 131.

outremarin 17, 190, ultre- 15, 123: *adj.* from across the sea, ultramarine.

ove v. avuec.

overtement, *adv.* openly ; manifestly 42, 65.

ovraige = ouvrage 48, 98.

ovre v. uevre.

ovrer, uv-, ouv- ; *ind. pr. 3* euvre 60, 50, *6* euvrent 37, 12 : *v. a.*

work, make 15, 172 ; earn 63, 71 ; *v. n.* act 30, 113 ; do needlework 31 b, 19.

ovrier, *sm.* workman 48, 6.

ovrir, ouv- ; *pp.* uvert 15, 133, overt 16, 201 : *v.* open.

oy v. oir.

oye, *sf.* goose 63, 6.

oyseux, *adj.* idle 60, 76.

oz v. oir and ost.

oz = os 27, 152.

ozer v. oser.

paage, *sm.* toll ; *prendre le p.*, levy toll 50, 2.

pacefekare (*L*) = pacificare, *v. a.* 4 c, 10.

pacience, *sf.* atience 43, 58.

pacient, *adj.* patient 58, 10.

Padrabrunnus (*L*), Paderborn in Westphalia 9 b, 1.

paien, pagien 11, 12 ; *gen. pl.* paienur 14, 31 : *adj. and subs.* pagan, heathen.

paienisme, *sm.* heathendom 16, 177.

paier, payer, *v. a.* appease, reconcile 30, 172 ; satisfy (esp. by means of money) 37, 19 ; pay 28, 97 ; deal (blows) 58, 63 ; *v. n.* make peace 12, 24 ; *v. refl.* make peace 12, 26 ; be satisfied 25 d, 32.

paile, palie, pelle 27, 266 : *sm.* cloth of gold or silk 17, 46 ; garment made of such cloth 15, 10 ; curtain 13, 138 ; canopy 15, 23 ; covering 21, 250.

pair v. pooir.

pais, pays, paiz 27, 184 : *sm.* country 12, 127 ; district, region 28, 118.

paisant, *sm.* native 21, 94.

paisson, *sm.* tent-pole 45, 11.

paistre 41, 41, pestre 29 b, 58 ; *ind. pr. 3* paist 23, 173, *6* paissent 15, 60, passent 41, 16 ; *pret. 3* pot 17, 66 ; *imper. 2* pais 13, 220 : *v. a. and n.* feed, graze.

paiz v. pais.

paiz, pais, paix, pes 26, 209 : *sf.* peace.

palatium (*L*), *sn.* palace 8, 10.

palefroi 28, 15, **-frei** 17, 33 : *sm.* palfrey, saddle-horse.

Palerne, Palermo 14, 197 ; 16, 92.

palie v. **paile.**

paliz, -is, *sm.* palisade 45, 3.

Pallax, goddess of war and wisdom (not of love) 36 f, 22.

Pampelune 64, 164, **Pompelonis** (*L*) 9 b, 11 : Pampeluna, Spanish town.

pan ; *nom.* **panz** : *sm.* part, piece, side 21, 31 ; lap (of garment) 17, 27 ; side of tent, stretch of canvas 17, 188.

pance, *sf.* paunch, belly 30, 126.

pane, *sf.* fur 27, 268.

panicium (*L*) = **panicum** ? *sn.* panic, kind of millet 8, 45.

panturer, *v.* paint, decorate 40, 30.

paor 25 b, 24, **paor** (*L*) 1, 92, **peor** 18, 19, **paour** 20, 245, **poour** 21, 222, **poor** 55, 6, **pour** 57, 7 : *sf.* fear.

papegaut, *sm.* popinjay, parrot 50, 56.

papilio v. **paveillon.**

par v. **part.**

par, per 10, 16 : *prep.* by, &c. ; (agent) by 15, 205 ; (means, instrument) by 13, 24 ; (motive) from, because of 12, 18 ; (manner) with 13, 26 ; (place) through, across 13, 79 ; throughout 12, 32 ; along 21, 209 ; on, in 15, 60 ; round 24 a, 26 ; (time) during, for 33, 96 ; *p. non de,* in the name of 20, 265 ; *p. voie,* on the way 30, 179 ; *p. la,* that way 64, 106 ; *p. matin,* early in the morning 26, 4 ; *p. mainte(s) foiz,* many times 22, 80 ; 34, 195 ; *p. tot* 20, 205, *p.trestot* 53, 102, everywhere ; *p. ce,* therefore 41, 30 ; *p. que,* in order that 42, 48 ; *p. tant,* therefore 16, 123 ; *p. tant que,* for the reason that, because 42, 40 ; *se p. moi non,* except with my permission 27, 138 ; *de p.,* v. **part.**

par, emphatic particle, commonly separated from the *adj.* or *adv.* which it affects 13, 7, 37 ; 14, 154 ;

&c. ; *par amat tant,* loved so very dearly 13, 7.

parace v. **perece.**

paradis 13, 173, **pareis** 14, 173, **parais** 15, 118 : *sm.* paradise ; the earthly Paradise, located on old maps either before or beyond India ; the four rivers arising from it are named Phison, Tigris, Euphrates, and Nile (or Gion, on some maps) 17, 221.

parage, *sm.* rank, nobility, descent 17, 100 ; *de haut p.,* of high degree 17, 77.

parament v. **parement.**

parc, *sm.* sheep-fold 51, 42.

parcial, *adj.* factious, partisan 62, 21.

parçoner, *sm.* one who shares ; *estre p. de,* share in 51, 23.

parcorre ; *ind. pr.* 6 **-curent** 16, 197 : *v.* pursue.

pardoner, per-, pardonner ; *pret.* 3 **perdonét** (*Prov.*) 12, 142 ; *subj. pr. 1* **pardoingne** 35, 173, *3* **-doint** 61, 57 ; *pp.* **perdonat** (*Prov.*) 12, 132 : *v.* pardon ; give abundantly, bestow 12, 132.

pardurableté, *sf.* eternity ; *en p.,* for ever 33, 150.

pareis v. **paradis.**

parement, para-, *sm.* ornament 11, 7 ; *lit de p.,* state bedstead 63, 95.

parent ; *nom.* **-anz** 31 b, 3, **-ens** 37, 112 : *sm.* relative.

parenté, -tét 13, 41 : *sm.* relations, family, kinship.

parer ; *pp. fem.* **parede** 13, 141 : *v. a.* adorn, bedeck 13, 141 ; *v. n.* make amends 62, 35 ; *v. refl.* adorn oneself 23, 54.

parfait, -faict 60, 82 ; *nom.* **perfaiz** 44, 21 : *adj.* perfect.

parfin, *sf.* end 27, 162.

parfit, *adj.* perfect 13, 68.

parfitement, *adv.* sincerely 13, 23.

parfondement, *adv.* deeply 29 b, 31.

parfont 62, 26, **-funt** 57, 15 ; *nom.* **perfonz** 48, 5 ; *fem.* **parfonde** 21, 85, **-funde** 14, 70 : *adj.* deep ; *de p.,* from th depth of one's heart 25 b, 40 ; *subs.*, depth, abyss 42, 55 ; *adv.* deeply 57, 15.

parjur, *adj.* perjured 63, 53.

parlement, *sm.* parley, conference 17, 6 ; law court 32, 42.

parler, parlier 12, 77, **parleir** 44, 42, **perleir** 44, 86 ; *ind. pr. 1* **parol** 18, 165, *3* **parole** 24 a, 11 ; *subj. pr. 3* **parole** 31 b, 52 : *v.* speak ; *inf. subs.* manner of speaking, speech 44, 42.

parmanoir ; *ind. pr. 3* **permaint** 43, 25 : *v.* subsist ; *en permenant*, for ever 43, 40.

parmi, -my, *prep.* through the middle of, through 27, 97 ; in, on 16, 4 ; 24 c, 2 ; by 20, 60 ; 58, 74 ; in addition to 27, 241 ; *tres p.*, right across 21, 146.

paroir, pareir 57, 28 ; *ind. pr. 3* **pert** 32, 148, *5* **parez** 16, 88 ; *impf. 3* **pareit** 17, 17 ; *pret. 3* **parut** 21, 60, *6* **parurent** 27, 31 ; *fut. 3* **parra** 28, 48 ; *v. n. and impers.* appear, be visible ; *or i parra*, we shall see ! 28, 48.

parole v. parler.

parole, -lle, perolle 44, 16 : *sf.* word, sentence 15, 110 ; speech, manner of speaking 25 a, 10 ; discourse, speech 29 a, 9 ; 31 a, 20 ; talk, rumour 54, 4 ; *doner p.*, pledge oneself 17, 139 ; *metre en paroles*, engage in conversation 26, 92.

parquerre ; *pret. 1* **perquis** 62, 33 : *v.* search diligently.

parra v. paroir.

parrastre, *sm.* step-father 32, 60.

part, par 12, 118 ; *pl.* **pars** 21, 207 : *sf.* part, share 20, 144 ; side 15, 29 ; *a une p.*, aside 15, 18 ; *d'une p.*, on one side 23, 156 ; *d'autre p.*, on the other hand 27, 124 ; on another side, elsewhere 23, 180 ; *a part, appart*, apart, in private 37, 89 ; aside 64, 19 ; *metre a p.*, separate 63, 91 ; set aside 64, 19 ; *destre p.*, on the right-hand side of 15, 6 ; *avoir p. en*, participate in 30, 162 ; *quel p.*, where 29 b, 89 ; *quel p. que*, in whatever direction, to whatever side 25 d, 35 ; *les deus*

parz, two-thirds 19, 207 ; *de p.* 14, 231, *de par* 25 c, 43, on behalf of, in the name of ; from 12, 118.

parte v. perte.

Parthonopeus, Parthenopaeus, one of the Seven against Thebes 17, 86.

partie, *sf.* part 22, 7 ; choice, alternative 25 d, 6 ; respect, way 37, 123.

partir ; *subj. impf. 4* **partisson** 18, 186 : *v. n. and refl.* depart, quit, be severed.

partis (*L*) = **partes**, *acc. pl. of* **pars**, *sf.* 6, 19 (cf. **part**).

parturbleir, *v.* trouble greatly, distress 42, 59.

party, *sm.* condition, position 60, 82.

pas, *sm.* step, pace ; passage, pass 55, 138 ; *le p.*, at walking pace 14, 131 ; *le petit p.*, at a slow pace, gently 22, 47 ; so *a petit p.* 56, 28 ; *plus que le p.*, at a trot 20, 133 ; *grant p.*, at a quick pace, fast 30, 87 ; *P. as fiz Israel*, place where the Israelites crossed the Red Sea (often indicated on medieval maps) 17, 220.

pascal, *adj.* paschal ; *di p.*, Easter day 57, 46.

paskes 38, 70, **pascha** (*L*) 6, 52 : *sf.* Easter.

pasmer, *v. refl.* faint, swoon 14, 20 ; *pp.* in a swoon 19, 242.

pasmoison, pasmeisun 14, 155, **-on** 18, 215, **pamaison** 53, 38 : *sf.* swoon.

passent v. paistre.

passer ; *subj. impf. 5* **passissoiz** 24 a, 14 : *v. a.* pass, cross 15, 2 ; swallow 21, 23 ; surpass 24 d, 26 ; 61, 5 ; spend (time) 26, 41 ; thrust (a lance) 27, 45 ; *p. le tens*, exist 29 b, 90 ; *v. n.* pass, pass by 13, 51 ; pass away 21, 29 ; go, walk 30, 81 ; cross the sea 36 b, 15 ; *p. par*, endure 61, 36 ; *v. refl.* (*+ en*) pass along, pass by 24 a, 4 ; (*+ de*) acquit oneself of, have done with 34, 55 ; do without 63, 82 ; *inf. subs.* passage 35, 131 ; *pp. adj.* past 37, 101.

passeret, *sm.* sparrow 44, 101.
passeroute, *sm.* one who excels all others 61, 9.
passiins (*L*) = patiens, *pres. p. of* pati, *v. dep.* 4 c, 9.
passion, pasiun, *sf.* suffering, torture 12, 156 ; martyrdom 52, 5.
passissoiz v. **passer**.
paste 41, 28, **pasta** (*L*) 5, 16 : *sf.* paste, dough, bread.
pasteur, -tor, *sm.* shepherd 24 c, 10.
pastore, *sf.* shepherdess 24 c, 42.
pastorele 24 c, 34 : *dimin. of* pastore.
pastorete 24 c, 10 : *dimin. of* pastore.
pasturage, *sm.* food 36 d, 23.
pasture, *sf.* food, sustenance 60, 35.
patrenostre, *sf.* paternoster, Lord's prayer ; used ironically 30, 186.
paumieir, *sm.* palmer, pilgrim returning from the Holy Land 44, 65.
paute v. **poe**.
pautonier, pal-, pautonnier, *sm.* vagabond, rascal 45, 13 ; *adj.* rascally, beggarly 38, 46.
paveillon 21, 5, **papilio** (*L*) 7, 42, **pavellon** 23, 104, **pavillon** 65, 84 : *sm.* tent, pavilion.
pavement 33, 95 ; *nom.* -ens 27, 221 : *sm.* pavement, floor.
peaigne, *sf.* foot-rest on lady's saddle 17, 47.
pecchable, *adj.* wretched 16, 236.
peccora (*L*) = pecora, *pl. of* pecus, *sn.* 8, 22.
pecheeur, *sm.* sinner 20, 272.
pechié, peché, pecét 13, 59. pechét 13, 108, **pecchiet** 16, 34, **pecié** 38, 35 : *sm.* sin ; misfortune, disaster 13, 108 ; 27, 162 ; 45, 83 ; wrong 30, 164.
pechier, *v.* sin 31 b, 27.
peçoier 21, 96, **pesoier** 45, 38 : *v.* break in pieces.
Pectavensis (*L*), *adj.* of Poitiers 3 b, 42.
pecul, *sm.* bed-post 15, 171.
pedra, pedre v. **pere**.
peine, peyne, paine, painne, poena (*L*) 12, 67, **poinne** 44, 46 :
sf. pain, torture, distress 14, 123 ; trouble, pains 32, 127 ; punishment 36 e, 31 ; *a p.*, with difficulty, hardly 44, 46 ; *estre en p.*, have difficulty, be scarcely able 17, 232 ; *metre p.*, take pains 19, 122.
peire v. **pere**.
peis v. **pis**.
peiset v. **peser**.
pel, *sm.* stake 15, 70.
pel, peau, *sf.* skin 32, 14 ; fur 15, 11.
Pelagio, Pope Pelagius II (578–90) 42, 7.
peleure, *sf.* parings, rind 29 a, 63.
pelice, *sf.* fur, fur-coat 17, 59.
pelicier, *v.* skin, flay 29 b, 5,.
peliçun, *sm.* fur-lined coat 15, 79.
pelle v. **paile**.
pellu, *adj.* hairy 34, 98.
pendre, pan-, *v. a.* hang ; *v. n.* hang ; hang down 17, 32 ; *le haut pendu*, the angel 34, 225 ; *pres. p. adj.* steep 42, 30; *en pandant*, on a slope 48, 96.
pener; *ind. pr. 3* peine 17, 120 : *v. a.* afflict, torture 13, 162 ; *v. n. and refl.* strive, make efforts 17, 120.
peniel, *sm.* pad, saddle-bag 41, 23.
penitence, -ance, *sf.* penance 30, 125; *porter p.*, do penance 60, 69.
penrai, penre v. **prendre**.
penrel = penre lo 12, 66.
pense, *sf.* thought 42, 35.
pensé 26, 86 ; *nom.* -ez 12, 86 : *sm.* thought.
penser, pensser; *ind. pr. 1* pens 29 b, 88 : *v. n.* think ; (+ *de*) take thought about, see to 16, 182 ; *v. a.* think out, plan 18, 48 ; groom 63, 67 ; *v. refl.* bethink oneself 61, 18 ; *inf. subs.* thought 26, 160.
pentecouste, *sf.* Whitsun 38, 71.
peor v. **paor**.
peoreusement, *adv.* fearfully, timidly 26, 137.
per v. **par**.
per, *adj.* equal ; *as subs.* one of equal rank, peer 13, 18 ; *adv.* equally, as much as 56, 16.

percevoir, 25 b, 42 ; *pret.* 1 perceus 62, 71 : *v.* perceive.

percogiter, *v.* ponder deeply over 62, 35.

perdition, *sf.* destruction, ruin 60, 24.

perdoner v. pardoner.

perdre, perdra 13, 205 ; *ind. pr.* 1 pers 20, 77, *3* pert 28, 35 ; *subj. impf. 3* perdesse 11, 17, perdist 21, 238 ; *pp.* perdud 12, 77 : *v.* lose ; ruin, destroy 13, 205 ; *pp. adj.* damned 16, 123.

perdris, *sf.* partridge 21, 262.

perducetur(*L*) = perducitur, *ind. pr. pass. 3* of perducere, *v.* 6, 23.

perdurable, *adj.* lasting 60, 53.

pere v. piere.

Pere v. Pierre.

pere, pedre 13, 16, pedra 13, 101, peire 43, 7 : *sm.* father.

perece, -esce, parace, *sf.* laziness, sloth 48, 80 ; (personified) 34, 203.

perfection, *sf.* formation of perfect tenses (?) 44, 39.

perfonder, *v. a.* deepen 48, 79.

perfondetey, *sf.* depth 48, 19.

peril, -ilh 42, 82 ; *nom.* -ilz 26, 154 : *sm.* peril.

perillous, *adj.* dangerous 44, 74.

perimerunt (*L*) = peremerunt, *ind. perf.* 6 *of* perimere, *v. a.* 3 b, 10.

perir ; *subj. pr. 5* periez 43, 107 : *v.* perish ; stray 43, 107.

perleir v. parler.

permaint, permenant v. parma- noir.

permittere (*L*), *v. a.* omit 8, 49.

permutus (*L*) = permotus, *pp. of* permovere 6, 32.

pernent, pernez, pernoie v. prendre.

perolle v. parole.

peron, perrun 14, 149, perun 15, 181 : *sm.* block of stone, stone step.

perquis v. parquerre.

Perrin, name of a peasant 24 d, 3.

Perrot, Pierre de Beaumarchais, trouvère 25 d, 10.

Perrotin, name of a squire 35, 53.

pers, *adj.* blue or purple (cf.

Romania xlix. 186 and 592) 18, 148.

persica (*L*), pessica (*L*), *sf.* peach, 1, 75.

personage 62, 56, -nnaige 65, 86 : *sm.* person, character, rôle, figure.

persone, -nne, *sf.* person, any one 44, 47 ; (grammar) person 44, 38 ; parson, clergyman 59 b, 3, 9.

pert v. paroir.

perte, parte 64, 95 : *sf.* loss ; per- dition 32, 155 ; so *male p.* 55, 100 ; *il y a ou plus p. ou plus gaigne*, there is a margin of loss or profit, i. e. one must take one's chance 64, 95.

pertuis 20, 115, pertusius (*L*) 7, 43, pertus 15, 183 : *sm.* hole, chink.

pes v. paiz.

pesantume, *sf.* weight 42, 79.

peschier, 53, 27, pecheir 53, 29 : *v.* fish.

pescheur, *sm.* fisherman 32, 140.

peser ; *ind. pr. 3* peiset 13, 22, poise 22, 99 ; *subj. pr. 3* poist 47, 85 ; *imper.* 2 poise 42, 34 : *v. a.* weigh ; ponder over 62, 12 ; *v. n.* (+ *dat.*) grieve 12, 135 ; *v. impers.* (+ *dat.*) grieve 13, 22 ; *et bien vos poist,* however much you may dislike it 47, 85 ; *pres. p. adj.* heavy 14, 74.

pesle-mesle, *adv.* pell-mell 63, 114.

pesme, *adj.* very bad, terrible 14, 193.

pesoier v. peçoier.

pessica v. persica.

pessun v. poisson.

pestre v. paistre.

petit ; *nom.* petis 21, 231 : *adj.* small, little ; of low estate 31 b, 1 ; short (time) 43, 2 ; *adv.* little 21, 76 ; *un p. de*, a little 16, 35 ; *un p.*, a short time, for a while 15, 139 ; *por un p.* (+ *neg.*), almost, nearly 16, 55 ; 19, 208 ; *aprés un p.*, soon after 43, 5 ; *par une petite* (sc. *partie?*), to a small extent 42, 69.

petitece, *sf.* early childhood 31 b, 35.

peu v. pooir.

peule v. pueple.

peusse, peust v. pooir.

pez v. pié.

phalangia (*L*) = phalanx (-angis), *sf.* 6, 42.

Pharnasses 27, 106, **Farnasses** 27, 156 : Pharnaces, son of Mithridates and king of Pontus.

phisike v. fisique.

Photinus, Pothinus, adviser of Ptolemy, instigator of the death of Pompey 27, 195.

pié, piét, picd ; *nom.* pez 12, 140, piés 21, 86 : *sm.* foot ; *avoir p.,* set foot 45, 89 ; *a. p.,* on foot 15, 28 ; *en piés,* on one's feet 39, 79.

pieça, *adv.* = piece a, long since, for a long time past 23, 69.

piece, *sf.* piece ; period of time ; *grant p.,* for a long time 23, 2 ; a long way 17, 176 ; *ovrer a la p.,* do piece-work 37, 12 ; *en p.,* at all 64, 40.

piere, pierre, pirre 42, 17, pere 51, 63 : *sf.* stone ; precious stone 15, 164.

Pierre, Pere, Pirre, man's name 30, 203 ; St. Peter 15, 68 ; deacon of Pope Gregory the Great 42, 34.

pieté, *sf.* pity 18, 162.

Pilate, Pontius Pilate 58, 25 ; a heathen deity 16, 124.

pille, *sf.* pile, heap 64, 46 ; reverse or pile of a coin ; *ne croix ne p.,* not a stiver 64, 47

Pince-Guerre, a 'clerc', employed as messenger 30, 145.

pincerna (*L*), *sm.* cup-bearer, butler 7, 118.

pincier, *v.* pinch, extort money 32, 69.

Pinte, name of a hen 20, 63.

pior 30, 227 ; *nom.* pire 23, 203 : *adj.* worse, worst.

pipeur, *sm.* trickster at cards or dice 63, 50.

pipon, *sm.* cheat, deceiver 39, 64.

pirre v. piere.

Pirre v. Pierre.

pis v. piz.

pis, pys, peis 12, 108, piz 58, 39 : *adv.* worse, worst ; *de p. en pire,*

from bad to worse 32, 71 ; *as subs.* worse treatment 12, 108.

piscatum (*L*), *sn.* (piscatus, *sm.*) fish 8, 44.

Pistre, Pîtres, castle and town on the Seine, near Pont-de-l'Arche, eight or nine miles above Rouen 19, 16.

Pistreis, inhabitant of Pitres 19, 14.

piteus, *adj.* piteous, plaintive, touching 50, 62.

pitié, -iét, *sf.* pity, mercy ; *avoir p. de,* take pity on 33, 84 ; *faire p.,* show mercy 38, 64.

pitosement, *adv.* piously 46, 8.

piz v. pis.

piz 22, 231, pis 27, 95 : *sm.* breast.

place v. plaire.

place, *sf.* place, spot ; battlefield 27, 16.

placebo, opening word of the first antiphon at vespers in the Office of the Dead : *Placebo Domino in regione vivorum* (Ps. 114, 9) 32, 20.

placitum v. plait.

plagnier v. plenier.

plaidier, pledier, *v. a.* go to law against 29 a, 59 ; *v. n.* speak 30, 86 ; argue 38, 98.

plaier, *v.* wound 52, 47.

plain, *adj.* level, smooth 27, 259 ; *sm.* plain, open country 15, 214.

plaindre ; *ind. pr. 1* plaing 36 b, 8, *3* pleint 59 b, 27 ; *imper. 4* plainums 13, 154 : *v. a.* lament, mourn for 13, 154 ; *v. refl.* lament 20, 181 ; complain 36 b, 1.

plainement, *adv.* plainly, clearly 37, 50.

plaire, pleire 27, 242, plere 32, 30 ; *ind. pr. 3* plaist 16, 240, pleit 54, 59, pleist 58, 92, *6* plaisent 42, 114 ; *pret. 3* plot 50, 7, plout 54, 92, *6* pleurent 65, 25 ; *fut. 3* plera 25 c, 16 ; *subj. pr. 3* place 22, 118, playse 35, 104 ; *impf. 3* ploust 13, 202, pleust 18, 11 ; *pres. p.* plesant 56, 14 ; *pp.* pleu 36 a, 11 : *v. impers.* (+ *dat.*) please 13, 202 ; *v. n.*

(+ *dat.*) please 36 a, 11 ; *pres.p. adj.* pleasing, pleasant 36 f, 8.

plaisance, *sf.* pleasure 63, 99.

plaisantier, *adj.* free of speech 31 b, 45.

plaisir, plesir, *sm.* pleasure, wish ; *vostre p.*, as you wish 26, 13.

plait, placitum (*L*) 8, 4, **plaid** 10, 17, **plet** 30, 63 : *sm.* agreement, treaty 8, 4 ; case, affair 13, 49 ; dispute, quarrel 20, 212 ; discussion, talk 36 e, 27 ; *por nul p.*, not on any terms, under no circumstances 18, 210 ; *tenir p. de,* pay attention to (iron.) 18, 195.

planchier, *sm.* hall with boarded floor 38, 54 ; 45, 81.

planistre, *sm.* plain, plateau 54, 14.

plante, *sf.* sole of the foot 16, 120.

planter, *v.* plant ; set, insert 27, 227.

plantive v. plenteif.

plate, *sf.* plate 27, 219.

plater, *sm.* platter, dish 59 b, 9.

plebium v. pleige.

pledier v. plaidier.

pleige, plebium (*L*) 8, 41 : *sm.* pledge, security ; (person) reference, surety 37, 113.

plein, plain 20, 229 ; *fem.* **plainne** 41, 24 : *adj.* full.

pleist, pleit v. plaire.

plenier, plaingnier 45, 1, **plagnier** 45, 5, **plaignier** 45, 90 : *adj.* full, complete ; large 45, 1 ; *a colps pleniers,* with mighty blows 14, 67.

plenté, *sf.* plenty, abundance 21, 74 ; *a p.*, in plenty 23, 85 ; thoroughly 28, 78.

plenteif ; *fem.* **plantive** 31 a, 25 : *adj.* well-grown, dense.

plera, plere, plesant v. plaire.

plesir v. plaisir.

plessiet, *sm.* fence, enclosed field 20, 54.

plet v. plait.

pleust v. plaire.

plevir, *v.* pledge, guarantee 16, 10.

ploier, pleier, *v. a.* bend 27, 67 ; fold 45, 86 ; reduce to submission 11, 9 ; *v. n.* bend 62, 24.

plom, *sm.* lead 34, 220.

plongier, plun-, *v. refl.* plunge 36 b, 20 ; weigh heavily 62, 22.

plorer, plu-, plou-, pleu- ; *ind. impf. 3* **plorot** 18, 219 ; *subj. pr. 3* **plurt** 14, 23, **plort** 55, 82 : *v. n.* weep ; *v. a.* mourn 14, 24.

plour, *sm.* weeping 43, 14.

plot, ploust, plout v. plaire.

plovier, *sm.* plover 17, 66.

plovoir ; *ind . pr. 3* **plut** 16, 105, **pluet** 17, 245 ; *pp.* **pleu** 21, 21 : *v. impers.* rain ; *v. n.* make rain 16, 105.

plue, *sf.* rain 48, 107.

pluisor 42, 4, **plusur** 14, 26, **pluseur** 20, 211, **plusor** 43, 4, **plusour** 44, 23, **plusieurs** 65, 41 : *adj. and pron.* many ; *li p.*, the majority 14, 26 ; *asez p.*, very many 19, 49.

plumatius (*L*), *sm.* pillow 8, 35.

plus, pluz 27, 9 : *adv.* more ; most 25 a, 2 ; (forming comparative or superlative) 15, 201 ; (+ *neg.*) no more 26, 209; no longer 22, 166 ; not again 36 b, 4 ; *au p. que il puet,* as much as he can 26, 140 ; *p. . . . p. . . .,* the more . . . the more . . . . 26, 135 ; *n'i ot plus,* v. avoir.

pluseur, plusur v. pluisor.

plut v. plovoir.

po v. pou.

poble, poblo v. pueple.

poc v. pou.

pod, podir, podra v. pooir.

poe 21, 175, **paute** 31 a, 35 : *sf.* paw.

Poelet, Clos Poulet (= Plou-Aleth), the region round Saint-Malo 54, 11.

poenas v. peine.

poent, poer v. pooir.

poeste, *sf.* power, force 13, 204.

poesté, *sf.* power, control 27, 194.

poet v. pooir.

poeterie, *sf.* poets (collectively) 36 a, 3.

poi v. pou.

poil, peil 57, 53 : *sm.* hair.

poindre ; *ind. pr. 3* point 16, 112 ; *subj. pr. 6* poignent 21, 248 ; *pres. p.* poignant 21, 179 ; *pp.* point 24 a, 32 : *v.* prick, spur 16, 112 ; sting, bite 21, 221, 248 ; embroider 24 a, 32 ; begin to grow, spring up 36 c, 2 ; *inf. subs.* charge (of cavalry) 27, 12.

poing, poin, poign ; *nom.* poinz 55, 89 : *sm.* handle, grip 15, 200 ; fist, hand 17, 65 ; *plain p.*, handful 21, 66.

poinne v. peine.

point v. poindre.

point ; *nom.* poins 35, 135 : *sm.* point ; point of time, moment 24 d, 24 ; break (of day), dawn 24 c, 7 ; situation 35, 179 ; argument 36 e, 54 ; manner 41, 35 ; *a p.*, punctually 35, 59 ; *estre a p.*, be in order, be ready 35, 220 ; *de tous poins*, in all respects 35, 135 ; (+ *neg.*) not at all, not in the least 30, 20 ; *ne . . . un p.*, not a bit, not the smallest quantity 21, 157 ; *sanz p. de*, without any at all 34, 22.

pointure = peinture 50, 113.

pois v. pooir and puis.

pois, *sm.* weight ; *vendre a p.*, sell by weight 34, 233.

poise v. peser.

poissant 41, 52 : *adj.* powerful.

poisson, peisson 51, 41, pessun 57, 117 : *sm.* fish.

Poitiers ; *li quens de P. et de Toulouse*, Alphonse, brother of St. Louis (1220–71) 29 b, 162.

poitral, *sm.* breast-plate 21, 252.

pol v. pou.

Pol, saint, Saint Paul the Apostle 34, 3.

polle 11, 10 : *sf.* girl.

pompe, *sf.* pomp, display 59 b, 12.

Pompee, Gnaeus Pompeius Magnus, or Pompey the Great (106–48 B. C.) ; defeated by Caesar in the battle of Pharsalia, he fled to Egypt, where he was murdered 27, 39.

Pompelonis v. Pampelune.

pont, *sm.* bridge 21, 62 ; gangway 46, 29.

Ponthoise, a town in Île-de-France (Seine-et-Oise), renowned for its good pronunciation of French (but see P. Paris, *Le Romancero françois*, Paris, 1833, p. 84) 25 a, 14.

pooir 22, 45, podir 10, 14, poer 31 a, 17, poair 32, 170, pair 58, 89 ; *ind. pr. 1* pois 10, 32, puis 13, 110, pues 31 a, 79, *2* poez 14, 60, puez 24 d, 44, peuz 56, 38, *3* pot 12, 51, pod 12, 81, puet 13, 99, poet 13, 156, pout 58, 18, peult 60, 38, *4* poum 15, 133, poons 21, 129, pouns 43, 4, poions 44, 30, pouon 56, 12, *5* poez 17, 140, pouez 20, 137, poiez 54, 82, poueiz 56, 7, *6* pothent 13, 157, poeent 14, 97, poent 15, 130, puent 21, 11, pueent 22, 250 ; *impf. 1* pooye 31 a, 62, pouoie 34, 87 ; *pret. 1* poi 16, 168, *3* pot 12. 57, pout 13, 94, put 33, 89, *5* peustes 18, 52, *6* pourent 13, 127, porent 18, 168, peurent 41, 79 ; *plpf. 3* pouret 11, 9 ; *fut. 1* pourray 35, 6, *3* podra 12, 78, purrat 15, 67, porra 55, 69, *5* porrois 21, 151, *6* poront 25 b, 27 : *subj. pr. 1* puisse 13, 153, *2* puises 38, 18, *3* puist 36 e, 31, poisse 58, 69, *6* puisent 55, 118 ; *impf. 1* peusse 18, 97, *3* peust 18, 172, poist 42, 60, *6* peussunt 53, 27 ; *pp.* peu 62, 20 : *v.* can, be able ; (+ *inf.*) have cause to, be justified in 14, 16 ; 16, 61 ; 18, 87, 92 ; 22, 103 ; *je n'en puis mais*, I can do nothing further, I cannot help it 29 b, 68 ; *peut estre*, perhaps 63, 34 ; *inf. subs.* ability, power 10, 14.

poor, pooour v. paor.

pople v. pueple.

por, pur, pour, pro (*L*) 10, 13, porr 12, 63 : *prep.* for ; on account of, because of 12, 30 ; for fear of 24 d, 42 ; 28, 49 ; on behalf of 26, 223 ; (in adjurations) for the sake.of 12, 64; *p. ce (ceu)*, for this reason 20, 81; *p. ce (ceu) que*, because 19, 67; in order that 31 a, 14; *p. tant que*, because 44, 19; *por o (hoc, uec)*, v. o; *p. quoi*, v. qui.

Porcaria (*L*), name of a Christian girl 4 b, 5.

porcaritia (*L*), *sf.* pigsty 8, 14.

porce, *sm.* porch 27, 223.

porcel; *nom.* pourciaux 34, 103, **porciaus** 34, 160, **porceaux** 59 a, 2 : *sm.* pig.

porchacier, pour-, porchascier, *v.* procure, bring about 26, 209; seek to obtain, try to win 26, 224; obtain 53, 10.

porfendre, *v.* cleave, split 27, 27.

poront v. pooir.

porpenser, pur-, pour-, *v.* think, meditate 18, 52; *v. refl.* bethink oneself 13, 38.

porpoint; *nom.* pourpoins 63, 73: *sm.* doublet.

porpre, pourpre, *sf. and m.* rich silk cloth (not necessarily purple in colour) 17, 15.

porprendre; *ind. pr. 3* porprent 43, 14 : *v.* occupy, take possession of.

porrai v. pooir.

porrir, pourrir, *v.* rot; *pp. adj.* rotten 29 b, 140.

porsiure; *pp.* poursui 32, 237 : *v.* pursue, follow up.

port; *nom.* pors 21, 202 : *sm.* harbour, port; mountain-pass 14, 213.

portage, *sm.* carrying 62, 23.

portepannier, *sm.* shop-boy (Foulet), or hawker? 63, 105.

porter; *ind. impf. 6* portoent 19, 52 : *v.* carry; do (honour) 12, 2; bear (a child) 13, 32; bear (fruit) 33, 32; *v. refl.* conduct oneself, behave, act 31 a, 12; *pres. p. adj.* favourable (wind) 57, 83.

porteur, *sm.* porter 37, 5; bearer 63, 49.

portier, *sm.* gatekeeper 16, 202.

portraire; *pp.* portrait 50, 111 : *v.* paint.

porveance, pour-, *sf.* providence 42, 90; provisions, supply 41, 15.

porveoir, pour-, *v.* provide 18, 190; *p. de*, put in a position to, enable 32, 52; *soi p. de*, make provision for, take steps to 31 b, 33.

post v. puis.

postel; *nom.* postiaus 32, 66 : *sm.* post, pillar.

postergum (*L*) = post tergum, *adv., prep.* 6, 13.

postiz, *sm.* postern, back- or side-gate 15, 217.

pot v. paistre.

pot, pothent v. pooir.

potins (*L*) = potens, *pres. p. of* posse, *v. n.* 4 c, 9.

pou 13, 109, **poi** 16, 40, **po** 31 b, 47, **poc** 43, 75, **pol** 48, 112, **poy** 59 b, 35 : *adv.* little 24 c, 33; a small number, few 32, 142; for a short time 13, 109; *un p.*, a little 21, 67; a short distance 26, 45; for a short time 30, 157; *un p. de*, a little 16, 40; a few 43, 75; *par (un) p. (que) . . . ne . . .*, within a little, very nearly 21, 17, 222; *por p. (que) . . . ne . . .*, do. 28, 3; *en p. d'heure*, in a short time, soon 25 c, 17; *p. lor est de*, they care little about 26, 163; *en asez p. de borse*, in a very small purse 55, 116.

poucin, *sm.* chicken 35, 151.

poudriere, *sf.* dust 47, 48.

Poulain, name applied by Crusaders to Europeans born in the Holy Land, esp. those born from a French father and a Syrian mother 31 a, 2.

poum v. pooir.

poun, *sm.* peacock 15, 153.

pour v. por and paor.

pourent, pouret, pout v. pooir.

pourfire, *sm.* porphyry 27, 222.

poverail, *sm.* the poor people 59 a, 6.

povere v. povre.

poverin, *adj. and subs.* poor 13, 100.

poverté 16, 240, povreté 50, 36, -teit 43, 56 : *sf.* poverty.

povre 13, 94, pouvre 32, 2, povere 59 a, 7 : *adj. and subs.* poor, poor man.

povrement 26, 72, pouv- 32, 2 : *adv.* poorly, simply.

povreté v. poverté.

praecipuae (*L*) = praecipue, *adv.* 4 a, 3.

praerie, *sf.* meadow 19, 180.

praevidere (*L*), *v. a.* look after 8, 29.

praing, praingne v. prendre.

prat v. prest.

pratique, *sf.* art 36 a, 22.

pre v. proier.

pre, pred 14, 52 : *sm.* field, meadow.

precieus, -ius, -ios, -ieux, *adj.* precious 13, 67.

predare (*L*) = praedari, *v. dep.* (cf. preer).

predier, *v. n.* preach 12, 101 ; *v. a.* preach to, exhort 12, 129.

pree, *sf.* meadow 50, 105.

preechier 51, 18, precher 58, 35 ; *subj. impf.* 6 preichessunt 53, 102 : *v.* preach.

preer, *v.* pillage, plunder 16, 248.

prefaice, *sf.* preface 44, 5.

preiement, *sm.* prayer 11, 8.

preis, preisse v. prendre.

preisier v. prisier.

prelat ; *nom.* -as 32, 6 : *sm.* prelate.

premerain 21, 65, prom- 42, 9 : *adj.* first.

premerains, *adv.* first of all 14, 28.

premier, primier 19, 178, pro- mier 42, 38, premer 51, 79, pri- mer 58, 52 : *adj.* first ; *des pre- miers,* first of all 64, 52.

premiers, pro- 42, 91 : *adv.* first, for the first time 25 b, 20 ; first of all 46, 50.

prendre 21, 76, penre 12, 66 ; *ind. pr. 1* prent 25 d, 34, praing 47, 92, *2* prens 63, 69, *3* prent 13, 111, *4* prendons 39, 66, *5* pernez 59 b, 17, *6* prenent 14, 158, pren- dent 21, 95, pernent 59 b, 33 ; *impf. 1* pernoie 26, 158, prenoie 35, 65 ; *pret. 1* pris 24 b, 38, *2*

preis 21, 108, *3* prist 12, 20, prest 12, 48, print 60, 62, *5* preistes 20, 103, *6* presdrent (or *plpf.* ?) 12, 126, pristrent 13, 80, prisent 45, 15, prirent 49, 24, pritrent 52, 38, prindrent 60, 5 ; *fut. 1* prindrai 10, 18, penrai 29 b, 89, prenderai 38, 51, prendray 64, 87 ; *subj. pr. 3* prenget 13, 39, praingne 28, 139, *4* prengum 58, 55, *5* prengniez 26, 228, *6* prennent 37, 23 ; *impf. 1* preisse 27, 89, *6* preissent 46, 83, prinssent 64, 26 ; *imper. 2* pren 52, 50, *5* prendés 40, 69, prennoz 43, 106, pernez 57, 45 ; *pres. p. nom.* prenans 63, 27 ; *pp.* pris 21, 79, prins 37, 4 : *v.* take, obtain possession of 13, 204 ; seize, capture 16, 79 ; marry (a wife or husband) 18, 78 ; 29 b, 5 ; take (leave, counsel) 26, 9 ; 46, 69 ; obtain (permission) 42, 26 ; re- ceive (money, homage) 29 b, 89 ; 24 b, 38 ; take up (arms, a pro- fession) 22, 177 ; 24 d, 39 ; con- clude (an agreement) 10, 18 ; fol- low (a road) 34, 26 ; reach (land) 57, 86; seize, strike (with emotion) 22, 43 ; 25 b, 9 ; *p. a verté,* catch telling the truth, believe 20, 196 ; *p. a* (+ *inf.*) begin to 12, 20 ; *pres. p.,* stick fast 63, 27 ; *v. im- pers.* (*bien, mal* + *dat. of pers.*) it is lucky (unlucky) for 65, 35 ; *comment qu'il praingne,* however the affair may turn out 28, 139 ; *v. refl.* (+ *a*) adhere to 57, 124.

pres v. prest.

pres, priés 39, 13 : *adv.* near ; nearly, almost 32, 147 ; *pres que,* nearly, almost 29 b, 77 ; *a bien p. que,* very nearly 44, 94.

presbitaire, *sm.* presbytery, vicarage 61, 16.

present, *adj.* present ; *quant a p.,* for the present 44, 34.

presenter ; *pp. fem.* presentede 11, 11 : *v.* present, offer.

prest v. prendre.

prest 28, 95, prat [48, 34 ; *nom.* prez 15, 141, pres 37, 19 ; (some-

times indecl.) 57, 41 ; 65, 4, 62 :
adj. ready 13, 77 ; (+ *de*) 37, 19 ;
willing 57, 41.

prestement, *adv.* readily 57, 42.

prester ; *subj. pr. 3* prest 15, 200 :
v. lend.

prestre v. **provoire.**

presumere (*L*)= praesumere, *v. a.*
5, 13.

preterire (*L*) = praeterire, *v. a.*
6, 17.

preu 21, 208 ; *nom.* proz 14, 27,
prouz 16, 121, **pruz** 19, 67 : *adj.*
brave, valiant.

preu, prut, prou 51, 41 : *adv.*
plenty, much 45, 88 ; *sm.* profit,
advantage 13, 3 ; 28, 155.

preudome, -omme 28, 175, pro-
dome 53, 46, -ume 19, 162, -home
59 b, 28, **prozdoem** 14, 190, preu-
dom 25 d, 27, **proudom** 26, 151,
prodom 26, 161 : *sm.* man of
worth ; brave man.

prevost 23, 202, **prouvost** 39, 49,
prouvos 39, 72 : *sm.* provost,
mayor.

prez v. **prest.**

pri, prier v. **proier.**

pri, *sm.* prayer 13, 204.

priés v. **pres.**

prilium (*L*) = proelium, *sn.* 6,
44.

primer, primier v. **premier.**

primes 18, 67, **primos** 12, 7 : *adv.*
first, in the first place 12, 7 ;
before 51, 81 ; *a p.,* for the first
time 61, 34.

prin ; *fem.* **prime** : *adj.* first ; *de
prime face,* at first 65, 40.

prindrai, prindrent, prins v.
prendre.

pris, priz 17, 36 : *sm.* price, fare 13,
78 ; reputation, honour 19, 59 ;
victory 49, 28 ; *le p. d'armes,*
victor's laurels 49, 5.

prisier 15, 105, **proisier** 38, 72 ;
ind. pr. 1 **pris** 21, 76 ; *impf. 3*
preisot 19, 68 : *v.* value, esteem ;
v. refl. boast, pride oneself 32, 78.

prison, *sf.* prison, captivity 27, 180.

prist, pristrent, pritrent v. **pren-
dre.**

privauté, *sf.* private affairs, secret
22, 79.

privé, priveit 43, 93, **privey** 49,
40 : *adj.* intimate, confidential 19,
135 ; private 60, 92 ; familiar 31 b,
50 ; friendly, tame 54, 98 ; *adj.
subs.* familiar friend 29 b, 128.

priveement, *adv.* privately, inti-
mately 17, 169 ; *estre p.,* be inti-
mate 26, 53.

priz v. **pris.**

pro v. **por.**

prochain, prou-, *adj.* near, next 18,
4 ; neighbouring 65, 36 ; closely-
related 17, 78.

procureur, *sm.* proctor, advocate in
ecclesiastical court 61, 53.

prodom, -ome, -ume v. **preudome.**

proece, prouece, *sf.* worth, moral
excellence 22, 137 ; 25 b, 34 ;
valour, prowess 17, 253.

profitable, -auble 48, 61, **profeta-
ble** 56, 91 : *adj.* profitable.

proiecere (*L*) = proiicere, *v. a.*
6, 9.

proier, proyer, preier, prier 13,
26, **preer** 53, 78 ; *ind. pr. 1* pri
23, 53, **pry** 31 a, 75, **proi** 42, 34 ;
subj. pr. 3 pre 52, 60 ; *imper. 4*
preiun 52, 59 : *v.* (+ *acc. or dat.*)
pray, beg.

proiere 24 c, 29, **preiere** 18, 240 :
sf. prayer.

proisier v. **prisier.**

prologue, *sm.* prologue ; sermon
61, 44.

promerain v. **premerain.**

prometre ; *ind. pr. 1* prometz 64,
14 ; *pret. 3* promest 12, 108,
promist 33, 89 : *v.* promise.

promier v. **premier.**

promoteur, *sm.* ecclesiastical officer
of justice 61, 52.

prononcieir, *v.* pronounce 44, 48.

propia (*L*) = propria, *fem. of* pro-
prius, *adj.* 4 c, 14.

proposeir, *v.* resolve 42, 39.

proprement, *adv.* exactly 34, 222 ;
well 56, 4.

prosperiteit = -té 43, 42.

prouffit = profit 37, 56.

prouffiter = profiter 63, 48.

Prouvencel, *subs.* inhabitant of Provence 27, 28.

prouvost v. **prevost.**

prouz v. **preu.**

provande, *sf.* prebend, stipend 30, 158.

provender, *sm.* alms-man, beggar 13, 124.

prover, pruver 57, 19 ; *ind. pr. 2* **prueves** 29 a, 24, *3* **prueve** 27, 155 : *v. a.* prove ; *v. refl.* prove one's worth 27, 155 ; *pp. adj.* undoubted, arrant 21, 210.

Provins, French town (dept. Seine-et-Marne). The allusion is perhaps to a tavern named the 'Quinze-Vingts' 63, 87.

provoire 29 a, 48, **proveire** 14, 230 ; *nom.* **prestres** 30, 154, **prestre** 32, 144 : *sm.* priest.

proz v. **preu.**

prueve v. **prover.**

prut v. **preu.**

psalterion, *sm.* psaltery, musical instrument 56, 18.

pucele 17, 101, **pulcella** 11, 1, **pulcela** 13, 41, **pulcele** 13, 66 : *sf.* maiden.

pueent v. **pooir.**

puele v. **pueple.**

puellare (*L*) = **puellarum** ? *gen. pl. of* **puella,** nun 5, 16.

pueple, peuple, poblo 10, 13, **poble** 12, 102, **peule** 43, 63, **puele** 43, 73, **pople** 51, 68 : *sm.* people.

pues, puet, puez v. **pooir.**

pui, *sm.* mountain, hill 14, 143.

Puillain, Apulian 14, 197.

puir ; *pres. p.* **puant** 34, 111 : *v.* stink.

puis, puys, post (*L*) 11, 28, **pois** 13, 72, **puiz** 35, 87 : *prep.* after, since 11, 28 ; *p. icel tens que,* after 13, 11 ; *adv.* afterwards, next, then 13, 21 ; *p. que,* after, since 18, 27 ; 21, 60 ; since, seeing that 25 c, 48.

puisier, *v.* draw (water from a well, &c.) 22, 34.

puist v. **pooir.**

puiz 50, 90, **puz** 42, 105, **puis** 48, 77 : *sm.* well.

pulcella, pulcele v. **pucele.**

puldrus, *adj.* dusty 14, 30.

punt, *sm.* pommel (of sword) 14, 110; knob 15, 5.

pur, *adj.* pure ; *em pur lor cors,* wearing only under-garments 23, 189.

purrat v. **pooir.**

purtendre, *v. a.* hang (with curtains) 15, 74.

pusnais, *adj.* evil-smelling, vile 28, 1.

put, *adj.* stinking, vile 20, 169.

putain ; *nom.* **pute** 20, 102, **puyte** 59 b, 24 : *sf.* whore, harlot.

Puthiphar, Potipherah, priest of On (Gen. xli. 45) ; Joseph married his daughter Asenath 33, 3.

puyte v. **putain.**

puz v. **puiz.**

Pyrineus (*L*) = **Pyrenaeus,** Pyrenees 9 a, 4.

qanque, qant v. **qu-.**

qar v. **car.**

qe v. **que** and **qui.**

qele v. **quel.**

qeurent v. **corre.**

qier v. **querre.**

qieudrai v. **cueillir.**

qoi v. **qui.**

quacolis (*L*), *sf.* quail 7, 39.

quadragesimalis (*L*), *sm.* lenten food, foodstuff other than meat 8, 43.

qual v. **quel.**

qualiter (*L*), *conj.* provided that, so that 8, 18, 33.

quamelot, *sm.* costly cloth made of silk and camel's hair 27, 235.

quandius, *adv.* for as long as 12, 27.

quanque 13, 224, **quant que** 18, 15, **qanque** 26, 226, **quanques** 29 b, 17 : *adv. and rel. pron.* all that, whatsoever 13, 224; as far as 22, 250; while 22, 26.

quant, qant, *conj.* when ; because, since, seeing that 13, 150.

quant, quand 63, 118 : *adv.* how much, as much ; *in q.,* in so far as 10, 14 ; *por q.,* as much as 12,

51; *q. a* 37, 81, *q. est de* 37, 16, as regards, as for; *q. que*, v. quanque.

quantiteit, -tey, *sf.* length 42, 94; abundance 48, 20.

quar v. car.

quarré, *adj.* square 15, 46.

quatre, quatres 43, 86, four.

quaus v. quel.

que, qe, ke, qu', q', k', c', quid 10, 17, qued 11, 14, quet 13, 65, *conj.* because, for 12, 38; than 11, 17; other than, except 26, 176; that 11, 14; (final) in order that 12, 138; (consecutive) so that 13, 92; (temporal) that, when 16, 9; (replacing *comme*) 62, 11, 70; (introducing an exclamation) how 36 e, 11; (pleonastic) 26, 78; *que . . . ne . . .*, lest 13, 199; so that . . . not . . ., without 13, 22; *que . . . que . . ., que que*, v. qui; *ne . . . que . . .*, v. ne.

qued v. que and qui.

quei v. qui.

queil v. quel.

queissiez v. querre.

queit = quei te 13, 131.

queiz v. quel.

quel = qne lo 12, 134; que le 13, 186; qui lo 43, 60.

quel, qel, qual 12, 65, queil 42, 9; *nom.* quaus 17, 8, quiex 21, 196, queus 22, 245, quex 26, 14, queiz 42, 31, quelz 44, 32: *rel. and interrog. adj. and pron.* what, which; *q. . . . que* 25 d, 35, *q. que . . . que* 37, 56, *queus que* 31 b, 28, whatever; *quelzques*, some 65, 74; *qual hora*, at the hour when 12, 65, 121; *le q.*, who, which 22, 245; *q. le* (= *la*?) *ferés*, how will you do it, what will you do? 39, 77.

quelque, quelzques v. quel.

quement v. coment.

quens v. conte.

queor v. cuer.

quer v. car and cuer.

querelle, *sf.* quarrel, case 60, 16.

querre 13, 134, quere 19, 246, querir 36 d, 18; *ind. pr. 1* quie

17, 141, qier 24 c, 49, quer 58, 50, *3* quert 13, 174, quiert 65, 64, *5* querez 28, 23, *6* quierent 37, 93; *impf. 3* queroit 36 f, 2; *subj. pr. 3* quiere 37, 15, *6* quierent 37, 23; *impf. 3* quesist 19, 39, *5* queissiez 18, 53; *pp.* quis 13, 224: *v.* seek, search for 13, 134; ask for 13, 224; wish 17, 141; fetch 19, 246; long for 35, 205.

ques = qui les 21, 12.

quet v. que and qui.

queue, keue, coue, *sf.* tail 21, 253; stalk (of a flower) 23, 31.

queus v. quel.

quev v. chief.

quex v. quel.

queynt, *adj.* fifth 59 b, 1.

qui, quy, qi, ki, que (*L*) 4 c, 5, cui (*L*) 4 c, 17, chi 11, 6, que 12, 12, 148, qu' 29 a, 50, qe 59 a, 18; *acc., unaccented form*, que, qu', c', qued 13, 88, quet 13, 104; *nom. pl.* qui, ki, que 12, 4, k' 25 b, 49; *acc. pl., unaccented form*, que; *fem.* (*usually same as masc.*) que 43, 10, 21, 85, qu' 15, 144; &c.; *pl.* qu' 49, 74; *dat. sg. and pl. masc. and fem.* cui 12, 80, qui 13, 123; *used as acc.* 10, 32; 13, 7; &c.; *and after prepositions* 12, 124; *neut. nom. sg.* que 15, 128, qu' 12, 72, q' 23, 172, k' 43, 65; *neut., accented form,* quoi, qoi, quoy, coi, quei, cai 43, 6, (*with elision*) qu' 22, 181; 55, 39: *rel. pron.* who, which; whoever 12, 45; one who, if one 12, 148; 15, 118; he (she) who 13, 32; that which, what 35, 12; *que*, that which, what 12, 72; *ce que*, that which, what 22, 85; *qui que* 16, 91, *que que* 58, 72, whoever; *quoi que, que que*, whatever 56, 51; while 20, 181; 27, 210; *que . . . que . . .*, whether . . . or . . ., both . . . and . . . 17, 173; 23, 230; *par quoi*, whereby 29 b, 90; *de quoi*, wherewith 64, 142; *por quoi*, wherefore 50, 45; *avoir quoi,* have the wherewithal 31 b, 10; *il n'i a que redire,* there is nothing more to be said 22, 39; *je n'ai qu'engagier,* I have nothing to pawn 29 b, 14; *avoir que faire de,* be concerned with 40, 14; 41, 18; &c.; *il n'y a que faire,* it is unnecessary 37, 29; *vous dittes que bon homme,* you speak piously 64, 55; *faire que (fols,* &c.), act as (a madman, &c.) 14, 27; 15, 208; &c.; *interrog. pron.* who? whom? what?; *por quoi,* why? 13, 131; *por quoi faire* 28, 28, *a que faire* 28, 64, for what purpose? what for?; *que,* why? 34, 112.

quiconques, *rel. pron.* whosoever 29 a, 44; *rien q.,* nothing of the sort 64, 125.

quid v. que.

Quidalet, Aleth (Civitas Alethensis) now Saint-Malo 54, 12.

quidier v. cuidier.

quier v. querre.

quiex v. quel.

quil = qui le 16, 61.

quilly v. cueillir.

Quinze Vings, les, institution for the blind at Paris 63, 85.

quir v. cuir.

quire v. cuire.

quis = qui les 16, 87; 54, 32.

quisse v. cuisse.

quite, *adj.* quit, free 22, 96.

quitte v. cuire.

quivre, *sm.* copper 15, 94.

quoi v. qui.

Quokelunde, probably the forest which at one time surrounded Mont-Saint-Michel, but was afterwards submerged 54, 3.

quoment v. coment.

quor v. cuer.

ra v. re (2) and avoir 28, 2; 29 b, 96; 30, 224; v. re (3) and avoir 29 b, 98.

rabatre, *v.* deduct, take off 64, 90.

Rachel, wife of the patriarch Jacob 33, 33.

racompter = raconter 61, 60.

raconsiewir, *v.* overtake 41, 74.

racorde, *sf.* reconciliation 20, 271.

Radegundis (*L*), daughter of Berthaire, king of Thuringia; she died in 587 3 b, 38.

raemplir, *v.* fill 22, 37.

raenst v. reembre.

rafaitier v. re (2) and afaitier 48, 65.

raffardeur, *adj.* jeering, scoffing 37, 55.

ragier, *v.* frolic 26, 40.

rai v. re (2) and avoir 30, 216.

rai, *sm.* ray 33, 110.

raie v. ravoir.

raier, *v.* radiate, shine 45, 113; (of blood) spurt out 27, 153.

raim, rain, *sm.* branch 23, 55; *fig.* growth 22, 134.

raime, *sf.* green boughs, branches 23, 37.

raison, rayson, raisun, reson, raizon 12, 106, reisoun 59 b, 4: *sf.* reason, understanding; (personified) 34, 81; talk 12, 106; argument 13, 71; right 32, 211; *par r.,* reasonably 59 b, 4; *metre a r.,* address, speak to 18, 30; *soi metre a r.,* accept reasonable terms 37, 40.

rala v. re (2) and aler 31 a, 45.

ralgent 12, 36, ralat 12, 38: v. re (1) and aler.

ralons v. re (1) and aler 35, 29.

ralier, *v. a.* rally 27, 51.

ramage, *adj.* much branched, dense 36 d, 7.

ramé, *adj.* with msny boughs, branched 16, 2.

ramenbrance, *sf.* memory 42, 8; *faire r. de,* celebrate the memory of, call to mind 42, 96.

ramentevoir ; *ind. pr. 6* ramentoivent 37, 93 : *v. refl.* mention oneself, claim attention.

rampeeur, *sm.* one who creeps or cringes 32, 103.

ramu, *adj.* much branched 23, 102.

rancune, *sf.* rancour ; *faire r.,* bear a grudge ; *fig.* be inclement 57, 67.

randon, *sm.*; *de r.*, impetuously, violently 27,61.

raneiet v. **renoier.**

rap, *sm.* rope (Old Eng. rap?) 57, 107.

raparoillier, *v.* repair 48, 33.

rapasser, *v.* return, come back 24 b, 14.

rappeau, *sm.* (legal) appeal 63, 31.

rapport, *sm.* testimony 37, 107.

ras, *adj.* brimfull, teeming 21, 3.

rasiet 26, 90, **rassist** 23, 153 : v. **re** (2) and **asseoir.**

rasorium (*L*), *sn.* razor 7, 51.

rate, *sf.* rate, contribution 41, 67.

ravint v. **re** (3) and **avenir** 22, 4.

ravir, *v.* ravish 63, 54; seize, take away 60, 26 ; *pp. adj.* infatuated, eager 32, 130.

ravoir 30, 144 ; *subj. pr. 1* **raie** 30, 100 ; *fut. 5* **ravrez** 30, 158 : *v. a.* recover.

ravrad v. **re** (3) and **avoir** 16, 240.

re-, r-, *verbal prefix*, (1) back ; (2) again ; (3) on the other hand, for his (or her) part, in return ; (sometimes separated by an auxiliary verb from the verb to which it belongs, *nem revoil ancumbrer* 13, 188, *se resont mises* 23, 28, *vous reveut paier* 30, 172).

re, *sm.* pyre, stake 55, 56.

reaume v. **roiaume.**

Rebeca, Rebecca, wife of the patriarch Isaac 33, 33.

reboter, *v.* repulse 48, 52.

rebours, *adj.* ; *a r.*, the wrong way 32, 23.

receivre v. **recevoir.**

receleir, *v.* conceal 43, 64.

recenser, *v.* tell, relate 50, 10.

recensites (*L*) = **recensetis,** *ind. pr. 5 of* **recensere,** *v. a.* 4 b, 8.

recerceler, *v.* curl ; *pp. adj.* curly 24 a, **27.**

receter, *v.* (of chicken) go to roost 20, 84.

recevoir 37, 86, **receivre** 16, 97 ; *ind. pr. 1* **reçoy** 60, 65, *3* **receit** 16, 101 ; *pret. 3* **reciut** 12, 46,

receut 13, 119, *6* **receurent** 15, 82 ; *subj. pr. 3* **requeve** 50, 20 ; *pp.* **receu** 27, 56, **receut** 43, 74 : *v.* receive ; admit 32, 202.

rechief, *adv.* ; *de r.*, again, anew 22, 241.

rechignier, *v.*; *pres. p. adj.* snarling, ill-tempered 31 a, 26.

recimer, *v.* (of hair) sprout again, grow again 12, 42.

reciut v. **recevoir.**

reclamer ; *ind. pr. 3* **reclaime** : *v.* claim back, demand the return of 29 b, 145 ; invoke, implore 14, 72.

*reclure ; *pret. 6* **reclusdrent** (*or plpf.*?) 12, 94 : *v.* shut up, imprison.

reclus, *sm.* prison 12, 71.

recoi, *sm.* quiet, seclusion ; *en r.*, quietly, secretly 34, 168.

recomander, *v.* (+ *dat.*) entrust to, confide to the keeping of 12, 110.

recomencier 24 a, 35, **recommencier** 23, 45 : *v.* **re** (2) and **comencier.**

reconforter, recun-, *v.* comfort, cheer, invigorate 19, 115.

reconoistre, -nuistre 16, 15 ; *subj. pr. 6* **recunuissent** 13, 199 : *v.* recognize ; admit, confess 32, 238.

reconseilliez v. **re** (3) and **conseillier** 22, 114.

reconter, *v.* recount, narrate 23, 138.

recordacio (*L*) = **recordatio,** *sf.* 4 a, 1.

recorder, *v.* recall, call to mind 29 a, 7.

recort, *sm.* speech, statement ; *a un r.*, speaking at the same time, with one voice 22, 200.

recort ; *nom.* **recors** 63, 83 : *adj.* mindful.

recovrer, recuvrer, recouvrer ; *ind. pr. 3* **recueuvre** 37, 80, *6* **recuevrent** 50, 32 : *v. a.* recover, get again ; *senz r.*, irrevocably, for good 36 d, 14.

recueillir ; *cond. 6* **recueildroient** 46, 1 : *v. a.* gather, collect 62, 53 ; *v. refl.* assemble 46, 1.

recueuvre v. **recovrer.**

recuit, *adj.* shrewd, alert 23, 145.

reculer, **-ller**, *v.* retire, draw back 34, 18 ; *v. refl.* withdraw, retire 63, 65.

reculons, a, 28, 80 : backwards, facing the wrong way.

redire, *v.* say again 22, 39 ; *riens a r.*, no difference 63, 108 ; *il n'i a que r.*, v. **qui**.

redit v. **re** (3) and **dire** 23, 203.

redoter, reduter, redouter, *v.* fear, distrust 20, 224 ; *v. refl.* fear, feel dread 13, 198.

redrecier v. **re** (2) and **drecier** 21, 68.

ree, *sf.* honey-comb 33, 137.

reembre ; *pret. 3* **raenst** 13, 67 ; *subj. impf. 3* **reemsist** 51, 80 : *v.* redeem.

refaire v. **re** (2) and **faire** 20, 246 ; make up (a fire) 39, 14.

refaz v. **re** (3) and **faire** 25 d, 9 ; 30, 102.

refere v. **re** (2) and **faire** 29 b, 17.

reflambeier, *v.* glitter, shine 15, 43.

refraindre, *v.* sing a refrain 20, 28.

refreschir 19, 147, **refreichir** 31 a, 2, **rafreschir** 50, 98 : *v.* refresh ; renew (an oath) 31 a, 2.

refroidier, refreidier, *v.* cool, refresh 14, 90 ; *v. a.* chill 36 b, 7.

refu v. **re** (3) and **estre** 27, 128, 215 ; v. **re** (2) and **estre** 46, 62.

refudare (*L*) = **refutare**, *v. a.* 5, 16.

refurent v. **re** (2) and **estre** 22, 238.

regarder, rewardare (*L*) 7, 122, **resgarder** 33, 161 : *v. a.* look at 7, 122 ; *v. n.* look 26, 166 ; *v. refl.* look around 26, 46 ; look at oneself 49, 53.

regart ; *nom.* **regars** 31 b, 38 : *sm.* look, glance ; regard, respect 36 a, 14 ; care, anxiety 20, 14 ; eyes 62, 57.

regiber, *v.* kick, be refractory ; *inf. subs.* 30, 225.

regiel v. **roial**.

regnacion, *sf.* rule 62, 16.

regne, reigne 55, 127 : *sm.* kingdom.

regnét, *sm.* kingdom 12, 32.

regnier v. **renoier**.

regreter, -tter, *v.* lament, mourn for 13, 130 ; invoke, implore 53, 70.

rehuchier, *v.* call back 20, 87.

reialme v. **roiaume**.

reigne v. **regne**.

reine, roine 25 a, 8, **royne** 27, 183 : *sf.* queen.

Reins 14, 37, **Remus** (*L*) 6, 50, **Rains** 45, 78 : the town of Reims (dept. Marne).

reisoun v. **raison**.

rejoent v. **re** (3) and **joer** 23, 181.

relais, *sm.* ; *laissier en r.*, give up, abandon 29 b, 144.

relef v. **relief**.

relevee, *sf.* afternoon ; *de haute r.*, in the late afternoon 21, 186.

relever, *v. a.* raise again 33, 112 ; *v. n.* rise again 58, 31.

relief 38, 69, **relef** 59 b, 10 : *sm.* remains, leavings.

religion, -oun 59 b, 19 : *sf.* religious order, conventual life 34, 32.

religious, *adj.* pious 42, 7.

remander v. **re** (2) and **mander** 28, 194.

remanoir ; *ind. pr. 2* **remains** 14, 202, *3* **remaint** 13, 100 ; *pret. 3* **remest** 13, 92 ; *fut. 3* **remandrat** 15, 217, **remaindra** 21, 81 ; *subj. pr. 3* **remaigne** 21, 259 ; *impf. 3* **remansist** 18, 127 ; *pp.* **remés** 13, 61, **remez** 28, 114, **remasu** 45, 57 : *v.* stop, remain, stay behind 13, 10; be lacking 25 d, 25 ; *v. impers.* ; *ja por batre ne remaindra*, we will not fail for lack of cudgelling 28, 49 ; *pres. p. subs.* **remanent** 59 b, 12, **remenant** 59 b, 22, remainder.

remasu v. **remanoir**.

Remedius (*L*), S. Remigius (437–533), bishop of Reims 6, 50.

remembrer, *v. impers.* (+ *dat. of person*) remember 13, 57.

remenant v. **remanoir**.

remener, *v.* bring back, take back 19, 151.

remeniscere (*L*) = **reminisci**, *v. dep.* 6, 6.

Remensis (*L*), *adj.* of Reims 6, 50.

remerir, *v.* recompense 36 f, 31.

remés, -est v. **remanoir**.

remetre; *pret. 6* **remistrent** 27, 19 : *v. a.* put back 20, 82 ; *v. refl.* return, re-enter 27, 19 ; *soi r. au repaire*, start on the return journey 53, 14.

remez v. **remanoir**.

remirer, *v.* gaze at, contemplate 23, 199 ; *v. refl.* gaze at oneself 49, 53.

remissio (*L*), *sf.*; *annus remissionis*, year of liberty, i.e. year in which the servant (or slave) is set free 2, 11.

remistrent v. **remetre**.

remonter v. **re** (2) and **monter** 27, 17 ; v. **re** (3) and **monter** 22, 49.

removoir; *pp.* remou 15, 67 : *v.* remove.

remuer, *v. a.* remove 48, 16 ; *v. n.* move, stir 47, 53 ; *v. refl.* depart 36 c, 3 ; change 36 e, 39.

Remus v. **Reins**.

ren v. **rendre**.

Renardet 20, 42 : *dimin. of* **Renart**.

Renart 20, 5 ; *nom.* **Renarz** 20, 1, **Renars** 36 d, 5 : Reynard the Fox.

renc, *sm.* circle ; *en renc*, all around 15, 159.

Rencesvals, Roncesvalles or Roncevaux, a pass in the Pyrenees 14, 2.

rendre, **randre** 47, 23 ; *ind. pr. 1* **rent** 30, 176, *3* **rent** 13, 100 ; *pret. 3* **rendét** 12, 131 ; *fut. 1* **renderai** 30, 147 ; *imper. 2* **rend** 16, 178, **ren** 27, 198 : *v.* give back, return, restore; pay back, requite 12, 131 ; give, hand over 27, 18 ; consign (to the devil) 30, 176; give, return (thanks) 36 e, 19 ; give out, emit (light) 47, 23 ; *v. refl.* betake oneself 64, 151.

rene v. **resne**.

renforcier, *v. n.* grow greater, increase 22, 27.

renge, *sf.* ring by which the sword was suspended ; sword-belt 13, 72.

rengier, *v.* (of troops) form ranks, set in array 21, 209 ; *v. refl.* (of troops) form up 46, 31.

renier v. **renoier**.

renier, *sm.* kingdom 38, 19.

renoier 32, 172, **renier** 32, 203, **regnier** 61, 46 ; *subj. pr. 3* **raneiet** 11, 6 : *v.* deny, disavow ; *pp. adj.* renegade, infidel 32, 172.

renon, *sm.* renown, good repute 30, 42.

renoncier, -cer 33, 87, **-chier** 38, 40 : *v.* renounce.

rente, *sf.* interest, revenue, income 19, 104.

renter, *v.* endow 32, 114.

renvoier, -veier 54, 89 : *v.* send back.

reont, roont 27, 263, **rount** 54, 14 ; *fem.* **roonde** 17, 194, **ronde** 36 e, 48 : *adj.* round.

repaire, repere, *sm.* dwelling-place, home 30, 196 ; *soi metre el r.*, return home 39, 40.

repairier 13, 126 ; *ind. pr. 4* **repairoumes** 39, 34 : *v. n.* return 14, 87 ; resort, attend, stay 31 b, 49 ; *v. refl.* (*+ en*) return home 13, 126.

repartir, *v.* distribute ; present, endow 36 f, 30.

repausare v. **reposer**.

repentailles, *sf. pl.* repentance 63, 35.

repentir, repantir 47, 84 ; *ind. pr. 1* **repent** 18, 208 : *v. refl.* repent.

repere v. **repaire**.

replenir, *v.*; *pp. adj.* replenished, full 29 a, 6.

repliquer, *v.* reply ; *pres. p. adj.* answering back, argumentative 37, 54.

repondre ; *ind. pr. 3* **repont** 53, 50 ; *pp.* **repost** 20, 184, **repos** 21, 93 : *v. refl.* conceal oneself 36 e, 28 ; *pp.* hidden, lurking 21, 93.

repos v. **repondre**.

reposer 17, 230, **repausare** (*L*) 7, 123 : *v. n.* rest, be idle 7, 123 ; *v. refl.* rest, stop 19, 46.

repostement, *adv.* stealthily 34, 168.

reprendre ; *pret. 3* **reprist** 25 a, 9, *6* **repristrent** 18, 215 : *v.* find fault with, reprove 25 a, 9 ; take back, seize again 18, 215 ; rescue 32, 140.

reprouche, *sm.* reproach, taunt 37, 20.

reprover, *v.* reproach, cast in one's teeth 46, 81.

repuet v. re (3) and **pooir** 30, 128.

requeit, *adj.* quiet, peaceful 15, 124.

requerre 27, 173, **reqerre** 26, 210 ; *ind. pr. 1* requier 25 b, 13 ; *3* requieirt 44, 3 ; *pret. 1* requis 26, 220, *3* requist 19, 84 ; *pp.* requis 19, 25 : *v.* ask, beseech 25 b, 13 ; ask for, request 26, 210 ; ask in marriage, woo 19, 25 ; search for 42, 64.

requeste, *sf.* petition, request 31 a, 21 ; *maistre des requestes*, member of the council of state to whom all petitions were entrusted 63, 103.

requis v. **requerre**.

rere ; *pret. 3* rest 27, 29 ; *pp.* rez 28, 115 ; *v.* shave off 27, 29 ; *rez a rez de*, level with, close to 27, 134.

rescet v. re (3) and **savoir** 20, 129.

rescorre 29 b, 135, **-courre** 20, 89 ; *pp.* rescouz 27, 57 : *v.* rescue.

rescrier ; *cond. 5* rescririez 37, 117 : *v. refl.* appeal (to justice).

resedebat (*L*) = residebat, *ind. impf. 3* of residere, *v. n.* 6, 16.

resembler, resenbler, resambler, ressanbler, *v.* resemble, be like ; seem 53, 65; v. re (3) and sembler 26, 63.

resgarder v. **regarder**.

resjouir, *v.* cause great pleasure to 64, 56.

resne 47, 52, **rene** 17, 42 : *sf.* rein.

resoignier, ressongnier, *v.* fear 38, 21 ; be anxious about 62, 23.

reson v. **raison**.

resont v. re (2) and **estre** 23, 28 ; v. re (3) and **estre** 23, 183.

resordre ; *pp.* **resurs** 58, 37 : *v.* rise from the dead.

respas, *sm.* recovery 25 c, 47.

respit, *sm.* respite 18, 93.

respondre, -pundre 57, 61 ; *ind. pr. 3* respont 13, 107, **respunt** 13, 151 ; *pret. 3* respundiét 14, 15, respoundi 59 a, 24 ; *imper. 2* respon 30, 120 : *v.* reply, answer; be adjacent, be contiguous 61, 21.

respons, *sm.* answer 31 a, 21.

response, *sf.* answer 37, 19.

rest v. **rere**.

rest v. re (3) and **estre** 48, 61.

restat ; *nom.* **-as** 32, 90 : *sm.* arrear.

resteit v. re (3) and **estre** 54, 20.

restiver, *v. n.* be restive, resist 62, 25.

restorer 18, 128, **restaurer** 12, 97 : *v.* restore, rebuild.

resurs v. **resordre**.

resveil, *sm.* reawakening 29 b, 85.

resver, *v.* dream 35, 65.

retenir ; *ind. pr. 6* retiegnent 49, 78 ; *pret. 1* retin 18, 207 ; *fut. 1* retendrai 15, 55 ; *imper. 2* retien 38, 12 : *v.* retain, keep, hold 13, 99; hold back, check 26, 180 ; take into one's service 37, 111 ; (used absolutely) hold, defend 46, 24.

rethorique, *sm.* rhetorician 36 a, 8.

retor, retur, retour, *sm.* return, return-journey 23, 29 ; refuge 19, 29 ; 24 c, 54.

retorner, returner, retourner, returnar 10, 32 : *v. a.* turn back 10, 32 ; *v. n.* return 24 b, 6 ; *v. refl.* return 13, 120 ; turn round 34, 95 ; *au r.*, on the return journey 22, 190.

retraire, retrere ; *pp.* **retrait** 15, 205 : *v.* pull out, withdraw 15, 205 ; recount, narrate 29 b, 18 ; draw in 62, 43 ; draw (interest) 64, 20.

retraitier, *v.* call to mind 43, 35.

retrere v. **retraire**.

retrestrent v. re (2) and **traire** 27, 78.

447

retrete, *sf.* taunt, gibe 27, 135.

revait v. re (2) and **aler** 28, 4.

reveler, *v.* rebel, revolt 14, 195.

reveler, *v.* reveal 32, 221.

revenir; *pret.* 6 **revindrent** 23, 110; *fut.* 1 **revendrai** 13, 101; *subj. pr.* 4 **revengum** 14, 43; *imper.* 2 **revien** 25 b, 54 : *v.* come back, return; recover 14, 155; *v. refl.* (+ *en*) come back 23, 110.

reverser, *v.* twist round 15, 223.

revertir 21, 113; *ind. pr.* 3 **revert** 13, 70 : *v. n.* return.

revestir, *v.* clothe, dress 12, 61.

reveut v. re (2) and **voloir** 30, 172.

revint v. re (3) and **venir** 27, 60.

revoil v. re (2) and **voloir** 13, 188.

revois 35, 11, **revont** 23, 136 : v. re (1) and **aler.**

rewardare v. **regarder.**

rex v. **roi.**

Reynaut 24 a, 3, **Raynaut** 24 a, 6 : man's name.

rez v. **rere** and **roi.**

ribaudaille, *sf.* rabble, camp-followers 41, 9.

ribaudie, *sf.* ribaldry, profligacy 59 b, 26.

ribaut, -baude 59 b, 23 : *sm.* ribald, profligate.

riber, *v.* be dissolute, live licentiously; *inf. subs.* 30, 226.

ric a ric, with scrupulous exactness; (also used as a dancing term : Pathelin and the Draper, while measuring, perform movements like two dancers) 64, 93.

Ricart v. **Richart.**

rice v. **riche.**

Richart, -cart, -chard, Richard I, king of England 39, 1 ; Richard II 60, 9.

riche 13, 216, **rice** 13, 14, **rike** 39, 45 : *adj.* powerful, rich; precious 50, 112.

richece 30, 10, **-esce** 15, 84 : *sf.* riches, wealth.

richement 18, 134, **rice-** 39, 100 : *adv.* richly, liberally.

richeté 16, 239, **-tét** 15, 191 : *sf.* wealth, magnificence.

Richier, Saint Riquier (or Richier), founder of the abbey of Centulum (later Saint Riquier) near Abbeville in the diocese of Amiens (died 645) 45, 34.

rictu (*L*) = **recto,** *abl. masc. sg. of* **rectus,** *adj.* 4 c, 5.

rien, *often indecl.* **riens** 21, 110, **rienz** 25 a, 18 : *sf.* thing 15, 151 ; anything 18, 107 ; creature, person 26, 6 ; (+ *neg.*) not . . . anything, nothing ; *por* (*nule*) *r.,* on no account 19, 94 ; 26, 21 ; *de r.* (+ *neg.*), in no respect, not at all 28, 169 ; *en r.,* in any way, at all 60, 68 ; *r. de* (+ *subs.*), some, any 60, 45 ; *riens,* in any respect 30, 85 ; *riens n'y sont,* are of no avail 63, 35.

riés, *sm.* fallow land 41, 42.

rigle, *sf.* rule 44, 45.

rigolet, *sm.* kind of dance 56, 27.

rime, *sf.* rhyme ; verse, verses 29 b, 11.

rimeier, *v.* rhyme, tell in verse 50, 11.

Rin, river Rhine 27, 233.

rire; *pret.* 3 **rist** 33, 144 : *v.* laugh ; *v. refl.* (+ *de*) laugh at 16, 181.

ris, *sm.* laughter, smile 20, 153.

rist v. **rire.**

rober, *v.* rob 36 e, 17.

roberie, *sf.* robbery 60, 92.

Robert; *nom.* **-ers** 41, 43 : Robert Bruce (1274–1329).

Robin, name of a peasant, hero of dance-songs, &c. 23, 205.

roe, *sf.* wheel 15, 27.

roge, rouge, *adj.* red ; *R. Mer,* Red Sea 17, 219.

Rogier, name of a peasant 24 d, 3.

roi, roy, rei 13, 24 ; *nom.* **rex** (*L*) 11, 12 : *sm.* king.

roi, rez (*indecl.*) 51, 41, **rey** 59 b, 7, **rei** 59 b, 42 ; *nom.* **roiz** 23, 119 : *sm.* net, snare.

roial, royal, regiel 11, 8, **reial** 15, 157 : *adj.* royal.

roiaume, royaume, royaulme,

Glossary

reialme 14, 188, reaume 17, 215:
sm. kingdom.
roide v. roit.
roie, reie, *sf.* furrow 15, 39 ;
coloured stripe (on a garment)
24 d, 40.
roine v. reine.
roit ; *fem.* roide : *adj.* stiff, strong
27, 65 ; swift 50, 88.
Rollant 14, 79, Hruodlandus (*L*)
9 a, 21 : Roland, knight of Charle-
magne.
rolle, *sm.* roll, book 58, 77.
romanz, romans, rommans, rou-
mans 34, 11 ; *obl.* romant 44,
52 : *sm.* a work in Romance (opp.
Latin), romance 34, 11 ; Romance
language, vulgar tongue 44, 2 ;
adj. fem. romance, Romance (lan-
guage) 44, 19.
rompre, rumpre 42, 107 ; *pp.* rout
27, 83 : *v.* break, break off.
roncin, *sm.* inferior horse, hack
23, 115.
rondel, *sm.* rondeau, fixed form of
lyric poetry 35, 32.
rondement, *adv.* roundly, that and
no less 64, 87.
ront v. re (2) and avoir 23, 192.
rooignier, *v.* clip, tonsure ; cut off
45, 29.
roont, roonde v. reont.
roors, *sf.* redness, aurora (perh.
corrupt ?) 12, 119.
rorent v. re (3) and avoir 27, 160.
ros, *sm.* reed 21, 133.
ros, rous, *adj.* red-haired, treacher-
ous 20, 124.
Rosebech, battle of Roosebeke
(1382). in which Charles VI over-
threw the Flemings 36 b, 11.
rosel, *sm.* rush, reed 32, 67.
rossignol ; *nom.* rossigniaus 50,
53 : *sm.* nightingale.
rot v. re (3) and avoir 27, 102 ;
v. re (2) and avoir 46, 59.
rote, *sf.* stringed musical instrument
16, 235.
roter, *v.* play the rote 15, 155.
rouele, *sf.* wheel (of fortune) ; *or
est tornee ta r.,* your luck has
changed 30, 204.

rount v. reont.
rousee = rosee 21, 36.
Roussete, name of a hen 20, 83.
route, *sf.* road, track 21, 206 ;
crowd, company 23, 36 ; troop,
herd 31 a, 28.
rover 25 a, 19, rouver 39, 75 ; *ind.
pr. 1* ruis 18, 251, *3* ruovet 11,
24 ; *plpf. 3* roveret 11, 22 ; *imper.
4* ruvum 57, 47 : *v.* command
11, 22 ; implore 11, 24 ; ask 18,
130.
rubin ; *nom.* rubis 27, 269 : *sm.*
ruby.
Rueil, town near Paris (dept. Seine-
et-Oise) ; *aller a R.,* slang term,
perh. meaning to practice high-
way-robbery 63, 29.
ruer, *v.* throw, cast 21, 58 ; kick
36e, 26.
ruis v. rover.
ruissel 44, 97 ; *nom.* ruissiaus 28,
53, ruysseaulx 60, 56 : *sm.* brook,
stream.
ruiste, *adj.* strong, vigorous 15,
142.
rungier, *v.* gnaw ; bite, eat 35,
150.

sa v. ça.
sablonier, *sm.* sandy ground 45, 21.
sabulum (*L*), *sn.* sand 7, 14.
sac, sacq ; *nom.* sas 13, 144 : *sm.*
sack-cloth 13, 144 ; bag 54, 72 ;
jusques a l'escrevement du s., to
bursting-point 62, 66.
sachiens, saciés v. savoir.
sacrefier, *v.* sacrifice 33, 14.
sacrement, *sm.* mystery 51, 75.
sacrer ; *pp.* segré 16, 39 : *v.* con-
secrate 16, 17.
safir, *sm.* sapphire 27, 228.
saffrét, *adj.* embroidered with gold
thread or yellow wire 14, 103.
sagma v. somme.
sagrament v. sairement.
sai v. savoir.
saiche v. savoir.
saiete 48, 91, -tte 60, 72 : *sf.* arrow.
saige = sage 36 d, 15.
saignier ; *ind. pr. 3* saine 32, 14 :
v. bleed.

saillir; *ind. pr. 3* **salt** 16, 127, **saut** 20, 4, *6* **saillent** 15, 141, **sailent** 57, 32; *pret. 3* **sailli** 20, 115 : *v.* leap; jump up, get up 15, 159; leap out 21, 95; spring, arise 25 d, 36 ; spring forward 28, 108 ; *s. en piez,* leap to one's feet 15, 141; *s. sus,* do. 16, 127; *s. mauvaisement,* come off badly 30, 78.

sain, *adj.* in good health, well 20, 15; healthy 36 e, 11 ; safe 39, 4; pure (intention) 62, 28.

sain, *sm.* grease, fat 45, 99.

sainement, *adv.* safe and sound 13, 82.

saint, sant 12, 6, **sanct** 12, 34, **sainct** 44, 8, **seint** 52, 6, **sent** 52, 56, **seynt** 59 b, 3; *nom.* **sancz** 12, 2, **sanz** 12, 3, **sains** 44, 85: *adj.* holy, saint ; *subs.* saint 12, 2 ; *pl.* relics 24 a, 20.

sairement, serment, sagrament 10, 30 ; *nom.* **sairemens** 31 a, 2 : *sm.* oath.

saisir, seisir 27, 59; *fut. 1* **saiserai** 58, 97 : *v.* seize; (+ *de*) set in possession of, give to 57, 15 ; 58, 97.

Saisne 14, 195, **Saxon** 60, 3; *pl.* **Saxones** (*L*) 9 a, 1 : Saxon.

saison, seson, *sf.* season, period of the year ; *de-saisons,* in season, in their prime 31 a, 28 ; *il est s.,* it is time 25 c, 9.

saive 19, 107, **save** 52, 19: *adj.* wise.

salamoneis, pagan language, perh. Hebrew ? 16, 157.

Salatin, a sorcerer 30, 59.

Salerne, Salerno 19, 103.

salme, *sf.* psalm 43, 37.

salmiste, *sm.* psalmist 43, 105.

salt = **saut** 42, 86.

salu, -ut, *sm.* welfare 25 b, 55 ; greeting 31 a, 9; salvation 51, 58; *rendre s.,* return a greeting 45, 71.

salvament, *sm.* preservation, safety 10, 14.

samedi, -dy, samadi 57, 51 : Saturday.

samit 27, 236, **samis** 27, 267 : *sm.* samite, strong silk-stuff usually interwoven with gold or silver threads.

san v. **sen**.

sanc, sang; *nom.* **sanz** 27, 152, **sans** 28, 69 : *sm.* blood.

sanct, sancz v. **saint**.

saner, *v.* heal, cure 16, 182.

sanglant, -ent, *adj.* bloody 14, 120.

sanglanter, *v.*; *pp. adj.* bloody 31 a, 37.

sanior v. **seigneur**.

sanne, *sm.* synod 47, 87.

sans v. **sanc**.

Sanson, Samson 34, 88.

sant v. **sen** and **saint**.

sanz v. **sanc** and **saint**.

saoler, *v.* sate, satiate 20, 180.

sapchez v. **savoir**.

sapiensie (*L*) = sapientiae, *gen. sg. of* sapientia, *sf.* 4 c, 7.

saray v. **savoir**.

sarcu v. **sarqueu**.

sarde, *sf.* sard, precious stone 17, 234.

sardine, *sf.* another name for **sarde** 27, 221.

sardoine, *sf.* sardonyx 17, 233.

Sare, Sarah, wife of Abraham 33, 32.

sarmoner v. **ser-**.

saroit v. **savoir**.

Sarot 24 d, 4 : *dimin. of* **Sarre**.

sarqueu, sarcu 19, 246, **sarqeu** 27, 112 : *sm.* coffin.

Sarraguce 14, 66, **Caesaraugusta** (*L*) 9 b, 13 : Saragossa in Spain.

Sarrazin 24 b, 12, **Sarracenus** (*L*) 9 b, 2, **Sarazin** 16, 46, **-sin** 40, 66 : *sm.* Saracen.

Sarre, name of a peasant-girl 24 d, 29.

sas v. **sac**.

Sathan 30, 52 ; *nom.* **-nz** 30, 4 : Satan.

sathanas, *sm.* craft, guile 21, 12.

Saulus, Saul 52, 43.

saut v. **saillir**.

sautier, *sm.* psalter 45, 119.

sauvage, salv-, *adj.* wild, barbarous ; *Mer S.,* name of a sea (not found on any of the maps published by K. Miller, *Die äl-*

testen *Weltkarten*, Stuttgart 1895–6) 17, 218.

sauvement, *adv.* safety 60, 86.

sauveor, *sm.* saviour 51, 86.

sauver, salver, salvar 10, 16, saver 49, 26 : *v.* save 13, 11 ; support, defend 10, 15.

sauveté, salvetét, sauvetey, *sf.* salvation 13, 89 ; safety 49, 70 ; *a s.*, in security, safe and sound 21, 83.

save v. saive.

saver v. sauver.

savir v. savoir.

Savoie, li cuens de, not identified 23, 58.

savoir 26, 81, sç-, savir 10, 14 ; *ind. pr. 1* sai 13, 84, say 35, 51, sçay 36 e, 35, sei 54, 19, *2* sez 16, 98, *3* set 14, 59, scet 20, 193, seit 25 b, 35, *4* savum 14, 107, *5* savés 21, 152, sçavez 60, 38, *6* sevent 21, 82, scevent 37, 43; *pret. 1* soi 28, 106, *3* soth 12, 72, sout 15, 128, sot 17, 121, seut 26, 36, sceut 65, 21, *6* sowrent (*or plpf.?*) 12, 32, sourent 13, 28, sceurent 41, 56, soguirent 51, 9; *fut. 1* savrai 20, 44, saray 35, 12, *4* sçavrons 64, 97, *5* savroiz 47, 58 ; *subj. pr. 3* saiche 44, 47, *4* sachiens 43, 12, sachom 58, 56 ; *impf. 1* seusse 18, 55, *3* seust 19, 42, sceust 34, 58, *5* seussez 16, 175, *6* seussunt 53, 28 ; *imper. 2* saches 27, 181, *4* saichons 60, 1, *5* sachiez 22, 221, saciés 38, 6, sachiés 38, 60, sapchez 51, 39; *pp.* seu 19, 47, sout 57, 19 : *v.* know ; know how to, be able to 14, 107 ; *a sout*, with certainty 57, 19 ; *s. bon gre,* v. gre ; *inf. subs.* knowledge 10, 14; wisdom, policy 30, 161.

savor, *sf.* savour, sweetness 24 c, 35.

Saxon, Saxones v. Saisne.

Sayete, Sidon (Syria) 31 a, 3.

scabro (*L*) = crabro? *sm.* hornet; here apparently 'wasp' 7, 138.

scalprus (*L*), *sm.* (cf. scalprum *sn.*) chisel, scraper 8, 38.

scandalizare (*L*), *v. a.* harm 6, 12.

scantio (*L*), *sm.* cupbearer, butler 7, 118.

sçay, scet, sceurent, sceust, scevent v. savoir.

Scipion, general of Pompey 27, 163.

scribe, *sm.* clerk of the court 61, 52.

se v. son.

se 13, 100, si 10, 30, sed 12, 85, s' 13, 60, set 13, 128, ce 45, 30 : *conj.* if; *se . . . ne . . .*, if not, unless 22, 123 ; *se . . . non*, except, but 17, 126 ; so *senon* 60, 88, *sinon* 60, 50 ; *se ce non*, failing this, otherwise 22, 115.

se, s', (*enclitic*) s 11, 18, ce 45, 37, 66 ; 61, 34 ; 64, 24 ; *accented form,* soi, sei, soy, sey, se 12, 80 : *refl. pron. 3 sg. and pl.* himself, herself, itself, themselves ; *soi meesmes,* himself 26, 216 ; *par sei,* by itself, separately 17, 216.

seaus v. seel.

Sebre, river Ebro (cf. *Zeitschr. f. rom. Phil.,* xv. 517) 14, 69.

Secire, Sicily 32, 223.

secont 27 16, segont 26, 101 : *adj.,* second.

secorcier, *v.* shorten, tuck up (one's dress) 23, 43.

secorre 29 b, 133, secore 45, 124, secourir 60, 36 ; *pret. 3* secorrut 46, 54 ; *subj. pr. 3* score 54, 59 ; *pp.* secoru 29 b, 35 : *v.* succour, come to the help of.

secors = secours 18, 83.

secret, secroi 39, 54 : *adj.* secret ; *en s.*, secretly 39, 54.

seculer, *adj.* lay 43, 18.

sed v. se.

seel ; *nom.* seaus 38, 82 : *sm.* seal.

seeler, *v.* seal, lock 40, 23 ; set (precious stone) 27, 269.

seet v. seoir.

seez v. estre.

segont v. secont.

segré v. sacrer.

segueient, seguent v. siure.

segur v. seur.

sei v. savoir.

Seigne = Seine 19, 180.

seigneur, -our, -or, -ur, segnor, seingnor, senior 12, 8, seinor

13, 57, **seinur** 13, 155, **signor**
39, 77, **signeur** 41, 47, **sanior** 42,
35, **signour** 44, 104, **saignor** 52,
52 ; *nom.* **sendra** 10, 31, **sire**
13, 13, **sires** 27, 139 ; *pl.* **saignos**
52, 1 : *sm.* lord ; husband 18,
78.

seignier, *v.* make the sign of the
cross, bless 14, 231.

seignorie, -ourie, -eurie, *sf.* do-
minion, power 27, 182 ; preroga-
tive 37, 84 ; exalted position 63,
115.

seinor, seinur v. **seigneur.**

seisir v. **saisir.**

seit v. **estre** and **savoir.**

sejor, sejour, *sm.* sojourn, stay 18,
7 ; delay 24 c, 5.

sejorner, sejourner, sujurner 15,
199, **surjurner** 19, 137 ; *ind.
impf. 3* **surjurnot** 19, 62 ; *subj.
pr. 3* **sejort** 18, 253 : *v.* stay,
dwell ; *pp.* (of a horse) rested,
fresh 15, 199.

sel = **si le** 21, 231.

sele, selle, sella (*L*) 7, 45, **siele**
38, 102, **cele** 55, 32 : *sf.* saddle.

selge, *sf.* pail 42, 106.

sella v. **sele.**

selonc, selunc, selon, solunc 42,
15, **solom** 59 b, 25 : *prep.* accord-
ing to ; by the side of, by 24 a, 14 ;
27, 101 ; in view of, by reason of
46, 92.

selt v. **soloir.**

semblable, *adj.* like ; *par s.,* in
like manner 37, 64.

semblablement, *adv.* likewise 56,
21.

semblance, sam-, sen-, *sf.* reflec-
tion 49, 52 ; semblance, form 51,
7 ; appearance 62, 48.

semblant, sen-, *sm.* appearance
13, 115 ; *faire s. de,* make pretence
of 26, 163 ; make a show of 18,
175 ; *faire bel s. a,* be gracious to
26, 77 ; *faire malvais s. a,* show
disfavour to 46, 121 ; *en s.,* appa-
rently 62, 76.

sembler, sam- ; *ind. impf. 3* **sem-
blot** 17, 92 : *v.* seem ; look like
17, 50 ; (+ *a*) resemble 33, 5 ; *v.*

impers. **seem** 30, 130 ; *que vous
en semble ?* what do you think of
it ? 20, 155 ; *semblant a,* similar
to, like 49, 11.

semondre ; *ind. pr. 3* **semont** 18,
244, *4* **semonons** 46, 107 ; *pp.*
semons 27, 55, **semont** 46, 107 :
v. urge, incite, call upon, demand.

sempre 11, 10, **semper** (*L*) 12, 46,
sempres 13, 120, **senpres** 20, 2 :
adv. still 11, 10 ; immediately,
straightway 12, 46.

sen 17, 125, **san** 29 b, 50, **sant** 48,
3 (cf. **sens**) : *sm.* intelligence, pru-
dence, wisdom.

sendra v. **seignor.**

sene (*L*) = **sine,** *prep.* 4 c, 13.

sené 21, 208 ; *nom.* **-ez** 30, 184 : *adj.*
sensible, prudent.

seneschal 21, 249, **sinescalcus** (*L*)
8, 2, **senescal** 15, 158, **-scalle**
59 a, 5, **-scall** 59 a, 14 ; *nom.*
senescaus 26, 49, **-schax** 26, 71,
-schaus 30, 137 : *sm.* steward,
official in charge of the house-
hold.

seneschaucie, *sf.* office of seneschal
55, 129.

senestre, *adj.* left 21, 69.

senglement, *adv.* singly ; solely 17,
16.

sengler, *sm.* wild boar 15, 152.

senior v. **seigneur.**

senon v. **se.**

sens, senz (cf. **sen**), *sm.* sense,
wisdom 18, 66 ; senses, wits 16,
21 ; mind, reason 35, 1 ; sense,
meaning 44, 17 ; *changier le s.,*
lose one's senses, go mad 45, 36.

sent v. **saint.**

sente, *sf.* path 20, 177.

sentelete 24 c, 9 : *dimin.* of **sente.**

sentence 42, 48, **sententia** (*L*) 8,
12 : *sf.* decision, judgement, pun-
ishment.

sentir ; *ind. pr. 1* **sent** 18, 184, *4*
senton 18, 179 ; *subj. impf. 3*
sentist 18, 184 : *v a.* feel 18, 179 ;
hear 21, 171 ; taste 22, 64 ; *v. n.*
smell 33, 142 ; *v. refl.* feel oneself,
feel 18, 180 ; (+ *de*) be conscious
of, feel 24 c, 57.

senz, sanz, sans, saunz 59 a, 25 : *prep.* without 15, 64 ; besides 23, 121 ; *s. plus*, solely 22, 139.

seoir ; *ind. pr. 3* set 13, 178, **siet** 20, 275 ; *impf. 3* **seoit** 50, 94, **seieit** 54, 18 ; *pret. 3* sist 13, 97, **sot** 43, 96, *6* **sirent** 23, 90 ; *subj. impf. 1* **seisse** 62, 1 ; *imper. 2* **sié** 33, 133, *5* **seet** 52, 2 ; *pres. p.* **sedant** 13, 114 ; *pp.* **sis** 23, 154 : *v. n.* sit ; be situated 38, 39 ; *v. refl.* sit down 13, 97 ; *v. impers.* please 50, 95.

sepelitus (*L*) = **sepultus**, *pp. of* **sepelire**, *v. a.* 7, 28.

sepmaine = **semaine** 36 e, 43.

Septizonium (*L*), **Septidonium** (*L*), a large edifice consisting of seven stories of columns, one above the other; such buildings existed both in N. Africa and in Rome 1, 8.

sepulturer, *v.* bury 61. 21.

serain, *sm.* evening air 21, 38.

sercle, *sm.* circle ; hoop (of a cask) 45, 82.

seree, *sf.* evening 21, 38.

sereine, *sf.* siren 56, 5.

serer, serrer, *v.* fasten, lock 18, 161 ; make firm, establish 15, 90 ; *pp.* in close formation, with serried ranks 21, 209.

serf v. **cerf** and **servir**.

serf, serw 12, 96 ; *nom.* **sers** 13, 123 : *sm.* servant 12, 96 ; serf 36 e, 45.

sergant, sergeaunt v. **serjant**.

Sergestus: Mlle Droz (edition of 1923) reads **Forgestus**, i. e. Horsa, brother of Hengist 60, 3.

seri, serit, serrit, *adj.* quiet, peaceful, pleasant 15, 124 ; *adv.* softly, quietly, pleasantly 15, 113.

serin, *adj.* serene, clear, fine 50, 49.

serit v. **estre**.

seriz, *sf.* mouse 49, 11.

serjant 32, 117, **serviens** (*L*) 7, 85, **sergant** 13, 117, **sergeaunt** 59 a, 18 ; *nom.* **serjans** 23, 145, **siergans** 39, 52 : *sm.* servant, soldier, attendant, squire.

sermoner, sar-, *v. a.* preach 29 a, 4 ; exhort 31 a, 52.

seromes v. **estre**.

seror 18, 241 ; *nom.* **suer** 17, 110 : *sf.* sister ; term of endearment 24 c, 44.

serrat v. **estre**.

serrement, *adv.* impetuously, quickly 16, 202.

sers v. **cerf** and **serf**.

servant, *sm.* servant 57, 17.

serviens v. **serjant**.

servir ; *ind. pr. 1* **serf** 25 b, 21 ; *imper. 5* **serviz** 43, 105 : *v.* serve (*+ dat.*) wait upon 17, 120 ; (*+ a*) contribute to, bring out 62, 55 ; *de quoi je serf,* what my employment is 34, 157 ; *inf. subs.* service 32, 115.

servise, -ice 21, 33 : *sm.* service 13, 162 ; religious service 35, 93.

serviteresse 37, 106 : *fem. of* **serviteur**.

serw v. **serf**.

ses v. **son**.

ses = **si les** 21, 11 ; 39, 25.

seson v. **saison**.

set v. **savoir, seoir** and **se**.

set = **sept** 13, 161.

setante, seventy 17, 217.

seu, *sm.* elder-tree 32, 66.

seul, sul 13, 37, **sol** 13, 102, **soul** 42, 23 ; *nom.* **sous** 42, 23, **seus** 50, 78 : *adj.* alone, only, sole ; unattended 26, 75 ; *s. a s.*, together in private 26, 86 ; *adv.* only 18, 10.

seule v. **siecle**.

seulement, sole-, soule-, solamente (*L*) 7, 127, **soulment** 59 b, 14 : *adv.* only ; singly 7, 127.

seur, segur 42, 36, **sour** 57, 5 : *adj.* sure, certain, trustworthy 21, 114; safe, in security 18, 20 ; unafraid 57, 5.

seur 27, 17, **soure** 11, 12, **super** (*L*) 12, 81, **sobre** 12, 146, **sur** 13, 18, **sure** 16, 46, **sor** 22, 54, **sour** 41, 10 : *prep.* on, upon 12, 81 ; over, above 11, 12 ; above, more than 13, 18 ; in accordance with (?) 13, 30 ; (in asseverations) upon, by 22, 140 ; against 22, 259 ; towards, against 27, 40 ; about, concerning 29 a, 9 ; as regards 37, 96 ; (in threats) on pain of forfeiting 55, 68.

seurcil; *nom.* seurciz 27, **27**, sorcilz 27, 260 : *sm.* eyebrow.

seurement, suremant, *adv.* surely, with certainty 31 a, 88 ; in safety 48, 93.

seurté 26, **234**, seurtee 59 b, 30, seureté 60, 81 : *sf.* surety, assurance, security.

seus v. seul.

seussunt, seust v. savoir.

sevent v. savoir.

seviaus, *adv.* at least 27, 200.

sevrer, *v.* sever, separate 17, 57.

Sewin, Seguin, father of Huon de Bordeaux 38, 63.

Sextuz, Sextus, son of Pompey the Great 27, **42**.

sez v. savoir.

sez, *adv.* enough ; *boivre a lor s.,* drink their fill 23, 175.

si v. son and se.

si 10, 15, s' 13, 3, se (esp. before li) 18, 246 ; 30, 147 ; 32, **146** ; 52, 51, ci 45, 74, 96 ; *conj.* so, and ; (connecting two correlated sentences) 11, 24 ; (with adversative sense) yet 15, **133** ; (often untranslatable, introducing principal verb) 10, 15 ; 16, 221 ; 45, **41** ; 58, 39 ; (introducing a verb) 12, 110 ; 14, **57** ; 15, 214 ; 23, **22** ; 24 d, 19 ; *et si,* and 12, 5 ; yet 43, 60 ; *adv.* so, thus 12, 10 ; (contradicting a negation) 22, 73 ; *si . . . que,* so much that 55, 87 ; *si que,* so that 19, 46 ; as (cf. **com**) 40, 52 ; 41, 56 ; *si . . . si . . .,* such . . . as . . . 44, 64 ; *si com, sicom,* v. com.

sié v. seoir.

siecle, seule 11, 24 ; 43, 25, secle 13, 1 : *sm.* world, earthly life 11, 24 ; existence, life 29 b, 91 ; century, age 33, 157 ; *le s. ad en avant,* posterity 13, 38.

siege, *sm.* ; *s. roïal,* throne 60, 30.

siele v. sele.

sien v. suen.

siergant v. serjant.

siet v. seoir.

sieuent v. siure.

sieut v. soloir.

sieute, *sf.* following 56, 76.

siewist v. siure.

sifait, *adj.* such, of such a sort 25 b, 38.

sifetement, *adv.* in the same way, so 23, 153 ; in such a manner, thus 29 b, 165.

sigle, *sm.* sail 13, 79.

sigler, *v.* sail 39, 2.

signe, *sm.* sign, token ; miracle 12, 125.

signefiance, signifiance, *sf.* portent 51, 76 ; meaning 51, 84.

signefier, *v.* indicate 51, 82 ; signify 51, 85.

signor v. seigneur.

sigu v. siure.

sil = si lo 12, 110 ; si le 13, 100 ; 14, 158.

sim = si me 13, 220.

simila (*L*), *sf.* fine flour 2, 4.

Simphoriein, Symphorien, saint and martyr of the second century 54, 20.

simplesse, *sf.* simplicity 61, 2.

sin = si en 14, 84 ; 25 c, 6.

sinescalcus v. seneschal.

sire v. seigneur.

Sire, Syria 52, 17.

sirent v. seoir.

sis v. seoir and son.

sis = si les 14, 231, 235 ; 15, 162 ; 19, 241.

sis = six 17, 81.

sist = si est 13, 10.

sit v. estre.

sit = si te 13, 152.

siure, siuir 39, 42 ; *ind. pr. 1* siu 57, 78, *3* suit 20, 133, *6* sieuent 41, 9, seguent 52, 46 ; *impf. 3* suyvoit 65, 55, *6* segueient 52, 42 ; *subj. pr. 3* siue 21, 205 ; *impf. 3* siewist 41, 58 ; *pres. p.* suiant 34, 92 ; *pp.* sigu 21, 56 : *v.* follow, pursue.

Sizre, Cize, place in Navarre ; *les porz de S.,* the pass of Cize, the valley on the French side corresponding to the valley of Roncesvalles on the Spanish side 14, 213.

sobre v. seur.

sobrels = sobre los 12, 146.

sobrieté, *sf.* sobriety, frugality 41, 16.

sodainement, soud-, *adv.* suddenly 42, 85.

sodoier v. soudoier.

soef, suef, souef ; *fem.* soueve 33, 140 : *adj.* sweet 33, 140 ; tranquil 15, 124 ; smooth 64, 2 ; *adv.* sweetly, gently, kindly 13, 32.

soelt v. soloir.

soferrai v. sofrir.

sofire, souf- ; *ind. pr. 3* soufflist 64, 119, suffist 36 e, 29 ; *impf. 3* souflsoit 27, 243 : *v.* suffice; *pres. p. adj.* suffisant, adequate, ample 36 e, 48.

sofrir, suf-, suff-, souff-, soff- ; *ind. pr. 1* soffre 25 b, 13, *5* soffrés 21, 143 ; *fut. 1* soferrai 24 b, 13; *subj. pr. 3* seuffre 37, 35: *v.* suffer, endure 19, 77 ; be patient 20, 58 ; allow 37, 35.

soguirent v. savoir.

soi v. estre, se and soif.

soie v. suen.

soieur, *sm.* reaper, harvester 37, 8.

soif 21, 11, soi 40, 79 : *sf.* thirst.

soille v. soudre.

soing, *sm.* care ; *n'avoir s.,* not care, have no desire 20, 172.

soissante, soix-, seiss- 16, 76 : sixty.

soisté, *sf.* society, companionship 40, 22.

soivre, *adj.* separated ; *estre s. de l'ame,* be dead 21, 159.

sol, sole v. seul.

sol ; *nom.* solz 64, 59 : *sm.* silver coin, shilling (= $\frac{1}{20}$ of a *livre*).

solace v. solaz.

solacer, *v.* solace, refresh, divert 59 b, 22.

solacium (*L*) = solatium, *sn.* conference 3 b, 2 (cf. solaz).

solamente v. seulement.

solaz 23, 67, soulaz 25 d, 8, solace 59 b, 34 : *sm.* joyful bearing, agreeableness, pleasure.

soldan, *sm.* sultan (perh. a proper name?) 16, 50.

soleil ; *nom.* soleilz 15, 125, soleuz 17, 2, soleus 21, 42 : *sm.* sun, sunshine ; *le s. levant,* sunrise 46, 14.

sollempnal 43, 5, sollennel 65, 17 : *adj.* solemn.

soller v. souler.

sollet v. soloir.

solliciter, *v.* solicit, rouse 65, 13.

soloir, soul- ; *ind. pr. 3* soelt 14, 56, sieut 45, 6, selt 54, 58, seut 56, 93, *4* solon 56, 43 *6* seulent 56, 35 ; *subj. pr. 3* sollet 43, 49 : *v.* be wont, be accustomed.

solom v. selonc.

solteit, *sf.* solitude 42, 16.

solunc v. selonc.

som, sum, sun, *sm.* summit, top 19, 91 ; *par s. l'aube,* at daybreak 15, 210.

soma v. somme.

some, somme, *sf.* sum, whole matter ; *ce est la s.,* to put the whole thing briefly 22, 90.

someillier, sommeillier 20, 163, soumeillier 34, 178 : *v.* slumber.

somier, sum-, somm-, *sm.* pack-horse, sumpter-horse 15, 82.

somme 54, 75, sagma (*L*) 7, 45, soma (*L*) 7, 45 : *sf.* pack-saddle, load.

sommeçon, *sm.* tip 21, 265.

son v. suen.

son, sun, sum 13, 54, som 27, 109, soun 59 a, 20 ; *nom.* sos 12, 2, ses 13, 99, sis 14, 8, si 53, 85 ; *nom. pl.* si 13, 222, sei 42, 108 ; 43, 93 ; *obl. pl.* ses, sos 12, 61, ces 58, 47 ; 59 a, 2 ; *fem.* sa, s', se 41, 67 ; *pl.* ses : *poss. adj. 3 sg., unaccented form,* his, her, its.

soner, suner, *v. a.* sound, blow 14, 47 ; speak 52, 24 ; *v. n.* sound 15, 100.

songier 22, 42, sonj- 50, 27 : *v.* dream.

songner, *v.* take trouble 64, 9.

songneusement, *adv.* carefully 62, 31.

sonnet, *sm.* song, air 20, 18.

sons v. suen.

soper, super, souper, *v. a.* sup on, make one's supper of 23,.167 ; *inf. subs.* supper 15, 141.

sophiste, *sm.* teacher of philosophy and rhetoric 36 a, 3.

soploier ; *subj. pr. 3* sopleit 17, 94 : *v. refl.* bow, yield.

sor 17, 29, sorus (*L*) 7, 18 : *adj.* reddish, auburn (hair).

sorabondant, *adj.* superabundant 48, 21.

sorcille, *sf.* eyebrow 40, 34.

sorcilz v. seurcil.

sordre ; *ind. pr. 3* sourt 23, 39, sort 23, 206 ; *pret. 3* sourdi 35, 174 ; *pp.* sors 55, 115, sours 62, 20 : *v. a.* arouse, foment 62, 20 ; spread (news) 55, 115; *v. n.* spring, rise, gush out 23, 5 ; arise unexpectedly, befall 35, 174.

sorecrue, *sf.* rise (of water), flooding 48, 13.

soreviegnent v. sorvenir.

soronder, *v.* overflow 48, 11.

sorplus 22, 96, -uz 25 d, 22, surplus 60, 8 : *sm.* what remains over, the rest.

sorprendre, sur- ; *pp.* sorpris 24 c, 3 : *v.* take by surprise, catch unawares ; *pp. adj.* afflicted, in distress 30, 117.

sorrire ; *pret. 3* surrist 15, 115 ; *pp.* sourris 20, 42 : *v.* smile.

sors v. sordre.

sorsele, *sf.* cloth laid over the saddle 17, 46.

sort ; *fem.* sourde 20, 273 : *adj.* deaf.

sort, *sf.* lot ; *jeter sors*, cast lots 43, 82.

sortir, *v.* destine by lot, fate 18, 116 ; 19, 43.

sorvenir ; *ind. pr. 6* soreviegnent 49, 63 : *v.* come unexpectedly.

sos v. son and suen.

sos = se vos 56, 69.

sosmetre ; *pret. 6* soubsmisrent 60, 32 : *v.* subdue, subjugate.

sospecier ; *ind. pr. 3* sospiece 26, 84 : *v.* suspect.

sospir, soupir, *sm.* sigh 18, 169.

sospirer, sousp-, soup-, *v.* sigh 18, 31.

sosprendre, *v.* take unawares, surprise 22, 15.

sostance, sus-, subs-, *sf.* sustenance, food 54, 36 ; substance, goods 60, 26.

sostenir, sous- 60, 16 ; *pret. 3* susting 12, 10, sustint 12, 152, sustinc 12, 156; *cond. 3* sostendreiet 11, 16 ; *subj. pr. 3* sustienget 14, 177 : *v.* sustain, endure.

sot v. savoir and seoir.

sot ; *nom.* sos 21, 206 : *adj.* silly, foolish.

soth v. savoir.

soubdainement v. soudain-.

soubz v. soz.

soubzmisrent v. sosmetre.

soudainement, soutain- 34, 78, soubdain- 65, 37 : *adv.* suddenly.

soudoier, souldeier 15, 53, sodoier 27, 11, souldoyer 60, 4 : *sm.* mercenary, soldier.

soudre ; *subj. pr. 3* soille 58, 50 : *v.* absolve.

soufisoit v. sofire.

souhaidier, *sm.* wish ; *en s.*, as much as one could wish, to one's heart's content 24 d, 12.

soule, *sf.* a game played with a ball (the forerunner of football and lacrosse) 20, 94.

souler 45, 22, soller 17, 24 : *sm.* shoe.

soulment v. seulement.

soun v. son.

soupeçon, *sm.* suspicion ; *de s.*, suspicious 32, 225.

souple, *adj.* supple ; docile, yielding 31 b, 48.

sour v. seur.

soure v. seur.

sourent v. savoir.

sourris v. sorrire.

sourt v. sordre.

sous v. cil.

soussi, *sm.* care, anxiety 62, 36.

soustenance, *sf.* sustenance 29 b, 62.

sout v. savoir.

soutainement v. soudain-.

soutil ; *nom.* soutis 31 b, 26, sou-tilz 56, 35 : *adj.* subtle, crafty.

souzgiet, *sm.* subject 32, 69.

sovenir, souv- ; *subj. pr. 3* souviengne 36 d, 22 : *v. impers.* 'remember (*li sovient de*, he remembers) 25 b, 19.

sovent, suv-, souv-, sovant, souv-, *adv.* often 13, 130 ; *adj. soventes foiz*, often 30, 36.

sovin, suvin 15, 131, souvin 54, 46 : *adj.* prostrate, on one's back.

sowe v. suen.

sowrent v. savoir.

soz 23, 217, suz 13, 218, souz 32, 138, soubz 60, 7, soubs 62, 24: *prep.* beneath.

speculer, *v. a.* consider attentively, examine 62, 77.

spede v. espee.

spervarius v. esprevier.

spherista (*L*), *sm.* a ball player 3 a, 18.

spuse v. espose.

stacio (*L*) = statio, *sf.* refuge 4 a, 2.

stirpare (*L*) = exstirpare, *v. a.* 8, 25.

stiut v. ester.

strofa (*L*), stropa (*L*) = stropha, *sf.* 1, 96.

stroit v. estroit.

subject 37, 36, subgect (cf. souzgiet) : *adj. and subs.* amenable, subject ; *matere subgecte*, subject-matter 62, 12.

subjection, *sf.* control, power 37, 46.

sublecetavet (*L*) = sollicitavit, *ind. perf. 3 of* sollicitare, *v. a.* 4 c, 12.

subpeditare (*L*) = suppeditare, *v. n.* 3 a, 10.

subportare (*L*) = supportare, *v.* 7, 6.

sue v. suen.

suef v. soef.

suen 26, 243, suon 11, 15, son 13, 15 ; 15, 178, sien 27, 102, soen 58, 34 ; *nom.* suos 12, 10, sons 13, 190 ; *obl. pl.* sos 12, 86, sons 13, 123, suenz 27, 8, siens 32,

251 ; *fem.* suo 10, 31, sowe 11, 29, su' 12, 3, sue 13, 168, soie 24 d, 19 : *poss. pron. 3 sg. and pl., accented form*, his, hers, its ; *le sien*, his possessions 29 b, 126.

suer v. seror.

suffisant, suffist v. sofire.

suffraite, *sf.* need, want, privation 14, 199.

suflare (*L*) = sufflare, *v.* 7, 36.

sufrance, *sf.* abstention, delay 19, 75.

sui v. estre.

suiant v. siure.

sujurner v. sejorner.

sul v. seul.

sum v. son.

sumes v. estre.

sumpnus (*L*) = somnus, *sm.* 7, 125.

sun v. som.

suner v. soner.

suo, suos v. suen.

super v. seur.

Superbe, a pagan country 16, 198.

superlex (*L*), suppellex (*L*) = supellex, *sf.* 1, 50.

sur, sure v. seur.

surjurner v. sejorner.

Sursac, l'empereor 46, 94 : misspelling for Kursac = κύριος Isaac II, Emperor of Constantinople, dethroned by his brother in 1195 and restored in 1204.

survenue, *sf.* unexpected arrival 62, 43.

sus, suz 27, 47 : *adv.* up, upwards 11, 6 ; upright 12, 150 ; thereon 43, 82 ; *corre s.*, v. corre ; *interj.* come on ! 35, 67 ; *prep.* upon 20, 149 ; above 21, 129 ; behind 33, 93 ; (of time) towards 35, 89.

suspect, *adj.* ; *tenir s.*, suspect, mistrust 60, 68.

suspense, *sf.* suspense 62, 12.

sustance v. sostance.

sustienget, susting v. sostenir.

suz v. soz and sus.

suzpendre, *v. n.* hang down 15, 30.

suzsele, *sf.* saddle-cloth 16, 118.

symonie, *sf.* simony 32, 27.

table, tabla (*L*) 1, 6$_5$: *sf.* table ; *pl.* backgammon 15, 12.

tabur, *sm.* drum 15, 101.

tache, *sf.* spot ; *sans t.,* irreproachable 37, 105.

taignoiz v. tenir.

taillant ; *nom.* -ns 34, 6$_5$: *sm.* sharp edge.

taille, *sf.* tally 37, 74.

tailleur, *sm.* cutter ; *t. de faulx coings,* counterfeit coiner 63, 51.

tail(l)ier, taliare (*L*) 7, 60; talier 12, 73 : *v. a.* cut, cut off ; shape 15, 123 ; tax 32, 69 ; *v. n.* cut 27, 136.

taing v. tenir.

taint, *sm.* colour, paint 47, 43.

taire 17, 161 ; *ind. pr. 3* taist 57, 22 ; *fut. 3* tairat 58, 83 ; *imper. 5* taisiez 20, 188 ; *pp.* teu 50, 46 : *v. n. and refl.,* be silent ; *pres. p. adj.* taisant, silent, mute 37, 124.

tal v. tel.

talent, talant, *sm.* inclination, desire 13, 25 ; mind, disposition 13, 139.

talevas, *sm.* sort of large shield (esp. for protection against arrows and bolts) 27, 38.

taliare, talier v. taillier.

tam v. tant.

tameir ; *imper. 5* tamez 57, 103 : *v. refl.* fear.

taner, *v.* tan 29 b, 84.

tangit (*L*) = **tetigit,** *ind. perf. 3 of* **tangere,** *v.* 7, 132.

tant, tam 12, 69, **itant** 14, 77, **tan** 43, 25, **taunt** 59 a, 19 : *adj.* so many, many a 13, 210 ; *adv.* so much ; so 12, 69 ; so long 13, 16$_5$; so fast 16, 190 ; (+ *subj.*) however (e. g. *tant soit forz,* however strong he may be) 15, 197, 218 ; &c. ; *a t.,* thereupon 15, 17 ; *ne t. ne quant,* ever so little 18, 96 ; not a whit 18, 176, 245 ; 28, 70 ; *cent tanz,* a hundred times as much 22, 10 ; *t. que* (+ *ind.*), to such an extent that 22, 32 ; with the result that 51, 19 ; until 23, 4 ; (+ *subj.*) as far as, as long as 38, 20 ; *et t. que,* so much that, so that 26, 84 ; *t. com,* as long as 13,

165 ; as far as 15, 66 ; just when, directly after 15, **110** ; as much as 17, 97 ; *t.* . . . *com* . . ., as . . . as . . . 15, 145 ; *t. plus* . . . *et plus* . . ., the more . . . the more . . . 64, 30.

tantost, -tos 39, 24 : *adv.* immediately 26, 54 ; *t. que* 39, 24, *t. quant* 32, 202, *t. comme* 61, 43, as soon as.

tapiz, *sm.* carpet 23, 83.

taradrus (*L*), *sm.* borer 8, 38.

tarder ; *subj. pr. 3* tart 57, 30 : *v.* be slow ; *vostre venue me tarde,* I long for your coming 35, 126 ; *v. impers.. li tarde,* she is impatient for, she longs for 26, 39.

targe, *sf.* type of shield 16, 113.

targier ; *pret. 3* tarja : *v. n. and refl.* tarry, delay 14, 55; *v. impers.* be a short time 23, 91.

Tarson, Tarsus (Asia Minor) 13, 193.

tart v. tarder.

tart, tard, *adv.* late 14, 87 ; *a t., trop a t.,* too late 29 b, 47, 129 ; *lui est t..* he longs 13, 6$_5$.

Tartarun, heathen deity 16, 125.

tassel, *sm.* metal fastening on collar of cloak 27, 268.

taster, *v.* touch or call at (a port) 39, 4.

taterele, *sf.* rag ; *pl.* ragged clothes 40, 78.

taunt v. tant.

taurai, taut v. tolir.

tavierne, *sf.* tavern, inn 39, 18.

teche, *sf.* quality 25 d, 13.

Tedbalt de Reins, Thibaut, a knight of Charlemagne 14, 37.

tedet (*L*) = **taedet,** *v. impers.* 7, 129.

teie, *sf.* cushion-cover 15, 32.

teindre ; *pp.* taint : *v.* dye ; *taint en laine,* dyed before being woven 64, 11.

tel, tal 12, 54, **tiel** 12, 60, **itel** 16, 237, **teil** 44, 71 ; *nom.* **tiex** 23, 142, **tex** 26, 22, **tieus** 31 b, 22, **telz** 36 d, 20 : *adj. and pron.* such, such a one ; a certain person, some one 31 b, 22.

tempeste, *sf.* storm 21, 234.

tempesté, *sf.* storm 17, 244.

temple, *sm.* temple, brow 53, 24.

Templier, knight Templar 32, 154.

temprer, *v.* ; *pp. adj.* temperate, mild 17, 209.

tempter, *v.* tempt 29 b, 153.

tencier 22, 163, -chier 56, 53 : *v.* dispute, quarrel; *t. a*, scold, chide 30, 223.

tençon, *sf.* dispute, quarrel 20, 212.

tendrai v. tenir.

tendre, tendra 13, 116 : *adj.* tender, gentle.

tendre ; *ind. pr. 2* tens 63, 71. *3* tent 15, 39 : *v. a.* stretch out 51, 72 ; spread out 15, 23 ; pitch (tents) 46, 36 ; hand, give 48, 49 ; *v. n.*, stretch 15, 39 ; *t. a*, aspire to 27, 243.

tenebros, *adj.* dark, dim 14, 170.

tenir ; *ind. pr. 1* tieng 25 d, 35, tien 26, 116, taing 47, 102, *4* tenon, *6* tienent 15, 16, tiegnent 48, 112 ; 49, 64 ; *pret. 6* tindrent 27, 84 ; *fut. 1* tendrai 14, 188, tenrai 38, 109; *subj. pr. 3* tiengne 35, 186, tenget 42, 97, *5* taignoiz 46, 108 ; *impf. 1* tenise 15, 69, *3* tenist 55, 78 ; *imper. 2* tien 13, 66, *5* tenés 27, 31 : *v.* hold; receive 26, 115 ; hold (a meeting) 35, 160 ; *v. refl.* stay, remain 13, 151 ; stand, keep one's feet 15, 130 ; 30, 178 ; *v. refl.* (+ *a*) hold fast to, cling to 30, 206 ; persist in 35, 128 ; restrict oneself to, be content with 48, 112 ; (+ *de*) abstain, refrain from 60, 59 ; *a quoi s'en t.*, what to believe 20, 193 ; *t. a* 19, 160, *t. por* 17, 140, consider, regard as ; *soi t. a* 27, 25, *soi t. por* 28, 111, consider oneself to be; *t. l'enchalz*, keep up the pursuit 14, 50 ; *t. le pas*, go at walking pace 14, 131 ; *t. sa voie*, continue on one's way, travel 17, 68 ; *t. la trace*, follow the trail 49, 64 ; *t. pres*, follow closely 46, 61 ; *t. parole*, hold discourse 35, 212 ; *t. parole de*, talk about, mention 26, 215 ; *t.*

chier, respect, esteem 28, 197 ; *soi t. a aise*, consider oneself fortunate 62, 73 ; *tenu*, under an obligation, indebted 60, 29 ; *v. impers.*, *il tient a*, it depends on, it rests with 35, 186.

tens, temps 12, 5, tans 30, 6 : *sm.* time ; weather 18, 65 ; tense 44, 38 ; opportunity (?) 56, 23 ; *toz t.* 18, 18. *tot t.* 51, 91, always ; *par t.*, early 22, 37 ; *a t.*, in time 55, 56 ; *novel t.*, v. novel ; *passer le t.*, v. passer.

tenser, *v.* adjudge, fix (a penalty) 49, 31.

tent v. tendre.

tente, tante, *sf.* tent 21, 46.

tenue, *sf.* holding, estate, property 17, 152.

terce v. tierce.

terdre 20, 231 ; *pret. 3* terst 16, 31 : *v.* wipe, rub.

terebrus (*L*), *sm.* borer 8, 38 (cf. terebra, *sf.* 1, 64).

terme, *sm.* term, limit, date 13, 46; *nomer et prendre t.*, appoint and fix a date 19, 165.

terminus (*L*) = terminos, *acc. pl.* 6, 17.

ter(r)e, terra 12, 79, tiere 39, 8 : *sf.* earth, ground, land ; *prendre t.*, land 65, 27 ; *Sainte T.*, Holy Land, Palestine 32, 171.

terremote, *sm.* earthquake, upheaval 32, 22.

terrien, *adj.* earthly, worldly 59 b, 5.

terst v. terdre

tertre, *sm.* hillock, mound 21, 2.

Tervagant, name of a Saracen god 14, 72.

terz v. tierz.

tesmoingnier, *v.* testify, bear witness 47, 11.

teste, tieste 41, 82 : *sf.* head.

teu v. taire.

teudiscus (*L*) *adj.* German 10, 4.

teula (*L*) = tegula, *sf.* 7, 57.

tex v. tel.

Thebes, city in Greece 17, 74.

thensarus (*L*) = thesaurus, *sm.* 6, 14.

Theodobertus (*L*), son and successor of Thierry I; he reigned from 534 to 548 3 b, 24.

Theophile, a priest 30, 41.

Theudoricus (*L*) 3 b, 1, **Theodoricus** (*L*) 3 b, 23, **Theudericus** (*L*) 6, 26: Thierry I, eldest son and co-successor of Clovis. Died 534.

Thiesselin, name of the crow in the Roman de Renart 36 d, 6.

Tholomé 21, 68, **Tholomer** 21, 103, **Tolomer** 21, 208: Ptolemy, son of Lagus, Alexander's principal general, afterwards ruler of Egypt.

Tholomé, Ptolemy XIII Auletes, king of Egypt 27, 213.

Thoringi (*L*), the Thuringians; inhabited in central Germany the region between the Ocker, Weser, and Saale 3 b, 2.

ti v. tu.

ticio (*L*), *sm.* fire-brand 7, 136.

tiel v. tel.

tierce 23, 1, **terce** 51, 15 : *sf.* third hour, 9 a.m.

tiere v. terre.

Tierri, Thierry, duke of Argonne, a knight of Charlemagne 14, 157.

tierz, tiers, terz 57, 38 ; *fem.* **tierce** 20, 264 : *adj.* third.

tieste v. teste.

tieus v. tel.

tiller, *v.* strip (hemp) 63, 70.

tilluel, *sm.* lime-tree 20, 270.

timbre, *sm.* drum ; timbrel 56, 19.

timoine, *sm.* incense 14, 232.

tindrent v. tenir.

tinel, *sm.* stick, club 16, 252.

Tintajol, Tintagel, a castle in Cornwall 55, 76.

tirant, *sm.* tyrant 12, 68.

tire, *sf.* row ; *par tires,* in rows 23, 90.

tirer, *v.* pull 14, 18 ; shoot 60, 72.

tiretaine, *sf.* cheap cloth, probably half linen, half wool 36 e, 23.

tistre ; *pp.* **tissu** 33, 24, **tyssu** 33, 45 : *v.* weave.

tochier, tu-, tou-, *v. a.* touch, affect ; *t. le feu,* fire, kindle fire 45, 66 ; *v. n.* (+ *a*) touch, reach 17, 62 ; *v. refl.* (+ *en*) escape 20, 148 ; *pres. p. prep.* touching, concerning 62, 7.

toise, *sf.* fathom 21, 86.

toison, tuisun 57, 34 : *sf.* fleece.

toit, *sm.* roof ; *en t.,* under roof 20, 82.

toleite v. tolir.

tolir 11, 22, **tollir** 46, 63 ; *ind. pr. 3* tot 21, 150, taut 38, 17, *6* tolent 14, 68 ; *fut. 1* taurai 38, 108, *6* toldrunt 52, 20 ; *subj. pr. 1* toille 58, 49 ; *impf. 6* tolissont 51, 70 ; *pp.* tollut 12, 145, tolut 13, 108, tolu 23, 106 ; *fem.* tolude 14, 35, toleite 14, 94 : *v.* take away 13, 108 ; cut off (head) 11, 22 ; cut off (a line of retreat) 14, 68 ; deprive of (senses) 18, 216.

Tolomer v. Tholomé.

tondre ; *ind. pr. 3* **tont** 43, 60 : *v.* shear, clip (the hair).

tonoire, tonn-, toneire, tonotru (*L*) 1, 81 : *sm.* thunder 15, 101 ; thunderbolt 62, 37.

topace, *sm.* topaz 17, 236.

tor v. torner.

tor, tour, *sm.* turn ; circular flight 21, 256 ; round (of a dance) 23, 210.

tor, tour, *sf.* tower 17, 212.

Tor de Rivier v. **Amauris.**

torax (*L*) = thorax, *sm.* 7, 62.

torbe 52, 46, **tourbe** 27, 229 : *sf.* multitude.

torbler, *v. n.* grow dim (of the eyes) 14, 170.

torcher, *v.* curry, groom 32, 126.

tordre ; *pp.* **tors** 62, 61 : *v.* twist ; *v. refl.* put oneself out, inconvenience oneself 64, 105.

torment, tur- 58, 7 : *sm.* torment, torture.

tormente, *sf.* tempest 24 c, 50.

tormenter, *v.* torment, torture 24 b, 27.

tornel, *sm.* drawbridge 17, 214.

torner, tur-, tour- ; *ind. pr. 1* tor 24 b, 42 ; *impf. 3* tornout 54, 38 ; *pret 3* torné[t] (*Prov.*) 12, 122 ; *fut. 3* torra 22, 165 ; *subj. pr. 3* turt 16, 162; *pp. fem.* turnede 13, 145 : *v. a.* turn 13; 145 ; turn aside 22, 46; convert 51, 19; *v. n.* turn; turn back, return 17, 117 ; turn round, revolve 30, 204 ; come away 57, 73; (+ *a*) turn upon, round upon 16, 75 ; turn into, become 17, 202; *v. refl.* turn 12, 122 ; (+ *en*) turn 14, 75 ; turn away, depart 13, 65; *inf. subs.* act of turning 27, 129.

tornés = tornét se 12, 122.

tornoi, *sm.* tournament 40, 82.

tornoier, turneier, *v. n.* twist round, turn 15, 98 ; joust, fight 45, 6.

tornoiz, *sm.* 'denier' minted at Tours 25 d, 29.

torra v. torner.

torrel, *sm.* turret 17, 213.

tors v. tordre.

Tors, Tours (dept. Indre-et-Loire) 53, 7.

tort, *sm.* wrong, offence 18, 75; *a t.*, wrongfully 16, 101 ; *faire t.* (+ *dat.*), to wrong 16, 96; *avoir t.*, be in the wrong 22, 199.

tost, tos 39, 92, *adv.* quickly, soon, early 11, 19 ; perhaps 43, 72.

tostee, *sf.* piece of toast (for soaking in wine) 23, 176.

tot v. tolir.

tot, tut, tout, toth 12, 18 ; *nom. pl.* tuit 11, 26: *adj. and pron.* all, every, the whole; nothing but 36 b, 17 ; all along 15, 42 ; 16, 246; &c.; for the distance of 21, 179; *t. le premier*, the very first 28, 55; *totes voies* 27, 91, *toutevoies* 31 a, 38, *toutes voies* 37, 88, *totevoies* 43, 49, *toutesfoiz* 61, 12, however, nevertheless; *adv.* wholly, quite 12, 18 ; (*concessive use*, + *subj.*) although, notwithstanding that; *t. aie je le poil mellé*, although my hair is grey 27, 118; *t. soit ce que*, although 48, 36 ; *t. en* (+ *pres. p.*) while 45, 23; *t. droit*, v. droit; *du t.* 27, 92, *de t. en t.* 13, 50, *t. a fait* 43, 43, wholly, completely; *od t.*, *o t.*, *par t.*, v. o, par.

totejor, *adv.* the whole day long 40, 76.

totevoies v. tot.

touaille, *sf.* towel 23, 20.

tounel, *sm.* cask, butt 45, 82.

tourser v. trosser.

tourtiel, *sm.* cake 41, 29.

touser, *v.* shear 32, 15.

toutesfoiz v. tot.

trace v. trece.

trace, *sf.* track, trail 49, 64.

tracier; *pres. p.* tracent 36 d, 3 : *v.* follow a trail, run.

tradedi (*L*) = tradidi, *ind. perf. 1 of* tradere, *v. a.* 6, 4.

trair = trahir 18, 105.

traire 39, 39, trere 21, 80 ; *ind. pr. 1* trai 25 b, 43, *3* trait 14, 180, tret 20, 96, *5* treites 47, 95, *6* traient 18, 229; *impf. 6* traioient 33, 42 ; *pret. 1* trais 24 d, 10, *3* traist 26, 59, trest 27, 13, trast 42, 10, *6* trestrent 27, 72 ; *subj. pr. 3* tree 56, 89 ; *imper. 2* trai 20, 38, *5* traiiés 38, 91, traiiez 47, 102 ; *pp.* trait 16, 39, tret 27, 41 : *v. a.* draw, drag 13, 205 ; draw (a sword) 27, 41 ; carry (a banner) 41, 75 ; draw out 21, 190; draw (wine) 39, 39; milk 57, 66 ; remove 15, 158 ; weigh (anchor) 18, 229; take out, land 46, 29 ; take, translate 44, 6 ; lead (a life) 40, 48 ; endure (pain, sorrow) 25 c, 46 ; (+ *a*) invoke as (protector) 25 b, 43 ; (+ *sus*) hoist 18, 230; *v. n.* betake oneself, go 40, 24; shoot (with a bow) 48, 97; *v. refl.* go 20, 38; come 30, 39; *soi t. ensemble*, draw together, come close 26, 247.

traison = trahison 18, 23.

trait, tret, *sm.* draught, breath 20, 53; distance covered by a missile, shot 21, 162.

traiteur, -tor, -tour; *nom.* traitres 38, 30, traitre 39, 65, traistre 63, 53 : *sm.* traitor.

traitier, *v.* treat, conduct 18, 191.

traitiz, traictis; *fem.* traitice : *adj.* long, oval 40, 35 ; flexible 64, 2.

trametre ; *pret. ;* tramist 12, 137 ; *pp.* tramis 13, 164 : *v.* send, dispatch 12, 137 ; deliver, hand over 39, 16.

tranbler = trembler 28, 85.

transglotir, -gloutir, -glutir, *v.* swallow 21, 99.

transgredere (*L*) = transgredi, *v. dep.* 7, 131.

transir, *v.* die, starve 60, 84.

trast v. traire.

travail, *sm.* distress, anguish 21, 53 ; trouble, difficulty 30, 49 ; work, toil 60, 78.

travaillier, -vailler, -veillier, -villier 41, 1, -veilhier 42, 19 : *v. a.* torture 51, 89 ; torment, harass 18, 202 ; spur on, urge on 27, 55 ; *v. n.* work, toil ; *v. refl.* take pains, worry 18, 194 ; endeavour 42, 19 ; *pp. adj.* weary, tired 19, 145.

travers ; *en t.,* slanting 17, 26 ; sideways 18, 147 ; *en t. de,* across 27, 104.

traverser, *v. n.* look aside 31 b, 41.

travis v. tref.

trebuchement, *sm.* stumbling, fall ; *soi doner en t.,* plunge headlong 42, 30.

trebuchier, *v. a* overthrow 45, 33 ; *v. n.* stumble, fall 16, 117.

Trecassinus (*L*), *adj. of* Troyes 6, 16.

trece, trace, *sf.* tress, hair 48, 55 ; mane 48, 32.

trecier, *v.* braid (hair) 17, 31.

tree v. traire.

tref 17, 186, travis (*L*) 7, 42, tre 45, 10 ; *nom.* tres 17, 179, trez 23, 78 : *sm.* sort of tent 7, 42 ; sail 18, 230.

tref, *sm* beam 27, 219.

treilliç, *adj.* interwoven, formed of meshes closely interlaced 27, 63.

treites v. traire.

trenchant, *sm.* sharp edge 27, 98.

trenchier, tran-, *v.* cut, cut through 15, 202 ; cut off 16, 149 ; cut to pieces 56, 54 ; *pres. p. adj.* sharp 27, 106.

trere v. traire.

tres v. tref and trois.

tres, trez 15, 44 : *prep.* beyond, behind 13, 178 ; *t. a,* until, as far as 50, 102 ; *t. parmi,* v. parmi ; *adv.* very, very much.

tresadoulé, *adj.* very sad, afflicted 60, 55.

treseorre ; *pp.* trescurud 57, 84 : *v.* sail across.

tresgeter, *v.* cast in brass, mould, form 15, 94.

trespas, *sm.* trespass, transgression 26, 232.

trespasser, -eir 44, 97 : *v.* pass beyond, outstrip 14, 139 ; pass by 21, 166 ; pass over, cross 44, 97 ; step aside from, quit 22, 218 ; overcome, subdue (thirst) 21, 20 ; *t. outre,* go on farther 26, 60.

trespenser, *v.* worry, be grieved, vexed 20, 151.

tresperchier, *v.* pierce right through 62, 63.

tresque 15, 206, trusque 23, 78, trosque 46, 20 : *conj.* until ; *t. a,* up to, as far as.

tressuer, *v.* sweat violently 21, 52.

trest v. traire.

trestot, -tut, -tout ; *nom. pl.* -tuit 12, 128 : *pron. and adj.* absolutely all, every one, the whole of ; *par t.,* v. par ; *adv.* wholly, absolutely 23, 175 ; quite 58, 20.

trestrent v. traire.

trestuit v. trestot.

tret v. traire.

treu, *sm.* hole 34, 84.

treus v. trover.

trez v. tref and tres.

trezime, *adj.* thirteenth 15, 170.

trichere, *sm.* deceiver 58, 27.

trichier, *v.* outwit, deceive 37, 123.

trieve 22, 168, triue 20, 237 : *sf.* truce.

tripot lirot, *interj.* (expressing contempt) 30, 167.

trist 12, 59, tristus (*L*) 1, 28, triste 27, 171, tristre 29 b, 36 : *adj.* sad.

tristece, -esce, tristresce 33, 92 : *sf.* sadness.

Tristewell 59 b, 7, **Tristwel** 59 b, 1 : name of the fifth dog of the devil.

tristor, -tur, *sf.* sadness 13, 70.

Tristran, Tristan, nephew of king Mark and lover of Iseut 55, 7.

triue v. trieve.

Troie, Troy 18, 109.

Troien, -ian, *adj. and subs.* Trojan 18, 56.

trois, treis, tres 12, 139 ; *nom.* trei 17, 74, troi 23, 8 : three.

trop, *adv.* very, exceedingly 23, 44; too much, too 18, 70; too long 29 b, 19.

trosque v. tresque

trossel; *nom.* troussiaux 34, 109 : *sm.* bundle.

trosser, tru-, trou-, tourser 41, 23 : *v.* pack, load.

trot, *sm.* trot ; *metre du t. au pas,* reduce the pace of, check the progress of 29 a, 38.

troton, *adv.* at a trot 20, 109.ꞌ

troussiaux v. trossel.

trover, tru , trou-, troveir 42, 60, trouveir 44, 47 ; *ind. pr. 1* truis 24 d, 2, treus 54, 23, *3* troevet 14, 130, trueve 20, 233, *4* trovun 52, 41, *6* truevent 17, 85 ; *impf. 3* trovout 55, 143 ; *fut. 5* troverois 21, 154 ; *subj. pr. 1* truise 29 b, 66, truisse 34, 236 : *v.* find ; *t. a amer,* find bitter 30, 76.

trusque v. tresque.

tu ; *obl., unaccented form,* te, (*enclitic*) t 13, 152 ; *accented form,* tei, toi, toy, ti 43, 83 : *pers. pron. 2 sg.* thou, thee.

tuit v. tot.

Tulle v. **Cyceron.**

tuner, *v.* thunder ; roar 15, 100.

tuos (*L*) = tuus, *poss. adj. nom. masc. sg.* 4 c, 17.

turner, turt v. torner.

turtrele, *sf.* turtle-dove 13, 149.

tymum (*L*). tumum (*L*) = **thymum,** *sm.* 1, 95.

Tyr, Tyre 21, 105.

u v. o and ou.

ublier v. oblier.

uec v. o.

ueil, oeil, oil 13, 222, oel 47, 23; *nom.* oclus (*L*) 1, 58, ols 12, 70, oilz 14, 19, iex 20, 26, ieuz 22, 32, euz 26, 72, eulz 27, 260, iaus 31 b, 41, ex 40, 16, iauz 47, 26, yeulx 60, 56 : *sm.* eye.

ues, eus 31 a, 83 : *sm.* use, profit.

uevre, oevre, euvre, oeuvre, huevre 48, 18, ovre 31 b, 16 : *sm. and f.* work ; *metre en u.,* set working, bring into play 49, 67.

ui, hui, huy, ieu, hoi 14, 202, oi 52, 58 : *adv.* to-day ; *hui en cest jor* 26, 5, *al jor d'ui* 32, 38, *a jour d'ieu* 44, 47, to-day ; *ui main,* this morning 23, 93 ; *huimés* 27, 135, *imais* 55, 48, henceforth.

uille, *sf.* oil 33, 79.

uis, huis, huys, us 13, 178 : *sm.* door, gate.

uissier, *sm.* large transport ship, with door in stern for embarking and landing horses, &c. 46, 10.

uit v. oir.

uit = **huit** 23, 8.

uitiesme, *adj.* eighth 33, 97.

ulteriore (*L*) = ulterius, *neut. sg. of* ulterior, *compar. adj.* 3 b, 36.

ultre, ultre- v. outre, outre-.

umble = **humble.**

umbrage, *sm.* shade 56, 70.

ume v. ome.

umelier 30, 119, umilier 54, 65 : *v. refl.* humble oneself, be obsequious.

umus (*L*) = humus, *sf.* 7, 20.

un, ung 62, 68 ; *pl.* unez 59 b, 19 : *num.* one ; *indef. art.* a, an ; *pl.* a pair of 17, 24 ; 24 d, 30 ; some 20, 53 ; a set of 26, 96 ; 27, 248.

unc v. onques.

uncor v. encor.

unez v. un.

université, *sf.* university ; *l'Un ,* University of Paris 29 a, 24.

unkes, unques v. onques.

unt v. avoir

ur, *sm.* edge, side 16, 114.

urbita (*L*) = orbita, *sf.* 3 b, 16.

us v. uis.

us, *sm.* use 42, 12.

usage, -aige, *sm.* usage, custom 25 a, 17 ; use 36 d, 12 ; experience 44, 78.

usance, *sf.* custom, practice 60, 73.

user, *v.* consume 33, 169 ; wear out 35, 138 ; (+ *de*) make use of, practise 19, 106.

ut v. ou.

uvert v. ovrir.

vaccaritia (*L*), *sf.* cattle-pen 8, 14.

Vadart, assassin of St. Leger 12, 143.

vadeurelidele, vadeurelidot, a refrain 24 d, 9.

vadu vadu vadu va, a refrain 24 c, 38.

vaer v. veer.

vai v. aler.

vail(l)ant v. valoir.

vain ; *fem.* vainne : *adj.* weak 20, 175 ; useless, idle 44, 54 ; *vaine gloire,* vainglory, excessive vanity 36 d, 14 ; (*person.*) 32, 8.

vainquié v. veintre.

vair, *adj.* (of eyes) bright, sparkling (but cf. Bourdillon, *Aucassin et Nicolete,* 1919, p. 54) 27, 260 ; *sm.* vair, minever, fur 17, 25.

vaissel, vessel ; *nom.* vassiax 23, 151, vaissiaus 46, 2 : *sm.* vessel.

vait v. aler.

val, *sf.* valley 14, 38 ; *V. Tenebres,* place in Spain near Saragossa 14, 65.

valee, vallee, valeie 42, 57, **valeye** 59 b, 6 : *sf.* valley.

valet 47, 33 : *dimin. of* val.

valisant v. valoir.

vallait, vallet v. vaslet.

valoir ; *ind. pr. 3* **valt** 15, 174, **vault** 37, 74 ; *cond. 3* **vauldroit** 63, 86 ; *subj. impf. 3* **vaulsist** 63, 31 ; *pres. p.* **vaillant** 14, 135, **vailant** 13, 8, **valisant** 38, 17, **vallant** 39, 45 : *v.* be worth ; be of use, avail 19, 188 ; *vaillant un denier* (+ *neg.*), not a pennyworth 22, 259 ; *pres. p. adj.* possessing worth, excellent 13, 8 ; of great value, rich, precious 15, 4.

valor, *sf.* value, worth, merit.

Valoys v. bailli.

value, *sf.* efficacy 48, 14.

vardiant v. verdoier.

varlet v. vaslet.

vaslet, varlet, vallet, vallait 39, 85 : *sm.* young man 19, 76 ; servant, esquire 23, 85 ; *v. d'ostel,* man-servant 37, 81.

vassal, vasal 18, 24 ; *nom.* **vassaus, -aulx** : *sm.* warrior, knight 16, 227 ; 27, 37 ; vassal 62, 18 ; *adj.* brave, valiant 21, 246.

vassalment, *adv.* bravely 16, 58.

vasselage, -llage, *sm.* valour, prowess 16, 8 ; (*ironically*) 36 d, 10.

vassiax v. vaissel.

vaurai v. voloir.

vautie v. voutiz.

veauge v. voloir.

veaz, *adv.* at least ; even 42, 62.

veaut v. voloir.

vecy, vedeir v. veoir.

veer, vaer 21, 54, **veier** 55, 80 : *v.* forbid ; refuse 26, 210.

veigniez v. venir.

veil, *sm.* sail 57, 31.

veillart, *sm.* old man 16, 126.

veillier ; *ind. pr. 1* **veil** 29 b, 87 : *v.* be watchful, awake.

veine, voinne, *sf.* vein 19, 148 ; underground spring 48, 86.

veingniez v. venir.

veintre 11, 3, **voincre** 48, 110 ; *pret. 3* **venquié** 26, 95, **vainquié** 26, 101 ; *pp.* **vencu** 31 a, 15 : *v.* conquer, overcome.

veir, veis, veit v. veoir.

velus, *sm.* velvet 15, 168.

velz v. vieil.

vencu v. veintre.

vendengeur, *sm.* grape-gatherer, vintager 37, 8.

vendra, vendrunt v. venir.

vendredi, vendresdi 16, 72, **venridi** 43, 11 : *sm.* Friday.

vendrois v. venir.

veneor 23, 92, **venour** 44, 102 : *sm.* huntsman.

vener, *v.* hunt 23, 155.

vengement, *sm.* revenge 32, 76.

vengier = **venger**.

venguist v. **venir**.

venin, *sm.* poison; fangs (?) 62, 69.

venir 11, 28; *ind. pr. 1* vienc 15, 50, vieng 27, 181, vien 35, 207, *3* vent 58, 109, *6* vienent 18, 226; *pret. 1* ving 26, 152, vins 31 a, 82, vign 45, 35, *2* venis 14, 174, *3* vynt 59 a, 23, *5* venistes 34, 118, *6* vindrent (*or plpf.*?) 12, 33, 139, vindrent 21, 261; *plpf. 3* vindre 12. 118; *fut. 1* vendrai, venrai, *4* vendrom 51, 33, *5* vendrois 21, 154; *subj. pr. 1* vienge 14, 213, *3* viegne 21, 158, viengne 26, 39, vienge 55, 106, venge 58, 46, *5* veingniez 26, 11, veigniez 47, 72, *6* viengnent 21, 136, vengent 58, 34; *impf. 3* venist 18, 204, venguist 51, 79, *6* venissent 16, 232, venissunt 53, 51; *imper. 2* vien 38, 11, *5* venés 31 a, 16: *v.* come; become 32, 120; happen, befall 40, 18; *faire v.*, send for, fetch 58, 77; *en v.*, come away 15, 186; *bien venu* 17, 151, *bien veigniez* 35, 144, welcome; *v. refl.* (+ *en*) come away 26, 50; betake oneself 27, 166; come 27, 181; *v. impers.* (+ *a, en*) come to, reach, reach the point of 22, 188; *v. mieuz*, be better, be advantageous 29 a, 33; *dont te vient il?* what impels you to act thus? 34, 141.

venisien, *adj. and subs.* Venetian 46, 71.

venjance, *sf.*; *faire v.*, take vengeance, avenge 32, 217.

venoison 23, 127, veneisun 15, 152: *sf.* venison, game.

venour v. **veneor**.

venquié v. **veintre**.

venridi v. **vendredi**.

vent; *nom.* vens 29 b, 120: *sm.* wind; *al v.*, with the wind 39, 2.

venter, *v. a.*, cast to the winds 21, 84; *v. n. and v. impers.* blow (of wind) 17, 245.

ventre, *sm.* belly (as the seat of courage) 36 b, 26; body 19, 215;

womb 33, 55; *v. saint Pierre*, an oath 64, 92.

veoir 22, 23, vedeir 14, 30, veir 15, 184, voier 53, 19: *ind. pr. 1* vei 18, 104, voi 22, 165, *2* veiz 18, 243, voiz 20, 127, veis 57, 69, *3* veit 13, 36, *4* veons 21, 143, *5* veés 21, 145, *6* veient 57, 21, veynt 59 a, 6; *impf. 1* veoie 29 b, 23, *3* veieit 54, 97; *pret. 1* vi 16, 189, *2* veis 21, 70, *3* vid 12, 60, vist 33, 162, *4* veismes 52, 12, *5* veistes 14, 79, *6* vidrent (*or plpf.*?) 12, 125, virent 13, 210, veirent 41, 55; *fut. 5* verroiz 26, 27, verrés 40, 90; *subj. pr. 3* vee 56, 90, *5* veez 37, 56, veiez 57, 6; *impf. 1* veisse 65, 87, *3* vidist 12, 54, veist 34, 101, *6* veissent 26, 240; *imper. 2* voiz 24 d, 37, *5* veez 15, 190, vez 26, 62, ves 38, 1; *pres. p.* veant 16, 65, voiant 26, 250; *pp.* veu 15, 72, veud 15, 177, vout 57, 17: *v.* see; *vez ci* 26, 62, *vecy* 64, 53, behold, here is, here are; *pres. p. prep.* before the eyes of, in the presence of 16, 65; *pp. prep.* in view of, considering 36 e, 54.

ver v. **vers**.

verai, vrai, vray, *adj.* true, sincere 26, 193.

verdoier, *v.* be green; *pres. p. adj.* vardiant, green 43, 80.

Verdun, French town, fief of Olivier (cf. *Flamenca*, v. 701) 15, 148.

verement v. **voirement**.

verge, *sf.* rod 15, 37; *v. roial*, sceptre 33, 47.

vergier, *sm.* grove, garden, orchard 15, 7.

vergoigne, -goingne, -gonge 42, 43: *sf.* shame.

vergondous, *adj.* modest; *nient v.*, immodest, shameless 42, 46.

vergongneus, *adj.* ashamed 37, 124.

vergunder, *v.* dishonour, shame 16, 172.

veritable, *adj.* truth-telling, sincere 62, 27.

verité, -tét, verté 20, 196, **vreté** 38, 96, **veriteit** 44, 13 : *sf.* truth.

vermeil ; *fem.* **-eille** 26, 197, **-oille** 47, 20 : *adj.* bright red 14, 146 ; rosy 27, 263.

vermine, *sf.* reptiles, snakes 21, 221 ; worms 51, 41.

vers, viers 39, 34, **ver** 59 a, 2 : *prep.* (of place) towards 14, 66 ; (of time) about 23, 1 ; (morally) towards 25 a, 21 ; against 47. 99 ; 52, 24.

vers ; *nom. pl.* **ver** 29 b, 81 : *sm.* verse ; *pl.* poetry.

versatile, *adj.* mobile. revolving 34, 66.

verser, *v.* overturn 15, 130 ; spill 21, 177 ; overthrow 29 a, 24.

versillier, *v.* recite or sing versicles 35, 72.

vertir, *v. n.* turn 21, 111.

vertu, -ut 42, 33. **-ud** 57, 10 : *sf.* strength, might 16, 122 ; wonder, miracle 14, 62 ; 54, 85.

vertueus 27, 64, **-tuus** 19, 95 : *adj.* vigorous, strong.

vertueusement, *adv.* vigorously, strongly 27, 66.

verum (*L*) = **virum,** *acc. for dat. of* **vir,** *sm.* 6, 27.

vervis (*L*) = **verbis,** *abl. pl. of* **verbum,** *sn.* 4 c, 10.

ves v. **veoir.**

vescut v. **vivre.**

Veseroncia (*L*), Vézeronce (dept. Isère) 4 c, 17.

vespre 14, 51, **vies-** 41. 71 : *sm.* evening ; *pl. sf.* vespers. evensong 41, 71.

vespree, *sf.* evening 21, 21.

vessel v. **vaissel.**

vestement ; *nom.* **-ns** 33, 115, **vestimenz** 43, 82 : *sm.* garment, garb.

vestir, *v. a.* don, put on 14, 103 ; dress 15, 10 ; *v. refl.* dress 23, 54.

vet v. **aler.**

veu, veud v. **veoir.**

veue, *sf.* sight 42, 41 ; eyes 62, 62 ; *a v.,* openly 18, 37.

veul v. **voloir.**

vez v. **veoir.**

viande, *sf.* meat ; food 23, 26.

viarie ; *estre v., v. impers.* seem 15, 103.

viaut v. **voloir.**

vicessim (*L*) = **vicissim,** *adv.* 7, 27.

victuria (*L*) = **victoria,** *sf.* 6, 41.

vid, vidist, vidrent v. **veoir.**

videle, *sf.* ; *manche a v.,* long pleated sleeve 50, 77.

viegne v. **venir.**

vieil, viel 40, 76 ; *nom.* **veclus** (*L*) 1, 3, **velz** 13, 9, **vieilz** 14, 13, **vielz** 15, 108, **viox** 27, 230, **viex** 41, 44 ; *fem.* **vielle** 20, 102 : *adj. and subs.* old ; old man, old woman.

vieleor, *sm.* player of the viol, musician 23, 185.

vieler, *v.* play the viol, fiddle 15, 155.

viellece, *sf.* old age 25 c, 33.

vienc, vienge, viengne v. **venir.**

viers v. **vers.**

viés v. **viez.**

viespre v. **ves-.**

viex v. **vieil.**

viez 23, 114, **viés** 40, 77 : *adj.* old.

vif v. **vivre.**

vif, viu (*Prov.*) 12, 53 ; *nom.* **vis** 42, 64 : *adj.* alive, living 12, 53 ; sheer (force) 16, 60 ; running (water) 33, 30 ; hard, solid (stone) 34, 49 ; *sm.,* live flesh ; *fig.* vital part (of a problem) 62, 14.

viguereus, *adj.* vigorous 27, 103.

viguerousemant, *adv.* vigorously 49, 6.

vilage, -aige 65, 33, **village, -aige** 65, 36 : *sm.* village.

vilain, vilein, villain, *adj.* rustic, ill-bred 17, 52 ; commonplace, unattractive 23, 10 ; base, contemptible 24 d, 39 ; uncivil, rude 37, 34 ; *subs.* peasant, churl 20, 94.

Vilariacus (*L*), Villery (dept. Aube) 6, 16.

vileinnement, *adv.* in an ill-bred manner 31 b, 46.

vilenie 22, 136, **vilanie** 17, 124,

vilonie 23, 49 : *sf.* vulgarity, coarseness, ill-breeding ; *sanz v.*, well bred 23, 49.

villa (*L*), *sf.* royal farm 8, 14.

viloner, *v.* ill-treat 55, 143.

vindecavit (*L*) = vindicavit, *ind. perf. 3 of* vindicare, *v. a.* 6, 10.

vindicassim (*L*) = vindicassem, *subj. impf. 1 of* vindicare, *v. a.* 6, 56.

vindre, vindrent, ving v. venir.

vint, vingt ; *pl.* vings 64, 19 : twenty, score.

vintieme, *adj.* twentieth 50, 1.

viox v. vieil.

virer, *v. a.* turn 49, 25.

vireton, *sm.* piece of wood 61, 6.

virge 51, 58, virgine 13, 89, virgne 16, 27, vierge 33, 5 : *sf.* virgin ; *la V.*, the Virgin Mary 16. 27.

viron, *sm.* ; *en v.*, round about 21, 211.

vis v. vif.

vis, *sm.* face, countenance 13, 115 ; (*ce*) *m'est v.*, it seems to me 17, 25.

vis, *sf.* ; *v. tournant*, screw 44, 68.

vis, *sf.* vine 44, 62.

visage, -aige 44, 68 : *sm.* face.

visce = vice.

visconte 40, 3 ; *nom.* visquens 40, 4 : *sm.* viscount.

visdement, *adv.* warily ; *nient v.*, incautiously 42, 54.

visiter ; *ind. impf. 3* visitout 54, 31 ; *pret. 1* visité 62, 32, *3* visitét (*Prov.*) 12, 96 : *v.* visit.

vist v. veoir.

viste, *adj.* quick, alert, wide-awake 39, 56 ; *adv.* quickly 63, 46.

vithe = vie 13, 63.

vitiosus (*L*), *adj.* cunning 7, 1.

vitupere, *sf.* shame 60, 53.

vituperer, *v.* mutilate 12, 75.

viu v. vivre.

vius v. vif.

Vivien, nephew of William of Orange 16, 3.

vivier, *sm.* pond 45, 48.

vivifier, *v.* give life to 33, 72.

vivre ; *ind. pr. 1* vif 27, 156, *3* viu (*Prov.*) 12, 112 ; *pp.* vescut 57, 54, vescu 65, 81 : *v.* live ;

inf. subs. food 29 b, 66 ; livelihood 45, 24 ; *pres. p.* (*or gerund*) *sm.*, *a sun vivant* 13, 39, *en son v.* 58, 29, in his lifetime.

vo v. vostre.

vodrent, voelent v. voloir.

voer, *v. refl.* take a vow 53, 5.

voi, voiant v. veoir.

voide v. vuit.

voie, veie, *sf.* way, path, road ; journey 20, 12 ; travelling, fatigue of travelling 21, 10, 150 ; distance 64, 163 ; *une v.*, along a road 21, 163 ; *par v.*, on the road 58, 101 ; *totes voies*, v. tot.

voier v. veoir.

voil v. vuel and voloir.

voille v. voloir.

voincre v. veintre.

voinne v. veine.

voir 22, 148, veir 16, 25 : *adj.* true ; *sm.* truth 32, 231.

voir 26, 101, veir 17, 149, veire 18, 36, voirs 22, 38, voire 22, 95, veyre 59 a, 9 : *adv.* truly, indeed 17, 149 ; yes indeed 22, 95 ; *de v.*, of a truth 19, 42 ; *por v.*, as a truth, with certainty 30, 151 ; truly, indeed 35, 217.

voire, *sf.* truth 29 a, 46.

voirement, -mant, verement 51, 89 : *adv.* truly.

vois v. aler and voiz.

voisdie 28, 214, veis- 47, 44 : *sf.* cunning, astuteness.

voise v. aler.

voiseus 23, 145, -sous 43, 43 : *adj.* intelligent, discreet.

voist v. aler.

voiz, vois, voix, *sf.* voice 16, 156 ; *a v.*, aloud 45, 37.

vol v. vuel.

voldrent, voldret, voldroiz v. voloir.

volenté, -tét, -teit 43, 33, voulenté 37, 36, volunté 51, 74 : *sf.* will, desire.

volenteif ; *fem.* -teive 26, 238 : *adj.* desirous.

volentiers, volan-, voulen- 35, 152, volun- 12, 13, volontier 49, 87 : *adv.* willingly, readily.

voloir 26, 243, vou- 36 e, 10 ; *ind.*
pr. 1 voil 13, 15, vueil 20, 31,
vueill 24 b, 2, veul 27, 145, voel
39, 92, vuel 45, 38, *2* vols 13,
151, vues 21, 104, veus 30, 33,
veulz 33, 63, veuz 56, 40, *3* volt
12, 52, voelt 14, 127, vuelt 18,
2, vult 20, 58, velt 26, 240, veaut
31 a, 14, vuet 49, 43, viaut 50,
39, veult 64, 10, *4* volom 51,
27, *6* volent 13, 45, vuelent 17,
181, voelent 23, 137, voellent
41, 21, vuellent 44, 55, veolent
59 a, 14 ; *pret. 2* volsis 16, 12, *3*
volt 11, 24, volst 20, 2, voult
20, 106, vost 31 a, 59, vot 39, 4,
5 volsistes 18, 50, vousistes 30,
221, *6* voldrent 21, 117, vosent
45, 15, vossent 45, 49, vodrent
48, 54 ; *ind. plpf. 3* voldret 11,
21, *6* voldrent (*or pret.* ?) 11,
3, 4 ; *fut. 1* vaurai 38, 52, *3*
vouldra 36 b, 23, vaura 38, 33,
voldra 58, 111, *5* voldroiz 26,
221, *6* vorrunt 43, 104, vorront
44, 3 ; *cond. 1* vuldreie 14, 133,
3 vorroit 38, 40 ; *subj. pr. 3*
voeille 14, 43, vueille 35, 110,
voille 51, 23, veauge 51, 47, *6*
vuillent 48, 10 ; *impf. 1* volsisse
13, 202, *3* volsist 13, 49, vousist
27, 211, vosist 49, 75, *6* vou-
sissant 17, 175, vousissent 56,
54 : *v.* wish ; be about to, be at
the point of 52, 51 ; *v. mieuz* 25 b,
30, *v. mais* 59 a, 14, prefer ; *v.*
bien, be willing, consent 26, 148 ;
inf. subs. willingness 26, 243 ;
Franc V., freedom of will, inde-
pendence (*person.*) 36 e, 10.
vols, volsist, volt v. voloir.
voltor 21, 254, voutre 59 a 29 : *sm.*
vulture.
volunt-, v. volent-.
volure, *sf.* flight 16, 191.
vorrunt v. voloir.
vos v. vout.
vosent, vosist v. voloir.
vostre, vo 20, 241 ; *obl. pl.* voz 18,
35, vostres 38, 50 : *poss. adj. and*
pron. 2 pl. your, yours.
vot, vousissant, vousist v. voloir.

vout v. veoir.
vout, *sm.* face, countenance 33,
109.
vout ; *nom.* vos 21, 98 : *pp.*
wrapped, enveloped.
voutiz, voltiz, -tis ; *fem.* voltice,
vautie 40, 28 : *adj.* vaulted,
arched 15, 89 ; arched (eyebrows)
27, 260.
voutre v. voltor.
vouz = vous.
voz v. vostre.
vrai v. verai.
vrayement, *adv.* truly, indeed 64,
15.
vreté v. verité.
vuel, vol, voil, *sm.* wish ; *meon v.*,
according to my wishes, intention-
ally 10, 18 ; *sum v.*, of his own
free will 13, 167.
vues v. voloir.
vuidier, vuyder, *v.* empty ; *v. la*
place, withdraw, abandon the field
27, 16 ; *v. la sele*, quit the saddle,
be unhorsed 27, 66.
vuillent v. voloir.
vuit ; *fem.* vuide 32, 50, voide 14,
4 : *adj.* empty.
vunt v. aler.

wacta (*L*), *sf.* watch 8, 8 (cf.
guete).
wadius v. gage.
wai, *interj.* woe ! 43, 83.
Wanibled, a pagan king, also
called Gasteblé 16, 53.
wapces (*L*), *sf. pl.* wasps 7, 138.
wape, *adj.* weak, faint 41, 26.
warentir, *v.* protect, preserve 44,
102.
Warvic, Warwick 65, 2.
Wascones, *pl.* the Basques 9 a, 9
(cf. **Gascon**).
Wasconicus (*L*), *adj.* of the Bas-
ques 9 a, 6.
wespe, *sf.* wasp 7, 138.
wibet ; *pl.* wibetez 59 b, 16 : *sm.*
gnat.
Willelme v. Guillelme.

y-a, cry of joy 23, 40.
yaue v. eaue.

yaus v. il.

yawe v. eaue.

ymaginacion, *sj.* meditation, thought 62, 3.

Yort, York 65, 15.

Ypocras, Hippocrates, celebrated Greek physician, founder of the art of medicine 28, 42.

ypopatamos, *sm.* hippopotamus 21, 94.

Ysmeine, Ismene, daughter of Oedipus 17, 51.

ystoire v. estoire.

yverner, *v.* make winter 16, 104 ; *v. refl.* spend the winter 63, 13.

Yzengrin, the wolf 31 a, 56.

Zephirus 21, 22 ; *obl.* Zephiron 21, 34 : a soldier in Alexander's army.